Les 1500 trucs
du Jardinier paresseux

Les **1500 trucs**
du Jardinier paresseux

Larry Hodgson

97-B, Montée des Bouleaux, Saint-Constant, Qc, Canada J5A 1A9,
Tél.: (450) 638-3338 **Fax**: (450) 638-4338
Internet: http://www.broquet.qc.ca
Courriel: info@broquet.qc.ca

Catalogage avant publication de Bibliothèque et Archives Canada

Hodgson, Larry

  Les 1500 trucs du jardinier paresseux

  (Le jardinier paresseux)

  Comprend des réf. bibliogr. et un index.

  ISBN 2-89000-727-8

  1. Jardinage. 2. Horticulture d'ornement. I. Titre. II. Titre: Mille cinq cents trucs
du jardinier paresseux. III. Collection: Hodgson, Larry. Jardinier paresseux.

  SB454.H62 2006   635.9   C2005-942220-3

Pour l'aide à la réalisation de son programme éditorial, l'éditeur remercie:
Le Gouvernement du Canada par l'entremise du Programme d'Aide au Développement de
    l'Industrie de l'Édition (PADIÉ); La Société de Développement des Entreprises Culturelles
    (SODEC); L'Association pour l'Exportation du Livre Canadien (AELC).
Le Gouvernement du Québec - Programme de crédit d'impôt pour l'édition de livres -
    Gestion SODEC.

REMERCIEMENTS DE L'AUTEUR

J'aimerais remercier les personnes suivantes pour leur aide à la préparation du
livre: Suzanne Roy, HortiCom Inc.; Lina Breton, MRNF; Michel Lacroix,
MAPAQ ; Michèle Roy, MAPAQ et Romain Néron, MAPAQ.

Illustrations:
  Claire Tourigny

Photographies:
  HortiCom Inc. (sauf mention
  contraire)

Révision:
  Pierre Senéchal
  Marcel Broquet

Infographie:
  Intramedia

Copyright © Ottawa 2006
Broquet Inc.
Dépôt légal — Bibliothèque nationale du Québec
1er trimestre 2006

ISBN 2-89000-727-8

Imprimé en Chine

Table des matières

Table des matières

Table des matières

Table des matières

Introduction

Depuis plus de 25 ans, je donne des trucs de jardinage à travers les journaux, les revues, la radio, la télévision et les conférences. Le temps est venu de les regrouper ensemble dans un seul livre.

Mon but, à l'origine, était d'écrire 1001 trucs. Au début je ne pensais d'ailleurs jamais pouvoir y arriver, mais à force de coucher un truc sur papier, cela m'a amené à penser à un autre, puis encore à un autre. Et finalement j'ai ainsi trouvé que 1001 trucs c'était bien trop peu. Dans cet ouvrage, il y a en donc plus de 1500.

J'ai essayé de couvrir tous les domaines du jardinage domestique, de la plate-bande au potager, au gazon, aux jardins d'eau et aux plantes d'intérieur.

Tous les trucs présentés ici sont conçus non pas pour rendre le jardinage plus compliqué car il ne manque pas de trucs à cet effet, mais pour alléger le travail. Mon but est de vous amener à profiter de votre aménagement et non pas d'y travailler intensément. Certains conseils sont radicaux, mais il faut parfois l'être si on veut jardiner sans peine. Ainsi vous avez peut-être beaucoup de plantes à problèmes qui demanderont tout votre temps. Aussi bien les arracher et planter des végétaux qui n'ont pas besoin de vos soins continus... et sachez qu'ils sont en majorité.

Je souligne en passant que ce livre n'est pas nécessairement un livre de «remèdes maison» pour le jardinier. Il existe des milliers de remèdes maison et la plupart sont inutiles ou peu utiles. Aussi bien aller droit au but et régler le problème une fois pour toutes que de passer des années à traiter encore et encore avec un remède qui n'aide pas, autrement dit qui ne règle rien.

Vous remarquerez que tous les trucs dans ce livre sont «biologiques», ce qui est tout à fait normal. Après tout, dame Nature offre des solutions à tous nos problèmes de jardinage: il suffit de l'écouter. En apprenant à utiliser moins de produits chimiques, vous découvrirez que la plupart des problèmes se règlent d'eux-mêmes.

Lisez ce livre de A à Z ou référez-vous y de temps à autre, selon vos besoins. Dans les deux cas, vous remarquerez une chose: c'est qu'il est facile de jardiner lorsque l'on pose les bons gestes!

Bonne lecture!

Larry Hodgson
Le jardinier paresseux

Conseils généraux

Débutons ce livre sur le bon pied avec quelques trucs
de base et des conseils élémentaires sans lesquels il est
tout à fait impossible de devenir un jardinier paresseux.
Mettez-les en pratique et vous constaterez qu'il est
alors très facile de jardiner !

■ Pour réduire le travail

1. N'ACCEPTEZ PAS QUE LE JARDINAGE DEVIENNE UN FARDEAU

Trop de jardiniers ont une attitude défaitiste vis-à-vis du jardinage. Ils pensent que jardiner demande nécessairement beaucoup de temps et d'efforts et ils s'attendent donc à avoir à travailler fort. Combien de fois ai-je entendu des gens affirmer : « quand je serai à la retraite, je commencerai à jardinier; pour l'instant, je n'ai

Entretenir son aménagement paysager ne doit pas demander beaucoup de temps.

pas le temps ». Mais jardiner ne doit pas prendre beaucoup de temps ! Jouer au golf, oui, cela prend du temps, mais on peut facilement maintenir un aménagement paysager, même assez vaste, en moins de deux heures par semaine (en moyenne : même un jardinier paresseux admet qu'il y a deux ou trois fins de semaines au printemps où il y a davantage de travaux à réaliser !). Chaque fois qu'on semble vouloir vous imposer une tâche qui prendra beaucoup de votre temps ou qui reviendra encore et encore durant tout l'été, rebellez-vous! Non, il n'est pas nécessaire de vaporiser vos rosiers quinze fois par été pour prévenir les maladies, de sarcler pendant une heure toutes les semaines, de tondre pendant des heures une pelouse toutes les fins de semaine. Ces pratiques sont aussi inutiles qu'excessives et relèvent d'une profonde méconnaissance du jardinage. Dites-vous bien une chose : *les plantes* veulent *survivre et n'ont pas besoin de moi pour le faire.* Si vous devez constamment vous battre pour garder une plante en vie ou travailler comme un forcené pour entretenir votre terrain, ce n'est pas normal. Il y a moyen d'obtenir d'aussi bons résultats avec *beaucoup* moins d'efforts. Il s'agit de savoir comment procéder.

2. LA BONNE PLANTE À LA BONNE PLACE

Voilà le secret de base du jardinier paresseux. On n'essaie pas de modifier son environnement pour qu'il convienne aux plantes, on choisit plutôt des plantes qui conviennent aux conditions environnantes. À titre d'exemple, si votre terre est désespérément acide, au lieu d'essayer de la changer en ajoutant beaucoup de chaux et de cendres, choisissez des plantes qui aiment les sols acides. Si votre sol est sec, sélectionnez des végétaux qui aiment les sols secs. Et si votre sol est pauvre, bonne nouvelle : il existe des centaines de plantes qui aiment les sols pauvres! D'ailleurs les travaux destinés à changer les conditions échouent presque toujours. Malgré l'ajout massif de chaux (un produit alcalinisant), une terre acide reviendra avec le temps peu à peu à ses conditions originales, car la roche mère est certainement acide. Et vous avez beau ajouter de la matière organique à un sol sablonneux pour le rendre plus riche et améliorer sa capacité de retenir l'eau, deux ou trois ans plus tard, il sera encore aussi pauvre et sec qu'avant. Il faut donc parfois accepter qu'une plante bien aimée ne s'épanouisse jamais chez vous. Ainsi vous ne réussirez pas à faire pousser les rosiers à l'ombre. Donc si votre terrain est ombragé, aussi bien accepter qu'il puisse accueillir des milliers des plantes différentes… mais pas les rosiers. Lorsque vous avez accepté de vivre selon vos conditions et de ne planter que des plantes bien adaptées à vos critères et vos désirs, vous aurez la surprise de découvrir que le jardinage est on ne peut plus facile. C'est quand on se bat contre dame Nature en plantant des végétaux qui ne conviennent pas aux conditions environnantes que l'on hérite de tous les problèmes et qu'il faut donc travailler comme un diable pour bien réussir.

3. AVANT DE PLANTER, PRENEZ DES MESURES

Ne faites pas l'erreur de planter des végétaux trop gros pour leur emplacement. C'est pourtant l'une des erreurs les plus courantes en aménagement paysager. Ainsi on plante sous une fenêtre à 1,5 m du sol un végétal qui atteindra 5 m ou l'on plante dans une plate-bande étroite de seulement 1 m de largeur un arbuste qui atteindra 3 m de diamètre. Ensuite on se plaint que le jardinage réclame donc beaucoup d'efforts et qu'il faut tailler constamment. À la place, plantez au premier endroit une plante qui, à pleine maturité, n'atteindra que 1,5 m ou moins de hauteur et dans le deuxième, un arbuste qui ne dépasse pas 1 m de diamètre. C'est si simple d'éviter le travail… si on y pense avant de planter.

Petite plante deviendra grande !

4. SUIVEZ L'ÉVOLUTION DE VOTRE TERRAIN

Votre terrain n'est pas au beau fixe: il est en train d'évoluer. Les arbres grandissent et créent plus d'ombre… et assèchent aussi davantage le sol, le paillis que vous avez appliqué il y a deux ans se décompose peu à peu et rend le sol plus riche et plus meuble, les éclaboussures de la nouvelle piscine de vos voisins rendent le sol près de la clôture plus humide qu'auparavant, etc. Le plus simple, n'est pas d'essayer de combattre ces changements (amener vos voisins en cour pour «perte de jouissance» de votre terrain n'est *pas* une bonne idée!), mais de les suivre. Déplacez au soleil la pivoine qui se trouve désormais à l'ombre et ne fleurit plus, enlevez les achillées qui préfèrent un sol pauvre et sec et qui ne tiennent plus debout depuis que le sol est plus riche et remplacez-les par des astilbes qui, elles, adorent ces conditions,

Les jeunes arbres que vous plantez aujourd'hui devront un jour pouvoir supporter votre hamac.

plantez des plantes de lieu humide près de la limite de terrain, etc. Ce n'est pourtant pas ce que la plupart des gens font… du moins, pas encore. La majorité des jardiniers amateurs semblent avoir de la difficulté à accepter des changements et se rendent dans les pépinières chercher un remède ou un engrais ou *quelque chose* qui fera refleurir leur pivoine «comme auparavant», sans vouloir admettre que la pivoine est tout simplement malheureuse dans son emplacement et qu'elle ne donnera plus jamais de beaux résultats tant qu'elle n'aura pas davantage de soleil. Il faut même parfois enlever et se débarrasser des végétaux qui ne font plus le poids… et c'est normal! Quand les conditions changent, les plantes doivent changer: apprenez à accepter ce fait et le jardinage ne sera plus une corvée.

5. ÉVITEZ LES PLANTES À PROBLÈMES*

Saviez-vous que certaines plantes sont reconnues pour les pro-blèmes qu'elles causent? Elles sont tout naturellement sujettes aux maladies ou aux insectes, ont des branches qui cassent ou encore elles gèlent facilement l'hiver et sont très envahissantes… et la liste s'allonge. Alors, pourquoi les planter? Je ne vois aucune bonne raison pour planter un chèvrefeuille de Tatarie (*Lonicera tatarica*) alors qu'il est si sujet au balai de sorcière qu'il faut le tailler plusieurs fois par été. Pourtant, c'est le deuxième arbuste à haie le plus vendu dans nos pépinières! Et que penser des rosiers hybrides de thé (*Rosa* spp.) qui ne sont pas assez rustiques pour notre climat, même avec protection hivernale, et qui sont tellement sujets aux insectes et aux maladies qu'il faut les traiter encore et encore tout l'été. Le pire, c'est que beaucoup de jardiniers pensent qu'il est normal de tailler et de traiter à répétition. Ce n'est pas normal, c'est (et excusez-moi d'avoir à l'écrire, mais soyons honnêtes) tout simplement stupide. Il est fâchant que les pépiniéristes continuent de nous vendre ces plantes désast-reuses (quant à moi, on devrait les obliger à afficher les problèmes des plantes et pas uniquement leurs bons côtés!) et c'est encore plus choquant lorsqu'un jardinier, après avoir perdu (enfin!) une plante à problèmes, replante la même, car il *s'attend* à devoir travailler. Essayez donc d'éviter les plantes à problèmes dès le départ… et si vous vous trouvez en possession d'une plante qui vous pose continuel-

---

*Certains auteurs appellent ces végétaux «plantes génétiquement faibles», mais je n'aime pas ce terme. Souvent ces plantes, sont au contraire, génétiquement très fortes, car elles réussissent à survivre malgré des problèmes de santé chroniques. Je préfère les appeler «plantes à problèmes», car leurs problèmes dérangent souvent bien plus le jardinier paresseux que la plante elle-même.

lement des problèmes, songez sérieusement à vous en débarrasser. Laissez cette idée devenir presque un mantra et répétez encore et encore : « les plantes à problèmes, je n'en veux pas; les plantes à problèmes, je n'en veux pas ». Si vous acceptez qu'une plante que vous aimez est en train, par ses exigences excessives, de vous gâcher le plaisir de jardiner, il est grand temps de vous en débarrasser. Un jardinier paresseux doit être aussi, parfois, un jardinier impitoyable.

6. NON AUX « TRAITEMENTS PRÉVENTIFS »

Du précédent conseil en découle un second : *les traitements préventifs sont à éviter.* Quand je vois les gens vaporiser tous les arbres et arbustes de leur terrain avec une huile au stade dormant ou appliquer une poudre blanche d'origine douteuse sur tous leurs légumes sans exception, je les trouve bien pessimistes. Ils *s'attendent* à avoir des problèmes. En tant que jardinier paresseux, je ne m'attends pas à avoir de problèmes… bien au contraire, je suis toujours étonné quand j'en ai ! Je fais tant pour éviter les problèmes, pour développer un équilibre écologique qui fonctionne tout seul, que les problèmes sont rares. Même si rares que ma première réaction est d'aller vite chercher l'appareil photo plutôt que de faire un traitement.

En voulant prévenir un problème, on en crée souvent un autre.

7. LES TRAITEMENTS PRÉVENTIFS DÉSÉQUILIBRENT LE JARDIN

En plus de demander du temps, de l'énergie et, tant qu'à y être, de l'argent, les traitements préventifs répugnent le jardinier paresseux pour une deuxième raison : ils déséquilibrent le jardin. À quelques exceptions près, ces traitements ne sont pas spécialisés, mais généralistes : les insecticides tuent tous les insectes, les fongicides et tous les champignons. Même si

nous savons que la plupart des insectes sont bénéfiques et que la majorité des champignons sont inoffensifs et même, croyez-le ou non, utiles. Quand on élimine sans discernement à la fois les mauvais joueurs et les bons, on crée un vide… qui sera rapidement rempli par d'autres choses, habituellement un parasite, car ce sont eux qui se développent le plus rapidement. Alors si on veut prévenir

8. PESTICIDES EN CAS DE BESOIN SEULEMENT

Plutôt que de traiter de façon préventive, le jardinier paresseux attend d'être certain d'avoir un problème et traite alors avec le produit le plus doux possible pour l'environnement... et seulement la plante en question. Ainsi l'impact sur son mini environnement sera réduit. Cependant, tant qu'à traiter, le jardinier paresseux fera le traitement de A à Z, donc deux ou trois applications si l'on dit que c'est cela qu'il faut. Et si le problème perdure, alors, il arrache la plante coupable. Il y a une limite à jouer avec des pesticides!

un problème, et de surcroît un problème hypothétique, on en crée alors d'autres, souvent plus graves.

9. TRAITEMENTS BIOLOGIQUES, NÉCESSAIREMENT

Évidemment, il n'est pas question d'utiliser des produits qui empoisonnent l'environnement ou qui représentent un risque pour celui qui l'applique. Conduire une auto, traverser une rue achalandée, voilà déjà assez de risques potentiellement mortels à prendre dans la vie. Dans son jardin, on ne devrait en prendre aucun. La plupart des traitements chimiques impliquent des poisons et sont donc à proscrire, mais aussi les traitements biologiques à base de poisons comme la roténone. Préférez les contrôles biologiques, c'est-à-dire utilisez des parasites et des prédateurs comme le Bt (*Bacillus thuringiensis*) ou des nématodes pour contrôler les problèmes ou des produits qui contrôlent les insectes par d'autres moyens que leur toxicité, comme le savon insecticide (qui étouffe les insectes) ou le neem qui dérègle leur système hormonal. Et même là, prenez toujours le produit le plus spécifique et le moins nocif possible.

S'il faut contrôler les insectes, utilisez toujours des produits naturels.

10. APPRENEZ À FERMER L'ŒIL SUR LES PROBLÈMES SANS GRAVITÉ

Oui, la perfection existe… Dans certaines œuvres d'art, mais rarement dans le jardin. Il y a presque toujours quelque chose qui cloche : un insecte qui perce des trous dans une feuille, des feuilles inférieures d'une vivace saupoudrées de blanc (mildiou), etc. Il est aussi excessif qu'inutile de courir chercher le pesticide le plus puissant à la première apparition d'un problème. Souvent l'insecte ayant causé les trous est déjà loin et le blanc est l'étape finale d'une maladie qui aura débutée il y a plusieurs semaines. Sa propagation étant déjà arrêtée, à quoi bon traiter ? Quand la maladie ou l'insecte ou le « problème » sont mineurs et sans conséquence à long terme (avez-vous déjà vu le blanc tuer une vivace, un arbre ou un arbuste, par exemple ?), il n'est probablement pas nécessaire de traiter. De toute façon, quelques feuilles percées, mâchouillées, boursouflées, etc. ne déparent l'aménagement que si vous le regardez de près. *Avant de traiter, reculez de quinze pas* : si le problème n'est plus évident, ce n'est plus un problème, voilà tout ! Parmi les problèmes « sans gravité », il y a les mineuses, le blanc en fin de saison (le blanc en début de saison est plus grave et c'est un problème qu'il faut contrôler, notamment sur les annuelles et les légumes), les galles du feuillage, le jaunissement des feuilles inférieures, etc.

11. CACHEZ CE PROBLÈME QUE JE NE SAURAIS VOIR

Pour bien fermer l'œil sur un problème sans gravité, pourquoi ne pas tout simplement planter la plante de façon à ce que le problème ne soit pas visible ? Par exemple, la rose trémière (*Alcea rosea*), une superbe plante aux fleurs magnifiques, est malheureusement très sujette à la rouille, une maladie qui provoque d'abord des taches orange sur le feuillage pour s'étendre à presque toute la feuille qui alors noircit et sèche. Cependant, c'est une maladie qui n'affecte en rien la survie de la plante. Cette rouille n'est vraiment pas belle à voir, mais la maladie n'affecte que le feuillage et surtout le feuillage du bas alors que les fleurs sont portées très haut. Il est possible alors de planter la rose trémière au fond de la plate-bande ou tout simplement derrière d'autres plantes, de façon à pouvoir bien admirer les fleurs sans jamais voir le feuillage. Problème réglé !... du moins du point du vue du jardinier paresseux. Et l'on peut faire la même chose avec une multitude d'autres plantes qui seraient autrement des plantes à problèmes : en effet, combien de végétaux possèdent des fleurs magnifiques portées bien au-dessus d'une base dégarnie, jaunie ou autrement disgracieuse ? Flanquez-les tout simplement en deuxième ou troisième plan de façon à ce que le « défaut » ne soit plus visible et le problème sera réglé.

Lorsqu'une plante a un défaut qui l'enlaidit mais qui ne nuit pas à sa santé, une infestation sans gravité, il s'agit tout simplement de cacher le défaut.

12. CACHEZ AUSSI LES PLANTES QUI NE SAVENT PAS MOURIR GRACIEUSEMENT

Certaines plantes sont tout aussi attrayantes dans les affres de la mort qu'au moment de leur floraison. Beaucoup d'arbres et d'arbustes, notamment, changent radicalement de couleur à l'automne créant un spectacle d'une grande beauté, puis les feuilles tombent au sol, laissant d'intrigants squelettes de troncs et de branches qui contrasteront radicalement sur un fond de neige blanche. Mais beaucoup de plantes sont d'une horreur indescriptible à la fin de leur saison de croissance. La si jolie tulipe (*Tulipa* spp.) est extraordinaire en fleurs, mais son feuillage s'assèche rapidement après, laissant un vide en plein parterre. Et que dire du superbe pavot d'Orient (*P. orientalis*) aux énormes fleurs rouges, orange ou roses à la fin du printemps, mais dont le feuillage fane en plein été? De telles plantes méritent tout de même une place dans votre plate-bande, mais toujours derrière d'autres végétaux qui savent les cacher pour qu'elles puissent mourir dans la dignité.

Placez en deuxième ou troisième plan les plantes qui fleurissent au printemps pour disparaître l'été.

13. COMMENCEZ SANS MAUVAISES HERBES...

Il n'y a rien de plus désagréable que de préparer une nouvelle plate-bande avec beaucoup de soins pour la voir envahie aussitôt par les mauvaises herbes. Apprenez alors à commencer de nouvelles plates-

Pour commencer une plate-bande sans mauvaises herbes dans un secteur qui en est infesté, recouvrez d'abord la surface d'une couche de papier journal...

Puis d'une couche de terre libre de mauvaises herbes.

bandes selon la « méthode du paresseux ». Pour faire une nouvelle plate-bande sans peine sur un gazon, un pré ou ailleurs, recouvrez le sol de papier journal, au moins sept à dix feuilles d'épaisseur, même jusqu'à trente s'il y a un problème sérieux avec des mauvaises herbes très envahissantes comme l'herbe aux goutteux (*Aegopodium podagraria*) ou le muguet (*Convallaria majalis*). Faites chevaucher les feuilles d'au moins 5 cm sur les marges pour créer une barrière parfaite. Maintenant, il suffit de déposer une couche de 20 cm de bonne terre sur la barrière de papier… et de commencer à jardiner. Sans lumière, les graminées et les mauvaises herbes sous la barrière de papier journal mourront et se convertiront en compost. Et le papier journal disparaîtra avec le temps, laissant libre place aux racines des végétaux plantés dans la plate-bande au-dessus.

14. … ET CONTINUEZ SANS MAUVAISES HERBES !

Sachez qu'un bon paillis (voir les trucs 901 à 931 pour plus de détails) empêchera les mauvaises herbes de se répandre dans votre plate-bande neuve. Notez bien que le paillis n'empêchera pas les mauvaises herbes *déjà* sur place de pousser : il empêche la germination, non pas la croissance ! Alors, après avoir planté votre plate-bande selon la méthode du paresseux, c'est-à-dire par-dessus une barrière de papier journal, ajoutez un paillis décomposable de 7 à 10 cm d'épaisseur.

Si vous faites une bonne utilisation du paillis, vous n'aurez plus besoin de sarcler.

15. BYE-BYE SARCLAGE !

Pour jardiner avec moins d'efforts, laissez de côté le sarclage (le binage). Sarcler, biner ou cultiver détruit la structure du sol : après la moindre pluie, il devient croûté et dur, ce qui réduit la circulation d'air au niveau des racines. Puis, vous brisez aussi les racines de vos plantes en travaillant le sol. Enfin, le but principal du sarclage est d'éliminer les mauvaises herbes… mais en réalité, en détruisant un lot de mauvaises herbes, vous en semez un autre. En effet

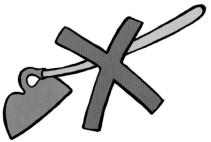

retourner ainsi le sol fait monter des graines de mauvaises herbes qui y étaient enfouies à la surface où elles se mettront à germer. (Les graines des plantes indésirables ont besoin de lumière pour germer.) Utilisez plutôt un paillis : sous un paillis, le sol ne se compacte jamais et, sans lumière, les mauvaises herbes ne peuvent germer. Et avec un paillis, vous n'aurez jamais à sarcler, biner ou cultiver !

16. RANGEZ AUSSI LE MOTOCULTEUR…

Autre outil très néfaste pour les sols et pour les mêmes raisons que

le sarclage (voir le truc précédent), le motoculteur. Il a aussi la très fâcheuse habitude de répandre les mauvaises herbes à racines traçantes, c'est-à-dire celles qui courent sous le sol (chiendent, prêle, chardon du Canada, oseille, raiponce, renouée du Japon) et celles qui sont à stolons ou tiges qui courent *sur* le sol (lierre terrestre, trèfle rampant, prunelle, véronique filiforme, etc.). En effet, quand il y a deux ou trois plants de chiendent, par exemple, et qu'on passe le motoculteur, les lames tran-

Le rotoculteur est une machine agressive qui fait du tort au sol : évitez-le.

chent les rhizomes en sections, chacune donnant une nouvelle plante. Ce ne sont plus deux ou trois plants, mais deux ou trois dizaines ! Il faudrait bannir le motoculteur de notre vocabulaire de jardinier !

17. UNE SEULE BONNE UTILISATION POUR LE MOTOCULTEUR

Avant de ranger le motoculteur, il faut savoir qu'il peut y avoir une raison pour s'en servir. Dans une situation où vous voulez commencer à créer un nouveau potager ou une nouvelle plate-bande dans un secteur où il n'y a pas ou très peu de mauvaises herbes à racines traçantes, il est loisible de passer le motoculteur une seule fois pour ameublir le sol de façon à rendre les plantations plus faciles. Évidemment, avant de le passer, désherbez manuellement pour vous débarrasser des mauvaises herbes… et après la plantation, appliquez un paillis pour ne plus jamais avoir à passer le motoculteur !

18. LE MOINS DE MÉNAGE POSSIBLE

Le jardinier paresseux sera soulagé d'apprendre que faire le « ménage » dans les plates-bandes est nuisible aux plantes. Pire encore, plus on fait le ménage et plus on le fait en profondeur et moins les plantes poussent bien. Dans la nature, personne ne fait le ménage et les plantes prospèrent. Sur nos terrains, cependant, la majorité des gens font mieux le ménage qu'ils ne le font dans leur maison et après, ils se posent la question : « pourquoi, après tout le travail que je fais, n'ai-je pas plus de succès avec mes plantations ? » Je vous dirai pourquoi ! En ramassant les feuilles mortes, en coupant toutes les vivaces au sol à l'automne, en arrachant les annuelles mortes, etc., on empêche tout équilibre naturel de s'installer. Comme on a ramassé tous les végétaux morts, il n'y a plus de matière végétale en décomposition au sol pour nourrir les plantes et il faut alors les fertiliser. Comme les insectes bénéfiques hivernent dans les tiges et les feuilles qu'on ramasse, il n'y a plus de contrôles naturels contre ceux qui sont nuisibles et l'on se sent obligé d'employer des pesticides pour maintenir un semblant d'ordre. S'il n'y a plus de tiges et de feuilles mortes pour ralentir le vent et attraper la neige, le vent assèche les plantes restantes et le froid descend plus bas et tue les racines. Si vous ne faites pas le ménage, vous verrez que, presque par miracle, vous perdrez moins de plantes durant l'hiver, que vos plantes pousseront mieux et en meilleure santé, que les insectes et autres prédateurs qui dérangeaient disparaissent ou, du moins, ne causent plus de dégâts. Que la vie est facile quand on ne la complique pas !

« Le ménage » est un concept étranger aux plantes. Elles poussent mieux lorsqu'on les laisse croître à leur guise.

19. SURTOUT NE PAS FAIRE LE MÉNAGE À L'AUTOMNE !

S'il faut faire le ménage d'une plate-bande (et plusieurs jardiniers insisteront pour le faire, même s'ils savent que c'est nuisible : c'est plus fort qu'eux), ce n'est surtout pas à l'automne qu'il faut agir. Dites-vous bien que plus une plate-bande ou même un potager est jonché de résidus de végétaux l'hiver, meilleur sera son état au printemps. Et pour plusieurs raisons, dont les suivantes :

20. LES FEUILLES MORTES PROTÈGENT CONTRE LE FROID

Les vivaces, notamment, gardent naturellement leurs feuilles et leurs tiges mortes durant l'hiver : c'est leur protection contre le froid. Certaines ont même des feuilles qui se recroquevillent ou s'enroulent sur la couronne expressément pour la protéger. Non seulement ces « déchets » créent-ils un paillis hivernal qui empêche le gel de pénétrer le sol, mais ils réduisent le vent hivernal qui, par son effet asséchant, nuit aux plantes. De plus, ils captent la neige qui, comme on le sait, est le meilleur isolant. Et dire que tant de jardiniers sortent sans tarder ramasser ces « cochonneries » ! Laissez les feuilles et les tiges des plantes mortes ou dormantes sur place et laissez accumuler les feuilles tombées des arbres sur les plates-bandes et le potager : vos vivaces et les autres plantes permanentes n'en seront qu'en meilleur état au printemps.

21. L'ACCUMULATION DE DÉCHETS PROTÈGE CONTRE L'ÉROSION

L'hiver, les surfaces dépouillées de toute végétation sont souvent sérieusement touchées par l'érosion, tant par le vent que par la pluie. Et c'est encore pire lorsqu'on s'efforce d'arracher toutes les annuelles à l'automne. Couper les tiges au sol, comme on le fait avec les vivaces, est un moindre mal, mais laisser des trous béants dans le sol, c'est inviter l'érosion. L'érosion, on le sait, fait disparaître la bonne terre en surface, en laissant dans le sous-sol une terre de troisième qualité. Exposé, et peut-être pire encore, le sol emporté finit dans nos cours d'eau, ce qui constitue une source importante de pollution. Et pourtant, il est si facile d'empêcher l'érosion… il suffit de ne pas faire le ménage !

En faisant le ménage d'une plate-bande, vous créez un déséquilibre qui stimule la prolifération des insectes nuisibles.

22. LE MÉNAGE STIMULE LA PROLIFÉRATION DES INSECTES NUISIBLES

Les insectes bénéfiques, visibles ou non (et la plupart font leur travail sans même qu'on les remarque), passent la grande partie de l'hiver dans la litière qui jonche le sol ou dans les tiges mortes creuses des annuelles et des vivaces. Si on les laisse sur place, le nombre et l'étendue des infestations d'insectes chutent radicalement. Faites le ménage à l'automne et votre jardin estival sera envahi de limaces, de pucerons, de punaises et bien pire encore.

23. MAIS LES MALADIES NE PROLIFÈRENT-ELLES PAS QUAND ON NE FAIT PAS LE MÉNAGE AUTOMNAL ?

On nous dit souvent qu'il est important de faire le ménage à l'automne, du moins autour des plantes sujettes aux maladies, parce que ces maladies peuvent hiverner dans les feuilles de la plante malade et l'infester de nouveau au printemps. Et il y a une certaine vérité là-dedans. Dans le cas de fruitiers (que j'évite personnellement comme la peste tant ils demandent d'efforts d'entretien!), il peut être en effet utile de ramasser les feuilles mortes trouvées à leur pied (mais ne les jetez pas : placez-les tout simplement ailleurs dans la cour, loin des arbres à problèmes). Et je connais un seul cas où il peut être utile de supprimer au moins la pointe des feuilles d'une vivace, c'est celui de l'iris barbu (voir à cet effet le truc 686). Par contre, pour les autres plantes sujettes aux maladies comme le blanc (phlox, monardes, etc.) ou la rouille (roses trémières), faire le ménage ne semble absolument rien changer. Si les conditions sont propices à la maladie, elles l'attraperont, que vous coupiez et brûliez les feuilles atteintes ou non. De toute façon, le jardinier paresseux évite les plantes à problèmes, ce qui règle tout de suite ce cas possible d'exception.

24. UN MÉNAGE PRINTANIER, SURTOUT MODÉRÉ, EST PLUS ACCEPTABLE

S'il faut faire le ménage sur le terrain (et notez que je dis bien « si »), c'est au printemps qu'il faut le faire. Il n'y a alors plus de risque qu'un gel sévère pénètre le sol et nuise aux plantes. Aussi, comme les végétaux commencent à repousser, le risque d'érosion diminue et enfin les animaux bénéfiques commencent à sortir de leurs cachettes hivernales. Il n'est plus aussi néfaste de ramasser ce qui reste des déchets automnaux comme les feuilles mortes. L'idéal est cependant de laisser le plus possible de matériel sur place. Après tout, ces soi-disant déchets sont une source importante de matière organique et de minéraux pour le sol.

25. UN MÉNAGE PRINTANIER DEMANDE BEAUCOUP MOINS D'EFFORTS

La première fois que vous faites de vous un jardinier paresseux et que vous ne faites pas le ménage à l'automne, vous n'attendez sûrement pas le printemps avec gaieté de cœur. Je vous entends déjà le dire : « Ça va être laid au printemps ! Tous ces déchets à ramasser et ils seront désormais lourds d'humidité : quel gâchis ! » Alors, vous aurez l'agréable surprise de découvrir que c'est le contraire qui se produit. Cet amas de « déchets » accumulés à l'automne aura presque disparu au printemps ! En effet, même sous la neige, la décomposition a progressé à grands pas. Pour commencer, les feuilles mortes des vivaces sont souvent entièrement disparues et même les feuilles tombées des arbres sont tellement décomposées qu'on peut désormais les appeler davantage «compost» que déchet. D'ailleurs, si votre paillis est couleur terre, elles ne seront même pas visibles! Il reste surtout deux types de déchets encore visibles: les tiges encore dressées de certaines vivaces et les déchets véritables apportés par le vent: papiers, sacs de plastique, etc. Le plus curieux, c'est que ceux qui font le ménage à l'automne sortent des dizaines de sacs de déchets même de la plus petite des plates-bandes alors que ceux qui font le ménage au printemps ont de la peine à remplir un sac ou deux pour tout le terrain!

26. COMMENT JE FAIS LE MÉNAGE DE MES PROPRES PLATES-BANDES ET DE MON POTAGER

Vous serez peut-être surpris d'apprendre que le jardinier paresseux lui-même fait le ménage de son terrain... mais si peu. D'abord, je ne touche à rien à l'automne: c'est strictement *verboten*. Au printemps cependant, je passe partout sur le terrain pour ramasser les vrais déchets: papiers, sacs de plastique, frisbees (quelqu'un peut-il m'expliquer d'où viennent les frisbees qui jonchent le sol de mes plates-bandes tous les printemps? J'en trouve à tous les ans et pourtant je n'en ai jamais acheté!). Comme les feuilles que je n'avais pas ramassées l'automne précédent sont décomposées ou presque, il n'y a pas de feuillage à ramasser dans les plates-bandes, mais je ramasse les matières accumulées sur les sentiers, où elles ne servent à rien et peuvent être glissantes, pour les déposer dans le potager ou les plates-bandes les plus proches et où elles peuvent enrichir le sol. Quant aux tiges creuses des vivaces restées debout, qui sont en fait les seules vraies preuves que je n'avais pas fait le ménage l'automne précédent, je les casse… et je les dépose par terre, au pied de la plante qui les avait produites. Après tout, en se décomposant, elles vont enrichir le sol. Pourquoi les jeter aux vidanges où elles encombreront inutilement les sites d'enfouissement? Aussi, il est possible que les insectes bénéfiques qui les avaient investies l'automne précédent y soient encore et je ne veux pas les enlever. Et juste pour montrer que moi aussi j'ai un petit côté propret, je place toutefois les tiges qui sont à l'avant-plan de mes plates-bandes à l'arrière-plan, de façon à ce qu'elles soient moins visibles. Et voilà: le ménage est fait! Ça ne prend que quelques minutes au lieu des nombreuses heures réparties sur plusieurs fins de semaine qu'on consacre habituellement au ménage automnal… et le résultat est une plate-bande ou un potager pétant de santé.

27. ENCORE MOINS DE MÉNAGE DANS UN SOUS-BOIS

Si vous avez la chance d'avoir un sous-bois chez vous, félicitations. Vous aurez encore moins de ménage à faire. En effet, si vous faites un minimum de ménage dans les plates-bandes qui bordent le boisé, elles cacheront à la vue les petites irrégularités dans la forêt et vous n'aurez aucun ménage à faire... sauf peut-être ramasser les sacs de plastique et les frisbees!

28. MAIS IL FAUT « NETTOYER » LE GAZON À L'AUTOMNE

Il y a toutefois un endroit où le nettoyage d'automne s'impose vraiment : c'est sur le gazon. Alors que les vivaces, les arbustes, les arbres, etc. tolèrent et même adorent que leur base soit couverte de feuilles mortes à l'automne, le gazon ne peut supporter une telle invasion. On se rappelle que le gazon est un milieu artificiel maintenu seulement à force de beaucoup de travail. Il faut savoir que le gazon et la forêt sont des ennemis mortels : l'un essaye toujours d'étouffer l'autre. Sous notre climat, cependant, la forêt est la plus forte (sous un climat sec, c'est le contraire). Le rôle des feuilles des arbres, dans ce cas, est de couvrir le gazon afin qu'il manque de lumière et qu'il ne puisse plus respirer. Comme le gazon continue de faire de la photosynthèse tout au long de l'automne, jusqu'à

Les feuilles mortes peuvent étouffer le gazon si elles y restent trop longtemps. Il faut donc les enlever.

ce que le sol gèle, il est donc nécessaire de continuer de ramasser les feuilles mortes tombées sur le gazon jusqu'à ce que la neige mette un terme définitif à la saison. Même au printemps, quand le sol dégèle, il faut encore ramasser les feuilles poussées par les vents durant l'hiver. Que voulez-vous, c'est le gazon qui demande, presque inévitablement, le plus de travail sur tout terrain. Tant qu'on ne l'aura pas éliminé complètement, il faudra y travailler. Pour quelques solutions permettant de réduire le travail sur le gazon, allez voir les trucs 424 à 440.

29. ATTENTION AUX « FAUX AMIS »

Ce n'est pas parce qu'une plante est une « ornementale » qu'elle n'a pas de défauts... et l'un de ses pires défauts, du moins du point de vue du jardinier paresseux, c'est sa capacité de devenir envahissante, c'est-à-dire de quitter son emplacement de plantation d'origine pour partir à la découverte de tout le secteur. J'appelle ces plantes des « faux amis », car on les vend comme plantes ornementales, mais en fait ce sont les pires des mauvaises herbes. Parfois on n'arrive plus à cultiver quoi que ce soit d'autre : les envahisseurs ont pris toute la place. D'accord, il y a des moyens pour contrôler les envahisseurs (voir le conseil suivant), mais l'un des meilleurs conseils qu'on puisse donner à un jardinier débutant est d'*éviter toute plante dite « envahissante », « agressive » ou « trop entreprenante »*. Évitez même les plantes dites « moins envahissantes » : en général, la référence « moins » n'est guère une recommandation ! Pour une liste de faux amis, voyez la section *Mauvaises herbes* (ce qui montre bien ce que j'en pense, n'est-ce pas ?), soit les conseils 1506 et 1507.

30. SI VOUS DEVEZ MALGRÉ TOUT PLANTER UN FAUX AMI...

(Et je vous conseille d'y penser deux fois avant de le faire !) ...faites-le dans un endroit où jamais vous allez jardiner (coin sauvage, sous-bois, etc.) ou plantez-le à l'intérieur d'une barrière infranchissable. Le plus commode est un seau de plastique. Enlevez le fond (il faut quand même assurer un certain drainage !) et enfoncez le seau dans le sol, le laissant dépasser d'environ 2 cm si vous n'utilisez pas de paillis et de 5 cm, si vous en employez. Plantez ces plantes à l'intérieur de la barrière et elles ne pourront pas s'en échapper. Et non seulement la barrière ne les étouffera pas (ces plantes sont des

Plantez les plantes agressives à l'intérieur d'un seau, dont le fond a été enlevé, et ainsi vous les empêcherez d'envahir la plate-bande environnante.

Conseils généraux

mauvaises herbes dans la nature : pensez-vous que quoi que ce soit va les étouffer ?), mais elles seront plus jolies. En effet, la nature des plantes envahissantes est de pousser çà et là, sans grande densité, mais lorsqu'elles n'ont pas de place pour s'étendre, elles se regrouperont très densément à l'intérieur de cette « barrière » pour le plus bel effet.

■ Trucs maison

31. N'ÉCOUTEZ PAS TROP LE TÉLÉPHONE ARABE

S'il y a bien quelque chose que les jardiniers aiment faire, c'est bavarder avec leurs voisins au sujet de leurs succès et de leurs échecs. C'est une excellente façon de faire des découvertes intéressantes… mais aussi pour dire des faussetés. En fait, la majorité des trucs qui s'échangent entre voisins sont des mythes, certains existent depuis des géné-

N'écoutez pas nécessairement les trucs des voisins : souvent ces conseils sont inutiles, voire nuisibles.

rations et les horticulteurs avertis n'arrivent pas à les éradiquer (tailler les lilas pour stimuler des floraisons plus abondantes, enlever les gourmands sur les plants de tomate, etc.). Il suffit que quelqu'un ait essayé quelque chose qui a bien fonctionné une seule fois et voilà qu'un autre mythe vient de naître ! Mais ce n'est pas parce qu'une personne a, disons, aspergé ses radis d'eau de Cologne et que ceux-ci ont été épargnés par l'altise que l'eau de Cologne est nécessairement bonne contre les altises… ou bonne sur d'autres plantes que les radis. Pourtant, qui n'a pas entendu parler de saupoudrer une plante de talc pour un traitement quelconque (le mythe varie de place en place et de jardinier en jardinier ; parfois c'est contre certains insectes, parfois contre certaines maladies) ? Je ne dis pas de ne jamais écouter vos voisins, mais dès qu'ils sortent un truc qui vous paraît surprenant, informez-vous auprès d'un expert avant de le mettre en pratique, car il peut être tout à fait inutile ou même carrément néfaste.

■ Les noms des plantes

32. SE RAPPELER LES NOMS BOTANIQUES

Beaucoup de jardiniers ont de la difficulté à se rappeler les noms botaniques de leurs plantes. Pourtant, c'est seulement par le nom botanique qu'on peut véritablement identifier une plante, les noms communs étant trop variables, y compris dans un même pays. («Mille-fleurs», par exemple, est utilisé pour une bonne dizaine de plantes différentes au Québec seulement!) Pour vous rappelez ces noms barbares, faites-en un jeu. Ainsi, *Malus* devient «mal os», *Populus*: «pas plus», *multiflora*: «multi fleur-rat», *bonariensis*: «bon à rien ès», etc. Une fois que l'on commence ce jeu, c'est surprenant comme les noms rentrent bien!

33. UN AUTRE JEU DE MOTS

Une autre façon pour apprendre les noms botaniques est d'en faire un jeu de mémorisation. Placez près de quinze plantes quinze pancartes en plastique, assez grosses pour être lisibles à distance, et sur lesquelles vous aurez écrit le nom botanique des plantes. Maintenant, à chaque jour, quand vous passez devant, prenez quelques secondes pour essayer de vous en rappeler. Quand vous les avez appris, faites quinze autres pancartes.

Pour apprendre le nom botanique d'une plante, écrivez-le sur une pancarte.

34. QU'EST-CE QU'UN CULTIVAR ?

Le jardinier novice rencontre encore et encore le mot «cultivar» sans nécessairement en comprendre le sens. C'est pourtant si simple. Un cultivar est une plante découverte ou développée par l'humain. Le mot veut tout simplement dire «variété cultivée» (culti + var). Et habituellement, on écrit le nom de cultivar entre guillemets simples, en lettres romaines, et ce nom dérive d'une langue vivante (non pas du latin ou du grec ancien). Le nom botanique de la plante, par contre, s'écrit toujours en latin ou en grec ancien et en italique. Ainsi, si vous voyez *Acer platanoides* 'Crimson King', *Acer platanoides* est le nom botanique pour tous les érables de Norvège alors que 'Crimson King' indique le populaire cultivar à feuillage rouge si souvent planté dans nos régions. Notez qu'on ne doit jamais traduire un nom de cultivar. Comme un nom propre, il demeure le même partout au monde. Ainsi utiliser 'Roi Cramoisi' pour désigner cet érable est fautif.

■ Zones de rusticité

35. C'EST MA ZONE ET J'Y TIENS !

Que de confusion en ce qui a trait aux zones de rusticité, ce classement des plantes par Agriculture Canada selon le climat local ! C'est pourtant si simple : trouvez la zone de rusticité de votre région (les membres de votre société d'horticulture la connaissent) ou allez voir la carte d'Agriculture Canada sur Internet à l'adresse www.sis.agr.gc.ca/siscan/nsdb/climate/hardiness/intro.html. Ou encore, il y a une version de cette carte à la fin du livre qui cadre spécifiquement avec la région couverte par le livre. Dans tous les cas, apprenez votre zone par cœur. Comme la zone consiste en un seul chiffre et une seule lettre, il n'y a pas grand-chose à se rappeler. Au Québec, avec un climat très septentrional, cinq zones sont représentées : 1, 2, 3, 4 et 5. Parfois la zone est divisée en deux (a ou b) et, dans ce cas, votre zone pourrait être zone 1a, 1b, 2a, 2b, 3a, 3b, 4a, 4b, 5a ou 5b. Puisque, avec les zones de rusticité, plus le chiffre est petit, plus l'hiver est froid, la subdivision « a » serait logiquement plus froide que la subdivision « b »… et c'est bien le cas. Voilà ! Pas si difficile, n'est-ce pas ? Maintenant que vous connaissez et comprenez votre zone, il s'agit de chercher les plantes qui correspondent à votre zone *ou à toute zone inférieure*. (Par convention, on écrit uniquement la zone maximale où la plante peut survivre. Donc, plutôt que d'écrire « zones 5b à 9 », on écrit seulement « zone 5b »). Ainsi, si vous vivez en zone 3b, il vous faut des plantes des zones 1a, 1b, 2a, 2b, 3a ou 3b, mais pas de plantes des zones 4 ou 5. En zone 5b, soit la partie au climat le plus doux au Québec, vous pouvez choisir parmi les plantes des zones 1a, 1b, 2a, 2b, 3a, 3b, 4a, 4b, 5a ou 5b, mais évitez les plantes des zones 6, 7, 8, etc. Bien des problèmes horticoles seraient évités si les gens connaissaient et respectaient leur zone !

36. MAIS À QUELLE CARTE SE FIER ?

Carte des zones
de rusticité de 1967.

Vous noterez qu'Agriculture Canada a publié deux cartes de zones de rusticité, l'une en 1967, l'autre en 2000, la dernière comportant plusieurs changements. Or, les jardiniers prétendent que la plus ancienne est la plus pratique à utiliser et peut-être aussi la plus réaliste.

37. ATTENTION AUX ZONES AMÉRICAINES !

Si vous lisez un livre américain (ou l'un des rares livres européens qui donnent les zones de rusticité), faites très attention. Il s'agit tout probablement des zones de l'USDA (United States Departement of Agriculture) et non pas des zones habituellement utilisées au Canada et développées par Agriculture Canada. Or, les deux systèmes ne correspondent pas tout à fait. Habituellement, il faut *ajouter* un chiffre à la zone américaine pour obtenir la zone canadienne. Ainsi, une plante dont la zone américaine est 4 serait de zone 5 chez nous.

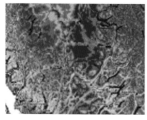

Carte des zones de
rusticité de 2000.

38. DES MICROCLIMATS PLUS CHAUDS À EXPLOITER

Si un terrain donné appartient à une zone X, il peut néanmoins posséder des microclimats très localisés qui sont plus chauds ou plus froids (et aussi plus secs, plus humides, plus venteux, etc.). Ainsi, comme la neige isole contre le froid, beaucoup de jardiniers des régions neigeuses peuvent présumer que la température dans un coin où la neige s'accumule toujours est plus élevée qu'ailleurs sur le terrain. Ainsi, il serait possible parfois de cultiver des plantes de zone 5, si vous êtes en zone 4 ou des plantes de zone 6, si vous êtes en zone 5, etc. Mais cela ne fonctionne vraiment que pour les plantes qui restent couvertes par la neige l'hiver. Pour les plantes qui la dépassent, mieux vaut respecter la zone générale de la région.

39. ZONES À LA DÉRIVE !

Après une série d'hivers extra-doux, certains jardiniers imprudents commencent à s'imaginer que leur zone a changé pour une plus douce et se mettent à planter de végétaux nettement hors zone pour leur climat. Mais la carte des zones de rusticité est basée sur de nombreuses années d'expérience et trois, quatre ou même cinq hivers doux ne veulent pas dire que le réchauffement de la planète ait eu autant d'effet que cela. Ces jardiniers imprudents seront rappelés à l'ordre quand un hiver très froid frappera et qu'ils perdront de nombreux végétaux. Il est beaucoup plus sage (et moins décourageant !) de se contenter des quelques milliers de végétaux bien adaptés à votre zone que de prendre des risques et devoir replanter la moitié du terrain.

Aménagement paysager

■ Planification

40. TOUT COMMENCE PAR UN PLAN... MAIS EST-CE VRAI ?

Tout le monde sait qu'un aménagement paysager commence par un plan... ou du moins, c'est ce que les experts nous disent. Par contre, si vous commencez à visiter des terrains privés, même ceux qui se sont mérités de nombreux prix, vous découvrirez qu'au contraire, très peu de jardiniers couchent leurs plans d'aménagement sur papier. Ils travaillent au pif... et, très honnêtement, c'est souvent la meilleure façon de procéder. Trop d'aménagements planifiés finissent par se ressembler alors que la plupart des aménagements moins planifiés recèlent de petites touches originales qui font leur charme.

On peut faire de très beaux aménagements sans jamais faire un plan.

41. MAIS UN PLAN PEUT ÊTRE UTILE, NON ?

Bien sûr ! Si vous ne vous sentez pas à l'aise à faire votre aménagement au pif, pourquoi ne pas faire un plan ? Il peut au moins être utile de tracer les grandes lignes de l'aménagement, même si l'idée de planifier le terrain de A à Z vous paraît un peu trop compliquée.

42. COMMENCEZ PAR TROUVER LE CERTIFICAT DE LOCALISATION

Tant qu'à faire un plan, il faut qu'il soit proportionnel… et pour qu'il soit proportionnel, il faut avoir sous la main le certificat de localisation. Il indique les dimensions du terrain, son orientation, ses limites et l'emplacement de la maison et des autres bâtiments principaux. Si vous ne le trouvez pas dans vos papiers, votre municipalité peut vous en fournir une copie.

43. AGRANDISSEZ POUR MIEUX VOIR

Le certificat de localisation donne les précisions de votre terrain, mais est réellement trop petit pour faire un plan. Allez alors chez un spécialiste de la photocopie et faites-le agrandir. Plus le plan sera grand, plus vous aurez de la facilité à l'utiliser.

44. TRANSFÉREZ LE PLAN SUR UN PAPIER QUADRILLÉ

Pour que les proportions de votre plan restent fidèles, transférez votre agrandissement du certificat de localisation sur du papier quadrillé que vous pouvez acheter ou encore imprimer à partir d'Internet. Ne tracez sur le plan que ce qui ne changera pas : les limites du terrain, la maison, les arbres et les structures qui ne bougeront pas.

45. TRAVAILLEZ SUR DU PAPIER-CALQUE

Tant que vous n'êtes pas certain de vos interventions, travaillez uniquement sur du papier-calque. Dessinez ce qui vous plaît : plates-bandes, pelouses, sentiers, potager, rocailles, bassin, terrasse, etc. Si vous n'aimez pas quelque chose, jetez la feuille au recyclage. Conservez chaque élément qui vous plaît, puis placez un autre papier-calque par-dessus le premier et essayez autre chose. Vous pouvez avoir quinze ou même vingt feuilles de papier l'un sur l'autre et quand même voir le plan d'origine. N'hésitez pas à déplacer certaines feuilles : peut-être que la terrasse sera plus jolie placée à un autre angle ? Ou le bassin, si vous l'inversiez complètement ?

Et utilisez des couleurs si cela peut vous être utile.

46. TRACEZ LE PLAN FINAL

Seulement lorsque tous les éléments vous plaisent vous devriez les tracer sur le papier quadrillé et ainsi créer le plan final. Vous voilà prêt à passer aux actes… mais laissez-vous toujours le loisir de faire quelques changements en cours de route (qui sait ce que vous allez découvrir quand vous commencerez à creuser !).

47. UN PLAN SUR ORDINATEUR ?

Pouvez-vous faire votre plan sur ordinateur ? Bien sûr, et il existe plusieurs logiciels qui peuvent vous aider à le réaliser. Une recherche sur Internet vous permettra d'en trouver plusieurs et même parfois d'en essayer.

Un nécessaire d'aménagement.

48. UN NÉCESSAIRE DE PLAN D'AMÉNAGEMENT

Si vous préférez, il existe des nécessaires d'aménagement paysager qui contiennent des images autocollantes d'arbres, de structures, de bassins, etc. que vous pouvez coller sur le plan fourni.

La plantation par numéro.

49. LA PLANTATION PAR NUMÉROS ?

Si vous vous sentez tellement nul en aménagement paysager que vous ne savez même pas où commencer avec un plan, il existe plusieurs plans préfabriqués que vous n'avez qu'à poser sur votre terrain. Les plus faciles sont comme des tapis qui portent des numéros qui correspondent aux noms des plantes : vous le déroulez et vous plantez la plante 7 à l'emplacement 7, voilà tout. Ainsi n'importe qui peut réussir son plan !

50. ÉVITEZ SURTOUT LES « AMÉNAGEMENTS STYLE STATION-SERVICE »

Je ne veux surtout pas être méchant envers les stations-service, car elles ont fait beaucoup de progrès en ce qui concerne l'aménagement paysager. Alors qu'autrefois il n'y avait que de l'asphalte et des mauvaises herbes devant les stations-service, beaucoup font maintenant de jolies petites plates-bandes. C'est plutôt contre la *technique* utilisée pour préparer ces petites plates-bandes que j'en ai. En effet, inévitablement on utilise

Comment utiliser du géotextile pour la plantation :

Recouvrez la surface de géotextile.

Coupez des « X » aux emplacements où vous voulez faire une plantation.

Repliez les panneaux pour dégager le trou de plantation.

Plantez un végétal dans le trou.

Replacez les panneaux autour du végétal.

Recouvrez le géotextile d'un paillis.

Résultat :

L'aménagement est très beau la première année.

Dans 3 à 4 ans, plusieurs plantes sont mortes ou en déclin et le géotextile est envahi de mauvaises herbes.

du géoxtextile, un genre de feutre imputrescible vendu en rouleaux comme «couvre-parterre» pour «faciliter» le jardinage et en réduire l'entretien. Et l'idée paraît séduisante au début. On vous dit de préparer la plate-bande et de la recouvrir au complet de géotexile, coupant l'excès pour qu'il épouse la forme du jardin. Là où vous voulez une plante, coupez un «x» dans le feutre. Repliez les panneaux trian-gulaires de géotextile formés par la coupure pour dégager un trou de plantation. Plantez dans le trou et replacez les panneaux vers la base de la plante. Répétez pour les autres plantes. Quand vous avez terminé, recouvrez tout le géotextile d'un paillis épais pour le cacher à la vue. Et voilà, vous aurez une magnifique plate-bande presque sans entretien puisque le géotextile va empêcher les mauvaises herbes emprisonnées dans le sol de pousser. Extraordinaire! Sauf que ça ne fonctionne pas. Premièrement, les plantes *détestent* les géotextiles. Elles ne peuvent plus prendre de l'expansion et s'affaiblissent ou, du moins, arrêtent de pousser. Les vivaces dispa-raissent en premier et, évidemment, dans les trous laissés par leur disparition, les mauvaises herbes s'installent. Les arbustes et les arbres persistent plus longtemps, mais sans jamais bien se développer. Souvent ils sont encore en vie sept ou huit ans plus tard, mais poussent tout croche, avec beaucoup de branches mortes. Et les mauvaises herbes, d'abord repoussées par le géotextile, reviennent avec le temps, quand assez de poussière se loge dans le paillis pour constituer une couche de terre mince (pour les mauvaise herbes, il n'en faut pas beaucoup!). Et en poussant par-dessus les géotextiles, elles s'enracinent dans ceux-ci et il est désormais impossible de les arracher! La technique «aménagement style station-service» a été essayée dans les années 1980 et vite abandonnée par les vrais jardiniers et les spécialistes en aménagement paysager sérieux, mais il existe encore des «concepteurs d'aménage-ments paysagers» (qui ne méritent même pas ce nom) qui en font toujours la pro-motion. Pourquoi? Parce que, avant que les plantes meurent et que les mauvaises herbes s'installent, ils ont rempli leur promesse: un bel aménagement sans entretien. Le client est content. Et trois ans plus tard, quand ça commence à mal aller… eh bien, c'est un peu trop tard pour demander un remboursement, n'est-ce pas? Évitez la technique «aménagement style station-service» comme la peste: vous vous faites tout simplement rouler. Et voici une règle de base: **les géotextiles et les plantes sont** *incompatibles*! Le géotextile peut avoir un rôle à jouer dans l'aménagement paysager – sous les sentiers, pour créer une zone de propreté, sous la toile d'un jardin d'eau par exemple mais jamais avec les plantes!

51. TROP TARD, J'AI DÉJÀ UNE PLATE-BANDE FAITE AVEC UN COUVRE-PARTERRE GÉOTEXILE

Eh bien, enlevez le paillis, arrachez les plantes mortes, mourantes ou encore vivantes et enlevez le géotextile (il vous faudra bien du temps, car il devient lourd avec la terre et les racines des mauvaises herbes et des arbres qui y sont entre-mêlées. Souvent il faut le couper en morceaux pour l'enlever. Après, refaites une nouvelle plate-bande selon la méthode du paresseux!

■ Réalisation d'un aménagement paysager

52. UNE RÉALISATION ÉTAPE PAR ÉTAPE

Vous n'êtes pas obligé de réaliser tout votre aménagement paysager d'un seul coup, car non seulement les coûts seront exorbitants, mais l'entretien exigera aussi beaucoup d'énergie et de temps (tout aménagement demandera *beaucoup* d'entretien la première année, le temps que les plantes s'installent à demeure). Aussi, tout faire en même temps requerra sans doute l'aide de professionnels, même pour des projets faciles qu'en temps normal vous auriez fait vous-même, ce qui en augmente encore davantage le coût. Divisez plutôt votre projet en petites parties que vous pouvez réaliser vous-même au cours d'un seul été.

53. NE VOUS LAISSEZ PAS IMPOSER LES GOÛTS DE L'AMÉNAGISTE

Combien de fois entend-on un propriétaire dire qu'il aime bien son aménagement paysager, sauf que… ce n'est pas vraiment «lui»? Cela arrive lorsqu'on invite un spécialiste en aménagement paysager à faire et à réaliser un plan sans qu'on y apporte son grain de sel. Rappelez-vous que l'aménagiste est à *votre* service. Quand il vous suggère quelque chose qui ne vous plaît pas tout à fait, dites tout simplement non.

54. COMMENCEZ PAR LE PLUS URGENT

Vous avez décidé de réaliser votre aménagement paysager en bonne partie vous-même, étape par étape? Voilà ce qui est très bien, mais… où commencer? À vous de décider, bien sûr, mais il est souvent plus sage de régler les problèmes majeurs, même s'ils n'apportent rien de très esthétique au départ, avant d'ajouter les fioritures qui vont caractériser l'aménagement comme étant le vôtre. Réglez d'abord les problèmes de drainage, l'entrée glissante, la pente trop raide pour tondre en sécurité, etc. avant de vraiment refaire une beauté à votre terrain.

55. DES PROJETS POUR LES PROFESSIONNELS

Il faut savoir qu'à moins que vous ne possédiez une expérience personnelle dans la construction de structures en pleine terre, certains projets relèvent de l'expertise des professionnels : les escaliers, les murets, l'allée principale, une piscine creusée, etc. En effet, tout projet où la sécurité des visiteurs est un facteur (une allée ou un escalier inégal ou chancelant peut causer des blessures) et où les travaux de réfection seraient coûteux (des murets peuvent pencher ou glisser, une piscine creusée mal construite peut fendre et arracher la moitié de votre terrain) mérite une installation en bonne et due forme par des professionnels.

Certains projets, comme l'installation de murs ou d'escaliers, ont besoin de l'expertise d'un professionnel de l'aménagement.

56. L'ÉCHELLE DE FACILITÉ DES VÉGÉTAUX

Saviez-vous que certains éléments d'un aménagement ont très peu besoin d'entretien alors que d'autres sont très exigeants ? Les plantes ligneuses (arbres, arbustes et conifères), à moins que vous ne vous décidiez de les tailler en topiaires ou haies rectangulaires, demandent le moins de soins ; le gazon et les annuelles, le plus ; les vivaces, moyennement. Donc, pour un aménagement «classique» (qui ne choquera pas les voisins !) mais d'entretien minimum, plantez de vastes plates-bandes d'arbustes et de conifères nains avec, çà et là, des arbres et de grands conifères. Entourez-les d'une bande plus mince de vivaces, ponctuée ici et là, de quelques plantations d'annuelles, juste pour assurer un minimum de couleur en tout temps, et ne laissez que peu de gazon entre ces plates-bandes colorées. Vous verrez comme l'entretien sera facile !

57. L'AMÉNAGEMENT AVEC LES PLANTES EN CINQ PETITES RÈGLES

Si vous avez peur de ne pas bien comprendre l'aménagement paysager pour planter sans avoir le plan d'un professionnel entre les mains, pensez-y un peu plus. Il n'y a que cinq petites règles concernant l'aménagement avec les plantes, des règles simples que toute personne peut comprendre et suivre. Et elles sont :

58. 1) PLANTEZ PAR TACHES DE COULEUR

C'est le truc principal pour l'intégration réussie des végétaux dans un aménagement paysager. Plutôt que d'éparpiller vos plantes çà et là, ce qui fait que l'œil ne sait pas où se fixer, regroupez-les pour obtenir plus d'impact. Ainsi, plutôt que de planter dix bulbes de tulipe rouge bien espacés dans une plate-bande dans le but de colorer le plus d'espace possible, regroupez-les dans une seule « tache » (c'est ainsi qu'on appelle une plantation regroupée). L'œil sera davantage attiré par dix tulipes regroupées, quand bien même qu'il n'y a qu'un seul groupe, que par cent tulipes éparpillées çà et là. Et c'est la même chose pour les autres plantes : pour plus d'impact, plantez toujours par taches d'une même espèce et d'une même couleur.

En regroupant les plantes par « tache de couleur » plutôt qu'en les éparpillant, on créera un effet plus intéressant.

59. 2) PUIS RÉPÉTER LES TACHES DANS L'AMÉNAGEMENT

Il y a quelque chose chez l'humain qui lui fait aimer la répétition. On l'aime dans notre musique, avec le refrain qui revient encore et encore, et on l'aime dans l'aménagement paysager. Alors, si une tache de couleur composée de dix tulipes, c'est bien, deux taches de dix, c'est mieux. Et trois, ou cinq, ou sept taches, c'est mieux encore. Pour l'œil, cette répétition évoque toujours la même sensation : une profonde sensation d'harmonie. Donc, en aménagement paysager, « harmonie » égale « répétition ». C'est aussi simple que cela ! Par conséquent, si vous répétez vos taches de couleurs, *peu importe les couleurs que vous utilisez*, les gens vont trouver l'aménagement agréable, vivable et joli.

Répéter les taches de couleur pour créer un effet harmonieux.

60. 3) AJOUTEZ D'AUTRES TACHES

Vous avez des tulipes, maintenant plantez des narcisses et des jacinthes, mais toujours par tache de couleur. Utilisez les couleurs de votre choix qui vous plaisent. Ne vous laissez pas imposer des choix de couleur qui ne vous conviennent pas : vous ne serez jamais satisfait des résultats.

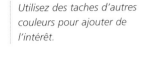

Utilisez des taches d'autres couleurs pour ajouter de l'intérêt.

61. 4)... ET AUSSI DANS LE TEMPS

Ce qui précède est bien et vos tulipes rouges, vos narcisses jaunes et vos jacinthes violettes feront fureur le temps qu'elles durent… mais justement, elles ne dureront pas. Le truc est alors de répéter les taches dans le temps aussi, avec d'autres plantes, afin de vous assurer qu'il y ait toujours quelque chose (et de préférence, plusieurs «quelque choses») en fleurs en même temps. Comme vous avez plusieurs mois «à fleurir» (sous notre climat, une plate-bande peut être fleurie d'avril à novembre), mieux vaut ne pas encombrer la plate-bande de taches de couleurs de plantes qui fleurissent toutes en même temps, sinon il n'y aura pas de place pour les fleurs à venir. À la place, il est mieux d'avoir un peu moins de taches en fleurs à la fois, étalées sur une plus longue période.

Répétez aussi les taches de couleur à différentes saisons pour créer un intérêt constant.

62. 5) PLANTEZ PAR ORDRE DE HAUTEUR

Voilà un truc facile que tout le monde fait d'instinct : placez les plantes plus basses en avant-plan, les plantes de hauteur moyenne au milieu et les grandes, au fond.

63. 6) BRISEZ LES RÈGLES DE TEMPS À AUTRE

J'ai dit qu'il y avait cinq règles. Pourquoi en ajouter une sixième ? C'est que, si l'on suit les cinq règles trop sévèrement, l'aménagement aura tendance à avoir l'air un peu… artificiel, monté, trop précis. Brisez donc une règle ou deux de temps en temps (mettez une grande plante en avant, par exemple, ou isolez une plante, mais seulement une, plutôt que de la planter en tache de couleur, etc.) et vous aurez un aménagement de rêve !

Plantez les petites plantes en avant-plan, les moyennes au milieu et les plus grandes en arrière-plan.

64. MAIS COMBIEN DE PLANTES MET-ON DANS UNE TACHE DE COULEUR ?

Planter par taches de couleurs, c'est bien, mais combien de plantes constituent une tache au juste ? La réponse est... ça dépend ! C'est selon la plante et selon la situation. Habituellement, il faut plus de petites plantes pour faire une tache que de grosses. Dix ou quinze tulipes ou agérates pour une plate-bande moyenne, ce n'est pas excessif. Ou trois ou quatre vivaces de taille moyenne. Et une seule grande plante, comme une barbe de bouc ou un forsythia, peut bien suffire pour créer un effet de tache... dans une plate-bande de taille limitée. Dans une plate-bande plus vaste, il peut falloir cinquante tulipes, quinze vivaces moyennes, trois à cinq barbes de bouc, etc., pour créer une tache qui a de l'impact.

65. DES FLEURS, TOUJOURS DES FLEURS...

Précédemment, on a dit qu'il fallait répéter les taches dans le temps, ce qui est vrai pour les vivaces, les arbustes à fleurs, les petits bulbes, etc., pour assurer une floraison durant tout l'été. Mais il y a un groupe de plantes qui peut vraiment fournir des fleurs sans arrêt tout au long de l'été : les annuelles. Elles peuvent fleurir continuellement de la toute fin de mai à la toute fin de septembre ou d'octobre, selon le climat et les conditions météo. Utiliser des annuelles pour faire au moins quelques taches de couleur enlève *beaucoup* de pression sur l'aménagiste : vous n'avez plus besoin de penser ce qui peut bien fleurir durant la troisième semaine de juillet ou la deuxième de septembre : les annuelles seront là si les vivaces, les bulbes, les arbustes et les autres végétaux vous laissent tomber.

66. DES FLEURS TOUT L'ÉTÉ... SANS ANNUELLES

Les annuelles ont l'avantage de fleurir essentiellement tout l'été, mais le désavantage de demander plus de travail que les autres végétaux, car il faut les remplacer tous les ans alors que les autres reviennent d'eux-mêmes... du moins, en général. Peut-on donc envisager assurer une floraison sans arrêt durant tout l'été sans employer d'annuelles ? Oui, mais c'est plus compliqué. La consigne pour réussir ce tour de force est la suivante. D'abord, faites un effort avec une combinaison de bulbes, de vivaces et d'arbustes ayant différentes périodes de floraison pour préparer un aménagement qui est toujours en

fleurs… mais peu de gens le réussissent. Même après sept ou huit ans d'efforts, d'ajouts et de déplacements, il semble toujours rester au moins un trou dans la floraison. Pour corriger cette lacune, la solution consiste à épier les voisins! Car ce qui fleurit chez eux à telle période fleurira chez vous aussi au même moment.

67. POUR OBTENIR LA PLANTE MANQUANTE

Il n'y a qu'une seule façon logique d'obtenir une plante que vous avez vue chez un voisin: allez lui quémander des boutures (rameaux, feuilles, bourgeons ou racines)! Soyez flatteur et complaisant, mais insistant aussi et vous devriez les obtenir sans problèmes. Il est rare qu'il faille se mettre à genoux et pleurer comme une Madeleine pour l'avoir, mais... il faut ce qu'il faut!

68. AU-DELÀ DES FLEURS

Beaucoup de jardiniers semblent avoir de la difficulté à comprendre qu'il peut y avoir autre chose que des fleurs dans un aménagement paysager. N'oubliez pas que les feuillages aussi peuvent jouer un rôle important ou même dominant. Par leur couleur, leur forme et leur texture, ils peuvent complémenter ou même remplacer les fleurs. Il est parfaitement loisible de préparer une plate-bande entièrement consacrée aux feuillages et créer tout de même un effet extraordinaire.

Avec des plantes à feuillage coloré, nul besoin de fleurs!

69. DES FEUILLAGES CONTRASTANTS

Une technique «classique» pour profiter des feuillages ornementaux est de contraster des feuilles de grande taille, comme celles des hostas, avec des feuilles de petite taille comme celle des bleuetiers ou de l'herbe aux écus.

70. DES FEUILLAGES CONTRASTANTS (BIS)

Ou encore, opposez des feuillages grossièrement découpés, comme celui de la barbe de bouc, avec des feuillages finement découpés, comme celui de la plupart des fougères.

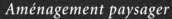

71. LES TEXTURES DU FEUILLAGE JOUENT AUSSI UN RÔLE

Enfin, n'oubliez pas que les feuilles ont aussi une texture : lisse ou rude, luisante ou veloutée. Certaines plantes, comme les bergenias (*Bergenia* spp.), ont un feuillage tellement remarquable qu'elles peuvent facilement être considérées comme des plantes vedettes.

72. LES PANACHÉS ONT DU PANACHE

Les feuillages panachés sont justement très populaires. C'est notamment le cas avec les hostas, mais il existe aussi des formes panachées de presque toutes les plantes. Par panaché, on veut dire des plantes aux feuilles bicolores ou tricolores. Habituellement, la feuille est verte avec une portion variable de blanc, mais elle peut aussi être pourpre et les marbrures peuvent être roses, jaunes ou d'autres couleurs. Souvent

Les feuillages panachés, comme ce hosta, ajoutent de l'intérêt.

les feuillages panachés sont si saisissants qu'ils attirent davantage l'œil que les fleurs ! Utilisez des feuillages panachés là où vous cherchez à mettre du *punch* dans le paysage ou encore, là où il y a beaucoup d'ombre, car les panachures créent un effet de percée de lumière.

73. LES FEUILLAGES « DORÉS » VOLENT LA VEDETTE

Si les feuillages panachés volent la vedette, les feuillages «dorés» (c'est ainsi qu'on appelle le vert lime clair et autres teintes de jaune en horticulture) peuvent dominer même de 25 m ! Le jaune est encore plus saisissant que le blanc et perce l'ombre comme une flèche. Le feuillage jaune est d'ailleurs tellement saisissant qu'il vaut parfois mieux de se retenir un peu.

Les plantes à feuillage « doré » éclaircissent les coins ombragés.

74. UNE NOTE SOMBRE DANS LE PAYSAGE

En plus des feuillages panachés et dorés, il y a des feuillages «bronze». Ce terme n'indique pas une véritable teinte de bronze, mais plutôt des feuillages pourpres, rouges ou vert rougeoyant. Ces couleurs saisissent en pépinière, mais il est plus difficile de les utiliser dans le paysage, car leur coloration sombre fait qu'on ne les distingue pas bien à moins que le soleil brille. Plantez cependant des plantes à feuillage «doré» ou clair à proximité et voyez comment les bronzes reprennent vie!

Les feuillages pourpres manquent d'éclat... à moins d'être plantés près de plantes à feuillage clair.

75. POUR UN EFFET SATISFAISANT, PENSEZ AUX NUMÉROS IMPAIRS

Si on laissait aller la plupart des êtres humains, on ferait comme Noé: on planterait toutes les plantes deux par deux. C'est sans doute le penchant inné des humains pour la symétrie qui en est la cause. Cependant, tous les spécialistes s'accordent pour dire que, dans l'aménagement paysager, il est préférable de planter par numéros impairs: trois, cinq, sept, etc. Toutefois au-delà de sept l'œil ne saisit plus cette nuance et il ne faut plus avoir peur de planter par numéros pairs.

76. NE VOUS LAISSEZ PAS DOMINER PAR LES « COLORISTES »

L'équipe bon chic bon genre s'est fait un grand plaisir de développer des règles concernant l'utilisation des couleurs dans l'aménagement paysager. Il faut planter telle couleur avec telle autre, mais du x avec du y? Jamais! Ils annoncent même des couleurs à la mode pour chaque été (alors vous arrachez tout pour recommencer à zéro, pour apprendre l'année suivante que votre aménagement est tellement dépassé!). Je vous souhaite bonne chance si vous voulez les suivre, car ils n'admettent pas n'importe qui dans leur petit cercle fermé et si vous n'êtes pas du nombre, les couleurs que vous choisirez seront toujours ridicules, sinon de mauvais goût. Je vous suggère de vous boucher les oreilles quand ils parlent. Ce sont des gens insignifiants qui ne savent rien, mais qui pensent tout savoir.

77. LE CERCLE CHROMATIQUE : FASCINANT EN THÉORIE, MAIS PEU UTILE EN RÉALITÉ

Certaines couleurs s'harmonisent mieux ensemble que d'autres, tout le monde le sait. Mais comme il fallait nécessairement trouver une explication à cela, les coloristes ont inventé le cercle des couleurs. En fait, ils ne l'ont pas inventé, ils l'ont volé tout droit aux artistes, mais ils *pensent* qu'ils l'ont inventé et c'est ça qui est important. Ce cercle, avec ses couleurs primaires et secondaires, est censé vous aider à choisir les couleurs de votre aménagement. Ainsi les couleurs qui sont voisines sur le cercle, comme le rouge, l'orange et le jaune, sont considérées harmonieuses et vont bien ensemble. Les couleurs qui sont situées à l'opposé sont contrastantes et aussi vont bien ensemble. Mais beaucoup de couleurs essentielles ne figurent pas sur le cercle : blanc, rose, gris, argenté, noir, etc. Donc les coloristes ont élaboré des théories supplémentaires pour expliquer leur utilisation et, après quinze pages de lecture, vous apprenez finalement que toutes les couleurs peuvent aller bien ensemble. Çà, j'aurais pu vous le dire en une seule phrase !

Ceux qui y croient peuvent utiliser un cercle chromatique pour aider à choisir des couleurs harmonieuses.

78. IMPOSSIBLE D'APPLIQUER LES « RÈGLES » DE LA COULEUR DANS LE JARDIN

Même si c'était possible de choisir *la* combinaison de couleurs parfaite pour le jardin sur une palette de mille couleurs, comme on peut le faire avec les échantillons de peinture, vous ne pourriez pas la mettre en pratique dans votre aménagement. Les couleurs à l'extérieur changent constamment, notamment sous l'influence du soleil : intenses et pures le matin, délavées à midi, rougeoyantes le soir, etc. La même fleur ou feuille ne sera pas non plus de la même teinte si elle est située à l'ombre ou si elle est au soleil. De plus, les fleurs changent de couleur au cours de leur épanouissement, d'intenses en bouton à souvent très pâles à la fin de la floraison. Elles peuvent même changer entièrement de couleur. Et il y a un renouvellement constant chez les participants à mesure que certaines plantes commencent à fleurir et que d'autres achèvent. Donc cette combinaison parfaite sur laquelle vous avez tant travaillé se réalisera peut-être de

15 h 10 à 16 h 04 le 14 juin seulement… si jamais les deux floraisons dont la combinaison était tant convoitée se croisent. Oubliez donc les combinaisons trop poussées qui ne fonctionnent jamais ou alors pour une si courte période de temps et restons simples. C'est bien plus facile !

79. LES « RÈGLES » DES COULEURS POUR LE JARDINIER PARESSEUX

Voici les règles de la sélection des couleurs pour le jardinier paresseux : **trouvez des plantes de couleurs qui vous plaisent et plantez-les ensemble.** Car presque toutes les couleurs vont bien ensemble dans le jardin. Au départ, vous avez toujours un fond de vert qui aide à lier les couleurs qui auraient juré ailleurs et à adoucir les contrastes trop forts. Et si jamais vous n'aimez pas une combinaison, déplacez une des deux plantes. Est-ce que ça pourrait être plus simple ?

80. POUR APAISER LES CONTRASTES

Le blanc des fleurs et des feuillages et le gris, strictement des feuillages, aident à résoudre des conflits dans les couleurs. Un contraste trop fort, un mélange douteux ? ajoutez du blanc ou du gris entre les coupables et le problème est réglé.

81. DES COULEURS QUI APAISENT...

Si vous voyez votre aménagement comme un havre de paix et de tranquillité, optez plutôt pour des couleurs froides comme les teintes de bleu, de violet et de pourpre avec du blanc si vous le désirez.

Utilisez les feuillages gris, comme ces cinéraires maritimes (Senecio cineraria), ou des fleurs blanches pour « apaiser » les couleurs trop vives.

82. ... ET DES COULEURS QUI AVIVENT

Si, au contraire, pour vous, votre aménagement est un lieu de fête et de réjouissance, préférez les teintes chaudes comme le rouge, l'orange et le jaune. Alors ce sera le *party* tout le temps!

83. CHAUD ET FROID

Les couleurs chaudes, comme le rouge, l'orange et le jaune, stimulent et conviennent bien à un endroit animé.

Ou encore, divisez votre terrain en «pièces», réservant les couleurs froides (bleu, violet, pourpre et blanc) pour les coins de repos et de relaxation et les couleurs chaudes (rouge, orange et jaune) pour les coins où l'on veut stimuler de l'action et de la conversation, par exemple autour de la piscine ou de la table.

84. UN PEU D'ESPACE, S'IL VOUS PLAÎT

Une des erreurs les plus courantes que font les jardiniers débutants est de planter trop serré. Il en résulte un fouillis où les plantes plus faibles sont éliminées et où même les plus fortes ne réussissent pas à atteindre leur plein développement. Rappelez-vous que les petits plants que nous achetons grossiront et que certaines deviendront même des géants. Avant de planter, vérifiez donc les dimensions de la plante adulte.

85. LE BON ESPACEMENT... POUR UN JARDINIER PARESSEUX

Il n'est pas très utile de laisser des espaces vides dans une plate-bande: les mauvaises herbes finissent par s'y installer. Il faut planter assez serré pour combler tout l'espace tout en laissant assez de place pour que les plantes puissent atteindre leur pleine taille. Idéalement, on plante de façon à ce que les plantes se touchent un peu sur tous les bords, mais qu'elles aient quand même l'espace vital nécessaire. Suggestion de paresseux: plantez les végétaux à un espacement équivalent à *environ* trois quarts de leur diamètre adulte. Ainsi, une vivace qui atteindra 75 cm de diamètre à maturité pourrait être plantée à environ 60 cm d'espacement.

86. UN JARDIN SOUS LA LOUPE

Pour agrandir visuellement un petit terrain, placez de grosses plantes ou des plantes à grosses feuilles en avant-plan et des petites plantes ou des plantes à petites feuilles au fond complètement. Mieux encore, achetez des meubles de jardin d'enfant qui ressemblent à des meubles d'adultes et placez-les aussi au fond du terrain. Cela donnera l'impression d'un terrain très vaste.

Un sentier d'accès à travers une plate-bande peut-être très utile.

87. DES PASSAGES DANS LA PLATE-BANDE

N'oubliez pas de prévoir des petits sentiers à travers vos plates-bandes. Il peut s'agir de simples passe-pieds, de dalles ou de pas japonais et ils n'ont même pas besoin d'être très visibles, pour autant que vous, le jardinier, savez où ils se trouvent. L'idée est de toujours poser les pieds sur ces pierres pour ne pas avoir à les poser dans la plate-bande en travaillant. Marcher sur une terre à jardin la compacte et détruit à jamais sa structure.

88. DES PASSAGES DANS LA PLATE-BANDE (BIS)

Il est doublement important d'avoir un endroit de passage dans une plate-bande longue et étroite bordée de chaque côté de gazon. Tôt ou tard, et probablement très tôt, quelqu'un va décider qu'il est plus facile de traverser la plate-bande que d'en faire le tour. S'il y a un endroit de passage bien défini, comme une série de pierres plates, neuf fois sur dix le coupable va le choisir.

89. UN SENTIER DE PAILLIS

On n'y pense pas souvent, mais les paillis font d'excellents recouvrements pour un sentier. La démarche sera alors en toute douceur et ils étoufferont les mauvaises herbes. Si jamais vous voyez que des mauvaises herbes commencent à germer, c'est signe que le paillis devient trop mince : rajoutez-en.

Le paillis fait un excellent recouvrement pour un sentier d'accès.

90. UN SENTIER DE PAPIER JOURNAL

Côté esthétique, le papier journal n'a rien d'intéressant, mais quelle efficacité pour étouffer les mauvaises herbes! Étalez-en une bonne épaisseur, par section entière, pour créer un sentier instantané, même à travers une mer de mauvaises herbes, puis recouvrez de paillis (voir le truc précédent) pour un fini plus attrayant.

91. UNE LARGEUR MINIMALE POUR UN SENTIER

Calculez une largeur minimale de 1,2 m pour un sentier. Même si cela paraît énorme au début, c'est le minimum pour permettre la circulation de deux personnes, notamment lorsque la végétation environnante commence à pousser et déborde sur le sentier.

92. DES PIERRES MOUSSUES

Des pierres couvertes en tout ou en partie de mousse donnent l'impression de grand âge... et effectivement, si vous laissez une pierre dans un emplacement convenable, de la mousse y poussera... éventuellement. On peut cependant accélérer les choses. Mélangez dans un robot culinaire une poignée de mousse verte cueillie sur le terrain, une poignée d'argile à poterie* (disponible dans les boutiques de produits d'artisanat) et 500 ml d'eau. Mélangez le tout et appliquez le mélange sur la roche avec un pinceau. Maintenez la roche humide pendant les cinq prochaines semaines en la vaporisant deux fois par jour ou installez un système de vaporisation temporaire. Lorsque la mousse sera bien établie, vous pourrez diminuer les arrosages. Après le premier été, les mousses pourront composer avec les conditions locales sans la moindre intervention de votre part.

93. ENTENDEZ-VOUS AVEC L'ENTREPRENEUR LORS DE TRAVAUX MAJEURS

Quand vous devez faire des travaux majeurs sur votre terrain qui impliquent l'utilisation de machinerie lourde (camions, béliers mécaniques, etc.), entendez-vous toujours auparavant avec l'entrepre-

---

*D'autres recettes demandent du babeurre, du yogourt ou de la bière, mais l'expérience du jardinier paresseux est que l'argile donne de bien meilleurs résultats.

neur pour protéger le plus possible les plantations déjà existantes. Les mouvements d'un camion peuvent détruire complètement une plate-bande et juste le poids de la machinerie peut tuer les racines des arbres, menant à leur perte quelques années plus tard (les arbres meurent généralement peu à peu). L'expérience démontre que les entrepreneurs sont généralement si concentrés sur *leur* travail qu'ils ne respectent aucunement les autres éléments du terrain et surtout les végétaux, à moins d'en être avertis d'avance. Donc, avant de conclure un contrat, entendez-vous sur les endroits de passage permis et sur l'espace d'empiétement nécessaire pour accomplir les travaux.

94. MARQUEZ LES ENDROITS « PROTÉGÉS » PAR UNE CLÔTURE

Après vous être entendu avec l'entrepreneur sur l'espace nécessaire pour les travaux, marquez les pourtours de cette zone avec une clôture vivement colorée. Cela fait prendre conscience des zones à protéger aux ouvriers qui ont alors moins tendance à rouler partout en brisant votre terrain.

Lors de travaux majeurs, n'oubliez pas de protéger votre aménagement.

95. LORS DE TRAVAUX, PROTÉGEZ AUSSI LES PLATES-BANDES ET LES PELOUSES

Quand de la machinerie lourde passe sur une plate-bande ou même tout simplement sur une pelouse, son poids peut non seulement écraser et tuer les plantes présentes, mais détruire à jamais la structure du sol. On reconnaît, souvent encore vingt ans plus tard, les traces du passage d'un camion sur une pelouse par un gazon « qui ne pousse pas bien », résultat d'un sol trop compacté où les racines ne pénètrent pas assez en profondeur. Pour protéger la pelouse, recouvrez les sections où la machinerie passera, de panneaux de contreplaqué. Quant aux plates-bandes, pour qu'elles souffrent le moins possible, recouvrez-les de 20 à 30 cm de paillis avant de les recouvrir de panneaux de contre-plaqué. Après les travaux, vous pouvez tout simplement étendre ce paillis sur les autres plates-bandes et autour des arbres.

96. MÊME DES DÉPÔTS DE TERRE PEUVENT NUIRE

Le simple fait de déposer de la terre, des pierres, des déchets, etc. sur les racines d'un arbre ou d'un arbuste peut compacter suffisamment le sol pour tuer ses racines.

Même un tas de terre qui séjourne trop longtemps au même emplacement peut tuer les arbres dont il recouvre les racines.

97. LORS DE TRAVAUX, DÉPLACEZ TEMPORAIREMENT LES ARBRES, ARBUSTES ET CONIFÈRES

Rien ne protégera adéquatement une plante ligneuse contre les assauts d'un brouteur ou d'un camion : même le contreplaqué qui protège les autres végétaux les brisera. Vous avez deux choix : soit couper la plante avant les travaux pour la remplacer par la suite par une autre ou la déplacer temporairement. Il est généralement facile de déplacer les arbustes et les conifères nains ainsi que les jeunes arbres, mais il est difficile de le faire pour les grands arbres et les conifères et il faut souvent sacrifier ces derniers.

98. APRÈS LES TRAVAUX, DÉGAGEZ RAPIDEMENT

Plus les plantes sont privées de lumière, plus elles souffrent. Donc, si vous aviez pris le soin de recouvrir les plantes de paillis ou de contreplaqué lors des travaux majeurs, n'oubliez pas d'enlever cette protection le plus rapidement possible dès que les travaux sont terminés. La reprise sera d'autant plus rapide.

99. UN SOUS-BOIS, ÇA NE SE NETTOIE PAS !

Une chose qui me fait grincer des dents en tant que jardinier paresseux, c'est un nouveau propriétaire, fier d'avoir acheté un beau « terrain boisé », qui annonce aussitôt qu'il s'apprête à « nettoyer le sous-bois ». Par cela, il veut généralement dire couper tout sauf les plus grands arbres, enlever les plantes au sol ainsi que la litière du sol forestier puis semer du gazon partout, à la manière d'un parc public. Tristement, cela donnera le coup de grâce à son sous-bois. C'est qu'une forêt n'est pas qu'un groupe d'arbres individuels poussant à proximité les uns des autres, c'est une communauté vivante composée de végétaux et d'animaux des plus variés entre lesquels existe une multitude d'interrelations… et c'est une communauté fragile, en plus. Les plantes herbacées, les jeunes arbres, les micro-organismes présents dans la litière du sol, etc. font autant partie de la forêt que les grands arbres: quand on les enlève, on change complètement la donne. En enlevant la litière du sol forestier pour semer du gazon, les arbres restants se trouvent subitement dans un tout autre écosystème. Entre autres, au lieu que leurs racines soient protégées des éléments par une épaisse et riche litière, on leur flanque du gazon produit en série et fertilisé artificiellement, ce qui est tout un choc pour leurs racines. Pire, en tant que végétaux adultes, ils avaient déjà apprivoisé l'autre système et ne sont pas aussi capables de s'adapter aux changements que les plantes plus jeunes. Juste le fait que le vent, qui pénétrait peu la forêt naturelle à cause de l'enchevêtrement des végétaux de toute taille, puisse maintenant attaquer de plein fouet des troncs qui n'avaient jamais connu sa pleine force est toute une épreuve pour les arbres. Le résultat? Les arbres qui ne sont pas fauchés par le vent commencent à mourir (le gazon aussi, car il ne tolère pas l'ombre, mais ça, c'est une autre histoire!), lentement mais sûrement: une lente agonie qui peut durer dix à quinze ans. Bye-bye forêt, bye-bye sous-bois… et le propriétaire se gratte la tête en se demandant ce qu'il a bien pu faire pour mériter cela. Il faut apprendre à respecter la forêt et son sous-bois (un sous-bois, par définition, se compose de plantes poussant sous des arbres) si on veut les conserver.

100. MAIS PEUT-ON AMÉNAGER UN SOUS-BOIS ?

Oui, mais il faut y aller doucement. D'abord, touchez le moins possible à la litière du sol forestier. Cette couche de matière organique en surface, surtout composée de résidus non entièrement décomposés (feuilles mortes, écorces, cocottes, etc.) et de micro-organismes bénéfiques, est essentielle à la vie de la forêt, car, entre autres, c'est sa source d'humus. Si elle vous paraît sale et désorganisée, c'est que vous n'avez pas encore appris à accepter dame Nature et sa façon de travailler. Apprenez donc à utiliser la forêt comme fond de scène sans trop la toucher. Aménagez en bordure de la forêt, cette

Faire le «ménage» d'un sous-bois peut tuer les arbres qui y poussent.

zone perturbée là où le mal est déjà fait (on ne peut pas installer une maison, une aire de stationnement, une entrée, etc. sans briser un peu la forêt). Si cela ne vous suffit pas, pensez à aménager un sentier dans la forêt, un sentier qui pourrait serpenter çà et là, faisant le tour des plus grands arbres et en découvrant les points forts de la forêt : une petite source, quelques grosses roches mousseuses, une énorme souche envahie par des végétaux, un arbre tombé révélant au monde ses curieuses racines, une petite grotte, etc. D'accord, l'aménagement du sentier demandera la suppression de quelques arbres et de plusieurs plantes, mais autrement la forêt restera intacte. Ajoutez quelques plantes d'ombre le long du sentier et vous voilà avec un aménagement magnifique, surtout sculpté par dame Nature, mais avec quelques touches personnelles. Et l'entretien de cet aménagement frise le zéro absolu.

101. LA FORÊT : L'ULTIME AMÉNAGEMENT POUR LE JARDINIER PARESSEUX

Relisez la dernière partie du conseil précédent. En effet, la beauté d'une forêt naturelle pour le jardinier paresseux c'est qu'elle ne demande presque aucune intervention de sa part. Enfin un aménagement paysager qu'on peut réellement regarder de son hamac sans jamais se lever ! Vous n'avez rien à faire… ou si peu. Si un arbre dépérit, qu'il meure ! Si un autre menace de tomber, qu'il tombe ! Un arbre mort, un tronc couché au sol dans une forêt, ça fait partie du système. Où pensez-vous que les oiseaux de la forêt nichent sinon dans les arbres morts ? Et le tronc couché par terre sera rapidement envahi d'une foule d'animaux et de plantes, stimulés par sa lente décomposition. D'accord, si un arbre menace de tomber sur votre voiture, vous devez agir (déplacez l'auto, peut-être), mais autrement, vous avez, avec la forêt, l'ultime aménagement paysager pour paresseux : beau comme tout et rien à faire pour l'entretenir !

Une forêt fait un superbe fond de scène pour un aménagement.

102. LA FORÊT : UN FOND DE SCÈNE EXTRAORDINAIRE

Il n'y a rien de mieux qu'une forêt pour mettre en valeur un aménagement paysager. Une plate-bande, même super-colorée et parfaitement aménagée, détonne toujours un peu lorsqu'on la pose sur une mer de gazon. On dirait que des extra-terrestres l'ont laissée tombée de leur soucoupe volante. Mais donnez à cette même plate-bande un fond de forêt dense, et elle prend tout une autre allure.

103. DES PLANTES PRÈS DE LA PISCINE

Les végétaux qui s'adaptent bien à l'environnement autour d'une piscine ont souvent un feuillage ciré, grisâtre ou spécialement épais, ce qui empêche le chlore qui s'évapore ou qui écablousse le feuillage de brûler les tissus fragiles à la surface de la feuille. Toutefois, malgré la croyance populaire qui veut que le sol aux alentours d'une piscine soit détrempé, il a en fait tendance à être plus sec qu'humide à cause des produits drainants utilisés pour l'installation de la piscine, notamment le sable. On recherche des végétaux au feuillage ciré ou grisâtre et résistants à la sécheresse, comme les suivants :

- **ARABETTE**
  (*ARABIS* SPP.) ZONE 4
- **ARGOUSIER FAUX-NERPRUN**
  (*HIPPOPHAE RHAMNOIDES*) ZONE 2B
- **ARMOISE** (ESPÈCES ARGENTÉES)
  (*ARTEMISIA* SPP.) ZONES 2 À 8
- **AVOINE BLEUE**
  (*HELICTOTRICHON SEMPERVIRENS*) ZONE 4
- **BLEUETIER**
  (*VACCINIUM* SPP.) ZONES 2 À 5
- **CÉRAISTE TOMENTEUX**
  (*CERASTIUM TOMENTOSUM*) ZONE 2
- **CHALEF ARGENTÉ**
  (*ELAEAGNUS COMMUTATA*) ZONE 1B
- **COTONÉASTER HORIZONTAL**
  (*COTONEASTER HORIZONTALIS*) ZONE 6
- **ÉPINETTE BLEUE DU COLORADO**
  (*PICEA PUNGENS* 'GLAUCA') ZONE 2
- **FÉTUQUE BLEUE**
  (*FESTUCA* SPP.) ZONE 4
- **FUSAIN DE FORTUNE**
  (*EUONYMUS FORTUNEI*) ZONE 5B
- **GADELIER ALPIN**
  (*RIBES ALPINUM*) ZONE 4B
- **GENÉVRIER COMMUN**
  (*JUNIPERUS COMMUNIS*) ZONE 3

- **GENÉVRIER DES ROCHEUSES**
  (*JUNIPERUS SCOPULORUM*) ZONE 4B
- **GENÉVRIER HORIZONTAL**
  (*JUNIPERUS HORIZONTALIS*) ZONE 2
- **HÉMÉROCALLE**
  (*HEMEROCALLIS* SPP.) ZONE 3
- **HERBE AUX ÉCUS**
  (*LYSIMACHIA NUMMULARIA*) ZONE 3
- **HOUX** (À FEUILLES PERSISTANTES)
  (*ILEX X MESERVAE*) ZONES 4 À 9
- **MISCANTHUS**
  (*MISCANTHUS SINENSIS*) ZONES 4-5
- **MÛRIER BLANC**
  (*MORUS ALBA*) ZONE 4
- **MYRIQUE BAUMIER**
  (*MYRICA GALE*) ZONE 2
- **MYRIQUE DE PENNSYLVANIE**
  (*MYRICA PENSYLVANICA*) ZONE 2
- **OLIVIER DE BOHÊME**
  (*ELAEAGNUS ANGUSTIFOLIA*) ZONE 2B
- **PIN MUGO**
  (*PINUS MUGO*) ZONE 1
- **POTENTILLE ARBUSTIVE**
  (*POTENTILLA FRUTICOSA*) ZONE 2
- **POURPIER**
  (*PORTULACA OLERACEA*) ANNUELLE

- **RAISIN D'OURS**
  (*ARCTOSTAPHYLOS UVA-URSI*) ZONE **2**

- **ROSIER RUGUEUX**
  (*ROSA RUGOSA*) ZONE **3**

- **SAUGE RUSSE**
  (*PEROVSKIA ATRIPLICIFOLIA*) ZONE **4**B

- **SÉDUM**
  (*SEDUM* SPP.) ZONES **2** À **10**

- **SERINGAT**
  (*PHILADELPHUS*) ZONE **4**

- **THÉ DU CANADA**
  (*GAULTHERIA PROCUMBENS*) ZONE **2**

- **THYM**
  (*THYMUS* SPP.) ZONES **3** À **8**

104. UN PRÉ FLEURI QUI FONCTIONNE VRAIMENT

Beaucoup de jardiniers rêvent de remplacer leur gazon par un beau pré fleuri, mais peu réussissent à en réaliser un qui fonctionne vraiment. Il faut d'abord disposer d'une grande surface : il n'est pas évident, en effet, d'installer un « pré » dans un carré de 3 m sur 3 m ! Il faut normalement un terrain à la campagne où l'espace ne manque pas, mais le temps pour le tondre, oui. Et il ne suffit pas de lancer des graines de « pré fleuri » sur un gazon et de les laisser pousser pour voir des fleurs fuser de partout. Le gazon est tellement dense que les graines ne germeront pas. À la place, faites herser (si vous avez une maison à la campagne, vous avez sans doute un ami agriculteur qui pourrait faire ce travail) la surface une fois, au printemps ou à l'automne. Maintenant, lancez des graines à la volée sur la surface hersée. Puis rentrez chez vous et regardez ce qui se passe. Sans arrosage aucun, sans désherbage, avec une compétition qui vient d'être mise hors jeu par le labourage, les fleurs peuvent profiter de la terre nue pour germer. Les graminées ont peut-être été mises temporairement K.-O. par le hersage, mais elles reprendront rapidement et se mélangeront aux fleurs pour créer l'effet de pré fleuri que vous recherchez.

Un pré fleuri peut être une solution intéressante si tondre le gazon prend tout votre temps.

105. IL FAUT HERSER ET RESSEMER ANNUELLEMENT

Il faut répéter le traitement décrit ci-dessus annuellement pour maintenir le pré fleuri, sinon les graminées reprendront rapidement le dessus. Si herser et ensemencer annuellement vous paraît représenter beaucoup de travail, c'est toutefois moins que de devoir tondre la pelouse une fois par semaine !

Aménagement paysager

Végétaux

ANNUELLES ET BISANNUELLES

■ Définition

106. LES ANNUELLES ET LES BISANNUELLES : DEUX CÔTÉS D'UNE MÊME MÉDAILLE

Les annuelles sont souvent vendues en caissettes à la fin du printemps.

Plusieurs jardiniers tendent à mettre les bisannuelles dans le même panier que les vivaces vu que les deux persistent plus d'un an dans la plate-bande. Mais en fait, les bisannuelles sont davantage apparentées aux annuelles. En réalité, les deux sont «monocarpes» (on dit aussi «monocarpiques»), c'est-à-dire qu'elles ne fleurissent qu'une seule fois, puis elles meurent. Les vivaces, par contre, fleurissent année après année. Les annuelles fleurissent la première année, font des graines, puis meurent au premier gel sévère. Les bisannuelles

(notez le «bi», pour deux, dans le nom) ne font que du feuillage la première année et fleurissent la deuxième pour mourir ensuite. Dans les deux cas, il faut prévoir les remplacer à la fin de leur vie utile.

107. UN RÔLE IMPORTANT À JOUER...

Les annuelles ont un rôle important à jouer dans l'aménagement paysager, car elles sont seules à fleurir tout l'été sans arrêt. On peut donc planter une plate-bande uniquement d'annuelles et être certain d'avoir des fleurs de la toute fin de mai à la toute fin de septembre (ou d'octobre, selon le climat et si l'automne est doux). Aucun autre groupe de plantes ne peut les égaler sur ce plan.

108. ... MAIS UN DÉFAUT MAJEUR

Les annuelles, malgré leur floraison ininterrompue, n'ont plus la cote chez les jardiniers. C'est qu'il faut les replanter tous les ans... ce qui représente beaucoup de travail et beaucoup de dépenses. Cela n'est pas évident la première fois que vous les plantez, bien sûr, car les annuelles ne coûtent pas plus cher que leurs rivales principales, les vivaces (c'est même le contraire!) et ne demandent pas plus d'efforts à la plantation. Mais ce qui devient vite ennuyant, et éventuellement coûteux, c'est de devoir replanter ou ressemer année après année. Il ne faut pas de temps aux jardiniers débutants pour apprendre qu'il est plus facile de planter une fois une vivace qui restera en place pendant des années qu'une annuelle qu'il leur faudra remplacer tous les ans.

109. DES CITOYENNES DE DEUXIÈME ORDRE

Dans la tête de beaucoup de jardiniers, les annuelles sont des «citoyennes de deuxième ordre», inférieures aux vivaces qui constituent le summum du monde horticole, et beaucoup de jardiniers refusent d'en planter par pur snobisme. C'est regrettable, car les annuelles ont beaucoup à offrir... même aux jardiniers paresseux. Comme elles requièrent plus de travail que les vivaces, le secret est de savoir les utiliser: bien, et avec en modération. Des taches de couleur (truc 58) d'annuelles toujours en fleurs dans une plate-bande autrement dominée par les vivaces qui entrent et sortent de périodes de floraison plus courtes, voilà une utilisation logique des annuelles et une façon de les employer qui ne vous demandera que peu d'efforts et de sous.

■ Annuelles qui se ressèment

110. LES MEILLEURES ANNUELLES SE RESSÈMENT...

Le coquelicot (Papaver rhoeas) est parmi les annuelles qui se ressèmera si on lui laisse un peu d'espace.

...du moins, c'est le point de vue des jardiniers paresseux. Vous les plantez une première fois, puis elles reviennent d'année en année à partir de graines qui tombent au sol au pied de ou à proximité de la plante-mère. Comparez cela aux annuelles qu'il faut ressemer dans la maison et repiquer tous les ans! Parmi les annuelles qui se ressèment fidèlement, citons les plantes suivantes:

- **ALYSSE ODORANTE**
  (*LOBULARIA MARITIMA*)

- **AMARANTE**
  (*AMARANTHUS CAUDATUS*)

- **CENTAURÉE BLEUET**
  (*CENTAUREA CYANEA*)

- **CHRYSANTHÈME ANNUEL**
  (*CHRYSANTHEMUM CARINATUM* ET *C. CORONARIUM*)

- **CLARKIE**
  (*CLARKIA UNGUICULATA*)

- **CLÉOME**
  (*CLEOME HASSLERANA*)

- **COQUELICOT**
  (*PAPAVER RHOEAS*)

- **CORÉOPSIS DES TEINTURIERS**
  (*COREOPSIS TINCTORIA*)

- **COSMOS**
  (*COSMOS BIPINNATUS* ET *C. SULPHUREUS*)

- **CYNOGLOSSE**
  (*CYNOGLOSSUM AMABILE*)

- **GLOIRE DU MATIN**
  (*IPOMOEA TRICOLOR* ET *I. NIL*)

- **GODÉTIE**
  (*CLARKIA AMOENA*)

- **IMPATIENTE DES HIMALAYAS**
  (*IMPATIENS GLANDULIFERA*)

- **LAVATÈRE À GRANDES FLEURS**
  (*LAVATERA TRIMESTRIS*)

- **LIN ANNUEL**
  (*LINUM GRANDIFLORUM*)

- **NIELLE DES BLÉS**
  (*AGROSTEMMA GITHAGO*)

- **PAVOT DE CALIFORNIE**
  (*ESCHSCHOLZIA CALIFORNICA*)

- **PAVOT SOMNIFÈRE**
  (*PAPAVER SOMNIFERUM*)

- **PENSÉE**
  (*VIOLA X WITTROCKIANA*)

- **PÉRILLA DE NANKIN**
  (*PERILLA FRUTESCENS*)

- **PHACÉLIE À FEUILLES DE TANANAISIE**
  (*PHACELIA TANACETIFOLIA*)

- **POURPIER**
  (*PORTULACA GRANDIFLORA*)

- **RUDBECKIE VELUE**
  (*RUDBECKIA HIRTA*)

- **SAUGE HORMIN**
  (*SALVIA VIRIDIS*)

- **SOUCI**
  (*CALENDULA OFFICINALIS*)

- **TABAC D'ORNEMENT**
  (*NICOTIANA SYLVESTRIS*)

- **TOURNESOL**
  (*HELIANTHUS ANNUUS*)

- **VERVAINE DE BUENOS AIRES**
  (*VERBENA BONARIENSIS*)

111. UN ESPACE POUR LE RÉENSEMENCEMENT

Savoir que beaucoup d'annuelles et toutes les bisannuelles se ressèment, c'est très bien, mais il faut quand même leur laisser la place pour le faire. En effet, dans les aménagements bien paillés des jardiniers les plus paresseux, il n'y a pas de possibilité pour que quelque plante herbacée que ce soit se ressème, les paillis empêchant la germination des graines. Il faut donc laisser quelques espaces non paillés çà et là si l'on veut voir les annuelles et les bisannuelles revenir.

■ Achat d'annuelles

112. LES ANNUELLES « EN VERT » SONT LES MEILLEURS ACHATS

En Europe, on vend surtout des annuelles « en vert », c'est-à-dire quand les plants sont jeunes et pas encore fleuris. C'est que les jeunes plants reprennent beaucoup mieux après le repiquage que les plants d'âge mûr, déjà en pleine floraison, qu'on nous vend en Amérique. De l'autre côté de l'Atlantique, les annuelles en fleurs sont souvent jetées, car elles sont périmées et les bons jardiniers ne veulent plus les acheter ! Il est presque impossible de trouver des annuelles de bonne qualité sur notre continent, mais si vous pouvez en localiser, essayez-les : la différence est remarquable !

■ Plantation

113. SUS AUX FLEURS À LA PLANTATION

Pour une bonne reprise des annuelles repiquées, supprimez toujours les fleurs et les boutons floraux à la plantation. C'est qu'une plante en fleurs n'a plus tendance à produire de nouvelles racines. Ainsi, l'annuelle fleurit, mais ne grossit plus. Par contre, quand on enlève ses fleurs à la plantation, la plante produira rapidement de nouvelles racines… et une plante bien enracinée fleurira plus abondamment et plus longtemps.

114. DES CHAMPIGNONS BÉNÉFIQUES

Pour une meilleure croissance chez les annuelles, appliquez-leur des mycorhizes, soit des champignons bénéfiques. On peut les appliquer lors de l'ensemencement, intérieur ou extérieur, ou encore, si on achète des plants en caissette, en appliquer une pincée sur la motte de racines à la plantation.

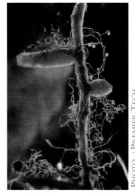

Les champignons mycorhiziens ressemblent à de minces fils blancs qui partent de racines beaucoup plus épais.

115. LES PREMIÈRES ANNUELLES À PLANTER

Il n'y a pas *une* date de plantation pour les annuelles, il y en a plusieurs… et elles varient d'une année à l'autre. On peut planter les annuelles résistantes au gel comme la pensée, la plus connue, dès que le sol peut être travaillé au printemps. Acclimatez-les toutefois aux conditions du jardin pendant deux ou trois jours avant de les mettre en terre. Ces plantes sont capables de résister au gel et même aux chutes de neige. Le groupe comprend les plantes suivantes : dauphinelle, lavatère, muflier, œillet à bouquet, œillet de Chine, pensée et pois de senteur.

116. LA BONNE DATE DE PLANTATION

On plantera la majorité des annuelles « après que tout risque de gel est écarté ». Soit normalement vers le début de la quatrième semaine de mai dans le sud du Québec (Montréal, Gatineau), au début de juin dans le Centre (Drummondville, Trois-Rivières, Québec) et à la mi-juin ou plus tard plus au nord. Par contre, le temps peut parfois jouer de vilains tours avec du gel jusqu'à la mi-juin, même dans le sud. Normalement on peut planter nos annuelles sans crainte quand le sol est bien réchauffé et qu'on annonce plus de risque de gel dans la semaine qui suit.

117. DES ANNUELLES FRILEUSES

Ce ne sont pas toutes les annuelles qui tolèrent les nuits fraîches de la fin de mai ou du début de juin. Normalement, on plantera les plantes frileuses suivantes deux semaines après les autres annuelles : agérate, amarante, bégonia, capucine, célosie, coléus, gomphrena et impatiente.

■ À la fin de la saison

118. N'ARRACHEZ PAS VOS ANNUELLES !

Traditionnellement les jardiniers arrachent leurs annuelles quand le gel les a tuées en fin de saison… et je veux vraiment dire *arracher*. Ils les prennent dans une main et ils tirent pour les retirer du sol, puis ils les secouent et les mettent au compost. Mais beaucoup de bonne terre vient avec les annuelles ainsi arrachées. Il n'est pas logique de jeter de la bonne terre. De plus, le sol est maintenant exposé aux éléments et donc très sujet à l'érosion durant tout l'hiver. Le jardinier paresseux n'arrache pas ses annuelles, il les coupe au sol. Ainsi les racines resteront en place jusqu'à ce que d'autres plantes viennent remplacer celles qui sont mortes. De ce fait l'érosion est réduite… et de plus on ne jette pas de terre.

119. QUAND FAUT-IL COUPER LES ANNUELLES MORTES ?

Mais au printemps, bien sûr ! Si on les coupe à l'automne, leurs rameaux ne sont plus là pour ralentir le vent et retenir la neige, ce qui augmentera l'érosion, asséchera le sol et permettra au gel de pénétrer profondément, et cela peut endommager les vivaces, les arbustes et les autres plantes pérennes des environs.

Les capucines, ici Tropaeolum majus *'Alaska', fleurissent mieux dans un sol pauvre.*

■ Capucines

120. PAS D'ENGRAIS POUR LES CAPUCINES

Alors que la vaste majorité des annuelles demandent un sol très riche ou encore des fertilisations régulières pour donner une performance maximale, la capucine (*Tropaeolum majus*) fleurit davantage quand on la plante dans un sol pauvre et qu'on ne la fertilise pas.

Arbres, arbustes et conifères*

■ Plantation des plantes ligneuses

121. DIRECTEMENT DANS LA TERRE D'ORIGINE

Oubliez la vieille technique de plantation des arbustes et des arbres. On disait qu'il fallait beaucoup améliorer le sol autour d'un arbre, un conifère ou un arbuste à la plantation en rajoutant beaucoup de compost et de matière organique. On a découvert que, lorsque le sol sous et autour de la motte de racines est de bien meilleure qualité que le sol au pourtour, les racines tendent à rester dans cet espace, en tournant en rond, même dix à quinze ans plus tard, et la plante peut alors s'étouffer. À la place, remplissez le trou avec la terre d'origine. La terre étant de la même qualité partout, les racines feront ce que dame Nature voulait qu'elles fassent : elles s'étendront au loin, dans tous les sens.

Le trou de plantation devrait être de la même hauteur que la motte et 3 fois plus large.

122. UN TROU PEU PROFOND MAIS BIEN LARGE

Oubliez tout ce que vous avez entendu sur la taille du trou de plantation des arbres, arbustes et conifères. Il faut un trou aussi profond que la hauteur de la motte, pas plus. Comme cela la plante reposera sur une assise solide et n'aura pas tendance à se pencher ou à sombrer lorsque le sol ameubli s'affaissera. Par contre, creusez un trou trois fois plus large que la motte : cela ameublira le sol tout autour, encourageant les racines à s'étendre au loin comme il se doit.

---

* Quand on dit «arbres, arbustes et conifères», même le novice sait de quoi on parle, mais c'est une expression longue et lourde. Il y a cependant un terme plus général, «plantes ligneuses», qui englobe toutes ces plantes et que nous mentionnons ici. Par «plante ligneuse» on veut dire toute plante qui produit du bois.

123. NE PLANTEZ PAS TROP CREUX !

Pour planter un arbre dont la motte dépasse une couche de terre fraîchement posée, il suffit de butter la partie excédente.

Nous avons l'habitude d'enterrer la motte d'une plante ligneuse (arbre, arbuste ou conifère) à la plantation de façon à ce qu'elle soit au même niveau dans le nouveau site que dans son sol d'origine, ce qui est très bien. Mais il ne faut pas l'enterrer complètement, c'est-à-dire avec la motte complètement enterrée. En effet, le « collet », soit la marque sur le tronc qui indique sa profondeur d'origine (la partie plus foncée était au soleil, la partie plus pâle à l'ombre) ne doit jamais être sous le niveau du sol. Il peut en résulter une croissance déficiente ou même le dépérissement de la plante. Il est même préférable que le collet soit légèrement à découvert, surtout si l'emplacement tend à être inondé au printemps.

124. QUAND LE SOL EST TROP MINCE

Vous venez tout juste de faire une nouvelle plate-bande selon la « méthode du paresseux » (en recouvrant le sol de papier journal et en y posant environ 20 cm de bonne terre) et vous voulez plantez un arbuste ou un arbre. Mais comment faire, puisque la motte de racines du nouveau végétal mesure plus de 20 cm de hauteur ? La solution est pourtant facile : creusez assez pour placer la motte directement sur le papier journal, remplissez le trou, puis buttez de terre la partie exposée, c'est tout. D'ailleurs, s'il reste seulement 2 cm à 5 cm de « motte » exposée, il n'est même pas nécessaire de la butter, mais il serait sage de recouvrir la section de paillis pour cacher la partie qui dépasse.

125. QUAND LE SOL EST TROP MINCE (BIS)

Plantation en papillon

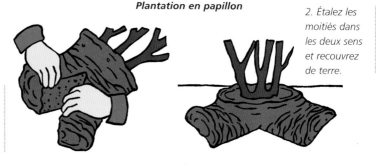

1. Ouvrez les deux moitiés de la motte en tirant pour les séparer.

2. Étalez les moitiés dans les deux sens et recouvrez de terre.

Autre façon de planter un arbre ou un arbuste quand le sol est trop mince : vous pouvez faire une plantation « en papillon ». Pour ce faire, sortez la plante de son pot et couchez-la sur le côté. Avec une scie ou un couteau, coupez la motte sur les deux tiers de sa hauteur, en partant du fond vers le haut. Ouvrez les deux moitiés de la motte en tirant pour les séparer, étalez les moitiés dans les deux sens et plantez. Vous pouvez souvent ainsi réduire la hauteur de la motte de moitié.

Pour planter un arbre sans creuser du tout, recouvrez tout simplement la motte d'une butte de terre.

126. PLANTER UN ARBRE SANS CREUSER DU TOUT

Il n'est pas évident de planter un arbre, un arbuste ou un conifère dans un sol très dur où il est difficile de creuser, comme un sol argileux ou un sol pierreux. Et c'est doublement difficile quand la plante est de grande taille, ce qui demande normalement un gros trou de plantation. Pourtant, il y a une solution facile : dépotez la plante, placez la motte sur le sol à l'endroit désiré, sans creuser du tout… et recouvrez-la d'une butte de terre de la même hau-

teur que la motte et au moins deux fois plus large. Avec le temps, leurs racines descendront d'elles-mêmes dans le sol, sans que vous ayez à faire quoi que ce soit.

Cet arbre sur la ligne de propriété pourrait causer des désagréments au voisin.

127. SOYEZ UN BON VOISIN

Planter près des limites de votre terrain un arbre qui jettera de l'ombre chez les voisins où il pourrait empiéter sur son droit de faire un potager, ou de se faire bronzer sur sa terrasse, n'est pas simplement impoli, c'est aussi la cause de bien des conflits entre voisins. Plantez tout arbre vraiment chez vous de façon à ce que son ombre y reste et vous verrez comme vos relations avec vos voisins seront meilleures. Ou choisissez pour les emplacements en bordure du terrain des arbres dont l'ombre (trucs 175 et 176) et les racines (truc 183) ne dérangent pas.

■ Taille des plantes ligneuses

128. TAILLER À LA PLANTATION EST UN MYTHE

Qui n'a pas entendu dire qu'il fallait tailler les branches d'un arbre à la plantation «pour équilibrer la couronne avec les racines»? C'est une vieille croyance qui a la vie dure. Mais non, il n'est pas nécessaire de tailler des branches en santé à la plantation et cela peut même être très néfaste. Enlever des branches vivantes à la plantation enlève de la «nourriture» à l'arbre (on se rappelle que les plantes vertes se nourrissent de l'énergie solaire), et ce, justement au moment où l'arbre, en état de choc suite à sa plantation, en a le plus besoin. On peut cependant bien sûr éliminer les branches mortes ou mourantes en tout temps, même au moment de la plantation.

129. PAS DE GUÉRISON POSSIBLE POUR LES ARBRES

*Quand un arbre souffre d'une blessure quelconque, habituellement la plaie se recouvre d'écorce fraîche et on le croit alors guéri. Après tout, quand nous nous blessons, de nouvelles cellules se forment pour remplacer les cellules mortes et la récupération est totale. Ce n'est pas le cas des arbres. La blessure se referme, c'est vrai, mais, sous cette cicatrice, les cellules endommagées meurent et ne sont pas remplacées. À la place, quand tout va bien, les cellules autour de la blessure émettent des produits chimiques, produits conçus pour prévenir la pourriture, et de nouvelles cellules recouvrent la blessure, mais la plaie n'est pas guérie, elle est tout simplement isolée. On appelle cela «cloisonnement»: l'arbre «isole» les cellules mortes sujettes aux infestations. Mais cette blessure demeurera un point faible pour le reste de la vie de l'arbre et il y aura toujours risque d'infestation (notamment par la pourriture) même des décennies plus tard. Les arbres creux sont tout simplement des arbres où le cloisonnement n'a pas pleinement fait son travail. Donc, la règle d'or est: **taillez les arbres le moins possible!***

130. ON NE TAILLE PAS UN ARBRE SANS BONNE RAISON

Sachant que les arbres ne guérissent jamais vraiment d'une taille, il est donc évident qu'il faut tailler les arbres le moins possible. Bien sûr on peut couper les branches mortes ou blessées, mais «tailler pour tailler» (c'est ce que j'appelle tailler un arbre sans raison spécifique), non. Plus vous taillez un arbre, plus il y a un risque que créer une blessure qui ne se guérira jamais et qui entraînera une pourriture interne qui tuera l'arbre.

131. LA TAILLE N'EST PAS OBLIGATOIRE

Curieusement, lorsque quelqu'un achète un arbuste, sa première question est : « Quand dois-je le tailler ? » Pourtant, ce n'est pas du tout la bonne question à poser. Avant l'achat, demandez : « dois-je le tailler ? » Si on vous répond oui, achetez autre chose ! Sachez que seulement un nombre infime d'arbustes ont réellement besoin d'une taille soutenue. La plupart des autres peuvent très bien s'en passer. D'ailleurs, les arbustes les plus spectaculaires sont généralement ceux qui n'ont pas été taillés du tout.

132. MAIS IL FAUT BIEN SUPPRIMER LES FLEURS FANÉES DES LILAS, NON ?

Non ! L'idée qui veut que supprimer les fleurs d'un lilas stimule la floraison de l'année suivante est tout simplement fausse.

133. ON TAILLE LES DEUX PIEDS PAR TERRE

Règle d'or de la taille sécuritaire : gardez les deux pieds au sol. Il y a trop de blessures et de morts tous les ans résultant de la hardiesse d'horticulteurs amateurs qui montent dans des échelles ou qui grimpent carrément dans les arbres pour tailler des branches mortes ou brisées. Il existe des outils d'émondage à long manche comme l'échenilloir qui permettent de couper même des branches assez hautes dans l'arbre. Si, même avec de tels outils, vous ne pouvez pas atteindre la branche, appelez un arboriculteur spécialisé.

Malgré la croyance populaire contraire, supprimer les fleurs fanées des lilas ne stimule pas une seule fleur supplémentaire.

134. ÉLOIGNEZ-VOUS DES FILS ÉLECTRIQUES

Ne taillez jamais à moins de 3 m d'un fil électrique à haute tension. Il y a trop de danger pour que vous, la branche que vous coupez ou l'outil que vous tenez touchiez au fil… et il peut avoir un arc électrique même s'il n'y a même pas de contact direct. S'il y a de la taille à faire à moins de 3 m d'un fil à haute tension, contactez votre distributeur d'électricité pour plus de renseignements. Normalement, c'est à elle d'envoyer un spécialiste pour accomplir ce travail.

135. GANTS, LUNETTES ET CASQUE DE SÉCURITÉ

Vous avez un peu de taille à faire sur un arbre? Portez toujours des gants et des lunettes de sécurité: même du bran de scie dans l'œil peut causer des dommages irréparables. Et si la branche est plus haute que votre épaule, portez un casque de sécurité. On est peut-être paresseux, mais on n'est pas fou!

Il faut se vêtir correctement pour faire de la taille: gants, lunettes de protection et casque.

136. FAITES AFFAIRE AVEC UN SPÉCIALISTE

Logo de la Société internationale d'arboriculture.

Quand il est question d'engager un professionnel pour travailler sur un arbre ou un grand conifère, faites toujours affaire avec un arboriculteur *certifié*. Un tel spécialiste a étudié à fond la croissance des arbres, leur taille et leurs problèmes et sait comment les guérir ou les corriger. Trop de monde s'improvise émondeur tout simplement parce qu'ils ont déjà coupé une branche ou deux. Si l'arboriculteur n'est pas certifié par la Société internationale de l'arboriculture, il risque de faire plus de tort que de bien à votre arbre.

137. COMMENT NE PAS SCIER UNE BRANCHE

Si vous sciez une branche à partir du haut, vous risquez de voir l'écorce se déchirer en tombant.

La pire méthode pour couper une branche importante est de commencer à scier par le haut. Car lorsque la branche commence à céder, elle est encore attachée au tronc par sa base et elle risque de tomber subitement sous son propre poids, déchirant l'écorce en dessous dans sa chute et en infligeant une grande blessure au tronc qui aura alors plus de difficulté à se cicatriser.

138. *COMMENT* SCIER UNE BRANCHE

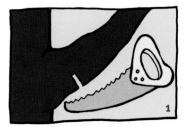

1. La bonne méthode pour supprimer une branche : coupez à environ 1/3 de son diamètre à partir du bas.

2. Sciez à partir du haut pour sectionner la branche complètement.

3. Supprimez le chicot.

La vraie méthode pour couper une branche importante comprend trois étapes. D'abord, on scie sous la branche, à environ 30 cm du tronc. Quand on a scié la branche à une profondeur égale au tiers de son diamètre, on change de position. On scie maintenant du haut à environ 5 cm à 7 cm du premier trait de scie et on continue de scier jusqu'à ce que la branche cède. En tombant, la branche ne pourra plus déchirer l'écorce du tronc, car on a déjà sectionné son lien avec celui-ci par la première coupe. Il reste maintenant un chicot qu'il faut enlever. Pour cela, voir le truc suivant.

Les chicots ne guérissent pas et laissent l'arbre sujet aux problèmes.

139. PAS DE CHICOT

Quand vous enlevez une branche pour une raison quelconque, ou quand elle casse d'elle-même, il ne faut pas laisser de chicot (moignon, si vous préférez), car il empêche l'écorce de pousser par-dessus la blessure et d'ainsi la refermer. Le chicot demeurera donc une blessure ouverte par laquelle des champignons ou des bactéries pourront entrer dans l'arbre et commencer à l'endommager sérieusement. Il faut donc éliminer les chicots pour protéger l'arbre.

140. PAS DE COUPE RASE

Il faut couper le chicot près du tronc, mais sans endommager le collet.

S'il faut éliminer complètement les chicots sur les arbres, il ne faut pas non plus couper *dans* le tronc de l'arbre, ce qui provoquera une blessure profonde qui pourrait résulter en une infestation majeure, même fatale. En supprimant un chicot, n'essayez pas de couper au ras du tronc. Regardez plutôt la jonction entre la branche et le tronc : il y a toujours un collet, un boursouflement, à la base de la branche. Ce boursouflement constitue essentiellement une extension du tronc vers la branche et est l'emplacement le plus actif du tronc. Votre but sera donc de couper juste au-delà du collet sans toutefois l'endommager. Attention ! Certains collets se trouvent tout près du tronc et il faudrait alors couper le chicot avec beaucoup d'attention pour ne pas blesser le tronc lui-même. D'autres, par contre, sont très épais et bien visibles et dépassent nettement le tronc (parfois de 2 cm ou 3 cm !), ce qui rend la coupe du chicot plus facile.

141. PAS DE PEINTURE D'ÉMONDAGE

A. S'il n'y a pas d'écorce incluse, la branche est solide.
B. L'écorce incluse à l'aisselle de la branche indique qu'elle risque de casser.

Vous venez de finir de couper une branche importante et cela laisse une grande cicatrice sur le tronc. Il faudrait bien sûr panser cette blessure pour empêcher les infections, n'est-ce pas ? C'est du moins ce que l'on avait longtemps cru et on avait même développé des peintures et des pâtes d'émondage exprès pour panser les blessures, mais on sait de nos jours qu'il n'est pas bon de « panser » une blessure sur un arbre. Au lieu de protéger l'arbre contre les infestations, les peintures et les pâtes ont pour effet de maintenir la blessure humide plutôt que de la laisser s'assécher. Or, c'est quand une blessure est humide que les infestations se développent. Donc, la meilleure chose à faire après avoir taillé même une grosse branche est… rien du tout. Dame nature s'occupera elle-même du patient.

142. UN ANGLE D'INSERTION ÉTROIT N'INDIQUE PAS NÉCESSAIREMENT UN RISQUE DE CASSURE

La croyance populaire veut que les branches à angle d'insertion trop faible (i.e. quand une en-

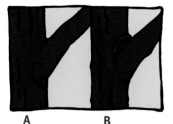

A   B

fourchure est étroite) soient plus sujettes à casser lors d'une tempête ou d'un verglas et que plus l'angle formé par une branche et le tronc se rapproche de 90°, plus la branche est solide. D'ailleurs, on recommandait autrefois de mettre un poids ou un écarteur sur une telle branche pour l'ouvrir davantage ou de l'éliminer complètement. Mais ce n'est pas l'angle d'insertion qui cause ce phénomène de branche cassante, mais bien la présence d'une accumulation d'écorce entre le tronc et la branche (on appelle cela de l'écorce incluse). Si vous remarquez de l'écorce incluse sur une branche à faible angle avec le tronc, évitez de l'acheter ou supprimer éventuellement cette branche. S'il n'y a pas d'écorce incluse, il n'y a pas de danger.

143. PAS BESOIN D'ÉVIDER LE BOIS POURRI

Il n'est pas rare de découvrir une section de bois pourri dans un tronc, voire même de trouver le tronc complètement creux. Autrefois on croyait que, dans un tel cas, on pouvait sauver l'arbre en enlevant le bois pourri et en «nettoyant» les parois autour en grugeant dans le bois sain pour «éliminer la pourriture». Or, l'arbre essaie de combattre lui-même la pourriture en formant, autour de la blessure, des cellules plus solides et résistantes (on appelle cela le cloisonnement). En taillant dans le bois sain, vous risquez d'enlever la protection que l'arbre lui-même avait développée et ainsi d'étendre davantage la pourriture.

Il ne faut pas remplir les arbres creux de briques ou de béton.

144. PAS DE BRIQUES OU DE BÉTON DANS LES TRONCS CREUX

Autre croyance qui a la vie dure: pour solidifier un tronc creux, on doit évider la cavité et la remplir de briques ou de béton. Or le nettoyage du tronc pour faire de tels remplissages provoque souvent une pourriture encore plus grave. Et de plus, même si un «cœur de béton» ou un «cœur de brique» semble logiquement capable de mieux supporter l'arbre, en fait c'est la partie extérieure de l'arbre qui sert de support. C'est donc une technique à bannir.

145. QUAND UN ARBRE MEURT DANS UN MILIEU HABITÉ...

Appelez un arboriculteur et faites-le abattre. Vous ne pouvez pas laisser un arbre mort debout dans un milieu urbain ou suburbain parce que les risques à autrui et à la propriété sont trop grands. Et en aucune circonstance ne devrait-on essayer d'abattre un arbre soi-même. Il faut faire appel aux professionnels. Un arbre ne tombe pas toujours là où on le prévoit et il peut endommager dans sa chute la propriété privée (maison, dépendances, auto, structures de jardin, etc.) et causer des blessures corporelles. Tous les ans, des gens sont sérieusement blessés ou même tués en essayant d'abattre des arbres. Répétons-le : « abattre un arbre est un travail pour professionnels ! »

146. FAUT-IL UN PERMIS POUR ABATTRE ?

Aussi curieux que cela puisse paraître, dans bien des villes, il faut un permis pour abattre un arbre mort. Informez-vous donc avant de procéder !

■ Mauvaise taille

147. ÉVITEZ LA REDOUTABLE « COUPE HYDRO » !

Ce conifère a été mutilé pour protéger un fil de haute tension.

Saviez-vous ce qu'est la « coupe Hydro » ? C'est la taille donnée gracieusement par les équipes des sociétés d'électricité, de téléphone, de câble, etc. quand les branches des arbres interfèrent avec leur transmission. On coupe seulement du côté où il y a un conflit entre les fils et les branches. S'il faut couper la moitié de l'arbre pour dégager les fils, c'est ce que l'on fait. Ce n'est pas beau à voir et la seule chose pour remédier à la situation consiste à faire disparaître l'arbre si affreusement mutilé. Pour éviter une telle boucherie, vérifiez, avant de planter, les dimensions éventuelles de l'arbre... et plantez-le le plus loin possible des fils. Pour les grands arbres (érables de Norvège, frênes, etc.), il faut souvent les éloigner d'un bon 13 m de fils et des poteaux.

148. ÉVITEZ LA REDOUTABLE « COUPE HYDRO » ! (BIS)

Un autre truc facile est bien sûr d'éviter tout simplement de planter des arbres ou des grands conifères près des fils. Pensez plutôt aux arbustes et aux arbrisseaux : par définition, ces végétaux ne dépassent jamais 6 m de hauteur (d'ailleurs, rarement 3 m) et peuvent donc pousser directement sous les fils électriques ou téléphoniques sans causer de problèmes.

149. ON N'ÉCIME PAS LES ARBRES QUE L'ON VEUT CONSERVER

Qui n'a pas déjà vu un arbre taillé en boule, avec toutes les branches à la même longueur ? On appelle cela l'écimage ou l'étêtage… ou « topper un arbre » dans le langage populaire. Et le résultat est un arbre qu'on appelle un têtard. Il y a même des « compagnies d'émondage » (bien qu'elles ne méritent pas un tel nom) qui se spécialisent dans ce

« Topper » un arbre : une taille la plus souvent mortelle.

genre de taille. Il est incroyable de penser qu'au XXIe siècle il y a encore des gens qui pensent que cela est bénéfique pour l'arbre et qui sont prêts à payer pour un tel massacre. Malheureusement, force est de constater que cette technique est encore très populaire. Dites-vous bien qu'une bonne partie des arbres ainsi taillés *vont en mourir* ! En taillant toutes les branches à la même longueur, on crée une vaste quantité de chicots, chacun étant une source potentielle de pourriture. De plus, après une telle taille, l'arbre réagit en produisant des balais de sorcière (touffe de rameaux poussant tous du même endroit), ce qui affaiblit la branche et peut la faire casser sous un fort vent ou sous le poids de la neige. D'ailleurs, une fois qu'on a commencé à étêter un arbre, il faut répéter l'opération aux trois ou quatre ans, sinon les branches cassent. La mort d'un arbre étêté ne peut survenir que dans dix ou quinze ans, mais elle est, dans la majorité des cas, inéluctable.

150. MAIS ÉCIMER UN ARBRE LE REND PLUS SÉCURITAIRE, NON ?

Temporairement, oui. En effet, certaines personnes se sont rendu compte que les arbres récemment taillés en têtard avaient résisté aux verglas importants de 1998 sans bris majeurs et utilisent cet exemple comme preuve qu'écimer les arbres n'est pas néfaste. Il y a cependant deux facteurs qu'ils oublient. Primo, beaucoup d'arbres ainsi taillés sont morts d'autres causes depuis le verglas (champignons, pourriture sèche, etc.) provoquées par une mauvaise taille. Mais surtout, les arbres qui avaient le mieux résisté étaient ceux qui avaient été fraîchement taillés, soit au cours de la saison précédente. Ceux dont l'écimage datait de deux ans ou plus avaient *plus* souffert que les arbres non taillés, car les balais de sorcière, où plusieurs branches poussent à partir du même emplacement et ont toutes environ la même longueur, n'ont pas supporté, mais pas du tout la charge supplémentaire et ont cassé facilement sous le poids de la neige et du verglas. Donc, logiquement, si on taille un arbre en têtard pour prévenir le verglas, il faut le tailler *tous les ans!* Il faut donc avoir les poches *très* profondes !

151. MAIS N'EST-CE PAS QU'ON TAILLE LES ARBRES EN TÊTARD EN EUROPE ?

Un têtard.

Très vrai… et n'est-ce pas que c'est laid ? En effet, de l'automne au printemps, quand les arbres sont sans feuilles, l'effet de l'écimage répété, souvent pendant des générations, où toutes les branches d'un arbre finissent en de gros moignons difformes, n'est pas agréable à l'œil. On remarque moins ce détail en été, quand l'arbre est bien garni de feuilles. Mais remarquez aussi que le choix d'arbres utilisés est très limité. Surtout des platanes (*Platanus* spp.), des tilleuls à petites feuilles (*Tilia cordata*), des érables argentés (*Acer sacharinum*) et des marronniers d'Inde (*Aesculus hippocastanum*). C'est que les autres espèces meurent de cette technique et ne peuvent pas être utilisées. En Amérique, les « élagueurs du dimanche » ne savent pas que seulement quelques espèces supportent cette taille et éciment n'importe quel arbre, avec les résultats désastreux que l'on connaît.

152. PAS LE TEMPS DE « TOPPER »

Heureusement, si ses voisins s'affairent à tailler tout ce qui pousse en boule, en carré ou en Mickey Mouse, le jardinier paresseux est trop occupé à laisser dame Nature faire son travail pour convertir de beaux arbres en têtards. Dites-vous bien que la forme naturelle d'un arbre et toujours la plus belle… et retournez vous reposer sous ses feuilles, à l'ombre !

■ Tuteurage

153. TUTEURE-T-ON, OUI OU NON ?

La tradition veut que l'on tuteure tous les arbres et les grands conifères à la plantation pour les garder bien dressés, mais, en réalité, tuteurer un arbre n'est pas bon pour sa santé. Au contraire, le tronc doit pouvoir bouger au vent : c'est cela qui lui permet de se développer et de devenir résistant. En effet, c'est le mouvement du tronc sous l'effet du vent qui le rend robuste (le va-et-vient régulier provoque de minuscules blessures qui se remplissent de tissus plus solides, donnant un tronc plus large et plus résistant). Un tronc qui ne bouge pas ou qui ne bouge pas assez risque de casser. Réservez donc les tuteurs pour les seuls cas où l'arbre paraît peu solide après la plantation et risque de pencher.

Un tuteur trop proche du tronc est néfaste.

154. COMMENT *NE PAS* TUTEURER UN ARBRE

S'il faut tuteurer un arbre, faites-le au moins comme il faut. La pratique la plus courante, soit placer un seul tuteur très près du tronc et d'y fixer le tronc solidement, est la moins bonne. Le tuteur risque de frotter contre le tronc de l'arbre et de le blesser. Souvent, les gens serrent l'attache très fort pour prévenir le frottement, ce qui empêche le tronc de bouger adéquatement. Dans les deux cas, l'arbre est pénalisé. Le plus facile, donc, c'est de ne jamais tuteurer un arbre de cette façon !

155. PAS UN TUTEUR, MAIS DEUX

La bonne méthode pour tuteurer un arbre à la plantation, si encore il a besoin de tuteurage, consiste à utiliser deux tuteurs dressés de part et d'autre du tronc (suffisamment loin pour ne pas frotter) et de fixer l'arbre aux deux par des câbles placés au milieu du tronc. Les câbles ne doivent pas être serrés au point que le tronc ne peut pas bouger.

La situation idéale : deux tuteurs bien éloignés du tronc et des racines.

156. LE CÂBLE NE DOIT PAS ENCERCLER LE TRONC DIRECTEMENT

Il y a plusieurs attaches qu'on peut utiliser pour fixer un câble métallique à un arbre dans le but de l'étayer, mais le plus important est que le câble lui-même ne touche pas au tronc, sinon il pourrait couper l'écorce et blesser l'arbre.

157. UNE ATTACHE TUYAUTÉE ?

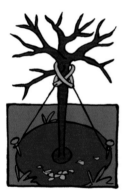

Qui n'a pas déjà vu un arbre fixé à son tuteur par une section de tuyau d'arrosage dans lequel on a passé un câble ? Ça paraît logique, car il est certain que le tuyau préviendra le frottement du câble contre le tronc. Mais comme un tuyau est circulaire, seulement une mince section de ce dernier touche directement le tronc : il peut alors y avoir un frottement nuisible. De plus, le tuyau a tendance à se plier en deux en coinçant le tronc et en faisant pression sur lui sur les côtés. Dites-vous bien qu'un tuyau d'arrosage est fait pour arroser... et utilisez une *vraie* attache pour votre arbre.

Les sections de tuyau d'arrosage ne font pas de si bonnes attaches.

158. UNE ATTACHE PLATE FERA L'AFFAIRE

Il existe une foule d'attaches sur le marché qu'on peut utiliser pour fixer un arbre à son tuteur, en plastique, en métal recouvert de plastique, en caoutchouc, etc., mais peu importe leur composition, les meilleures sont celles qui sont plates et larges, comme une ceinture. Ainsi une large surface touche le tronc et il n'y a pas de danger qu'une mince section râpe l'écorce.

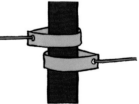

La meilleure attache est large et plate, comme une ceinture.

159. UN TUTEUR N'EST PAS À VIE !

Beaucoup de jardiniers utilisent un tuteur lors de la plantation d'un arbre pour assurer que le tronc reste droit et c'est très approprié. Par contre, le tuteur doit être enlevé dès que l'arbre est bien établi dans son nouvel emplacement, soit après environ un an. Ensuite, il faut l'enlever, sinon le tronc de l'arbre ne se développera pas normalement et restera faible. Pourtant, on voit tous les jours des arbres encore tuteurés des années après que cela soit nécessaire. Enlevez donc le tuteur quand l'arbre est bien enraciné.

160. TUTEURER SOLIDEMENT, MAIS SANS SERRER

Votre but en fixant un arbre à son tuteur est de l'empêcher de trop bouger en attendant que les racines se fixent dans le sol… pas de l'étrangler ! Laissez alors toujours du jour entre l'attache et le tronc, soit au minimum la largeur d'un doigt. Ainsi le tronc, qui continue de grossir durant toute la vie de l'arbre, peut continuer de prendre de l'expansion sans que sa croissance soit entravée par l'attache qui la serre trop.

■ Dommages aux plantes ligneuses

161. VOS OUTILS SONT LES PIRES ENNEMIS DES JEUNES ARBRES

Les tondeuses et les coupe-bordures peuvent sérieusement blesser le tronc des arbres.

Les pires ennemis des jeunes arbres sont probablement… la tondeuse et le coupe-bordure ! En effet, sur les jeunes arbres (ceux dont le tronc est encore lisse), l'écorce est encore très fragile. Frapper sur l'écorce, surtout à répétition, avec un outil lourd cause souvent des blessures qui peuvent mal cicatriser et entraîner des problèmes à long terme, menant parfois même à la perte de l'arbre une décennie plus tard ou même davantage. Notez que ces blessures ne sont pas toujours extérieures et donc immédiatement visibles. Tout comme un humain peut avoir

un épanchement de sang sous la peau qui cause un « bleu », la blessure à l'arbre suite à un coup est souvent sous l'écorce. C'est seulement plus tard (et parfois des années plus tard), quand l'écorce se boursoufle ou se détache ou que des champignons se forment, qu'on se rend compte qu'il y a un problème.

162. POUR PROTÉGER LE TRONC CONTRE LA TONDEUSE ET LE COUPE-BORDURE...

On peut l'entourer d'une barrière de protection en plastique ou autre (il en existe sur le marché). Mieux encore cependant : entourez tout simplement l'arbre d'un rond de paillis ou d'un couvre-sol pour que ni la tondeuse ni le coupe-bordure ne passent trop près du tronc !

Gélivure.

163. LES GÉLIVURES NE SONT PAS CAUSÉES PAR LE GEL !

Une gélivure est une fissure qui apparaît au cours de l'hiver sur l'écorce d'un arbre, surtout un jeune arbre à l'écorce mince. Autrefois on blâmait le froid extrême pour les gélivures (c'est pour cela qu'on leur a donné le nom de *gélivure* !), et pourtant elles ne sont pas plus fréquentes sous les climats sibériens que sous les climats plus tempérés. De plus, si cela était le cas, si un arbre était atteint, tous les arbres du même secteur seraient atteints, mais pourtant ce n'est pas le cas. Il faut chercher le problème ailleurs.

164. LES GÉLIVURES NE SONT PAS CAUSÉES PAR LA MAUVAISE SITUATION DE L'ARBRE

Une autre croyance sur la cause des gélivures c'est qu'elles sont causées par une mauvaise situation de l'arbre à la plantation. Selon cette théorie, il faut toujours planter l'arbre dans le même axe qu'il était dans la nature ou dans sa pépinière d'origine. Ainsi, il faut noter quel côté faisait face au nord et quel côté faisant face au sud et respecter cet axe à la plantation. C'est que l'écorce, ayant fait face au nord et n'ayant jamais été exposée au soleil, peut alors « brûler » si on la plante face au sud, ce qui serait la cause des gélivures. Mais il ne semble pas que cette théorie soit vraie non plus. Même si on respecte soigneusement l'axe d'origine de l'arbre à la plantation, il ne semble avoir aucune différence dans la fréquence des gélivures! Ainsi une autre théorie qui mord la poussière!

165. EN FAIT, LES GÉLIVURES SONT CAUSÉES PAR LE SOLEIL HIVERNAL... ET DES BLESSURES

Une fois qu'on a appris que les gélivures n'étaient pas causées par le gel, ni par la situation de l'arbre par rapport au soleil, il a fallu trouver un autre coupable. La théorie moderne veut que les gélivures soient causées par... la chaleur! En effet, par une journée hivernale froide mais ensoleillée, le tronc peut quand même chauffer considérablement, assez pour faire dégeler les cellules en surface qui prennent alors de l'expansion, mais la nuit venue, ces cellules refroidissent et se rétrécissent. La théorie veut alors que ce soit le contraste entre les couches voisines de cellules chaudes et froides qui causent les dégâts ou que ce soit l'action répétée du gel et du dégel qui fait éclater l'écorce. Et cette théorie semble encore plus réaliste car les gélivures sont nettement plus courantes sur le côté ensoleillé de l'arbre que sur le côté nord. Cependant, des études récentes semblent indiquer que l'ensoleillement hivernal est seulement l'élément déclencheur, qu'il faut une blessure sous-jacente pour que la gélivure ait lieu. Ainsi, la gélivure peut avoir pour origine un point de greffe, une blessure sous l'écorce causée par la tondeuse ou le coupe-bordure, la coupe d'une branche trop près du tronc, etc.

La peinture blanche ne protège pas contre les gélivures.

166. LA PEINTURE BLANCHE NE PRÉVIENT PAS LES GÉLIVURES

On croyait autrefois que peindre le tronc des jeunes arbres en blanc pouvait prévenir les gélivures, car le blanc reflète le soleil, mais cette croyance n'a pas été vérifiée. Il n'y a en effet aucune preuve que peindre le tronc en blanc améliore de quelque façon que ce soit la croissance des arbres. D'ailleurs, les jeunes arbres font de la photosynthèse au niveau de leur écorce encore mince, ce que peindre l'écorce empêchera. Il est donc probable que peindre l'écorce soit nuisible au tronc.

167. ... ET LES EMBALLAGES DE JUTE NON PLUS

Si la théorie relative à l'ensoleillement hivernal causant les gélivures s'avère exacte, il serait logique, de croire, qu'emballer le tronc des jeunes arbres avec du jute devrait aider, car ainsi on ombragera le tronc. Malheureusement, même si cette technique est très utilisée, selon le Dr Alex L. Shigo, le grand manitou de l'arboriculture, il n'y a aucune preuve qu'emballer le tronc aide à les protéger. Un tel emballage peut être utile pour protéger le tronc lors du transport, mais après, il ne sert à rien de le laisser en place. Pour prévenir les gélivures, évitez tout simplement de blesser le tronc de l'arbre pendant la plantation et l'entretien et croisez-vous les doigts.

168. QUE FAIRE POUR TRAITER UNE GÉLIVURE ?

Il n'y a rien à faire pour traiter une gélivure. Une fois qu'elle est là, elle est là pour de bon. Heureusement qu'en général la fente se referme rapidement et mène rarement à des problèmes à long terme. Mais la blessure, sous forme d'une ligne droite sur le bas du tronc, est souvent encore visible même des dizaines d'années plus tard.

■ Entretien printanier

169. LAISSEZ LA NEIGE FONDRE

N'essayez pas de dégager des branches de la neige à la pelle.

Quand la neige et le verglas font plier les branches des arbres, des arbustes et des conifères, la meilleure chose à faire est… rien du tout ! Essayer de déneiger ou surtout de déglacer à la pelle brise davantage la plante que de laisser la neige fondre d'elle-même, car le bois devient fragile aux températures inférieures à 0°. Et si jamais certaines branches devaient rester pliées, un tuteur temporaire, posé pendant une semaine ou deux au printemps, serait suffisant pour leur faire reprendre leur forme.

■ Sélection des plantes ligneuses

170. LA BONNE ESPÈCE AU BON ENDROIT

En ce qui concerne le choix des arbres, des arbustes et des conifères, le truc *principal* d'un bon jardinier paresseux est tout à fait simple. On choisit la plante en fonction des conditions et de l'espace dont on dispose : ensoleillement, type de sol, drainage, hauteur, diamètre, résistance au vent, etc. Quand vous choisissez des plantes ligneuses adaptées à vos conditions et à vos besoins, elles deviennent les végétaux les moins exigeants de tout le terrain.

171. DANS LES PETITS POTS, LES MEILLEURS ARBRES

La tendance dans les pépinières est de nous offrir des arbres de plus en plus gros, une tendance qui semble plaire à plusieurs consommateurs, car ils y voient une façon d'obtenir des résultats plus rapidement. Mais il y a une différence entre « consommateur » et « jardinier paresseux ». Le jardinier paresseux (et aussi le jardinier au budget modeste) préfère, au contraire, les arbres de petite taille, voire même des boutures enracinées ou des semis de deux ou trois ans, aux arbres de gros calibre : ils sont moins coûteux (et comment !), plus faciles à transporter et à planter et le taux de succès est nettement plus grand. En effet, chez presque tous les végétaux, les jeunes plants se transplantent mieux que les plus matures.

172. DANS LES PETITS POTS, LES MEILLEURS ARBRES (BIS)

Saviez-vous que, très souvent, les jeunes arbres (semis ou boutures enracinées) reprennent mieux et poussent plus rapidement que les arbres de gros calibre ? Ainsi, après cinq ans de culture, on ne voit souvent aucune différence entre un arbre de gros calibre qui avait coûté 125 $ et un jeune spécimen qui avait coûté 2,50, sinon que le petit a souvent dépassé son grand frère en taille, en robustesse et en apparence !

173. CHOISISSEZ LES ARBUSTES SELON LEURS DIMENSIONS FUTURES

Référez-vous au truc no 3, car c'est l'une des bases même du jardinage paresseux. Pourquoi en effet tailler, tailler et tailler encore pour garder les arbustes sous contrôle? Il est tellement simple de choisir un arbuste selon l'espace disponible et ensuite de tout simplement le laisser pousser. Par exemple, si vous cherchez un arbuste à placer devant une fenêtre à 1,5 m du sol dans une plate-bande de 2 m de large, pourquoi choisir un arbuste qui attendra 3 m de hauteur et 4 m de largeur? Vous passerez le reste de votre vie à essayer de le contrôler. Il aurait été si facile de choisir un arbuste qui n'atteindra que 1,5 m sur 2 m ou moins. Dans ce cas, il suffit de le planter et de le laisser pousser.

Un mauvais choix de plante fait qu'il faut désormais tailler encore et encore. N'aurait-il pas été plus simple de choisir une plante de taille maximale plus modeste et qui ne boucherait jamais la vue?

174. CHOISISSEZ LES ARBRES SELON LEURS DIMENSIONS ÉVENTUELLES

Choisissez aussi un *arbre* en fonction de ses dimensions futures. D'accord, avec un tronc unique, il prend peu d'espace au sol, mais quand sa ramure frotte contre la maison ou envahit les fils électriques, c'est vraiment le désastre, car tailler un arbre demande l'aide d'un professionnel et cela coûte cher. Il est tellement plus facile de s'informer d'avance de la hauteur et du diamètre de l'arbre avant de l'acheter!

175. PETITES FEUILLES, PETITE OMBRE; GRANDES FEUILLES, GRANDE OMBRE

Si vous voulez planter un arbre sur votre terrain, mais sans devoir abandonner une plate-bande ensoleillée ou une pelouse à cause de l'ombre que l'arbre créera, pensez au détail suivant : plus les feuilles d'un arbre sont petites, plus la lumière passe; plus elles sont grandes, moins le soleil pénètre au sol. Donc, les arbres aux feuilles minuscules ou très découpées, comme les féviers (Gleditsia spp.), les robiniers (Robinia spp.) ou l'aulne à feuilles laciniées (Alnus glutinosa 'Imperialis') laissent passer beaucoup de lumière et on peut considérer l'espace à leur pied comme étant au plein soleil. D'autres arbres ont des feuilles très grandes et créent beaucoup d'ombre, notamment l'érable de Norvège (Acer platanoides), l'érable à sucre (Acer saccharum) et le tilleul d'Amérique (Tilia americana). Il est difficile de cultiver une plate-bande ou du gazon à leur pied. La plupart des autres arbres ont un feuillage «moyen» et créent une ombre moyenne (i.e. mi-ombre).

176. PAS DE FEUILLES À RAMASSER ?

Si la seule idée de devoir ramasser de milliers de feuilles à l'automne vous rebute à tel point que vous ne voulez pas planter d'arbres, pensez à ceci : ce ne sont pas tous les arbres feuillus qui ont des feuilles qui nécessitent un ramassage ! Certains arbres ont des feuilles tellement petites ou fines, qu'en tombant, elles se fondent dans la pelouse ou la plate-bande, ne laissant rien qui mérite le ramassage. C'est le cas, entre autres, des féviers (*Gleditsia* spp.), des robiniers (*Robinia* spp.), du bouleau Filigree Lace (*Betula pendula* 'Filigree Lace') et de l'aulne à feuilles laciniées (*Alnus glutinosa* 'Imperialis').

Avec les arbres à feuillage découpé, comme cet aulne à feuilles laciniées (Alnus gultinosa 'Imperialis'), il n'y a pas de feuilles à ramasser à l'automne.

177. ET PAS D'AIGUILLES À RAMASSER NON PLUS

À l'exception de certains pins aux longues aiguilles qui peuvent demander un certain nettoyage, les conifères aussi demandent peu de ramassage à l'automne, car leurs aiguilles sont minces et courtes et disparaissent tout naturellement dans la pelouse ou la plate-bande. Par contre, leur tendance à perdre des aiguilles peu à peu tout au long de la saison peut nécessiter un peu de balayage le long des sentiers.

■ Longévité

178. LES ARBRES NE SONT PAS ÉTERNELS

On s'attend à perdre les annuelles et les bisannuelles et même des vivaces ou des arbustes, mais comme c'est choquant quand un arbre meurt. Après tout, les arbres ne vivent-ils pas tous pendant des siècles ? En bien, non. D'accord, il existe des arbres millénaires, mais la vaste majorité des arbres ne vivent pas au-delà de cent cinquante ans. Dans un milieu urbain sujet à la pollution, aux températures extrêmes et à la salinisation des sols, un arbre de quatre-vingts ans est un très vieux spécimen. Donc quand vous habitez un développement domiciliaire qui atteint un certain âge et où tous les arbres ont été plantés environ en même temps, il n'est pas étonnant d'en voir plusieurs mourir après quelques années seulement.

179. UN ARBRE DE GRANDE LONGÉVITÉ

Presque tous les arbres qui ne sont pas mentionnés dans le conseil suivant vivront jusqu'à quatre-vingts ans ou plus, mais si voulez planter un arbre pour la postérité, essayez le pin blanc (*Pinus strobus*). Des spécimens de quatre cents ans (tous coupés pour leur bois, malheureusement) étaient connus au Québec au milieu du XIXe siècle. C'est aussi le plus grand arbre de nos forêts : des spécimens de 30 m ne sont pas rares et l'on a déjà vu des individus de 60 m. Par contre, l'arbre les plus vieux trouvé sous un climat similaire est le thuya du Canada (*Thuja occidentalis*). Des spécimens rabougris poussant dans une falaise en Ontario existent encore de nos jours et ont plus de sept cents ans ! Ou plantez un ginkgo (*Gingko biloba*) : personne ne sait combien de temps cette espèce d'origine asiatique peut vivre en Amérique du Nord (le plus vieux spécimen connu sur le continent n'a *que* deux cent cinquante ans !) ; mais en Asie, il existe des spécimens de plus de trois mille ans dont un de trois mille cinq cents ans !

Le bouleau européen (Betula pendula) est le cas classique d'un arbre à faible longévité : la plupart des spécimens commencent à décliner avant leur 20ᵉ anniversaire !

180. LES ARBRES DE COURTE LONGÉVITÉ

Si l'on peut s'attendre à ce que la plupart des arbres que l'on plante aujourd'hui soient encore en vie dans quatre-vingts ans (on peut donc parler d'un investissement à vie, car peu d'entre nous vivront assez longtemps pour les voir mourir !), certaines essences vivent beaucoup moins longtemps. On ne peut guère s'attendre à ce que les arbres suivants vivent plus de vingt à trente-cinq ans dans des conditions normales. D'accord, parfois certains spécimens vivent beaucoup plus longtemps… mais parfois beaucoup moins aussi. Si vous bâtissez votre aménagement paysager autour de l'un des arbres suivants, vous risquez donc d'être amèrement déçu :

- **AILANTHE**
  (*AILANTHUS ALTISSIMA*) ZONE 6

- **AULNE**
  (*ALNUS* SPP.) ZONES 1 À 6

- **BOULEAU À PAPIER**
  (*BETULA PAPYRIFERA*) ZONE 2

- **BOULEAU EUROPÉEN**
  (*BETULA PENDULA*) ZONE 2

- **BOULEAU GRIS**
  (*BETULA POPULIFOLIA*) ZONE 3

- **OLIVIER DE BOHÊME**
  (*ELAEAGNUS ANGUSTIFOLIA*) ZONE 2B

- **ORME DE SIBÉRIE, ORME CHINOIS**
  (*ULMUS PUMILA*) ZONE 2

- **PEUPLIER À GRANDES DENTS**
  (*POPULUS GRANDIDENTATA*) ZONE 2B

- **PEUPLIER BAUMIER**
  (*POPULUS BALSAMIFERA*) ZONE 2

- **PEUPLIER FAUX-TREMBLE**
  (*POPULUS TREMULOIDES*) ZONE 2

- **SAULE**
  (*SALIX* SPP.) ZONES 1 À 10

- **SORBIER, CORMIER**
  (*SORBUS* SPP.) ZONES 2 À 6

Végétaux

■ Profondeur des racines

181. LES JARDINIERS ÉVITENT LES ARBRES AUX RACINES SUPERFICIELLES

Si vous devez planter des arbres chez vous, un facteur à considérer est le type de racines qu'ils possèdent. Certains arbres ont des racines qui poussent surtout en profondeur ou ont des racines peu développées ou bien espacées. Ces arbres ne poseront pas de problème à vos plantations, même à long terme. D'autres au contraire ont des racines surtout superficielles qui viendront rapidement jouer dans vos plates-bandes, asséchant et appauvrissant le sol et rendant le jardinage difficile. Et elles soulèvent les tuiles de la terrasse, déséquilibrent les allées et les sentiers, brisent les trottoirs, etc. Il est certain que ces arbres peuvent avoir leur place dans un grand parc, mais ils ne sont pas recommandés si vous pensez un jour faire du jardinage. Voici quelques arbres à racines superficielles ou très denses qu'il faut, dans la mesure du possible, éviter de planter si vous voulez un beau gazon, une belle plate-bande ou un potager productif:

- **BOULEAU BLANC D'EUROPE** (*BETULA PENDULA*) **ZONE 2B**

- **BOULEAU JAUNE** (*BETULA ALLEGHANIENSIS*) **ZONE 3**

- **BOULEAU NOIR** (*BETULA NIGRA*) **ZONE 4**

- **CHÊNE DES MARAIS** (*QUERCUS PALUSTRIS*) **ZONE 4**

- **ÉPINETTE** (*PICEA* SPP.) **ZONES 1 À 7**

- **ÉRABLE À SUCRE** (*ACER SACCHARUM*) **ZONE 4**

- **ÉRABLE ARGENTÉ** (*ACER SACCHARINUM*) **ZONE 2**

- **ÉRABLE DE L'AMOUR** (*ACER TATARICUM GINNALA*) **ZONE 2A**

- **ÉRABLE DE NORVÈGE** (*ACER PLATANOÏDES*) **ZONE 4B**

- **ÉRABLE ROUGE** (*ACER RUBRUM*) **ZONE 3B**

- **FRÊNE** (*FRAXINUS* SPP.) **ZONES 2B À 7**

- **HÊTRE À GRANDES FEUILLES** (*FAGUS GRANDIFOLIA*) **ZONE 4**

- **MAGNOLIA ÉTOILÉ** (*MAGNOLIA STELLATA*) **ZONE 5**

- **ORME D'AMÉRIQUE** (*ULMUS AMERICANA*) **ZONE 3**

- **ORME DE SIBÉRIE** (*ULMUS PUMILA*) **ZONE 3B**

- **PEUPLIER** (*POPULUS* SPP.) **ZONES 2 À 7**

- **PIN BLANC** (*PINUS STROBUS*) **ZONE 2B**

- **ROBINIER** (*ROBINIA PSEUDOACACIA*) **ZONE 4B**

- **SAPIN** (*ABIES* SPP.) **ZONES 1 À 7**

- **SAULE** (*SALIX* SPP.) **ZONES 1 À 10**

- **THUYA DU CANADA, « CÈDRE »** (*THUJA OCCIDENTALIS*) **ZONE 2B**

- **TILLEUL À PETITES FEUILLES** (*TILIA CORDATA*) **ZONE 3**

182. ARBRES AUX RACINES ENVAHISSANTES

Les racines du saule pleureur sont très envahissantes et sa culture est défendue dans plusieurs municipalités.

Certains arbres sont à déconseiller même pour les gens qui ne tiennent pas à jardiner ! En effet, leurs racines sont longues, envahissantes, voire agressives et elles sont reconnues pour leur capacité de boucher les drains, de s'enfoncer dans les fissures des fondations pour endommager la maison et briser les tuyaux d'eau enfouis sous terre. Certaines villes, d'ailleurs, défendent à leurs citoyens de les cultiver. Si vous tenez à le faire, plantez-les à au moins 30 m de tout édifice, tuyau d'alimentation, drain ou fosse septique.

- **ÉRABLE ARGENTÉ**
  (*ACER SACCHARINUM*) **ZONE 2**
- **PEUPLIER**
  (*POPULUS* SPP.) **ZONES 2 À 7**
- **ORME**
  (*ULMUS* SPP.) **ZONES 3 À 8**
- **SAULE**
  (*SALIX* SPP.) **ZONES 1 À 10**

183. DES ARBRES AUX RACINES ACCOMMODANTES

Voici des exemples d'arbres qui ont des racines qui poussent plutôt en profondeur ou qui sont, du moins, peu denses, ce qui permet de cultiver des plantes à leur pied sans trop de peine. Ce sont par conséquent des sujets idéaux pour la plantation dans des plates-bandes ou sur une pelouse.

- **ARBRE AUX QUARANTE ÉCUS**
  (*GINKGO BILOBA*) **ZONE 4**
- **AUBÉPINE**
  (*CRATAEGUS* SPP.) **ZONES 3 À 6**
- **BOULEAU FLEXIBLE**
  (*BETULA LENTA*) **ZONE 4B**
- **BOULEAU À PAPIER**
  (*BETULA PAPYRIFERA*) **ZONE 2**
- **CARYERS**
  (*CARYA* SPP.) **ZONE 4 À 6**
- **CERISIER**
  (*PRUNUS* SPP.) **ZONES 1 À 8**
- **CHARME D'AMÉRIQUE**
  (*CARPINUS CAROLINIANA*) **ZONE 3**
- **CHÊNE À GROS GLANDS**
  (*QUERCUS MACROCARPA*) **ZONE 2**
- **CHÊNE ANGLAIS FASTIGIÉ**
  (*QUERCUS ROBUR* 'FASTIGIATA') **ZONE 4**
- **CHÊNE BLANC**
  (*QUERCUS ALBA*) **ZONE 4**
- **CHÊNE ÉCARLATE**
  (*QUERCUS COCCINEA*) **ZONE 4**
- **CHÊNE ROUGE**
  (*QUERCUS RUBRA*) **ZONE 3**
- **FÉVIER**
  (*GLEDITSIA TRIACANTHOS*) **ZONE 4**
- **MÉTASÉQUOIA**
  (*METASEQUOIA GLYPTOSTROBOIDES*) **ZONE 5B**

Végétaux

- **Micocoulier occidental**
  (*Celtis occidentalis*) **zone 3**B
- **Noyer**
  (*Juglans* spp.) **zones 3 à 8**
- **Pin à cônes épineux**
  (*Pinus aristata*) **zone 4**B
- **Pin cembre**
  (*Pinus cembra*) **zone 3**
- **Pin flexible**
  (*Pinus flexilis*) **zone 4**
- **Pin gris**
  (*Pinus banksiana*) **zone 2**
- **Pin noir d'Autriche**
  (*Pinus nigra austriaca*) **zone 4**
- **Pin rouge**
  (*Pinus resinosa*) **zone 3**
- **Poiriers ornementaux**
  (*Pyrus* spp.) **zones 3 à 5**
- **Pommetier**
  (*Malus* spp.) **zones 3 à 5**
- **Pruche du Canada**
  (*Tsuga canadensis*) **zone 4**
- **Sapin de Douglas**
  (*Pseudotsuga menziesii*) **zone 5**
- **Sorbier, cormier**
  (*Sorbus* spp.) **zones 2 à 6**
- **Tilleul d'Amérique**
  (*Tilia americana*) **zone 3**

■ Plantes ligneuses envahissantes

184. ÉVITEZ LES ENVAHISSEURS

Beaucoup de jardiniers savent qu'il existe des vivaces envahissantes qu'il vaut mieux ne pas planter si on ne veut pas que sa cour entière disparaisse sous un tapis de végétation hors de contrôle. Mais on semble moins comprendre que des arbres et des arbustes puissent aussi être envahissants. D'ailleurs, à cause de leur grande taille et de l'ombre qu'ils produisent, ils peuvent encore plus facilement dominer le paysage que les vivaces qui sont, pour la plupart, au moins assez petites. Cependant, il est possible d'éviter les arbres envahissants… si vous savez les distinguer.

L'érable de Norvège (Acer platanoides) *est un bon exemple d'arbre envahissant par ses semences.*

185. LIGNEUSES ENVAHISSANTES PAR LEURS SEMENCES

Les arbres suivants sont envahissants par leurs semences qui tombent partout et qui germent en général exactement aux emplacements où l'on ne veut pas les voir. Heureusement, les paillis empêchent la plupart de germer. D'ailleurs, les arbres comptent parmi les rares végétaux dont les graines *peuvent* germer dans un paillis. Ceux qui sont envahissants même dans un paillis de 5 cm ou plus sont indiqués par un astérisque (*).

- **ARGOUSIER FAUX-NERPRUN**
  (*HIPPOPHAE RHAMNOIDES*) **ZONE 2B**

- **CARAGANA DE SIBÉRIE**
  (*CARAGANA ARBORESCENS*) **ZONE 2**

- **CERISIER À GRAPPES**
  (*PRUNUS VIRGINIANA*) **ZONE 2B**

- **CERISIER À GRAPPES EUROPÉEN**
  (*PRUNUS PADUS*) **ZONE 2**

- **CERISIER DE PENNSYLVANIE**
  (*PRUNUS PENNSYLVANICA*) **ZONE 2**

- **CHÈVREFEUILLE DE CHINE**
  (*LONICERA MAACKII*) **ZONE 2B**

- **CHÈVREFEUILLE DE MORROW**
  (*LONICERA MORROWII*) **ZONE 4**

- **CHÈVREFEUILLE DE TATARIE**
  (*LONICERA TATARICA*) **ZONE 4**

- **ÉGLANTIER**
  (*ROSA EGLANTERIA*) **ZONE 4**

- **ÉPINETTE DE NORVÈGE**
  (*PICEA ABIES*) **ZONE 2B**

- **ÉPINE-VINETTE DE THUNBERG**
  (*BERBERIS THUNBERGII*) **ZONE 4**

- **ÉRABLE À GIGUÈRE***
  (*ACER NEGUNDO*) **ZONE 2**

- **ÉRABLE À SUCRE***
  (*ACER SACCHARUM*) **ZONE 4**

- **ÉRABLE ARGENTÉ***
  (*ACER SACCHARINUM*) **ZONE 2**

- **ÉRABLE DE NORVÈGE***
  (*ACER PLATANOIDES*) **ZONE 4B**

- **FRAMBOISIER**
  (*RUBUS IDAEUS*) **ZONE 3**

- **FUSAIN AILÉ**
  (*EUONYMUS ALATA*) **ZONE 5**

- **NERPRUN CATHARTIQUE**
  (*RHAMNUS CATHARTICA*) **ZONE 2**

- **OLIVIER DE BOHÊME**
  (*ELAEAGNUS ANGUSTIFOLIA*) **ZONE 2B**

- **ORME D'AMÉRIQUE**
  (*ULMUS AMERICANA*) **ZONE 3**

- **ORME DE SIBÉRIE, « ORME CHINOIS »**
  (*ULMUS PUMILA*) **ZONE 2**

- **PIN ÉCOSSAIS, PIN SYLVESTRE**
  (*PINUS SYLVESTRIS*) **ZONE 2B**

- **ROBINIER FAUX-ACACIA**
  (*ROBINIA PSEUDOACACIA*) **ZONE 4B**

- **ROSIER AUX FEUILLES ROUGES**
  (*ROSA GLAUCA*) **ZONE 2**

- **ROSIER MULTIFLORE**
  (*ROSA MULTIFLORA*) **ZONE 5B**

- **ROSIER RUGUEUX**
  (*ROSA RUGOSA*) **ZONE 3**

- **SORBIER**
  (*SORBUS SPP.*) **ZONE 3**

- **TILLEUL À PETITES FEUILLES***
  (*TILIA CORDATA*) **ZONE 3**

- **VIORNE COMMUNE**
  (*VIBURNUM LANTANA*) **ZONE 2B**

- **VIORNE OBIER**
  (*VIBURNUM OPULUS*) **ZONE 3**

Les semis d'arbres sont souvent les seules « mauvaises herbes » à l'ombre.

186. ARRACHEZ LES ENVAHISSEURS

Il n'y a pas de solution miracle quand des semis d'arbres envahissent un paillis: vous n'avez pas d'autre choix que d'arracher les « arbres indésirables » et, de préférence, pendant qu'ils sont jeunes. (Après deux ou trois années de croissance, les racines sont trop fortes pour permettre de les arracher facilement).

187. SI VOUS MANQUEZ L'ARRACHAGE

Si des arbres indésirables qui se sont semés dans un paillis ont déjà deux ou trois ans de croissance, les arracher devient presque impossible. Prenez plutôt comme habitude de tasser le paillis et de les couper au sol en replaçant le paillis par la suite. À cet âge, ils ne se régénèrent presque jamais du pied et le problème est alors réglé.

188. LIGNEUSES ENVAHISSANTES PAR LEURS DRAGEONS

Ces plantes s'étendent à partir de racines, stolons ou rhizomes traçants et sont particulièrement difficiles à contrôler. Vous trouverez toutefois un truc sur leur contrôle (truc 30).

Les vinaigriers, comme ce Rhus typhina *'Dissecta' (syn. R. typhina 'Laciniata'), sont très drageonnants.*

- **AMÉLANCHIER DU CANADA**
  (*AMELANCHIER CANADENSIS*) **ZONE 4**
- **AMELANCHIER STOLONIFÈRE**
  (*AMELANCHIER STOLONIFERA*) **ZONE 3**
- **ARONIE**
  (*ARONIA SPP.*) **ZONE 4**
- **ARGOUSIER FAUX-NERPRUN**
  (*HIPPOPHAE RHAMNOIDES*) **ZONE 2B**
- **CERISIER À GRAPPES**
  (*PRUNUS VIRGINIANIANA*) **ZONE 2B**
- **CERISIER DE PENNSYLVANIE**
  (*PRUNUS PENNSYLVANICA*) **ZONE 2**
- **CHALEF ARGENTÉ**
  (*ELEAGNUS COMMUTATA*) **ZONE 1B**
- **CORNOUILLER BLANC**
  (*CORNUS ALBA*) **ZONE 2**
- **CORNOUILLER SANGUIN**
  (*CORNUS SANGUINEA*) **ZONE 3**
- **CORNOUILLER STOLONIFÈRE**
  (*CORNUS SERICEA*, SYN. *C. STOLONIFERA*) **ZONE 2**
- **DIERVILLÉE**
  (*DIERVILLEA SPP.*) **ZONES 3 À 5**
- **FRAMBOISIER**
  (*RUBUS IDAEUS*) **ZONE 3**
- **GADELIER ODORANT**
  (*RIBES ODORATUM*) **ZONE 2**

- **LILAS COMMUN**
  (*SYRINGA VULGARIS*) **ZONE 2B**
- **MYRIQUE BAUMIER**
  (*MYRICA GALE*) **ZONE 2**
- **OLIVIER DE BOHÊME**
  (*ELAEAGNUS ANGUSTIFOLIA*) **ZONE 2B**
- **PEUPLIER BAUMIER**
  (*POPULUS BALSAMIFERA*) **ZONE 2**
- **PEUPLIER BLANC**
  (*POPULUS ALBA*) **ZONE 4**
- **PEUPLIER DE LOMBARDIE**
  (*POPULUS NIGRA 'ITALICA'*) **ZONE 4**
- **PEUPLIER FAUX-TREMBLE**
  (*POPULUS TREMULOIDES*) **ZONE 2**
- **ROBINIER FAUX-ACACIA**
  (*ROBINIA PSEUDO-ACACIA*) **ZONE 4B**
- **RONCE**
  (*RUBUS SPP.*) **ZONE 3**
- **ROSIER RUGUEUX (CERTAINS CULTIVARS)**
  (*ROSA RUGOSA*) **ZONE 3**
- **SHEPHERDIE ARGENTÉ**
  (*SHEPHERDIA ARGENTEA*) **ZONE 2**
- **SORBARIA À FEUILLES DE SORBIER**
  (*SORBARIA SORBIFOLIA*) **ZONE 2**
- **SUMAC AROMATIQUE**
  (*RHUS AROMATICA*) **ZONE 3**

■ Plantes ligneuses non allergènes

189. POUR VIVRE SANS RHUME DES FOINS

Tous blâment la pauvre herbe à poux (*Ambrosia artemisiifolia*) (trucs 1513 à 1515) pour le rhume des foins (rhinite saisonnière si vous préférez) et c'est vrai qu'à la fin de la saison, elle peut rendre la vie des personnes qui y sont allergiques bien misérable. Mais en général, on passe sous silence le fait que le pollen des arbres en début de saison est tout aussi néfaste. La croyance est qu'il y a trop d'arbres dans la nature pour pouvoir exercer un contrôle quelconque et donc qu'il est aussi bien de baisser les bras. Mais on sous-estime l'impact que le choix de la plantation d'arbres non allergènes peut avoir. En général, les arbres aux fleurs voyantes (pommiers, sorbiers, magnolias, etc.) sont pollinisés uniquement par les insectes et leur pollen est trop lourd pour être transporté par le vent. Ces arbres sont donc non allergènes. La plupart des arbres *sans* fleurs voyantes sont au contraire, pollinisés par le vent (on les dit «anémophiles») et peuvent être alors allergènes si les humains susceptibles réagissent à leur pollen. Cependant, parmi les arbres anémophiles, plusieurs (érable à Giguère, frênes, mûriers, etc.) sont dioïques, c'est-à-dire que les deux sexes sont portés sur des plantes différentes. Pour ces arbres il serait alors possible de choisir et ne planter que des arbres femelles : elles reçoivent le pollen, mais n'en produisent pas. C'est tragique de voir que, de nos jours, on fasse précisément le contraire : on plante exprès des arbres «sans semences» (i.e. des arbres mâles et donc producteurs de pollen) partout dans nos villes, car on juge les graines tombées au sol «sales» alors que les arbres femelles, producteurs de graines, ne sont plus plantés. Au lieu de planter les arbres «sans graines», plantez les arbres *qui portent* des graines et vous verrez le niveau de pollen dans votre environnement chuter radicalement. Enfin, chez les arbres anémophiles monoïques, comme les bouleaux, les chênes et les aulnes, les deux sexes sont portés sur le même arbre et donc tous les arbres peuvent théoriquement produire du pollen. Chez ces arbres, on trouve cependant quelquefois des spécimens dioïques femelles ou, encore, des spécimens théoriquement monoïques, mais dont le pollen n'est

Si vous souffrez de la fièvre des foins, ne plantez pas des plantes qui provoquent des symptômes!

jamais libéré. Il serait théoriquement possible de multiplier ces arbres par bouturage ou greffage pour la plantation chez les gens allergiques, mais, à ce jour, personne ne semble s'intéresser à la question. Un jour on verra sans doute de vastes campagnes publicitaires pour encourager la culture des arbres non allergènes. Pour l'instant cependant, personne n'en parle.

Les arbres à fleurs voyantes, comme ce Magnolia x loebeneri 'Merril', sont rarement allergéniques.

190. DES ARBRES NON ALLERGÈNES

Les arbres suivants ne produisent pas de pollen qui soit transporté facilement par le vent ou, encore, leur pollen ne semble pas provoquer d'allergies saisonnières (rhume des foins) chez la plupart des personnes allergiques. Ils sont fortement recommandés pour les jardiniers dont des membres de la famille souffrent du rhume des foins:

- **AMÉLANCHIER**
  (*AMELANCHIER* SPP.) ZONE **3**
- **ANGÉLIQUE DU JAPON**
  (*ARALIA ELATA*) ZONE **5**
- **AUBÉPINE**
  (*CRATAEGUS* SPP.) ZONES **3** À **6**
- **CERISIER**
  (*PRUNUS* SPP.) ZONES **1** À **8**
- **ÉPINETTE**
  (*PICEA* SPP.) ZONES **1** À **7**
- **ÉRABLE À GIGUÈRE** (CULTIVARS FEMELLES)
  (*ACER NEGUNDO*) ZONE **2**
- **ÉRABLES** (LA PLUPART DES ESPÈCES)
  (*ACER* SPP.) ZONES **2** À **9**
- **FRÊNE** (CULTIVARS FEMELLES)
  (*FRAXINUS* SPP.) ZONES **2B** À **7**
- **GENÉVRIER** (CULTIVARS FEMELLES)
  (*JUNIPERUS* SPP.) ZONES **1** À **7**
- **LILAS**
  (*SYRINGA* SPP.) ZONES **2** À **7**

- **MAACKIA DE L'AMOUR**
  (*MAACKIA AMURENSIS*) ZONE **4B**
- **MAGNOLIA**
  (*MAGNOLIA* SPP.) ZONES **4B** À **9**
- **MÛRIER BLANC** (CULTIVARS FEMELLES)
  (*MORUS ALBA* 'PENDULA', ETC.) ZONE **4**
- **PIN**
  (*PINUS* SPP.) ZONES **2** À **8**
- **POIRIERS**
  (*PYRUS* SPP.) ZONES **3** À **5**
- **POMMETIER**
  (*MALUS* SPP.) ZONES **3** À **5**
- **PRUCHE DU CANADA**
  (*TSUGA CANADENSIS*) ZONE **4**
- **PRUNIER**
  (*PRUNUS* SPP.) ZONES **2** À **8**
- **ROBINIER FAUX-ACACIA**
  (*ROBINIA PSEUDOACACIA*) ZONE **4B**
- **SORBIER, CORMIER**
  (*SORBUS* SPP.) ZONES **2** À **6**

Les peupliers (Populus spp.), aux chatons peu voyants, lancent la saison de la fièvre des foins.

191. DES ARBRES ALLERGÈNES

Si vous, ou quelqu'un de votre famille souffrez du rhume des foins, ne plantez surtout pas les arbres suivants près de la fenêtre de la chambre à coucher ! Leur pollen est léger et donc facilement transporté par le vent et, de plus, il peut provoquer facilement des allergies chez les personnes susceptibles.

- **AILANTHE**
  (*AILANTHUS ALTISSIMA*) ZONE **6**
- **ARBRE À PERRUQUE**
  (*COTINUS COGGYRIA*) ZONE **5B**
- **ARGOUSIER FAUX-NERPRUN**
  (*HIPPOPHAE RHAMNOIDES*) ZONE **2B**
- **AULNE**
  (*ALNUS SPP.*) ZONES **1 À 6**
- **BOULEAU**
  (*BETULA SPP.*) ZONE **3**
- **CARYER**
  (*CARYA SPP.*) ZONE **4 À 6**
- **CATALPA**
  (*CATALPA SPP.*) ZONES **5 À 8**
- **CHARME D'AMÉRIQUE**
  (*CARPINUS CAROLINIANA*) ZONE **3**
- **CHÊNE**
  (*QUERCUS SPP.*) ZONES **3 À 9**
- **CHICOT DU CANADA**
  (*GYMNOCLADA DIOICA*) ZONE **5**
- **ÉRABLE À GIGUÈRE (CULTIVARS MÂLES)**
  (*ACER NEGUNDO*) ZONE **2**
- **ÉRABLE ARGENTÉ**
  (*ACER SACCHARINUM*) ZONE **2**
- **FAUX CYPRÈS**
  (*CHAMAECYPARIS*) ZONES **4 À 8**
- **FRÊNE (CULTIVARS MÂLES)**
  (*FRAXINUS SPP.*) ZONES **2B À 7**
- **GENÉVRIER (CULTIVARS MÂLES)**
  (*JUNIPERUS SPP.*) ZONES **1 À 7**
- **HÊTRE À GRANDES FEUILLES**
  (*FAGUS GRANDIFOLIA*) ZONE **4**
- **MARRONNIER D'INDE**
  (*AESCULUS HIPPOCASTANUM*) ZONE **4B**
- **MICOCOULIER OCCIDENTAL**
  (*CELTIS OCCIDENTALIS*) ZONE **3B**

- **MÛRIER BLANC (CULTIVARS MÂLES)**
  (*MORUS ALBA* 'CHAPPARAL' ET *M. A.* 'GREENWAVE') ZONE **4**
- **MYRIQUE BAUMIER**
  (*MYRICA GALE*) ZONE **2**
- **MYRIQUE DE PENNSYLVANIE**
  (*MYRICA PENSYLVANICA*) ZONE **2**
- **NOISETIER**
  (*CORYLUS SPP.*) ZONES **2À 6**
- **NOYER**
  (*JUGLANS SPP.*) ZONES **3 À 8**
- **OLIVIER DE BOHÊME**
  (*ELAEAGNUS ANGUSTIFOLIA*) ZONE **2B**
- **ORME D'AMÉRIQUE**
  (*ULMUS AMERICANA*) ZONE **2**
- **PEUPLIER**
  (*POPULUS SPP.*) ZONES **2 À 7**
- **PRUCHE DU CANADA**
  (*TSUGA CANADENSIS*) ZONE **4**
- **SAPIN DE DOUGLAS**
  (*PSEUDOTSUGA MENZIESII*) ZONE **5**
- **SAULE**
  (*SALIX SPP.*) ZONES **1 À 10**
- **SUMAC AROMATIQUE**
  (*RHUS AROMATICA*) ZONE **3**
- **THUYA DU CANADA, « CÈDRE »**
  (*THUJA OCCIDENTALIS*) ZONE **2B**
- **TILLEUL***
  (*TILIA SPP.*) ZONE **3**
- **VINAIGRIER**
  (*RHUS TYPHINA, R. GLABRA*) ZONE **3**

*Tous les tilleuls ne seraient pas allergènes, mais tant que la situation n'a pas été clarifiée, mieux vaut les mettre sur la «liste noire» des plantes allergènes.

Végétaux

■ Ligneuses aux traits spéciaux

192. DES ARBRES AUX COULEURS TROP DOMINANTES

Attention à l'utilisation des arbres de grande taille de couleur pourpre, comme l'érable de Norvège pourpre (plusieurs cultivars d'*Acer platantoides*, dont 'Crimson King'). Très faciles à assortir au paysage dans leur jeunesse, ces arbres énormes viennent toutefois à dominer le paysage avec le temps et leur couleur foncée peut assombrir le paysage, créant un effet morne. De plus, le contraste entre les feuillages pourpres et verts, si plaisant sur une échelle réduite, fait un peu Disneyland quand l'aménagement mûrit. Mieux vaut se limiter aux arbustes pourpres comme le physocarpe Summer Wine® (*Physocarpus opulifolius* 'Seward') ou aux arbres de taille restreinte, comme le cerisier de Virginie pourpre (*Prunus virginianus* 'Schubert') qu'aux monstres pourpres comme le Crimson King.

On en vient souvent à regretter la plantation d'un grand arbre à feuillage pourpre comme cet érable de Norvège 'Crimson King'.

193. MIEUX VAUT MORT QUE VIF

Certains végétaux paraissent mieux sans feuilles que lorsqu'ils en sont couverts. C'est notamment le cas du noisetier tortueux (*Corylus avellana* 'Tortuosa'). Quelle merveille l'hiver quand ses tiges tordues et tirebouchonnées sont mises en valeur, mais quelle laideur l'été quand il est couvert de feuilles difformes, tordues et bosselées. Ma suggestion? Trouvez un arbuste mort en pépinière et plantez-le chez vous. Ainsi la plante sera jolie en tout temps… et le prix devrait être excellent!

Le noisetier tortueux (Corylus avellana 'Tortuosa') en pleine et laide feuillaison.

■ Arbres greffés

194. ENTERREZ LE POINT DE GREFFE

On nous offre de plus en plus de plantes greffées (une variété désirable cultivée en la greffant sur une plante sauvage) dans les pépinières. Souvent, ces plantes sont greffées *au pied*, c'est-à-dire que la greffe est faite à la base de la plante, près du sol. Normalement on ne plante jamais une plante ligneuse plus profondément qu'elle ne l'était dans son pot d'origine, mais ici cela vaut la peine de faire une exception. C'est que le point de greffe, cette marque habituellement boursouflée à la base de la plante et qui indique le point de jonction entre le greffon (plante désirable) et le porte-greffe (plante sauvage), demeurera un point faible durant toute la vie de la plante, sujet au gel, aux fractures, aux fêlures, aux infestations d'insectes et aux maladies, etc. Cependant, si vous l'enterrez, il y a d'excellentes chances que le greffon puisse «s'affranchir» de son porte-greffe et produise ses propres racines, devenant ainsi autonome, ce qui le met à l'abri de ces problèmes. Il n'est pas nécessaire de l'enfouir beaucoup : 2 ou 3 cm suffiront.

Sous notre climat, il faut enterrer le point de greffe.

195. LES ARBRES GREFFÉS EN TÊTE : POUR CEUX QUI AIMENT SE COMPLIQUER LA VIE...

Arbre greffé en tête : Caragana arborescens 'Walker'.

Si certaines plantes ligneuses (arbres, arbustes et conifères) sont greffées au pied, ce qui permet éventuellement de les affranchir (voir le conseil précédent), d'autres, et notamment les petits arbres pleureurs, sont greffés en tête. Comme le point de greffe est toujours un point de faiblesse pour la plante et que, de plus, il est désormais très exposé aux éléments, car il se trouve à la tête de la plante, il y a un réel danger que le greffon (la plante désirable) meure. D'ailleurs, il n'y a pas trois arbres greffés en tête sur cinq qui survivent plus de cinq ans. Au bout de dix ans, pas un sur cinq.

D'accord, il y a toujours des exceptions : des arbres greffés en tête qui mènent une vie normale et qui vivent aussi longtemps que n'importe quel autre spécimen de leur espèce, mais ils sont l'exception. Ces mini arbres greffés en tête sont coûteux, généralement fragiles, sujets au drageonnement, aux fêlures, aux infestations d'insectes, à la pourriture et beaucoup plus encore. Le jardinier amateur les évitera comme la peste.

■ Conifères

196. PETIT CONIFÈRE DEVIENDRA GRAND

Un des lieux communs lors de la vente des conifères nains est de donner, comme hauteur maximale, la hauteur que la plante atteindra à dix ans. Personne ne vous dit combien la plante mesurera dans quinze ans, ni vingt ans. Et pourtant, ces végétaux peuvent vivre cent ans et plus. Mais il faut savoir une chose : il n'existe aucun conifère véritablement nain, tous poussent durant toute leur vie. Donc le petit conifère minuscule qui paraît si bien dans votre rocaille à la plantation et que l'étiquette annonce comme mesurant 1 m de hauteur sur 1,5 m de diamètre sera peut-être un jour aussi haut et

Sur l'étiquette de ce « conifère nain », on indiquait comme dimensions 60 cm x 90 cm, mais aujourd'hui il mesure 5 m x 8 m !

aussi large que votre maison ! Dans vos calculs pour l'espacement des « conifères nains », doubler la hauteur et le diamètre… et pensez sérieusement à les supprimer après vingt ans.

197. APPELEZ UN THUYA PAR SON NOM

Notre « cèdre » est en fait un thuya.

Voici le vrai cèdre (Cedrus atlantica 'Glauca').

Les premiers Français arrivés en Amérique du Nord ont découvert un conifère tout à fait nouveau pour eux : le *Thuja occidentalis*. On l'a nommé, en langage populaire, cèdre blanc, en référence au cèdre du Liban (*Cedrus libani*), un conifère presque mythique mentionné dans la Bible et qui poussait au Proche-Orient, mais que les colons n'avaient jamais vu. Quatre cents ans plus tard, *T. occidentalis* est devenu l'un des conifères les plus populaires au monde pour l'aménagement paysager et est universellement appelé « thuya du Canada » ou, tout simplement, thuya. Mais nous, les francophones nord-américains, l'appelons toujours « cèdre ». Ainsi, quand on va en Europe et qu'on parle du cèdre à d'autres jardiniers, on a un arbre en tête et ils en ont un tout autre… et Dieu sait que le vrai cèdre (*Cedrus*) ne ressemble nullement à notre « cèdre » (*Thuja*) ! Le premier, avec ses minces aiguilles regroupées en touffes, ressemble au mélèze ; le deuxième a des aiguilles en écaille et arrangées en éventail, rappelant davantage le faux cyprès (*Chamaecyparis*). Si vous ne voulez pas passer pour un ignorant dès que vous quitterez nos frontières, apprenez donc à appeler *T. occidentalis* par le nom accepté internationalement : thuya du Canada.

198. DES CONIFÈRES QUI CROISSENT À L'OMBRE

On croit à tort que les conifères ne peuvent pas pousser à l'ombre, mais il existe quelques espèces qui conviennent aux coins mi-ombragés et mêmes ombragés. Il s'agit des ifs (*Taxus* spp.), des pruches (*Tsuga canadensis* notamment) et du cyprès de Russie (*Microbiota decussata*).

199. UNE NOUVELLE FLÈCHE POUR LES CONIFÈRES ÉTÊTÉS

Quand un conifère perd sa flèche, dirigez vers le haut une branche secondaire que peut la remplacer.

Il arrive parfois que, suite à un accident quelconque (ou à une taille mal avisée), un conifère pyramidal comme un sapin (*Abies*), une épinette (*Picea*), un pin (*Pinus*) ou un mélèze (*Larix*) perde sa flèche, soit la branche terminale verticale. Or, sa symétrie est alors en jeu, car c'est la dominance de la flèche qui donne à l'arbre son port si symétrique. Heureusement, on peut lui en donner une autre. Il s'agit de prendre une branche secondaire et de la diriger vers le haut en utilisant des attaches et un petit tuteur pour le tenir droit. Quand la tige se sera raidie dans sa nouvelle position, trois à huit mois plus tard, enlevez tout simplement le tuteur. L'arbre reprendra alors sa forme si attrayante.

■ Érable de Norvège

200. L'ÉRABLE DE NORVÈGE : UN ENVAHISSEUR À BANNIR

L'érable de Norvège (*Acer platanoides*), un arbre à bannir ? C'est l'arbre le plus vendu au Québec ! Pourtant, plusieurs écologistes préconisent son bannissement. D'ailleurs, plusieurs municipalités américaines et même l'État du Massachusetts ne permettent plus sa culture. C'est que l'érable de Norvège produit énormément de semences qui atterrissent et germent partout. Si ce n'était que pour cela, il ne serait pas pire que d'autres plantes envahissantes. Mais là où il diffère des autres, c'est que, au lieu de se limiter aux zones perturbées, comme le

L'érable de Norvège est en train de balayer de la carte l'érable à sucre : un véritable désastre écologique !

font la majorité des plantes envahissantes, il s'installe aussi dans les forêts naturelles, grâce à sa capacité de germer à la noirceur. Là il fait compétition aux arbres indigènes et notamment à l'érable à sucre. Et c'est l'érable de Norvège qui gagne, haut la main ! On n'a qu'à se promener dans les forêts urbaines et périurbaines pour découvrir que, dans bien des cas, tous les jeunes érables qui y poussent sont des érables de Norvège : l'érable à sucre ne réussit plus à se ressemer. Donc, pour protéger nos forêts, ne plantez pas d'érables de Norvège et si vous en avez déjà chez vous, songez sérieusement à les remplacer par des arbres moins agressifs.

Peu de végétaux peuvent pousser sous un noyer noir.

■ Noyers

201. LES NOYERS SONT TOXIQUES POUR LES AUTRES PLANTES

Les noyers, et notamment le noyer noir (*Juglans nigra*) et le noyer cendré (*J. cinerea*), produisent dans leurs racines et leurs feuilles une substance toxique pour beaucoup d'autres plantes : la juglone. Il s'agit d'un produit *allélopathe*, c'est-à-dire spécifiquement

toxique pour les autres végétaux. Les noyers s'en servent comme mécanisme de défense : en éliminant la compétition, ils peuvent plus facilement dominer le secteur et profiter des minéraux, de l'eau, etc. Il existe des plantes qui résistent à la juglone, mais relativement peu. Pensez-y deux fois avant de planter un noyer : ce n'est pas un bon choix pour une plate-bande, un potager ou tout autre parterre où l'on voudrait voir pousser une bonne variété de plantes.

202. DES PLANTES QUI RÉSISTENT À LA JUGLONE

Voici quelques plantes qui résistent à la juglone et que vous pourriez planter sans crainte au pied d'un noyer :

- **ALCHÉMILLE**
  (*ALCHEMILLA MOLLIS*) **ZONE 3**

- **ANCOLIE**
  (*AQUILEGIA* SPP.) **ZONE 3**

- **ASPÉRULE ODORANTE**
  (*GALIUM ODORATUM*) **ZONE 3**

- **ASTILBE**
  (*ASTILBE* SPP.) **ZONE 4**

- **BARBE DE BOUC**
  (*ARUNCUS DIOICUS*) **ZONE 3**

- **BÉGONIA DES PLATES-BANDES** (*BEGONIA* X *SEMPERFLORENS-CULTORUM*) **ANNUELLE**

- **BERGENIA**
  (*BERGENIA* SPP.) **ZONE 3**

- **BETTERAVE**
  (*BETA VULGARIS*) **LÉGUME**

- **BLÉ D'INDE**
  (*ZEA MAYS*) **CÉRÉALE**

- **BOIS JOLI**
  (*DAPHNE MEZEREUM*) **ZONE 3**

- **BRUNNERA**
  (*BRUNNERA MACROPHYLLA*) **ZONE 3**

- **BUGLE RAMPANTE**
  (*AJUGA REPTANS*) **ZONE 3**

- **CAMPANULE**
  (*CAMPANULA* SPP.) **ZONES 3 À 7**

- **CAPILLAIRE DU CANADA**
  (*ADIANTUM PEDATUM*) **ZONE 3**

- **CHÈVREFEUILLE GRIMPANT**
  (*LONICERA* SPP.) **ZONE 3**

- **CHRYSANTHÈME**
  (*CHRYSANTHEMUM GRANDIFLORUM*) **ZONES 4 À 7**

- **CLÉOME**
  (*CLEOME HASSLERANA*) **ANNUELLE**

- **CŒUR-SAIGNANT**
  (*DICENTRA* SPP.) **ZONE 3**

- **COLÉUS**
  (*SOLENSOSTEMON SCUTELLARIOIDES*) **ANNUELLE**

- **CROCUS**
  (*CROCUS* SPP.) **ZONE 3**

- **DORONIC**
  (*DORONICUM* SPP.) **ZONE 4**

- **ÉPIMÈDE**
  (*EPIMEDIUM* SPP.) **ZONE 3**

- **ÉRABLE JAPONAIS**
  (*ACER PALMATUM*) **ZONE 5B**

- **FILIPENDULE, REINE-DES-PRÉS**
  (*FILIPENDULA* SPP.) **ZONE 3**

- **FORSYTHIA**
  (*FORSYTHIA* SPP.) **ZONES 4 À 7**

- **FOUGÈRE MÂLE**
  (*DRYOPTERIS FILIX-MAS*) **ZONE 5**

- **FRAMBOISIER NOIR**
  (*RUBUS OCCIDENTALIS*) **ZONE 4**

- **FUSAIN AILÉ**
  (*EUONYMUS ALATA*) **ZONE 5**

- **GENÉVRIER**
  (*JUNIPERUS* SPP.) ZONES 1 À 7
- **GÉRANIUM**
  (*GERANIUM* SPP.) ZONE 4
- **GLOIRE DU MATIN**
  (*IPOMOEA NIL*) GRIMPANTE ANNUELLE
- **HARICOT**
  (*PHASEOLUS VULGARIS*) LÉGUME
- **HARICOT DE LIMA**
  (*PHASEOLUS LUNATUS*) LÉGUME
- **HÉMÉROCALLE**
  (*HEMEROCALLIS* SPP.) ZONE 3
- **HEUCHÈRE**
  (*HEUCHERA* SPP.) ZONE 3
- **HOSTA**
  (*HOSTA* SPP.) ZONE 3
- **IMPATIENTE DES JARDINS**
  (*IMPATIENS WALLERANA*) ANNUELLE
- **IRIS**
  (*IRIS* SPP.) ZONES 3 À 8
- **JACINTHE**
  (*HYACINTHUS ORIENTALIS*) ZONE 4
- **LIERRE DE BOSTON**
  (*PARTHENOCISSUS TRICUSPIDATA*) ZONE 4B
- **LIGULAIRE**
  (*LIGULARIA* SPP.) ZONES 3 À 4
- **LIS DES CRAPAUDS**
  (*TRICYRTIS* SPP.) ZONES 4 À 6
- **MONARDE**
  (*MONARDA* SPP.) ZONE 3
- **MUSCARI**
  (*MUSCARI* SPP.) ZONE 3
- **NARCISSE**
  (*NARCISSUS* SPP.) ZONE 3
- **ŒILLET DE CHINE** (*DIANTHUS CHINENSIS*)
  ANNUELLE OU VIVACE (ZONE 4)
- **OENOTHÈRE**
  (*OENOTHERA* SPP.) ZONE 4
- **OIGNON**
  (*ALLIUM CEPA*) LÉGUME
- **OREILLE D'OURS**
  (*STACHYS BYZANTINA*) ZONE 3

- **OSMONDE**
  (*OSMUNDA* SPP.) ZONE 3
- **PACHYSANDRE DU JAPON**
  (*PACHYSANDRA TERMINALIS*) ZONE 4
- **PANAIS**
  (*PASTINACA SATIVA*) LÉGUME
- **PENSÉE**
  (*VIOLA X WITTROCKIANA*) ANNUELLE
- **PERCE-NEIGE**
  (*GALANTHUS NIVALIS*) ZONE 3
- **PETITE PENSÉE**
  (*VIOLA CORNUTA*) ZONE 4
- **PHLOX DES JARDINS**
  (*PHLOX PANICULATA*) ZONE 3B
- **PRUCHE DE L'EST**
  (*TSUGA CANADENSIS*) ZONE 4
- **PULMONAIRE**
  (*PULMONARIA* SPP.) ZONE 3
- **QUATRE HEURES**
  (*MIRABILIS JALAPA*) ANNUELLE
- **ROSE TRÉMIÈRE, PASSEROSE**
  (*ALCEA ROSEA*) ZONE 3
- **ROSIERS ARBUSTIFS**
  (*ROSA* SPP.) ZONES 4 À 7
- **SCILLE DE SIBÉRIE**
  (*SCILLA SIBERICA*) ZONE 2
- **SEAU DE SOLOMON**
  (*POLYGONATUM* SPP.) ZONE 3
- **SÉDUM DES JARDINS**
  (*SEDUM SPECTABILE*) ZONE 3
- **TIARELLE**
  (*TIARELLA* SPP.) ZONE 3
- **TRADESCANTIA**
  (*TRADESCANTIA X ANDERSONIANA*) ZONE 4
- **TULIPE**
  (*TULIPA* SPP.) ZONE 4
- **VIGNE VIERGE**
  (*PARTHENOCISSUS QUINQUEFOLIA*) ZONE 3
- **VIOLETTE**
  (*VIOLA*) ZONES 2 À 8
- **VIORNE**
  (*VIBURNUM* SPP.) ZONES 2 À 8

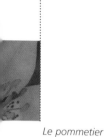

■ Ormes

203. DES ORMES RÉSISTANTS À LA MALADIE HOLLANDAISE DE L'ORME

Le principal conseil ici est… allez voir les conseils 1387 à 1391.

■ Pommetiers

204. DES POMMETIERS SANS PROBLÈMES

Le pommetier miniature 'Pom'zai' (Malus x 'Pom'zai') est très résistant aux maladies.

Il y a peu d'arbres ornementaux qui causent autant de maux de tête à leurs propriétaires que les pommetiers. En effet, les pommetiers vous font payer leur belle, mais brève floraison en attrapant toutes

sortes de maladies et d'insectes, incluant, en passant, la très désagréable tavelure qui peut, dans ses pires années d'infestation, défolier presque entièrement un arbre en plein été. Ainsi beaucoup de propriétaires de pommetiers se sentent obligés de vaporiser leurs pommetiers de produits antiparasitaires plusieurs fois par année. Mais il y a une bonne nouvelle : il existe maintenant des pommetiers qui sont très résistants aux maladies les plus courantes (blanc, brûlure bactérienne, rouille et tavelure) et peu sujets aux attaques des insectes. En voici une courte liste : toutes les variétés nommées offrent une résistance variant de bonne à excellente* pour les quatre maladies.

CULTIVAR	ZONE DE RUSTICITÉ	CULTIVAR	ZONE DE RUSTICITÉ
MALUS 'ADAMS'	4A	M. 'CARDINAL'	4
M. 'ADIRONDACK'	4	M. CENTURION® ('CENTSAM')	4
M. AMERICAN SPIRIT™ ('AMERSPIRZAM')	4	M. 'DOLGO'	2B
M. *BACCATA* 'JACKII'	3A	M. 'DONALD WYMAN'	4

*Excellente résistance : ne présentent généralement aucun symptôme de la maladie et aucune mesure de lutte n'est nécessaire.

Bonne résistance : occasionnellement des symptômes mineurs de la maladie sont présents, mais aucune mesure de lutte n'est nécessaire.

CULTIVAR	ZONE DE RUSTICITÉ	CULTIVAR	ZONE DE RUSTICITÉ
M. 'Doubloons'	4	M. Red Jewel™ ('Jewelcole')	4
M. *floribunda*	4B	M. 'Robinson'	4
M. 'Harvest Gold'	3	M. 'Royal Beauty'	3B
M. 'Henry Kohankie'	4	M. Royal Raindrops™ ('JFS-KW5')	4
M. 'Liset'	4	M. 'Royal Splendor'	3
M. 'Lollipop'	3	M. 'Rudolph'	2
M. 'Madonna'	4	M. 'Sentinel'	4
M. 'Maybride'	4	M. 'Sir Lancelot'	3
M. 'Molten Lava'	4	M. 'Snowdrift'	4
M. 'Ormiston Roy'	4	M. 'Strawberry Parfait'	4
M. 'Pom'zai' ('Courtabri')	4B	M. Sugartyme® ('Sutyzam')	4
M. 'Prairiefire'	4	M. 'Thunderchild'	3
M. 'Professor Sprenger'	4	M. x *zumi* 'Calocarpa'	4A
M. 'Purple Prince'	4		

205. DES POMMETIERS PROPRES

On adore les pommetiers pour leur spectaculaire floraison printanière et leurs jolis fruits, jusqu'à ce qu'ils commencent à tomber sur nos terrasses, nos pelouses et nos sentiers. Comme c'est désagréable de patiner sur des pommettes pourries en allant au travail chaque matin! Eh bien, il n'est pas nécessaire de vivre cette situation. Les «coupables» sont des variétés à fruits relativement gros et juteux qui tombent facilement de l'arbre. Certaines variétés, par contre, portent des petits fruits moins juteux qui ne font pas de dégâts lorsqu'ils tombent… et d'ailleurs, ils tombent rarement. Habituellement, ils persistent tout l'hiver (pour un très bel effet sur fond de neige blanche, en passant!) et les oiseaux les mangent en entier avant le printemps (ils avalent les petites pommettes alors qu'ils ne font que picorer les plus grosses). Donc, pas de nettoyage, ni à l'automne ni même au printemps! Voici quelques exemples de ces pommetiers «propres»:

Le pommetier Sugar Tyme (Malus 'Sutyzam') produit de minuscules fruits que les oiseaux dévorent, ne laissant pas de fruits qui pourrissent à ramasser!

CULTIVAR	ZONE DE RUSTICITÉ	CULTIVAR	ZONE DE RUSTICITÉ
MALUS 'ADAMS'	4A	M. 'PRAIRIEFIRE'	4
M. 'CANDIED APPLE'	4	M. 'RED JADE'	3
M. CENTURION® ('CENTSAM')	4	M. 'RED SPLENDOR'	3
M. 'HARVEST GOLD'	3	M. 'ROYAL BEAUTY'	3B
M. 'INDIAN MAGIC'	4	M. 'RUDOLPH'	2
M. 'INDIAN SUMMER'	4	M. *SARGENTII*	5
M. 'LISET'	4	M. 'SIR LANCELOT'	3
M. 'MADONNA'	4	M. 'SNOWDRIFT'*	4
M. 'MAKAMIK'	2B	M. 'SPRING SNOW'*	4
M. 'MAYBRIDE'	4	M. SUGARTYME® ('SUTYZAM')	4
M. 'MOLTEN LAVA'	4	M. 'THUNDERCHILD'*	3
M. 'POM'ZAI ('COURTABRI')	4B	M. 'WHITE ANGEL'	2B

■ Saules et peupliers

206. DES ARBRES PLUS SOUVENT MALADES QUE SAINS

En général, les peupliers et les grands saules, qui sont des proches parents, ne constituent pas de bons choix pour les terrains. Leurs racines sont envahissantes (conseil 182), ils produisent souvent des drageons; leur bois, fragile, résiste mal au vent et au verglas; leur pollen est allergène et ils sont plus sujets aux insectes et aux maladies que les autres. Curieusement les saules arbustifs, exception faite de leur pollen souvent allergène, ne présentent aucun des problèmes des saules de grande taille et peuvent être très intéressants pour le jardinier paresseux.

---

* Ces pommetiers sont « propres » parce qu'ils produisent peu ('Snowdrift', 'Thunderchild') ou pas ('Snowdrift') de fruits.

207. LE SAULE LAURIER : SEULEMENT POUR LE NORD

Le saule laurier (*Salix pentandra*) est très populaire dans le nord (jusqu'en en zone 1b) où on l'utilise à toutes les sauces (arbre de rue à tronc unique, grand arbuste à troncs multiples, haie, etc.). Il fait de magnifiques chatons au printemps et son feuillage luisant comme un miroir est unique parmi les saules. Autrement dit, il a tout pour plaire… jusqu'à ce que vous l'essayiez dans le sud (zones 4 et plus). Très rapidement le bel

Le feuillage du saule laurier est hideux à voir l'été.

arbre est envahi par les insectes (l'orchestre du saule et le chrysomèle versicolore surtout) qui transforment son feuillage, si beau au printemps, en un gâchis troué et brun avant le milieu de l'été. C'est l'enfer! Plutôt que de traiter, dites-vous bien qu'il existe des dizaines d'autres saules qui vous donneront de beaux plants sans s'enlaidir à tous les étés. Il est très intéressant dans les zones 1b, 2 et 3 où ses ennemis sont absents, mais ailleurs… oubliez-le!

■ Sorbiers

208. LES SORBIERS : BEAUX MAIS DE COURTE DURÉE

Les sorbiers (*Sorbus* spp.) font de magnifiques arbres avec beaucoup de bonnes caractéristiques: une écorce décorative, des masses de fleurs blanches au printemps, des grappes denses de fruits rouge-orangé à l'automne, ils attirent les oiseaux, etc. Mais ils ont aussi un défaut de taille: ils sont incroyablement sujets aux maladies et notamment à la brûlure bactérienne (truc 1374), une maladie mortelle. C'est une maladie qui semble toujours frapper juste au moment où l'arbre commence à développer une certaine prestance. La prochaine chose que l'on sait, l'arbre

Brûlure bactérienne sur un sorbier.

est à moitié mort (littéralement, car souvent la maladie touche une moitié de l'arbre avant l'autre) et vous n'avez plus d'autre choix que de le couper. Et la brûlure bactérienne n'est qu'une des maladies qui peut les frapper : il y a aussi le chancre, la rouille, la tavelure et toute une longue liste d'insectes, des kermès aux perceurs. Si vous tenez à le cultiver, calculez que vous aurez à l'enlever en aussi peu de temps que quinze ans… très, très peu de temps pour un arbre.

BULBES

■ Saison de floraison

209. DES BULBES TOUTE L'ANNÉE

Dans leur ensemble, de tous les végétaux, les bulbes couvrent la plus longue saison de floraison de la fonte des neiges jusqu'au retour des neiges à la toute fin de l'automne. Il y a des bulbes à floraison printanière, à floraison estivale, à floraison *automnale* (un groupe qu'on tend à oublier) et même, grâce aux bulbes en pots, à floraison hivernale. Plantez-en généreusement et vous serez récompensé par la floraison la plus durable de tout le voisinage!

En plantant une variété de bulbes, on peut avoir une floraison de 2 mois et plus!

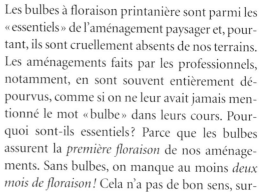

210. POUR PROLONGER LA SAISON DE FLORAISON

Les bulbes à floraison printanière sont parmi les « essentiels » de l'aménagement paysager et, pourtant, ils sont cruellement absents de nos terrains. Les aménagements faits par les professionnels, notamment, en sont souvent entièrement dépourvus, comme si on ne leur avait jamais mentionné le mot « bulbe » dans leurs cours. Pourquoi sont-ils essentiels? Parce que les bulbes assurent la *première floraison* de nos aménagements. Sans bulbes, on manque au moins *deux mois de floraison!* Cela n'a pas de bon sens, surtout sous un climat où la saison est si courte. Plus intéressant encore, il n'y a pas qu'une floraison de bulbes, mais plusieurs: comme les vivaces l'été, il y a une succession de floraisons durant les deux mois de floraison des bulbes.

On peut planter les bulbes sous les vivaces et les arbustes pour assurer une floraison tôt en saison quand ces derniers sont encore en dormance.

211. DEUX FLORAISONS DANS LE MÊME ESPACE

Ce que les jardiniers ne semblent pas comprendre des bulbes à floraison printanière et qui, par conséquent, les empêche de les utiliser correctement, c'est que les bulbes *ne prennent pas d'espace dans la plate-bande*. Ce sont des plantes éphémères qui sortent tôt et qui disparaissent complètement après leur floraison. On n'a pas à leur réserver un espace qui leur est propre dans l'aménagement et qui sera vide alors qu'ils disparaîtront. On devrait donc toujours leur faire *partager* l'espace des autres plantes. Autrement dit, plantez les bulbes sous les autres plantes : les bulbes émergeront au printemps au travers des racines de leurs hôtes. Quand les bulbes entrent en dormance, les autres plantes (vivaces, arbustes, etc.) poussent et fleurissent comme si de rien n'était.

■ Identification

213. QUELLE COULEUR ENCORE ?

Il n'y a rien de plus choquant que de regarder au printemps des cormus de glaïeuls, des tubercules de bégonias ou des racines tubéreuses de dahlias et ne plus se rappeler lesquels étaient rouges, jaunes, etc. En effet, sans fleur, chaque bulbe d'été ressemble à tout autre de sa catégorie. En arrachant les bulbes à l'automne, prenez l'habitude de conserver l'étiquette avec les bulbes ou encore d'en fabriquer une indiquant, si possible, le nom du cultivar ou, si vous l'avez perdu, au moins la couleur et la hauteur.

214. QUELLE COULEUR ENCORE (BIS) ?

Il existe toutefois une variété de bulbe qui annonce sa couleur. La jacinthe produit des bulbes blancs à l'intérieur, mais recouverts d'une enveloppe papyracée. Or, l'enveloppe est pourpre dans le cas des jacinthes à fleurs bleues ou pourpres, violet rosé dans le cas des jacinthes à fleurs roses et rouges et blanche, dans celui des jacinthes à fleurs blanches ou jaunes.

212. POUR FAIRE DURER LA SAISON DE FLORAISON DES BULBES

Saviez-vous que vous pouvez plus que doubler la durée de floraison des muscaris et des autres bulbes à floraison printanière en plantant les mêmes variétés dans deux ou trois emplacements différents ? Plantez-en dans un site ensoleillé et chaud, peut-être près d'un mur exposé au sud, d'autres encore dans un emplacement « normal » et d'autres dans un emplacement plus ombragé où la neige s'accumule. Les bulbes plantés dans l'emplacement chaud fleuriront en premier, suivis de ceux de l'emplacement normal puis, en dernier lieu, des bulbes plantés dans le site ombragé et neigeux. En tout, la floraison peut s'étaler sur cinq ou six semaines et peut-être même davantage.

D'après vous, quels bulbes donneront des fleurs bleues et lesquels des fleurs blanches ?

■ Plantation

215. RACINES PROFONDES POUR BULBES HEUREUX

En général, les bulbes à floraison printanière se naturalisent mieux au pied d'un arbre à racine pivotante, comme un chêne, que d'un arbre à racines étalées et peu profondes comme un peuplier ou un érable. C'est que les arbres à racines superficielles peuvent entraver la croissance des bulbes. Certains bulbes, par contre, font exception à cette règle et tolèrent bien la compétition racinaire : c'est notamment le cas des scilles de Sibérie (*Scilla siberica*), des perce-neiges (*Galanthus nivalis*), des gloires des neiges (*Chionodoxa* spp.), des trilles (*Trillium* spp.), des érythrones (*Erythronium* spp.) et des éranthes (*Eranthis hyemalis*).

La bonne profondeur et espacement des bulbes.

216. LA RÈGLE DE TROIS

La règle de base de la plantation des bulbes est de les planter dans un trou dont la profondeur est égale à trois fois la hauteur du bulbe et la largeur, à trois fois son diamètre.

217. AU FROID, ON CREUSE DAVANTAGE

Sous un climat très froid (zone 3 ou moins), il peut être utile d'enterrer les bulbes rustiques plus profondément que la normale, soit jusqu'à une profondeur égale à cinq fois la hauteur du bulbe. Ainsi le bulbe se trouvera mieux protégé contre le froid.

■ Localisation

218. DES TALLES DE BULBES FACILES À RETROUVER

La plupart des bulbes sont en dormance tout l'été, sans feuillage, et on oublie où ils sont plantés. Il est donc facile de les endommager par accident en voulant planter autre chose. Une façon de les repérer sans peine est de les planter dans des pots de plastique, puis de caler le pot dans le sol jusqu'au rebord (utilisez les pots en plastique noir, moins cassants que ceux en plastique vert). Maintenant, quand vous commencez à creuser et rencontrez un pot, vous saurez qu'il y a des bulbes cachés à cet endroit.

219. UN CERCLE DE MUSCARIS

Une autre façon de se rappeler où l'on a planté des bulbes à floraison printanière est d'entourer chaque talle d'un cercle de bulbes de muscari. Les muscaris ont la curieuse habitude de produire du feuillage à l'automne, même s'ils ne fleurissent pas avant le printemps. Quand vous verrez les cercles de feuilles lancéolées de muscari dans votre jardin automnal, vous saurez qu'il y a d'autres bulbes plantés au centre.

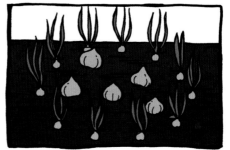

Plantez un cercle de muscaris autour des autres bulbes pour pouvoir les repérer.

■ Saison de plantation

220. JAMAIS (OU PRESQUE) TROP TARD POUR PLANTER LES BULBES

Normalement, on plante les bulbes de septembre au début de novembre, mais si vous savez d'avance que vous ne pourrez pas planter les bulbes avant une date très tardive, vous pouvez placer une bonne couche de compost ou de feuilles mortes sur l'emplacement de plantation afin d'empêcher le sol de geler jusqu'à ce que vous soyez prêt à creuser.

221. JAMAIS (OU PRESQUE) TROP TARD POUR PLANTER LES BULBES (BIS)

Que faire cependant si vous avez oublié de planter des bulbes et que le sol est désormais gelé? Pour ce faire, il vous faut du terreau qui n'est pas gelé (un terreau de plantes d'intérieur, par exemple). Versez 3 cm de terreau sur le sol, placez-y les bulbes, recouvrez-les de trois fois leur hauteur de terreau et arrosez bien. Rajoutez une couche de paillis et laissez dame Nature faire le reste : vous aurez une superbe floraison au printemps.

Il s'agit de tout simplement recouvrir les bulbes de terre pour qu'ils poussent.

222. BULBE QUI DORT NE DEMANDE PAS D'EAU

Les systèmes d'irrigation et les bulbes à floraison printanière (tulipes, narcisses, crocus, etc.) ne font pas bon ménage. Durant l'été, quand les bulbes sont en dormance, ils n'ont pas besoin de beaucoup d'eau et risquent de pourrir s'ils en reçoivent trop.

■ Après la floraison

223. UN FEUILLAGE À COUPER ?

Quand faut-il couper le feuillage des bulbes à floraison printanière comme les tulipes et les narcisses ? En effet, il n'est pas nécessaire de le faire et d'ailleurs ce « ménage » n'est d'aucun bénéfice à la plante : que vous le fassiez ou non, elle fleurira aussi bien le printemps suivant. Si vous *tenez* à le couper, faites-le quand le feuillage est complètement jaune, mais il est encore plus facile de *cacher* le feuillage jaunissant des bulbes. Et c'est si facile à faire. Il s'agit de ne jamais planter des bulbes à floraison printanière en premier plan, car justement leur feuillage jaunissant sera très visible. Plantez-les plutôt au milieu ou au fond de la plate-bande. Comme, tôt au printemps, il n'y a rien dans la plate-bande pour bloquer la vue, une petite plante à bulbe comme le crocus sera parfaitement visible, même au fond de la plate-bande. Mais quand vient la fin de sa floraison, déjà les vivaces commencent à émerger. Ces dernières cacheront parfaitement le feuillage désormais disgracieux des bulbes.

■ Fertilisation

224. PAS D'ENGRAIS POUR LES TEMPORAIRES

Les bulbes contiennent déjà, à l'achat, toutes les réserves dont ils ont besoin pour fleurir. Par contre, si vous prévoyez ne pas les conserver pour une autre floraison (effectivement beaucoup de gens traitent les bulbes tendres comme des annuelles), il est inutile de les fertiliser. Par ailleurs, si vous tenez à les voir fleurir de nouveau, fertilisez-les bien, car ils accumuleront ainsi les réserves de minéraux nécessaires pour la floraison de l'année suivante.

■ Naturalisation dans le gazon

225. VERS UNE PELOUSE FLEURIE AU PRINTEMPS

Une technique qui paraît de nos jours radicale, mais qui est en fait une technique vénérable qui a tout simplement été oubliée suite à la «gazonmanie» qui déferle sur nos régions depuis la Deuxième Guerre mondiale, est la naturalisation des bulbes dans la pelouse. L'idée est de donner un peu de couleur aux pelouses encore mornes et tristes au printemps en y plantant des bulbes

Des talles de bulbes çà et là dans une pelouse.

qui, par la suite, se multiplient et se suffisent à eux-mêmes. Et quel plaisir lorsque la neige recule de voir apparaître un tapis de fleurs ! Naturaliser des bulbes dans le gazon est facile et souvent très durable. Combien de vieilles résidences ont des pelouses qui fleurissent chaque printemps depuis soixante ans et plus ?

226. COMMENT PLANTER LES BULBES DANS UNE PELOUSE

Pour planter les bulbes dans la pelouse, levez une plaque de gazon et plantez les bulbes dans le trou ainsi formé.

Pour naturaliser des bulbes dans une pelouse, découpez tout simplement un cercle dans le gazon. Glissez la pelle sous les trois quarts de la plaque de pelouse comme pour l'enlever, mais, à la place, repliez-la vers l'arrière. Cela vous donnera le trou dans lequel vous pourrez planter plein de bulbes, avec un peu de mycorhizes pour bien les acclimater. Maintenant replacez la plaque, marchez dessus pour bien la tasser et arrosez suffisamment. Au printemps suivant, les bulbes perceront le gazon comme s'il n'était pas là.

227. DES FLEURS D'ABORD, LE GAZON APRÈS

Le secret pour avoir des bulbes à fleurs dans la pelouse sans déranger son entretien ni son apparence est de n'y planter que les bulbes à floraison hâtive. Ainsi ces bulbes fleurissent pendant que le gazon est dormant et entrent en dormance quand le gazon commence à pousser. On n'a donc qu'à tondre la pelouse comme d'habitude. Même si le feuillage de certains de ces bulbes n'est pas encore disparu, cela ne leur fera pas de tort si on en tond l'extrémité.

228. LES BONS BULBES POUR LA NATURALISATION DANS LE GAZON

Les meilleurs bulbes à naturaliser pour un gazon fleuri sont :

- **ANÉMONE GRECQUE** (*ANEMONE BLANDA*) **ZONE 4**
- **CROCUS*** (*CROCUS* SPP.) **ZONE 3**
- **ÉRANTHE** (*ERANTHIS HYEMALIS*) **ZONE 4**
- **GLOIRE DES NEIGES** (*CHIONODOXA* SPP.) **ZONES 3**
- **NIVÉOLE PERCE-NEIGE** (*LEUCOJUM VERNUM*) **ZONE 4**
- **PERCE-NEIGE** (*GALANTHUS NIVALIS*) **ZONE 3**
- **PUSCHKINIA** (*PUSCHKINIA SCILLOIDES*) **ZONE 3**
- **SCILLE** (*SCILLA* SPP.) **ZONES 2 À 7**

229. LES BULBES QUI NE CONVIENNENT PAS À LA NATURALISATION DANS LE GAZON

Ce ne sont pas tous les bulbes hâtifs qui conviennent à la naturalisation dans la pelouse. Les petits iris du printemps, comme l'iris réticulé (*Iris reticulata*) et l'iris de Danford (*Iris danfordiae*) ont des feuilles trop longues qui ont l'air un peu bizarre dans la pelouse tandis que le feuillage des narcisses et les tulipes, même celui des variétés les plus hâtives, persiste un peu trop longtemps et vous empêche de tondre. Enfin, le muscari (*Muscari* spp.) est juste un peu trop tardif pour la plantation dans la pelouse : quand il se met à fleurir, il est déjà temps de tondre... et tondre des cercles autour des muscaris en fleurs n'a rien de bien intéressant pour un jardinier paresseux.

---

* Dans un sol trop lourd (glaiseux), les crocus sont souvent peu persistants. Il faut en rajouter d'autres à l'occasion si on veut continuer l'effet. Dans un bon sol, cependant, les crocus sont aussi persistants que tout autre bulbe.

■ Forçage

230. FORCER LES BULBES POUR AVOIR DES FLEURS TOUT L'HIVER

Forcer les bulbes de jacinthe, de crocus, de tulipe, etc. n'est pas sorcier : il suffit de les empoter à l'automne, les recouvrir à peine de terreau, de bien les arroser puis de les placer dans un sac de plastique. On entrepose le tout dans un endroit froid mais libre de gel comme le frigo, un garage à peine chauffé ou une chambre froide. Vérifiez l'état des bulbes à l'occasion, en

Il suffit d'empoter les bulbes et de les garder humides et au frais pour avoir de belles fleurs.

arrosant au besoin. Quand les bulbes sont prêts à fleurir, enlevez le sac, placez-les dans un endroit éclairé, arrosez-les au besoin et ils fleuriront en aussi peu de temps qu'une à deux semaines !

231. QUATORZE SEMAINES POUR AVOIR DES FLEURS

Forcer les bulbes prend plus de temps que les gens ne se l'imaginent : même si le bulbe a l'air « prêt », avec une pousse bien développée et beaucoup de belles racines, il faut qu'il ait été exposé au froid pendant l'équivalent d'un hiver. Pour la plupart des bulbes, calculez quatorze semaines de l'empotage jusqu'au moment où il est temps de les ramener à la chaleur.

PHOTO : CENTRE D'INFORMATION DES BULBES À FLEURS

232. DES POTÉES DE BULBES EN TRANCHÉE ? PAS CHEZ NOUS !

Il faut 14 semaines de forçage au froid pour obtenir des bulbes en fleurs.

Dans les livres européens et américains, on suggère souvent de forcer les bulbes en mettant les pots dans une tranchée à l'extérieur et de les récupérer au besoin… mais cela ne fonctionne pas sous un climat froid. Comment, en effet, allez-vous récupérer vos bulbes en février quand le sol est gelé dur et que la tranchée repose sous 1 m de neige ?

■ Problèmes

233. L'ENNEMI NUMÉRO UN DES BULBES

L'écureuil est l'ennemi numéro un des bulbes. Apprenez comment limiter ses dégâts dans les trucs 1447 à 1453.

■ Crocus

234. PLANTEZ LES CROCUS AU SOLEIL

Les crocus poussent relativement bien à la mi-ombre, mais on les recommande surtout pour les emplacements ensoleillés. Pourquoi? C'est que les fleurs de crocus ne s'ouvrent qu'au soleil. Elles demeurent fermées lorsqu'elles sont à l'ombre. Or, un crocus dont les fleurs ne s'ouvrent pas n'est pas très intéressant!

Les fleurs de crocus n'ouvrent qu'au soleil.

■ Narcisses

235. LES BÊTES N'AIMENT PAS LES NARCISSES

Si vous avez déjà eu des problèmes avec des animaux (écureuils, campagnols, cerfs, etc.) qui mangeaient vos bulbes ou les fleurs de vos bulbes, vous pourrez dormir sur vos deux oreilles avec les narcisses. Ils sont toxiques, même pour l'humain, alors ils les laissent tranquilles.

236. UNE MOUCHE QUI AIME BIEN LES NARCISSES

La mouche du narcisse évide les bulbes de narcisses.

Si le narcisse est, à toutes fins utiles, libre de problèmes en ce qui a trait aux mammifères, il a quand même un ennemi: la mouche du narcisse (*Merodon equestris*). Cet insecte, par mimétisme, ressemble à s'y méprendre à un bourdon, imite même son bourdonnement et pond son œuf sur le feuillage des narcisses. La larve éclot et descend dans le sol où elle perce un trou dans le bulbe et pénètre à l'intérieur, creusant des galeries et tuant éventuellement le bulbe. Mais le narcisse réagit à cette attaque en produisant des bulbilles qui remplacent le bulbe mère. Donc, quand un narcisse ne fleurit pas mais produit une profusion de feuillage, c'est qu'il a sans doute été victime d'une mouche du narcisse.

■ Tulipes

237. POUR DES TULIPES QUI DURENT ET DURENT

Les tulipes ont la réputation de ne pas être très durables. En effet, souvent leur floraison diminue d'année en année : au bout de trois ou quatre ans, il n'y a que du feuillage. Le problème principal est le choix des bulbes : sous notre climat, les bulbes des tulipes tardives et de mi-saison n'ont pas le temps de bien mûrir avant l'arrivée des températures estivales. Plantez surtout des tulipes hâtives et des tulipes botaniques et elles reviendront encore et encore !

Les tulipes botaniques (ici Tulipa turkestanica) *sont parmi les plus durables des tulipes.*

238. LES TULIPES PLANTÉES PROFONDÉMENT SONT DES TULIPES DURABLES

Un autre truc pour faire durer les bulbes de tulipe plus longtemps est de les planter très profondément. Si votre sol le permet (il faut évidemment qu'il soit bien drainé), plantez-les à 30 cm de profondeur, soit deux fois plus qu'habituellement. Vous verrez comme les bulbes persisteront !

■ Bulbes à floraison automnale

239. VIVE LES BULBES DE FIN DE SAISON !

On oublie facilement qu'il existe de magnifiques bulbes qui fleurissent non pas au printemps ou à l'été, mais à l'automne. Les plus spectaculaires sont sans doute les colchiques (Colchicum, zones 3 à 6) aux fleurs semblables à des coupes gigantesques qui surgissent, apparemment de nulle part, à la chute des feuilles. (Le secret est que leurs feuilles sortent au printemps, puis disparaissent à l'été : le bulbe fleurit donc à nu !). Parmi les autres bulbes à floraison automnale, il y a les crocus d'automne, les scilles d'automne et toute une série d'alliums.

FINES HERBES

■ Aménager avec les fines herbes

240. UNE CULTURE À INTÉGRER... QUELQUE PART

On peut intégrer les fines herbes à son aménagement paysager.

Il est rarement nécessaire de consacrer beaucoup d'espace aux fines herbes. Après tout, un ou deux plants de chaque espèce suffisent pour toute une famille, car on utilise ces plantes pour assaisonner, non pas comme denrée de base. Pour cette raison, seulement les grands chefs ont vraiment besoin d'un carré de fines herbes. Quant au commun des mortels, il peut tout simplement intégrer quelques plants de fines herbes aux autres plantations.

241. PAS TOUJOURS UNE BONNE IDÉE POUR LE POTAGER

Traditionnellement, on plante les fines herbes avec les légumes dans le potager. Mais le potager est souvent jugé «strictement utilitaire» et sans véritable attrait. Pour cette raison, il est souvent très éloigné de la cuisine, au fond de la cour ou même sur un autre terrain, dans le cas des jardins communautaires. Or c'est une chose que d'aller chercher cinq ou six carottes pour le repas du midi ou un chou-fleur pour celui du soir : ça vaut la peine de faire quelques pas pour un aliment essentiel au succès du repas. Mais quand il ne vous faut que deux feuilles de basilic ou quelques branches de thym, allez-vous vraiment courir jusqu'au potager situé au fin fond de la cour sous une grosse pluie ou sous un soleil de plomb ? Mieux vaut donc garder les fines herbes réellement à portée de main, tout près de la cuisine, même si cela veut dire de ne pas les cultiver dans le potager.

Plusieurs fines herbes, comme la ciboulette (Allium schoenoprasum), sont parfaites pour la plate-bande.

242. DES FINES HERBES EN PLATE-BANDE

Si le jardin le plus proche de la cuisine est une plate-bande, cultivez-y les fines herbes. Plusieurs sont des plantes basses qui paraîtront très bien en bordure alors que les plantes plus hautes peuvent être plantées vers le milieu. Et, mêlées à des plantes plus flamboyantes, leur apparence parfois un peu utilitaire ne dérangera pas.

■ Culture en pots

243. DES FINES HERBES EN POTS

Pour beaucoup de jardiniers, le mieux, c'est de cultiver les fines herbes en pots. On peut alors placer les pots sur le balcon, sur les marches de l'escalier, près de la porte-patio ou même dans une balconnière fixée à la fenêtre de la cuisine, bref, là où il sera possible de cueillir quelques feuilles ou quelques branches, au besoin, sans devoir même s'éloigner de la maison.

Placer les fines herbes en pots tout près de la cuisine.

244. DES POTÉES ATTRAYANTES

Les fines herbes sont d'apparences très variées: hautes, basses, retombantes; à feuilles grossières ou fines, vertes, jaunes, pourpres, bicolores ou argentées, etc. et il n'est pas évident de regrouper des plantes aussi disparates pour que l'effet soit attrayant... à moins de laisser les pots faire le lien! Ainsi si tous vos pots sont de la même couleur, texture ou forme, ils afficheront automatiquement un «air de famille» certain qui compensera pour les formes variées des plantes qui y poussent.

Les fines herbes conviennent bien aux pots à fraisiers.

245. POT À FRAISIERS POUR LES FINES HERBES

De nos jours, le pot à fraisiers, ce pot dressé aux nombreuses poches de plantation, est rarement utilisé pour les fraisiers, mais davantage pour les plantes ornementales. Mais il convient aussi très bien aux fines herbes. Plantez-en dans les différentes poches et aussi au sommet et vous voici avec un petit jardin de fines herbes très mobile !

246. ARROSER UN POT À FRAISIERS

Ce n'est pas difficile de bien arroser un petit pot à fraisiers à quatre poches de plantation, mais dans les pots plus hauts, à six poches ou plus, arroser convenablement les poches inférieures est embêtant. En fait, on a beau arroser par le haut, les plantes du haut absorbent toujours l'eau qui ne se rend pas aux plantes des poches inférieures et elles souffrent alors de sécheresse chronique. Le problème est pourtant vite réglé quand vous le savez d'avance. Achetez un tuyau de PVC de 2,5 cm d'une longueur égale à la hauteur du pot ainsi qu'un bouchon de plastique assorti. Percez-y des trous espacés d'environ 5 cm, posez le bouchon dans l'extrémité inférieure et placez ce tuyau perforé debout, au centre du pot avant de remplir celui-ci de terreau. Quand vient le temps d'arroser, arrosez non seulement le terreau au sommet du pot, mais remplissez également le tuyau d'eau. L'eau sortira alors par les trous, atteignant non seulement les plantes du sommet, mais aussi celles situées au bas du pot.

Grâce au tuyau perforé, il sera possible d'arroser les plantes à tous les niveaux du pot.

■ Conditions de culture

247. LES BONNES CONDITIONS POUR LES FINES HERBES

Une des raisons pour laquelle il n'a jamais été facile de faire un carré de fines herbes qui fonctionne bien est que ces dernières ne sont pas homogènes quant à leurs besoins. Certaines aiment la chaleur et le soleil et tolèrent la sécheresse; d'autres préfèrent la mi-ombre, la fraîcheur et l'humidité; certaines un sol riche, d'autres perdent leur goût si le sol n'est pas pauvre; certaines sont vivaces, d'autres annuelles, bisannuelles, tropicales ou subtropicales, parfois même des arbustes. Comment contenter des plantes aux besoins si différents? Ne plantez pas les fines herbes aux besoins différents ensemble, voilà tout! Pour l'emplacement de la plantation principale, visez le plein soleil et un sol très bien drainé et plutôt pauvre, ce qui correspond aux besoins de la majorité des fines herbes. Plantez les exceptions ailleurs sur le terrain, toujours selon leurs besoins. Quand toutes les plantes auront ce qu'elles veulent, vous aurez un succès fou avec vos fines herbes!

■ Ennemis

248. PEU DE DOMMAGES CAUSÉS PAR LES INSECTES SUR LES FINES HERBES

Les arômes qui nous attirent chez les fines herbes sont en fait des répulsifs naturels, conçus pour éloigner les insectes et les autres prédateurs qui voudraient consommer leur feuillage. Ainsi, les fines herbes sont peu sujettes aux prédateurs. L'aleurode, (trucs 1191 à 1195), est l'une des rares exceptions : elle semble préférer les fines herbes à tout autre plante.

■ Fines herbes dans la maison

249. PEUT-ON RENTRER DES FINES HERBES À L'AUTOMNE

Certains livres font beaucoup de cas de la culture des fines herbes dans la maison au cours de l'hiver. Et l'idée est charmante ! Quoi de mieux que quelques branches de fines herbes fraîches pour décorer la table du repas du Jour de l'An ? Mais il y a loin de la coupe aux lèvres et les gens qui écrivent sur le sujet l'ont rarement expérimenté (du moins, au-delà du montage pour le photographe). La plupart des fines herbes *détestent* les conditions de nos intérieurs en hiver – température élevée, air sec, manque de lumière, etc. – et s'en sortiront très affaiblies même si elles survivent. D'ailleurs la propension des aleurodes pour les fines herbes (truc 1191) vaut surtout pour les plantes cultivées dans la maison. Stressées et jaunies, c'est tout juste si

Le laurier-sauce (Laurus nobilis) *est parmi les rares fines herbes qui aiment vraiment passer l'hiver dans nos demeures.*

elles ne crient pas aux aleurodes de venir les achever ! Il n'y a vraiment qu'un seul aromate qui s'accommode des conditions de nos maisons en hiver sans mot dire et c'est le laurier ou laurier-sauce (*Laurus nobilis*). Essayez les autres et il est peu probable que vous connaissiez beaucoup de succès.

■ Basilic

250. AVEC LE BASILIC, ATTENTION À LA FUSARIOSE

Le basilic (*Ocimum basilicum, O. sanctum, O. americanum, O. kilimandscharicum, O. viride, O. gratissimum*, etc.) souffre depuis 2002 d'une «nouvelle» maladie : la fusariose. La plante fane subitement, puis brunit et meurt. C'est non seulement vexant, mais rien ne peut guérir la maladie lorsque les symptômes sont évidents. Il y a cependant quatre choses à faire pour la prévenir. D'abord, faites toujours une rotation (ne cultivez pas le basilic au même emplacement d'une année à l'autre), puis donnez à la plante les meilleures conditions possibles et enfin, choisissez toujours des semences certifiées, libres de la maladie, car la fusariose peut se transmettre par des graines contaminées. Mais comme la maladie est peut-être déjà présente chez vous, la technique la plus efficace consiste à choisir un cultivar résistant à la maladie, comme l'*O. basilicum* 'Nufar'.

Achetez des basilics résistants à la fusariose, comme ce Ocimum basilicum 'Nufar'.

■ Ciboulette

251. LA CIBOULETTE : LA PLUS FACILE DES FINES HERBES ?

La ciboulette (*Allium schoenoprasum*) est peut-être la plus facile des fines herbes à cultiver. Elle est vivace, très rustique (zone 2) et bien pérenne, revenant fidèlement pendant des années, pousse au soleil ou à l'ombre, tolère aussi bien les sols secs que les sols humides. De plus, elle est très jolie, avec une floraison durable qui en fait une excellente plante ornementale. On la vend souvent à l'automne pour la cultiver l'hiver dans la maison, mais là, ça va moins bien. En effet, la ciboulette *exige* un hiver froid pour sa survie. Si vous tenez à la cultiver dans la maison l'hiver, il faut au

Aucune fine herbe est plus facile à cultiver que la ciboulette.

moins lui faire subir deux ou trois bonnes gelées avant de la rentrer. Elle réagira alors comme si l'hiver était terminé et commencera une nouvelle saison de croissance (et de production !) dès décembre.

FRUITIERS

■ Une culture exigeante

252. LE CONSEIL NO UN : LAISSEZ LES FRUITIERS AUX AUTRES !

Vous voulez une excellente récolte de fruits charnus et sucrés tous les ans ? Achetez-les au marché ! En effet, s'il y a bien quelque chose dont le jardinier amateur peut se passer, c'est toutes les complications inhérentes à la culture des fruitiers. Gels tardifs, pluies lors de la floraison, sécheresse, insectes, maladies : tout semble s'acharner sur les fruitiers. Et prévenir ces problèmes demandera beaucoup de votre temps. Donc, très honnêtement, le vrai jardinier paresseux évitera la plupart des fruitiers comme la peste.

■ Sélection

253. PLANTEZ DES VARIÉTÉS RÉSISTANTES

Mon conseil numéro un sur les fruitiers demeure toujours de ne pas planter des fruitiers ! Mais le deuxième conseil, si vous tenez à le faire malgré ma mise en garde, est de planter des variétés reconnues comme étant résistantes aux insectes et aux maladies. Le plus étonnant c'est que de telles variétés existent et permettent, dans beaucoup de cas, d'obtenir des récoltes raisonnables de fruits la plupart des années sans trop se forcer. Mais presque personne ne les cultive ! On semble préférer se donner de la misère avec les variétés qui sont très sensibles aux insectes et aux maladies : de véritables « plantes à problèmes » (truc 5), quoi !

La tavelure est la maladie des pommes que les jardiniers craignent le plus.

254. ÉVITEZ LES VARIÉTÉS SUSCEPTIBLES

Le corollaire du propos précédent est d'éviter les variétés sujets aux insectes et aux maladies. Et elles sont légion, en commençant par le pommier 'Macintosh'. Si je voulais faire souffrir mon pire ennemi, je lui donnerais

un pommier 'Macintosh'! Il est toujours malade, toujours infesté d'insectes, toujours plein de problèmes et jamais on ne réussit à produire des pommes de qualité sans vaporiser le pauvre arbre de pesticides du printemps jusqu'à la récolte. Tenez pour acquis que toute variété de pommier vendue dans une pépinière locale, à moins qu'on vous dise spécifiquement le contraire, est une «plante à problèmes».

■ Pollinisation

255. LA POLLINISATION CROISÉE EST OBLIGATOIRE…

… Pour la vaste majorité des fruitiers et notamment les pommiers, les bleuetiers et la plupart des pruniers, des cerisiers et des poiriers. Ces plantes sont «autostériles», c'est-à-dire que leur pollen ne peut pas féconder les fleurs du même cultivar et qu'ils ont donc besoin d'un autre pollinisateur pour produire des fruits. Autrement dit, le pollen d'un pommier 'Liberty' ne peut pas féconder les fleurs du même arbre ou de tout autre 'Liberty'. Par contre, le pollen de 'Novamac', 'Piscilla', 'Macfree', etc. peut polliniser un 'Liberty'. Donc, pour une production de fruits, il faut toujours deux cultivars ou plus.

256. DU POLLEN D'UNE PLANTE PROCHE PARENTE

Comme la plupart des fruitiers, il faut au moins 2 cultivars de pommier pour obtenir une récolte intéressante.

Soulignons qu'il faut que le pollen vienne quand même d'une plante du même type. Tous les pommiers cultivés (*Malus domestica*) sont très proches parents et peuvent donc se polliniser. D'ailleurs, les pommetiers aussi peuvent se croiser avec les pommiers: en banlieue, où souvent les pommetiers abondent, il n'est pas toujours nécessaire de planter un deuxième pommier. Par contre, même si les poiriers (*Pyrus* spp.) sont assez proches parents des pommiers, leur pollen ne peut pas féconder les fleurs d'un pommier, et vice-versa. Toutefois, comme les pommiers, la plupart des poiriers (*Pyrus communis*) peuvent être pollinisés par tout autre poirier. Chez les pruniers et les cerisiers, la situation est plus complexe : il faut que les pruniers et les cerisiers soient *du même type* pour que la pollinisation puisse avoir lieu. Chez les pruniers, par exemple, il y a trois types principaux utilisés chez nous : les pruniers européens (*Prunus domestica*) peuvent polliniser les autres européens, les japonais (*P. salicina*) les autres japonais et les pruniers américains (*P. nigra* et *P. americana*) peuvent polliniser d'autres américains, mais aussi certains peuvent polliniser les européens et les japonais ! C'est un peu plus simple chez les cerisiers : les cerisiers sucrés (*Prunus avium*) pollinisent les sucrés, les cerisiers acides (*P. cerasus*), que les autres acides, point à la ligne. Quant aux bleuetiers (*Vaccinium angustifolium* et *V. corymbosum*), ils sont autostériles et il faut donc deux pollinisateurs. Complexe, non ? Mais il faut le savoir si vous voulez avoir du succès avec vos fruitiers !

■ Branche

257. LA POLLINISATION CROISÉE N'EST PAS OBLIGATOIRE...

Pour certains fruitiers, la pollinisation croisée n'est pas obligatoire : les cerisiers acides (*Prunus cerasus*) et les pruniers européens (*P. domestica*) sont auto-fertiles (leur pollen peut les polliniser) et il n'est donc pas nécessaire d'avoir deux arbres différents pour avoir une bonne récolte. La plupart des petits fruitiers, aussi, sauf les bleuetiers (*Vaccinium* spp.) et certains mûriers (*Rubus* spp.), sont autofertiles et même une plante isolée portera des fruits.

258. ATTENTION AUX FRUITIERS PARTIELLEMENT AUTOFERTILES

Ces fruitiers, comme le poirier 'Beauté Flamande', peuvent s'autopolliniser, c'est vrai, mais la production est souvent décevante. Il vaut mieux les « enticher » d'un autre cultivar si vous voulez une bonne récolte.

Le poirier est parfois autofertile, mais est plus productif quand il a un compagnon.

■ Pollinisateurs

259. PAS DE POLLINISATION, PAS DE FRUITS

La culture des fruitiers est lourde de complications inattendues. L'une des plus fréquentes est l'absence d'abeilles pour assurer la pollinisation. Souvent les arbres fleurissent bien et ont des compagnons proches pour assurer une bonne fécondation croisée, mais s'il n'y a pas d'abeilles pour transférer le pollen, la récolte sera quand même faible. Les printemps lorsqu'il pleut presque sans cesse, les abeilles ne peuvent pas voler. Et les abeilles sont souvent trop rares en ville pour faire un travail de pollinisation efficace. De plus, il y a de moins en moins d'apiculteurs et donc de moins en moins d'abeilles domestiques (*Apis mellifera*) qui sont aussi les pollinisateurs les plus efficaces. Si vous vivez à la campagne, vous pourriez peut-être louer une ruche ou deux pour le temps de la floraison et ainsi augmenter vos chances d'avoir une récolte abondante.

Abeille domestique.

Photo : Suzanne Brulotte

260. ATTIRER LES ABEILLES POUR ASSURER LA POLLINISATION

Pour attirer les abeilles au verger, si petit soit-il, semez de la bourrache (*Borago officinalis*). Cette fine herbe annuelle aux fleurs bleues attire beaucoup d'abeilles et se ressème fidèlement.

261. N'EMPOISONNEZ PAS LES ABEILLES

Tant qu'à attirer les abeilles, il ne faut surtout pas les empoisonner! Réduisez au maximum votre utilisation de pesticides et, surtout, n'en vaporisez pas pendant les périodes de floraison importante des fruitiers.

262. PRIEZ POUR UNE TEMPÉRATURE CLÉMENTE !

Un aspect qui est complètement hors de contrôle du jardinier amateur de fruitiers est la température. Surtout entre l'éclosion des boutons et la chute des pétales, tout doit être parfait. S'il survient un gel à ce moment, dites au revoir à la récolte cette année-là, par exemple. Mais aussi, juste le mauvais temps nuit beaucoup : les abeilles et les autres pollinsateurs ne volent pas ou ne vont pas loin quand il pleut ou que le temps est maussade. Et si les fleurs ne sont pas pollinisées, les fruits ne se formeront pas ou tomberont jeunes. Chez certaines plantes où la pollinisation par les insectes n'est pas obligatoire, comme les framboisiers, s'il n'y a pas pollinisation, les fruits seront petits et de forme irrégulière.

■ Taille

263. LES GOURMANDS NE DONNENT PAS DE FRUITS

Les pommiers et plusieurs autres fruitiers font deux sortes de branches : des branches plus ou moins horizontales qui se ramifient beaucoup et qui produisent des fruits et des branches verticales, appelées souvent gourmands, qui montent rapidement vers le ciel, mais ne produisent pas de fleurs ni de fruits. En général, on supprime les gourmands au sécateur pour stimuler une meilleure fructification.

On appelle gourmands les tiges dressées sans ramifications.

264. PLIER LES GOURMANDS

Quand la branche charpentière (branche principale horizontale) d'un fruitier est endommagée et qu'il faut la supprimer, elle tend à faire beaucoup de gourmands (branches verticales infructueuses) plutôt qu'une branche horizontale qui produira des fruits. Vous pouvez cependant convertir un gourmand en branche charpentière si vous le pliez à l'horizontale quand il est jeune. Pour ce faire, attachez une brique à une corde et suspendez-la au gourmand. Il peut falloir plus d'une brique car le gourmand est très résistant. Normalement, la branche aura adopté sa nouvelle forme en deux semaines environ.

■ Pêchers

265. AVIS DE RISQUE DE GEL POUR LES PÊCHERS

Vous rêvez en couleur si vous pensez que vous auriez une bonne production de pêches au nord de la zone 7.

Même si parfois on recommande certains pêchers (*Prunus persica*) comme étant «extra-rustiques», comme le cultivar 'Reliance' (zone 5), il s'agit plutôt de plantes qui *survivent* en zone 5, pas de plantes qui sont *productives* en zone 5. Si vous voulez cultiver des pêchers, déménagez à Niagara (zone 7).

■ Pommiers

Certains pommiers, comme Malus 'Nova Easygro', sont résistants à presque toutes les maladies.

266. POMMIERS RÉSISTANTS AUX MALADIES

Nous avons tellement l'habitude de vaporiser encore et encore nos pommiers avec toutes sortes de pesticides qu'il nous est difficile de croire qu'il puisse exister des cultivars qui n'ont pas besoin de traitements. Pourtant, des pommiers sans problèmes majeurs, ça existe. Voici un petit tableau qui vous en donne quelques exemples:

CULTIVAR	TAVELURE	BLANC	BRÛLURE BACTÉRIENNE	ROUILLE
'BRITEGOLD'	R	R	R	S
'DAYTON'	R	MR	MR	S
'ENTREPRISE'	R	MR	R	R
'FREEDOM'	R	MR	R	MR
'GOLDRUSH'	R	MR	MR	S
'JONAFREE'	R	MR	MR	S
'LIBERTY'	R	R	R	R
'MACFREE'	R	MR	MR	R
'MOIRA'	R	S	S	R
'MURRAY'	R	R	MR	R

CULTIVAR	TAVELURE	BLANC	BRÛLURE BACTÉRIENNE	ROUILLE
'NOVA EASYGRO'	R	R	MR	R
'NOVAMAC'	R	MR	MR	R
'PRIMA'	R	MR	MR	S
'PRISCILLA'	R	R	R	R
'PRISTINE'	R	R	MR	S
'REDFREE'	R	MR	MR	R
'SIR PRIZE'	R	MR	MR	S
'TRENT'	R	MR	MR	R
'WILLIAM'S PRIDE'	R	MR	MR	R

Cotes de résistance :
R = résistant (aucune mesure de lutte nécessaire)
MR = modérément résistant (mesures de lutte parfois nécessaires)
S = sensible (mesures de lutte nécessaires dans les régions où la maladie est fréquente)

Notez que toutes les variétés résumées dans le tableau ci-dessus sont résistantes à la tavelure, ce qui est de loin la plus courante et la plus grave des maladies des pommiers. Elles sont cependant résistantes à différents degrés à trois autres problèmes du pommier : le blanc, la brûlure bactérienne et la rouille (un problème lorsqu'il y a des genévriers à proximité (truc 1407). Amenez donc ce tableau en pépinière la prochaine fois que vous chercherez un pommier.

267. MAIS IL N'Y A PAS DE POMMIERS VRAIMENT RÉSISTANTS AUX INSECTES

D'accord, il est désormais possible de cultiver des pommiers sans craindre les maladies et notamment la redoutable tavelure, mais qu'en est-il des insectes ? La nouvelle est beaucoup moins reluisante : il n'y a pas vraiment de pommiers résistants aux insectes. Tout au plus, il existe des pommiers qui sont *moins* susceptibles aux insectes. Autrement dit, s'ils ont le choix, les insectes préféreront d'autres variétés. Donc, dans un verger, les insectes visiteront certaines variétés et éviteront les autres. Mais, dans le contexte d'un terrain privé, les variétés « résistantes aux insectes » ne donneront strictement rien : les insectes n'évitent ces variétés que s'ils ont le choix. Si vous avez un ou deux pommiers, ils n'ont pas de choix : ils iront sur les pommiers qui sont présents. Pour cette raison, les pommiers, malgré l'arrivée de pommiers résistants aux maladies, demeurent sur la liste des végétaux déconseillés au jardinier paresseux.

268. LA PETITE BOULE ROUGE À LA RESCOUSSE

Si vous tenez tout de même à cultiver des pommiers, choisissez d'abord une variété résistante aux maladies (voir le conseil 266) puis, afin de contrôler les insectes, optez pour un vieux truc à impact très minimal pour l'environnement : la boule rouge. Il faut savoir que les principaux insectes prédateurs du pommier sont la mouche de la pomme et la pyrale de la pomme… et les deux adorent le rouge ! Avoir le choix entre de minuscules pommes vertes et une belle grosse pomme rouge, elles choisiront, à coup sûr, la pomme rouge. Il est alors possible de régler leur cas assez facilement. Prenez une balle rouge (ou peignez-la en rouge) et suspendez-la dans l'arbre dès que les pétales sont tombés et surtout avant que les petites pommes encore vertes soient visibles. Appliquez sur cette « fausse pomme » de la colle « Tanglefoot », disponible en jardinerie.

Il s'agit d'un produit collant qui ne sèche pas. Quand les mouches et les pyrales voient la boule rouge collante, elles la visitent en priorité… et y restent collées. Ce produit est d'une efficacité peu croyable : 98 % ou plus de fruits libres de mouches dans les années où la mouche de la pomme et la pyrale sont au plus bas de leur cycle. Pour une bonne efficacité au sommet de leur cycle, il peut être nécessaire de suspendre plusieurs boules rouges au même arbre… et aussi, il peut être nécessaire de nettoyer les boules quand elles sont complètement couvertes de mouches et de papillons et d'appliquer une autre couche de colle avant de les raccrocher dans l'arbre.

Une boule collante rouge.

269. AUSSI DISPONIBLE EN MAGASIN

Si vous ne tenez pas à avoir à courir les magasins de jouets d'enfants à la recherche de balles rouges, sachez qu'il se vend des boules rouges conçues expressément pour le contrôle des insectes dans les meilleures jardineries.

■ Pruniers et cerisiers

270. BIEN CHOISIR LES PRUNIERS ET LES CERISIERS

Pour quelques détails sur leur sélection, regardez les trucs 1202 et 1398.

■ Vigne

271. VIVE LA VIGNE LIBRE !

Les jardiniers paresseux qui s'informent sur la culture de la vigne auprès des vignerons perdent vite tout espoir de pouvoir les cultiver. Il est question de conduite en cordon, de tailles sévères et répétées, de coursons, de sarment, de pampres et bien plus encore. L'horreur, je vous le dis ! Pourtant, rien de cela n'est nécessaire. Il est si facile de cultiver des raisins, beaucoup plus que de cultiver des pommes, d'ailleurs. Il suffit de choisir une variété de vigne adaptée à votre climat, de la planter dans un sol bien drainé et modérément riche ainsi qu'au soleil, si vous voulez obtenir des raisins suffisamment sucrés pour pouvoir les manger frais. Reste à lui offrir un support quelconque sur lequel elle peut grimper – pergola, treillis, arbre, etc. La vigne fera le reste. D'ailleurs, la seule taille qui peut vraiment être nécessaire est pour contrôler les branches trop hautes de façon à les garder à portée de main.

Une vigne qui pousse librement produit beaucoup plus que les vignes taillées.

272. DES VIGNES RÉSISTANTES AU FROID

En général, les vignes qui résistent le mieux aux étés courts et aux hivers froids de l'est de l'Amérique du Nord sont des vignes hybrides issues de croisements entre la vigne européenne (*Vitis vinifera*), renommée pour ses gros fruits sucrés, mais lente à mûrir et très gélive, et différentes espèces américaines aux petits fruits peu sucrés, mais très résistantes au froid. Voici quelques cultivars d'intérêt, mais il y en a bien d'autres !

RAISIN VERT	RAISIN BLEU	RAISIN ROUGE
• 'DELISLE', ZONE 4	• '6447', ZONE 5	• 'CANADICE SEEDLESS', ZONE 4
• 'EONA', ZONE 3	• 'BETA', ZONE 2	• 'PETITS JOYAUX', ZONE 4
• 'KAY GRAY' ZONE 4	• 'CONCORD', ZONE 5	
• 'SEYVAL', ZONE 4	• 'MARÉCHAL FOCH', ZONE 3	
• 'ST-PÉPIN', ZONE 4	• 'MINNESOTA 78', ZONE 3	
• 'VANDAL CLICHE' ZONE 3	• 'TROLL', ZONE 5	
	• 'VALIANT', ZONE 3	
	• 'ST-CROIX', ZONE 3	

Graminées ornementales*

■ Catégories principales

273. CESPITEUX OU TRAÇANT ?

Voici deux mots bien pratiques à connaître quand il s'agit des graminées. Ils décrivent les deux principaux types de croissance des graminées. Les graminées cespiteuses poussent en touffes denses alors que les graminées traçantes poussent par tiges indépendantes sur des rhizomes qui peuvent être longs ou courts. En général, les graminées cespiteuses représentent le meilleur choix pour les jardiniers paresseux, car elles ne sont jamais envahissantes alors que les traçantes sont presque toujours au moins un peu envahissantes. Curieusement, il peut y avoir des espèces cespiteuses et des espèces traçantes dans le même genre : *Miscanthus sinensis*, par exemple, est cespiteux tandis que *M. floridulus* est traçant. Et certaines graminées sont un peu bipolaires ! Beaucoup de nos graminées de gazon, par exemple, poussent en touffes… mais produisent aussi des touffes secondaires sur des rhizomes traçants souvent très longs !

Les graminées cespiteuses poussent en touffe et n'envahissent pas.

274. DISTINGUER ENTRE UNE GRAMINÉE CESPITEUSE ET UNE GRAMINÉE TRAÇANTE

Vous pouvez facilement distinguer entre une graminée cespiteuse et une graminée traçante en magasin, même sans poser de question. Le fait de pousser en touffes denses est évident, même en pot, dans le cas des graminées cespiteuses alors que les tiges des graminées traçantes sortent çà et là, avec de l'espace entre chacune d'elles.

Les graminées traçantes courent partout.

---

* Par esprit de solidarité avec les jardiniers, j'inclus dans la catégorie des « graminées » plusieurs plantes, comme les laîches (*Carex* spp.) et les joncs (*Juncus* spp.), auxquelles elles ressemblent, même si en fait elles appartiennent à des familles différentes.

Végétaux

275. PAS DE CONTRÔLE NÉCESSAIRE POUR CES GRAMINÉES CESPITEUSES

Ces graminées poussent en touffes denses et tendent à rester à leur place dans le parterre. Ça ne veut pas dire qu'elles ne peuvent pas grossir avec le temps et nécessiter une division quand la plante prend trop d'espace, mais on ne peut guère décrire ces plantes comme envahissantes. Dans ce groupe on trouve, entre autres :

Une graminée cespiteuse typique : le calamagrostide 'Overdam' (Calamagrostis x acutiflora 'Overdam').

- **ACORE À FEUILLES DE GRAMINÉE**
  (*ACORUS GRAMINEUS*) **ZONE 5**

- **AVOINE BLEUE**
  (*HELICTOTRICHON SEMPERVIRENS*) **ZONE 4**

- **BAMBOU RUSTIQUE**
  (*FARGESIA* SPP.) **ZONE 4**

- **BARBON DE GÉRARD**
  (*ANDROPOGON GERARDII*) **ZONE 3**

- **BRISE**
  (*BRIZA MEDIA*) **ZONE 4**

- **CALAMAGROSTIDE**
  (*CALAMAGROSTIS X ACUTIFOLORA*) **ZONE 4**

- **CHASMANTHE**
  (*CHASMANTHIUM LATIFOLIUM*) **ZONE 5**

- **DESCHAMPSIE CESPITEUSE**
  (*DESCHAMPSIA CAESPITOSA*) **ZONE 3**

- **FAUX SORGHO PENCHÉ**
  (*SORGHASTRUM NUTANS*) **ZONE 4**

- **FÉTUQUE BLEUE**
  (*FESTUCA* SPP.) **ZONE 4**

- **HAKONÉCHLOA**
  (*HAKONECHLOA MACRA*) **ZONE 5**

- **HERBE AUX ÉCOUVILLONS**
  (*PENNISETUM ALOPECUROIDES*) **ZONE 5**

- **KOELÉRIE GLAUQUE**
  (*KOELERIA GLAUCA*) **ZONE 4**

- **LAÎCHE À FEUILLES D'ŒILLET**
  (*CAREX CARYOPHYLLEA* 'THE BEATLES') **ZONE 5**

- **LAÎCHE À FEUILLES DE PALMIER**
  (*CAREX MUSKINGUMENSIS*) **ZONE 4**

- **LAÎCHE ÉLÉVÉE**
  (*CAREX ELATA* 'BOWLES' GOLDEN') **ZONE 4**

- **LAÎCHE JAPONAISE**
  (*CAREX MORROWII*) **ZONE 5**

- **LUZULE**
  (*LUZULA* SPP.) **ZONE 4**

- **MILLET DIFFUS DORÉ**
  (*MILIUM EFFUSUM* 'AUREUM') **ZONE 5**

- **MISCANTHUS**
  (*MISCANTHUS SINENSIS*) **ZONES 4 ET 5**

- **MISCANTHUS POURPRE**
  (*MISCANTHUS PURPURACENS*) **ZONE 4**

- **MOLINIE POURPRE**
  (*MOLINIA CAERULEA*) **ZONE 4**

- **PANIC RAIDE**
  (*PANICUM VIRGATUM*) **ZONE 4**

- **SESLÉRIE**
  (*SESLERIA AUTUMNALIS*) **ZONE 5**

- **SPODIOPOGON DE SIBÉRIE**
  (*SPODIOPOGON SIBIRICUS*) **ZONE 4**

- **SPOROBOLE À GLUMES INÉGALES**
  (*SPOROBOLUS HETEROLEPIS*) **ZONE 4**

276. ATTENTION AUX GRAMINÉES TRAÇANTES ?

Toutes les graminées traçantes ne sont pas envahissantes. Certaines font des rhizomes courts qui tendent à remplir lentement les espaces autour d'elles et elles  ne sont pas si effrayantes. D'autres sont par contre tellement envahissantes qu'il ne faut même pas songer à les libérer dans un espace cultivé sans les entourer d'une barrière infranchissable. On peut utiliser des barrières de plantation (truc 30) pour les contrôler. Dans la liste suivante des graminées traçantes, les envahisseurs sont identifiés d'un astérisque (*) : les autres courent sur des rhizomes moins longs et restent plus ou moins à leur place.

L'élyme des sables est jolie, mais très envahissante.

- **ARRHÉNANTHÈRE BULBEUSE** (*ARRHENATHERUM ELATIUS BULBOSUM* 'VARIEGATUS') ZONE 4
- **BAMBOU RUSTIQUE*** (*PHYLLOSTACHYS, PLEOBLASTUS, SASA*, ETC.) ZONES 5 À 10
- **BROME INERME DORÉ** (*BROMUS INERMIS* 'SKINNER'S GOLD') ZONE 3
- **DACTYLE PELOTONNÉ** (*DACTYLIS GLOMERATA* 'VARIEGATA') ZONE 5
- **ÉLYME DES SABLES*** (*LEYMUS ARENARIA* 'GLAUCA') ZONE 4
- **GLYCÉRIE*** (*GLYCERIA MAXIMA* 'VARIEGATA') ZONE 5

- **HERBE ROUGE** (*IMPERATA CYLINDRICA* 'RED BARON') ZONE 5
- **LAÎCHE À FEUILLES LARGES** (*CAREX SIDEROSTICHA*) ZONE 5
- **MISCANTHUS GÉANT*** (*MISCANTHUS FLORIDULUS*) ZONE 4
- **MISCANTHUS SACCHARIFLORUS*** (*MISCANTHUS SACCHARIFLORUS*) ZONE 4
- **ROSEAU*** (*PHRAGMITE AUSTRALIS*) ZONE 3
- **RUBAN DE BERGÈRE*** (*PHALARIS ARUNDINACEA* 'PICTA') ZONE 4
- **SPARTINE PECTINÉE DORÉE*** (*SPARTINA PECTINATA* 'AUREOMARGINATA') ZONE 4

277. QUELLE EST CETTE JOLIE GRAMINÉE QUI POUSSE LE LONG DES ROUTES ?

Laissez le roseau (Phragmites australis) dans la nature : il est trop envahissant pour la culture.

C'est le roseau ou phragmite commun (*Phragmites australis*) et plusieurs jardiniers le trouvent si joli en fin d'été quand il porte ses beaux panaches blancs qu'ils en apportent chez eux, mais malheur à ceux qui le font : c'est une plante incroyablement envahissante à cause de ses rhizomes traçants. Bientôt vous n'avez plus que du roseau chez vous ! Heureusement qu'il demande une bonne humidité de sol pour bien s'établir et que nos terrains sont généralement bien drainés, sinon le roseau serait sûrement l'une de nos pires mauvaises herbes !

■ Taille des graminées

278. PAS DE MÉNAGE AUTOMNAL POUR LES GRAMINÉES

Pour profiter au maximum de la beauté des graminées, ne les taillez pas à l'automne. Plusieurs, en effet, affichent de belles couleurs à l'automne et leur feuillage désormais bronzé est très attrayant contre un fond de neige.

Laissez les graminées, comme ces miscanthus (Miscanthus sinensis), debout l'hiver.

279. TRONÇONNEUSE

Comment tailler les graminées au printemps? On sait qu'il est sage de les rabattre à 10 cm du sol à la fonte des neiges, mais les feuilles sont souvent coupantes et elles sont dures et difficiles à couper. Les tailler au sécateur est long, ardu et souvent pénible. Essayez une tronçonneuse: c'est vite, efficace… et vos mains sont suffisamment loin pour être protégées contre les feuilles acérées.

Taillez les graminées avec une scie à la chaîne.

280. AU FEU !

Une autre méthode pour « nettoyer » les graminées au printemps est… de brûler leur feuillage. Il faut savoir que les graminées ont évolué dans un milieu où les feux de brousse sont courants : même à l'état sauvage elles dépendent de ces incendies rapides mais superficiels pour leur survie, car ils tuent les plantes ligneuses (arbres, arbustes et conifères) et permettent à la prairie de se maintenir. Pour des raisons de sécurité, cependant, il faut brûler les graminées très tôt au printemps, quand il y a encore un fond de neige (ainsi il n'y a pas de risque que les flammes échappent à votre contrôle).

■ Bambous

281. DES BAMBOUS NORDIQUES ?

Il y a bien sûr un faux bambou qui pousse bien dans nos régions, la tristement célèbre renouée japonaise (*Fallopia japonica*), communément appelé bambou, probablement la plus redoutée de toutes les mauvaises herbes…même si elle est encore plantée comme ornementale (truc 318)! Mais ce n'est pas un vrai bambou. Les véritables bambous sont des graminées arbustives. Plutôt que de mourir au sol l'hiver comme les graminées herbacées, les tiges des bambous sont ligneuses et survivent à l'hiver; leur feuillage est généralement persistant aussi. Aucun bambou n'est couramment vendu commercialement dans nos régions, mais les espèces suivantes survivent dans le jardin de l'auteur (zone 4b) sous une bonne couche de neige: *Fargesia murieliae, Fargesia nitida, Phyllostachys bissetti, Phyllostachys nuda, Pleoblastus distichus* et *Sasa palmata*. Les fargesias sont cespiteux; tous les autres sont traçants et même envahissants.

Oui, il existe des bambous qui tolèrent le froid. Voici un Fargesia nitida *un peu décoloré, mais néanmoins bien vivant, à la fonte des neiges.*

■ Maïs

282. DU MAÏS ORNEMENTAL

On pense rarement au maïs ou blé d'Inde (*Zea mays*) comme étant une graminée ornementale, mais il existe bien une forme à feuillage joliment strié de blanc et de rose (*Zea mays japonica*) et encore beaucoup d'autres qui ont un feuillage vert, mais des grains colorés, comme 'Painted Mountain', 'Earth Tones Dent' et 'Fiesta'. On fait sécher les épis de ces derniers pour les utiliser comme décorations. Mais même le maïs sucré ordinaire est très joli… une fois qu'on le sort de son «rang de soldat» habituel. Semez-en par groupes de quatre à six dans votre aménagement paysager et vous serez surpris de voir à quel point leurs longues feuilles arquées et gracieux panaches ajoutent un joli effet au paysage.

Il existe des maïs ornementaux, comme ce Zea mays japonica *au feuillage multicolore.*

GRIMPANTES

■ Supports

283. GRIMPERA, GRIMPERA PAS

Une plante grimpante grimpe, n'est-ce pas? Alors il s'agit de la planter près d'un support (treillis, clôture, obélisque, pergola, etc.) et… vogue la galère! Sauf que ce n'est pas toujours vrai! Certaines plantes dites « grimpantes » sont en fait sarmenteuses, c'est-à-dire qu'elles ne grimpent pas vraiment, elles s'appuient. Dans la nature, elles poussent dans tous les sens jusqu'à ce qu'elles trouvent un support contre lequel s'appuyer (un arbre, un arbuste, etc.), puis elles se mêlent aux branches de leur hôte et réussissent ainsi à monter. En culture, il faut diriger ces plantes vers le support désiré, puis les y attacher. Le rosier grimpant est un exemple célèbre d'une « grimpante » qui ne grimpera pas sans votre aide.

Le rosier grimpant ne « grimpe » que si on l'aide.

284. UN SUPPORT PAS TROP LARGE POUR LES VOLUBILES

D'autres grimpantes montent sur leur support en s'enroulant autour. On les dit « volubiles ». Elles montent facilement sur les supports relativement minces, mais ne peuvent pas toujours s'entortiller autour d'un poteau, d'un gros tronc d'arbre ou même des barreaux de certains treillis trop larges. Vous pouvez toutefois les aider à grimper en fixant sur leur support un grillage de métal ou de plastique, ou encore des fils.

285. LES GRIMPANTES DÉTESTENT-ELLES LES SUPPORTS DE MÉTAL ?

Les supports en métal, comme les clôtures Frost, à mailles en losange, transmettent davantage de froid l'hiver et de chaleur l'été que les supports en bois, en plastique ou autres. Du moins, c'est ma théorie pour expliquer pourquoi certaines grimpantes, notamment les clématites, ne semblent pas vraiment profiter sur un support de métal alors qu'elles réussissent parfaitement, dans les mêmes conditions, mais sur d'autres supports. Si vous n'avez pas de succès avec certaines grimpantes sur un support métallique, essayez-les sur un treillis de bois ou de plastique. Vous m'en donnerez des nouvelles !

286. MAIS C'EST À ÇA QU'UNE PERGOLA SERT !

Le mot pergola est sur toutes les lèvres : avoir une pergola fait très italien, très chic et très aménagé, style « mon terrain est beau et je suis fier de le montrer ». Le hic, c'est que plusieurs personnes semblent oublier à quoi sert la pergola. Elle est là, tout simplement, comme si une tornade était passée par là et l'avait déposée tout à fait au hasard. Rappelez-vous que la pergola est issue d'une vieille tradition italienne. Pour échapper à la chaleur, on construisait des structures ouvertes sur les côtés, pour permettre la circulation du vent, et couronnée d'une toiture à claire-voie, pour permettre à la chaleur de s'en échapper, puis on la couvrait de vignes à raisin qui non seulement coupaient le soleil, mais rafraîchissaient également l'air grâce à leur transpiration. Faites alors monter des grimpantes sur une pergola, que ce soit de la vigne à raisin (*Vitis* spp.) ou autres, et tout d'un coup la pergola aura non seulement un sens et une raison d'être, mais une utilité. Vous pourriez même y accrocher votre hamac de jardinier paresseux !

Le but même d'une pergola est pour y cultiver des plantes grimpantes.

287. UNE PLUIE DE RAISINS

Tant qu'à faire grimper des plantes sur une pergola, pourquoi ne pas retourner à la source et y cultiver des vignes à raisin (*Vitis vinifera* et autres) ? Les fruits, étant plus lourds que les feuilles, retomberont à travers la toiture pour un très joli effet.

Vigne à raisin cultivée en pergola.

288. DANS UN ARBRE GRIMPÉ

Peut-on faire monter les plantes grimpantes dans un arbre? Bien sûr, car c'est ainsi que la plupart vivent à l'état sauvage (rares sont les pergolas et les treillis dans la nature!). Par contre, il faut s'assurer que la plante puisse monter dans l'arbre. Si le tronc est trop large, par exemple, les grimpantes volubiles (qui s'enroulent autour de leur support) ne pourront pas s'y rendre. Il faudrait leur fournir un grillage ou des fils pour leur permettre d'atteindre au moins les branches inférieures. Les grimpantes à crampons (comme la vigne vierge et l'hydrangrée grimpante) par contre, peuvent monter toutes seules sur toute surface moindrement rugueuse comme l'écorce.

Pour un très bel effet, laissez les grimpantes, comme cette hydrangée grimpante, monter dans un arbre.

289. DES ATTACHES À DESSERRER

Il est souvent nécessaire de fixer les grimpantes sur leur support avec des attaches, mais il ne faut pas voir ces attaches comme permanentes. Même les attaches élastiques connaissent une limite à leur flexibilité et commenceront à s'incruster dans la tige qu'elles supportent, ce qui l'étouffera. Faites une tournée annuelle des attaches pour les desserrer si elles commencent à étouffer la tige. Et on peut enlever les attaches qui ne sont plus utiles (beaucoup de plantes grimpantes ont besoin d'attaches au début, mais finissent par se fixer d'elles-mêmes à leur support).

Il faut desserrer les attaches des grimpantes occasionnellement.

■ Aménagement avec les grimpantes

290. MÉLANGEZ GRIMPANTES ANNUELLES ET PERMANENTES POUR UN EFFET RAPIDE

La majorité des grimpantes permanentes, soit les grimpantes vivaces ou arbustives, poussent lentement au début, pouvant prendre trois ou quatre ans (même plus dans le cas de l'hydrangée grimpante (*Hydrangea anomala petiolaris*) avant de prendre leur envol. Donc en attendant, pour meubler votre treillis ou votre pergola, semez entre les «permanentes» des grimpantes annuelles: gloires du matin, pois de senteur, haricots d'Espagne, etc. Les annuelles atteindront leur pleine hauteur (souvent 3 m ou plus) au cours d'un seul été. Quand les permanentes auront atteint une hauteur et une envergure intéressantes, vous pourrez cesser de semer des annuelles.

■ Culture des grimpantes sur les murs

291. DE LA VERDURE SUR LA MAISON : OUI OU NON ?

Oui, on peut laisser les grimpantes monter sur la maison. Ici du lierre du Boston (Parthenocissus. tricuspidata).

Certaines grimpantes, comme la vigne vierge (*Parthenocissus quinquefolia*), le lierre de Boston (*P. tricuspidata*) et l'hydrangée grimpante (*Hydrangea anomala petiolaris*), montent grâce à des «crampons», ce qui leur permet de gravir même des surfaces planes, comme un mur de maison. Par contre, les vieux livres de jardinage déconseillent leur culture sur la maison, sous prétexte que les crampons peuvent s'infiltrer dans le mortier et l'arracher. Sans doute qu'il y avait un fond de vérité dans cette croyance, car les mortiers d'autrefois étaient peu durables, mais ce n'est plus vrai. Le mortier utilisé depuis les derniers siècles n'est pas le moindrement dérangé par la présence de crampons, pas plus que les pierres et les briques qui recouvrent les murs ou que les revêtements d'aluminium ou de vinyle. Dans le cas du bois, la réponse n'est pas toutefois aussi nette. Au début, les plantes *protègent* le bois et font durer les peintures et teintures pendant des décennies, beaucoup plus que les enduits exposés aux éléments. Par contre, quand la peinture s'écaille ou que la teinture s'estompe, il est impossible de repeindre ou reteindre tant que le mur est couvert de plantes. Et ce sont les peintures et les teintures qui empêchent le bois de pourrir. Donc, à très, très long terme, probablement pas au cours de *votre* vie, il faudrait penser à enlever les grimpantes pour repeindre. Donc, devrait-on ou non laisser les plantes grimpantes monter sur sa maison ? J'ai décidé que, comme je ne prévoyais pas vivre trois cents ans, de profiter de la beauté des plantes grimpantes de mon vivant et j'en ai plusieurs qui grimpent directement sur la maison chez nous.

142

292. UN MORTIER RÉSISTANT AUX GRIMPANTES

Vous avez peur que le mortier de votre maison ne soit pas assez solide pour résister aux crampons des grimpantes? Essayez alors le truc suivant: grattez le mortier avec une clé de métal. S'il résiste, il est suffisamment solide pour supporter sans dommages même les grimpantes les plus tenaces.

293. UNE CLIMATISATION BON MARCHÉ

Les plantes grimpantes peuvent aider beaucoup à modérer les écarts de température. Lorsqu'on les fait grimper sur la maison, elles gardent celle-ci plus fraîche l'été en reflétant les rayons du soleil et aussi en faisant baisser la température grâce à leur transpiration. L'hiver les feuilles tombent pour laisser le soleil réchauffer la maison… et les branches entrelacées coupent le vent, réduisant la perte de chaleur. Le rideau de verdure créé par des grimpantes qui recouvrent le toit d'une pergola peut réduire la température jusqu'à 4 °C, une différence non négligeable par une chaude journée d'été.

294. UNE FONDATION PEU APPÉTISSANTE

Que vous les fassiez grimper directement sur le mur ou les palissiez sur un treillis, cultiver des grimpantes sur la maison donne un très bel effet. Le problème est que, s'il y a bien une place où les grimpantes seront malheureuses, c'est en contact avec la fondation de la maison. C'est habituellement l'emplacement le plus sec du terrain, car l'avant-toit empêche la pluie d'atteindre le sol et que la fondation est habituellement en béton, un produit très alcalin. Heureusement qu'il est possible de cultiver des grimpantes de façon à ce qu'elles grimpent sur la maison sans toutefois que leurs racines se trouvent dans cette zone critique. Il suffit de les planter à angle, voire presque à l'horizontale, avec la motte de racines qui pointe à l'opposé du mur. Ainsi les racines se retrouvent dans un sol mieux humidifié et de meilleure qualité.

Plantez les grimpantes à un angle pour éloigner leurs racines de la fondation de la maison.

■ Hauteur

295. D'UNE HAUTEUR INDÉTERMINÉE...

Les grimpantes n'ont pas vraiment de hauteur maximale. Elles atteignent la même hauteur que leur support ou légèrement plus. Ainsi, elles mesureront environ 2 m sur une clôture de 1,8 m et 15 m ou plus quand elles peuvent profiter d'un arbre ou d'une maison pour se lancer vers le ciel. Dès qu'elles atteignent le sommet de leur support et qu'il n'y a pas d'autres structures dans les environs sur lesquelles elles peuvent s'élancer, leur croissance verticale s'estompera.

Les grimpantes peuvent pousser à l'ombre dans leur jeunesse : elles savent trouver le chemin au soleil.

■ Conditions de culture

296. DU SOLEIL MÊME À L'OMBRE

On vous dit que la plante grimpante que vous aimez préfère le soleil alors que vous n'avez que de l'ombre? Il ne faut pas trop s'en inquiéter. Presque toutes les grimpantes peuvent tolérer l'ombre dans leur phase juvénile; c'est à l'âge adulte que le soleil est nécessaire. En autant que le support que vous leur offrez pour grimper (treillis, pergola, etc.) s'élève au-dessus des végétaux environnants, les grimpantes vont éventuellement s'y hisser pour atteindre le soleil qu'elles recherchent.

Les clématites aiment que leurs racines soient au frais en tout temps.

■ Clématites

297. LA TÊTE AU SOLEIL, LES PIEDS À L'OMBRE

C'est ce qu'on dit des clématites (*Clematis* spp.): elles aiment avoir du soleil sur leurs feuilles, mais détestent que le soleil plombe sur leurs racines. C'est en fait la chaleur qui les dérange. Dans une situation où le sol demeure frais, il n'est pas nécessaire d'ombrager leur base, mais comme un sol ensoleillé est habituellement un sol chaud... Alors, pour ombrager leurs racines, on peut planter des annuelles, des vivaces, de petits arbustes ou d'autres végétaux à feuillage entre la clématite et le soleil du midi.

298. PAS DE SARCLAGE POUR LES CLÉMATITES

Les clématites ont des racines et des tiges particulièrement fragiles : il n'est pas question de sarcler à leur pied et pourtant… En effet, presque tous les gens qui disent avoir de la difficulté avec les clématites sont des personnes très portées sur la binette. Pour de belles clématites, il faut donc savoir déposer les outils aratoires : binette, sarcloir, cultivateur, motoculteur, etc.

299. DU PAILLIS POUR LES CLÉMATITES

S'il y a une plante qui aime le paillis, c'est bien la clématite. D'abord, elle préfère un sol constamment un peu humide, mais jamais détrempé et le paillis, avec sa capacité de réduire l'évaporation par temps sec, et d'agir comme une éponge pour absorber les surplus d'humidité par temps humide, leur donne justement le coup de main qu'il leur faut. Il en va de même des sols chauds car, sous un paillis, le sol est toujours frais. Enfin, et ce n'est pas le moindre des détails, les racines des clématites étant fragiles aux dérangements, l'utilisation d'un paillis élimine le besoin de les sarcler et aide alors à les protéger.

300. FAUT-IL COUCHER LES CLÉMATITES ?

Dans certains livres de jardinage, on recommande de coucher les clématites l'hiver, les détachant de leur support, puis les recouvrant d'un épais paillis, et ceci, dans le but de les protéger du froid. Et au printemps, on doit les fixer à nouveau à la verticale. Vous pouvez le faire si vous le voulez, mais le jardinier paresseux ne le fait jamais ! Il préfère choisir des variétés résistantes au froid de sa région (exemple : des clématites zonées 2, 3, 4 ou 5 s'il demeure en zone 5, des clématites zonées 2 ou 3 s'il vit en zone 3). Détacher sa clématite de son support est une tâche délicate et souvent on risque d'endommager la plante. Si on ne le fait pas, il n'y a pas de risque de la briser.

Seulement les jardiniers forcenés couchent leurs clématites. Les paresseux savent qu'elles n'ont en pas besoin.

301. LES CLÉMATITES : ON COUPE OU ON NE COUPE PAS ?

Les experts classent les clématites en trois groupes de taille. On taille les clématites des groupes 1 et 2 après la floraison printanière, car leurs boutons floraux se forment l'année précédente. Si on les taille tôt au printemps, on élimine la floraison. On taille celles du groupe 3 à la fin de l'automne ou au printemps, car elles fleurissent sur le nouveau bois. Si on coupe une clématite à la mauvaise saison, on risque de faire avorter la floraison. Mais que faire si vous ne savez pas à quel groupe votre clématite appartient ? C'est facile : il s'agit de ne pas les tailler du tout ! Ainsi, elles fleuriront sur le nouveau bois dans certains cas et sur le vieux bois dans d'autres, mais elles fleuriront quand même.

'Huldine' est parmi les clématites de culture très facile.

302. NE FAUT-IL PAS ÉLIMINER LES TIGES MORTES DES CLÉMATITES ?

Pas nécessairement. C'est vrai que certains jardiniers s'offusquent à la vue des tiges mortes des clématites non taillées, car leurs tiges vivent rarement plus d'un an ou deux. Mais sachez que les clématites grimpent mieux sur leurs propres tiges que sur les supports artificiels et viennent rapidement à cacher les « vieilles tiges » de vue.

303. LES TIGES MORTES DES CLÉMATITES VOUS DÉRANGENT ?

Si les tiges mortes vous dérangent quand même (voir le truc précédent), vous pouvez les enlever. Faites-le au printemps, au moment de la repousse. Il est alors facile de distinguer les tiges vivantes (elles ont des feuilles) des tiges mortes (elles n'en ont pas). Faites-le délicatement cependant : il est si facile de briser une clématite !

304. DES CLÉMATITES « FACILES »

Les clématites ont la réputation, d'ailleurs assez juste, d'être capricieuses. Parfois une plante pousse à merveille alors que sa voisine, le même cultivar, languit. Pourtant, les conditions sont identiques ! Une façon d'éviter ce problème consiste à planter des variétés reconnues pour leur facilité de culture. La liste suivante (non exhaustive) vous donne des suggestions de clématites « faciles » :

- *Clematis alpina* 'Columbine' zone 3
- *C. alpina* 'Francis Rivis' zone 3
- *C. alpina* 'Jacqueline du Pré' zone 3
- *C. alpina* Ruby' zone 3
- *C.* 'Elsa Spath' zone 3
- *C.* 'Ernest Markham' zone 4
- *C.* 'Gipsy Queen' zone 4
- *C.* 'Hagley Hybrid' zone 4
- *C. heracleifolia* zone 3
- *C.* 'Huldine' zone 3
- *C. integrifolia* zone 3
- *C.* 'Jackmanii' zone 3
- *C.* 'Jackmannii alba' zone 3
- *C.* 'Jackmannii rubra' zone 3
- *C. macropetala* 'Bluebird zone 4
- *C. macropetala* 'Markham Pink' zone 4
- *C. macropetala* 'Rosy O'Grady' zone 4
- *C. macropetala* 'White Swan' zone 4
- *C.* 'Polish Spirit' zone 4
- *C.* 'Ramona' zone 3
- *C. recta* zone 4
- *C. tangutica* zone 3
- *C. tangutica* 'Kigotia' Golden Tiara® zone 3
- *C. texensis* 'Duchess of Albany' zone 4
- *C. texensis* 'Gravetey Beauty' zone 4
- *C. texensis* 'Sir Trevor Lawrence' zone 4
- *C. virginiana* zone 2
- *C. viticella* 'Kermesina' zone 4
- *C. viticella* 'Margot Koster' zone 4
- *C. viticella* 'Purpurea plena elegans' zone 4
- *C. viticella* 'Royal Velours' zone 4
- *C. viticella* 'Ville de Lyons' zone 4

■ Glycines

305. LES GLYCINES LES PLUS RUSTIQUES

La glycine (*Wisteria* spp.), avec ses grappes de fleurs pendantes si parfumées, est sans doute la plus prisée des grimpantes sous nos latitudes, en partie justement parce qu'elle est si difficile à faire fleurir (plus une plante est rare, plus elle est désirable!). Son refus de fleurir, même en climat doux, est légendaire; en région froide, elle est encore plus difficile. Pour avoir la moindre chance de la voir fleurir un jour, au moins faut-il choisir un des cultivars les plus rustiques comme *W.* 'Caroline', *W. floribunda* 'Lawrence', *W. macrostachya* 'Blue Moon' ou *W. macrostachya* 'Aunt Dee'. Elles arrivent souvent à fleurir en zone 5b, parfois même en zone 4b.

La glycine 'Lawrence' est parmi les variétés les plus rustiques.

306. IL FAUT MALTRAITER LES GLYCINES POUR OBTENIR DES FLEURS

Vous avez une « glycine rustique » et elle ne fleurit pas ? D'abord, il faut être patient : la plupart ne commencent à fleurir que vers leur septième ou huitième année. Aussi, il faut la planter en plein soleil, dans un emplacement protégé du vent. Mais surtout, il faut la maltraiter. Donnez-lui un sol exécrable : pauvre, minéral et rocailleux ou sablonneux. Évitez de la fertiliser et, surtout, ne lui donnez pas d'azote, car cet élément stimule la croissance des tiges au détriment des fleurs ! Si malgré tout votre glycine n'a pas fleuri après dix ans, il est temps d'être encore plus sadique. Avec une pelle très tranchante, coupez au printemps tout autour de la plante, tranchant ainsi la majorité de ses racines. Cette taille sauvage a souvent pour effet de stimuler une floraison... l'année suivante !

■ Vitacées

307. MOINS DE TROUS DANS LES VIGNES, VIERGES OU NON

Les plantes de la famille des Vitacées, notamment la vigne vierge (*Parthenocissus* spp.) et les vignes (*Vitis* spp.), sont très sujettes à un insecte qui perce de nombreux trous dans leurs feuilles : l'alypie à huit points (*Alypia octomaculata*). L'adulte est un papillon apparemment inoffensif et assez joli qui volette de fleur en fleur dans nos plates-bandes et qui est donc bien apprécié à ce stade de son existence. Il est noir avec deux points jaunes sur chacune des ailes antérieures et deux points blanc sur chacune des ailes postérieures, d'où le nom alypyie à huit points. Mais c'est un insecte que vous ne voudriez pas voir près de vos vignes et de vos vignes vierges, car les larves, elles, ne sont pas si inoffensives. Ces chenilles multicolores laissent de nombreux trous dans les feuilles et peuvent même défolier la plante. Heureusement qu'un traitement au Bt (truc 754) les fait disparaître rapidement... et pour long-temps, car les larves hibernent dans le sol, au pied des pieds mères : ainsi, si vous éliminez les larves un été, vous aurez la paix l'année suivante... à moins que des voisins aient aussi des vignes. Curieusement, l'alypie est plus courante et fait des dégâts plus sérieux en ville qu'en banlieue ou qu'à la campagne. C'est qu'en ville, ses prédateurs (oiseaux, nématodes bénéfiques, etc.) sont plus rares qu'en milieu plus verdoyant où ils réussissent à le contrôler.

PHOTO : LINA BRETON, MRNF

L'alypie à huit points, dont on voit ici la larve, laisse le feuillage de plusieurs vignes en charpie.

HAIES

■ Taille

308. SUS AUX HAIES À SOMMET APLATI

Beaucoup de jardiniers croient dur comme fer qu'il doivent attacher leurs haies à l'automne pour les empêcher de s'ouvrir sous le poids de la neige durant l'hiver… mais ils ne se rendent pas compte que c'est leur propre façon de tailler qui est la cause de leurs ennuis avec la neige. Si on donne au sommet de la haie une forme aplatie, la neige s'accumulera et aura tendance à faire ouvrir les branches. Si on la taille en triangle ou en dôme, moins de neige s'y accumule et aucune protection hivernale n'est alors nécessaire. Les haies au sommet parfaitement plat que l'on voit sur des photos de jardins d'Europe sont adéquates là où il n'y a pas de neige en hiver.

1. Ces haies ne s'écraseront pas l'hiver : le sommet arrondi ou pointue rejette la neige.
2. Ces haies, dont le sommet est aplati, risquent de s'ouvrir sous le poids de la neige.

309. UNE HAIE LIBRE COMME L'AIR

Dans l'imagination populaire, une haie est toujours parfaitement taillée… mais il faut croire que l'imagination populaire dispose d'une équipe d'arboriculteurs ! Pour les gens ordinaires, maintenir une haie « comme il se doit » est très exigeant et demande plusieurs tailles annuellement. Et plus la haie est longue, plus elle demande de l'entretien. Souvent, la haie finit par rivaliser avec le gazon comme élément qui demande le plus d'entretien sur le terrain ! Mais ça, c'est la haie taillée. Peu de gens semblent savoir qu'ils peuvent aussi cultiver une haie libre. C'est tout le contraire de la haie taillée. Vous ne faites que planter en ligne des arbustes et vous les laissez pousser, voilà tout. La haie prendra alors la forme des arbustes qui la compose : arrondie s'ils sont arrondis, dressée s'ils sont dressés, arquée si les végétaux ont un port évasé. L'entretien ? Il n'y en a pas… si on a choisi les bonnes variétés pour composer la haie.

310. UNE HAIE FLEURIE DOIT ÊTRE LIBRE

Les arbustes à fleurs, comme ces potentilles arbustives (Potentilla fruticosa), peuvent être spectaculaires en haie libre, mais ne conviennent pas à la haie taillée.

On voit souvent des jardiniers s'emballer à l'idée d'une haie fleurie, puis ils plantent le végétal choisi… et se mettent aussitôt à la tailler en carré, en triangle, en boule, etc.! On ne peut pas tailler des arbustes à fleurs de façon aussi sévère et s'attendre à obtenir une belle floraison, d'autant plus que la majorité des arbustes fleurissent strictement à l'extrémité des rameaux! Si vous taillez toujours les extrémités, il n'y aura probablement pas de floraison du tout! Une haie fleurie est *toujours* une haie libre!

■ Sélection

311. LA HAIE MIXTE

L'orme de Sibérie, appelé couramment orme chinois (Ulmus pumila), est un arbre et ne convient pas à une haie, car en mûrissant, il forme un tronc difficile à cacher.

Une haie libre et réussie peut être composée d'une seule espèce d'arbuste. Mais le défaut d'avoir une longue lignée d'une même plante, c'est qu'il y a alors monoculture: en plantant toujours le même végétal, on risque d'attirer ses ennemis. Rien toutefois ne vous empêche de planter une haie mixte qui combine trois ou quatre variétés d'arbustes ou plus. Il peut être alors intéressant de combiner des arbustes qui fleurissent à différentes périodes de la saison afin d'avoir une haie qui soit toujours fleurie ou qui est en floraison plusieurs fois au cours de l'été.

312. PAS D'ARBRES DANS UNE HAIE!

À moins de vouloir un jour avoir un brise-vent, il ne faut surtout pas planter des arbres (orme de Sibérie, thuya, etc.) pour créer une haie, sinon elle se transforme rapidement en vraie forêt. Ce qu'il vous faut, ce sont des arbustes… et des arbustes qui, de nature, ne dépassent pas les limites de hauteur imposées par la municipalité pour les haies (généralement, c'est 1,8 m). S'il y a lieu, la taille sera alors minimale.

313. ARBUSTES POUR UNE BELLE HAIE

Il ne manque pas de bons choix pour une haie parmi les arbustes.
En voici quelques exemples:

- **BUIS**
  (*BUXUS* SPP.) **ZONES 4 À 9**

- **CARAGANA DE SIBÉRIE**
  (*CARAGANA ARBORESCENS*) **ZONE 2**

- **CHÈVREFEUILLE***
  (*LONICERA* SPP.) **ZONE 2**

- **COTONÉASTER À HAIES**
  (*COTONEASTER LUCIDUS*) **ZONE 2B**

- **ÉPINE-VINETTE DE THUNBERG**
  (*BERBERIS THUNBERGII*) **ZONE 4**

- **ÉRABLE DE L'AMOUR**
  (*ACER TATARICUM GINNALA*) **ZONE 2A**

- **GADELIER ALPIN**
  (*RIBES ALPINUM*) **ZONE 4B**

- **OSIER POURPRE, SAULE ARCTIQUE**
  (*SALIX PURPUREA* 'NANA') **ZONE 2**

- **PHYSOCARPE**
  (*PHYSOCARPUS* SPP.) **ZONE 2B**

- **POTENTILLE ARBUSTIVE**
  (*POTENTILLA FRUTICOSA*) **ZONE 2**

- **ROSIERS ARBUSTIFS**
  (*ROSA* SPP.) **ZONES 2 À 7**

- **SPIRÉE**
  (*SPIRAEA* SPP.) **ZONES 2 À 6**

- **SYMPHORINE**
  (*SYMPHORICARPOS* SPP.) **ZONES 2 À 5**

- **TROÈNE COMMUN**
  (*LIGUSTRUM VULGARE*) **ZONE 6B**

- **VIORNE OBIER NAIN**
  (*VIBURNUM OPULUS* 'NANUM') **ZONE 2B**

---

* Variétés résistantes au
balai de sorcière seulement.

314. CONIFÈRES POUR UNE BELLE HAIE

Malgré leur grande popularité, les conifères conviennent moins bien
pour les haies que les arbustes, car ils poussent durant toute leur
vie alors que les arbustes arrivent rapidement à leur hauteur maximale et puis cessent de pousser. Ainsi, même un soi-disant «conifère nain» deviendra probablement trop grand pour son emplacement. Puis, les conifères récupèrent très lentement ou même pas du
tout des tailles sévères. Or il est presque impossible de penser que
vous allez toujours vous occuper de votre haie à la perfection tous
les ans ou que, avec cent conifères, il n'arrivera rien à un plant ou
deux. Les haies d'arbustes récupèrent vite: on peut les tailler presque
au sol et les voir renaître en moins d'un an. Les conifères, en majorité, ne tolèrent pas qu'on coupe dans leur vieux bois. Donc la
seule solution quand arrive un malheur à une haie de conifères est
de tout arracher et de recommencer à zéro. Il n'y a vraiment que
les ifs (*Taxus* spp.) et les pruches (*Tsuga* spp.), qu'on peut tailler plus
sévèrement, qui font des haies intéressantes… et encore, il faut les
tailler annuellement pour contrôler leur croissance.

315. PLANTES QUI NE CONVIENNENT PAS À UNE HAIE

Il existe bien sûr beaucoup de végétaux qui ne conviennent pas aux haies, mais en voici qui sont vendus comme «arbustes à haie».

CHÈVREFEUILLES (*LONICERA* SPP.) : éviter les espèces sujettes au balai de sorcière.

ÉPINETTES (*PICEA* SPP.) : leur tendance à se dégarnir à la base et leur mauvaise réaction à la taille en font de piètres plantes pour une haie.

ORME DE SIBÉRIE (*ULMUS PUMILA*) : il s'agit d'un arbre, non d'un arbuste, et qui se dégarnit rapidement à la base en plus d'être sujet aux maladies lorsqu'on le taille trop souvent.

316. UNE HAIE DE VIVACES

Autrefois, on délimitait souvent les terrains non pas avec des arbustes, mais avec des vivaces… et l'idée est aussi géniale

aujourd'hui qu'à la fin du XIXe siècle, alors qu'elle était à la mode. L'entretien d'une haie de vivaces est minimal, voire presque nul, surtout si vous paillez son pied pour empêcher l'invasion des mauvaises herbes. Et les vivaces offrent l'avantage de mourir jusqu'au sol à la fin de chaque saison, ce qui les met à l'abri des intempéries. Ainsi on peut facilement installer une haie de vivaces le long d'un chemin où des arbustes ou des conifères auraient été déchiquetés par la souffleuse.

La barbe de bouc (Aruncus dioicus) est parmi les vivaces qui font une excellente haie.

317. DE BONNES VIVACES À HAIE

Pour convenir à une haie, la vivace doit avoir une certaine hauteur, être bien fournie de haut en bas, résister au vent sans tuteur, avoir un beau feuillage (pour une haie, c'est plus important que la floraison !), avoir une longue saison d'intérêt et être bien adaptée, il va sans dire, à vos conditions de culture. Voici quelques vivaces qui font d'excellentes haies.

- **ASCLÉPIADE**
  (*ASCLEPIAS* SPP.) ZONES 3 À 10
- **ASPERGE**
  (*ASPARAGUS OFFICINALIS*) ZONE 2
- **ASTER**
  (*ASTER* SPP.) ZONE 4
- **BAPTISIA**
  (*BAPTISIA AUSTRALIS*) ZONE 4
- **BARBE DE BOUC**
  (*ARUNCUS DIOICUS*) ZONE 3
- **CALAMAGROSTIDE**
  (*CALAMAGROSTIS* X *ACUTIFLORA* 'KARL FOERSTER')
  ZONE 4
- **CHARDON BLEU**
  (*ECHINOPS RITRO*) ZONE 3
- **CIMICIFUGE**
  (*CIMICIFUGA* SPP.) ZONE 3
- **ÉPIMÈDE**
  (*EPIMEDIUM* SPP.) ZONE 3
- **EUPATOIRE**
  (*EUPATORIUM* SPP.) ZONE 3
- **FILIPENDULE, REINE-DES-PRÉS**
  (*FILIPENDULA* SPP.) ZONE 3
- **FOUGÈRE PLUME D'AUTRUCHE**
  (*MATTEUCCIA STRUTHIOPTERIS*) ZONE 3
- **FRAXINELLE**
  (*DICTAMNUS ALBUS*) ZONE 4
- **GRANDE RENOUÉE BLANCHE** (*PERSICARIA POLYMORPHA*, SYN. *POLYGONUM POLYMORPHUM*)
  ZONE 3

- **HÉLIANTHE**
  (*HELIANTHUS* 'LEMON QUEEN') ZONE 4
- **HÉMÉROCALLE**
  (*HEMEROCALLIS* SPP.) ZONE 3
- **HOSTA**
  (*HOSTA* SPP.) ZONE 3
- **KETMIE DES MARAIS**
  (*HIBISCUS MOSCHEUTOS*) ZONE 5
- **LIATRIDE**
  (*LIATRIS* SPP.) ZONE 3
- **MISCANTHUS DU JAPON**
  (*MISCANTHUS SINENSIS*) ZONES 4 À 6
- **PHLOX PANICULÉ**
  (*PHLOX PANICULATA*) ZONE 3
- **PIGAMON**
  (*THALICTRUM* SPP.) ZONES 2 À 6
- **PIVOINE DES JARDINS**
  (*PAEONIA LACTIFLORA*) ZONE 3
- **RUDBECKIE HYBRIDE**
  (*RUDBECKIA* 'GOLDQUELLE') ZONE 3
- **SAUGE RUSSE**
  (*PEROVSKIA ATRIPLICIFOLIA*) ZONE 4B
- **SÉDUM DES JARDINS**
  (*SEDUM SPECTABILE*) ZONE 3
- **SIDALCÉE**
  (*SIDALCEA* SPP.) ZONE 4
- **SILPHIUM**
  (*SILPHIUM* SPP.) ZONE 3
- **VERNONIA**
  (*VERNONIA NOVEBORACENSIS*) ZONE 4

318. UNE MAUVAISE VIVACE À HAIE

Curieusement, la seule vivace couramment utilisée comme plante à haie est une plante qui ne convient pas à cette utilisation : la renouée du Japon ou «bambou» (*Fallopia japonica*)! Sa grande hauteur et son port très dressé conviendraient, c'est sûr, mais elle est beaucoup trop envahissante pour une telle utilisation.

N'essayez jamais la renouée du Japon ou «bambou» (Fallopia japonica) comme haie, sinon elle avalera toute votre cour.

319. UNE HAIE D'ANNUELLES ?

La curieuse annuelle ansérine à balais (Kochia scoparia tricophylla 'Childsii') peut servir de haie taillée ou libre.

Vous allez penser que je vous fais marcher en mentionnant que plusieurs *annuelles* font d'excellentes haies, mais pourtant, il y a une longue tradition de leur utilisation justement à cette fin. Il y a même une annuelle, l'ansérine à balais (*Kochia scoparia tricophylla* 'Childsii'), qui est utilisée presque exclusivement comme haie! Et voici d'autres bons sujets:

- **AMARANTE**
  (*AMARANTHUS* SPP.)
- **ANSÉRINE À BALAIS**
  (*KOCHIA SCOPARIA TRICOPHYLLA* 'CHILDSII')
- **CANNA**
  (*CANNA* SPP.)
- **CLÉOME**
  (*CLEOME HASSLERANA*)
- **DAHLIA**
  (*DAHLIA* SPP.)
- **DATURA**
  (*DATURA* SPP.)
- **LAVATÈRE À GRANDES FLEURS**
  (*LAVATERA TRIMESTRIS*)
- **QUATRE-HEURES**
  (*MIRABILIS JALAPA*)
- **ROSELLE ROUGE**
  (*HIBISCUS ACETOSELLA* 'RED SHIELD')
- **SALVIA**
  (*SALVIA LEUCANTHA* 'MIDNIGHT')
- **SOLEIL DU MEXIQUE**
  (*TITHONIA ROTUNDIFOLIA*)
- **TOURNESOL**
  (*HELIANTHUS ANNUUS*)

■ Aménagement avec les haies

320. UNE HAIE VAGABONDE

Traditionnellement, la haie longe la marge de la propriété et, comme elle est généralement rectiligne, la haie aussi sera rectiligne. Mais si vous avez de l'espace, il peut être très intéressant d'avoir une haie qui ondule, qui change de largeur ou même qui zigzague.

321. UNE CLÔTURE QUI DEVIENT HAIE

Une clôture recouverte de plantes grimpantes fait une excellente haie.

Il est possible de convertir très rapidement une clôture grillagée en haie: faites-y grimper tout simplement des plantes grimpantes annuelles comme le haricot d'Espagne (*Phaseolus coccineus*) ou la gloire du matin (*Ipomoea nil*) ou des plantes grimpantes vivaces ou arbustives comme la vigne vierge (*Parthenocissus quinquefolia*, zone 3) ou de la vigne (*Vitis* spp., zones 3 à 7).

Légumes

■ Généralités

322. UN JARDINIER AMATEUR DE LÉGUMES PEUT-IL ÊTRE PARESSEUX ?

C'est bien sûr, une question qui se pose, car habituellement les légumes exigent plus d'efforts que les plantes ornementales, mais, en réalité, il est possible de réduire assez le travail inhérent à la production de légumes pour se dire jardinier paresseux.

323. TRAITEZ VOTRE POTAGER AVEC RESPECT

Un potager traité avec RESPECT.

Vous lirez (truc 336) que le compagnonnage ne m'a vraiment pas donné les résultats attendus, mais le compagnonnage m'avait au moins fait davantage réfléchir à ce que je faisais et pourquoi. Et, avec le temps, comme tout bon jardinier, j'ai développé des techniques qui fonctionnaient dans les nombreux potagers que j'ai créés et ce, dans différentes conditions, au cours de ma vie. Pour bien réussir votre potager, je vous propose donc de suivre les sept préceptes qui m'ont donné d'excellents résultats et que j'ai assemblés sous l'acronyme : RESPECT.

ROTATION : ASSUREZ-VOUS TOUJOURS D'UNE ROTATION DES CULTURES.

ENVIRONNEMENT : CHOISISSEZ LE BON ENVIRONNEMENT POUR CHAQUE PLANTE.

SOL : MAINTENEZ UN BON SOL RICHE ET LIBRE DE MAUVAISES HERBES.

PAILLIS : APPLIQUEZ-EN TOUJOURS, SANS EXCEPTION.

ÉVITEZ LES MONOCULTURES : ELLES NE FONT QU'ATTIRER LES ENNEMIS.

CULTIVEZ DES VARIÉTÉS RÉSISTANTES : ELLES VOUS ASSURENT LA PAIX.

TOLÉREZ LES ANIMAUX BÉNÉFIQUES : LEUR RÔLE EST DE VOUS AIDER. **P**OURQUOI ALORS LES TUER OU LES EMPOISONNER ?

Maintenant que vous connaissez l'acronyme, appliquez-en les préceptes... et vous aurez le potager le plus productif en ville !

■ Rotation

324. CONFONDRE LES INSECTES EN FAISANT UNE ROTATION DES CULTURES

Les pauvres insectes ont beaucoup de difficulté à repérer leur plante préférée quand on la change de place tous les ans. C'est comme si vous changiez d'appartement annuellement sans laisser d'adresse pour confondre vos créditeurs (non, je ne parle pas par expérience personnelle!) : les prédateurs ne savent tout simplement pas où les chercher. Ainsi les insectes nuisibles, par exemple, ont tendance à pondre leurs œufs ou à passer l'hiver sous forme de pupe dans le sol, au pied de la plante qui les avait nourris durant l'été. Imaginez leur confusion quand ils se réveillent au printemps, prêts à dévorer, et ne trouvent plus la plante.

Faites une rotation annuelle des légumes pour confondre leurs ennemis.

325. LA ROTATION « CONFOND » AUSSI LES MALADIES

La rotation est aussi très efficace pour réduire les maladies dans le potager. Les maladies se reproduisent pour la plupart par spores et celles-ci hivernent généralement dans le feuillage de la plante atteinte ou encore dans le sol à son pied. Mais les insectes (voir le conseil précédent) peuvent au moins commencer à chercher un nouvel hôte et réussissent parfois à le localiser (l'avantage est alors que *moins* d'insectes réussissent). Les pauvres spores, qui n'ont pas d'yeux ni de narines ni même de moyens de locomotion efficaces, sont vraiment perdues. Elles ne peuvent plus compter que sur le bon vent pour les amener de nouveau à leur hôte et le vent est peu fiable. Une bonne rotation est *très* efficace dans la prévention des maladies des cultures légumières !

326. ON ALTERNE EN FAMILLE

En faisant une rotation, il faut aussi se rappeler que les parasites sont souvent spécifiques non pas à une seule plante, mais souvent à toute une famille de plantes. Ainsi, la mosaïque du tabac s'attaque à toutes les solanacées (tomates, piments, aubergines, même les pétunias et les nicotianas qui ne sont même pas des légumes!) et la piéride du chou à tous les membres de la famille du chou (choux, choux-fleurs, choux du Bruxelles, brocolis, moutardes, etc.). Donc, en faisant votre rotation, il ne faut pas planter des végétaux apparentés dans le même emplacement que l'année précédente.

327. UNE ROTATION SUR QUATRE ANS

Dans un certain sens, ce sont les insectes qui sont les plus faciles à contrôler par la rotation. S'ils ne trouvent pas de plante hôte rapidement, dès la première année, ils meurent. Vous pourriez alors faire une rotation de deux ans s'il n'y avait seulement que des insectes en cause. Les maladies sont plus pernicieuses : les spores peuvent survivre plus d'une année dans le sol en attendant le retour de leur plante préférée. Pour cette raison, une rotation de quatre ans est recommandée : évitez de planter le même légume, ou toute autre plante de la même famille, au même endroit avant au moins quatre ans.

■ Monocultures

328. CONFONDRE ENCORE DAVANTAGE LES INSECTES EN ÉVITANT LES MONOCULTURES

Un aspect du compagnonnage, tout à fait vrai cependant, et qui réduit les infestations d'insectes, consiste à mélanger les légumes dans le potager (presque n'importe lesquels) plutôt que de les regrouper. En effet, une rangée de pommes de terre est une invitation ouverte au doryphore de la pomme de terre à venir faire des ravages, car la concentration d'un légume quelconque augmente l'odeur ce qui attire ses ennemis. Mais si vous plantez vos pommes de terre çà et là, à travers d'autres plantes, les doryphores auront de la difficulté à les trouver. Évitez donc les « monocultures » (culture d'un même légume sur une grande surface) et vous aurez beaucoup moins de problèmes d'insectes avec vos légumes. Cette forme de jardinage, où différents légumes sont plantés ensemble plutôt qu'en rangs, est une forme rudimentaire de culture intercalaire.

■ Créer un potager

329. UN POTAGER NEUF AVEC DU PAPIER JOURNAL

La même « méthode du paresseux » décrite dans les trucs 13 et 14, soit une barrière de papier journal recouvert d'une bonne couche de terre, convient aussi lors de l'établissement d'un nouveau potager. La seule différence est qu'il faut au moins 30 cm de terre (10 cm de plus que pour une plate-bande), et ce, pour offrir assez de profondeur aux légumes-racines (carottes, panais, etc.), car ils ne peuvent se développer correctement dans un sol trop mince.

Changez votre rotoculteur pour du paillis et votre potager demandera beaucoup moins d'efforts.

■ Paillis

330. PAILLIS DANS LE POTAGER AUSSI

Beaucoup de jardiniers paresseux paillent tout… sauf le potager. Là, ils continuent de sarcler et de passer l'ennemi numéro un des sols, le motoculteur. Pourquoi? Il n'est pas plus compliqué de pailler un potager qu'une plate-bande et les résultats sont tout aussi valables : des légumes plus beaux et de meilleur goût avec moins de problèmes d'insectes et de maladies.

331. JARDINEZ AVEC DU PAILLIS : FACILE AVEC LES LÉGUMES À REPIQUER

Pour planter un légume dans un potager paillé, il suffit de tasser le paillis temporairement.

La tradition veut qu'on laboure le sol du potager tous les ans. Le jardinier paresseux sait que labourer n'est pas bon pour le sol, que cela détruit sa structure, élimine une bonne partie des micro-organismes qui y vivent, stimule la croissance des mauvaises herbes et qu'il vaut mieux maintenir un bon paillis sur le sol en tout temps, ce qui gardera la terre meuble sans avoir à la labourer. Or il est facile de planter les légumes qui se repiquent (tomates, poivrons, poireaux, etc.) dans un potager paillé (ou dans une plate-bande paillée). Il suffit d'enlever le pallis là où le trou sera fait, d'enterrer la motte de racines en appliquant une pincée de mycorhizes, puis de replacer le paillis. Bien sûr, on arrose pour terminer. Si vous avez choisi un paillis rapidement biodégradable (feuilles déchiquetées, compost, etc.), vous pouvez même planter carrément à travers le paillis, en le mélangeant au sol comme s'il n'était pas là, puis rajouter d'autre paillis à la fin de la plantation pour empêcher la croissance des mauvaises herbes… et profiter de tous les autres bienfaits du paillis.

332. COMMENT CONJUGUER PAILLIS ET SEMIS DE LÉGUMES ?

Si repiquer des légumes à travers un paillis n'est pas un problème (voir le truc précédent), comment arriver à semer des légumes avec la présence constante de paillis ? Là il faut tricher un peu. Juste avant l'ensemencement, tassez le paillis sur tout le secteur où vous voulez faire le semis : ça peut être sur un rang si vous cultivez encore en rang, ou, si vous ne faites plus de monoculture, sur les multiples espaces prévus pour ce légume dans le potager ou dans la plate-bande. Faites vos semis à la profondeur indiquée sur l'étiquette ou dans un livre de référence. Arrosez bien et maintenez le sol humide tant que les graines n'ont pas germé. *Ne remettez pas le paillis en place tout de suite !* Les graines ne peuvent pas germer à travers un paillis ! Cela laissera le sol exposé aux éléments et il y aura tout probablement aussi des mauvaises herbes qui pousseront, mais vous n'avez pas le choix. Quand les jeunes légu-

Pour semer une surface paillée, tassez le paillis, semez et replacez-le lorsque les graines lèvent.

mes auront atteint environ 10 cm à 15 cm de hauteur, arrachez manuellement les mauvaises herbes… et appliquez une bonne couche de paillis à travers les nouveaux légumes pour qu'elles ne reviennent pas ! D'accord, c'est plus de travail que vous avez l'habitude d'accomplir en tant que jardinier paresseux… mais que ne ferait-on pas pour avoir de beaux légumes ?

■ Pollinisation

333. DES ABEILLES POUR AVOIR DE BEAUX LÉGUMES FRUITIERS

Ne chassez surtout pas les abeilles et les autres insectes pollinisateurs de votre potager : vous en aurez besoin pour la fécondation des légumes fruitiers comme les tomates, les pois, les haricots, les melons, les courges, les concombres… et plusieurs autres encore !

■ Surplus

334. UN RANG POUR CEUX QUI ONT FAIM

Partagez vos surplus de légumes avec ceux qui sont moins fortunés.

C'est le nom d'un programme organisé conjointement par la *Garden Writer's Association,* l'Association canadienne des banques alimentaires et le Conseil du compostage du Canada pour encourager les jardiniers à penser de planter un surplus de légumes qu'ils peuvent par la suite offrir aux banques alimentaires. D'accord, le jardinier paresseux ne cultive pas normalement ses légumes en rang, mais le principe demeure : pourquoi ne pas planter des légumes en surplus pour aider autrui ? Quand vous aurez un surplus de courgettes (et qui n'a pas un surplus de courgettes ?), plutôt que de les donner aux voisins, selon la tradition vénérable alors qu'ils ont probablement le moyen de s'en payer, offrez-les aux banques alimentaires (Moisson Montréal www.moissonmontreal.org, et Moisson Québec, www.moissonquebec.com, ne sont que deux des nombreux organismes offrant de la nourriture aux moins bien nantis et ils peuvent vous mettre en contact avec d'autres dans votre région). Pour plus de renseignements sur le programme *Un rang pour ceux qui ont faim,* contactez les responsables :

Un rang pour ceux qui ont faim
16 Northumberland St.
Toronto, (ON) M6H 1P7
Tél./ Ph. : 1-877-571-4769
Téléc./ Fax : (416) 536-9892
Courriel : info@growarow.org
Site Web : www.planterunrang.org

■ Culture dans le Nord

335. LES PNEUS SAUVENT LA MISE DANS LES RÉGIONS NORDIQUES

Les cultures faites à l'intérieur de pneus noirs se réchauffent mieux et restent au chaud, permettant une culture même en région froide.

Dans les régions nordiques où il est difficile de cultiver la plupart des légumes tendres comme les tomates, piments, pommes de terre, haricots, etc., essayez la culture en pneu. Il *ne faut pas* peindre les pneus en blanc ! C'est le noir des pneus qui absorbe la chaleur du soleil le jour et la transmet aux plants le soir. Vers la date du dernier gel, placez un pneu à

l'horizontale et remplissez-le de bonne terre riche. Quand le sol se réchauffe, plantez-y vos légumes et placez un deuxième pneu par-dessus le premier pour protéger les plants du vent et les chauffer aussi. Les pneus absorbent tellement de chaleur que c'est comme si vous viviez à 10° de latitude plus au sud.

■ Compagnonnage

336. LE COMPAGNONNAGE : DU VRAI ET DU FAUX

Plusieurs jardiniers croient dur comme fer au compagnonnage des végétaux en associa-tions pour que chacun aide son voisin. C'est très beau en théorie, mais je pense qu'il y a un peu d'effet placebo là-dedans. Quand on suit les idées du compagnonnage et qu'il n'y a pas de problème, on crie vite à la victoire. Mais, même sans compagnonnage, on n'a pas de problème à tous les ans non plus : la plupart des infestations dans le potager sont sporadiques. J'ai déjà cru beaucoup au compagnonnage et je m'efforçais d'en suivre les règles à la lettre. Mais mes expériences personnelles m'ont démontré que le

Le compagnon-nage est souvent plus proche du folklore que d'une véritable technique horticole.

compagnonnage ne fonctionne pas toujours. Ainsi les carottes n'aiment pas nécessairement les tomates, (même si c'est le titre du livre principal sur le sujet). Je suggère plutôt un compagnonnage logique. Évitez de planter côte à côte deux plantes aux racines profondes qui vont se faire compétition. Plantez toujours les plantes les plus grandes au nord des plantes plus basses pour ne pas qu'elles leur jettent de l'ombre, faites toujours une rotation dans les plantations, etc. et vous devriez obtenir de bons résultats même sans avoir recours au compagnonnage classique.

337. LA PLANTATION SELON LES PHASES DE LA LUNE

Si je considère que le compagnonnage fonctionne surtout parce qu'il encourage une rotation des cultures et décourage les mono-cultures plus que par le voisinage de différentes plantes « amies », au moins donne-t-il quelque chose au jardinier. Je ne crois abso-lument pas à la plantation selon les phases de la lune. Si vous voulez faire un test vous-même afin de démontrer l'inutilité totale de planter selon la lune, allez voir le truc 994. Autrement, je ne gaspillerai plus d'espace dans ce livre à expliquer comment ça fonctionne… quand ça ne fonctionne pas ! Si l'idée de planter selon les phases de la lune vous intéresse, je vous suggère de consulter des livres sur le sujet… habituellement classés dans la section des livres traitant d'ésotérisme plutôt que dans celle des livres sur le jardinage !

■ Ail

338. L'AIL SE PLANTE À L'AUTOMNE

Même si les jardineries offrent des gousses d'ail pour la plantation printanière, vous n'aurez alors jamais de bons résultats. L'ail se plante comme une tulipe, à l'automne. D'ailleurs, l'ail se récolte aussi à l'automne. Donc, en récoltant l'ail, on replante aussitôt quelques gousses plus grosses pour la production de l'année suivante.

339. LE MEILLEUR AIL POUR NOTRE CLIMAT EST…

L'ail est facile à cultiver… si on le plante à la bonne saison !

L'ail à tige dure (*Allium sativum ophioscordum*). Il ne s'agit pas de l'ail du commerce, soit l'ail à tige tendre (*A. sativum*), qu'on voit, séché, dans les supermarchés ou attachés en guirlandes dans les restos italiens. Il tolère difficilement notre climat humide. L'ail à tige dure produit moins de gousses que l'ail à tige tendre, mais elles sont plus grosses. Sa curieuse tige florale décrit un cercle en poussant… mais, pour obtenir des gousses plus grosses, il faut la supprimer. Notez qu'on ne peut tresser les tiges de l'ail à tige dure, donc il n'est d'aucun intérêt pour la décoration.

340. CHERCHEZ L'AIL LOCALEMENT

L'ail est facile à cultiver et très productif… quand on a une variété qui pousse bien sous son climat. Mais il existe des dizaines de variétés et habituellement l'ail à ensemencer vendu dans les commerces est d'origine inconnue. Mieux vaut trouver un producteur d'ail local (allez dans un marché public à l'automne) pour trouver une variété éprouvée sous votre climat.

■ Asperge

341. PAS D'ASPERGE DANS LE POTAGER

L'asperge (*Asparagus officinalis*), avec la rhubarbe, est l'un des rares légumes vivaces (zone 2)… et il est incroyablement pérenne. Probablement que les asperges que vous planterez ce printemps seront encore en vie et productives dans quinze ou vingt ans. Comme il ne faut pas trop déranger les racines de l'asperge, elle n'a pas sa place dans le potager traditionnel, maintenu par maints labourages et sarclages. Trouvez-lui une place à part… et comme, avec son feuillage incroyablement fin et décoratif, pourquoi pas dans la plate-bande? On voyait autrefois des plants d'asperge utilisés comme plantes ornementales et même comme haie. Il me semble qu'il est temps que cette tradition renaisse!

L'asperge peut être très ornementale et mérite une place de choix dans la plate-bande.

342. UN INVESTISSEMENT À LONG TERME

L'asperge dure tellement longtemps dans le jardin qu'il vaut la peine d'investir dans le choix de plants de grande qualité. À cet égard, sachez que les semences donnent des résultats parfois inégaux et que les « griffes d'asperge » vendues habituellement (on appelle les divisions d'asperge des griffes) sont généralement de meilleure qualité. Aussi, l'asperge est une plante dioïque, c'est-à-dire que les deux sexes se trouvent sur des plants différents. Or, chez l'asperge, les plants qui produisent des graines sont (femelles) moins productifs que les plants qui n'en produisent pas, soit les plants mâles. De plus, les plants femelles sont envahissants par leurs semences et généralement plus sujets aux maladies. Pour ces raisons, il vaut la peine de rechercher des vendeurs qui offrent plusieurs cultivars d'asperge et qui peuvent alors vous diriger vers des plants mâles de qualité. 'Jersey Knight' et 'Jersey King' sont deux exemples d'asperges mâles très productives.

343. DU PAILLIS POUR LES ASPERGES

Comme les asperges seront sur place pendant des années, il serait désastreux de les laisser envahir de mauvaises herbes. Et le sarclage, dans le but d'arracher les agresseurs, brise facilement leurs racines fragiles. Pour ces raisons, désherbez bien le secteur avant la plantation et, par la suite, maintenez toujours une bonne épaisseur de paillis pour empêcher les mauvaises herbes de revenir.

344. PATIENCE, PATIENCE !

Les asperges produisent longtemps… mais sont lentes à pousser. Normalement, la première récolte se fait seulement au cours de la troisième année (la quatrième année si vous avez planté des graines et non pas des griffes) et est assez légère. On récolte les premières tiges qui sortent au printemps et la récolte continue pendant un mois à un mois et demi. L'année suivante, on peut récolter tous les turions, et cesser lorsque les nouveaux qui sortent commencent à ne plus être de taille. Laissez ensuite les asperges tranquilles pour le reste de la saison afin qu'elles fassent du feuillage et qu'ainsi elles se régénèrent.

345. L'OUTIL PARFAIT POUR LA RÉCOLTE

On récolte l'asperge en cassant ou en coupant le turion juste sous le sol. Certaines personnes utilisent à cette fin un couteau aiguisé, mais je trouve qu'il y a risque de blesser la plante… et soi-même !

En Europe, il existe un outil spécial pour la récolte de asperges, mais personnellement, je ne vois pas l'utilité de multiplier des outils spécialisés à l'infini, surtout quand je trouve l'arrache-pissenlit (truc 1029) idéal pour les récolter. On tient le turion d'une main, on glisse l'arrache-pissenlit dans le sol jusqu'à ce qu'on sente le turion et on donne un petit coup vers le haut : voilà que le turion nous reste dans la main.

Un arrache-pissenlit : l'outil parfait pour récolter les turions d'asperge.

346. DES ASPERGES EN ÉTÉ

Saviez-vous que vous pouvez récolter des asperges au mois d'août ? Le secret, c'est d'inverser la saison de récolte. Au printemps, ne récoltez rien. Puis, à la fin de juillet, rabattez les plants. Ils vous donneront de bons turions frais pendant quatre à six semaines.

■ Aubergine

347. L'AUBERGINE N'EST PAS POUR TOUT LE MONDE

L'aubergine (*Solanum melongena*) est un proche parent de la tomate qui aime les longs étés chauds… alors que souvent, dans nos régions, nous n'avons que de courts étés frais à lui offrir. La planter en pleine terre est risqué, car on ne sait jamais d'avance si l'été lui conviendra, mais on *peut* le cultiver en tunnel, dans une mini serre temporaire ou dans une couche froide désaffectée à cette saison. Quand il fait beau et chaud, ouvrez votre «protection estivale» pour laisser entrez le soleil direct… et aussi pour laisser circuler les abeilles, indispensables comme pollinisatrices. Par contre, quand il fait frais, notamment la nuit, fermez temporairement. Une telle protection est nécessaire dans les régions froides et même conseillée dans la grande région de Montréal. Mis à part ce besoin de protection contre le froid, l'aubergine se cultive beaucoup comme la tomate ou le poivron.

L'aubergine est un peu marginale sous notre climat.

■ Bette à carde

La bette à carde peut être très ornementale.

348. PLUS FACILE QUE LES ÉPINARDS

La bette à carde (*Beta vulgaris cicla*) n'est qu'une sélection de la bette sauvage (*B. vulgaris maritima*), la même qui a donné la betterave (*B. vulgaris crassa*). Mais, au lieu de produire une grosse racine, la bette à carde (on l'appelle «poirée» en France) donne un pétiole épaissi (la côte) et une plus grosse feuille. Les deux sont comestibles et on les utilise un peu comme des épinards (conseil 366). D'ailleurs, la bette à carde complémente bien l'épinard, car elle commence à produire au moment où l'épinard arrête sa production. Plus facile à cultiver que l'épinard; c'est même le plus facile à cultiver de tous les légumes.

349. ON RÉCOLTE PEU À LA FOIS, MAIS LONGTEMPS

Le secret concernant la bette à carde c'est de ne pas faire comme les supermarchés et couper toute la plante à la fois pour la récolte. Plutôt, on ne récolte que les feuilles extérieures. Ainsi la plante continue de pousser durant tout l'été… et la récolte peut ainsi continuer jusqu'à ce qu'il y ait un gel sévère. Comme la plante tolère un peu de gel, on se voit parfois encore en train de manger ses bettes à carde fraîches au mois de novembre!

350. UN LÉGUME À METTRE EN VALEUR

Plusieurs variétés de bette à carde sont très attrayantes, avec des côtes rouges, roses, orangées, jaunes ou blanches et des feuilles luisantes vertes ou pourpres. C'est donc une plante toute désignée pour la plate-bande ornementale où l'on peut récolter les feuilles extérieures sans nuire à son apparence. Ainsi elle reste attrayante durant tout l'été, autant que la meilleure des annuelles!

■ Betterave

351. ÉCLAIRCISSEZ VOS BETTERAVES

Il faut toujours éclaircir les betteraves.

La betterave (*Beta vulgaris crassa*) est essentiellement une bette à carde (voir les conseils précédents) qui produit une grosse racine plutôt que de grosses feuilles. Les «graines» que vous trouvez dans les sachets de semences de betterave ne sont pas de véritables graines, mais des «glomérules» contenant trois ou quatre graines. Ainsi, même quand vous espacez bien les semences de betterave au départ, soit de 6 à 12 cm, selon que vous voulez les récolter jeune ou à pleine maturité, il germe de deux à quatre plants par emplacement. Il est donc important de toujours éclaircir les jeunes semis pour ne laisser qu'un seul plant par site.

352. LES FEUILLES AUSSI SE MANGENT

Un des attraits de la betterave comme légume est que la racine enflée et le feuillage sont comestibles. Donc, quand vous éclaircissez des betteraves, et vous pouvez avoir à le faire plusieurs fois durant l'été, à mesure que les plants commencent à être trop denses, vous pouvez manger les plants que vous enlevez! Je dois admettre que je plante toujours les betteraves trop densément dans le but exprès de récolter plus de feuillage!

■ Carotte

353. LA CAROTTE : EMBÊTANTE POUR LE JARDINIER PARESSEUX

Presque tous les légumes se prêtent très bien aux techniques du jardinier paresseux, mais la carotte (*Daucus carota*) pose tout un dilemme. Pour semer en pleine terre (et la carotte n'a pas besoin d'un départ dans la maison et se repique d'ailleurs difficilement), on doit enlever temporairement le paillis du sol et y semer nos graines. Quand les graines lèvent et que les semis deviennent assez hauts pour le faire, on procède à un petit désherbage manuel, car des mauvaises herbes auront profité du sol nu pour germer, puis on replace le paillis et on a la paix pour le reste de la saison. Mais la carotte est très lente, beaucoup plus que les autres légumes : lente à germer (elle prend souvent jusqu'à trois semaines!) et lente à pousser. Ce qui fait qu'un désherbage ne suffit pas. Il en faut un deuxième puis parfois un troisième… et le pauvre jardinier paresseux qui n'est même plus habitué à désherber du tout! Pour réduire le travail, plantez vos carottes dans trois ou quatre cercles contenant de huit à quinze plants chacun, et pas en rang. En les y concentrant par petits groupes, on réduit le travail… et le feuillage très découpé des carottes poussant en rond créera, de plus, un très bel effet, assez pour que la carotte devienne une excellente «tache de couleur» pour la plate-bande d'ornement!

La carotte est lente à lever.

354. TRAITEZ VOS CAROTTES AVEC RESPECT…

Et vous ne devriez pas avoir le moindre problème d'insecte ou de maladie. Si les mouches de la carotte ont déjà été un problème par le passé, regardez le conseil 1277. Quant au magnifique mais gourmand papillon porte-queue du céleri, on en parlera au truc 1145.

355. UN SOL PROFOND POUR DE LONGUES CAROTTES

La longueur de la racine d'une carotte est en partie une question de génétique (certaines sont des miniatures et ne font jamais de longues racines), mais est aussi influencée par l'environnement. Un sol profond, meuble et sans pierres, notamment, donnera de longues racines droites. Un sol pierreux ou glaiseux donnera des carottes plus courtes et souvent fourchues. Les Britanniques, qui tiennent annuellement des concours de longueur de carottes, les cultivent dans des tuyaux de voirie ou des «Sonotube» placés debout et remplis de compost riche. C'est ainsi que la carotte gagnante du record mondial (5,14 m!) a été cultivée. Si votre sol n'a pas 5,14 m de profondeur, il faudra vous contenter de carottes de longueur standard… et si votre sol est réellement mince ou très glaiseux, essayez les carottes naines comme 'Thumbelina' qui donnent de bons résultats même quand le sol n'est pas optimal.

Plus votre sol est profond et sans obstacles, plus vos carottes seront longues !

■ Chou

356. ATTENTION SURTOUT AUX ENNEMIS

Les choux (*Brassica oleracea*) et les autres légumes de la famille des Crucifères (brocoli, choux de Bruxelles, chou-fleur, chou-rave, chou chinois, chou frisé, navet, rutabaga, radis, etc.) ont plus que leur lot de problèmes d'insectes. En plus d'avoir leurs propres prédateurs comme la piéride du chou (le joli papillon blanc qui volette parmi vos fleurs), l'altise du chou, la fausse arpenteuse du chou, etc., il y a des dizaines d'autres prédateurs qui raffolent des choux (pucerons, limaces, etc.). Le plus facile, c'est de les recouvrir d'une couverture flottante (truc 727) lors du semis ou du repiquage en pleine terre. Cela empêchera la plupart des insectes de trouver leur proie et leur culture deviendra alors aussi facile que celle de tout autre légume.

Les choux et leurs cousins ont plus de problèmes d'insectes que les autres légumes.

■ Concombre

357. DES CONCOMBRES QUI NE FONT PAS... ÉRUCTER

Vous avez sans doute déjà remarqué que les concombres (*Cucumis sativus*) font parfois « roter »... oups, je veux dire éructer ! Cela est dû à la présence de cucurbitacéine dans ce « légume fruitier ». Parfois, lors de périodes de chaleur et de sécheresse, la quantité de cucurbitacéine augmente dans le concombre, lui donnant un goût amer et désagréable. Pour éviter ce problème, paillez bien le pied des plants et assurez-vous d'arroser avant que la plante ne souffre de sécheresse. Ou plantez des concombres sans amertume (*bitterfree* ou *burpless* si vous consultez un catalogue de langue anglaise). La cucurbitacéine est entièrement absente de ces cultivars. 'Sweet Slice' et 'English Telegraph' sont parmi les concombres sans éructation.

Il existe des concombres qui ne font pas éructer... comme 'Sweet Slice'.

358. LES CONCOMBRES ANGLAIS N'AIMENT PAS LA COMPAGNIE

Le concombre appelé « concombre anglais » ou « concombre européen », long, étroit et sans graines, est souvent disponible emballé de plastique au marché et coûte beaucoup plus cher que le concombre traditionnel, ce qui stimule beaucoup de jardiniers à en essayer la culture chez eux. Mais les résultats sont souvent décevants. Ce concombre est parthenocarpique, c'est-à-dire qu'il produit des fruits sans être fécondé (c'est pourquoi les graines ne se développent jamais). Habituellement, on les cultive en serre pour éviter toute pollinisation, ce qui donnerait des fruits difformes. Or les jardiniers connaissent rarement ce détail et ils les sèment près de concombres ordinaires, avec le résultat que les concombres anglais sont bosselés et irréguliers, pas du tout comme le concombre sélect, et sont alors déçus des résultats. Il faut s'assurer qu'ils ne se trouvent pas à moins de 35 m d'un concombre ordinaire pour obtenir des résultats intéressants.

359. DU RESPECT POUR LE CONCOMBRE

Vous obtiendrez de bons résultats si vous traitez le concombre avec RESPECT (truc 323).

360. POUR ÉVITER LES INSECTES SUR LE CONCOMBRE...

... utilisez une couverture flottante (truc 727). Et allez voir le truc 1213 pour apprendre à contrôler la chrysomèle rayée.

■ Courge

361. COURGES D'ÉTÉ, COURGES D'HIVER

Les courges d'hiver sont récoltées en fin de saison et peuvent se conserver plusieurs mois en chambre froide.

Les courges d'été et la plupart des courges d'hiver sont dérivées du même «légume fruitier», *Cucurbita pepo*. La différence est tout simplement qu'on mange les courges d'été avant qu'elle n'atteignent leur pleine maturité, quand leur pelure n'est encore qu'un épiderme mince et que les graines sont minuscules. La courgette, ou zucchini, et le tout petit pâtisson sont les mieux connus des courges d'été. On attend que les courges d'hiver soient pleinement mûres, vers la fin de l'été ou à l'automne, avant de les récolter. Leur écorce est alors plus épaisse, l'épiderme est dur et les graines sont plus grosses. La citrouille et la courge spaghetti sont les plus connues des courges d'hiver. Il existe aussi des courges d'hiver parmi les espèces *C. moschata* et *C. maxima*.

362. LE PLUS GROS ZUCCHINI AU MONDE

Toutes les courgettes (zucchinis) deviennent géantes si on les laisse pousser : il faut savoir les récolter à point.

On voit régulièrement des reportages dans les journaux locaux, voire à la télévision, qui mettent en vedette un jardinier avec une courgette (zucchini) exceptionnellement grosse. Or de grosses courgettes n'ont rien d'anormal : *toutes* les courgettes grossiront démesurément si on ne les récolte pas à point. En effet, la courgette est cultivée comme courge d'été ; on la mange donc quand elle est petite et juteuse, à l'épiderme mince. Si on laisse le fruit mûrir trop, il devient plus pâteux, moins sucré et il

170

faut enlever la pelure. Vous pouvez donc participer aux concours avec si vous le voulez, mais la courgette se mange immature de préférence !

363. RÉCOLTEZ LES COURGES D'ÉTÉ À MESURE

Les courges d'été, comme la courgette et le pâtisson, produisent une quantité exceptionnelle de fruits, assez pour partager avec tout le voisinage… ou mieux encore, avec les banques alimentaires (truc 334) ! Mais il faut récolter aux trois ou quatre jours pour maintenir la production : dès que certains fruits commencent à mûrir sur le plant, la production cessera.

364. FAITES L'ABEILLE POUR ASSURER DES FRUITS CHEZ LES COURGES ET LES MELONS

La fleur femelle des courges et des melons a déjà un « fruit » miniature à sa base.

La fleur mâle n'a pas de « fruit » à sa base… mais a une stigmate couverte de pollen jaune en son centre.

Vous avez sûrement remarqué que les courges (courge, citrouilles, etc.), les concombres, les melons et les autres cucurbitacées ont à la fois des fleurs femelles et les fleurs mâles et que chaque fleur ne dure qu'une journée. Les femelles sont peu nombreuses, mais faciles à voir car elles portent déjà, à la base du fruit, un ovaire qui ressemble au fruit miniature. Les fleurs mâles, très nombreuses, n'ont rien à la base, mais une « boule » de pollen sur une étamine centrale, absente, bien sûr, chez la femelle. Or, pour produire un fruit, du pollen de l'étamine mâle doit se rendre sur le stigmate de la fleur femelle. Il arrive cependant, s'il pleut la journée où la fleur femelle est produite, que les insectes pollinisateurs soient absents… ou encore, qu'il y ait rarement des abeilles ou d'autres pollinisateurs chez vous. Si c'est le cas, vous devez faire l'abeille. Coupez une fleur mâle, enlevez la corolle (les pétales) pour dégager l'étamine et appuyez l'extrémité arrondie et jaune de l'étamine sur le stigmate en forme de couronne situé au centre de la fleur femelle.

365. CHAMBRE À PART POUR LES COURGES

Si vous voulez récolter vos semences de courge pour l'année suivante, il ne faut pas cultiver plusieurs cultivars près les uns des autres, sinon c'est certain qu'ils vont se croiser. Ainsi vous aurez, à la deuxième génération, non pas des courgettes (zucchinis) ou des courges spaghetti, mais quelque chose entre les deux. Séparez toujours les courges de différentes sortes d'au moins 35 m.

■ Épinards

366. LES ÉPINARDS : PLUS ON SÈME TÔT, MEILLEUR EN EST LE RÉSULTAT

Les épinards ne réussissent bien que si on les sème très, très tôt.

Oubliez tout ce que vous avez appris sur les légumes quand vous vous embarquez dans la culture des épinards (*Spinacia oleracea*). Ce légume germe mieux *au froid* et peut même germer à une température légèrement sous 0 °C ! Donc, faites vos semis à la fin de l'automne pour une germination hâtive le printemps suivant et vous aurez un succès fou ! S'il vous est impossible de semer à l'automne, semez tôt au printemps, dès que la neige est fondue.

367. POUR UNE RÉCOLTE AUTOMNALE D'ÉPINARDS

Habituellement, la récolte de l'épinard prend fin avec l'arrivée des chaleurs de l'été, mais vous pouvez viser une deuxième récolte… automnale ! À cette fin, semez-les en caissette à la mi-août… et placez la caissette au frigo. Quand les graines germent, placez la caissette à l'extérieur pour faire grossir les plants. Repiquez-les en pleine terre en septembre pour une belle récolte automnale qui peut se poursuivre jusqu'aux gels sévères.

■ Haricot

368. LE HARICOT ET LA SYMBIOSE

Le haricot (*Phaseolus vulgaris*) vit en symbiose avec une bactérie, le *Rhizobium leguminosarum phaseoli*, qui se fixe sur les racines du haricot et lui donne un surplus d'azote, car la bactérie est capable de fixer l'azote présent dans l'air (laissez les résidus de haricot sur place à l'automne plutôt que de les arracher et le sol sera enrichi en azote). Comme cette bactérie n'est pas nécessairement déjà présente dans le sol, il est sage d'en ajouter à la première plantation (la bactérie peut par la suite rester dans le sol en attendant la prochaine génération de haricots, même si on fait une rotation de quatre ans). Un inoculum pour haricots se vend justement chez les fournisseurs de semence.

Pour obtenir de beaux haricots, ajoutez au sol un inoculum au moment du semis.

Photo: National Gardening Bureau

369. LE HARICOT NAIN : POPULAIRE, MAIS PEU PRATIQUE

Le haricot nain (*Phaseolus vulgaris nana*) a été développé pour la culture commerciale et, plus spécifiquement, pour permettre la récolte mécanique. Ainsi il reste dense et bas… et fait toute sa production en même temps (s'il produisait peu à peu, on ne pourrait pas le récolter à la machine). Pour le pauvre jardinier amateur, c'est donc l'abondance ou la famine : une semaine, il y a assez de haricots pour en donner à la banque alimentaire; la semaine suivante, plus rien ! Il préférera probablement le haricot à rame (*P. vulgaris communis*), appelé aussi haricot grimpant : il produit une abondance de haricots, non pas tous à la fois, mais pendant une très longue saison. Il leur faut toutefois un support quelconque pour grimper : un treillis, un obélisque, une structure conique, etc. Mieux encore, plantez un peu des deux : quelques haricots nains pour la première récolte (ils sont plus hâtifs que les haricots à rames) et quelques haricots à rames pour assurer une production tout au long de la saison. Sachez qu'il existe des haricots verts, jaunes et violets dans les deux catégories.

370. ON RÉCOLTE LES HARICOTS TÔT

Les haricots se consomment habituellement quand ils sont encore jeunes et tendres, sans fil. À ce stade, la gousse est encore mince et l'on peut à peine distinguer les grains, encore immatures, à l'intérieur. Si on attend trop, la gousse devient fibreuse et le grain, pâteux. De plus, si on laisse mûrir les haricots, la plante arrête d'en produire de nouveaux. Il faut toutefois attendre la pleine maturité, soit quand les gousses sont sèches, si on veut récolter des haricots secs, soit pour la cuisine, soit comme semences pour la prochaine saison.

371. UN HARICOT ORNEMENTAL

Le haricot d'Espagne (*Phaseolus coccineus*) est un haricot grimpant très vigoureux que vous trouverez dans les catalogues de semences… dans la section des fleurs annuelles. Justement, avec ses fleurs habituellement écarlates, mais aussi blanches, roses ou bicolores, selon le cultivar, et son feuillage vert ou doré, c'est une très jolie grimpante qui croît à la vitesse de l'éclair (on dit que le conte pour enfants, *Jacques et le haricot magique*, est basé sur le haricot d'Espagne). Mais il ne faut pas oublier non plus ses gousses délicieuses, longues et vertes, qu'on peut utiliser comme n'importe quel haricot. De plus, ses fleurs sont comestibles et ajoutent beaucoup de couleur à une salade.

Le haricot d'Espagne, ici le cultivar bicolore 'Painted Lady', est à la fois ornemental et comestible.

■ Laitue

372. LA LAITUE DE CHOIX DU JARDINIER PARESSEUX

Presque tous les jardiniers savent que la laitue pommée (*Lactuca sativa capitata*) est difficile à réussir (et c'est bien vrai) et se lancent alors dans la culture de la laitue en feuilles (*L. sativa crispa*), réputée plus facile (ce qui est également vrai). Mais la laitue en feuilles pousse et mûrit si vite qu'elle en est presque énervante. Il faut se dépêcher de la semer, puis de la récolter seulement quelques semaines plus tard, sinon elle monte rapidement en graines. Le jardinier paresseux préférera une laitue un peu plus lente à produire, mais

aussi plus calme : la laitue romaine (*L. sativa longifolia*). Elle résiste bien à la chaleur et habituellement peut produire tout l'été et jusqu'à l'automne. Le truc, c'est de ne pas récolter toute la plante, mais seulement les feuilles extérieures, quelques-unes à la fois. Avec la laitue romaine, un seul ensemencement au printemps vous donnera une récolte toute la saison.

La laitue romaine est la préférée du jardinier paresseux, car les limaces l'évitent !

373. UNE LAITUE RÉSISTANTE AUX LIMACES

Saviez-vous que la laitue romaine, la préférée des jardiniers paresseux, est aussi la plus résistante aux limaces ? Alors que les autres laitues se font dévaster, la laitue romaine, aux feuilles plus coriaces, repousse les limaces qui n'osent manger que les vieilles feuilles jaunies.

374. LA LAITUE : UNE MONTÉE PEU APPRÉCIÉE

Si c'est votre première expérience avec la laitue (*Lactuca sativa*), sachez que votre principal problème ne sera pas les insectes ni les maladies ni même les limaces (malgré que ces dernières…!). C'est la montée ! Cette plante est programmée pour pousser rapidement quand les jours rallongent et pour fleurir quand il commence à faire chaud. Quand une laitue commence à changer de forme, de sa rosette d'origine à une tige dressée, on dit qu'elle est en train de « monter en graines ». En fait, elle fleurira d'abord et fera des graines par la suite. Or, quand la « montée » commence, les feuilles deviennent amères et ne sont plus intéressantes pour la table. Il faut faire alors un autre semis, et même des semis répétés, pour avoir de la laitue sur la table tout l'été.

■ Maïs

375. LE MAÏS AIME LA COMPAGNIE

Le maïs sucré (*Zea mays*) est essentiellement le seul «légume» pollinisé par le vent et, pour cette raison, il faut planter le maïs en groupes de façon à ce que le pollen des fleurs mâles tombe sur les fleurs femelles. Dans la grande culture, on cultive le maïs en rangs à perte de vue; dans le potager traditionnel, en «blocs» (plusieurs rangs serrés formant un carré), mais le jardinier paresseux préfère la méthode des Amérindiens : semez quatre à six graines ensemble (on appelle cela la plantation en poquets). Cela lui donne un plus bel effet et lui permet d'éparpiller le maïs çà et là dans le parterre, au grand dam des prédateurs. Les quatre ou cinq plants qui pousseront ensemble suffiront pour assurer une bonne pollinisation à tous les épis.

Plantez toujours le maïs en «colonie» pour obtenir une bonne pollinisation et donc des épis bien pleins.

■ Melon

376. LE MELON : UNE CULTURE UN PEU MARGINALE

Le melon (*Cucumis melo*) tout comme le melon d'eau ou pastèque (*Citrullus vulgaris*) sont des cultures un peu marginales dans nos régions. Bien qu'il existe maintenant beaucoup de variétés à maturation rapide (75 jours ou même moins), ce qui peut paraître suffisant, ces «légumes fruitiers» demandent plus de chaleur que leurs cousins proches, les courges et les concombres. Et, avec nos étés souvent frais, les résultats ne sont pas toujours valables. Pour réussir, prévoyez un emplacement où vous pourrez maintenir en été une bonne chaleur si nécessaire, comme sous des tunnels, dans une petite serre ou dans une couche froide désaffectée en cette saison. Ainsi, par les journées et surtout les nuits froides, baissez les parois de ces «protections» pour les ouvrir de nouveau quand il fera plus chaud. Il y a des étés où les protections sont plus souvent fermées qu'ouvertes!

Les melons, comme ce melon brodé, sont un peu plus difficiles à cultiver sous nos étés souvent courts et frais que d'autres légumes.

377. DES SEMIS FRAGILES

Plusieurs cucurbitacées valent la peine d'être semées à l'intérieur de la maison, même si ce n'est que pour deux ou trois semaines. Toutes ces plantes ne tolèrent pas bien le repiquage. C'est le cas, notamment des concombres, courges et melons, et aussi du maïs (qu'il faut semer à l'intérieur dans les régions aux étés très courts). Cultivez-les alors en godet de tourbe (voir le truc 976). Ainsi vous pouvez le repiquer en pleine terre sans aucunement déranger leurs racines.

Semez les melons et courges en godets de tourbe pour faciliter le repiquage en pleine terre.

■ Oignon

378. DÉMÊLER SES OIGNONS

Tout le monde s'entend sur ce qu'est un oignon (*Allium cepa*), mais autrement !… Les jeunes oignons récoltés avant la maturité et dont on consomme à la fois les feuilles et le petit bulbe à peine formé s'appellent « oignons verts » presque partout, mais souvent « échalotes » au Québec et en Acadie. L'échalote (*Allium ascalonicum*) au bulbe plus allongé et plus petit que l'oignon, est souvent appelée échalote française dans ces mêmes régions, mais d'autres personnes l'appellent échalote aussi ! Rappelez-vous seulement que lorsqu'une recette de cuisine demande de l'échalote, c'est de la vraie échalote, ou échalote française, dont il est question.

Que de confusion au sujet des échalotes ! Ici la vraie échalote ou échalote française.

379. DES OIGNONS NORDISTES

L'oignon est très dépendant de la longueur du jour. À tel point qu'il existe des cultivars pour le nord qui nécessitent une longue photopériode (quatorze à quinze heures de soleil par jour) pour produire un bulbe; dans le sud, ils ne donneront que des racines. Et c'est le contraire pour les bulbes cultivés dans le sud: ils réagissent à des photopériodes moins longues et n'auraient pas le temps de produire un bulbe de bonne taille sous la saison courte du nord. Donc… achetez un cultivar qui convient à votre photopériode. Les marchands locaux ne vendent que des semences et des oignonets appropriés, mais les catalogues contiennent les deux sortes. Lisez bien la description : dans ces catalogues, on dit toujours à quelle région l'oignon est destiné.

380. L'OIGNON : UTILISEZ DES OIGNONETS POUR VOTRE PREMIÈRE EXPÉRIENCE

Pourquoi se compliquer la vie ? Il se vend des oignonets que vous n'avez qu'à planter à une profondeur égale à environ deux fois leur hauteur. Puis vous les récoltez, point à la ligne (parfois la vie est si simple !). L'utilisation d'oignonets est idéale pour une première expérience avec les oignons.

381. POUR UN MEILLEUR CHOIX, FAITES DES SEMIS

Vous pouvez aussi semer des oignons vous-même, dans la maison ou en pleine terre. Cela vous donne beaucoup, beaucoup plus de choix (vous n'avez à peu près aucun choix avec les oignonets, la plupart des marchands ne vendent qu'une seule sorte, et toujours un oignon jaune !) : certains catalogues de semences consacrent deux ou trois pages pleines aux oignons de différentes formes, couleurs, tailles et utilités. Faites vos semis à l'intérieur vers la mi-février et repiquez les plants en pleine terre environ trois à quatre semaines avant le dernier gel. Vous obtiendrez de beaux oignons à la fin de l'été, encore plus gros que les oignons produits par oignonets. Ou semez directement dehors dès que le sol est dégelé (les oignons tolèrent un peu de gel).

382. SEMER DRU POUR AVOIR DES OIGNONS VERTS

Voici un truc facile pour augmenter de beaucoup votre récolte : semez les oignons assez drus et quand vous éclaircissez, récoltez les plants supprimés comme oignons verts. Tout oignon peut servir pour produire des oignons verts qui ne sont, après tout, que des oignons immatures (conseil 378).

383. PAS DE PANIQUE QUAND LES FEUILLES S'ÉCRASENT !

L'oignon a une façon bien dramatique de montrer que le bulbe est mûr, une façon qui peut être bien alarmante si on ne vous a pas prévenu. C'est que ses feuilles se couchent toutes seules, au sol, comme si la plante venait de mourir. Mais l'oignon n'est pas mort : ce phénomène n'est qu'une étape dans la maturation du bulbe. D'ailleurs, le bulbe mûrit plus vite quand les feuilles sont couchées. Ainsi, quand les feuilles de la moitié de vos oignons se sont couchées, utilisez un râteau de jardin pour coucher les autres. Après une semaine ou deux, déterrez les oignons et exposez-les au soleil quelque temps (cela les endurcit, permettant une meilleure conservation). Ensuite, on les nettoie et on les rentre, voilà tout.

Quand les feuilles des oignons s'écrasent, c'est qu'ils sont prêts pour la récolte.

384. UN OIGNON POUR LES PARESSEUX

Si vous trouvez la culture des oignons par semis ou par oignonets trop exigeante, essayez l'oignon égyptien (*Allium cepa proliferum*). C'est un oignon vivace qu'on plante à partir d'une bulbille, au printemps ou à l'automne. Durant l'été, il produit une tige florale sur laquelle poussent d'autres bulbilles… et ce sont ces bulbilles que vous récoltez. Utilisez-les dans toute recette qui demande des oignons ou des oignons verts. Après quelques années, quand la touffe devient trop dense, vous pouvez diviser les bulbes qui poussent au sol et utiliser les surplus comme oignons.

L'oignon égyptien produit ses bulbes au bout des tiges.

■ Piment et poivron

385. PIMENT, POIVRON : QUELLE EST LA DIFFÉRENCE ?

Le poivron a un goût doux et n'est pas piquant.

PHOTO : SEMENCES STOKES.

Pour le botaniste, il n'y en a pas ! La majorité des cultivars de ces deux « légumes fruitiers » sont dérivés de la même plante sauvage, *Capsicum annuum*, parfois avec un peu de « sang » de *C. frutescens* ou de *C. chinense* ajouté, notamment dans le cas du piment. Et même si on connaît surtout chez le poivron le type à gros fruits plutôt carrés (le poivron cloche), en fait les deux peuvent avoir de gros fruits ou des petits fruits, de plusieurs formes et de plusieurs couleurs. La différence est dans le goût : le piment contient beaucoup de capsaïcine, un élément si piquant qu'il brûle non seulement la langue, mais même les doigts ; le poivron, très peu, voire pas du tout. Son goût est doux et sucré. On mesure l'effet de la capsaïcine avec l'échelle Scoville. Les poivrons méritent un 0, les piments de type *Habanero*, de 200 000 à 300 000 alors que la capsaïcine pure mérite un incroyable 16 millions !

386. SOUS SERRE OU À L'AIR LIBRE, SELON VOTRE CLIMAT

Le piment est piquant au goût.

Comme la plupart des solanacées, les piments et les poivrons adorent la chaleur de l'été… jusqu'à un certain point. En effet, les fleurs tombent sans produire de fruits quand la température est inférieure à 13 °C, mais aussi quand elle dépasse 28 °C. Dans toutes les régions, on sème le piment dans la maison environ douze semaines avant la date du dernier gel. Dans le sud de notre région, on peut cultiver les piments et les poivrons en plein air sans problème. Dans le nord, il faut les protéger du froid en les recouvrant d'une mini-serre ou d'un tunnel. On ouvre le jour pour permettre la circulation d'air et le passage des abeilles pollinisatrices et on ferme la nuit (sauf en période de canicule) pour conserver un peu de chaleur.

387. POIVRON VERT, POIVRON ROUGE ?

Le poivron vert est le même «légume fruitier» que le poivron rouge*
(*Capsicum annuum*). La seule différence est qu'on le cueille immature. Laissé sur le plant, le même fruit aurait rougi à maturité. En
climat froid, on préfère souvent cultiver des poivrons verts. En effet,
sous les hautes latitudes, on ne sait jamais si l'été sera assez long
pour permettre au poivron d'atteindre sa pleine maturité !

■ Poireau

388. BLANCHIR LE POIREAU :
POUR LES FANATIQUES SEULEMENT

Un long fût blanc est très recherché par les amateurs
de poireau (*Allium porrum*) qui se donnent la peine
de le planter dans des tranchées et de remplir graduellement celles-ci de terre pour couper la lumière
à la base des feuilles (on appelle cela «buttage»), ce
qui donne le fût blanc tant désiré. Mais c'est cela que
donne aussi le sable qui s'infiltre entre les feuilles du
poireau et qui a donné le dédain du poireau à plus
d'un. Sachez que la blancheur du fût n'est qu'esthétique et que le buttage n'est nullement nécessaire
pour la santé ou la survie du poireau. Il n'améliore
même pas son goût (bandez les yeux à un fin gourmet et faites-lui
goûter un poireau blanchi et un non blanchi : il sera incapable de
faire la différence !). Et quand vous croquerez dans *vos* poireaux,
personne ne risquera de se casser une dent sur une pierre !

Pourquoi se donner la peine de blanchir les poireaux quand le goût du fût vert est aussi bon que celui du fût blanc ?

389. SI VOUS TENEZ À LES BLANCHIR...

*Si vous ne pouvez concevoir un poireau sans un fût ultra-blanc (même un
poireau non blanchi a un fût blanc crème, tout de même), faites-le avec votre
paillis. Repiquez donc vos semis de poireaux sans tranchée et recouvrez leur
base de 10 cm de paillis. Rajoutez-en d'autres plus tard au cours de l'été,
jusqu'à 25 cm d'épaisseur, pour blanchir le reste du fût.*

---

* Le poivron mature peut aussi être jaune, orange, blanc, ivoire, pourpre ou brun, selon
le cultivar.

390. LE POIREAU PEUT ÊTRE UNE VIVACE

Le poireau peut aussi devenir une vivace aux feuilles et aux fleurs attrayantes.

Normalement on sème le poireau à l'intérieur vers le début de janvier pour le repiquer à l'extérieur trois ou quatre semaines avant la date du dernier gel (le poireau ne craint pas le gel) et on récolte le légume à l'automne, *après* le premier gel (le froid intensifie son goût). Puis on resème l'année suivante, puis l'année suivante, puis… vous pigez? Mais le jardinier paresseux ne plante son poireau qu'une seule fois. C'est que le poireau, contrairement à la croyance populaire, est vivace et très rustique (zone 2 pour le poireau dit «poireau d'hiver»). Si vous ne le récoltez pas à l'automne, il va fleurir au printemps (les boules de fleurs en forme d'étoiles roses ou blanches sont très jolies!) et se diviser au pied, formant plusieurs plants très serrés. Le deuxième automne, il suffit de récolter une partie des plants, laissant les autres en place pour les générations futures. Ainsi, le poireau deviendra une vivace attrayante qui offrira, de plus, quelque chose à se mettre sous la dent. Je vous suggère de planter deux fois plus de poireaux que vous n'en avez besoin: ainsi vous pourrez en traiter la moitié de la manière traditionnelle, c'est-à-dire en les récoltant à l'automne, et laisser les autres en place pour qu'ils se pérennisent et vous donnent par la suite une récolte annuelle.

391. AU PRINTEMPS AUSSI

On peut récolter le poireau au printemps aussi. Il s'agit de ne pas le récolter à l'automne. D'ailleurs, les gourmets prétendent que le poireau du printemps a le meilleur goût! Attention, cependant: il faut vraiment récolter le poireau du tout début du printemps, sinon il commencera à fleurir et perdra alors son bon goût.

■ Pois

392. TROIS POIS, DEUX UTILISATIONS

Le pois de jardin (*Pisum sativum*) a muté, lors de ses longues générations de culture, en plusieurs catégories, dont les plus connues sont le petit pois (*P. sativum vulgare*), le pois des neiges (*P. sativum macrocarpon*) et le pois mange-tout (*P. sativum saccharatum*). Le petit pois, soit le pois traditionnel des tables européennes, est un pois à écosser : on enlève la cosse et on mange les grains à l'intérieur quand ils sont encore petits (d'où «petit pois»). Le pois des neiges a une cosse large et plate : on le mange lorsque les grains sont très immatures, consommant cosse et grains. La plus récente catégorie est le pois mange-tout, qui ne date que de 1979. Ce pois est issu d'un croisement entre les deux autres et offre un pois intermédiaire, avec une cosse plus arrondie que le pois des neiges, mais qui se consomme, comme son nom le suggère. Le pois mange-tout, particulièrement facile à cultiver, est le plus populaire auprès des jardiniers.

393. LE POIS ET LA SYMBIOSE

Comme le haricot (truc 368), le pois vit en symbiose avec une bactérie, mais pas tout à fait la même bactérie. Le partenaire du pois est le *Rhizobium leguminosarum viceae*. Il se fixe sur ses racines et capte l'azote atmosphérique qu'il partage avec le plant de pois.

Il existe maintenant trois sortes de pois à cultiver.

Ajoutez un inoculant «pour pois» la première fois que vous planterez des pois afin d'assurer qu'ils profitent des services de son hôte habituel. L'inoculum est disponible dans les bonnes jardineries. Il peut rester actif pendant plusieurs années dans le sol et se renouvelle chaque fois qu'on y plante des pois.

■ Pomme de terre

394. POMME DE TERRE OU PATATE ?

Beaucoup de jeunes Québécois se sont fait taper sur les doigts pour avoir dit « patate » au lieu de pomme de terre, car le premier terme serait un anglicisme alors que « pomme de terre » serait le vrai terme français. En fait, cependant, « patate » se dit aussi dans plusieurs régions de la France... et l'usage date du tout début de la culture de la pomme de terre, bien avant l'influence des Anglais. En effet, la pomme de terre (*Solanum tuberosum*) et la patate (*Ipomoea batatas*), que nous appelons souvent « patate douce », ont été importées de l'Amérique à partir de la fin du XVe siècle, mais n'ont pas connu un grand succès en Europe au début. Les gens de l'époque les cultivant peu, distinguaient mal les deux légumes qui poussent à partir de tubercules, et la terminologie a pris du temps à se fixer. Et quand la fumée s'est dissipée, les Franco-Américains étaient d'un côté de la clôture et les Franco-Européens, pour la plupart, de l'autre. Et notez bien que la même confusion existe dans plusieurs autres langues.

Peu importe si on l'appelle pomme de terre ou patate : l'important est de se faire comprendre.

395. DES SEMENCES QUI N'EN SONT PAS

Que de confusion pour le débutant ! La « pomme de terre de semence » n'est pas une graine, mais un petit tubercule qu'on peut planter en pleine terre. On peut aussi « semer » (oui, c'est bien ce qu'on dit !) des sections de plus grosses pommes de terre coupées ayant chacune deux à quatre bourgeons (yeux). Il est cependant très rare qu'on « sème » des pommes de terre à partir de véritables semences, soit par graines, car elles arrivent difficilement à maturité sous nos étés trop courts.

PHOTO : SEMENCES McKENZIE

Pommes de terre en semence.

396. PAILLEZ BIEN POUR RÉCOLTER DES TUBERCULES BIEN COMESTIBLES

Toutes les parties de la pomme de terre (*Solanum tuberosum*) sont toxiques : feuilles, tiges, fleurs et fruits ; seul le tubercule est comestible. Et même là, s'il est exposé à la lumière, il verdira et sera toxique aussi (bien que moins toxique sur le reste de la plante). Paillez bien vos plantes et la lumière n'arrivera pas aux tubercules pour les faire verdir. Si vous avez des pommes de terre dont le sommet est vert, par contre, il n'est pas nécessaire de les jeter. Enlevez tout simplement la partie verte. Le reste du tubercule demeure comestible.

On peut cultiver des pommes de terre en les recouvrant tout simplement de semence de paillis : nul besoin de les enterrer !

397. POMMES DE TERRE AÉRIENNES

Le comble de la paresse dans la culture des légumes doit être celui de la pomme de terre… sans terre ! En effet, plutôt que de creuser des trous de plantation ou des tranchées pour planter les pommes de terre de semence, lancez-les tout simplement sur le sol et couvrez-les de 15 à 25 cm de paillis de votre choix, même du papier journal déchiqueté. Quand les tiges apparaissent et passent à travers le paillis, rajoutez un autre 15 cm de paillis, puis un autre 15 cm si les tiges montent encore plus haut. À la fin de l'été, tirez tout simplement sur le plant et il sortira du paillis avec de belles pommes de terre propres (oui, vous n'aurez même pas besoin de les laver !) attachées à ses racines. Les tubercules sont propres parce qu'elles ont poussé à travers le paillis, sans jamais être recouverts de sol !

398. DES POMMES DE TERRE EN TONNEAU

Comme dans la technique précédente, on peut cultiver aussi des pommes de terre sans sol en tonneau ou en baril. L'avantage de cette technique est qu'on peut la pratiquer partout, même sans «jardin» classique en pleine terre : sur un balcon, sur une terrasse ou même sur l'asphalte. Percez de trous dans le fond d'un tonneau en bois ou un baril de plastique d'environ 150 l (pour permettre un bon drainage) et placez-le en plein soleil. Ajoutez au fond 15 cm de compost ou de bonne terre. Placez cinq ou six pommes de terre de semence sur le compost et rajoutez 15 à 25 cm de paille ou de paillis. À mesure que les tiges montent, recouvrez-les de paillis, jusqu'à ce que le tonneau soit plein. À la fin de l'été, versez le contenu du tonneau par terre… et ramassez les pommes de terre qui se seront formées partout dans le baril !

Pour des pommes de terre sur le balcon, essayez la culture en tonneau.

399. MES POMMES DE TERRE PRODUISENT DES TOMATES !

Les pommes de terre produisent des fruits qui ressemblent aux tomates, mais ils sont toxiques.

On voit cette nouvelle à tous les quatre ou cinq ans dans les journaux ou à la télévision (le temps, je suppose, que les médias aient le temps d'oublier qu'ils s'étaient fait avoir quatre ou cinq ans auparavant). Quelqu'un leur téléphone pour annoncer qu'un miracle s'est produit dans leur potager : leurs pommes de terre ont produit des tomates cerise ! Et les média accourent, photographient et filment les « preuves » et annoncent, le plus sérieusement du monde, que M. et Mme Untel de Sainte-Criocère-du-Lis ont développé une pomme de terre qui donne des tomates. Le lendemain, les mêmes médias ont l'air plutôt ridicule, car il ne s'agit pas de tomates, bien sûr, mais tout simplement des fruits de la pomme de terre. C'est qu'elle n'en produit pas tous les ans, voyez-vous, seulement quand les conditions sont particulièrement bonnes. Et comme la tomate et la pomme de terre sont de proches parents, il n'est pas surprenant que leurs fruits se ressemblent. Mais malheur à celui qui décide de manger ces « tomates » : les fruits de la pomme de terre sont toxiques.

Un plant de tomate greffée sur un plant de pomme de terre ? Pourquoi pas ?

400. DEUX LÉGUMES POUR LE PRIX D'UN

Saviez-vous qu'on peut greffer une tige de tomate sur un plant de pomme de terre et ainsi produire à la fois des tubercules et des fruits sur le même plant et dans le même espace ? Certaines compagnies vendent par la poste ces « plantes miraculeuses », mais leur prix est exorbitant. On pourrait bien en greffer à la maison, mais à quoi bon ? Bien que l'idée puisse paraître géniale à première vue, greffer des légumes demande beaucoup de manipulation et retarde la saison de production. En somme, la « tomate greffée sur une pomme de terre » est une curiosité plutôt qu'une façon pratique de jardiner.

◼ Radis

401. DEUX SAISONS POUR LE RADIS

Le petit radis commun (*Rapha-nus sativus radicula*), habituel-lement rond et rouge ou blanc, est un des légumes qui pousse le plus rapidement, souvent prêt pour la table en moins d'un mois… mais il aime les jours frais et courts du début du printemps. On peut aussi le se-mer après que la canicule esti-vale soit passée, mais il mûrit plus lentement et est moins ju-teux. Il existe cependant des radis d'automne (*R. s. longipinnatus*), beaucoup plus gros et à la racine cylindrique, avec souvent un épiderme noir, rose ou blanc, qu'on sème à la fin de l'été pour une récolte à la fin de l'automne. Ces derniers se conserveront une bonne partie de l'hiver.

Le petit radis est de culture très rapide.

◼ Rhubarbe

402. LA RHUBARBE : FAITE POUR LE POTAGER

Contrairement à presque tous les autres légu-mes, la rhubarbe (*Rheum rhabarbarum* et *R. rhaponticum*) n'est pas une plante annuelle, mais une vivace de très longue vie: plus de vingt ans. De ce fait, elle convient mal au pota-ger classique, toujours vidé de son contenu annuellement pour pouvoir passer le moto-culteur. Par contre, elle est tout à fait appro-priée pour la plate-bande où, avec ses énormes feuilles joliment texturées, ses pétioles souvent rouges et ses spectaculaires fleurs blanches, elle peut même voler la vedette. Tout ce qu'il lui faut pour être heureuse, c'est un sol riche et humide mais bien drainé et du soleil. Si seule-ment tous les légumes étaient aussi faciles !

La rhubarbe mérite une place dans la plate-bande, et non pas dans le potager.

403. ACHETEZ DES PLANTS DE RHUBARBE, ET NON PAS DES GRAINES

On vend parfois des graines de rhubarbe, mais la qualité des plants est souvent moyenne… pas ce que vous voulez d'un légume qui restera chez vous plus de vingt ans ! Achetez plutôt des plants qui sont en fait des divisions prises sur des variétés de bonne qualité. Laissez vos jeunes plants tranquilles durant la première année après la transplantation. Vous pourrez commencer à récolter les délicieux pétioles dès l'année suivante.

404. OUI, ON PEUT LAISSER LA RHUBARBE FLEURIR

Sans doute que nos ancêtres avaient une fibre puritaine, car ils croyaient dur comme fer qu'il fallait supprimer la tige florale avant qu'elle ne s'éclate en des milliers de fleurs blanches, et ainsi se privaient de tout un spectacle. Mais heureusement, à notre époque, on sait que laisser fleurir la rhubarbe ne nuit pas à sa production de l'année suivante : c'est sa montée en graines qui l'affaiblit. Donc, à la fin de la floraison, donnez à la tige florale un bon coup de machette.

Pourquoi supprimer la tige florale de la rhubarbe quand elle est si jolie ?

405. ON NE COUPE PAS, ON TORD

Pour récolter de la rhubarbe, attendez que les feuilles soient presque complètement épanouies, puis tenez le pétiole par le bas et donnez un rapide tour de poignet : le pétiole vous restera dans la main. Il vaut mieux ne pas couper le pétiole pour la récolter : on risque de couper trop loin et de blesser la couronne.

406. NE SOYEZ PAS TROP GOURMAND !

Vous pouvez récolter plusieurs feuilles sur un plant de rhubarbe, mais pas toutes. Récoltez-en la moitié (et seulement celles qui ont les plus gros pétioles !), mais laissez les autres pousser pour que la plante puisse se régénérer.

407. ATTENTION : LE PÉTIOLE SEULEMENT !

Tout le monde sait qu'on mange le pétiole épais et suret de la rhubarbe, mais ne serait-ce pas une idée de goûter aux énormes feuilles ? Non, car le limbe de la feuille est toxique. D'ailleurs, on peut en faire une décoction insecticide (truc 758).

408. MES FEUILLES SONT DE PLUS EN PLUS PETITES !

Voilà une plainte courante des cultivateurs de rhubarbe… et la solution est si simple ! C'est que le plant se divise à la base avec le temps et, éventuellement, commence à avoir un peu trop de compétition pour les ressources. Donc, divisez le plant et replantez les divisions à au moins 1 m les unes des autres. Vous pouvez le faire au printemps ou à l'automne.

■ Tomate

409. DES TOMATES RÉSISTANTES

La 'Whopper Improved' VFFNT : un exemple d'une tomate très résistante aux maladies.

Vous pouvez savoir si une tomate (*Lycopersicon esculentum*) est résistante aux principales maladies de son espèce juste en lisant le nom du cultivar. Le nom est accompagné de lettres qui indique que la plante est résistante à la maladie en question : soit V pour verticilliose (flétrissure verticillienne), F pour flétrissure fusarienne, N pour nématodes et T pour mosaïque du tabac. Parfois, il y a même *deux* F (i.e. FF), ce qui veut dire résistance aux deux souches principales de flétrissure fusarienne (Note : parfois on écrit TMV pour mosaïque du tabac plutôt que T tout court). Pour un minimum de problèmes avec les maladies dans le jardin, surtout si vous en avez eu par le passé, achetez des semences ou des plants dont le nom est suivi d'un maximum de lettres, comme 'Celebrity' VFNT ou 'First Lady' VFNT.

410. PLUS SUR LES TOMATES ET LES MALADIES

Allez voir les trucs sur les maladies spécifiques : brûlure alternarienne (truc 1354), pourriture apicale (truc 420) et flétrissure verticillienne ou verticilliose (truc 1414).

411. N'ENLEVEZ PAS LES « GOURMANDS » DE VOS PLANTS DE TOMATES

Contrairement à une croyance non seulement populaire mais très persistante, les tomates ne produisent pas de gourmands. Plusieurs jardiniers seront sans doute étonnés de l'entendre dire, car on leur a toujours dit qu'il fallait supprimer les gourmands sur leurs plants de tomates. Mais un gourmand est, par définition, une tige qui ne produit rien (voir le truc 263). Or les « gourmands » des tomates (si on les laisse pousser, du moins) produiront fleurs et fruits. Ces « gourmands », qui émergent à l'aisselle des feuilles, ne sont autre chose que des rameaux et on n'a pas à les supprimer. Les laisser pousser peut même presque doubler la récolte de tomates si les conditions sont bonnes.

412. EFFEUILLER LE PLANT NE STIMULE PAS UNE MATURATION PLUS RAPIDE

Autre mythe très tenace au sujet des tomates : celui qui dit qu'il faut effeuiller les plants en fin de saison pour stimuler un mûrissement plus rapide des fruits. Et ça paraît logique : n'est-ce pas l'exposition au soleil qui fait rougir les fruits ? En fait, pas du tout. Les tomates mûrissent quand elles sont prêtes à mûrir, voilà tout. Comme preuve, récoltez deux tomates presque mûres et placez-en une dans un sac de papier opaque dans le garde-manger et l'autre sur un bord de fenêtre. Vous verrez que les deux mûriront en même temps et pourtant, celle enfermée dans le garde-manger n'a reçu aucun rayon de soleil. Le pire, c'est que non seulement effeuiller les tomates ne donne rien (il n'accélère pas le mûrissement), c'est carrément nuisible. Souvent les fruits ombragés, subitement exposés au plein soleil, brûlent et ne sont plus aussi présentables. Aussi, c'est le feuillage, en captant le soleil, qui donne aux tomates leur goût : si vous supprimez les feuilles, vos tomates seront moins sucrées !

413. QUAND LES TOMATES VOIENT ROUGE

Pour des raisons encore inconnues, on sait que certaines couleurs peuvent stimuler la croissance des tomates. Ainsi, si vous étalez du paillis de plastique rouge sous les plants de tomate, ils pousseront mieux et les tomates mûriront plus rapidement. Vous pouvez trouver justement du paillis rouge vendu spécifiquement pour les tomates sur le marché.

Le paillis de plastique rouge stimule la production chez la tomate.

414. DES TOMATES À L'HORIZONTALE

Les plants de tomates semés dans la maison tendent à se dégarnir de leurs feuilles à la base si les conditions ne sont pas parfaites. Quand vient le moment de les planter, ils ne sont plus qu'une longue tige nue avec quelques feuilles à l'extrémité. Vous n'aurez même pas envie de les planter en pleine terre de peur que vos voisins rient de vous! Eh bien, ils ne riront plus avec le truc suivant. Plutôt que de planter ces tomates debout, creusez un trou en *longueur* et couchez-les sur le côté, laissant seulement les feuilles dépasser, et en recouvrant la tige nue. Ainsi, le plant paraîtra bien vert tout de suite… et des racines pousseront sur la partie enterrée et vous donneront un plant encore plus solide que s'il avait été planté normalement.

Pour cacher les pieds des tomates semées dans la maison, plantez-les sur le côté.

Une tomate indéterminée peut faire une excellente plante grimpante pour décorer un mur, une clôture ou un treillis.

415. DEUX TAILLES DE PLANT DE TOMATES

Dans le monde du potager, vous entendez souvent dire que telle ou telle variété est « déterminée » et l'autre « indéterminée ». Mais qu'est-ce que cela veut dire au juste ? Le mot fait référence à la hauteur : un plant de tomates déterminé a une hauteur déterminée, c'est-à-dire restreinte. Il ne deviendra pas très gros et n'aura peu ou pas besoin de tuteurage. Les plants indéterminés n'ont aucune hauteur spécifique : ils grandiront durant toute leur vie. Il n'est pas rare de voir certains plants indéterminés, comme le populaire 'Sweet 100', atteindre plus de 2,5 m de hauteur… si on le fait grimper sur un tuteur suffisamment haut.

416. LA TAILLE DE LA PLANTE N'INFLUENCE PAS LA TAILLE DES FRUITS

Ainsi, un plant de tomate nain, de seulement 45 cm de hauteur, peut produire des tomates géantes et un plant de tomates de 3 m peut produire des tomates cerise. Si vous voulez une tomate d'une taille particulière, informez-vous avant d'acheter les semences ou les plants.

Plantez les tomates indéterminées dans une cage à tomate réduira le travail d'entretien.

417. DES TOMATES EN CAGE

Les plants indéterminés sont des plantes « sarmenteuses », c'est-à-dire qu'elles montent sur d'autres plantes en s'y appuyant. Sans vrilles ou tiges volubiles, elles ne peuvent grimper sur leur tuteur d'elles-mêmes : il faut les y attacher. Mais attacher des tiges sur un tuteur est un travail dont le jardinier paresseux peut bien se passer. Il préférera une cage à tomates. On pose cette structure par-dessus le plant pendant qu'il est encore jeune et petit et il pousse à l'intérieur en s'appuyant sur les parois de la cage. Le seul « travail » alors requis est de replacer dans la cage toute tige qui s'en échappe.

418. FIXEZ BIEN VOS CAGES

Une cage à tomates n'est pas toujours assez solide pour supporter tout le poids de son hôte, du moins, pas sans aide. En la posant, enfoncez-la bien dans le sol et utilisez des piquets de tente pour la maintenir solidement en place. Elle sera alors capable de supporter les charges les plus lourdes.

419. UNE CAGE FORTE « EN BÉTON » !

Les cages à tomates commerciales se vendent très bien, mais ne fonctionnent pas souvent! En effet, elles sont trop basses et trop frêles pour les plants indéterminés. Et la plupart n'étant pas démontables, comment les remiser pour l'hiver? Voici cependant un modèle de cage à tomates maison qui est beaucoup plus pratique. Achetez du grillage pour béton aux mailles de 10 cm (pour pouvoir y passer la main à la récolte) et de 120 cm (4 pieds) de largeur (dimension standard). Coupez-le en « feuilles » de 120 cm de longueur. Roulez la feuille pour en faire une colonne en pliant les extrémités métalliques en crochet pour que la colonne garde sa forme. Maintenant, placez la colonne dans le potager, par-dessus un plant de tomates, et maintenez-la en place avec des piquets de tente. Vous voilà avec une cage bien plus solide et plus haute aussi que les cages commerciales. En fin de saison, défaites la colonne et remisez les feuilles de grillage en les plaçant à plat les unes sur les autres pour l'hiver.

Les cages à tomates commerciales ne sont pas toujours assez solides pour supporter les plants de tomates. Fabriquez plutôt votre propre cage.

420. ATTENTION À LA POURRITURE APICALE

Cette maladie courante est caractérisée par une tache noire qui se forme à la pointe du fruit, soit à l'opposé de son point d'attache sur le plant. La cause véritable est un manque de calcium, mais le calcium ne manque que rarement dans nos sols (et si c'est le cas, tous les engrais biologiques en contiennent!). Donc le problème est plutôt dû à l'incapacité de la plante à *absorber* le calcium du sol, et ce, malgré sa présence.

Pourriture apicale de la tomate.

Cela est relié à un arrosage inégal. Si vous assurez toujours une humidité constante aux racines des plants plutôt qu'une humidité en dents de scie, provoquée par des périodes de sécheresse suivies de périodes de pluie abondante ou d'arrosage intense, le problème se résorbera. Le paillis est tout indiqué, car celui-ci aide justement à maintenir une humidité constante dans le sol.

■ Topinambour

421. LE TOPINAMBOUR PEUT AVALER VOTRE COUR

Le topinambour est un légume vivace très prolifique… et même envahissant !

Un légume vivace, c'est rare… mais un légume vivace qui est à la fois vivace *et* envahissant… en fait, il n'y en a qu'un : le topinambour ou artichaut de Jérusalem (*Helianthus tuberosus*). Avec ses racines tubéreuses qui courent partout, il est très productif, mais aussi très agressif. Plantez-le loin des autres légumes, dans un coin mi-sauvage de votre cour ou, encore, à l'intérieur d'une barrière (truc 30).

422. MIEUX AU PRINTEMPS

On peut déterrer les tubercules du topinambour à la fin de sa saison de croissance, soit à l'automne. Attendez après quelques gelées, car son goût sera encore plus exquis. Mieux encore, laissez une partie des rhizomes dans le sol pendant l'hiver pour les récolter au printemps, dès la fonte des neiges, et ils seront encore plus sucrés.

PELOUSE

■ Généralités

423. LA PELOUSE : LE PLUS GRAND ENNEMI DU JARDINIER PARESSEUX

À bien des points de vue, la pelouse est le pire ennemi du jardinier qui se veut paresseux. Presque tout autre travail, que ce soit la plantation de vivaces ou la taille de haies, peut toujours attendre une semaine ou deux, ou la saison suivante, ou encore aux calendes grecques, mais la pelouse deman-de au moins sa tonte hebdoma-daire de mai à septembre ou oc-tobre. Même quand vous êtes en voyage, il faut trouver quelqu'un pour vous remplacer : quel enfer ! Et ce n'est pas tout : si on écoute les « experts » (i.e. les gens qui ont des produits à nous vendre !), il faut de plus fertiliser plusieurs fois par année, traiter les insectes nuisibles, les mauvaises herbes et

L'entretien de la pelouse est ce qui est le plus exigeant pour le jardinier paresseux.

les maladies, rouler, déchaumer, aérer et j'en passe. L'enfer, je vous le dis ! Et retenez cette idée, même si vous ne pouvez l'accepter immédiatement, car un jour elle changera complètement votre fa-çon de jardiner.

424. LA SOLUTION : ON FAIT DISPARAÎTRE LA PELOUSE

La solution « au plus grand ennemi du jardinier paresseux » (conseil précédent) est simple : éliminez la pelouse ! Avez-vous vraiment besoin d'une surface plate et verte qui demande tant de soins ? Je n'en suis pas si sûr ! Pour moi, une pelouse est un espace réservé pour le développement futur, destiné tôt ou tard à disparaître sous une mer de plantes. Chez moi, déjà, il ne reste plus de pelouse en avant de la maison et seulement un petit peu en arrière… et, de plus, ses graminées sont bien mélangées avec d'autres végétaux. Sur mon « plan d'aménagement » (qui est surtout dans ma tête, en passant), les espaces encore en gazon sont marqués « jardin d'eau » et « pelouse de thym ». Ainsi je compte bien les éliminer complètement un jour. Je vous recommande d'en faire autant.

425. UNE PELOUSE « EN ATTENDANT »

Malgré mon intervention précédente, je concède que la pelouse a toujours un rôle à jouer sur nos terrains… au début. Après tout, quand le constructeur part et vous laisse avec presque un hectare de boue, avez-vous vraiment le temps, l'énergie et le budget pour tout convertir en un merveilleux paysage vallonné avec de vastes plates-bandes, un ruisseau à truites et un pavillon de jardin qui éclipse le Taj Mahal par sa splendeur… dans les trois prochains mois ? Probablement pas. Il faut se rappeler que si une plate-bande, un bassin ou tout autre « jardin » demande moins de soins que la même surface de gazon à long terme, c'est seulement après tous les efforts et les investissements que sa préparation et sa réalisation sont requis. S'il y a quelque chose de facile et peu coûteux à installer, c'est bien le gazon. Il est donc tout à fait normal de commencer avec une pelouse autour de sa maison, mais généralement, les vrais jardiniers paresseux travaillent peu à peu à en réduire la surface.

■ Les trois types de pelouse

426. ESCLAVE DE LA PELOUSE BICHONNÉE

C'est ainsi que j'appelle la pelouse composée uniquement de graminées. Pourquoi bichonnée ? Parce qu'il est impossible de la maintenir sans de multiples efforts. Tondre ne suffit pas, il faut à tout le

On devient vite esclave de la pelouse bichonnée.

moins la désherber, la fertiliser, l'arroser, ramasser les feuilles mortes, etc. Dites-vous bien que beaucoup plus de travail est consacré à l'entretien d'une pelouse bichonnée qu'à tous les autres travaux de jardinage mis ensemble. On devient, essentiellement, esclave de sa pelouse… et ce n'est pas très agréable d'être un esclave.

427. LA PELOUSE CLASSIQUE : UN MÉLANGE DE GRAMINÉES ET DE TRÈFLE BLANC

Voici un concept qui plaira aux jardiniers assez paresseux, mais désireux tout de même d'avoir une «belle» pelouse. Quand vous semez une nouvelle pelouse ou réensemencez une ancienne pelouse, ajoutez dix pour cent de graines de trèfle blanc (*Trifolium repens*) au mélange. On oublie que la pelouse composée de graminées et de trèfle est en fait la pelouse classique, considérée pendant plus de quatre cents ans comme étant la pelouse idéale. Ce n'est que depuis la fin des années 1950 que le trèfle a commencé à être perçu comme une «mauvaise herbe» (lisez l'encadré sur la triste histoire du déclin du trèfle dans nos gazons). Auparavant, on le considérait essentiel, notamment parce que le trèfle nourrit les graminées de gazon qui n'ont plus besoin d'engrais. Vous en découvrirez davantage sur le trèfle blanc et ses avantages dans les pages suivantes de ce conseil (427). Retenez pour l'instant que le mélange trèfle et graminées vous donnera une très belle pelouse pour un minimum d'efforts.

| *Trèfle blanc.*

LE DÉCLIN DU TRÈFLE DANS NOS PELOUSES

Depuis l'avènement des pelouses à la Renaissance, le trèfle blanc (*Trifolium repens*) a toujours fait partie des plus beaux gazons du monde en même temps que les graminées. Plusieurs personnes qui lisent ce livre se rappelleront que toutes les pelouses ensemencées avec les mélanges de gazon contenant une part de graines de trèfle affichaient un feuillage toujours vert malgré les pires sécheresses. C'était la façon de fournir le gazon en azote, ce qui éliminait en bonne partie la nécessité de fertiliser. Ils se rappelleront également la croissance relativement modeste qui réduisait les besoins excessifs de tonte, l'excellente résistance aux intempéries et au piétinement ainsi que les magnifiques fleurs blanches qui décoraient le vaste tapis vert jugé autrement trop monotone. De plus, des pelouses riches en trèfle étaient plus résistantes aux insectes (la plupart des insectes des gazons comme les pyrales, les vers blancs et les punaises velues ne veulent rien savoir du trèfle). Personne n'aurait pensé traiter le trèfle de mauvaise herbe: c'était un élément de base des pelouses.

Puis vinrent les années 1950. Des multinationales productrices de produits chimiques avaient réussi à développer un nouveau produit, l'herbicide sélectif 2,4D, qui pouvait supprimer les «mauvaises herbes» dans les gazons sans tuer les graminées. En effet, ils ne touchaient qu'aux plantes à feuilles larges et laissaient les graminées, à feuilles minces, relativement intactes. Il y avait la possibilité de faire des milliards de dollars de profit si on réussissait à vendre ce produit aux propriétaires de pelouse. Mais le 2,4D tuait aussi le trèfle que les gens aimaient. Que faire alors?

Les compagnies ont décidé de lancer une campagne de publicité intensive pour convaincre les propriétaires que le trèfle blanc était une mauvaise herbe qu'il fallait détruire. Ils ont d'ailleurs dû dépenser des millions pour persuader les jardiniers peu convaincus de leurs prétentions.

Justement, ce n'était pas facile au début de convaincre les jardiniers expérimentés d'abandonner le trèfle. Voici ce qu'a écrit à ce sujet celui qui avait introduit le 2,4D sur le marché, le Dr R. Milton Carleton: «L'idée que le trèfle blanc puisse être une mauvaise herbe sera tout un choc pour les jardiniers expérimentés. Je peux me souvenir que la qualité des mélanges de semences à gazon était jugée par le pourcentage de graines de trèfle qu'ils contenaient. Plus ce nombre était élevé, meilleur était le mélange… Je me rappelle que, jusqu'à récemment, les jardiniers entretenaient avec soin leurs pelouses de trèfle. Le regard satisfait sur le visage du propriétaire fier dont la pelouse était la plus belle du voisinage était vraiment quelque chose d'unique.» (Traduit de *New Way to Kill Weeds*, de R. Milton Carleton, 1957. Arco Publishing Co., N.Y.) Et ce, de la bouche du père du 2,4D! Il concluait cependant plus loin que les temps avaient changé et que le moment était venu d'abandonner le trèfle comme élément d'un beau gazon; que les herbicides étaient la voie de l'avenir.

Mais les temps ont encore changé. Les herbicides miraculeux du Dr Carleton ont agi en tueurs silencieux qui ont créé un tort considérable à notre environnement, à tel point qu'ils sont maintenant bannis au Québec et dans plusieurs autres endroits en Amérique du Nord. Il est temps de regarder de nouveau le trèfle comme un élément bénéfique, voire essentiel d'une belle pelouse. Mais il est difficile d'effacer 50 ans de mensonges (les Allemands de l'Est en savent quelque chose). Les multinationales des traitements de pelouse ont tellement bien réussi leur propagande que la plupart des gens croient encore que le trèfle est une mauvaise herbe quand il pousse dans le gazon et il sera difficile de les convaincre du contraire. À moins que les gouvernements (et qui d'autres, car il n'y a pas de profits à faire à vendre l'idée de remettre du trèfle dans les gazons) mettent autant d'efforts et d'argent dans la contre-publicité pour promouvoir le trèfle que les multinationales ont mis pour le dénigrer.

428. LA PELOUSE DE JARDINIER PARESSEUX

La pelouse du jardinier paresseux contient des graminées, du trèfle, des pissenlits, des plantains et bien d'autres végétaux.

Êtes-vous assez courageux pour accepter une idée radicale : qu'une pelouse peut être composée d'autre chose que de graminées ? Je ne parle pas uniquement du trèfle blanc (trucs 427 et 437) qui est depuis longtemps considéré comme un allié à encourager dans le gazon, mais de toute une gamme de « mauvaises herbes » (pissenlits, achillées, plantains, etc.) qui se mélangeraient aux graminées ? Pourtant, si vous pouvez accepter cela, votre pelouse vous demandera beaucoup, beaucoup moins d'efforts. Le vrai jardinier paresseux est capable d'accepter tout ce qui peut pousser en guise de pelouse : il passe la tondeuse, point à la ligne. D'ailleurs, il est si facile de faire une « pelouse de jardinier paresseux » : il suffit de commencer à tondre une surface quelconque, peu importe ce qui poussait là auparavant. La tonte éliminera les plantes qui ne tolèrent pas d'être rasées, comme les arbustes et les hautes herbes, alors que d'autres, plus basses, comme les graminées sauvages, les pissenlits, les lierres terrestres, etc. prospéreront et occuperont rapidement tout espace vide. C'est l'ultime pelouse du jardinier paresseux : aucun effort spécial pour l'établir, ni aucun effort spécial pour l'entretenir : pas d'engrais, de pesticides, de ramassage de résidus de tonte, rien ! Juste la tonte (mais ça, il faut au moins le faire : si on ne tond pas, sous notre climat, la « pelouse » deviendra bientôt un champ, puis un fourré et éventuellement une forêt !). Le plus curieux dans tout cela, c'est que cette idée paraisse si radicale, car, si vous jetez un coup d'œil autour de vous, vous verrez que la majorité des propriétaires ne font pas plus que cela, tondre. Les maniaques qui bichonnent leurs pelouses aux engrais, aux herbicides, aux pesticides, aux arrosages, etc. ou même qui ne font que ramasser les résidus de tonte, sont en minorité. C'est la pelouse du jardinier paresseux qui déjà domine partout dans nos régions. Pourquoi pas chez vous alors?

429. D'ACCORD, ON ARRACHE LES PLANTES PIQUANTES

Même le jardinier le plus paresseux aurait intérêt à faire au moins une intervention: arrachez, avec des gants bien sûr, les plantes piquantes. Après tout, la moindre chose qu'on puisse demander à une pelouse, c'est de pouvoir y marcher pieds nus… mais avec des mauvaises herbes piquantes (et je pense notamment au chardon des champs, *Cirsium arvense*, qui est l'une de rares plantes piquantes qui survit à un régime de tonte régulière), c'est impossible. Arrachez-les et, quand elles repoussent (car elles *vont* repousser), arrachez-les de nouveau. À force de les arracher, vous les affaiblirez et, en un seul été, votre «gazon de jardinier paresseux» sera déjà libre de plantes piquantes!

Les seules plantes qui ne sont pas bienvenues dans une pelouse de jardinier paresseux, ce sont les plantes à feuillage piquant, comme ce chardon des champs.

430. À VOUS DE DÉCIDER

Évidemment, la pelouse bichonnée, on oublie ça: ce n'est que pour les maniaques qui, dans le fond, seraient plus contents avec un gazon artificiel. Cela laisse au jardinier paresseux le choix de deux pelouses: la classique, utilisant graminées et trèfle, socialement plus acceptable, et la «vraie», un peu plus dérangeante pour les voisins, car elle contient des plantes qu'ils pourraient considérer comme étant des mauvaises herbes. À vous de décider entre les deux. Après, lisez les autres conseils sur la pelouse.

■ Les quatre clés du succès avec la pelouse

431. **LA PREMIÈRE CLÉ** DU SUCCÈS AVEC LA PELOUSE : UN BON SOL

Quand j'entends les gens se plaindre que leur gazon est plein de «mauvaises herbes», de plaques mortes, et souffre plus souvent qu'à son tour d'infestations d'insectes et de maladies, etc., je sais tout de suite pourquoi. Quelqu'un a décidé, il y a belle lurette, d'économiser sur l'installation du gazon et de le poser en omettant une étape cruciale : la mise en place d'une bonne couche de terre de qualité. Et ce n'est peut-être pas eux qui ont fait cette gaffe, car les terrains changent de mains assez allègrement de nos jours et qui sait si le premier propriétaire n'était pas radin. De plus, c'est souvent le constructeur de la maison qui installe le gazon et décide de couper les coins ronds en le posant directement sur du remplissage. Mais quel gâchis cela donne ! De tous les éléments de votre aménagement, seul le potager dépend davantage d'un bon sol que le gazon. Et pourtant, au début, la différence n'est pas si évidente. Un gazon en rouleau cache tous les défauts au début et le gazon paraît bien beau même lorsqu'il est posé sur un sous-sol glaiseux, sur le sable pur ou sur des déchets de construction. Mais le gazon en rouleau est normalement composé uniquement de pâturin des prés (*Poa pratensis*), appelé aussi pâturin du Kentucky, soit la graminée à gazon la plus exigeante en matière de sol. Ce gazon vit alors de ses réserves pendant un an ou deux, paraissant relativement bien, ce qui donne l'impression que l'installation a été un succès, mais commence sérieusement à s'affaiblir par la suite. Et quand il s'affaiblit, les mauvaises herbes, les insectes et les maladies s'installent. Dites-vous bien, dès le départ, qu'*on ne peut avoir un beau gazon sur une terre de troisième qualité*. Il faut, pour réussir, une bonne couche de *20 cm* de terre (30 cm, c'est encore mieux) et il faut, de surcroît, de la *terre à gazon*, soit un mélange soigneusement composé dans le but d'offrir une bonne partie de matière organique, mais aussi les éléments structuraux nécessaires pour que le gazon résiste au piétinement. Évitez la «terre noire» (généralement de la cochonnerie de toute façon) et même des terres destinées à d'autres fins, aussi riches qu'elles soient. Assurez-vous aussi que la terre achetée est libre de mauvaises herbes. Avec une fondation de terre de qualité, vous n'aurez aucune difficulté à maintenir votre gazon en excellent état !

432. **LA DEUXIÈME CLÉ** DU SUCCÈS AVEC LA PELOUSE : DES PLANTES DE QUALITÉ

Il est évident que la meilleure terre du monde ne fera pas un beau gazon si on y plante des végétaux de troisième qualité. Il faut donc partir à la recherche des meilleures plantes possibles pour le gazon. Et, du point de vue du jardinier paresseux, on les trouve surtout dans les mélanges de semences de gazon à entretien minimal (truc 435), et non pas dans le gazon en plaques (en rouleaux) (truc 439).

433. LA TROISIÈME CLÉ DU SUCCÈS AVEC LA PELOUSE : TERREAUTEZ ANNUELLEMENT

Même le meilleur sol au monde s'épuise avec le temps si on ne rajoute pas de matière organique… et l'engrais, même biologique, ne rajoute pas de matière, mais que des minéraux. Donc cette manie que nous, les Occidentaux, avons de dépendre uniquement sur l'engrais pour fertiliser nos pelouses finit par donner un sol «minéralisé», c'est-à-dire, où les minéraux abondent, mais où la matière organique est presque absente. Sans matière organique, le sol devient dur et compact et les racines des graminées étouffent. Donc, si vous voulez vraiment une belle pelouse verdoyante et peu sujette aux mauvaises herbes, apprenez à terreauter annuellement. Le compost ajoutera de la matière organique au sol. Et le compost étant riche en éléments nutritifs, il fertilisera le gazon en même temps; tellement, tant qu'on laisse les résidus de tonte sur le gazon, qu'il n'est plus nécessaire d'appliquer d'autres engrais. Une mince couche de 1 à 2 cm de compost par année, appliquée à l'automne si possible, sinon au printemps, suffit pour maintenir le sol très riche en matière organique et ainsi stimuler une belle croissance dense du gazon.

De nos jours, il est possible de terreauter avec beaucoup moins de peine : faites venir une compagnie qui se spécialise dans l'application de terre et de paillis par soufflage (truc 925)!

434. LA QUATRIÈME CLÉ DU SUCCÈS AVEC LA PELOUSE : SURENSEMENCEZ APRÈS LE TERREAUTAGE

Suivez toujours le terreautage d'une application de semences à gazon de qualité additionnée de graines de trèfle blanc. Les «mauvaises herbes» s'installent facilement dans les sections peu denses de la pelouse, mais si vous réensemencer constamment, et avec un gazon très résistant en plus, ce sont les graminées et les trèfles qui prendront le dessus et les mauvaises herbes se feront rares, mêmes très rares.

Après le terreautage, surensemencez avec des semences à gazon à entretien minimal additionnées de graines de trèfle blanc.

■ Pour un gazon de qualité

435. CHOISISSEZ DES SEMENCES À GAZON À ENTRETIEN MINIMAL

Pour un beau gazon facile d'entretien, il faut choisir un mélange spécifiquement conçu à cette fin. La plupart des mélanges de semences à gazon sont faits pour épater le voisinage avec une pelouse luxuriante… qui demandera énormément de tonte et d'entretien par la suite. Recherchez plutôt un mélange comprenant des graminées à croissance lente mais sûre, comprenant plusieurs variétés de graminées et notamment des variétés résistantes aux maladies. Un tel mélange sera sans doute marqué « gazon à entretien minimal », « gazon à entretien réduit », « gazon biologique » ou autre pour le distinguer des gazons à entretien intensif qui dominent le marché.

436. LES ENDOPHYTES SONT LA CLÉ !

En recherchant un gazon à entretien minimal, il faut toujours s'assurer aussi qu'il contient des « endophytes ». Il s'agit de champignons bénéfiques qui vivent *à l'intérieur* des semences et qui, comme bien des champignons bénéfiques, aident à donner un gazon plus résistant et plus verdoyant. Mais le plus important est que les endophytes rendent le gazon essentiellement toxique pour les insectes. Un pourcentage aussi faible que trente pour cent d'endophytes peut faire toute la différence entre un gazon qui est mangé par les punaises velues (punaises des céréales) ou les pyrales des prés et un gazon qui demeure vert tout l'été quand ceux de tous les voisins sont endommagés.

N'oubliez pas d'ajouter des graines de trèfle blanc à vos mélanges de semences de gazon à entretien minimal.

437. N'OUBLIEZ PAS D'AJOUTER DU TRÈFLE BLANC

La plupart des semences de gazon ne contiennent plus de trèfle blanc. Pourtant, tel qu'expliqué dans le truc 427, la présence de trèfle blanc est essentielle au succès d'un gazon à entretien minimal. Ajoutez donc dix à quinze pour cent de graines de trèfle blanc (*Trifolium repens*), vendues partout où on vend des semences à gazon.

438. DES MYCORHIZES AUSSI

Les graminées de gazon sont aussi avides de mycorhizes (voir les conseils 953 à 958) que la majorité des autres plantes. Vous pouvez en appliquer au sol au même moment que vous posez ou semez le gazon, mais il existe maintenant des semences de gazon déjà imprégnées de spores de champignons mycrorhiziens. Recherchez une marque qui offre à la fois des champignons mycorhiziens (qui vivent à l'extérieur de la graminée, sur ses racines) et des champignons endophytes (qui vivent à l'intérieur de la graminée, dans son feuillage) et vous obtiendrez un gazon d'une qualité phénoménale. Si vous ne trouvez pas des semences contenant les deux champignons bénéfiques, choisissez le gazon avec endophytes et appliquez les mycorhizes séparément.

439. LE GAZON EN PLAQUES : PENSEZ-Y BIEN

La plupart des gens commencent avec un gazon vendu en rouleaux (en plaques) en pensant que c'est ce qu'il y a de mieux. Malheureusement, ce n'est pas le cas. Au moment où ce livre était écrit, du moins (on peut espérer que la situation changera), on ne vendait dans nos régions que du pâturin des prés (pâturin du Kentucky ou *Kentucky bluegrass*, soit *Poa pratensis*) en plaques. Or, ce gazon est très capricieux et

Le gazon en plaques coûte plus cher… et donne un gazon faible, sujet aux insectes et aux maladies.

demande beaucoup d'engrais et d'entretien, en plus d'être à croissance rapide. Aussi, idéalement, tout gazon devrait être fait d'un mélange d'espèces, car chacune a des faiblesses aux insectes et aux maladies. Ainsi, un gazon fait de diverses variétés résiste à presque tout, car si une petite partie des graminées devait disparaître à la suite d'une infestation quelconque, les autres seraient là pour compenser. Un gazon tout en pâturin des prés risque de subir de lourds dégâts lorsqu'un insecte ou une maladie se déclare.

440. LE GAZON EN PLAQUES : SURTOUT POUR LES PENTES

La vraie place de la pelouse en plaques (en rouleaux) est sur les pentes. Si on sème du gazon sur une pente de plus de vingt pour cent, il peut y avoir de sérieux problèmes d'érosion si une forte pluie arrive avant qu'il ne soit bien enraciné, mais un gazon en plaques, plus lourd, ne bougera pas, même dès la plantation et s'enracinera plus facilement en seulement quelques semaines, assurant une excellente résistance à l'érosion à moyen terme aussi. Comme le gazon en plaques est d'entretien intensif, idéalement on l'installera dans la pente… pour ensuite le convertir en gazon à entretien minimal (selon la méthode terreautage et réensemencement, décrite aux conseils 433 et 434).

■ Une nouvelle pelouse

441. POSEZ UNE PELOUSE… À ENTRETIEN MINIMAL

Même si vous choisissez une pelouse bichonnée (ne contenant que des graminées) plutôt qu'une pelouse classique (graminées et trèfle blanc) ou une pelouse de jardinier paresseux (truc 428) où tout est permis, il y a moyen d'en faire une pelouse à entretien minimal ou une pelouse à entretien maximal. Je vous suggère, si vous avez une nouvelle pelouse à poser, de choisir la deuxième !

442. LA POSE D'UNE PELOUSE À ENTRETIEN MINIMAL : **ÉTAPE 1**

COMMENCEZ SANS MAUVAISES HERBES

La pose d'une nouvelle pelouse. Étape 1. Commencez par appliquer une couche de papier journal, puis recouvrez de 20 à 30 cm de bonne terre.

La première étape dans la pose d'un gazon à entretien minimal est, bien sûr, de recouvrir la surface d'une couche de 20 cm à 30 cm de terre (voir le conseil 13), dans ce cas-ci, une terre à gazon de première qualité. Habituellement, 20 cm de bonne terre étoufferont les mauvaises herbes qui pourraient être sur place… du moins, celles qui ne sont pas à racines traçantes. Par contre, si le sol d'origine est très infesté de mauvaises herbes à racines traçantes (herbe aux goutteux, prêle, chiendent ou autres)

tapissez le sol avec sept à dix feuilles de papier journal mouillé d'épaisseur (laissez-le tremper dans un seau d'eau avant l'application pour ne pas qu'il parte au vent) pour créer une barrière qui les éliminera. Il existe également des rouleaux de carton vendu spécifiquement à cet effet.

443. UNE PARENTHÈSE : DOIT-ON TRAITER AVEC DES HERBICIDES AUPARAVANT ?

Plusieurs jardiniers se demanderont sans doute s'il ne serait pas plus sage de traiter la surface avec un herbicide avant de poser la couche de papier journal et de terre (voir le conseil précédent). Je dois admettre que je ne l'ai jamais essayé. La dernière fois que j'ai commencé une nouvelle pelouse (je suis plutôt à l'étape de ma vie où j'enlève de la pelouse plutôt que d'en poser !), il n'existait pas encore d'herbicides biologiques et je n'ai jamais voulu accepter de traiter avec des produits de synthèse dont je redoutais (avec raison) l'effet sur l'humain. Mais il existe maintenant des herbicides biologiques (voir le truc 796) à base de savons ou d'acides. Si vous voulez tenter l'expérience avec ces produits et si votre budget et votre horaire permettent une étape supplémentaire, allez-y ! Rappelez-vous toutefois que ces produits risquent ne pas tuer toutes les mauvaises herbes du premier coup : si le secteur est très envahi par des mauvaises herbes vivaces à racines traçantes, il serait quand même bon de poser une barrière de papier journal après l'application d'herbicide.

444. LA POSE D'UNE PELOUSE À ENTRETIEN MINIMAL : ÉTAPE 2

AMÉLIOREZ LE SOL MAINTENANT, S'IL LE FAUT

Si vous avez suivi le conseil numéro 442, vous avez commencé avec une terre à gazon de qualité et n'avez pas besoin d'ajouter du compost, de l'engrais ou quoi que ce soit d'autre. Mais si par malheur vous vous êtes procuré une terre de deuxième ou même de troisième qualité (de la terre noire, par exemple), ajoutez beaucoup de matière organique (de préférence du compost, mais la tourbe (*peat moss*) peut-être aussi utilisée) ainsi qu'un engrais biologique à libération lente.

Étape 2. Améliorez avec du compost la terre appliquée si elle n'est pas de bonne qualité.

445. LA POSE D'UNE PELOUSE À ENTRETIEN MINIMAL : **ÉTAPE 3**

ÉGALISEZ LE SOL

Étape 3. Étendez la terre et égalisez bien.

Une fois la couche de terre en place, il suffit de l'égaliser avec un râteau de jardin. Idéalement, vous voudriez une légère pente pour assurer un bon drainage, cinq pour cent environ, mais surtout pas une pente abrupte au point que la tonte sera difficile (dix pour cent ou plus).

446. LA POSE D'UNE PELOUSE À ENTRETIEN MINIMAL : **ÉTAPE 4**

SE TROUVER UN ÉPANDEUR

Étape 4. Empruntez un épandeur.

À moins que vous n'ayez déjà un épandeur à engrais sous la main, l'idéal est de louer un appareil. Et la plupart des vendeurs de semences à gazon prêtent des épandeurs gratuitement avec l'achat de semences. Il s'agit de laisser un dépôt et de s'entendre sur le retour (habituellement, dans les vingt-quatre heures).

447. LA POSE D'UNE PELOUSE À ENTRETIEN MINIMAL : **ÉTAPE 5**

ÉTENDEZ LA SEMENCE DE GAZON

Étape 5. Épandez les semences de gazon dans un sens, puis reprenez à angle droit.

Réglez l'épandeur à la moitié de la quantité recommandée et passez sur la pelouse d'abord dans un sens, aller-retour, puis dans l'autre, donc à angle droit, encore aller-retour. Cela donnera une application plus égale (et donc une pelouse plus égale) que d'épandre dans un seul sens.

448. PARENTHÈSE 2 : FERMEZ L'ÉPANDEUR AU BOUT DE CHAQUE RANG

Appliquer trop de semences n'est pas nuisible pour le futur gazon (mais appliquer trop d'engrais, oui !), mais cela peut vous obliger à acheter trop de semences inutilement. Fermez donc l'épandeur au bout du rang, tournez-le et, ouvrez-le de nouveau seulement lorsque vous être prêt à commencer le passage suivant.

449. LA POSE D'UNE PELOUSE À ENTRETIEN MINIMAL : **ÉTAPE 6**

RÂTELEZ LÉGÈREMENT

L'important maintenant est que les semences de gazon restent en place. Vous ne voudriez pas les voir partir au vent ni voir les oiseaux les manger. Pour cela, il faut vous assurer qu'elles soient bien en contact avec la terre. À cette fin, passez le balai à gazon (ou râteau à gazon, si vous préférez ce nom), soit l'outil utilisé pour ramasser les feuilles mortes à l'automne, sur la surface, mais seulement très superficiellement. Ce n'est

Étape 6. Râtelez légèrement ou encore, passez un rouleau sur la surface ou recouvrez les graines d'une mince couche de tourbe.

pas votre but d'enterrer les semences à 2 cm de profondeur, mais seulement de les recouvrir à peine. Vous pourriez aussi passer un rouleau à gazon sur la surface ou la recouvrir d'une mince couche de tourbe : l'effet sera le même, c'est-à-dire que les semences de gazon seront solidement fixées dans le sol.

450. LA POSE D'UNE PELOUSE À ENTRETIEN MINIMAL : **ÉTAPE 7**

ARROSEZ BIEN

Les semences à gazon demandent de l'humidité pour bien germer. Arrosez donc, doucement, avec un arroseur à gazon, la surface nouvellement ensemencée. Environ une heure d'arrosage suffira pour bien humidifier le sol.

Étape 7. Arrosez bien.

451. LA POSE D'UNE PELOUSE À ENTRETIEN MINIMAL : **ÉTAPE 8**

SACHEZ ENTRETENIR UNE NOUVELLE PELOUSE

Étape 8. Évitez de marcher sur la nouvelle pelouse pendant 3 semaines.

Il faut s'assurer que le semis de gazon ne manque pas d'eau durant sa «période d'établissement», soit environ deux à trois semaines. Arrosez au besoin pour que le sol reste toujours humide, mais pas détrempé. Évitez de marcher sur le gazon ou de laisser d'autres personnes le faire. Quand les graminées atteignent environ 10 cm de hauteur, faites une première tonte (et allez-y délicatement, car les racines sont encore fragiles). Une tonte ou deux plus tard et votre gazon sera aussi beau (et peut-être plus beau!) qu'une pelouse bien établie depuis plusieurs années.

452. LA POSE D'UNE PELOUSE À ENTRETIEN MINIMAL : **ÉTAPE 9**

ARROSEZ BIEN LA PREMIÈRE SAISON

Étape 9. Arrosez bien la première saison pour bien établir le gazon.

Un nouveau gazon est plus sensible à la sécheresse qu'une pelouse établie depuis quelque temps, car les racines n'ont pas pu atteindre toute la profondeur d'une graminée établie depuis six mois ou plus. Il est donc sage de continuer d'arroser un jeune gazon tout l'été, surtout si la pluie se fait désirer. En période d'interdiction d'arrosage, il y a souvent une exception faite pour les pelouses nouvellement posées: vérifiez avec votre municipalité.

■ Améliorer un gazon faible

453. POUR CONVERTIR UN GAZON EXISTANT À L'ENTRETIEN MINIMAL

La plupart des gazons que l'on voit dans nos régions varient de qualité plutôt moyenne à faible, et ce, parce que, en général, on avait posé du gazon en rouleau (déjà une source de problèmes) sur un sol de deuxième qualité. La bonne nouvelle c'est que l'on peut convertir un gazon de deuxième qualité en gazon de première qualité sans trop de problèmes. Il suffit de terreauter à tous les automnes ou les printemps pendant trois ans avec une mince couche de bonne terre à gazon (environ 2 cm) libre de mauvaises herbes, puis de surensemencer aussitôt avec une semence de gazon en mélange contenant des graminées endophytisées et résistantes aux maladies. Vous verrez une amélioration appréciable dès la première année, encore plus la deuxième année et la troisième… vous aurez rarement vu un aussi beau gazon ! La raison est simple : en ajoutant 2 cm de bonne terre annuellement, vous venez d'ajouter, au bout de trois ans, 6 cm de bonne terre en surface, assez pour permettre aux racines des graminées de vraiment commencer à s'épanouir. De plus, ces couches superposées de terre tendent à affaiblir les mauvaises herbes et à permettre l'expansion des graminées et du trèfle. Enfin, en surensemençant régulièrement avec un gazon de qualité, vous vous assurez que tout trou dans le gazon se remplit de plantes que vous avez choisies, non pas de mauvaises herbes.

■ Entretien saisonnier d'un gazon

454. PAS BESOIN D'ENGRAIS POUR AVOIR UNE BELLE PELOUSE

Le concept qu'un gazon a absolument besoin d'engrais pour être plus beau, vient de la puissante industrie des fertilisants. Pourtant, on peut facilement avoir un magnifique gazon sans utiliser d'engrais. Un gazon qui suit un régime de type terreautage au compost et surensemencement (trucs 433 et 434), par exemple, n'en aura pas besoin. Mais si vous y tenez, apprenez au moins à vous distancer du régime « trois ou quatre applications par année » imposé par une industrie d'engrais avide de votre argent. Sachez qu'une seule application d'engrais biologique à dissolution lente est amplement suffisante pour combler les besoins en minéraux des graminées, surtout si vous laissez le gazon tondu (truc 461) sur la pelouse.

■ La tonte du gazon

455. UN GAZON PLUS LONG SIGNIFIE UN GAZON EN MEILLEURE SANTÉ

Autrefois, on recommandait de tondre le gazon à 5 cm (2 pouces) pour un effet de vert de golf… sauf que les gazons tondus aussi ras avaient de gros ennuis de santé. Ils avaient notamment tendance à sécher en été… et les

Tondez le gazon haut et vous verrez plusieurs problèmes disparaître.

mauvaises herbes étaient légion. On sait de nos jours qu'une pelouse plus longue crée de l'ombre sur le sol et sur ses propres racines. Ainsi, en période de canicule, les racines ne sont pas brûlées. Aussi, la longueur des racines est plus ou moins proportionnelle à la hauteur des feuilles. Ainsi, un gazon court a des racines courtes qui ne peuvent pas aller chercher un supplément d'eau en période de sécheresse alors qu'un gazon long a des racines profondes qui peuvent trouver de l'eau en profondeur s'il y a lieu. Enfin, les graines de mauvaises herbes ont beaucoup de difficulté à germer dans une pelouse longue : le soleil, essentiel à leur germination, n'arrive pas au sol.

456. LA BONNE HAUTEUR DE TONTE

Pour les graminées de climat froid utilisées dans nos gazons, une hauteur de coupe de 6,5 cm à 8 cm convient très bien. La plupart des jardiniers visent 7 cm ou 8 cm.

457. JAMAIS PLUS DU TIERS À LA FOIS

Quand vous tondez le gazon, ne coupez jamais plus du tiers de sa longueur par tonte. Ainsi, si vous voulez maintenir le gazon entre 6,5 cm et 8 cm de hauteur, il faut le tondre lorsqu'il atteint une longueur de 10 cm ou 11 cm.

458. PAS DE TONTE EN PÉRIODE DE SÉCHERESSE

Ne tondez pas en période de canicule : c'est mauvais pour la pelouse.

Quand on annonce une période de canicule et de sécheresse, et que vous n'avez pas l'intention d'arroser (ce qui est une excellente idée! Voir le truc 477), remisez temporairement la tondeuse. En période de sécheresse, plus votre gazon est long, meilleur sera son état quand les pluies reviendront.

459. UNE TONTE EN DEUX ÉTAPES

Si, à cause d'une absence ou d'un excès de paresse, votre gazon atteint 15 cm de hauteur ou plus, il ne serait pas sage de le tondre tout de suite à 8 cm. À la place, suivez la règle du tiers: coupez le gazon aux deux tiers de sa hauteur, attendez deux ou trois jours, puis tondez-le de nouveau à la hauteur finale. Si le gazon est vraiment très haut, 20 cm ou plus, il peut falloir tondre le gazon trois ou même quatre fois en baissant progressivement la hauteur chaque fois.

460. UNE LAME BIEN AIGUISÉE COUPE MIEUX

Une lame de tondeuse s'émousse à la longue et bientôt elle arrache le gazon plutôt que de le tondre. Prenez l'habitude d'aiguiser, ou de faire aiguiser votre lame annuellement, au début de la saison. Si vous avez une grande surface à tondre, un deuxième aiguisage en mi-saison sera peut-être nécessaire.

461. NE RAMASSEZ PAS LES TONTES DE GAZON

Il n'est pas nécessaire de ramasser la tonte de gazon.

Bien que beaucoup de gens le fassent encore, il n'est pas nécessaire de ramasser les brins d'herbe résultant de la tonte d'un gazon. Les résidus de coupe fonderont rapidement dans le gazon et feront la joie des vers de terre. Et en se décomposant, les tontes nourrissent le gazon: c'est en fait du recyclage sur place!

462. MAIS SI JE NE RAMASSE PAS LES RÉSIDUS DE TONTE, IL Y AURA TROP DE CHAUME !

Ah ! Le chaume, cette mystérieuse couche de gazon mort entremêlé avec des rhizomes et des racines de gazon qui pose tant de problème aux jardiniers forcenés. En effet, plus on applique des pesticides sur un gazon, plus on fertilise avec des produits très forts, plus on ramasse les rognures de gazon (oui, aussi curieux que cela puisse paraître, ramasser l'herbe tondue *augmente* la quantité de chaume !), plus il y en aura. Mettez en pratique les méthodes du jardinier paresseux et vous n'aurez plus de chaume, jamais. Garanti !

463. UNE PELOUSE SANS TONTE ?

Depuis des décennies, les compagnies gazonnières recherchent une combinaison de graminées à pelouse qui n'a pas besoin de tonte… ou très peu. Après tout, ne serait-ce pas merveilleux si le gazon arrivait tout naturellement à une hauteur de 7 cm, puis arrêtait tout naturellement de pousser ? À ce jour, on n'a pas réussi… mais il existe tout de même des mélanges de gazon à croissance plus lente qui ne demandent pas autant de tonte qu'une pelouse traditionnelle tout en ayant les mêmes caractéristiques : croissance dense et égale, belle coloration verte du printemps à l'automne, excellente résistance aux insectes et au piétinement, etc. Souvent, on vend ces gazons sous l'étiquette de «pelouse écologique», écologique parce qu'une pelouse qui croît plus lentement demande nécessairement moins d'engrais.

464. UNE PELOUSE SANS TONTE ? (BIS)

Mais il existe déjà des pelouses sans tonte ! Si votre pelouse est composée d'autres choses que des graminées, il y a fort à parier que la tonte ne sera pas nécessaire. Or, il existe depuis longtemps des pelouses de thym, de pachysandre et d'autres couvre-sols. Ces plantes atteignent tout naturellement une certaine hauteur, puis arrêtent de pousser. Leur entretien est donc réellement minimal. Elles sont cependant plus coûteuses à installer et ne tolèrent pas autant de piétinement qu'une pelouse de graminées : impossible d'y jouer au football, par exemple. Mais quand vous avez passé l'étape de votre vie où vous avez de jeunes enfants qui ont besoin d'un endroit pour courir sans se faire mal en tombant (pour cela, rien ne bat une pelouse de graminées !), c'est une solution à envisager.

465. FAITES TONDRE PAR AUTRUI

Un des plus vieux trucs du jardinier paresseux pour réduire ses efforts est de faire tondre son gazon par quelqu'un d'autre. Et pourquoi pas? Vous verrez votre terrain d'un tout autre œil quand vous aurez éliminé la tâche que vous détestiez le plus. Le «tondeur» peut être un autre membre de la famille (et pourquoi fait-on des enfants, après tout, si ce n'est pour tondre le gazon et laver la vaisselle?) ou un jeune du voisinage ou offrez-vous les soins d'un service professionnel. L'avantage de ce dernier est que vous avez rarement à crier après et qu'il vient tout l'été alors qu'un jeune (le vôtre ou un autre) a souvent des contraintes comme suivre sa famille en vacances ou devoir passer deux semaines en août dans un camp.

466. UNE TONDEUSE ROBOT

D'ici peu, ce sont des tondeuses robot qui tondront la pelouse.

Au moment où j'écrivais ces lignes, les tondeuses robot étaient encore presque du domaine de la science-fiction, mais elles commençaient peu à peu à se tailler une place sur le marché. N'imaginez pas que je parle d'un robot humanoïde qui pousse une tondeuse, cependant! Les tondeuses robot que j'ai vues ressemblaient davantage à des coccinelles géantes. Mues à l'électricité ou à l'énergie solaire, elles tondent tous les jours, vous assurant que la pelouse est toujours impeccable. Les modèles actuels ne fonctionnent que sur les surfaces planes et relativement petites, mais cela ne saurait durer. Un jour, nous aurons une tondeuse robot qui tondra très efficacement même les pelouses les plus inégales. Et vous pouvez être certain que, lorsque ce jour arrivera, je serai le premier à m'en acheter une… s'il me reste du gazon!

467. À QUEL ÂGE PEUT-ON TONDRE LA PELOUSE ?

En général, un enfant peut tondre le gazon à partir de l'âge de 12 ans.

C'est une question que beaucoup de parents se posent, d'autant plus que les plus jeunes ont souvent très hâte de pouvoir le faire (un enthousiasme qui disparaît bien vite, malheureusement). Mais une tondeuse est trop lourde et difficile à manier pour les jeunes enfants et, de plus, elle pose un risque à leur santé s'ils ne saisissent pas que c'est une machine à respecter. Sans être un expert sur la maturation des enfants, j'ai lu des articles sur ce sujet au cours des années qui suggèrent qu'un enfant de douze ans commence à avoir et la force et la dextérité pour manier une tondeuse en toute sécurité. Évidemment, chaque cas est différent et le type de tondeuse entre aussi en ligne de compte (certaines sont si lourdes que même un solide gaillard de douze ans aurait de la difficulté à les manier !). Utilisez donc un peu de jugeote, mais douze ans serait environ le bon âge dans la plupart des cas.

468. DES SOULIERS SVP

J'ai souvent vu des gens tondre une pelouse en sandales ou même pieds nus… et c'est très dangereux. Il suffit d'un faux mouvement et nous voilà avec des orteils en moins. Une simple paire de souliers ou même des baskets offrent au moins une certaine protection. Évidemment, l'idéal est de porter des souliers de travail à pointe en acier.

■ Faciliter la tonte

Enlevez les obstacles et la pelouse est facil à tondre.

469. UNE PELOUSE SANS OBSTACLE EST FACILE À TONDRE

Il est facile de gagner beaucoup de temps dans l'entretien d'une pelouse en s'assurant qu'elle est relativement sans obstacles. En effet, faire des aller-retour avec une tondeuse ne prend pas beaucoup de temps, mais faire le découpage autour des arbres et des îlots, c'est l'enfer. Joignez vos îlots ensemble, placez les arbres dans une plate-bande et faites tous les efforts nécessaires pour éliminer les obstacles et vous verrez comme vous gagnerez du temps !

470. UNE PELOUSE « TONDABLE » PARTOUT !

Sur la plupart des terrains, le gazon pousse jusqu'à la base des arbres, des murets, des poteaux et des structures de toutes sortes. Non seulement cela vous oblige à faire plein de petits mouvements avec la tondeuse pour atteindre le gros de la surface, mais vous devez quand même revenir avec le coupe-bordure pour finir. J'appelle ça du « découpage » et, comme pour la peinture, découper prend bien plus de temps que « passer le rouleau » (passer la tondeuse sur une surface sans obstacle). Alors, si vous éliminez les endroits où la tondeuse ne peut faire effica-

S'il faut repasser avec un coupe-bordure, votre pelouse n'est pas organisée à la paresseuse !

cement son travail, vous vous épargnerez beaucoup d'efforts. Les gens qui ont fait l'expérience d'avoir éliminé le découpage dans la tonte disent souvent qu'ils peuvent désormais tondre en un tiers ou même en un quart du temps !

471. INSTALLEZ UN CHEMIN DE TONTE

Un chemin de tonte est une bordure inerte, plate, posée autour d'une plate-bande ou d'un autre obstacle. L'idée est que la roue de la tondeuse puisse passer sur le chemin de tonte et ainsi couper le gazon très également sans obliger le tondeur à ralentir ou devoir revenir avec le coupe-bordure pour finir le découpage. On peut utiliser à cette fin des briques, des dalles, des pierres naturelles, etc., même des planches, pourvu qu'on se rappelle que le bois pourrira éventuellement au contact du sol et devra être remplacé un jour. L'important est que le chemin de tonte soit au même niveau que le gazon pour que la tondeuse puisse couper de façon égale.

Il n'y a rien comme un chemin de tonte autour des plates-bandes pour faciliter la tonte.

472. DU PAILLIS ET PAS LA PELOUSE À BASE DES OBJETS VERTICAUX

Étape 1 : Découpez et enlevez le gazon autour de l'obstacle.

Étape 2 : Tapissez le fond du trou de papier journal.

Posez un paillis jusqu'à la hauteur du sol.

Passez la roue de la tondeuse sur le paillis et la tonte devient alors un jeu d'enfant !

La façon la plus facile pour éliminer le découpage est tout simplement d'enlever le gazon à la base des objets verticaux et de le remplacer par du paillis. La tondeuse ne peut pas atteindre la zone à la base d'un tronc d'arbre, par exemple, ni au pied d'un mur ou d'un muret ou d'une piscine hors terre. C'est d'ailleurs pourquoi les villes qui veulent économiser sur la main-d'œuvre posent souvent un cercle de paillis autour des arbres dans leurs parcs. Et vous qui pensiez que c'était pour l'effet décoratif ! Vous pouvez faire la même chose à la maison. Il s'agit tout simplement de découper le gazon à ces endroits, de tapisser la surface avec sept à dix feuilles de papier journal (pour éliminer toute repousse) et de recouvrir la surface d'une bonne couche d'environ 7 à 10 cm de paillis. Il faut que le paillis soit environ à la même hauteur que le gazon au pourtour, ainsi, la roue de la tondeuse, en passant, peut rouler sur le paillis et donc couper le gazon également. Il suffit d'une bande de paillis de 30 cm de largeur à la base de tout objet vertical (60 cm si vous utilisez un tracteur pour tondre, car il est plus difficile à manier avec précision si on ne veut pas perdre son élan) pour pouvoir tondre sans peine, mais bien de gens aiment l'effet du paillis à la base d'un arbre et font des cercles de 1,2 m et plus.

473. ÉLIMINEZ LES PELOUSES EN PENTE

C'est fou comme les gens adorent leur pelouse! Et comme ils en veulent partout, vraiment partout, même dans les pentes les plus abruptes. Pourtant, tondre dans une pente n'est pas une partie de plaisir. Ça demande plus d'efforts physiques et il y a un risque de glisser (tous les ans, de nombreux jardiniers perdent des orteils ou des doigts dans des accidents de tonte sur les pentes). Aussi, la tondeuse y travaille moins également et il faut souvent passer deux fois, ce qui augmente le travail. Pour des raisons de facilité et de sécurité, il faut vraiment songer à éliminer le gazon dans les pentes. Vous pouvez le remplacer par une rocaille, une plate-bande, des couvre-sols, un muret ou n'importe quoi d'autre qui ne demande pas de tonte. Si j'ai enlevé le gazon en avant de chez moi avant celui d'en arrière, c'est que mon terrain y est très abrupt et demandait un temps et des efforts fous pour la tonte alors qu'il est essentiellement plat en arrière et que le tondre ne prend que quelques minutes. Et, grâce à ce changement, j'ai encore mes dix doigts et mes dix orteils!

Mieux vaut éliminer les pelouses en pente, car tondre en pente est dangereux et difficile.

■ L'utilisation du rouleau à gazon

474. VIDEZ VOTRE ROULEAU

En établissant un nouveau gazon, on peut vouloir égaliser le sol avec un rouleau à gazon… mais oubliez le vieux conseil qu'il faut remplir le rouleau d'eau auparavant. Un rouleau plein d'eau égalise très bien… mais compacte beaucoup aussi. Or, un des problèmes des gazons est que leurs racines poussent mal dans un sol trop compacté. Pourquoi alors commencer du mauvais pied? Passez un rouleau *vide* sur le gazon!

475. ROULER N'ÉGALISE PAS !

Après quelques années, la surface de tous les gazons devient moins égale : il y a des bosses par-ci, des dépressions par-là. Cela est dû à bien des facteurs, dont la présence de racines d'arbres sous le sol, le travail des vers de terre, l'action du gel et du dégel, etc. Autrefois, on disait alors de rouler le gazon pour l'égaliser… mais oubliez ce conseil ! Roulez un gazon inégal compacte les parties surélevées pour les enfoncer. Or, justement, l'une des raisons pour lesquelles un gazon pousse mal est que son sol devient trop compact avec le temps ! Plutôt que de rouler un gazon inégal, terreautez-le (truc 433). Terreauter comble les trous plutôt que d'écraser les bosses et donne un gazon aussi égal, mais au sol beaucoup moins compact.

Passez le rouleau sur le gazon pour l'égaliser ? Vous l'écrasez plutôt !

476. REMPLACEZ LE GAZON OÙ IL NE POUSSE PAS BIEN

Pourquoi se donner la peine d'entretenir un gazon à moitié mort dans un emplacement où il ne pousse pas bien, comme sous une ombre trop forte, sur une pente trop abrupte ou là où les racines d'arbres en surface lui volent tous ses minéraux et tout son engrais ? Plantez tout simplement un couvre-sol (truc 632), mais bien sûr, un couvre-sol adapté aux conditions (plantes d'ombre à l'ombre, plantes xérophiles là où la compétition racinaire est un problème (truc 831), etc.

■ Arrosage du gazon

477. ARROSEZ UNE PELOUSE INSTALLÉE

Laissez votre gazon entrer en dormance estivale plutôt que de l'arroser…

… Et votre gazon reverdira comme par miracle quand la pluie reviendra.

Tous les étés, on voit la même chose, restrictions ou pas: par la première belle journée d'été, les gicleurs et arroseurs entrent en action pour ne cesser que l'automne venu. Pourtant, tout cet entretien n'est pas nécessaire et est même nuisible aux gazons. D'abord, un seul arrosage en profondeur une fois par semaine, selon les règles de l'art (trucs 814 à 823), est bien suffisant. Mais le jardinier amateur sait qu'une pelouse établie, donc bien enracinée, n'a normalement besoin *d'aucun* arrosage! Les graminées de gazon ont la capacité, peut-être surprenante, de pouvoir entrer en dormance estivale lorsqu'il le faut. Ainsi, quand la pluie manque, la croissance ralentit, puis s'arrête, le gazon brunit… mais reste vivant. Quand les pluies reviennent, la pelouse reverdit rapidement, plus attrayante que jamais. Pourquoi donc arroser quand on peut avoir une belle pelouse sans le faire?

478. PAS D'ARROSAGE, PAS DE TONTE

Ce qui est surtout extraordinaire dans la dormance estivale (conseil précédent), c'est que le gazon endormi arrête temporairement de pousser et n'a alors besoin d'aucune tonte ! Il faut être masochiste pour arroser le gazon de façon à pouvoir le tondre en pleine canicule. Eh bien, à regarder suer les gens dans mon quartier, des masochistes, il y en a beaucoup !

479. POURQUOI PAS UNE PELOUSE DE MOUSSE ?

Saviez-vous que les Japonais considèrent une pelouse de mousse de la plus grande sophistication ? Et elle poussera sans peine dans les emplacements où une pelouse de graminées n'aura aucune chance, comme à l'ombre et dans un sol compacté. La mousse peut même pousser sur l'asphalte ! Et la mousse n'a jamais besoin de tonte ni de fertilisation, est plus résistante à la sécheresse que les graminées et reste verte toute l'année. Tout n'est pas parfait, cependant. Si certaines mousses tolèrent le plein soleil, la sécheresse et les sols alcalins, la majorité des mousses réussissent mieux à l'ombre, dans un sol plutôt humide et passablement acide (un pH de 5 à 5,5 est idéal). Et la pelouse de mousse ne résistera pas au piétinement : il faudra établir des sentiers ou des pas japonais pour assurer un accès. Pas question non plus qu'on y joue au rugby ! Mais, dans un coin ombragé où le gazon ne pousse pas bien, une pelouse de mousse peut être une solution intéressante.

La mousse peut faire une très jolie pelouse.

480. POUR FAIRE UNE PELOUSE DE MOUSSE

Commencez au printemps quand le sol est humide et l'eau abondante. Enlevez d'abord les autres végétaux (si l'emplacement convient vraiment à la mousse, il n'y en aura pas beaucoup!). Si une analyse de sol indique qu'il n'est pas assez acide (un pH de 5,0 à 5,5), ajoutez du soufre pour l'acidifier. Roulez la surface avec un rouleau rempli d'eau pour compacter le sol (ce qui empê-

Étape 1 : roulez le sol.

Étape 2 : passez la mousse au robot de cuisine.

Étape 3 : étendez la « broue » de mousse au râteau.

Étape 4 : roulez le sol de nouveau.

chera d'autres plantes de s'y établir). N'ayant pas de racines, la mousse n'a pas besoin d'un sol profond. Ramassez la mousse ailleurs sur le terrain (ne dépouillez pas les forêts ni les terrains publics!) et passez-la au robot culinaire avec de l'eau. Versez ce mélange çà et là et étendez-le également avec un râteau. Roulez de nouveau pour fixer la mousse. Maintenant, installez temporairement un brumisateur ou un arroseur à jets très fins sur l'emplacement.

humidifiez le secteur deux fois par jour.

L'idée est de créer un brouillard, non pas une pluie lourde. Deux fois par jour, arrosez pendant quinze minutes. Cela gardera les plantes légèrement humides et encouragera leur reprise. Après cinq semaines, la mousse devrait être bien en voie de développement et vous pourrez commencer à la sevrer du système de brouillard (sur une période d'environ trois semaines), réduisant à une session par jour, puis aux 2 jours, puis pas du tout. Il faut tout un été pour créer une pelouse de mousse mince mais «présentable». L'année suivante, la mousse sera encore mieux établie et l'apparence, nettement meilleure.

481. ENTRETIEN D'UNE PELOUSE DE MOUSSE

Il n'y en a presque pas. Surtout, il n'y a aucune tonte! Arrachez les mauvaises herbes à la main (et bouchez le trou avec quelques tiges de mousse pour réensemencer l'emplacement) et ramassez les feuilles à l'automne, voilà tout. De plus, il peut être nécessaire d'arroser en période de sécheresse extrême. En période de sécheresse modérée, la pelouse de mousse, tout comme la pelouse de graminées, entrera en dormance estivale et pâlira, devenant craquante si on la touche. Contrairement à la pelouse de graminées, il ne faut cependant que peu d'eau pour faire reverdir une pelouse de mousse: même pas 1 cm. Et même si vous n'arrosez aucunement, votre pelouse de mousse reverdira toute seule dès que la pluie reviendra.

Plantes aquatiques et jardin d'eau

■ Les plantes aquatiques

482. QUATRE CATÉGORIES DE PLANTES POUR LE JARDIN D'EAU

Il y a quatre catégories de plantes qui peuvent être utiles dans un jardin d'eau : les plantes oxygénantes, les plantes à feuillage flottant, les plantes flottantes et les plantes marginales. Les plantes de chaque catégorie auront un rôle à jouer dans votre jardin d'eau.

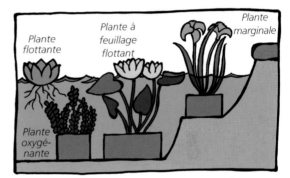

Quatre types de plantes fréquentent les jardins d'eau.

483. LES PLANTES OXYGÉNANTES : LES MOINS VISIBLES ET LES PLUS UTILES

On appelle plantes oxygénantes les plantes submergées qu'on place au fond du bassin. C'est souvent à peine si on les voit, mais elles sont essentielles à l'équilibre du bassin. Leur rôle principal est d'oxygéner l'eau… et, par le fait même, de réduire le gaz carbonique qui, s'il est trop présent, stimulera la croissance des algues. Aussi, les plantes oxygénantes absorbent les minéraux présents dans l'eau, encore au détriment des algues. Enfin, elles servent d'abri, de lieu de frai et de nourriture aux poissons. On recommande habituellement un pot de plantes oxygénantes par 30 cm^2 de surface de bassin. Si ses plantes se développent trop, on peut couper l'excédent.

L'élodée du Canada (Elodea canadensis) passe sa vie sous l'eau.

484. LES PRINCIPALES PLANTES OXYGÉNANTES*

Voici une liste des plus importantes plantes oxygénantes :

- **CABOMBA**
  (*CABOMBA CAROLINIANA*) **TROPICALE**

- **CÉRATOPHYLLE**
  (*CERATOPHYLLUM DEMERSUM*) **ZONE 3**

- **ELODÉE DU CANADA**
  (*ELODEA CANADENSIS*) **ZONE 3**

- **MYRIOPHYLLE**
  (*MYRIOPHYLLUM AQUATICUM*) **ZONE 3**

- **VALLISNÉRIE D'AMÉRIQUE**
  (*VALLISNERIA AMERICANA*) **ZONE 3**

* Pour que ces espèces soient rustiques, le pot doit
être placé sous le niveau de la glace l'hiver.

485. LES PLANTES À FEUILLAGE FLOTTANT : ROYAUME DE NYMPHÉAS

Le nymphéa (Nymphaea spp.) est le champion des plantes à feuillage flottant.

Les nymphéas, avec leurs jolies feuilles rondes et leurs fleurs énormes, sont les plus recherchées de toutes les plantes aquatiques… et occupent presque tout le marché des plantes à feuillage flottant. Il en existe d'autres, mais, dans les jardineries traditionnelles du moins (la situation est différente chez les spécialistes des plantes aquatiques), vous ne trouverez probablement que des nymphéas. On cultive habituellement les plantes à feuillage flottant en pots et on place le pot au fond du basin bien qu'on puisse aussi planter les espèces rustiques en pleine terre dans un étang dont le fond est naturel. À partir des racines ancrées dans la boue, les feuilles montent sur de longs pétioles pour flotter sur l'eau. Le rôle des plantes à feuillage flottant est d'ombrager l'eau, ce qui stabilise la température de l'eau et réduit la lumière disponible pour les algues. On recommande habituellement de recouvrir les deux tiers de la surface du jardin d'eau de feuillage flottant.

486. LES PRINCIPALES PLANTES À FEUILLAGE FLOTTANT*

Ce groupe est nettement dominé par les nymphéas dont vous trouverez des dizaines d'espèces et de cultivars rustiques ou tropicaux en magasin, mais on trouve aussi assez souvent des lotus.

* Pour que ces espèces soient rustiques, le pot doit être placé sous le niveau de la glace l'hiver.

487. LES PLANTES FLOTTANTES : À LA DÉRIVE

Les plantes flottantes n'ont pas besoin de pots : comme leur nom l'indique, elles flottent à la surface de l'eau. Leur rôle est similaire à celui des plantes à feuillage flottant : couvrir suffisament la surface de l'eau pour stabiliser la température et réduire la lumière disponible aux algues. Elles sont toutefois beaucoup plus efficaces que les plantes à feuillage flottant pour ce qui est de purifier l'eau, c'est-à-dire nettoyer l'eau des minéraux en excès qui stimulent la croissance des algues, car leurs racines flottent librement dans l'eau et absorbent ces minéraux pour leur propre croissance. On inclut les plantes flottantes avec les plantes à feuillage flottant dans l'effort pour maintenir les deux tiers de la surface de l'eau couverte de feuillage.

La jacinthe d'eau (Eichhornia crassipes) *est la plus populaire des plantes flottantes.*

488. LES PRINCIPALES PLANTES FLOTTANTES

Vous trouverez presque exclusivement des plantes tropicales dans cette catégorie, exception faite de la grenouillette et de la lentille d'eau qui sont toutes deux très envahissantes… et donc des mauvaises herbes dans plusieurs situations.

489. LES PLANTES MARGINALES : INTÉGRATION ET HAUTEUR

Le peltandre de Virginie (Peltandra virginica)*: une plante marginale typique.*

Plante marginale signifie plante semi-aquatique, donc qu'on trouve, dans la nature, sur le rivage des plans d'eau. Elle pousse habituellement avec sa motte complètement immergée, parfois près de la surface de l'eau et parfois à une certaine profondeur. On les utilise en jardin d'eau surtout pour en adoucir les marges et pour mieux l'intégrer au paysage environnant, bien qu'elles soient utiles aussi pour ombrager l'eau, ce qui réduit les algues, et pour attraper les feuilles mortes et autres détritus qui auraient autrement abouti dans l'étang. Avec leurs tiges qui dépassent nettement la surface de l'eau, elles donnent aussi plus de hauteur au jardin d'eau. Habituellement, ces plantes peuvent pousser avec seulement les pieds dans l'eau ou, encore, avec leur motte de racines recouvertes jusqu'à une profondeur de 30 cm d'eau, dans certains cas. On peut placer leurs pots sur des roches ou des briques, si le bassin n'offre pas une section peu profonde où on peut les disposer. Les espèces rustiques peuvent être plantées à demeure dans un jardin d'eau dont le fond est naturel… mais attention, plusieurs sont alors très envahissantes!

490. LES PRINCIPALES PLANTES MARGINALES

On trouve dans ce groupe plusieurs plantes tropicales qui doivent être hivernées dans la maison, mais encore plus de plantes rustiques pouvant passer l'hiver à l'extérieur. Pour une liste de plantes terrestres qui peuvent tolérer des sols très humides, et donc bien se marier avec les plantes semi-aquatiques, voyez le conseil 513.

Végétaux

ESPÈCE	ZONE	PROFONDEUR*	ESPÈCE	ZONE	PROFONDEUR*
• **ACORE** (*ACORUS CALAMUS*)	4	0 CM À 15 CM	• **PAPYRUS NAIN** (*CYPERUS ALTERNIFOLIUS*)	*TROPICALE*	0 CM À 30 CM
• **ACORE NAIN** (*ACORUS GRAMINEUS*)	6	0 CM À 10 CM	• **PELTANDRE DE VIRIGINIE** (*PELTANDRA VIRGINICA*)	4B	0 CM À 15 CM
• **CALLA DE MARAIS** (*CALLA PALUSTRIS*)	2	0 CM À 10 CM	• **PLANTAIN D'EAU** (*ALISMA PLANTAGO-AQUATICA*)	3	0 CM À 30 CM
• **FLÈCHE D'EAU** (*SAGITTARIA LATIFOLIA*)	3	0 CM À 15 CM	• **PONTÉDÉRIE À FEUILLES EN CŒUR** (*PONTEDERIA CORDATA*)	3	0 CM À 30 CM
• **GLYCÉRIE** (*GLYCERIA MAXIMA* 'VARIEGATA')	5	0 CM À 15 CM	• **QUENOUILLE** (*TYPHA* SPP.)	2	0 CM À 15 CM
• **HYDROCOTYLE COMMUNE** (*HYDROCOTYLE VULGARIS*)	5	0 CM À 20 CM	• **QUEUE-DE-LÉZARD** (*SAURURUS CERNUUS*)	4B	0 CM À 15 CM
• **IRIS DES MARAIS** (*IRIS PSEUDACORUS*)	2	0 CM À 15 CM	• **SCIRPE** (*SCHOENOPLECTUS LACUSTRIS TABERNAEMONTANI*)	3	0 CM À 15 CM
• **IRIS JAPONAIS** (*IRIS KAEMPFERI*)	5	0 CM	• **TARO** (*COLOCASIA ESCULENTUM*)	*TROPICALE*	0 CM À 12 CM
• **JONC FLEURI** (*BUTOMUS UMBELLATUS*)	3B	0 CM À 15 CM	• **THALIA** (*THALIA DEALBATA*)	6	0 CM À 15 CM
• **JONC TORDU** (*JUNCUS EFFUSUS* 'SPIRALIS')	3	0 CM À 15 CM	• **TRÈFLE D'EAU** (*MENYANTHES TRIFOLIATA*)	2B	0 CM À 15 CM
• **ORONTIUM** (*ORONTIUM AQUATICUM*)	6	0 CM À 30 CM			

* Profondeur d'eau à la couronne de la plante.

491. UNE TRANSITION EN DOUCEUR

On place souvent les plantes à feuillage flottant en eau peu profonde au printemps, puis un peu plus profonde après une semaine ou deux, quand le feuillage commence à se développer, puis enfin à la véritable profondeur estivale. Par exemple, un nymphéa pousse mieux dans une eau assez profonde, mais on va souvent placer son pot seulement à 15 cm en début de saison, à 30 cm plus tard et jusqu'à 50 cm quand il est en pleine croissance. Cela n'est pas obligatoire, mais aide les plants à pousser plus rapidement au printemps.

492. N'ÉCLABOUSSEZ PAS LES NYMPHÉAS...

...Ni les autres plantes à feuillage flottant. Même s'il s'agit de plantes aquatiques, elles craignent l'eau sur leur feuillage et si le feuillage est constamment éclaboussé par l'eau d'une fontaine ou d'un jet, les feuilles touchées vont pourrir.

493. HIVERNER LES NYMPHÉAS RUSTIQUES

On peut placer les potées de nymphéa rustique au fond d'une piscine pendant l'hiver.

Les nymphéas rustiques sont bien rustiques… mais ne tolèrent pas le gel! Cette apparente contradiction se comprend par le fait que, dans la nature, même dans le nord, l'eau des lacs gèle rarement en profondeur, mais seulement en surface. Ainsi, mêmes les plantes aquatiques des régions nordiques sont souvent incapables de tolérer le gel véritable, du moins, pas lorsqu'il touche la couronne. Dans nos régions, on peut présumer que l'eau gèlera de 50 à 60 cm de profondeur environ. Si votre bassin dépasse 60 cm de profondeur, placez les pots de nymphéas rustiques dans cette partie profonde. Sinon, vous pouvez les placer au fond d'une piscine extérieure dans laquelle vous les laissez en hiver ou encore vous pouvez creuser une tranchée dans la plate-bande et les y enterrer, sous la ligne de gel. Le plus facile, cependant, c'est de trouver des cultivars capables de pousser à une bonne profondeur (60 cm et plus) et de les cultiver *en permanence* à cette profondeur. Leur croissance débute parfois lentement au printemps, mais au moins vous n'auriez pas à les déplacer à l'automne et au printemps.

494. HIVERNER LES NYMPHÉAS TROPICAUX

Les nymphéas tropicaux sont très attrayants et aussi très coûteux, ce qui encourage les gens à essayer de les conserver d'une année à l'autre. Les conserver est cependant plutôt difficile. Vous pouvez soit essayer de les garder au sec ou de les maintenir en croissance. Dans le premier cas, rentrer le pot en septembre et couper le feuillage. Placez le pot à l'ombre en maintenant le sol humide et à une température minimale de 15 °C. En avril, placez le pot dans un aquarium chauffé ou sous l'eau, dans un bac étanche avec un chauffe-eau d'aquarium pour maintenir la température de l'eau à environ 20 °C, et transposez le pot au jardin quand la température de l'eau du jardin aquatique atteint les 20 °C. L'autre méthode consiste à les conserver en croissance durant la majeure partie de l'hiver. Placez le pot dans un bac sans trou de drainage et gardez-le rempli d'eau dans un endroit chaud et très éclairé (une serre ou un éclairage artificiel intense serait tout à fait approprié) ou il sera possible de maintenir la température de l'eau à 20 °C. Souvent, la plante continue de pousser et même fleurir jusque vers Noël, puis entre dans une courte période de dormance pour recommencer un nouveau cycle quelques semaines plus tard.

495. UNE PLANTE AQUATIQUE À ÉVITER

La châtaigne d'eau (*Trapa natans*) est une plante aquatique introduite d'Asie qui cause aux États-Unis des millions de dollars de dommages annuellement en travaux d'éradication dans les cours d'eau où elle provoque des inondations, nuit aux poissons, bouche les prises d'eau, empêche le passage des bateaux, etc. Cette plante s'est établie à quelques endroits au Québec aussi, notamment sur le Lac Champlain et la Rivière du Sud où l'on essaie tant bien que mal d'arrêter son progrès. En tant que jardinier responsable, il faut donc éviter de cultiver cette plante de peur qu'elle ne s'échappe dans la nature.

Châtaigne d'eau.

■ Fertilisation du jardin d'eau

496. PEU D'ENGRAIS POUR LES PLANTES AQUATIQUES

L'eau dans un jardin d'eau contient déjà des minéraux en solution et, la plupart du temps, les plantes aquatiques se comportent très bien avec ce qui est disponible. Il existe des engrais conçus pour les plantes aquatiques (des comprimés que l'on insère dans la terre, au niveau des racines), mais si vos plantes poussent et fleurissent bien, est-ce nécessaire de dépenser de l'argent?

497. SURTOUT, PAS D'ENGRAIS SOLUBLES !

Il est important de ne pas verser d'engrais solubles dans un jardin d'eau. Cela peut provoquer une poussée d'algues !

■ Aménagement d'un jardin d'eau

498. LE JARDIN D'EAU LE PLUS SIMPLE

Le jardin d'eau le plus simple est fait dans un demi-tonneau.

Vous rêvez d'un jardin d'eau, mais votre budget ne le permet pas? Voici un jardin d'eau bon marché et d'ailleurs incroyablement facile à installer: le jardin d'eau en demi-tonneau. Il peut aller n'importe où, même sur un balcon d'appartement. Il s'agit de remplir d'eau un demi-tonneau (ou n'importe quel bac sans trous de drainage) d'eau, d'y placer quelques pots de plantes aquatiques ou marginales (placez ces dernières sur des pots inversés pour les soulever, si nécessaire) et quelques plantes flottantes. Au fond, placez quelques plantes oxygénantes (immergées) pour assurer que l'eau soit toujours bien oxygénée. Le seul entretien sera d'ajouter de l'eau si son niveau baisse. Vous n'avez même pas besoin de pompe: c'est le jardin d'eau le plus simple!

499. TOILE OU PRÉFABRIQUÉ?

Les toiles de piscine rendent l'installation d'un jardin d'eau un jeu d'enfants.

De nos jours, il y a surtout deux produits utilisés pour la construction des jardins aquatiques: les bassins prémoulés et les toiles imperméables (géomembranes) et les deux ont leurs avantages et désavantages. D'abord, les deux sont équivalents quant à leur utilité et leur durée. La limite principale du bassin prémoulé est le choix relativement limité de modèles, tous de taille relativement restreinte. Pour de grands plans d'eau, vous n'aurez pas d'autre choix que d'utiliser une toile. Par contre, le bassin préfabriqué est particulièrement facile à installer et représente un bon choix là où l'excavation n'est pas possible (à l'intérieur, par exemple). Leur grand défaut, c'est qu'ils coûtent plus cher (le double ou plus) que la toile. La toile a l'avantage d'être disponible dans beaucoup de largeurs et de pouvoir aussi se souder pour des bassins vraiment très vastes. Le choix de formes est illimité (cela ne tient qu'à vous)… et peut être embêtant si vous ne savez pas exactement ce que vous voulez. Son installation est toutefois plus difficile que celle du bassin préfabriqué.

500. FAUT-IL UTILISER DU GÉOTEXTILE AVEC UNE TOILE ?

De plus en plus, on voit les gens placer un géotextile (espèce de tissu feutré développé pour utilisation en contact avec le sol) sous leur toile imperméable et même *par-dessus*. Une telle utilisation n'est pas obligatoire et, dans la mesure où ce produit est peu coûteux, il peut être très utile. Le géotextile placé sous la toile aide à prévenir que des pierres ou des racines viennent percer la toile par en dessous. Par-dessus, il sert à protéger la toile de l'effet destructeur des rayons ultraviolets et des coups portés par des pierres, des pots ou des pas sur la toile. L'utilisation de deux géotextiles, le premier sous la toile, le deuxième par-dessus, est donc fortement recommandée si votre budget le permet.

501. CALCULER LES BONNES DIMENSIONS DE LA TOILE

Pour acheter une toile de bonne dimension, il y a un calcul à faire. Mesurez la largeur du plan d'eau, sa longueur et sa profondeur, puis faites le calcul suivant :

Longueur de toile = (profondeur du bassin x 2) + longueur du bassin + 0,6 m

Largeur de toile = (profondeur du bassin x 2) + largeur du bassin + 0,6 m

Par exemple, si votre bassin mesure 2 m de longueur sur 1,5 m de largeur et 90 cm (0,90 m) de profondeur, il faut calculer :

Longueur de toile = (0,9 m x 2) + 2 m + 0,6 m = 4,4 m.

Largeur de toile = (0,9 x 2) + 1,5 m + 0,6 m = 3,9 m.

Vous aurez alors besoin d'une toile mesurant 4,5 m sur 3,9 m pour votre plan d'eau.

Notez qu'on calcule 60 cm de toile de plus que les dimensions exactes du bassin. Cela donnera un surplus minimum de 30 cm de toile tout autour du bassin, un excédent nécessaire pour bien fixer la toile.

502. DES PALIERS DANS VOTRE JARDIN D'EAU

Si, pour vous, un bassin est surtout un jardin d'eau destiné à héberger de nombreuses plantes, considérez l'idée d'un plan d'eau en paliers de différentes profondeurs. Par exemple, vous pourriez en aménager un premier à 25 cm, un autre à 50 cm et le fond à 75 cm. Cela donnera un vaste choix de possibilités d'emplacement pour les plantes en pot, selon que telle espèce préfère avoir sa couronne à fleur d'eau, recouverte de 15 cm à 25 cm d'eau ou complètement sous l'eau.

Avec un jardin d'eau aux parois en palier, il y aura amplement d'espace pour les plantes aquatiques ayant besoin de différentes profondeurs.

503. PAS TROP HAUT LES FONTAINES !

Il est très difficile de contrôler l'eau des fontaines et elle peut alors éclabousser partout sous l'effet du vent et rendre les alentours du jardin aquatique glissants et dangereux. Il faut donc limiter la hauteur des fontaines pour que l'eau reste dans le bassin. Une bonne règle de base est que la hauteur de la fontaine ne doit jamais être plus que la distance entre sa position et la paroi du jardin la plus proche. Par exemple, pour un bassin de 2 m de diamètre où vous voulez une fontaine en plein centre, il faudrait choisir une fontaine dont la hauteur du jet serait de 1 m ou moins.

La hauteur de la fontaine ne doit jamais être plus que la distance entre elle et la paroi la plus proche du jardin.

■ Les poissons

504. PAS DE POISSONS SI VOUS VOULEZ ÉVITER DU TRAVAIL

D'accord, les poissons (carpes japonaises, poissons rouges, etc.) ajoutent beaucoup d'intérêt à un jardin d'eau, mais il font aussi des dégâts (mangeant et déracinant des plantes, produisant des déchets qui polluent l'eau, etc.). Je ne dis pas de ne pas en avoir, mais je vous suggère tout simplement de penser que ces petites bêtes aquatiques augmenteront de beaucoup le travail d'entretien.

505. NE PAS SURPEUPLER DE POISSONS LE JARDIN D'EAU…

Il n'y a essentiellement pas de limite au nombre de plantes aquatiques qu'il peut y avoir dans un jardin d'eau (quand vous ne voyez plus l'eau, tellement y a de plantes, il est peut-être temps d'arrêter!), mais dans le cas des poissons, oui! S'il y a trop de poissons, l'oxygène vient vite à manquer et ce sont vos poissons eux-mêmes qui en souffrent. Aussi, lorsqu'il y a trop de poissons, ils produisent plus de déchets que les bactéries filtrantes et les plantes ne peuvent absorber et l'eau devient polluée et malodorante.

Trop de poissons (ici des carpes japonaises) dans le jardin d'eau peut créer de gros ennuis.

506. COMMENT CALCULER LE NOMBRE DE POISSONS

Pour savoir combien de poissons votre bassin peut contenir, faites le calcul suivant:

$$(\text{surface d'eau libre en m}^2 \div 0,3) \times 5.$$

Cela donne la longueur maximale de poissons en centimètres. Divisez ce chiffre par la longueur des poissons que vous voulez placer dans le bassin pour obtenir le nombre maximal de poissons qu'on peut introduire dans le bassin. Par exemple, pour un jardin aquatique d'une superficie de 10 m^2, on obtient le chiffre de 167 cm comme longueur maximale de poissons. Si les poissons que vous voulez mettre dans le jardin mesurent 5 cm, vous pourriez alors y mettre 33 poissons. Notez que ce chiffre tient compte du fait que les poissons grossiront avec le temps.

507. DONNEZ UNE CHANCE AUX PLANTES

Les poissons aiment fouiller à travers les plantes aquatiques et peuvent alors facilement les endommager si elles ne sont pas bien établies. Avant d'introduire des poissons dans un jardin d'eau, donnez aux plantes trois semaines pour bien s'enraciner et se développer.

■ Entretien d'un jardin d'eau

508. UN JARDIN D'EAU QUI SE REMPLIT TOUT SEUL

Bien sûr qu'on peut compenser l'évaporation de l'eau du jardin aquatique en utilisant un tuyau d'arrosage, mais c'est beaucoup de va-et-vient. Et aussi faut-il rester à côté de l'étang le temps qu'il se remplisse. Et ça fait un tuyau qui traîne. Et vous ne pourriez plus vous absenter de l'été, car il faut être là pour remplir le bassin. Et cela encourage l'ajout de beaucoup d'eau fraîche à la fois, ce qui n'est pas une bonne chose (voyez le truc suivant). Et… mais la liste des complications en ce qui a trait à devoir remplir l'étang soi-même est longue! À la place, pourquoi ne pas, à l'installation, faire courir, de 15 à 30 cm sous le sol, un tuyau de PVC jusqu'au jardin d'eau et l'équiper d'une valve munie d'un flotteur, un peu comme on voit dans le réservoir d'une toilette? Quand l'eau baisse, le flotteur ouvre la valve et un peu d'eau coule, gardant toujours l'eau au niveau désiré.

Installez une valve munie d'un flotteur afin de maintenir l'eau au niveau désiré en tout temps.

509. PAS BESOIN DE VIDER L'EAU

Beaucoup de gens pensent qu'il faut vider le jardin d'eau souvent afin de changer l'eau et sont même convaincus que cela est la solution au contrôle des algues, mais c'est tout à fait faux. Au contraire, ajouter beaucoup d'eau fraîche à la fois *stimule* la croissance des algues, car elle contient beaucoup de minéraux. La «vieille eau» est, au contraire, faible en minéraux et décourage le développement des algues. Donc, pas besoin de changer l'eau régulièrement ou même annuellement. On la changera seulement lorsqu'un grand ménage du fond est nécessaire, pas plus souvent aux quatre à six ans.

510. VÉRIFIER AVEC VOTRE MUNICIPALITÉ

Avant d'aller trop loin avec vos plans pour un jardin aquatique, vérifiez avec votre municipalité. Il y a peut-être des règlements qui limiteront sa construction. Par exemple, dans bien des municipalités, on considère tout jardin aquatique de plus de 40 cm de profondeur comme une piscine et il faut alors le clôturer.

■ Problèmes

511. DES ALGUES, DES ALGUES ET ENCORE DES ALGUES !

On ne peut pas le nier : la prolifération des algues est le souci numéro un du propriétaire de jardin d'eau. Il existe des algicides, c'est vrai, mais en général ils sont toxiques pour les plantes et les poissons si on ne les utilise pas exactement selon le mode d'emploi. Sachez que les algues prolifèrent quand l'eau est chaude, quand il y a beaucoup de lumière qui pénètre dans l'eau et quand il y a beaucoup de minéraux dans l'eau. Utilisez abondamment les plantes aquatiques pour contrer les algues : elles coupent la lumière, gardent l'eau plus fraîche et absorbent les minéraux qui pourraient stimuler les algues. Aussi, évitez les ajouts massifs d'eau fraîche : elle est très riche en minéraux. Même quand le

Algues filamenteuses.

bassin contient une bonne proportion de plantes aquatiques (couvrez l'eau aux deux tiers de feuillage et assurez-vous qu'il y a une abondance de plante oxygénantes), les algues ont souvent une poussée au printemps, quand les plantes aquatique ne sont pas encore en croissance. Si oui, cette infestation s'estompera dès que les plantes aquatiques commenceront à pousser davantage.

■ Jardin de marécage

512. MARÉCAGE DANS UNE PISCINE D'ENFANTS

Pour créer un marécage, enterrez une piscine d'enfants...

... et plantez-y des plantes de marécage.

Pour créer un marécage dans un milieu autrement sec, enterrez un grand contenant (une piscine d'enfants par exemple) dans le sol ou formez une cuve en tapissant un trou d'une toile imperméable. Remplissez-le de terre et plantez-y vos végétaux de marécage (sarracénies, iris d'eau, quenouilles, etc.) puis arrosez bien, assez pour que la terre dans le contenant soit bien imbibée d'eau. Sans possibilité de drainage, ce coin restera normalement toujours très humide. Par période de sécheresse très prolongée, par contre, il peut être nécessaire de l'arroser en profondeur.

513. LES PIEDS DANS L'EAU

Plusieurs plantes de jardin «terrestres» vendues pour la plate-bande ordinaire sont étonnamment tolérantes aux sols humides. Même, s'il n'en tenait qu'à elles, elles pousseraient toujours avec les pieds dans l'eau ou, du moins, dans un sol constamment détrempé. On peut alors les cultiver sans peine en bordure d'un jardin d'eau ou même les conserver en pots *dans* le jardin d'eau. En voici quelques exemples:

Certaines plantes «terrestres» adoreraient une place dans le jardin d'eau.

- **ANDROMÈDE DES MARAIS** (*ANDROMEDA POLIFOLIA*) **ZONE 2**
- **ARONIE À FEUILLES D'ARBOUSIER** (*ARONIA ARBUTIFOLIA*) **ZONE 4B**
- **ASTER** (*ASTER NOVAE-ANGLIAE*) **ZONE 4**
- **ASTILBE** (*ASTILBE* SPP.) **ZONE 4**
- **AZALÉE DES MARAIS** (*RHODODENDRON VISCOSUM*) **ZONE 4**
- **BARBE DE BOUC** (*ARUNCUS DIOICUS*) **ZONE 3**
- **BÉGONIA DES PLATES-BANDES** (*BEGONIA* X *SEMPERFLORENS-CULTORUM*) **ANNUELLE**
- **BOIS BOUTON** (*CEPHALANTHUS OCCIDENTALIS*) **ZONE 4**
- **CALLA** (*ZANTEDESCHIA* SPP.) **BULBE TENDRE**
- **CANNA** (*CANNA* SPP.) **BULBE TENDRE**
- **CASSANDRE** (*CHAMAEDAPHNE CALYCULATA*) **ZONE 1**
- **CHÊNE DES MARAIS** (*QUERCUS PALUSTRIS*) **ZONE 4**
- **CIMICIFUGE À GRAPPES** (*CIMICIFUGA RACEMOSA*) **ZONE 3**
- **CIRIER DE PENNSYLVANIE** (*MYRICA PENSYLVANICA*) **ZONE 4B**
- **CLÉOME** (*CLEOME HASSLERANA*) **ANNUELLE**

- **CLÈTHRE À FEUILLES D'AULNE** (*CLETHRA ALNIFOLIA*) **ZONE 4B**
- **DIGITALE POURPRE** (*DIGITALIS PURPUREA*) **ZONE 4**
- **DIRCA DES MARAIS** (*DIRCA PALUSTRIS*) **ZONE 4**
- **EUPHORBE PANACHÉE** (*EUPHORBIA MARGINATA*) **ANNUELLE**
- **FILIPENDULE, REINE-DES-PRÉS** (*FILIPENDULA* SPP.) **ZONE 3**
- **FOUGÈRE PLUME D'AUTRUCHE** (*MATTEUCCIA STRUTHIOPTERIS*) **ZONE 3**
- **HERBE AUX ÉCUS** (*LYSIMACHIA NUMMULARIA*) **ZONE 3**
- **HOSTA** (*HOSTA* SPP.) **ZONE 3**
- **IMPATIENTE DES JARDINS** (*IMPATIENS WALLERANA*) **ANNUELLE**
- **IRIS DE SIBÉRIE** (*IRIS SIBIRICA*) **ZONE 3**
- **IRIS VERSICOLORE** (*IRIS VERSICOLOR*) **ZONE 3**
- **LIGULAIRE** (*LIGULARIA* SPP.) **ZONES 3 ET 4**
- **LOBÉLIE CARDINALE** (*LOBELIA CARDINALIS*) **ZONE 2**
- **LYSIMAQUE** (*LYSIMACHIA* SPP.) **ZONE 3**
- **MERTENSIA DE VIRGINIE** (*MERTENSIA VIRGINICA*) **ZONE 2**

- **MIMULE**
  (*MIMULUS* SPP.) **ANNUELLE**

- **MONARDE**
  (*MONARDA* SPP.) **ZONE 3**

- **MYOSOTIS DES MARAIS**
  (*MYOSOTIS SCORPIOIDES*) **ZONE 4**

- **MYRIQUE BAMIER**
  (*MYRICA GALE*) **ZONE 2**

- **OENANTHE FLAMINGO**
  (*OENANTHE JAVANICA* 'FLAMINGO') **ZONE 5**

- **OSMONDE ROYAL**
  (*OSMUNDA REGALIS*) **ZONE 3**

- **PENSÉE**
  (*VIOLA* X *WITTROCKIANA*) **ANNUELLE**

- **PÉTASITE**
  (*PETASITES* SPP.) **ZONES 2 À 9**

- **PEUPLIER**
  (*POPULUS* SPP.) **ZONES 2 À 7**

- **PLANTE CAMÉLÉON**
  (*HOUTTUYNIA CORDATA* 'CHAMELEON') **ZONE 4**

- **PLANT OMBRELLE**
  (*DARMERA PELTATA*) **ZONE 4**

- **POPULAGE DES MARAIS**
  (*CALTHA PALUSTRIS*) **ZONE 3**

- **POTENTILLE ARBUSTIVE**
  (*POTENTILLA FRUTICOSA*) **ZONE 2**

- **PRIMEVÈRE**
  (*PRIMULA* SPP.) **ZONES 2 À 9**

- **SALICAIRE POURPRE**
  (*LYTHRUM SALICARIA*) **ZONE 3**

- **SAULE**
  (*SALIX* SPP.) **ZONES 1 À 10**

- **SUREAU**
  (*SAMBUCUS* SPP.) **ZONES 2 À 6**

- **THÉ DU LABRADOR**
  (*LEDUM GROENLANDICUM*) **ZONE 1**

- **TORÉNIA**
  (*TORENIA* SPP.) **ANNUELLE**

- **TROLLE**
  (*TROLLIUS* SPP.) **ZONE 3**

- **VIORNE OBIER**
  (*VIBURNUM OPULUS*) **ZONE 3**

- **VIORNE TRILOBÉE, PIMBINA**
  (*VIBURNUM TRILOBUM*) **ZONE 2**

PLANTES D'INTÉRIEUR

■ Achat

514. UN DOUBLE EMBALLAGE L'HIVER

Les seuls végétaux qu'on achète en plein hiver sont les plantes d'intérieur. Pensez alors à bien les emballer avant de les sortir. L'idéal est de les emballer dans du papier, car le papier isole mieux contre le froid que le plastique, mais ensuite de placer les plantes emballées dans un grand sac de plastique. Soufflez dans ce deuxième sac et scellez-le : vos plantes seront alors bien emballées pour le transport jusqu'à la maison.

515. PAS DE VÉHICULE, PAS D'ACHAT HIVERNAL

Si vous êtes à pied et que avez plus de quinze minutes de marche à faire avec vos plantes d'intérieur, oubliez l'idée d'en acheter l'hiver, surtout s'il fait –10 °C ou moins. Même un double emballage ne suffira pas !

■ Éclairage

516. POUR DES PLANTES HEUREUSES, ÉCLAIREZ !

La clé du succès avec les plantes d'intérieur est la lumière. Quand l'éclairage leur convient, tout le reste est facile. Si vous avez des doutes sur l'éclairage exigé par vos différentes plantes d'intérieur, consultez le livre *Les plantes d'intérieur* du même auteur.

517. NE COMPTEZ PAS SUR VOS YEUX

L'œil humain est ainsi fait qu'il surestime presque toujours l'intensité lumineuse. Ainsi nos intérieurs nous paraissent toujours bien clairs, mais en fait ils sont en général très sombres. Pour savoir si un emplacement convient à la culture des plantes d'intérieur, installez-vous là avec un journal et essayez de lire pendant dix minutes. Si vous en êtes incapable ou si vos yeux deviennent fatigués, l'emplacement est trop sombre pour maintenir la plupart des plantes d'intérieur.

Plus il y a de lumière dans une pièce, surtout durant l'hiver, plus les plantes d'intérieur poussent vigoureusement.

518. COMMENT SAVOIR SI UNE PLANTE MANQUE DE LUMIÈRE ?

Que la vie du jardinier d'intérieur serait facile si les plantes pouvaient lui dire qu'elles ne sont pas contentes de leur éclairage. Mais non, elles ne disent rien… ou plutôt, elles essaient de le dire, mais on ne comprend pas le message. Voici les symptômes classiques d'un manque de lumière :

• La plante s'étiole, c'est-à-dire que les nouvelles feuilles sont pâles et plus espacées sur la tige (on dit qu'elle pousse en orgueil);

• La plante penche nettement dans la direction du soleil;

• La floraison est absente ou anormalement faible;

• Les feuilles inférieures jaunissent et tombent.

Dès que vous remarquez un ou plusieurs de ces symptômes, transportez votre plante dans un endroit plus éclairé.

519. COMMENT SAVOIR SI UNE PLANTE REÇOIT TROP DE LUMIÈRE ?

Cela arrive très, très rarement, sauf durant les mois d'été (voir le truc 521), mais vous saurez qu'une plante d'intérieur reçoit trop de lumière quand :

Ce philodendron a passé directement de la pénombre au soleil direct. Résultat ? Les feuilles ont brûlé.

- Les feuilles supérieures paraissent jaunies et anormalement épaisses;

- Les feuilles se recourbent vers le bas ou s'enroulent, comme pour se cacher de la lumière;

- Les feuilles sont marquées de plaques blanches ou brunes (la même «brûlure» à deux stades différents);

- Sa croissance est ralentie.

520. ATTENTION AUX PLANTES « STOÏQUES » !

Comme nous l'avons vu dans l'avant dernier conseil, la plupart des plantes d'intérieur démontrent assez rapidement que la lumière manque. Malheureusement certaines plantes sont plus «stoïques» : elles ne montrent pas leur souffrance, mais vivent à la place sur leurs réserves. Quand celles-ci sont épuisées, les plantes meurent ! Un cas typique est le caoutchouc (*Ficus elastica*) : quand il manque de lumière, la plante arrête tout simplement de pousser. Elle peut alors passer six mois, douze mois, même dix-huit mois, apparemment en parfait état, puis, quand ses réserves sont complètement épuisées, ses feuilles tombent rapidement, une à une, et la plante meurt en moins d'un mois. Parmi les autres plantes qui n'affichent pas leur malheur, il y a les dieffenbachias et les dracénas. Il faut être bon pour remarquer que ces plantes souffrent !

Certaines plantes souffrent terriblement d'un manque de lumière, mais ne montrent pas leur souffrance... avant de crever !

521. LOIN DES FENÊTRES L'ÉTÉ

En été, la lumière devant une fenêtre orientée au sud ou à l'ouest est intense et abondante et sa durée dépasse de loin ce que ces plantes reçoivent dans leurs pays d'origine. Et, derrière une vitre, il n'y a pas beaucoup de circulation d'air. Ainsi, la chaleur peut facilement augmenter à un point où les plantes sont endommagées. Durant l'été, donc, retirez les plantes des fenêtres faisant face au sud ou placez-les dans des pièces où la lumière est moins intense.

Tirez un rideau fin entre vos plantes d'intérieur et le plein soleil en été.

522. DES PLANTES VOILÉES

Vous pouvez maintenir des plantes tout près d'une fenêtre orientée au sud ou à l'ouest, même durant l'été, à condition de tirer un rideau fin ou autre voilage léger entre les plantes et la vitre.

523. PRÈS DES FENÊTRES EN HIVER

S'il faut éloigner les plantes des fenêtres durant l'été, il faut les en rapprocher l'hiver. Même *toutes* les plantes d'intérieur peuvent être exposées au plein soleil durant l'hiver et cela leur fera le plus grand bien, car les jours sont alors très courts et le soleil, très faible.

524. OU CHANGEZ-LES DE PIÈCE

S'il n'est pas possible de changer les plantes de place dans la même pièce selon la saison, vous pouvez les changer de pièce. Les plantes *adoreront* passer l'été dans une pièce au sous-sol ou orientée au nord et préféreront passer l'hiver dans une pièce qui reçoit le plein soleil durant l'hiver.

L'avantage de cultiver des plantes en pot est de les changer de place pour leur offrir l'environnement idéal.

525. L'EST : L'ORIENTATION PARFAITE

À bien des points de vue, une orientation à l'est est la meilleure pour les plantes d'intérieur. Comme le soleil du matin est frais, la fenêtre faisant face à l'est n'est jamais trop chaude, même en milieu de journée. L'éclairage y est excellent durant l'été. D'accord, l'éclairage pourrait être mieux l'hiver, mais il y a du moins assez de lumière pour maintenir la plupart des plantes d'intérieur en attendant que le printemps, avec ses journées plus longues et son soleil plus intense, revienne.

526. DES PLANTES EN DOUBLE

Que c'est beau un décor enrichi de plantes vertes d'un bout à l'autre de la pièce, mais force est de constater que, la plupart du temps, là où une plante d'intérieur paraît le mieux est rarement assez éclairé pour qu'elle y pousse bien. Achetez donc deux plantes vertes identiques. Placez-en une dans le « décor » et l'autre près de la fenêtre dans une pièce très bien éclairée, puis… changez-les de place aux deux semaines. On peut maintenir les plantes vertes (mais non pas les plantes à fleurs) presque indéfiniment si elles reçoivent au moins deux semaines de bon éclairage par mois.

527. SI LA LUMIÈRE MANQUE UN PEU…

Peignez les murs en blanc! En effet, le blanc (et les autres couleurs pâles) reflète la lumière qui peut alors être absorbée par les plantes. Les murs de couleur sombre, au contraire, absorbent la lumière et la plante ne reçoit pas sa juste part. C'est tellement efficace qu'on voit des gens passer de « pouces bruns » à pouces verts, juste parce qu'ils ont peint les murs de la bonne couleur !

FOLIAGE EDUCATION AND RESEARCH FOUNDATION, INC.

Si vous voulez utiliser une plante dans votre décor, mais que la lumière est plutôt rare, achetez en deux… et changez-les de place régulièrement.

528. SI LA LUMIÈRE MANQUE SÉRIEUSEMENT…

Ajoutez un éclairage artificiel. Il est facile de supplémenter ou de remplacer entièrement la lumière naturelle du soleil par un éclairage artificiel de qualité. Les plantes ne remarqueront même pas la différence !

529. LES MEILLEURS ÉCLAIRAGES ARTIFICIELS POUR LES PLANTES D'INTÉRIEUR SONT…

… Les lampes fluorescentes et les lampes à décharge à haute intensité (DHI). Les deux produisent une lumière si semblable à celle du soleil que les plantes poussent et fleurissent exactement comme à l'extérieur. Les lampes incandescentes, par contre, créent trop de chaleur et dégagent une lumière de mauvaise qualité : elles ne sont utiles que dans des cas où la plante reçoit presque assez de lumière naturelle, mais a besoin d'un léger supplément pour bien se comporter.

On peut cultiver presque n'importe quelle plante sous une lampe fluorescente.

530. LES FLUORESCENTES : UN CHOIX FACILE

Les lampes fluorescentes sont les lampes les plus faciles à utiliser pour les débutants et aussi qui coûtent moins cher. Il suffit de suspendre une lampe fluorescente au-dessus de l'endroit où vous voulez placer la plante et de l'allumer, voilà tout !

531. ACHETEZ LA BONNE LAMPE

Toute lampe fluorescente peut servir pour éclairer les plantes d'intérieur, mais l'idéal est d'acheter une lampe de 120 cm de longueur, à 2 tubes et « de type atelier ». Pourquoi ? D'abord, 120 cm est la longueur « standard » pour une lampe fluorescente. Ainsi la lampe coûte moins cher et les tubes de remplacement seront aussi moins chers que même ceux des lampes plus courtes. Deuxièmement, pour une intensité suffisante pour la majorité des plantes, un seul tube est insuffisant : deux tubes côte à côte, c'est mieux. Enfin, par définition, une lampe de type atelier comprend un réflecteur qui dirige la lumière vers le bas et la concentre par le fait même, au grand plaisir des plantes.

Une lampe fluorescente de type atelier reflète la lumière vers le bas, là où les plantes en ont besoin.

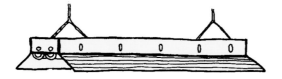

532. DES LAMPES DE RÉCUPÉRATION

Les lampes fluorescentes de type atelier et de longueur standard sont bon marché… mais on peut économiser encore plus en achetant des lampes de récupération, entre autres dans les entreprises de démolition. Assurez-vous que la lampe fonctionne avant l'achat, et c'est tout!

533. CHAUD ET FROID

Il n'est pas nécessaire d'acheter des tubes horticoles très coûteux : en utilisant les deux tubes fluorescents horticoles les plus disponibles, soit blanc froid (le tube portera la marque CW ou *Cool White*) et blanc chaud (WW ou *Warm White*), vous donnerez à vos plantes un éclairage de qualité suffisante pour qu'elles poussent ou fleurissent très bien. Beaucoup de gens qui produisent des plantes de compétition utilisent la combinaison blanc froid et blanc chaud.

534. POUR PLUS D'INTENSITÉ, PLUS DE LAMPES

La lampe fluorescente classique à deux tubes a un défaut : elle n'est pas particulièrement intense. Ça va pour les plantes qui demandent un éclairage faible à moyen, mais les plantes qui requièrent le plein soleil comme les cactées, les rosiers miniatures et plusieurs orchidées, préfèrent des lampes à quatre tubes.

Pour une belle croissance chez la plupart des plantes, réglez la minuterie à 14 ou 16 heures.

535. DES JOURS LONGS POUR UNE BONNE FLORAISON

Pour une bonne croissance et une bonne floraison sous une lampe fluorescente, utilisez une minuterie pour régler la durée du jour de quatorze à seize heures. Plus que cela, vous gaspillez de l'électricité, car la plupart des plantes ne donneront pas plus de rendement; moins, et les plantes peuvent manquer de lumière.

536. LA BONNE DISTANCE DE LA LAMPE

Pour une belle croissance et une bonne floraison, installez les lampes fluorescentes de façon à ce qu'elles soient placées de 15 cm à 30 cm de la tête des plantes.

537. CHERCHEZ LE BON ÉCLAIRAGE

Curieusement, sous une lampe fluorescente, on peut cultiver côte à côte les plantes qui aiment le soleil, comme les cactées, et les plantes qui préfèrent l'ombre, comme les fougères. Tout dépend de la position des végétaux. En effet, les plantes situées au milieu de la lampe reçoivent plus de lumière que celles qui sont placées en marge ou vers l'extrémité. Placez donc vos plantes conformément à leurs besoins en lumière.

538. PLUS CHÈRES, MAIS PLUS INTENSES

Les lampes à décharge à haute intensité (DHI), soit les lampes aux halogénures (MH) ou les lampes au sodium (HPS), coûtent beaucoup plus cher que les lampes fluorescentes. Une lampe de 250 watts ou 400 watts coûtera facilement entre 200 et 600 $. Par contre, ces lampes sont très intenses : vous pouvez installer la lampe au plafond et cultiver les plantes sur le plancher tout en maintenant une excellente intensité.

Les lampes à décharge à haute intensité (DHI) éclairent beaucoup plus que les lampes fluorescentes.

539. DEUX LAMPES POUR DEUX STADES DE CROISSANCE

Normalement, les lampes aux halogénures (MH), souvent appelées par leur nom anglais *metal halide,* sont utilisées pour le stade de la croissance verte (semis, plantes vertes, jeunes plants, etc.) alors que les lampes au sodium (HPS) conviennent davantage au stade de la floraison. Voilà ce qui est parfait pour l'horticulteur professionnel qui produit une seule plante à grande échelle, mais moins bien pour le jardinier amateur qui veut mélanger semis, boutures, plantes vertes et plantes à fleurs sous la même lampe. Sachez qu'il existe toutefois parmi les lampes MH des ampoules à spectre amélioré qui peuvent convenir à tous les stades de la croissance. On pourrait donc cultiver plantes à fleurs et plantes vertes côte à côte, comme sous une lampe fluorescente.

540. TROP INTENSE POUR LE SALON

Les lampes MH sont tellement intenses… qu'elles sont presque invivables. Et les lampes HPS, avec leur couleur orangée, sont encore plus dérangeantes que les lampes MH dont la lumière est au moins blanche ou blanc bleuté. On ne les utilise surtout pas dans une pièce de séjour comme le salon! Habituellement, il faut leur consacrer leur propre pièce: une ancienne chambre à coucher, un sous-sol, un grenier, etc.

Les lampes à décharge à haute intensité sont trop intenses pour utilisation dans une salle de séjour.

■ Humidité

541. LES PLANTES D'INTÉRIEUR DEMANDENT UNE FORTE HUMIDITÉ

Si le principal défi avec les plantes d'intérieur consiste à leur donner assez de lumière, le second est de leur donner suffisamment d'humidité atmosphérique, du moins, durant l'hiver. En effet, l'air de nos maisons devient incroyablement sec durant l'hiver à cause du chauffage qui assèche l'humidité de l'air. Plus il fait froid, plus il faut chauffer... et plus l'air est sec. Pour ces raisons, il est toujours sage de faire fonctionner un humidificateur dans la pièce où se trouvent les plantes.

542. UN PLATEAU HUMIDIFIANT
POUR LES PLANTES EN BESOIN

Plutôt que de devoir acheter un humidificateur pour vos plantes d'intérieur, regroupez-les pour l'hiver sur un plateau humidifiant. Il s'agit de remplir un plateau étanche de pierres, de cailloux ou de billes et d'y placer les plantes qui ont besoin de plus d'humidité, sans leur soucoupe. Quand vous arroserez, ajoutez un peu plus d'eau de façon à ce que les pierres du fond trempent toujours dans l'eau alors que celles en surface demeurent sèches. Ainsi, l'eau montera par action capillaire des pierres humides aux pierres en surface où elle s'évaporera, provoquant une augmentation bien localisée de l'humidité atmosphérique. Autrement dit, les plantes profiteront d'un microclimat très humide, même quand l'air tout autour est sec.

On peut se fabriquer un plateau humidifiant pour augmenter l'humidité atmosphérique.

543. CERTAINES PLANTES
TOLÈRENT L'AIR SEC

Plus une feuille est mince, plus la plante sera sujette à l'assèchement dans la maison. Par contre, les plantes au feuillage épais et cireux, comme les plantes grasses (succulentes), le caoutchouc et les péperomias, sont capables de tolérer l'air sec sans problème.

■ Arrosage

544. PAS BESOIN DE LAISSER L'EAU
REPOSER AVANT D'ARROSER

Selon un mythe populaire au sujet des plantes d'intérieur, il faudrait laisser l'eau d'arrosage reposer pendant vingt-quatre heures avant de l'utiliser, et ce, pour prévenir les dommages causés par le chlore. Mais il n'y a pas assez de chlore dans l'eau du robinet pour nuire aux plantes, donc il n'y a aucune raison pour appliquer cette technique. L'eau provenant directement du robinet, de préférence tiède, leur convient parfaitement.

Les plantes au feuillage épais et cireux, comme cette plante succulente (Portulacaria afra), résistent parfaitement à l'air sec.

545. POUR ARROSER QUATRE-VINGT-DIX-NEUF POUR CENT DES PLANTES D'INTÉRIEUR AVEC SUCCÈS ...

Arroser les plantes d'intérieur est facile. Arrosez abondamment...

Puis attendez que le terreau soit sec avant d'arroser de nouveau.

De nombreux jardiniers se plaignent qu'il est difficile d'arroser les plantes d'intérieur. Pourtant, c'est si facile! Il n'y que deux choses à retenir: arrosez abondamment, assez pour humidifier toute la motte de racines, puis attendez que le terreau soit sec avant d'arroser de nouveau. Et si ça fonctionne pour quatre-vingt-dix-neuf pour cent des plantes d'intérieur, c'est que la technique tient automatiquement compte des besoins de chaque plante, car le terreau de chaque plante s'assèche selon ses propres caractéristiques. Ainsi, le terreau d'une «quatre-saisons» ou hortensia (*Hydrangea macrophylla*) peut s'assécher en seulement trois ou quatre jours, celui d'une violette africaine, dans sept ou huit jours, et celui d'un cactus, peut-être en deux, trois ou même cinq semaines. Et la technique tient même compte du cycle de croissance des plantes: la même plante peut avoir besoin d'eau aux huit jours en période de croissance et aux quatre-vingt-dix jours en période de dormance.

546. ET LE UN POUR CENT RESTANT ?

Certaines plantes très rares préfèrent que le terreau ne s'assèche jamais. Autrement dit, vous laissez le pot toujours tremper dans l'eau. Sur la très courte liste des plantes d'intérieur qui aiment une humidité constante, il y a le papyrus (*Cyperus alternifolius*), les larmes de bébé (*Soleirolia soleirolii*) et le scirpe penché (*Scirpus cernuus*).

547. MAIS ALORS, COMMENT CRÉER UN HORAIRE D'ARROSAGE QUI FONCTIONNE

Vous ne pouvez pas, du moins, pas vraiment. D'ailleurs, ce sont des « horaires d'arrosage » que surviennent les problèmes qu'ont les gens avec l'arrosage. Quand ils décident qu'ils arrosent une fois par semaine, comme c'est habituellement le cas, peu importe si la plante en a besoin ou non, c'est certain que ça ira mal !

548. UN HORAIRE FLEXIBLE

Pour réussir l'arrosage de vos plantes d'intérieur, prenez plutôt l'habitude suivante : vérifiez-les *aux trois ou quatre jours*. Arrosez celles qui sont sèches, mais pas les autres. Trois ou quatre jours plus tard, passez de nouveau et arrosez seulement les plantes qui sont sèches. Vous trouverez que certaines plantes auront besoin d'eau à chaque passage, du moins durant leur période de croissance, d'autres aux deux passages, d'autres aux trois, etc. Ainsi, en arrosant sélectivement aux trois ou quatre jours, vous comblerez les besoins de *toutes* vos plantes, sans exception.

Pour un arrosage réussi chez toutes les plantes, vérifiez l'humidité dans le sol aux 3 ou 4 jours... mais n'arrosez que les plantes dont le terreau est sec.

549. COMMENT DÉTERMINER SI LE TERREAU EST SEC ?

Excellente question ? Et il y a trois réponses :

• Enfoncez un doigt dans le terreau jusqu'à la deuxième jointure. Si le terreau vous paraît sec au toucher, la plante a besoin d'eau.

• Soupesez le pot. Un pot plein d'eau pèse beaucoup plus qu'un pot dont le terreau est presque sec.

• Regardez le terreau : il change de couleur, de brun foncé quand il est humide à brun pâle lorsqu'il est sec.

Il suffit de choisir la technique que fonctionne le mieux pour vous, voilà tout !

550. UN RAPPEL MUSICAL !

Un humidimètre qui se met à chanter quand votre plante a besoin d'eau.

Alors, vous avez besoin d'un « réveille-matin », tout simplement. Il existe des humidimètres déguisés en oiseaux de céramique montés sur une sonde de métal qu'on plonge dans le terreau d'une plante. L'oiseau se met à chanter quand la plante a besoin d'eau : impossible de manquer un arrosage avec un avertisseur sonore ! Vous n'avez pas besoin d'un humidimètre par plante (sinon vous aurez de la difficulté à savoir lequel chante !), mais plutôt d'un dans chaque pièce où il y a des plantes. Placez toujours l'humidimètre dans le pot de la plante qui s'assèche le plus rapidement… quand il se met à chanter, c'est signe qu'il est temps d'arroser non seulement « la coupable », mais de faire une tournée de vérification de toutes les plantes dans la pièce, d'arroser celles qui ont en besoin.

551. POUR ARROSER EN PROFONDEUR…

Arrosez lentement et continuez jusqu'à ce que le surplus d'eau sorte des trous de drainage, normalement signe que toute la motte est bien imbibée. Et cela vaut même pour les cactus et les plantes grasses (ils n'ont pas besoin de moins d'eau à la fois que les autres plantes, ils en ont tout simplement besoin moins souvent, car ils peuvent prendre plusieurs semaines avant de s'assécher assez pour avoir besoin du prochain arrosage).

552. POUR ARROSER SANS PEINE

Vous avez beaucoup de plantes d'intérieur et l'arrosage prend trop de votre temps? Installez un tuyau d'arrosage sous l'évier et fixez-y une lance d'arrosage. Réglez la température de l'eau au départ… et allez arroser vos plantes. Arroser, c'est si vite fait quand vous n'avez pas à retourner constamment à l'évier pour faire le plein!

553. UN TAPIS QUI ARROSE

Pour réduire les besoins en arrosage de vos plantes d'intérieur, cultivez-les sur un tapis capillaire (natte capillaire). On peut trouver des étoffes conçues spécifiquement à cette fin dans les plus grandes jardineries ainsi que dans les magasins spécialisés en hydroponie. Sinon, une longueur de vieux tapis peut convenir. L'idée est de découper le tapis capillaire de la taille de la soucoupe ou d'un plateau. Quand vous arrosez, mouillez aussi le tapis. Ainsi, quand le terreau s'asséchera, l'eau montera par capillarité de la réserve contenue dans le tapis capillaire et le gardera humide plus longtemps. Pourtant, il n'y a jamais trop d'eau, car le même tapis absorbe les surplus. Vous pouvez même augmenter la capacité de votre tapis capillaire en utilisant deux ou trois épaisseurs d'étoffe, permettant ainsi des arrosages aux trois ou même aux quatre semaines.

Sauvez du temps : arrosez avec un boyau, même à l'intérieur!

Un tapis capillaire réduit de beaucoup la fréquence des arrosages, sans pourtant faire pourrir les plantes.

554. UN ARROSAGE IN ABSENTIA

Arroser des plantes d'intérieur quand vous vous absentez est toujours un problème. Même si vous confiez le travail à un voisin ou à un ami, il est fort probable que certaines plantes souffriront. Mais il est facile d'organiser les plantes pour qu'elles n'aient pas besoin d'arrosage pendant huit à douze semaines, parfois plus. Il suffit de bien les arroser avant de partir, puis de les insérer dans un sac de plastique transparent (un sac provenant de chez le nettoyeur, par exemple), soit seules (pour les grosses plantes) ou en groupe (pour les plus petites). Scellez bien le sac et retirez les plantes du plein soleil (le soleil qui tape sur un contenant fermé peut faire cuire les plantes qu'il contient), puis partez en paix. Sans possibilité d'évaporation, l'eau restera à l'intérieur du sac et ainsi vos plantes auront un terreau humide des mois durant!

Avant de partir en vacances, enfermez vos plantes dans des sacs de plastique transparent.

555. PAS BESOIN D'ARROSER LES DÉSERTIQUES

Si vous devez vous absenter souvent pendant plusieurs semaines, sachez que les plantes les plus faciles à entretenir *in absentia* sont les cactus et les plantes grasses. Arrosez-les bien avant de partir et les plantes demeureront en parfait état durant au moins six à huit semaines. Même si vous deviez vous absenter pendant six mois, ces plantes, acclimatées à la sécheresse dans leurs pays d'origine, seraient encore en vie, quoique peut-être un peu ratatinées. Ce sont les plantes parfaites pour les *Snowbirds!*

■ Pots et soucoupes

556. LE POT SANS TROUS S'APPELLE « CACHE-POT »

Ne croyez pas le mythe populaire qui dit que, si vous avez un pot sans trou de drainage, vous pouvez remplir le fond de gravier pour assurer un bon drainage puis y planter des végétaux. Il est impossible d'assurer un drainage adéquat dans un pot sans trou de drainage : le terreau reste toujours détrempé et les plantes finissent par pourrir. Mais vous pouvez utiliser le pot sans trou de drainage comme cache-pot. Ainsi, tout surplus d'eau se drainera du pot de culture dans le cache-pot que l'on peut le vidanger au besoin.

557. POT DE CULTURE VERSUS POT DÉCORATIF

La prochaine fois que vous aurez à rempoter une plante, utilisez tout simplement un pot de culture ordinaire, en plastique ou en terre cuite. Puis glisser ce nouveau pot dans un pot plus ornemental qui mettra la plante en valeur. Il est plus facile et plus pratique d'utiliser le pot décoratif comme « cache-pot » car ainsi, d'abord, on ne le salit pas, mais aussi, si pour une raison ou pour une autre, la plante va mal et qu'il faut la remplacer, il suffit d'enlever le pot de culture et de le remplacer par un autre. Enfin, plusieurs pots très décoratifs ont des étranglements ou d'autres effets ornementaux qui font qu'il est difficile de dépoter les plantes qui y poussent. Au contraire, les pots de culture sont plus larges au sommet qu'à la base et leurs parois sont lisses et égales, facilitant de beaucoup le dépotage.

Utilisez les pots décoratifs comme cache-pots et continuez à cultiver vos plantes dans des pots de culture.

558. LA BONNE SOUCOUPE

Pour choisir une soucoupe de la bonne taille, placez-la à l'envers sur le sommet du pot : les deux devraient avoir un diamètre similaire. Par exemple, un pot de 15 cm de diamètre a besoin d'une soucoupe de 15 cm. C'est que la soucoupe est conçue pour contenir assez d'eau pour humidifier le terreau dans le pot. Trop de gens choisissent une soucoupe trop petite. Quand ils arrosent la première fois, inévitablement la soucoupe déborde, alors ils versent moins d'eau la fois suivante… et voilà que la plante commence à souffrir d'un manque chronique d'eau.

559. SOUCOUPES QUI FUIENT !

Attention aux soucoupes de terre cuite : elles sont perméables et peuvent laisser suinter de l'eau qui tachera alors les meubles. Préférez des soucoupes de terre cuite dont l'intérieur est glacé : elles ressemblent à des soucoupes de terre cuite de l'extérieur et se marient donc parfaitement avec vos pots de terre cuite, mais elles retiennent l'eau qu'on y verse.

La soucoupe devrait normalement être du même diamètre que le pot.

560. SOUCOUPES QUI FUIENT ! (BIS)

Si vous avez des soucoupes de terre cuite non glacées qui fuient ou qui risquent de le faire, placez-les sur un sous-verre de liège. Il existe même des rondelles de liège vendues spécifiquement pour mettre sous les soucoupes des plantes.

561. DES SOUCOUPES À VERNIR

Si vous avez déjà des soucoupes de terre cuite qui ne sont pas glacées à l'intérieur, faites-le vous-même ! Un bon vernis à l'épreuve de l'eau (un vernis à bateau, par exemple) conviendra parfaitement.

■ Lessivage

562. CE N'EST PAS QUE SUR LES VÊTEMENTS QU'ON PRATIQUE LE LESSIVAGE

Apprenez à lessiver vos plantes d'intérieur régulièrement et elles seront en bien meilleure santé.

Dans le domaine horticole, « lessivage » veut dire verser abondamment de l'eau sur un terreau afin de dissoudre les sels minéraux en trop. Et après, on jette l'eau contaminée. On peut le faire normalement deux ou trois fois par année, mais mensuellement lorsque l'eau du robinet est très dure. Pour le faire, apportez la plante à l'évier (on peut aussi faire le lessivage en plein air en été), enlevez la soucoupe et versez lentement une bonne quantité d'eau, soit l'équivalent d'environ deux fois le volume du pot, sur le terreau, laissant le surplus drainer dans l'évier (ou le gazon). Pour encore plus d'efficacité, ajoutez 5 ml de vinaigre à chaque litre de l'eau de lessivage, car il aide à dissoudre les sels et notamment le calcaire.

■ Fertilisation

563. UN PEU D'ENGRAIS VA LOIN

Avec les plantes d'intérieur, un peu d'engrais va très loin. Après tout, à moins de les cultiver dans une serre ou sous une lampe horticole, elles ne profitent pas d'aussi bonnes conditions qu'elles auraient eues dans leur pays d'origine ni d'une aussi longue saison de croissance. Pourtant, la quantité d'engrais recommandée sur le mode d'emploi a été calculée pour une plante poussant dans les meilleures conditions possibles. Ainsi, on rencontre beaucoup plus de plantes d'intérieur brûlées par un surplus d'engrais que de plantes qui en manquent. Presque tout engrais conviendra (voir le truc 801), mais appliquez-le à un *quart* de la dose recommandée et seulement durant la saison de croissance de la plante, soit de la fin février à la fin de septembre.

■ Rempotage

564. POURQUOI REMPOTER LES PLANTES D'INTÉRIEUR?

Les plantes en pleine terre peuvent envoyer leurs racines de plus en plus loin quand elles sont trop à l'étroit, mais pas les plantes d'intérieur: sans un rempotage occasionnel, leur expansion peut être sérieusement compromise. De plus, à force de les arroser en «circuit fermé» (les surplus d'eau restent dans la soucoupe et sont réabsorbés par la plante plutôt que de s'écouler ailleurs comme dans la nature), le terreau devient contaminé par des sels minéraux toxiques. Aussi, les composantes du terreau se détériorent avec le temps: la tourbe et les particules d'écorce se décomposent, la perlite et la vermiculite se compactent, etc.

Comme les plantes d'intérieur poussent en «circuit fermé», il faut les rempoter de temps en temps.

Pour toutes ces raisons, soit pour grossir le pot et pour remplacer le terreau, il est utile de rempoter nos plantes d'intérieur.

565. À QUELLE FRÉQUENCE REMPOTER

Pour une plante d'intérieur à croissance normale, un rempotage annuel serait approprié alors que deux rempotages par année ne sont pas excessifs pour les jeunes plantes qui grossissent vite (les boutures enracinées, par exemple). Une plante qui grossit peu ou pas peut toutefois rester dans son pot pendant quatre à sept ans, selon son besoin.

566. LE REMPOTAGE POUR LES JARDINIERS PROCRASTINATEURS

D'accord, il aurait mieux valu de rempoter au moins annuellement, mais vous ne l'avez pas fait. Voici quelques signes qui démontrent qu'il est temps de vous bouger un peu et de rempoter la plante :

• *Quand la plante se met à flétrir seulement deux ou trois jours après le dernier arrosage.* C'est que son système racinaire est tellement développé qu'il manque d'espace. Pensez-y : si vous la rempotiez dans un pot plus gros, vous n'auriez pas à l'arroser si souvent !

• *Quand la plante tombe constamment sur le côté.* Elle est désormais devenue trop lourde du haut et aura besoin de plus de terreau pour s'équilibrer... et peut-être, tant qu'à y être, d'un terreau plus lourd.

• *Quand il se forme une croûte blanchâtre sur les bords du pot et à la base de la plante.* Il s'agit de sels minéraux toxiques qui sont en train de détruire les racines de la plante et même de gruger sa couronne.

567. UNE PORTE DE SORTIE POUR LES JARDINIERS PROCRASTINATEURS

Surfacer consiste à gratter le terreau contaminé avec une fourchette.

Si ce qui vous pousse à rempoter votre plante est l'accumulation de sels minéraux dans le terreau (voir le dernier point du truc précédent), vous pouvez quand même vous sauver d'un rempotage en pratiquant un... «surfaçage» ! Il s'agit de gratter les deux premiers centimètres de terreau, habituellement avec une fourchette, et de le jeter au compost, puis de le remplacer par un terreau frais. C'est que les sels minéraux toxiques migrent vers le haut du pot : en remplaçant la partie contaminée du terreau par du terreau frais, vous permettez à votre plante de rester en bon état même si vous ne la rempotez pas. Cette technique est surtout utile pour les grosses plantes difficiles à rempoter et qu'on ne veut pas voir grossir davantage : comme vous ne leur donnez pas de pot plus gros, leur croissance est ralentie et, en pratiquant un surfaçage, vous éliminez les sels minéraux toxiques qui s'accumulent puisque vous ne les aviez pas rempotées.

568. SI L'EAU EST DURE…

Si l'eau de votre robinet est très dure (c'est souvent le cas quand on utilise de l'eau de puits), rempotez deux fois par an, en remplaçant presque tout le terreau. L'eau dure contient beaucoup de sels en solution, sels qui sont toxiques pour les racines des plantes lorsqu'ils s'accumulent… ce qu'ils feront très rapidement dans un pot où l'eau de drainage reste dans la soucoupe. En rempotant deux fois par année et en jetant l'ancien terreau dans le compost, par contre, vous « nettoierez » les racines des contaminants et la croissance de la plante sera alors très belle.

569. QUAND REMPOTER ?

Bien des auteurs insistent sur le printemps pour rempoter les plantes d'intérieur, mais en fait, on peut les rempoter en toute saison… tant que la plante est en croissance. En effet, le seul danger est de rempoter une plante en dormance qui aura alors tendance à pourrir suite à l'ajout d'un nouveau terreau, riche en minéraux et en humidité, à un moment où elle n'est pas encline à accepter les changements. Donc, pour beaucoup de plantes, on peut rempoter n'importe quand entre la fin de l'hiver et la fin d'octobre, mais pas à la fin de l'automne ou pendant l'hiver. On peut toutefois rempoter en tout temps les plantes qui poussent toute l'année comme c'est souvent le cas des plantes qui poussent sous un éclairage artificiel.

570. ON GROSSIT LE POT… MAIS PAS TROP

Les petites plantes dans de gros pots tendent à pourrir.

En général, quand on rempote une plante, on en profite pour grossir le pot. Normalement, il faut choisir un pot de seulement 2 cm à 5 cm plus gros que le pot précédent. Rempoter une plante dans un pot beaucoup plus gros (d'un diamètre de 7 cm ou plus que le pot précédent) peut mener à de la pourriture. C'est que les racines n'arrivent pas à remplir tout l'espace soudainement disponible, or ce terreau deviendra chargé d'eau qui ne s'assèche pas, causant une zone constamment humide d'où l'eau ne se draine jamais : un milieu très propice pour les microbes nuisibles.

571. ...OU ON NE LE GROSSIT PAS

Parfois, il n'est pas nécessaire de changer pour un pot plus gros lors du rempotage. Un pot plus gros stimule la plante à grossir davantage, mais si vous ne voulez pas que la plante grossisse, rempotez-la, oui, afin de pouvoir changer le terreau, mais dans un pot propre de la même grosseur que le pot précédent.

572. COMMENT REMPOTER

Étape 1 : tapez sur le pot pour dégager la motte de racines

Étape 2 : utilisez une baguette pour faire tomber le vieux terreau.

Étape 3 : versez du terreau dans le fond du nouveau pot.

Étape 4 : centrez la plante et comblez de terreau.

Étape 5 : arrosez bien.

Étape 6 : placez à l'abri du plein soleil.

Pour enlever la plante de son pot, renversez-la en soutenant la motte de racines avec une main et donner un coup de paume sur le fond du pot avec l'autre. Redressez la plante et, avec un doigt, un crayon ou une baguette, faites tomber environ le tiers du terreau, surtout le terreau de surface qui est généralement le plus contaminé. Versez au fond du nouveau pot assez de terreau pour hausser la plante au niveau désiré, centrez la plante dans le pot puis ajoutez du terreau tout autour de la motte, en le tassant légèrement. Arrosez bien... et, si votre plante va normalement en plein soleil, mettez-la dans un emplacement un peu moins éclairé pendant quelques jours, le temps qu'elle se remette du choc de la transplantation.

Végétaux

573. LA MÉTHODE « JARDINIER PRESSÉ »

Normalement, pour rempoter une plante, on prend le temps d'enlever une certaine quantité de l'ancien terreau, mais si vous êtes bien pressé ou si la plante est l'une de celles qui n'aiment pas qu'on dérange ses racines (clivia, amaryllis, hoya, etc.), il y a une méthode bien plus rapide. Pour ce faire, en plus du nouveau pot plus gros de 2 cm à 5 cm, trouvez un pot de la même taille que le pot de la plante à rempoter. Versez du terreau dans le fond du nouveau pot et centrez l'autre dedans. Maintenant, remplissez tout autour du plus petit pot et tassez. Enlever le plus petit pot et vous aurez… un moule parfait de la motte de racines de la plante ! Il suffit alors de dépoter la plante et de la mettre dans le trou moulé. Pressez un peu, arrosez et presto !

Étape 1 : placez un pot de la même taille que le pot actuel dans le nouveau pot plus gros.

Étape 2 : versez du terreau entre les deux pots.

Étape 3 : enlevez le plus petit pot, ce qui laisse un trou de la taille de la motte de racines.

Étape 4 : glissez la plante dans le trou et tassez.

574. PAS DE COUCHE DE DRAINAGE !

Les vieux mythes ont la vie dure et un mythe qui refuse de mourir est celui de la « couche de drainage ». Autrefois, on suggérait de mettre une couche de gravier ou de tessons au fond d'un pot pour en améliorer le drainage. Mais c'est le contraire qui se produit ! En effet, une trop grosse différence entre la taille des particules de terreau et la taille du matériau utilisé pour la « couche de drainage » *empêche* les surplus d'eau d'en sortir. D'ail-

Une couche de drainage n'aide pas du tout au terreau à mieux se drainer. Pourquoi alors l'utiliser encore ?

leurs, quand vous dépotez une plante achetée, et donc produite par des professionnels, où est la couche de drainage ? Il n'y en a pas ! L'idée que la couche de drainage avait la moindre efficacité a été déboutée dans les années 1950 ! Quand vous rempotez une plante d'intérieur, n'utilisez que du terreau, du fond du pot jusqu'en haut.

Le rebord en saillie du pot indique jusqu'où il faut remplir le pot de terreau.

575. N'OUBLIEZ PAS DE LAISSER UNE CUVETTE D'ARROSAGE

Vous avez sans doute remarqué que les pots classiques, qu'ils soient en terre cuite ou en plastique, ont toujours un rebord en saillie dans le sommet du pot, mais saviez-vous que ce rebord n'est pas juste une décoration ? Il indique jusqu'où il faut remplir le pot au rempotage. Cet espace vide sur le dessus de la motte est la « cuvette d'arrosage » : quand vous arrosez, vous pouvez la remplir d'eau au complet, car c'est exactement la quantité d'eau nécessaire pour imbiber, correctement et sans excès, tout le terreau contenu dans le pot.

■ Nettoyage des plantes

576. UNE BONNE DOUCHE FAIT DU BIEN !

La poussière, les saletés et les huiles de cuisson qui se déposent sur les feuilles des plantes d'intérieur réduisent de beaucoup la lumière qui parvient aux plantes ainsi que leur respiration. Une douche hebdomadaire, oui, dans la douche de votre salle de bain… aidera à enlever ces saletés des feuilles… ainsi que les insectes qui peuvent se cacher dans le feuillage.

577. UN LINGE POUR RETENIR LE TERREAU

Pour ne pas perdre le terreau de vos plantes d'intérieur pendant que vous les douchez, recouvrez-le d'un linge.

Douchez vos plantes d'intérieur pour nettoyer leurs stomates.

578. UNE DOUCHE SOUS LA PLUIE

Même si vous préférez garder vos plantes d'intérieur dans la maison l'été (après tout, elles décorent si joliment nos demeures), il peut valoir la peine de les sortir pendant une journée de pluie. La pluie nettoie le feuillage, enlevant poussières et autres contaminants qui peuvent bloquer les stomates et les empêcher de respirer convenablement. De plus, elle lessive le sol de ses contaminants. Après la pluie, par contre, il faut rentrer la plante avant que les nuages se dispersent, le plein soleil pourrait causer des dommages aux feuilles qui ne sont pas habituées à son intensité.

La majorité des plantes d'intérieur profiteront d'un été à l'extérieur.

■ Sortie et rentrée des plantes

579. SORTEZ-LES POUR L'ÉTÉ

Si possible, sortez vos plantes d'intérieur pendant l'été. Même dans le meilleur des cas, nos maisons n'offrent pas vraiment les conditions qui existent dans la nature et nos plantes d'intérieur vivent un stress constant. Tout comme nous réussissons à mieux nous adapter à un travail de bureau ou d'usine stressant ou ennuyant sachant que nous avons des vacances annuelles, les plantes poussent mieux quand on leur offre deux ou trois mois

de répit estival pendant lesquels elles peuvent profiter d'une lumière accrue, d'un taux d'humidité plus élevé et de pluies bienfaisantes.

580. MÊME LES VIOLETTES AFRICAINES PEUVENT SORTIR

La violette africaine (*Saintpaulia ionantha*) et aussi sa cousine, la gloxinia des fleuristes (*Sinningia speciosa*), ont la réputation de ne pas pouvoir tolérer les conditions extérieures et on recommande habituellement de les garder à l'intérieur pendant l'été. Vous pouvez toutefois les sortir si vous le voulez : il s'agit de ne pas les exposer à la pleine force de la pluie. Dans la nature, en fait, ces plantes poussent à l'ombre des grands arbres… et elles réussiront très bien à l'extérieur dans les mêmes conditions.

581. PAS TROP VITE LA SORTIE !

La vaste majorité des plantes d'intérieur sont des plantes tropicales qui tolèrent très mal le froid. Même une température nocturne de 10 °C, du moins quand la plante a toujours connu des nuits de 18 °C et plus, peut lui nuire. Attendez donc non seulement qu'il n'y ait plus de risque de gel, mais que les températures nocturnes dépassent les 15 °C avant de sortir les plantes pour l'été, ce qui veut dire rarement avant la mi-juin.

582. UNE PÉRIODE D'ACCLIMATATION OBLIGATOIRE

Ne sortez pas vos plantes d'intérieur sans les acclimater aux conditions d'extérieur ! Cela s'applique même aux plantes qui étaient exposées au plein soleil dans la maison et à celles qui sont parfaitement adaptées au soleil dans la nature, comme les cactées. C'est que les vitres de nos fenêtres filtrent les rayons ultraviolets, c'est-à-dire les mêmes rayons qui causent les coups de soleil chez l'humain, et les plantes d'intérieur n'y sont pas habituées. À l'extérieur, cependant, elles recevront les rayons ultraviolets de plein fouet et pourront «brûler» (présenter des plaques brunes sur les feuilles et les tiges).

583. UN ET DEUX ET…

Pour acclimater vos plantes d'intérieur aux conditions extérieures, placez-les dehors à l'ombre pendant une semaine puis à la mi-ombre pendant une autre semaine avant de les exposer au plein soleil.

584. PAS TROP TARD LA RENTRÉE ?

Toute plante d'intérieur qui passe l'été dehors doit nécessairement rentrer de nouveau à l'automne. Mais quand ? Sachez que beaucoup de plantes tropicales s'acclimatent aux nuits fraîches et à la forte humidité de nos automnes sans trop de peine, mais si on les rentre subitement et on les expose à un climat très différent, soit à l'air chaud et sec de nos maisons

Rentrez vos plantes d'intérieur dès la fin d'août.

chauffées, le choc peut être majeur. Souvent la plante perd beaucoup de feuilles très rapidement. Entrez donc les plantes tropicales très tôt, soit dès la fin août, quand l'humidité et la température extérieures sont à peu près égales à celles qui prévalent à l'intérieur. Ainsi la transition se fera en douceur.

585. POUR LES PLANTES QUI AIMENT LA FRAÎCHEUR...

Il existe une petite minorité de plantes d'intérieur qui ne sont pas vraiment d'origine tropicale, mais plutôt subtropicale. Autrement dit, dans leur milieu d'origine, elles subissent des températures fraîches une partie de l'année, sans toutefois être touchées par le gel. Ces plantes, au contraire des autres, vont préférer passer l'automne à l'extérieur : rentrez-les seulement quand on annonce enfin du gel et, si possible, conservez-les dans un endroit frais durant l'hiver. Dans cette catégorie on trouve l'azalée de l'Inde (*Rhododendron simsii*), certaines orchidées (notamment les *Cymbidium*), le cactus de Noël (*Schlumbergera* spp.) et la plupart des autres cactées.

Lavez bien les plantes à la rentrée pour ne pas introduire des insectes dans la maison.

586. POUR UNE RENTRÉE SANS INSECTES

Voilà le hic avec les sorties estivales de nos plantes d'intérieur : on ne veut pas rentrer d'insectes quand on rentre les plantes l'automne. Un bon lavage avec un fort jet de lance d'arrosage suffit pour la plupart des plantes.

Pour les plantes que vous savez sujettes aux insectes comme les fuchsias, l'eau seule ne suffira pas. Lavez-les, feuille par feuille, avec un linge imbibé d'eau savonneuse, puis rincez-les bien.

587. MAIS LES INSECTES DU SOL ?

Le traitement précédent (un jet d'eau puissant ou un lavage à l'eau savonneuse pour nettoyer les plantes d'intérieur de leurs insectes) ne fonctionne, évidemment, qu'avec les insectes présents sur la partie aérienne de la plante. Que faire avec les insectes qui peuvent se cacher dans le terreau? Mon expérience est que les «bibittes» qui vivent dans le sol des jardins, comme les perce-oreilles, les vers de terre, etc., n'aiment pas les conditions de nos maisons: elles ont besoin d'un hiver froid pour compléter leur cycle de vie et, de plus, ne tolèrent pas l'air sec typique de nos demeures. Ainsi, si vous les rentrez par accident, ces insectes mourront assez rapidement et il n'y a aucun besoin de traiter le terreau.

Pour atteindre les insectes qui se cachent dans le sol, plongez le pot dans de l'eau savonneuse.

588. MAIS JE NE TOLÈRE AUCUN INSECTE DANS LA MAISON

C'est vrai que ça peut être un peu déconcertant de voir des insectes se balader dans la maison à la suite de la rentrée des plantes d'intérieur, même si on sait qu'ils vont mourir dans les semaines à venir. Si vous trouvez cela intolérable, avant de rentrer vos plantes pour l'hiver, plongez leur pot dans un grand seau d'eau additionnée de savon insecticide et laissez-les tremper une bonne demi-heure (il peut être nécessaire de mettre une brique ou une roche sur le pot pour le tenir sous l'eau). Après, drainez le pot et rentrez la plante. La combinaison de trente minutes de noyade et de savon insecticide viendra à bout des insectes même les plus coriaces.

■ Amaryllis

589. LE CYCLE ANNUEL DE L'AMARYLLIS

L'amaryllis (*Hippeastrum*) est une des rares plantes d'intérieur qui a une véritable période de dormance. Après sa floraison habituellement hivernale, on coupe la tige florale, mais on laisse pousser ses feuilles. Mais si, durant la floraison, la plante tolérait toutes sortes de conditions d'éclairage, après il faut lui donner un éclairage maximal. Durant cette période, la plante est aussi très avide de fertilisant. En effet, c'est quand elle est en feuilles que l'amaryllis fait toutes ses réserves pour la prochaine floraison. Plus elle reçoit de soleil et bénéficie d'un régime de fertilisation adéquat, plus son bulbe emmagasinera de l'énergie et plus la plante fleurira l'année suivante. D'ailleurs, de longues feuilles étroites vert pâle et très arquées qui cassent facilement ne sont pas de bon augure : elles indiquent que la plante manque de lumière et qu'elle ne refleurira probablement pas l'hiver suivant, faute de réserves suffisantes. Si, au contraire, les feuilles sont relativement courtes, très larges, plutôt dressées qu'arquées et vert très foncé, c'est un excellent signe que la plante fleurira l'hiver venu. Après tout un hiver, printemps et été d'arrosages et de soleil, en septembre, il est temps de forcer la plante à entrer en dormance en cessant tout arrosage. Quand le feuillage jaunit, coupez-le. Après deux ou trois mois au sec (vous pouvez mettre la plante à la noirceur, comme le veut la tradition, mais ce n'est pas nécessaire), un bouton floral se pointera au sommet du bulbe, comme par magie. C'est signe que la dormance est terminée ! Recommencez les arrosages et la plante sera bientôt en fleur !

L'amaryllis a une croissance cyclique et entre en dormance à l'automne.

Inutile de faire geler les bulbes d'amaryllis au frigo !

590. PAS DE FRIGO POUR LES AMARYLLIS !

Non, l'amaryllis (*Hippeastrum*) n'a *pas* besoin d'aller au frigo durant sa dormance ! D'où cette croyance vient-elle ? Je ne le sais pas, mais le réfrigérateur est trop froid pour beaucoup de cultivars et ils peuvent pourrir. Sachez que l'amaryllis est originaire des pays chauds et n'est pas du tout dérangée par le fait de passer sa période de dormance estivale à la température ambiante.

Végétaux

591. FAUT-IL PLANTER L'AMARYLLIS LE COU À L'AIR ?

Traditionnellement, on plante une amaryllis en laissant le tiers supérieur du bulbe exposé et plusieurs jardiniers sont convaincus que la plante pourrira si on devait le recouvrir complètement. Il n'en est rien cependant et les bulbes plantés en pleine terre (dans les pays chauds, bien sûr, car l'amaryllis n'est pas très rustique) le sont sous le niveau du sol comme tout autre bulbe. En pots toutefois, il y a un problème : le bulbe est si gros que, si on devait l'enterrer complètement, il n'y aurait pas assez de place pour ses racines. Donc, on recouvre seulement la partie inférieure du bulbe avec du terreau, ce qui laisse de l'espace dans le fond du pot pour les racines. Et voilà l'origine de l'idée qu'il faut planter l'amaryllis avec le cou exposé.

■ Ananas

Oui, on peut faire fleurir et fructifier un ananas à la maison… mais il faut être patient.

592. FAIRE FLEURIR UN ANANAS

Faire fleurir un ananas à la maison n'est jamais évident, car la plante pousse normalement sous le plein soleil tropical et on ne trouve tout simplement pas l'équivalent de cette intensité lumineuse dans nos demeures. Si votre ananas a plus de cinq ans, mais a l'air très en forme, vous pouvez toutefois essayer le « truc de la pomme ». Placez le plant dans un grand sac de plastique transparent avec une pomme pourrie. Retirez le sac et la pomme après vingt-quatre heures. Une pomme très mûre dégage de l'éthylène, un gaz toxique pour les plantes. Mais lorsqu'il est exposé à ce gaz qui lui sera éventuellement fatal, l'ananas réagit souvent en fournissant un ultime effort pour sauver sa vie : il fleurit et produit un fruit.

■ Cactées

593. MON CACTUS DE NOËL NE FLEURIT PAS !

Mettez-le dans la même pièce que le poinsettia (truc 605), car lui aussi est une plante de jours courts.

594. COMMENT FAIRE FLEURIR UN CACTUS DÉSERTIQUE (TRUC 1)

Pour faire fleurir un cactus, il faut en acheter un véritable.

Malgré son apparence assez similaire, cette plante n'est pas un cactus, mais plutôt une euphorbe.

D'abord, pour cerner notre sujet, sachez qu'on parle des cactées globulaires ou à raquettes ou en candélabre, habituellement épineuses. Si vous voulez faire fleurir votre cactus, le premier truc, c'est d'acheter un véritable cactus, soit une plante de la famille des cactacées. Je dis ça, car plusieurs plantes qui passent pour des cactées n'en sont pas (les euphorbes désertiques, notamment) et ces plantes n'ont pas nécessairement la superbe floraison des vraies cactées... ni ne tolèrent les mêmes conditions assez spéciales nécessaires à faire fleurir ces dernières. Une euphorbe ou un echeveria mourrait de froid sous les conditions qu'il faut donner pour faire fleurir un cactus. Commencez donc par acheter de vraies cactées. Demandez au vendeur de vous aider si vous ne pouvez pas les distinguer des autres plantes grasses.

595. COMMENT FAIRE FLEURIR UN CACTUS DÉSERTIQUE (TRUC 2)

Voici la fleur d'un vrai cactus.

Le deuxième truc, c'est... de l'acheter en fleurs ! Non, ce n'est pas une farce... et ce n'est pas tricher, non plus. C'est que, lorsqu'un cactus arrive à l'âge de la floraison, il fleurira à tous les ans... mais si certaines cactées fleurissent jeunes, d'autres peuvent prendre trente, cinquante ou même cent ans avant de fleurir. Alors, si vous achetez un cactus en fleurs (ou en fruits), vous savez qu'il est adulte et donc à l'âge de fleurir.

596. PARENTHÈSE : ATTENTION AUX FAUSSES FLEURS !

Certains marchands, pour des raisons de mise en marché, collent (oui, avec de la colle !) des fleurs d'immortelle sur les cactées afin de les vendre à meilleur prix. Oui, c'est de l'arnaque et oui, la plante sera à jamais défigurée, car la colle appliquée est toxique, et non, ces marchands ne s'en soucient guère : il y a des escrocs même dans le petit monde autrement sympathique des plantes.

Les fleurs portées par ce cactus sont des fausses, fixées avec de la colle.

597. COMMENT FAIRE FLEURIR UN CACTUS DÉSERTIQUE (TRUC 3)

Maintenant que vous avez des cactées adultes, des vraies, mettez-les dehors pour l'été, en plein soleil (après une bonne acclimatation, bien sûr : truc 581), pour les « renforcer ». Arrosez-les comme toute autre plante en pot l'été, car c'est leur saison de croissance. Cependant, comme elles préfèrent une bonne sécheresse avant la floraison, à partir de l'automne, placez-les à l'abri de la pluie, peut-être sous l'avant-toit ou derrière un châssis de fenêtre. Arrosez-les ou laissez la pluie les arroser seulement lorsque le terreau est bien sec. Gardez-les à l'extérieur le plus longtemps possible à l'automne, ne les rentrez que lorsqu'on annonce du gel, car la majorité des cactées ont besoin de nuits froides pour fleurir. D'ailleurs, si la période de gel est remplacée par du temps plus clément, remettez-les à l'extérieur jusqu'à ce que le gel soit désormais non pas une possibilité, mais une certitude. Maintenant, rentrez-les dans la maison et placez-les devant une fenêtre, de préférence dans un endroit froid (si l'endroit est plutôt chaud, ce n'est pas si grave, car la plupart des cactées auraient eu leur « lot » de froid à l'extérieur). N'arrosez que lorsque le terreau est vraiment sec. La floraison surviendra entre le milieu de l'hiver et la fin de l'été… et si vous faites ce que j'ai recommandé dans les 3 trucs, elle est presque garantie.

Les cactées adorent un été à l'extérieur.

■ Figuier

598. MON FIGUIER PLEUREUR PERD SES FEUILLES

On l'entend souvent : un beau figuier bien vert, en parfait état à l'achat, se met à perdre ses feuilles dès son arrivée à la maison. C'est si courant que, parfois, je pense qu'on appelle le *Ficus benjamina* « figuier pleureur » parce que ses feuilles tombent comme de la pluie ! Mais réellement, c'est déconcertant et très désagréable… et, pour tourner le fer dans la plaie, il y a toujours le voisin qui a bien réussi son figuier, lui ! Et il demeure la troisième plante verte la plus vendue, donc on peut présumer que quelqu'un l'aime. Mais il y a un secret au sujet du figuier pleureur que personne ne semble vouloir révéler : il n'aime pas les changements radicaux ! Or quatre-vingt-dix pour cent des figuiers vendus dans notre partie du monde sont cultivés en pleine terre en Floride où, pour

la vente, on les déterre en taillant grossièrement leurs racines, on les empote à toute vitesse, on les charge aussitôt dans un camion fermé, à la noirceur, pas toujours bien chauffé, pour un voyage de quatre ou cinq jours, puis on les vend « à rabais » à leur arrivée, dans un magasin mal éclairé. Le marchand a environ quatre semaines pour les vendre, sinon ils tombent en miettes devant ses yeux. Mieux vaut, n'est-ce pas, qu'ils tombent en miettes chez vous ? Vous penserez alors que c'est de votre faute ! Acheter n'importe quel figuier n'importe où est très risqué. Il faut connaître deux trucs pour bien le réussir.

Le figuier pleureur (Ficus benjamina) est souvent difficile à acclimater.

599. CONNAÎTRE VOTRE MARCHAND

Certains marchands n'acceptent pas de vendre de tels figuiers. Ils font venir des figuiers qui ont été acclimatés en Floride, sous des ombrières de plus en plus sombres, à des conditions plus près de celles de nos maisons. Et quand ils les reçoivent, ils ne les mettent pas en vente tout de suite, mais les placent dans leurs serres et les conservent longtemps, deux mois ou plus, le temps que la plante se remette de ses émotions. Quand la plante est bien acclimatée, là ils vous les vendent… mais pas « à rabais ». Les figuiers acclimatés coûtent beaucoup plus cher, mais ils sont fiables. Ne les achetez pas dans les grandes surfaces ni même dans la plupart des jardineries : il vous

faut les acheter chez un marchand qui se spécialise dans les aménagements intérieurs ou dans leur entretien. Après tout, comme il propose des aménagements de plantes vertes aux centres commerciaux, aux édifices à bureaux, etc., il est responsable de voir à ce que les plantes résistent bien. Les plantes qui vont mal vont lui coûter cher. Alors il investit dans la bonne acclimatation des plantes… et vous pouvez profiter de son expertise.

600. ACCLIMATEZ UN FIGUIER PLEUREUR VOUS-MÊME

Il est toutefois possible de récupérer un figuier «à rabais», même si vous l'avez acheté dans une grande surface. Plutôt que de le placer tout de suite dans le beau coin sombre où il paraîtra si bien, vous devez l'acclimater. À cette fin, sachez que le meilleur moment de l'année pour acclimater une plante aux conditions de votre maison, c'est l'été, car alors les conditions sont les plus semblables à celles de la Floride (et oubliez les achats en plein hiver : votre demeure au mois de janvier, avec son air sec et la quasi-absence de lumière solaire, ne ressemble alors en rien à la Floride !). La plante une fois chez vous, placez-la dans un grand sac transparent (un sac de nettoyage à sec ou un grand sac à ordures transparent sera nécessaire pour la plupart des spécimens). À l'intérieur de cette

Pour acclimater votre figuier pleureur, mettez-le quelques semaines dans un sac de plastique transparent.

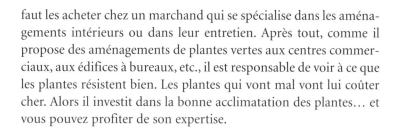

«serre temporaire» régnera une forte humidité, juste ce qu'il faut pour qu'une plante récupère. Placez la plante dans un endroit très bien éclairé, mais sans soleil direct, sinon elle cuira à l'intérieur de son grand sac fermé. Après deux semaines, déplacez la plante vers son lieu de séjour final (un figuier bien acclimaté peut tolérer un emplacement très sombre). Encore après deux semaines, durant lesquelles il s'acclimatera à la luminosité, il est temps de commencer à l'habituer à l'air libre. Chaque matin, percez un trou dans le sac avec un crayon. Avec le temps, le sac sera de plus en plus troué et la plante sera de plus en plus acclimatée à l'air sec. Quand le sac sera en lambeaux, votre figuier sera bien acclimaté. Enlevez le sac… et accrochez-y votre hamac !

■ Fruitiers tropicaux

601. PÉPINS DE FRUITS QUI DONNERONT DES PLANTES

On peut semer des pépins et des noyaux de fruits et obtenir de jolies plantes d'intérieur. Les pépins et les noyaux de presque tous les fruits tropicaux donneront des résultats : agrumes, avocat, mangue, papaye, kiwi, etc. Il faut toutefois que le fruit contienne des graines : les bananes, par exemple, n'en contiennent pas. Les plantes qui en résulteront donneront un beau feuillage, mais il est peu probable qu'elles produisent des fruits.

■ Plante de l'amitié

602. POUR TOUS LES AMIS DES PLANTES

La distribution de la plante de l'amitié (*Kalanchoe* 'Big Momma') est un projet personnel de l'auteur de ce livre. En 2003, j'ai reçu d'un ami botaniste européen, par la poste internationale, dans le fond d'une enveloppe bien ordinaire, sans la moindre protection contre l'oblitération, un « bébé » (plantule) d'une plante qu'il venait de découvrir à Madagascar et qu'il désirait partager avec quelques amis à travers le monde. À ce moment, la plante n'avait même pas de nom botanique officiel : 'Big Momma' était un surnom. La plante a depuis été décrite et classée officiellement sous le nom de *Kalanchoe laetivirens* et 'Big Momma' demeure son nom de cultivar. 'Big Momma' est très proche parente de *K. daigremontiana*, une populaire plante d'intérieur, mais qui en diffère par ses feuilles larges, voire presque cordiforme et un feuillage uniformément vert bleuté et non pas vert marqué de pourpre comme chez *K. daigremontiana*. Les deux ont comme caractéristique curieuse de porter des plantules (des « bébés ») tout autour de la feuille. Ces bébés tombent au moindre toucher et prennent racine dans le sol… dans la nature, du moins. Chez nous, cette plante grasse tropicale ne peut survivre à l'hiver et doit pousser en pot. Le nom « plante de l'amitié » est de mon cru. Je l'avais reçu en cadeau d'un ami, moi-même je pensais qu'il serait intéressant d'avoir une plante qui se donne tou-

Échangez une plante de l'amitié (Kalanchoe 'Big Momma') avec un ami.

jours en cadeau, que jamais on n'achète, et j'ai commencé à donner des plantes lors de conférences, etc. avec un petit feuillet explicatif. Depuis, j'en ai donné à des milliers de personnes et j'ai un véritable laboratoire de production de cette plante dans mon sous-sol. Quand vous en recevrez une, pensez à moi… et rappelez-vous que le mot d'ordre est d'en produire d'autres et de les donner à vos amis qui devraient les donner à leurs amis, qui devraient… et ainsi de suite. Dans combien de temps une plante peut-elle faire le tour du monde?

Nous verrons bien!

603. COMMENT CULTIVER LA PLANTE DE L'AMITIÉ

La plante de l'amitié est de culture très facile… si vous savez négliger vos plantes! Plus on la néglige, plus elle pousse! Quand vous recevrez un bébé, déposez-le sur la surface du terreau d'un petit pot. N'arrosez pas tout de suite… et n'enterrez pas ses racines. Placez la plante dans un endroit tempéré ou même chaud et ensoleillé : plus c'est ensoleillé, mieux c'est! Après deux ou trois semaines, la plante produira des racines qui pénétreront dans le terreau et elle commencera à se redresser. Vous pouvez alors l'arroser… une fois seulement. Lorsque la plante commence visiblement à pousser, vous pouvez arroser au besoin, dès que le terreau est sec. Quand des bébés se forment sur les feuilles, vous pouvez les enlever, en tout ou en partie, et les donner à d'autres amis. Après deux ou trois ans, et plusieurs centaines de bébés plus tard, si vous l'avez suffisamment stressée, votre plante pourrait fleurir, produisant, vers Noël, une couronne de fleurs tubulaires roses retombantes.

■ Poinsettia

604. DÉBALLEZ VOS POINSETTIAS

S'il n'y a normalement pas de problème à laisser des plantes achetées pour Noël emballées quatre ou cinq jours, ce n'est pas le cas du poinsettia (*Euphorbia pulcherrima*). Cette plante produit déjà de l'éthylène, un gaz toxique, et commence à s'empoisonner elle-même en aussi peu que seize heures. Dans ce cas, les bractées tombent et la plante, même si elle n'est pas nécessairement morte, n'est plus très en forme. Si vous ne pouvez pas offrir un poinsettia en cadeau immédiatement, déballez-le à votre arrivée chez vous et remballez-le juste avant de faire le trajet.

605. COMMENT FAIRE REFLEURIR UN POINSETTIA ?

Oubliez ça ! C'est trop compliqué pour la plupart des jardiniers paresseux, car le poinsettia a des règles trop strictes que presque personne ne peut suivre. Achetez votre poinsettia à Noël, profitez-en le temps que la floraison dure, puis lancez-le sur le tas de compost lorsqu'il n'est plus beau. Quand on veut être un jardinier paresseux, il faut savoir dire bye-bye !

Pas facile de faire refleurir un poinsettia !

606. LA VIEILLE TECHNIQUE POUR FAIRE REFLEURIR UN POINSETTIA

Vous tenez quand même à tout prix à faire refleurir votre poinsettia ? D'accord, je l'explique… mais je répète que je ne le recommande pas. D'abord, le poinsettia (*Euphorbia pulcherrima*) est une plante de jours courts, c'est-à-dire qu'elle ne fleurit que lorsqu'il y a moins de douze heures de lumière dans la journée. Donc, la floraison est initialisée à partir du 22 septembre… et commence habituellement environ deux mois plus tard, bien à temps pour Noël. Sauf que… nous éclairons nos maisons en soirée alors que la plante exige le contraire : pas de lumière après 17 h. Même un seul filet de lumière au mauvais moment et la floraison est ratée. D'où la vieille technique qui suggérait de ranger la plante dans un garde-robe tous les soirs et de la replacer au soleil tous les matins, toujours en lui laissant une nuit d'au moins treize heures. Il faut alors développer un horaire qui fonctionne pour vous. Enfermez la plante quand vous arrivez du travail et sortez-la quand vous partez travailler (ce qui devrait marcher, si vous ne passez pas treize heures au bureau !). Mais que faire la fin de semaine quand vous faites la grasse matinée… et sortez en soirée ? Ou quand vous n'êtes pas là ? Quand vous vous entendrez dire : « Désolé ! J'aurais aimé vous accompagner, mais je dois m'occuper de mon poinsettia ! », vous saurez alors que faire fleurir un poinsettia n'est pas vraiment pour vous ! Mon conseil demeure : au compost le poinsettia quand il ne fleurit plus.

Enlevez toutes les ampoules dans la pièce pour assurer une longue nuit de sommeil au poinsettia.

607. LA TECHNIQUE DU JARDINIER PARESSEUX POUR FAIRE REFLEURIR UN POINSETTIA

D'abord, mettez un de vos enfants à la porte, car vous aurez besoin de sa chambre à coucher. Comme le poinsettia adore le soleil, choisissez l'enfant dont la fenêtre de la chambre fait face au sud. Maintenant, enlevez toutes les ampoules dans la pièce et placez le poinsettia devant la fenêtre, l'arrosant au besoin (il ne diffère en rien sur ce plan des autres plantes d'intérieur). Comme vous avez supprimé les ampoules, même si vous entrez par accident dans la pièce en soirée et essayez d'allumer la lumière, vous ne pourrez pas. Ainsi, le poinsettia bénéficiera nécessairement des jours courts et oui, il fleurira à Noël. Malheureusement, même si vous faites refleurir un poinsettia, la plante, sans doute grande, dégarnie et aux petites fleurs, puisque c'est ainsi que le poinsettia pousse dans la maison, n'arrivera pas à la cheville d'une nouvelle plante produite en serre par des mains d'expert. Vous auriez dû suivre le conseil 605 !

PLANTES D'OMBRE

■ Déterminer l'ensoleillement

608. TROIS TERMES SEULEMENT À APPRENDRE SUR L'ENSOLEILLEMENT

Il existe une profusion de termes concernant l'ensoleillement : ensoleillement diffus, ensoleillement intense, ombre partielle, ombre légère, etc., mais, quant à moi, ils servent plus à confondre les jardiniers qu'à les aider. Il suffit de connaître les trois principaux : *soleil*, *mi-ombre* et *ombre*. Avec ces termes, on peut décrire les besoins d'ensoleillement de presque toutes les plantes.

609. PEUT-ÊTRE UN QUATRIÈME ?

Un terme que les livres semblent rarement utiliser, mais qu'ils devraient peut-être employer, c'est «ombre saisonnière». Ce terme couvre les emplacements sous les arbres et arbustes à feuilles caduques qui reçoivent le plein soleil ou presque au printemps, et l'ombre profonde l'été. Il existe une multitude de «plantes éphémères», comme les trilles, les érythrones, les narcisses, etc., qui font essentiellement toute leur photosynthèse tôt au printemps et qui ont alors besoin de beaucoup de soleil à cette saison, mais qui sont indifférentes à l'ombre saisonnière, c'est-à-dire estivale.

610. IMPOSSIBLE DE DÉTERMINER LE NOMBRE D'HEURES D'ENSOLEILLEMENT

Presque tous les livres essaient d'expliquer le degré de soleil ou d'ombre d'un emplacement par le nombre d'heures de soleil direct que l'emplacement reçoit. Voilà ce qui paraît bien, mais comment déterminer ce chiffre magique ? Faut-il vraiment s'asseoir avec un chronomètre et compter les minutes pendant lesquelles le soleil brille, faisant le total à la fin de la journée ? Et si oui, est-ce au mois de

mai, de juin, de juillet ou... qu'il faut compter ? Je n'ai jamais trouvé de réponse à cette question. Donc, le nombre d'heures d'ensoleillement journalier est essentiellement *d'aucun intérêt* pour le jardinier amateur !

Il est impossible de calculer le nombre d'heures de soleil en plein air.

611. COMMENT VRAIMENT DÉTERMINER LA LUMINOSITÉ ?

Si on ne peut physiquement compter le nombre d'heures de soleil qu'un endroit donné reçoit, il est possible de déterminer si un emplacement est exposé au soleil, à la mi-ombre ou à l'ombre : la méthode empirique. Si l'emplacement *semble* recevoir du soleil presque toute la journée, il est ensoleillé. S'il *semble* être à l'ombre presque tout le temps, il est ombragé. Et s'il est entre les deux, ni très ensoleillé ni très ombragé, il est mi-ombragé, bien sûr. Au moins quatre-vingt-dix-neuf pour cent des jardiniers utilisent cette méthode avec beaucoup de succès.

612. LA MÉTHODE DU PÉTUNIA

La méthode empirique pour déterminer la luminosité d'un lieu vous paraît peu sûre? Voici une méthode facile et fiable: la méthode du pétunia. Il suffit de planter, à la fin du printemps, des pétunias partout où on veut déterminer la luminosité. Là où les pétunias profitent et fleurissent superbement, l'emplacement est ensoleillé. Là où ils poussent et fleurissent, mais avec moins de vigueur, c'est la mi-ombre. Et s'ils poussent peu et fleurissent encore moins, c'est l'ombre. Facile, n'est-ce pas?

Pour savoir si un emplacement est ensoleillé, mi-ombragé ou ombragé, plantez un pétunia !

■ Les avantages et désavantages de l'ombre

613. L'OMBRE EST VOTRE AMIE

Combien de fois entend-on des jardiniers se plaindre de l'ombre sur leur terrain? Ce ne sont sûrement pas des jardiniers paresseux! Car le jardinier paresseux apprend à accepter ces conditions et à vivre avec elles plutôt que de se plaindre ou, encore, de tout vouloir changer. Embrassez avec plaisir et compréhension votre coin ombragé qui vous apporte tout de même bien des avantages: moins de mauvaises herbes, une croissance plus lente qui demande moins d'entretien, un vaste choix de plantes de toutes sortes de formes et de couleurs (oui, il y a des milliers de choix de végétaux pour l'ombre!) et un emplacement où vous serez au frais pour travailler. Dites-vous bien (et c'est vrai!) qu'un coin ombragé demande *beaucoup* moins d'entretien qu'un emplacement ensoleillé et peut pourtant être aussi beau. Où est donc le problème?

614. LES PLANTES POUSSENT MIEUX À L'OMBRE !

Dans une situation où l'ombre est créée uniquement par une structure (maison, édifice, grand mur, etc.), un jardin d'ombre prospérera sans le moindre problème. Pourtant l'ombre peut y être dense, mais si vous y plantez des végétaux qui tolèrent une faible luminosité, vous remarquerez que les plantes poussent densément, rapidement et résistent mieux aux intempéries et aux insectes que les plantes cultivées en plein soleil. C'est qu'à l'ombre, le sol reste frais et humide, soit les conditions de croissance idéale, et la quasi-absence de «mauvaises herbes» (la majorité des plantes ainsi appelées demandent beaucoup de soleil) en font un milieu de rêve pour les végétaux. Pas de sécheresse, pas de chaleur extrême, moins de compétition : où est le problème? Si ce n'était pas pour les racines des arbres (voir le conseil suivant), le jardin d'ombre serait le milieu rêvé pour le jardinier paresseux.

■ Compenser pour la compétition racinaire

615. LE VRAI PROBLÈME DE L'OMBRE, C'EST LA COMPÉTITION RACINAIRE

C'est la compétition racinaire plutôt que le manque de lumière qui est généralement le vrai problème des coins ombragés.

Là où la réputation de l'ombre en tant que milieu idéal pour le jardinage se ternit, c'est parce que «ombre» se conjugue souvent avec «racines d'arbre». L'ombre, en effet, est souvent (mais pas toujours) créée par des arbres surplombants qui envahissent le secteur avec leurs racines. Or, les arbres aux racines superficielles sont dominants : ils accaparent tout le sol à leurs pieds et ne laissent pas facilement pousser d'autres plantes. Elles assèchent le sol, provoquant une sécheresse dans un milieu qui est normalement humide. Et Dieu sait qu'elles rendent la plantation difficile! Lorsque l'ombre est causée par les arbres, c'est vrai qu'il faut utiliser un peu d'imagination pour bien réussir ses plantations.

616. INUTILE DE VOUS BATTRE CONTRE LES RACINES...

Car ce sont les racines qui gagneront la bataille. Vous ne pouvez rien contre les racines des arbres. Vous avez beau les couper, elles repousseront; installer des barrières, elles les contourneront : rien n'est à leur épreuve. Les racines des arbres, ce sont les mégalomanes du monde naturel. Mais il est quand même possible de jardiner à loisir avec la compétition racinaire : il s'agit de créer une situation d'égal à égal, une situation où les plantes que vous voulez installer seront aussi avantagées que les arbres qui les surplombent. Il faut donc trouver des trucs pour que la plantation soit faite dans une situation d'égalité.

617. PRÉFÉREZ LES PLANTES PERMANENTES

Un emplacement dominé par les racines des arbres n'est pas la place pour les annuelles ni les bisannuelles qu'il faut remplacer souvent, ni pour les vivaces de courte vie. Recherchez des plantes permanentes, des plantes qui ont la réputation de pouvoir survivre et même prospérer pendant des décennies, des plantes comme les arbres, les arbustes, les conifères, les vivaces de longue vie, etc. Il n'est pas surprenant que les hostas et les fougères aient si bonne réputation dans les sites ombragés, car une fois bien établies, elles sont là à vie. Mais il y en a d'autres, beaucoup d'autres. Voir justement quelques suggestions dans les conseils 632 à 634.

618. ÉVITEZ LES PLANTES TROP PETITES

Une bonne façon de rater un aménagement au pied d'un arbre à racines superficielles, c'est d'y planter de toutes petites plantes chétives aux racines faibles. Quand les racines des arbres repousseront, la pauvre nouvelle venue sera tout simplement balayée de la carte, car elle n'aura aucune place pour ses racines. D'où, en bonne partie, l'impression qu'ont les gens qu'on ne peut pas jardiner à l'ombre.

619. CHOISISSEZ DE GROS PLANTS BIEN ÉTABLIS

C'est l'un des secrets de la réussite de la plantation à travers les racines des arbres. Choisissez de gros plants dans de gros pots bien remplis de racines. N'oubliez pas que c'est la nouvelle plante qui domine dans cette motte ajoutée au pied de l'arbre et que ce sera l'arbre qui aura de la difficulté à se faufiler à travers ses racines. Ce sera donc une situation d'égal à égal et les deux pourront alors pousser encore ensemble durant des décennies.

Des gros plants bien établis s'adaptent mieux à la compétition racinaire.

620. FAITES UN GROS TROU DE PLANTATION

Quand on a à creuser un trou parmi des racines d'arbres, la tendance est de faire un trou plus petit que la normale pour ne pas avoir à couper trop de racines. Pourtant, c'est exactement le contraire qu'il faut faire. Pour que la nouvelle venue puisse profiter de la chance au coureur, creusez un gros trou, soit de préférence trois fois plus large que la motte de racines et aussi profonde (il n'est pas utile d'ameublir le sol sous une plante : cela ne fait que la déstabiliser). Et tant qu'à faire, utilisez une bonne terre riche et meuble (et sans graines de mauvaises herbes, évidemment !). Ainsi, la nouvelle plante commencera rapidement à envoyer ses racines dans la nouvelle terre pour mieux asseoir son emprise. L'arbre surplombant en fera autant et les racines des deux s'enchevêtreront. Voilà justement une relation d'égal à égal où les deux vont pouvoir profiter.

Étape 1 : le trou de plantation doit être aussi profond que la motte de racines est haute... et trois fois plus large.

621. ON NE FAIT PAS D'OMELETTE SANS CASSER LES ŒUFS...

Et on ne peut pas planter au pied d'un arbre sans couper quelques racines. Allez-y alors gaiement. La pelle ne suffira pas, il va falloir aussi un sécateur et même souvent une hache ou une scie à élaguer. Dites-vous bien que l'arbre réagira à cette taille en produisant plus de racines que jamais. De plus, comme vous ne taillez pas tout autour de lui à la fois, mais par endroits seulement, vous ne touchez qu'une quantité infime de racines. L'une des stratégies de survie des arbres à racines superficielles est de produire beaucoup plus de racines qu'il n'en faut. Vous ne faites qu'enlever une petite partie du surplus !

Étape 2 : dégagez un espace de plantation suffisant, quitte à couper quelques racines.

622. SOYEZ FLEXIBLE DANS VOTRE ENDROIT DE PLANTATION

Dans un sol rempli de racines, il faut être un peu flexible dans son choix d'un endroit de plantation. Quand vous tombez non pas sur des petites racines ou des racines moyennes, mais sur une très grosse racine, laissez-la tranquille, car la couper pourrait déstabiliser l'arbre et mener à sa chute. Plantez plutôt d'une part ou de l'autre du monstre et tout ira bien.

623. TAPISSEZ LE TROU DE PAPIER JOURNAL

La barrière de papier journal, aussi temporaire qu'elle soit, est très chère au jardinier paresseux (voir le truc 13) et il l'utilise souvent. Quand vous plantez des végétaux dans une situation de compétition racinaire importante, n'oubliez pas qu'elle peut être très utile ici aussi. Tapissez votre trou de plantation avec une épaisseur sept à dix feuilles de papier journal, coupant ou repliant vers le bas les parties qui dépassent du trou (il ne faut pas que le papier journal soit exposé

Étape 3 : tapissez l'intérieur du trou de papier journal.

à l'air, sinon il agira comme une mèche et asséchera le sol). Ensuite, placez-y la plante, ajoutez les mycorhizes, comblez de terre et arrosez. Le papier journal empêchera *temporairement* les racines de l'arbre de revenir, donnant plus de chance à la nouvelle plante de bien s'installer avant l'envahissement.

Étape 4 : paillez bien votre plante d'ombre pour terminer la plantation.

624. N'OUBLIEZ PAS DE PAILLER

Si le jardinier complète toute plantation par une bonne couche de paillis de 7 cm à 10 cm d'épaisseur, c'est encore plus important sous un arbre à racines superficielles. Ces racines tendent à assécher le sol; le paillis tend à le garder humide. Ainsi l'un balancera l'autre pour créer un milieu propice pour la culture de presque toutes les plantes d'ombre.

625. POUR UNE PLANTATION MASSIVE AU PIED D'UN ARBRE

Pour une plantation en masse sous un arbre, tapissez de papier journal, recouvrez de bonne terre et plantez tout simplement dans cette nouvelle couche.

C'est une chose que de vouloir planter quelques végétaux çà et là à l'ombre d'un arbre, mais une toute autre que de vouloir y implanter un massif de végétaux, comme un tapis de plantes couvre-sol. Creuser deux cent cinquante trous pour recevoir deux cent cinquante plants, et ce, dans une masse de racines qui ne veut pas céder, c'est une tâche monstre qui dépasse de loin les limites du jardinier paresseux. Utilisez plutôt la technique du papier journal pour vous en sortir plus facilement. Tapissez tout le secteur avec sept à dix feuilles de papier journal et recouvrez-le de 20 cm de terre (voir le conseil 30) puis plantez là-dedans. La plantation sera facile dans un sol aussi meuble, et le papier journal empêchera les racines de l'arbre de revenir trop rapidement, donnant à vos plantes le temps qu'il leur faut pour s'installer.

626. ATTENTION ! PAS PLUS DE 20 CM DE TERRE !

En plantant au pied d'un arbre selon la technique du papier journal, il ne faut pas ajouter trop de terre sur les racines de l'arbre, sinon on peut le tuer. Vingt centimètres de terre suffisent pour réussir la plantation de plantes couvre-sol, mais pas assez pour nuire aux racines de l'arbre. Le fait de recouvrir le système racinaire de 30 cm de terre peut être fatal à certaines espèces d'arbres.

■ Maintenir le sous-bois

627. LES JEUNES ARBRES SONT L'AVENIR DE LA FORÊT

Quand vous avez une forêt sur votre terrain, n'allez surtout pas couper tous les jeunes arbres et les arbres de taille moyenne qui y poussent. D'accord, les plus gros sont plus beaux et ont plus de prestance, mais rappelez-vous que les arbres de moindre taille sont l'avenir de la forêt. Quand un vieil arbre tombe, les plus jeunes sont là pour le remplacer et la vie de la forêt continue sans anicroche. Et c'est ce mélange d'arbres petits, moyens et grands qui empêche le vent d'entrer dans la forêt et d'y faire des ravages.

En aménageant un sous-bois, n'oubliez pas de laisser de jeunes arbres pour assurer l'avenir de la forêt.

628. ÉVITEZ LE GAZON DANS LE SOUS-BOIS

Dites-vous d'avance que le gazon, déjà en situation de faiblesse extrême quand on le plante à l'ombre d'un édifice, n'aura aucune chance de survie quand, de plus, il devra faire face à la compétition racinaire. La place du gazon, c'est au soleil dans un sol riche où il n'a pas de compétition du tout, pas dans un sous-bois où la lumière manque et où les racines des arbres sucent la moindre richesse et humidité du sol. Pensez plutôt aux plantes couvre-sol (plantes tapissantes) qui tolèrent les conditions d'ombre et de compétition racinaire si vous voulez créer un effet de «tapis de verdure» à l'ombre.

629. CHOISISSEZ POUR L'OMBRE DES... PLANTES DE SOUS-BOIS !

Cela paraît évident de le dire, mais dès que vous entendez que telle ou telle autre espèce est une plante de sous-bois, c'est certain qu'elle fera une formidable plante pour votre coin ombragé.

■ Plantes couvre-sol

630. VIVE LES COUVRE-SOLS À L'OMBRE !

On peut utiliser des plantes tapissantes n'importe où sur le terrain, bien sûr, car il en existe pour toutes les conditions, mais on les voit le plus souvent utilisées dans les coins ombragés. Plantées en masse, elles aident à créer un effet de tapis de végétation qui ajoute une note d'harmonie et de détente à l'aménagement. Elles peuvent être à feuillage vert ou à feuillage coloré, à fleurs ou tout simplement à feuillage attrayant, mais leur capacité de remplacer le gazon là où il ne peut pas pousser est toujours très appréciée.

Le sous-bois est le royaume des plantes couvre-sol, ici le gingembre sauvage (Asarum canadense).

631. DÉFINITION D'UN COUVRE-SOL

Quelle est la définition d'une plante couvre-sol ? C'est une catégorie de plantes basses qu'on utilise comme substitut du gazon. On dit aussi « plante tapissante ».

632. DES COUVRE-SOLS POUR L'OMBRE

Voici quelques suggestions de couvre-sols pour les endroits mi-ombragés à ombragés :

La petite pervenche (Vinca minor) est l'un des plus populaires couvre-sols pour l'ombre.

- **ACTÉE BLANCHE**
  (*ACTAEA RUBRA*) **ZONE 2**

- **ACTÉE ROUGE**
  (*ACTAEA RUBRA*) **ZONE 2**

- **ASARET D'EUROPE**
  (*ASARUM EUROPAEUM*) **ZONE 5**

- **ASPÉRULE ODORANTE**
  (*GALIUM ODORATUM*) **ZONE 3**

- **ASTILBE**
  (*ASTILBE* SPP.) **ZONE 4**

- **BERGENIA**
  (*BERGENIA* SPP.) **ZONE 3**

- **BUGLE RAMPANTE**
  (*AJUGA REPTANS*) **ZONE 3**

- **CAPILLAIRE DU CANADA**
  (*ADIANTUM PEDATUM*) **ZONE 3**

- **CAREX À FEUILLES LARGES**
  (*CAREX SIDEROSTICHA* 'VARIEGATA') **ZONE 4B**

- **CŒUR-SAIGNANT DU PACIFIQUE**
  (*DICENTRA FORMOSA*) **ZONE 3**

- **CŒUR-SAIGNANT NAIN**
  (*DICENTRA EXIMIA*) **ZONE 3**

- **ÉPIMÈDE**
  (*EPIMEDIUM* SPP.) **ZONE 3**

- **FILIPENDULE, REINE-DES-PRÉS**
  (*FILIPENDULA* SPP.) **ZONE 3**

- **FOUGÈRE FEMELLE**
  (*ALTHYRIUM FILIX-FEMINA*) **ZONE 4**

- **FOUGÈRE JAPONAISE PEINTE** (*ATHYRIUM
  NIPONICUM METALLICUM PICTUM*) **ZONE 4**

- **FOUGÈRE PLUME D'AUTRUCHE**
  (*MATTEUCIA STRUTHIOPTERIS*) **ZONE 3**

- **FOUGÈRE SENSIBLE**
  (*ONOCLEA SENSIBILIS*) **ZONE 3**

- **FRAISIER**
  (*FRAGARIA* SPP.) **ZONE 2**

- **FUSAIN DE FORTUNE**
  (*EUONYMUS FORTUNEI*) **ZONE 5B**

- **GÉRANIUM SANGUIN**
  (*GERANIUM SANGUINEUM*) **ZONE 4**

- **GÉRANIUM À GROS RHIZOME**
  (*GERANIUM MACRORRHIZUM*) **ZONE 4**

- **GILLENIA**
  (*GILLENIA TRIFOLIATA*)

- **GINGEMBRE SAUVAGE**
  (*ASARUM CANADENSE*) **ZONE 3**

- **HAKONÉCHLOA**
  (*HAKONECHLOA MACRA*) **ZONE 5**

- **HELLÉBORE**
  (*HELLEBORUS* SPP.) **ZONE 5**

- **HEUCHÈRE**
  (*HEUCHERA* SPP.) **ZONE 3**

- **HEUCHERELLE**
  (X *HEUCHERELLA* SPP.) **ZONE 3**

- **HOSTA**
  (*HOSTA* SPP.)

- **LAMIER**
  (*LAMIUM MACULATUM*) **ZONE 2**

- **LIERRE ANGLAIS RUSTIQUE** (*HEDERA HELIX*
  'BALTICA', 'THORNDALE', WILSON', ETC.) **ZONE 5**

- **LIERRE DE PASTUCHOV**
  (*HEDERA PASTUCHOVII*) **ZONE 4**

- **LUZULE DES BOIS**
  (*LUZULA SYLVATICA*) **ZONE 4**

- **MOUSSE**
  (DIVERSES ESPÈCES) **ZONES 1 À 10**

- **MUGUET**
  (*CONVALLARIA MAJALIS*) **ZONE 1**

- **ORTIE JAUNE**
  (*LAMIUM GALEOBDOLON*) **ZONE 3**

- **PACHYSANDRE DU JAPON**
  (*PACHYSANDRA TERMINALIS*) **ZONE 4**

- **PAIN DE PERDRIX**
  (*MITCHELLA REPENS*) **ZONE 2**

- **PETITE PERVENCHE**
  (*VINCA MINOR*) **ZONE 4**

- **PHLOX DES BOIS**
  (*PHLOX DIVARICATA*) **ZONE 3**

- **PLANTE CAMÉLÉON**
  (*HOUTTUYNIA CORDATA* 'CHAMELEON') **ZONE 4**

- **POLYSTIQUE FAUX-ACROSTIC**
  (*POLYSTICHUM ACROSTICHOIDES*) **ZONE 3**

- **PRUNELLE**
  (*PRUNELLA GRANDIFLORA*) **ZONE 3**

- **PULMONAIRE**
  (*PULMONARIA* SPP.) **ZONE 3**

- **QUATRE-TEMPS**
  (*CORNUS CANADENSIS*) **ZONE 2**

- **RAISIN D'OURS**
  (*ARCTOSTAPHYLOS UVA-URSI*) **ZONE 2**

- **SEAU DE SOLOMON**
  (*POLYGONATUM* SPP.) **ZONE 3**

- **SMILACINE**
  (*SMILACINA* SPP.) **ZONE 3**

- **THÉ DU CANADA**
  (*GAULTHERIA PROCUMBENS*) **ZONE 2**

- **TIARELLE**
  (*TIARELLA* SPP.) **ZONE 3**

- **ULVULAIRE**
  (*ULVULARIA* SPP.) **ZONE 4**

- **VIOLETTE DU LABRADOR** (*VIOLA RIVINIA*
  'PURPUREA', SYN. *V. LABRADORICA*) **ZONE 4**

- **WALDSTEINIA**
  (*WALDSTEINIA* SPP.) **ZONE 4**

■ Plantes d'ombre

633. AU-DELÀ DES HOSTAS ET DES FOUGÈRES

D'accord, vous avez de l'ombre… mais ce n'est pas une raison pour vous résigner à ne cultiver que des hostas et des fougères! Malgré tout le respect que j'ai pour ces plantes (et c'est vrai qu'elles nous rendent de fiers services!), il faut savoir qu'il existe réellement des *milliers* de plantes d'ombre, allant d'arbustes aux conifères, graminées, vivaces, grimpantes, annuelles et même aux plantes aquatiques. Un peu d'imagination donc quand vous choisissez des végétaux pour les coins ombragés!

634. SUGGESTIONS DE PLANTES D'OMBRE

Voici un mince choix parmi les milliers de plantes qui peuvent pousser à l'ombre. Quand vous les aurez toutes épuisées, je pourrai vous faire une liste trois fois plus longue!

Le géranium à gros rhizome (Geranium macrorrhizum) n'est qu'un exemple des milliers de plantes qui réussissent très bien à l'ombre.

- **ACHIMÈNE**
  (*ACHIMENES* SPP.) **BULBE TENDRE**
- **ACONIT**
  (*ACONITUM* SPP.) **ZONE 3**
- **ACTÉE BLANCHE**
  (*ACTAEA PACHYPODA*) **ZONE 2**
- **ACTÉE ROUGE**
  (*ACTAEA RUBRA*) **ZONE 2**
- **AKÉBIA**
  (*AKEBIA* SPP.) **ZONE 5**
- **ALOCASIA**
  (*ALOCASIA* SPP.) **BULBE TENDRE**
- **AMPELOPSIS**
  (*AMPELOPSIS* SPP.) **ZONES 4 À 7**
- **ANCOLIE**
  (*AQUILEGIA* SPP.) **ZONE 3**
- **ANÉMONE**
  (*ANEMONE* SPP.) **ZONE 3 À 6**
- **ASARET**
  (*ASARUM* SPP.) **ZONES 3 À 7**
- **ASPÉRULE ODORANTE**
  (*GALIUM ODORATUM*) **ZONE 3**
- **ASTRANCE**
  (*ASTRANTIA* SPP.) **ZONE 3**
- **ASTILBE**
  (*ASTILBE* SPP.) **ZONE 4**
- **ASTILBOÏDE**
  (*ASTILBOIDES TABULARIS*) **ZONE 3**
- **ASTRANCE**
  (*ASTRANTIA* SPP.) **ZONE 3**
- **BARBE DE BOUC**
  (*ARUNCUS DIOICUS*) **ZONE 3**
- **BÉGONIA**
  (*BEGONIA*) **ANNUELLE OU BULBE TENDRE**
- **BERGENIA**
  (*BERGENIA* SPP.) **ZONE 3**
- **BOIS BOUTON**
  (*CEPHALANTHU OCCIDENTALIS*) **ZONE 4**
- **BROWALLIE**
  (*BROWALLIA* SPP.) **ANNUELLE**
- **BRUNNERA**
  (*BRUNNERA MACROPHYLLA*) **ZONE 3**

- **BUGLE RAMPANTE**
  (*AJUGA REPTANS*) **ZONE 3**
- **BUIS**
  (*BUXUS* SPP.) **ZONES 4 À 9**
- **CALADIUM**
  (*CALADIUM* SPP.) **BULBE TENDRE**
- **CALLA**
  (*ZANTEDESCHIA* SPP.) **BULBE TENDRE**
- **CALOCASIA**
  (*CALOCASIA* SPP.) **BULBE TENDRE**
- **CAPILLAIRE DU CANADA**
  (*ADIANTUM PEDATUM*) **ZONE 3**
- **CAREX**
  (*CAREX* SPP.) **ZONES 1 À 9**
- **CHASMANTHIUM**
  (*CHASMANTHIUM LATIFOLIUM*) **ZONE 4**
- **CIMICIFUGE**
  (*CIMICIFUGA* SPP.) **ZONE 4**
- **CLARKIE**
  (*CLARKIA* SPP.) **ANNUELLE**
- **CLÈTHRE À FEUILLES D'AULNE**
  (*CLETHRA ALNIFOLIA*) **ZONE 4B**
- **CŒUR-SAIGNANT**
  (*DICENTRA* SPP.) **ZONE 3** (DIZAINES DE CULTIVARS)
- **COLCHIQUE**
  (*COLCHICUM* SPP.) **ZONES 4 À 8**
- **COLÉUS**
  (*SOLENOSTEMON SCUTELLARIOIDES*) **ANNUELLE**
- **CORNOUILLER À FEUILLES ALTERNES**
  (*CORNUS ALTERNIFOLIUS*) **ZONE 3**
- **CORNOUILLER À GRAPPES**
  (*CORNUS RACEMOSA*) **ZONE 3**
- **CYPRÈS DE RUSSIE**
  (*MICROBIOTA DECUSSATA*) **ZONE 2**
- **DACTYLE PELOTONNÉ**
  (*DACTYLIS GLOMERATA* 'VARIEGATA') **ZONE 3**
- **DESCHAMPSIE**
  (*DESCHAMPSIA* SPP.) **ZONE 3**
- **DIERVILLÉE CHÈVREFEUILLE**
  (*DIERVILLEA LONICERA*) **ZONE 3**
- **DIGITALE**
  (*DIGITALIS* SPP.) **ZONES 3 À 5**

- **DIRCA DES MARAIS**
  (*DIRCA PALUSTRIS*) **ZONE 4**
- **DORONIC**
  (*DORONICUM* SPP.) **ZONE 4**
- **ÉLEUTHÈRE DE SIEBOLD**
  (*ELEUTHEROCOCCUS SIEBOLDIANUS*) **ZONE 5**
- **ÉPIMÈDE** (*EPIMEDIUM* SPP.)
  ZONE 3 (DIZAINES DE CULTIVARS)
- **ÉRANTHE**
  (*ERANTHIS HYEMALIS*) **ZONE 4**
- **ÉRYTHRONE**
  (*ERYTHRONIUM* SPP.) **ZONES 3 À 5**
- **FILIPENDULE, REINE-DES-PRÉS**
  (*FILIPENDULA* SPP.) **ZONE 3**
- **FOUGÈRES**
  (PLUSIEURS GENRES) **TOUTES LES ZONES**
- **FRAISIER**
  (*FRAGARIA* SPP.) **ZONE 2**
- **FUCHSIA**
  (*FUCHSIA* SPP.) **ANNUELLE**
- **FUSAIN**
  (*EUONYMUS* SPP.) **ZONES 4 À 7**
- **GADELIER ALPIN**
  (*RIBES ALPINUM*) **ZONE 4B**
- **GALANE**
  (*CHELONE* SPP.) **ZONE 3**
- **GÉRANIUM À GROS RHIZOME**
  (*GERANIUM MACRORRHIZUM*) **ZONE 4**
- **GÉRANIUM SANGUIN**
  (*GERANIUM SANGUINEUM*) **ZONE 4**
- **GILLENIA**
  (*GILLENIA TRIFOLIATA*) **ZONE 4**
- **GINGEMBRE SAUVAGE**
  (*ASARUM CANADENSE*) **ZONE 3**
- **GLOIRE DES NEIGES**
  (*CHIONODOXA* SPP.) **ZONES 3**
- **GODÉTIE**
  (*CLARKIA* SPP.) **ANNUELLE**
- **GRANDE RENOUÉE BLANCHE**
  (*PERSICARIA POLYMORPHA*, SYN. *POLYGONUM POLYMORPHUM*) **ZONE 3**
- **HAKONÉCHLOA**
  (*HAKONECHLOA MACRA*) **ZONE 5**
- **HELLÉBORE**
  (*HELLEBORUS* SPP.) **ZONES 4 À 7**
- **HÉMÉROCALLE**
  (*HEMEROCALLIS* SPP.) **ZONE 3**
- **HÉPATIQUE**
  (*HEPATICA* SPP.) **ZONES 3 À 6**
- **HEUCHÈRE**
  (*HEUCHERA* SPP.) **ZONE 3**
- **HEUCHERELLE**
  (X *HEUCHERELLA* SPP.) **ZONE 3**
- **HOSTA** (*HOSTA* SPP.) **ZONE 3**
  (CENTAINES DE CULTIVARS !)
- **HYDRANGÉE GRIMPANTE**
  (*HYDRANGEA ANOMALA PETIOLARIS*) **ZONE 4**
- **HYDRANGÉE ARBORESCENTE**
  (*HYDRANGEA ARBORESCENS*) **ZONE 3**
- **IF**
  (*TAXUS* SPP.) **ZONES 3 À 8**
- **IMPATIENTE**
  (*IMPATIENS* SPP.) **ANNUELLE**
- **IRIS CRÊTÉ**
  (*IRIS CRISTATA*) **ZONE 4**
- **JACINTHE**
  (*HYACINTHUS ORIENTALIS*) **ZONE 4**
- **JACINTHE DES BOIS**
  (*HYACINTHOIDES* SPP.) **ZONE 4**
- **KALMIA**
  (*KALMIA* SPP.) **ZONES 1 À 6**
- **KIRENGESHOMA**
  (*KIRENGESHOMA* SPP.) **ZONES 3 À 4**
- **KIWI**
  (*ACTINIDIA* SPP.) **ZONES 3 À 8**
- **LAMIER**
  (*LAMIUM MACULATUM*) **ZONE 2**
- **LIERRE ANGLAIS RUSTIQUE**
  (*HEDERA HELIX* 'BALTICA', 'THORNDALE', WILSON', ETC.) **ZONE 5**
- **LIERRE DE PASTUCHOV**
  (*HEDERA PASTUCHOVII*) **ZONE 4**
- **LIERRE DE BOSTON**
  (*PARTHENOCISSUS TRICUSPIDATA*) **ZONE 4B**
- **LIGULAIRES**
  (*LIGULARIA* SPP.) **ZONES 3 À 4**
- **LIS DES CRAPAUDS**
  (*TRICYRTIS* SPP.) **ZONES 4 À 6**
- **LIS DU CANADA**
  (*LILIUM CANADENSE*) **ZONE 3**

- **LIS MARTAGON**
  (*LILIUM MARTAGON*) **ZONE 3**
- **LOBÉLIE**
  (*LOBULARIA* SPP.) **ZONES 3 À 9**
- **LUZULE DES BOIS**
  (*LUZULA SYLVATICA*) **ZONE 4**
- **MAHONIE**
  (*MAHONIA* SPP.) **ZONES 5 À 9**
- **MÉNISPERME DU CANADA**
  (*MENISPERMUM CANADENSIS*) **ZONE 3**
- **MERTENSIA**
  (*MERTENSIA* SPP.) **ZONES 2 À 4**
- **MILLET DIFFUS DORÉ**
  (*MILIUM EFFUSUM* 'AUREUM')
- **MIMULE**
  (*MIMULUS* SPP.) **ANNUELLE**
- **MOLINIE**
  (*MOLINIA* SPP.) **ZONE 3**
- **MUGUET**
  (*CONVALLARIA MAJALIS*) **ZONE 1**
- **MYOSOTIS**
  (*MYOSOTIS* SPP.) **ZONES 3 À 4**
- **NARCISSE**
  (*NARCISSUS* SPP.) **ZONES 3 À 7**
- **NÉMOPHILE**
  (*NEMOPHILA* SPP.) **ANNUELLE**
- **NIÉREMBERGIE**
  (*NIEREMBERGIA* SPP.) **ANNUELLE**
- **NIVÉOLE**
  (*LEUCOJUM* SPP.) **ZONE 4**
- **ORTIE JAUNE**
  (*LAMIUM GALEOBDOLON*) **ZONE 3**
- **PACHYSANDRE DU JAPON**
  (*PACHYSANDRA TERMINALIS*) **ZONE 4**
- **PAIN DE PERDRIX**
  (*MITCHELLA REPENS*) **ZONE 3**
- **PAXISTIMA DE CANBY**
  (*PAXITIMA CANBYI*) **ZONE 5**
- **PENSÉE**
  (*VIOLA* X *WITTROCKIANA*) **ANNUELLE**
- **PERCE-NEIGE**
  (*GALANTHUS NIVALIS*) **ZONE 3**

- **PÉTASITE**
  (*PETASITES* SPP.) **ZONES 2 À 9**
- **PETIT PRÊCHEUR**
  (*ARISAEMA* SPP.) **ZONES 2 À 10**
- **PETITE PERVENCHE**
  (*VINCA MINOR*) **ZONE 4**
- **PHLOX DES BOIS**
  (*PHLOX DIVARICATA*) **ZONE 3**
- **PHYSOCARPE**
  (*PHYSOCARPUS* SPP.) **ZONE 2B**
- **PIGAMON**
  (*THALICTRUM* SPP.) **ZONES 2 À 6**
- **PLANT OMBRELLE**
  (*DARMERA PELTATA*) **ZONE 4**
- **PLANTE CAMÉLÉON**
  (*HOUTTUYNIA CORDATA* 'CHAMELEON') **ZONE 4**
- **POPULAGE DES MARAIS**
  (*CALTHA PALUSTRIS*) **ZONE 3**
- **PRIMEVÈRE**
  (*PRIMULA* SPP.) **ZONES 2 À 9**
- **PRUCHE DU CANADA**
  (*TSUGA CANADENSIS*) **ZONE 4**
- **PRUNELLE**
  (*PRUNELLA GRANDIFLORA*) **ZONE 3**
- **PTÉLÉA TRIFOLIÉ**
  (*PTELEA TRIFOLIATA*) **ZONE 3B**
- **PULMONAIRE**
  (*PULMONARIA* SPP.) **ZONE 3**
- **PUSCHKINIA**
  (*PUSCHKINIA SCILLOIDES*) **ZONE 3**
- **QUATRE-TEMPS**
  (*CORNUS CANADENSIS*) **ZONE 2**
- **RAISIN D'OURS**
  (*ARCTOSTAPHYLOS UVA-URSI*) **ZONE 2**
- **RHODODENDRON**
  (*RHODODENDRON* SPP.) **ZONES 1 À 10**
- **RODGERSIA**
  (*RODGERSIA* SPP.) **ZONE 4**
- **RONCE ODORANTE**
  (*RUBUS ODORATUS*) **ZONE 3**
- **RUBAN DE BERGÈRE**
  (*PHALARIS ARUNDINACEA*) **ZONE 3**

- **Sanguinaire du Canada**
  (*Sanguinaria canadensis*) **Zone 2**

- **Saruma**
  (*Saruma henryi*) **Zone 4**

- **Schizanthe papillon**
  (*Schizanthus x wisetonensis*) **Annuelle**

- **Scille**
  (*Scilla* spp.) **Zones 2 à 7**

- **Seau de Solomon**
  (*Polygonatum* spp.) **Zone 3**

- **Seslérie**
  (*Sesleria* spp.) **Zone 4**

- **Smilacine**
  (*Smilacina* spp.) **Zone 3**

- **Spigélia**
  (*Spigelia marilandica*) **Zone 4**

- **Staphylier**
  (*Staphylea* spp.) **Zone 4**

- **Sureau**
  (*Sambucus* spp.) **Zones 2 à 6**

- **Symphorine**
  (*Symphoricarpos* spp.) **Zones 2 à 5**

- **Tabac d'ornement**
  (*Nicotiana* spp.) **Annuelle**

- **Thé du Canada**
  (*Gaultheria procumbens*) **Zone 2**

- **Tiarelle**
  (*Tiarella* spp.) **Zone 3**

- **Torénia**
  (*Torenia* spp.) **Annuelle**

- **Trille**
  (*Trillium* spp.) **Zones 3 à 6**

- **Trolle**
  (*Trollius* spp.) **Zone 3**

- **Ulvulaire**
  (*Ulvularia* spp.) **Zone 4**

- **Vigne vierge**
  (*Parthenocissus quinquefolia*) **Zone 3**

- **Violette du Labrador** (*Viola rivinia*
  'Purpurea', syn. *V. labradorica*) **Zone 4**

- **Viorne**
  (*Viburnum* spp.) **Zones 2 à 8**

- **Waldsteinia**
  (*Waldsteinia* spp.) **Zone 4**

■ Aménager à l'ombre

635. PARFOIS UN PAILLIS DÉCORATIF SUFFIT

Il n'est pas toujours nécessaire de cultiver des plantes dans un coin très ombragé. Parfois, un simple paillis ornemental fait très bien l'affaire. Un cercle de paillis autour d'un grand arbre à l'ombre très dense et aux racines agressives, par exemple, paraîtra très bien et vous évitera d'avoir à creuser dans un sol très compacté et plein de racines.

Sous un arbre à l'ombre dense et aux racines envahissantes, un simple paillis peut suffire.

636. OU METTEZ DES POTS SUR VOTRE PAILLIS

Du paillis ne suffit pas et pourtant vous n'avez pas envie de creuser des trous dans un sol plein de racines? Placez des potées fleuries sur le paillis. Ainsi vous aurez de la couleur sans devoir creuser.

637. VOTRE AMÉNAGEMENT OMBRAGÉ MANQUE DE COULEUR

Des statues et autres éléments inertes font beaucoup pour rehausser l'intérêt des coins très ombragés.

On ne peut nier que les floraisons sont moins abondantes dans les jardins ombragés que dans les jardins ensoleillés, mais on peut compenser avec des feuillages aux couleurs et aux textures diverses. Mais aussi, pensez à ajouter une ou plusieurs statues. Par leur couleur souvent blanche ou gris pâle, elles ressortent admirablement à l'ombre et, de plus, elles attirent toujours l'œil… assez parfois pour que le visiteur oublie que le secteur n'est pas aussi coloré que le reste du terrain.

PLANTES EN POTS ET JARDINIÈRES

Dans un pot ou une jardinière, pensez aux plantes vedettes, aux plantes retombantes et aux plantes de remplissage.

■ Sélection de plantes

638. TROIS TYPES DE PLANTES POUR UN EFFET SPECTACULAIRE

Pour un pot ou une jardinière, il faut trois sortes de plantes: une vedette, soit une grande plante spectaculaire, des plantes retombantes qui débordent du pot et qui cacheront un peu son rebord et, entre les deux, des plantes « de remplissage », soit des plantes à port plutôt buissonnant mais de faible hauteur, dont le rôle principal est d'assurer que le pot paraît toujours bien plein.

639. DES PLANTES VEDETTES À DÉCOUVRIR

Quelle plante pouvez-vous utiliser comme plante vedette pour vos jardins en pots ? En fait, presque toute plante peut être en vedette à condition d'être accompagnée par des plantes plus petites et moins voyantes, mais en général, une plante vedette aura une bonne taille, une silhouette ou une couleur saisissante ou tout autre trait qui fait qu'elle se distinguera des autres plantes. Voici quelques plantes qui font justement de très bonnes vedettes en pots et jardinières :

Ici un spectaculaire canna sert de plante vedette.

- **AGAPANTHE**
  (*AGAPANTHUS* SPP.)
- **AGAVE** (*AGAVE AMERICANA*)
- **AGRUME**
  (ORANGER, CITRONNIER, ETC.) (*CITRUS* SPP.)
- **ALOCASIA**
  (*ALOCASIA* SPP.)
- **BAMBOU**
  (*BAMBUSA* SPP., *PHYLLOSTACHYS* SPP., ETC.)
- **BANANIER**
  (*MUSA* SPP.)
- **BRUGMANSIA**
  (*BRUGMANSIA* SPP.)
- **CALADIUM**
  (*CALADIUM HORTULANUM*)
- **CANNA**
  (*CANNA* SPP.)
- **CORDYLINE OU DRACÉNA**
  (*CORDYLINE AUSTRALIS*)
- **ÉRABLE DE MAISON**
  (*ABUTILON* SPP.)

- **EUCALYPTUS**
  (*EUCALYPTUS* SPP.)
- **FIGUIER**
  (*FICUS CARICA*)
- **HIBISCUS**
  (*HIBISCUS ROSA-SINENSIS*)
- **LAURIER-ROSE**
  (*NERIUM OLEANDER*)
- **LIN DE NOUVELLE-ZÉLANDE**
  (*PHORMIUM* SPP.)
- **MARGUERITE DE PARIS**
  (*ARGYRANTHEMUM* SPP.)
- **PALMIER** (*CHAMAEDOREA* SPP.,
  CHRYSALIDOCARPUS SPP., *RHAPIS EXCELSA*, ETC.)
- **PAPYRUS**
  (*CYPERUS ALTERNIFOLIUS*, *CYPERUS PAPYRUS*, ETC.)
- **PENNISÉTUM SOYEUX**
  (*PENNISETUM SETACEUM* 'RUBRUM')
- **ROSELLE ROUGE**
  (*HIBISCUS ACETOSELLA*)
- **ROSIER** (*ROSA* SPP.)

640. DES VEDETTES SUR ÉCHASSES

On peut convertir presque toute plante ligneuse pour contenants en plante vedette… en la greffant sur un «tronc» pour en faire un mini arbre. Voici quelques plantes tropicales souvent vendues justement sous cette forme pour utilisation dans les bacs à fleurs:

Les plantes greffées sur tige, comme ce fuchsia, sont toujours en vedette.

- **ÉRABLE DE MAISON** (*ABUTILON* SPP.)
- **ÉTOILE DE BETHLÉEM** (*SOLANUM JASMINOIDES*)
- **EURYOPS** (*EURYOPS PECTINATUS*)
- **FUCHSIA** (*FUCHSIA* SPP.)
- **HIBISCUS** (*HIBISCUS ROSA-SINENSIS*)

- **LANTANA** (*LANATA CAMARA*)
- **MAUVE AFRICAINE** (*ANISODONTEA* SPP.)
- **QUEUE-DE-CHAT** (*ACALPHYA HISPIDA*)
- **ROSIER** (*ROSA* SPP.)
- **TIBOUCHINA** (*TIBOUCHINA* SPP.)

641. DES VEDETTES SUR TREILLIS

Une autre classe de vedettes? Les plantes grimpantes montées sur un petit treillis ou un tuteur. Les meilleures variétés grimpent toutes seules; il faut parfois attacher les autres à leur support. Voici quelques exemples:

Une plante grimpante montée sur un treillis, comme ce mandevilla (Mandevilla 'Alice Du Pont', fait une excellente plante vedette.

- **ALLAMANDA** (*ALLAMANDA CATHARTICA*)
- **CAPUCINE** (*TROPAEOLUM MAJUS, T. PEREGRINUM*)
- **ÉTOILE DE BETHLÉEM** (*SOLANUM JASMINOIDES*)
- **FLEUR DE LA PASSION** (*PASSIFLORA* SPP.)
- **GLOIRE DU MATIN** (*IPOMOEA* SPP.)
- **HARICOT D'ESPAGNE** (*PHASEOLUS COCCINEUS*) GRIMPANTE ANNUELLE ET LÉGUME

- **MANDEVILLA** (*MANDEVILLA* SPP.)
- **MUFLIER GRIMPANT** (*ASARINA* SPP.)
- **RHODOCHITON** (*RHODOCHITON ATROSANGINEUM*)
- **THUNBERGIE AILÉE** (*THUNBERGIA ALATA*)
- **THUNBERGIE À GRANDES FLEURS** (*THUNBERGIA GRANDIFLORA*)

642. UNE VEDETTE À LA FOIS

Vous avez remarqué que les mariages entre les vedettes du cinéma finissent presque toujours en désastre? C'est la même chose pour les plantes vedettes: il en faut une par pot, pas plus. Vous pouvez toutefois multiplier les plantes de remplissage et retombantes au besoin pour créer l'effet désiré et ainsi mettre la vedette… en vedette!

643. PLUS QUE DES FLEURS

En faisant vos plantations en pots ou en jardinières, rappelez-vous qu'il n'est pas nécessaire que tous les végétaux soient des plantes à fleurs. Au contraire, un peu de verdure, çà et là, et des feuillages argentés, dorés ou pourprés, peuvent faire beaucoup pour mettre l'ensemble de la plantation en valeur.

■ Culture

644. LES POTS FONCÉS CHAUFFENT TROP

Pour le jardin extérieur, mieux vaut planter les végétaux dans des pots de couleur pâle, du moins si vous prévoyez les placer au soleil. Les pots de couleur foncée absorbent beaucoup de lumière et se réchauffent énormément, parfois assez pour endommager les plantes.

■ Aménagement avec pots et jardinières

645. LES POTS À LA RESCOUSSE DES JARDINS D'OMBRE

Préférez des pots de couleur pâle pour les plantations en plein soleil, sinon les plantes peuvent avoir trop chaud.

Vous n'arrivez pas à obtenir un bel aménagement sous les arbres? L'ombre est en partie en cause, mais le problème principal est la compétition féroce avec les racines des arbres (truc 615): elles occupent tout l'espace et ne se laissent pas facilement pénétrer par de nouvelles plantes? Il y a cependant une solution facile: placez sur le sol, au pied des arbres, des plantes en pots qui tolèrent l'ombre (coléus, impatientes, hostas, etc.). Les racines des arbres ne peuvent pénétrer les pots et les plantes empotées peuvent alors atteindre leur plein potentiel. Il suffit de quelques belles potées pour faire oublier l'échec du jardin en pleine terre.

646. DES PIÉDESTAUX POUR METTRE LES POTÉES EN VEDETTE

Il n'y a rien comme mettre des plantes sur un piédestal pour les mettre en valeur.

Pour mettre une belle potée en relief, placez-la sur un piédestal. Elle attirera instantanément tous les regards. Au contraire, si une potée mise sur piédestal commence à dépérir, mieux vaut la remplacer par une autre : pourquoi mettre en vedette vos insuccès ?

647. UN PIÉDESTAL BON MARCHÉ

Pour un piédestal qui paraît valoir très cher, mais qui est pourtant très bon marché, pensez aux boisseaux (sections de tuyau) de cheminées en terre cuite, disponibles dans les quincailleries importantes.

648. DES MURS VÉGÉTAUX...

Les pots peuvent servir de division, créant deux ou trois « pièces » sur un même patio.

Ce n'est pas suffisant de pouvoir cultiver des potées fleuries à l'extérieur l'été, encore faut-il savoir les utiliser à bon escient... et l'une des façons les plus intéressantes consiste à les aligner afin de diviser une terrasse, un balcon ou un patio en sections. Ainsi, une terrasse trop vaste et sans utilité particulière peut subitement être divisée en « pièces » : la cuisinette (là où se trouve le barbecue), le coin bronzage (là où le soleil plombe) et le coin repos (plus à l'ombre) où l'on peut s'asseoir et lire en toute tranquillité. Et il y a toutes sortes d'autres façons de subdiviser un espace extérieur avec des potées.

649. ...MAIS DES MURS AMOVIBLES

D'accord, vous adorez l'aménagement de votre terrasse avec ses coins pour le barbecue, le bronzage et la lecture, mais là, la famille au grand complet arrive chez vous dans moins d'une heure et vous ne savez pas où placer tout ce beau monde ! Voilà justement l'avantage des « murs végétaux » : vous n'avez qu'à déplacer temporairement vos plantes pour dégager une grande surface, digne d'une fête de famille, puis quand les gens s'en vont et que vous retrouvez un peu de tranquillité, vous pouvez refaire votre aménagement.

650. DES POTÉES SUR ROULETTES

Vous avez de gros bacs difficiles à déplacer ? Mettez-leur des roulettes ! Il existe des plaques ou même des soucoupes sur roulettes sur lesquelles vous pouvez placer des bacs de toutes tailles, même de très gros, et ainsi vous pourrez les changer de place, tourner, etc. avec un minimum d'efforts.

Déplacez de gros bacs sans peine, utilisez un support à roulettes.

■ Brugmansia

651. METTEZ VOTRE BRUGMANSIA EN VALEUR

Le brugmansia (*Brugmansia* spp.) est un grand arbuste ou petit arbre proche parent des daturas dont la caractéristique principale est son énorme fleur en forme de trompette qui peut mesurer 30 cm de longueur ou davantage. Le problème est que le brugmansia fleurit relativement jeune, quand la plante est encore de faible taille, et on n'apprécie pas vraiment les fleurs lorsqu'on les voit par le dessus. Placez alors votre brugmansia sur un piédestal de façon à ce que les fleurs soient à la hauteur des yeux ou même davantage et vous les apprécierez encore plus.

ROSIERS

652. TOUJOURS UN PENSEZ-Y BIEN

Même s'il existe maintenant des rosiers rustiques, résistants aux maladies, à floraison remontante, même si leur fleurs sont belles, grosses et parfumées, le jardinier paresseux ferait mieux d'y penser deux fois avant de planter des rosiers. Un ou deux rosiers, peut-être, mais des dizaines ? *Niet !* Les plantes du genre *Rosa* ont plus que leur part de problèmes et même les plus solides et résistantes peuvent devenir des « plantes à problèmes » et on se rappelle que « des plantes à problèmes, vous n'en voulez pas » ! Les trucs qui suivent sont surtout pour les jardiniers encore convaincus que le rosier est le meilleur ami du jardinier !

■ Rosiers rustiques

653. TANT QU'À PLANTER DES ROSIERS, PLANTEZ DES RUSTIQUES

Les rosiers rustiques, comme ce Rosa 'Henry Hudson', ont la capacité de survivre aux hivers froids sans dommage.

La majorité des rosiers vendus au Canada sont des rosiers tendres. Leur véritable zone de rusticité est 7 ou 8, mais, avec une bonne protection hivernale (buttage, taille, cône à rosiers, prières, sacrifices humains, etc.), il arrive parfois qu'ils survivent à l'hiver une ou deux fois. Pour une plante si coûteuse (les rosiers ne sont pas donnés !), c'est triste de ne pas pouvoir assurer plus d'une seule floraison. Préférez alors toujours les rosiers « rustiques », c'est-à-dire ceux qui ont la capacité naturelle de survivre aux hivers dans votre région.

654. LES ROSIERS À ÉVITER

Sauf de très rares exceptions, les rosiers hybrides de thé et grandiflora ainsi que les rosiers sur tige ne sont pas assez rustiques pour être cultivés au nord de la zone 7 sans protection hivernale. Suggestion ? Évitez-les !

655. DES ÉTIQUETTES QUI MENTENT

Tristement, il existe une entente cachée entre les producteurs de rosiers qui n'avantage nullement les jardiniers paresseux. C'est qu'il est «sous-entendu» dans l'industrie que tous les rosiers buisson (hybrides de thé, grandifloras, floribundas et polyanthas) ont besoin de protection hivernale et qu'il est donc «acceptable» de mettre une zone 5 sur ces rosiers, même si leur véritable zone est 7 ou 8 (la zone exacte varie). Après tout, ils peuvent généralement (mais pas toujours) survivre à l'hiver en zone 5 avec une protection adéquate. Mais qui explique cela au consommateur? Alors il achète un rosier «de zone 5» qui ne passe pas l'hiver en zone 5 et pense que c'est de sa faute. À mon avis, cette «entente professionnelle» ressemble davantage à un mensonge flagrant qu'à une mise en marché honnête.

■ Rosiers grimpants

656. QUAND COUCHER LES ROSIERS GRIMPANTS ?

Jamais. Puisque vous êtes un jardinier paresseux, vous vous êtes procuré non pas un rosier grimpant d'une zone supérieure à la vôtre, qui aura alors besoin d'être détaché de son support pour l'hiver et couché dans une tranchée pour le protéger du froid de l'hiver, mais un rosier grimpant rustique, soit de votre zone ou de toute autre zone moindre. Laissez-le alors debout sur son support durant l'hiver. S'il y a quelques rameaux morts, vous les couperez au printemps, tout simplement.

657. DES ROSIERS GRIMPANTS QUI GRIMPENT TOUT SEULS

Peut-être avez-vous entendu dire qu'il *fallait* attacher les rosiers grimpants sur leur support, qu'ils ne grimpent pas tout seuls… et c'est vrai pour plusieurs supports artificiels, comme les treillis. Les rosiers ne sont pas, en fait, de véritables plantes grimpantes qui s'entortillent autour de leur

Normalement les rosiers grimpants, comme ce Rosa *'John Cabot', doivent être attachés à un support pour grimper.*

support ou qui y adhèrent au moyen des crampons, mais sont plutôt des plantes sarmenteuses (truc 283). Ils produisent de longues tiges qui viennent s'appuyer sur d'autres plantes ou qui passent à travers leurs branches pour trouver du support. Plantez un rosier grimpant au pied d'un petit arbre, peut-être en fixant les tiges sur le tronc au début pour qu'elles partent dans la bonne direction, et ses tiges s'entremêleront rapidement aux branches de l'arbre pour créer un support naturel et sans plus d'effort de votre part.

658. UNE CAGE À ROSIERS GRIMPANTS

Pour faire grimper des rosiers sans effort, plantez-les à l'intérieur d'une « cage à rosiers ».

Tout le monde connaît la cage à tomates (truc 417) qu'on place sur les tomates et qui leur permet de grimper sans peine. Mais pourquoi ne pas utiliser une cage pour les rosiers grimpants rustiques? Fabriquez-en une vous-même avec trois ou quatre sections de treillage ou tout simplement un de ces obélisques de jardin ajourés qui sont si populaires de nos jours (pour un rosier grimpant, il vous faudra un très grand obélisque, d'au moins 1,8 m de hauteur). Plantez votre rosier et posez la cage ou l'obélisque par-dessus. Au début, il faudrait peut-être repousser toute tige égarée à l'intérieur du support, mais une fois qu'elles auront atteint le sommet, laissez-les pousser davantage à leur guise. Avec des rameaux qui dépasseront des parois et du sommet du support pour s'arquer vers l'extérieur, votre cage ou obélisque sera un véritable feu d'artifice de fleurs!

■ Sélection

659. DES ROSIERS SANS PROBLÈMES ?

Les rosiers ont tellement la réputation de jouer les divas que beaucoup de jardiniers s'attendent à les tailler, vaporiser, nettoyer, protéger de l'hiver, etc. juste pour les garder en vie… mais que les rosiers soient *toujours* des plantes exigeantes n'est pas aussi vrai qu'on le pense. Oui, il existe des rosiers capricieux et sujets aux maladies et aux insectes qu'il faut traiter aux petits oignons… mais le jardinier paresseux les évitera comme la peste! Recherchez à la place des rosiers « de culture facile » et surtout bien rustiques. La plupart des rosiers hybrides de thé et grandiflora sont à éviter complètement, beaucoup de rosiers floribunda aussi, mais dans d'autres catégories, on trouve facilement des rosiers relativement acceptables pour les jardiniers paresseux. Les rosiers arbustifs, les rosiers qui forment un couvre-sol et les rosiers miniatures, notamment, sont presque toujours rustiques jusqu'en zone 4 et parfois en zone 3 ou même moins. Et plusieurs de ces rosiers sont aussi très résistants aux maladies, bien que pas toujours aux insectes. Avant d'acheter un rosier, informez-vous. Est-il rustique dans votre région, sans protection hivernale ? Est-il résistant aux insectes et aux maladies ? Vous serez surpris du nombre de rosiers qui conviennent justement aux jardiniers relativement paresseux.

Le rosier polyantha 'The Fairy' est parmi les meilleurs choix pour les régions froides.

660. LE CHOIX DES JARDINIERS DES RÉGIONS FROIDES

Plusieurs sociétés de roses publient des listes de rosiers résistants aux maladies, mais en général il ne conviennent pas aux climats froids. Voici cependant la liste, dans l'ordre, des dix rosiers les plus résistants aux maladies d'après une liste des membres de la Société canadienne des roses.

1. **'JOHN CABOT'**
   (SARMENTEUX) ZONE **3**

2. **'THERESE BUGNET'**
   (ARBUSTIF) ZONE **2**

3. **'WILLIAM BAFFIN'**
   (SARMENTEUX) ZONE **2A**

4. **'MELDOMONAC' BONICA™**
   (ARBUSTIF) ZONE **5**

5. **'THE FAIRY'**
   (POLYANTHA) **4B**

6. **'BLANC DOUBLE DE COUBERT'**
   (ARBUSTIF) ZONE **3**

7. **'NEW DAWN'**
   (GRIMPANT) ZONE **5**

8. **'HANSA'**
   (ARBUSTIF) ZONE **2**

9. **'JOHN DAVIS'**
   (ARBUSTIF OU SARMENTEUX) ZONE **3**

10. **'GROOTENDORST'**
    (ARBUSTIF) ZONE **3**

661. LES ROSIERS D'AGRICULTURE CANADA

Au Canada, il existe au moins un hybrideur de rosiers qui a excellente réputation : votre propre gouvernement ! En effet, Agriculture Canada a produit une longue liste de rosiers, pour la plupart arbustifs, mais parfois aussi sarmenteux (grimpants), conçus pour être très résistants au froid (toujours intéressant pour les jardiniers nordiques !), florifères sur une longue saison (la plupart sont remontants et certains à floraison continuelle) et aussi pour être au moins modérément résistants aux maladies. Autrement, ils sont souvent très différents les uns des autres par leur taille, leur port, le type de fleurs, etc. Les plus célèbres sont les rosiers Explorateurs dont la plupart portent le nom de grands explorateurs canadiens comme 'John Baffin', 'John Cabot', 'Henry Kelsey', etc. Mais il ne faut pas non plus négliger la série Parkland, un peu plus homogène, dont la plupart portent le nom Morden ('Morden Cardinette', 'Morden Blush', etc.).

Le Rosa 'Martin Frobisher' est un rosier de la série des Explorateurs d'Agriculture Canada.

662. LES ROSIERS D'AGRICULTURE CANADA, UN PAR UN

Voici une liste des rosiers d'Agriculture Canada (voir le conseil précédent). Attention ! Il s'en ajoute régulièrement et cette liste ne demeurera pas longtemps à jour !

SÉRIE PARKLAND

- **'ADELAIDE HOODLESS'** (ARBUSTIF) **ZONE 2**
- **'CUTHBERT GRANT'** (ARBUSTIF) **ZONE 3**
- **'HOPE FOR HUMANITY'** (ARBUSTIF) **ZONE 3A**
- **'MORDEN AMORETTE'** (ARBUSTIF) **ZONE 3**
- **'MORDEN BLUSH'** (ARBUSTIF) **ZONE 2B**
- **'MORDEN CARDINETTE'** (ARBUSTIF) **ZONE 3B**
- **'MORDEN CENTENNIAL'** (ARBUSTIF) **ZONE 2**
- **'MORDEN FIREGLOW'** (ARBUSTIF) **ZONE 2B**
- **'MORDEN RUBY'** (ARBUSTIF) **ZONE 2**
- **'MORDEN SNOWBEAUTY'** (ARBUSTIF) **ZONE 2B**
- **'MORDEN SUNRISE'** (ARBUSTIF) **ZONE 3**
- **'WINNIPEG PARKS'** (ARBUSTIF) **ZONE 2B**

SÉRIE EXPLORATEUR

- **'ALEXANDER MACKENZIE'**
  (ARBUSTIF) **ZONE 3B**

- **'CAPTAIN SAMUEL HOLLAND'**
  (SARMENTEUX) **ZONE 3**

- **'CHAMPLAIN'**
  (ARBUSTIF) **ZONE 3**

- **'CHARLES ALBANEL'**
  (ARBUSTIF) **ZONE 2**

- **'DAVID THOMPSON'**
  (ARBUSTIF) **ZONE 2**

- **'DE MONTARVILLE'**
  (ARBUSTIF) **ZONE 3**

- **'FRONTENAC'**
  (ARBUSTIF) **ZONE 3**

- **'GEORGE VANCOUVER'**
  (ARBUSTIF) **ZONE 3**

- **'HENRY HUDSON'**
  (ARBUSTIF) **ZONE 2**

- **'HENRY KELSEY'**
  (SARMENTEUX) **ZONE 3**

- **'JENS MUNK'**
  (ARBUSTIF) **ZONE 2**

- **'JOHN CABOT'**
  (SARMENTEUX) **ZONE 3**

- **'JOHN DAVIS'**
  (ARBUSTIF OU SARMENTEUX) **ZONE 3**

- **'JOHN FRANKLIN'**
  (ARBUSTIF) **ZONE 3**

- **'J.P. CONNELL'**
  (ARBUSTIF) **ZONE 3**

- **'LAMBERT CLOSSE'**
  (ARBUSTIF) **ZONE 3**

- **'LOUIS JOLLIET'**
  (SARMENTEUX) **ZONE 3**

- **'MARIE-VICTORIN'**
  (ARBUSTIF) **ZONE 3**

- **'MARTIN FROBISHER'**
  (ARBUSTIF) **ZONE 2**

- **'NICOLAS'**
  (ARBUSTIF) **ZONE 3**

- **'QUADRA'**
  (SARMENTEUX) **ZONE 3**

- **'ROYAL EDWARD'**
  (SEMI-MINIATURE) **ZONE 3**

- **'SIMON FRASER'**
  (ARBUSTIF) **ZONE 3**

- **'WILLIAM BAFFIN'**
  (SARMENTEUX) **ZONE 2A**

- **'WILLIAM BOOTH'**
  (ARBUSTIF OU SARMENTEUX) **ZONE 3**

663. FEUILLE LUISANTE ÉGALE MOINS DE MALADIES

Sans qu'on puisse dire que ce soit garanti à cent pour cent, très souvent, les plantes au feuillage particulièrement luisant, presque comme un miroir, sont particulièrement résistantes aux maladies. Ceci est aussi vrai pour les rosiers, pourtant habituellement très sujets aux maladies. On prétend que les spores des maladies ne réussissent pas à s'accrocher sur une surface parfaitement lisse or, s'il n'y a pas de spores, il n'y aura pas d'infestation. Même les insectes, comme l'abeille coupeuse de feuilles, semblent les éviter.

664. LES ROSIERS FONT AUSSI DE BEAUX FRUITS

Si on ne supprime pas leurs fleurs fanées, les rosiers, comme ce Rosa glauca, font de superbes fruits.

L'une des choses que je trouve triste avec les rosiers, c'est que les « experts » conseillent toujours de supprimer les fleurs fanées, prétextant que cela stimulera une deuxième floraison. D'abord, les vrais experts des rosiers savent qu'on ne peut pas aussi facilement généraliser avec ces plantes complexes : certains refleurissent seulement si on supprime les fleurs fanées, d'autres, même si on ne le fait pas, et beaucoup ne refleurissent pas, peu importe ce que l'on fait ! Mais le pire dans tout cela, quant à moi, c'est qu'en supprimant les fleurs des rosiers, on manque la moitié de son spectacle : sa fructification. C'est comme assister au concert d'une vedette internationale de la chanson et de s'en aller à l'entracte ! Les magnifiques fruits du rosier, appelés cynorrhodons, prennent de jolies teintes rouges, orangées, pourpres ou jaunes, persistent durant des mois et attirent une foule d'oiseaux au jardin. On peut même les manger, notamment sous forme de confiture, et ils sont riches en vitamine C. Je ne peux pas concevoir qu'on veuille partir à l'entracte ! Laissez vos rosiers vous montrer tout ce dont ils sont capables !

665. SUR LEURS PROPRES RACINES, S'IL VOUS PLAÎT

La plupart des rosiers que l'on propose aux jardiniers nordiques sont greffés… et sur des rosiers peu rustiques de surcroît. Que voulez-vous ? Le marché nord-américain du rosier est vaste et presque entièrement axé sur les zones 6 à 9. Pourquoi se soucier alors des problèmes des jardiniers, très minoritaires, des régions froides (1 à 5) ? Avec pour résultat, que si l'hiver est le moindrement rude, vous perdrez votre plante, point à la ligne. Le jardinier paresseux *évitera toujours les rosiers greffés* et recherchera des rosiers « francs de pied » (qui poussent sur leurs propres racines). Le taux de survie en région froide des rosiers francs de pied est presque de cent pour cent !

666. CHERCHEZ LE BOURRELET

Comment reconnaître un rosier qui pousse sur ses propres racines? Regardez la base de la plante. Un rosier greffé aurait un bourrelet cicatriciel près du sol, formé par la réaction du porte-greffe et du greffon, soit un genre de bosse. Allez en pépinière et demandez que quelqu'un vous l'explique si vous n'êtes pas sûr : un bourrelet est très visible une fois qu'on en connaît l'apparence. Or les rosiers qui n'ont pas de bourrelet, dont la tige est lisse du sol jusqu'aux premiers embranchements, est un rosier non greffé, qui pousse sur ses propres racines. C'est ce que vous voulez!

■ Culture

667. PAS DE ROSIER SANS PAILLIS

Un bourrelet cicatriciel se formera sur ce jeune rosier récemment greffé.

Je suis toujours étonné de voir la réticence qu'ont les rosiéristes à pailler leurs plants. Pourtant, il existe de nombreuses études qui démontrent que les rosiers bénéficient davantage du paillage que presque toute autre plante! Un rosier bien paillé est moins sujet aux insectes et aux maladies (dont la célèbre tache noire!), pousse plus haut et plus densément et fleurit davantage que le même rosier sans cette protection. Même les fleurs durent plus longtemps! C'est à se demander si les amateurs de rosiers ne font pas exprès pour avoir des problèmes. Soyez raisonnables (et paresseux) et paillez vos plants!

668. AILLEURS QU'EN ROSERAIE

Il n'y a pas si longtemps, on croyait dur comme fer qu'il *fallait* cultiver les rosiers ensemble dans une roseraie, qu'ils ne pouvaient jamais partager leur gîte avec d'autres plantes. Au cas où vous le croiriez toujours, sachez qu'il n'y a rien de vrai là-dedans. Bien au contraire, si vous mélangez vos rosiers avec d'autres végétaux, vous aurez souvent moins de problèmes d'insectes et de maladies. Une roseraie, après tout, est une monoculture (voir le conseil 328) avec tous les inconvénients que cela comporte, et la promiscuité *augmente* les problèmes d'insecte et de maladie. Le redouté scarabée du rosier (truc 1318), notamment, n'est presque jamais un problème sur les rosiers individuels, mais devient souvent un problème récurrent quand les rosiers poussent en roseraie ou en haie. Pour un plus grand succès avec les rosiers sans y investir beaucoup d'efforts, mélangez-les avec d'autres plantes.

669. UNE HAIE DE ROSIERS ? POURQUOI PAS !

Qui dit qu'on ne peut pas faire une haie de rosiers ?

Si vous n'avez pas de problèmes majeurs avec le rosier dans votre coin, comme le scarabée du rosier (truc 1318), les rosiers arbustifs conviennent autant à une haie que tout autre arbuste. Ils ont même l'avantage, par leurs épines, de faire une excellente haie de protection que ni les voleurs ni la plupart des animaux essaieront de traverser. Par contre, pour une floraison maximale d'une haie de rosiers, il faut que ce soit une haie libre (i.e. une haie qui n'est pas taillée géométriquement, truc 309). C'est que, en taillant toutes les branches pour égaliser la haie, on supprimera aussi la majorité des fleurs. Voir les conseils 308 à 311 pour plus de conseils au sujet des haies.

■ Taille

670. LA TAILLE DES ROSIERS

Les rosiers hybrides de thé, grandiflora et floribunda ont besoin de taille sévère pour bien performer sous notre climat. Évitez-les. Préférez les rosiers arbustifs, les rosiers grimpants rustiques, les rosiers miniatures, les rosiers couvre-sol, etc. Ces rosiers n'ont besoin que d'une taille minimale, notamment la suppression des tiges mortes ou endommagées. On peut les couper en toute saison, dès qu'on remarque les dégâts. On peut aussi vouloir, sur les rosiers arbustifs plus vigoureux, supprimer à l'occasion les tiges les plus anciennes qui commencent à moins fleurir pour laisser la place aux plus jeunes. Normalement on les coupe à 5 cm à 10 cm du sol au printemps.

■ Problèmes

671. VOUS AVEZ DES PROBLÈMES AVEC VOS ROSIERS ?

Un grand nombre des problèmes qu'ont les rosiers sont partagés par d'autres plantes et les conseils à leur sujet sont présentés dans le chapitre *Parasites*, à partir de la page 515).

672. DES ROSIERS AU FEUILLAGE DÉCOLORÉ

Souvent, une légère décoloration des feuilles des rosiers, notamment si elle est accompagnée d'un ralentissement dans sa croissance, n'est pas un symptôme de maladie ou d'infestation d'insecte, mais tout simplement d'une carence, soit le manque d'un minéral quelconque : fer, azote, manganèse, magnésium, phosphore, potasse, etc. Vaporisez alors le feuillage avec une solution d'engrais à base d'algues. Les algues contiennent tous les éléments, majeurs comme mineurs, et le feuillage devrait reverdir peu après le traitement, tout au moins les nouvelles feuilles seront en bon état.

673. UN ROSIER MORT PEUT EN CACHER UN AUTRE

Comme c'est curieux : vous avez planté un rosier grandiflora à grosses fleurs rouges doubles et, l'année suivante, il fleurit... avec de petites fleurs blanches simples. Est-ce une mutation ? Un miracle ? Probablement pas ! Il arrive très souvent que les rosiers greffés meurent au cours de l'hiver, mais le porte-greffe, un rosier sauvage, n'est pas mort et il prend la place du rosier désiré. Voir le truc 665 pour plus de renseignements.

VIVACES

■ Définition

Une vivace, comme cette anémone du Japon (Anemone x hybrida 'Honorine Joubert') est une herbacée terrestre résistant aux hivers assez froids.

674. UNE DÉFINITION

La définition *exacte* d'une vivace est une plante qui revient plus de deux ans (si elle finissait sa vie à la fin de la deuxième année, ce serait une bisannuelle), mais alors les arbres, les nymphéas, les bulbes et les palmiers seraient des vivaces. Dans le vocabulaire du jardinier, cependant, le mot « vivace » a pris un sens beaucoup plus étroit : il se dit d'une plante herbacée terrestre sans bulbe et résistante aux hivers assez froids.

675. PAS NATURELLEMENT ÉTERNELLES

Si vous arrachez vos annuelles parce qu'elles ne fleurissent qu'une seule fois et que vous les remplacez par des vivaces parce qu'elles vivent éternellement, vous vous trompez. Les vivaces vivent plus longtemps que les annuelles et les bisannuelles, c'est certain, mais pas toujours de beaucoup. Certaines vivaces ne vivent que deux ou trois ans, d'autres le double, d'autres encore un peu plus. Très peu seront encore là dans quarante ans ! Si j'avais à estimer la longévité moyenne d'une vivace, je dirais sept ou huit ans. C'est quand même beaucoup mieux qu'une annuelle, mais il faut quand même être prêt à remplacer une vivace de temps à autre : pour la plupart, elles ne sont pas d'une aussi grande longévité que les plantes ligneuses (arbres, arbustes et conifères).

676. MAIS ON PEUT LES RENDRE ÉTERNELLES

Là où les vivaces ont l'avantage sur les annuelles et les bisannuelles, c'est qu'on peut les *rendre* éternelles. En effet, on peut multiplier les annuelles et les bisannuelles que par semences, ce qui provoque un mélange de gènes et fait que la plante de la deuxième génération n'est jamais exactement identique à celle de la première, mais on peut multiplier les vivaces par division ou par bouturage, ce qui est, en fait, du clonage. Ainsi, il est possible de multiplier *ad infinitum* une vivace particulièrement intéressante et, tant qu'il reste quelqu'un sur la planète qui s'intéresse suffisamment à ce cultivar pour le multiplier de temps à autre avant qu'il ne passe de vie à trépas, cette plante peut effectivement vivre éternellement.

■ Sélection

677. QUE DE CHOIX !

Les vivaces sont présentement les plantes ornementales les plus populaires de la planète et le marché est si lucratif qu'on développe constamment de nouvelles variétés. Il y avait 14 000 cultivars dans la liste de noms des plantes vivaces publiée en 1995 : on estime qu'il y en a deux fois plus maintenant. C'est difficile de faire un choix !

Il existe environ 28 000 cultivars de vivaces : collectionnez-les toutes !

678. À CHAQUE CHOSE SA SAISON !

Contrairement aux annuelles qui fleurissent presque tout l'été, la majorité des vivaces ont une saison de floraison assez courte : deux semaines, trois au plus. Mais différentes vivaces fleurissent à différentes périodes, du printemps à la fin de l'automne. Donc faire une magnifique plate-bande toujours en fleurs avec des vivaces requiert un peu d'expérimentation, car les vivaces ont une horloge interne qui ne correspond pas toujours à ce que les livres racontent. Le résultat en vaut la peine, car une plate-bande de vivaces variées, changeant constamment de fleurs et de couleurs à mesure que la saison avance, c'est superbe !

La grande renouée blanche (Persicaria polymorpha, syn. Polygonum polymorphum) est parmi les vivaces qui ont la floraison la plus durable : de la fin de juin jusqu'aux gels.

679. DES VIVACES À FLORAISON PROLONGÉE

Certains jardiniers considèrent qu'utiliser des vivaces à floraison prolongée pour assurer une floraison constante est tricher. On devrait faire selon l'ancienne école et composer sa plate-bande avec un mélange de vivaces à floraison plus courte, soigneusement choisies pour se succéder durant tout l'été, comme le faisaient nos aïeuls, mais au diable les principes! Le jardinier paresseux veut des fleurs tout l'été. D'ailleurs, si nos aïeuls étaient ici aujourd'hui, ils choisiraient les vivaces à floraison prolongée eux aussi! Toutes les plantes décrites ici ont une floraison d'au moins six semaines et plusieurs fleurissent plus de huit semaines. Quand on pense que la période de floraison potentielle au Québec va d'avril à novembre, huit semaines paraissent relativement peu, mais il y a néanmoins des variétés hâtives, de mi-saison, tardives et très tardives dans le groupe: ainsi, avec seulement quatre plantes, on peut parfois obtenir une floraison sans arrêt.

ESPÈCE ET VARIÉTÉ	MOIS DE FLORAISON	ZONE DE RUSTICITÉ
• ACHILLÉE JAUNE (*ACHILLEA FILIPENDULINA* 'CORONATION GOLD')	6-9	3
• ACHILLÉE MILLEFEUILLE (*ACHILLEA MILLEFOLIUM*)	6-9	2
• AGASTACHE 'BLUE FORTUNE' (*AGASTACHE* 'BLUE FORTUNE')	7-9	5
• ANTHÉMIS DES TEINTURIERS (*ANTHEMIS TINCTORIA*)	7-9	3
• ASTER (*ASTER* SPP.)	8-10	4
• ASTILBE SÉRIE 'VISIONS' (*ASTILBE* SPP.)	8-9	3
• ASTRANCE RADIAIRE (*ASTRANTIA MAJOR*)	7-9	4
• AULNÉE (*INULA ENSIFOLIA*)	7-8	3
• CAMPANULE DES CARPATES (*CAMPANULA CARPATICA*)	6-8	3
• CAMPANULE ÉLEVÉE (*CAMPANULA LATIFOLIA*)	6-8	3
• CATANANCHE (*CATANANCHE CAERULEA*)	7-9	4
• CHARDON BLEU (*ECHINOPS* SPP.)	7-8	3
• CŒUR-SAIGNANT DU PACIFIQUE (*DICENTRA FORMOSA*)	6-10	3
• COQUELOURDE DES JARDINS (*LYCHNIS CORONARIA*)	7-8	3
• CORÉOPSIS À FEUILLES VERTICILLÉES (*COREOPSIS VERTICILLATA*)	6-10	3
• CORÉOPSIS À GRANDES FLEURS (*COREOPSIS GRANDIFLORA*)	6-10	3
• CORÉOPSIS ROSE (*COREOPSIS ROSEA*)	7-8	3
• CROIX DE MALTE (*LYCHNIS CHALECODONICA*)	7-8	4
• ÉCHINACÉE (*ECHINACEA PURPUREA*)	7-9	3
• ÉPHÉMÉRINE (*TRADESCANTIA X ANDERSONIANA*)	6-9	4
• ÉRYNGE (*ERYNGIUM* SPP.)	7-9	3
• FUMETERRE JAUNE (*CORYDALIS LUTEA*)	5-10	4
• GAILLARDE (X *GRANDIFLORA*)	7-10	2
• GAZON D'ESPAGNE (*ARMERIA MARITIMA*)	5-7	3
• GÉRANIUM 'ANNE FOLKARD' (*GERANIUM* 'ANNE FOLKARD')	6-10	5

Végétaux

Espèce et variété	Mois de floraison	Zone de rusticité
• Géranium 'Anne Thomson' (*Geranium* 'Anne Thomson')	6-10	5
• Géranium 'Johnson's Blue' (*Geranium* 'Johnson's Blue')	6-9	3
• Géranium 'Rozanne' (*Geranium* 'Rozanne')	6-10	3
• Géranium 'Wargrave Pink' (*Geranium endressii* 'Wargrave Pink')	6-7	4
• Géranium d'Arménie (*Geranium psilostemon*)	6-8	5
• Géranium sanguin (*Geranium sanguineum*)	6-8	3
• Grande renouée blanche		
(*Persicaria polymorpha*, syn. *Polygonum polymorphum*)	6-9	3
• Hélénie d'automne (*Helenium automnalis*)	8-9	3
• Héliopside (*Heliopsis helianthoides*)	7-9	3
• Hémérocalle 'El Desperado' (*Hemerocallis* 'El Desperado')	7-8	3
• Hémérocalle 'Golden Gate' (*Hemerocallis* 'Golden Gate')	7-8	3
• Hémérocalle 'Happy Returns' (*Hemerocallis* 'Happy Returns')	6-8	3
• Hémérocalle 'Mini Pearl' (*Hemerocallis* 'Mini Pearl')	6-8	3
• Hémérocalle 'Orchid Candy' (*Hemerocallis* 'Orchid Candy')	6-8	3
• Hémérocalle 'Pandora's Box' (*Hemerocallis* 'Pandora's Box')	7-8	3
• Hémérocalle 'Pardon Me' (*Hemerocallis* 'Pardon Me')	7-8	3
• Hémérocalle 'Purple Waters' (*Hemerocallis* 'Purple Waters')	6-7	3
• Hémérocalle 'Radiant Greetings' (*Hemerocallis* 'Radiant Greetings')	7-8	3
• Hémérocalle 'Siloam Ury Winniford'		
(*Hemerocallis* 'Siloam Ury Winniford')	7-8	3
• Hémérocalle 'Stella de Oro' (*Hemerocallis* 'Stella de Oro')	6-9	3
• Heuchère sanguin (*Heuchera x brizoides*)	6-9	3
• Kaliméris (*Kalimeris pinnatifida* 'Hortensis')	7-9	4
• Knautie des champs (*Knautia arvense*)	7-9	4
• Knautie macédonienne (*Knautia macedonica*)	7-9	4
• Lavande (*Lavandula angustifolia*)	6-8	5
• Lavatère vivace (*Lavatera thuringiaca*)	7-9	4
• Liatride (*Liatris* spp.)	7-9	3
• Ligulaire à épis étroits (*Ligularia stenophylla* 'The Rocket')	7-8	4
• Ligulaire de Przewalksi (*Ligularia przewalskii*)	7-8	4
• Lin vivace (*Linum perenne*)	6-8	2
• Lysimaque de Chine (*Lysimachia clethroides*)	7-9	3

Espèce et variété	Mois de floraison	Zone de rusticité
• Lysimaque ponctuée (*Lysimachia punctata*I)	6-7	3
• Lysimaque pourpre (*Lysimachia ciliata* 'Atropurpurea', syn. 'Fire Works')	7-8	3
• Marguerite 'Becky' (*Leucanthemum* x *superbum* 'Becky')	6-10	4
• Mauve musquée (*Malva moschata*)	6-9	3
• Myosotis des marécages (*Myosotis scorpioides* 'Semperflorens')	6-8	3
• Népèta (*Nepeta* spp.)	6-9	4
• Œillet 'Frosty Fire' (*Dianthus gratianopolitanus* 'Frosty Fire')	6-9	3
• Onagre 'African Sun' (*Oenothera* 'African Sun')	6-10	4
• Onagre du Missouri (*Oenothera missouriensis*)	6-9	3
• Onagre jaune (*Oenothera fruticosa*)	6-8	4
• Onagre pérennante (*Oenothera tetragona* 'Fyrverkeri', syn. 'Fireworks')	6-8	3
• Onagre rose (*Oeonothera speciosa* 'Rosea')	6-9	5
• Pensée de Corse (*Viola corsica*)	5-10	3
• Petite pensée (*Viola* spp.)	5-9	3
• Physostégie (*Physostegia virginiana*)	7-9	2
• Platycodon (*Platycodon grandiflorum*)	8-9	3
• Potentille vivace (*Potentilla* spp.)	6-8	3
• Renouée de l'Himalaya (*Persicaria affinis*, syn. *Polygonum affine*)	6-10	4
• Rudbeckie de Sullivant (*Rudbeckia fulgida sullivantii*)	7-9	3
• Rudbeckie hérissée (*Rudbeckia hirta*)	7-10	3
• Rudbeckie laciniée (*Rudbeckia laciniata*)	7-10	3
• Sauge russe (*Perovskia atriplicifolia*)	8-10	4
• Sauge superbe (*Salvia nemorosa* & *S*. x *sylvestris*)	6-8	4
• Scabieuse columbaire (*Scabiosa columbaria*)	7-8	3
• Scabieuse du Caucase (*Scabiosa caucasica*)	7-9	4
• Sédum d'automne (*Sedum spectabile*)	8-10	2
• Sidalée (*Sidalcea* spp.)	7-8	4
• Souffle de bébé (*Gypsophila paniculata*)	6-8	4
• Valériane rouge (*Centranthus ruber*)	6-10	3
• Vergerette (*Erigeron speciosus*)	7-8	3
• Véronicastre (*Veronicastrum virginica*)	7-9	3
• Véronique 'Royal Candles' (*Veronica* 'Royal Candles')	6-8	3
• Véronique à épi (*Veronica spicata*)	6-8	3

■ Division

680. ON DIVISE QUAND ON VEUT

On peut transplanter ou diviser les vivaces à tout moment, tant que le sol n'est pas gelé. Par contre, vous trouverez le travail moins pénible quand les plantes sont sans feuillage, soit au printemps quand les pousses apparaissent ou à l'automne, quand le feuillage jaunit.

681. TÔT TARD, TARD TÔT ?

Que faut-il penser de l'idée qu'il faille diviser ou transplanter à l'automne les vivaces qui fleurissent au printemps et, au printemps, les vivaces qui fleurissent à l'automne ? Il y a une certaine vérité là-dedans, car la plante a alors plus de temps pour s'établir avant de fleurir, mais si vous avez une bonne raison pour diviser ou transplanter une vivace à une autre saison, n'hésitez pas à le faire.

682. LA DIVISION, UN MAL NÉCESSAIRE ?

D'où vient cette croyance qu'il est « nécessaire » de diviser les vivaces aux trois ou aux quatre ans pour stimuler une meilleure floraison ? D'accord, certaines vivaces (les asters, l'iris barbu, les coréopsis, etc.) s'affaiblissent avec le temps et les diviser les régénère, mais la majorité s'*améliore* avec le temps. À quoi bon diviser un hosta, un iris de Sibérie ou une pivoine aux trois ou quatre ans alors que ces plantes prennent jusqu'à dix ans pour atteindre une belle forme ? Suggestion de jardinier paresseux : ne divisez aucune vivace si vous n'avez pas une bonne raison de le faire.

683. LES DEUX AUTRES RAISONS POUR DIVISER

Rappelez-vous toujours que diviser n'est jamais une obligation. Il y a d'autres raisons pour diviser une vivace que celle de vouloir la rajeunir. On divise aussi pour multiplier la plante (truc 887), tout simplement. Et on divise aussi pour contrôler les vivaces qui, en s'élargissant, s'étendent un peu trop loin.

■ Delphinium

684. LE PIED-D'ALOUETTE : JOLI, MAIS EXIGEANT

Joli, d'accord, mais le pied-d'alouette (Delphinium elatum) a toujours besoin d'un tuteur.

Que dire du grand delphinium, aussi appelé pied-d'alouette (*Delphinium elatum* et autres) ? Sa floraison est spectaculaire, de hauts épis garnis de fleurs souvent dans des teintes incomparables de bleu ou de pourpre, mais son comportement au jardin est exécrable : ses tiges cassent au vent, son feuillage est presque toujours infesté d'insectes ou de maladies (ou des deux en même temps) et, de plus, bien que vivace, il tend à disparaître après seulement deux ou trois ans sans crier gare, notamment dans les régions aux étés chauds. Dans le fond, c'est le genre de plante qu'on ne voudra voir qu'en pleine floraison, point à la ligne : qu'il disparaisse de notre vue tout de suite après. C'est en plein le genre de végétal à planter derrière un arbuste solide qui la supportera à la mi-hauteur (voir le conseil 1023). Ainsi, pendant la floraison, ses tiges trouveront le support nécessaire pour rester joliment debout, puis après, on ne voit plus rien de son agonie annuelle. Quant à sa faible longévité, là, par contre, on n'y peut rien : apprenez à profiter de lui tant qu'il est là, tout simplement. Quand il meurt, remplacez-le, voilà tout !

Le delphinuim à grandes fleurs (Delphinium grandiflorum) n'a pas besoin de tuteur et fleurit tout l'été ou presque. Malheureusement, il se comporte souvent comme une annuelle.

685. MAIS IL Y A TOUJOURS LE PETIT DELPHINIUM, NON ?

Oui et non. Souvent je m'oppose en pleine conférence au grand delphinium qui casse toujours au vent et dont le feuillage est toujours atteint par divers insectes et maladies, un jardinier dans la salle me propose, comme solution de rechange, son cousin plus petit, le delphinium à grandes fleurs (*Delphinium grandiflorum*). C'est vrai que ce delphinium ne pose pas de problèmes de tuteurage et, de plus, il fleurit beaucoup plus longtemps que son cousin, presque tout l'été, même. Et quelle superbe floraison ! Existe-t-il même une autre plante aux fleurs d'un bleu aussi éclatant ? Mais ce qui me choque avec cette plante, c'est que les pépiniéristes nous la vendent comme vivace alors que c'est une annuelle ou, tout au plus, une bisannuelle. On paie alors le prix d'une plante permanente, mais pour un seul été de floraison. Vendez-le comme l'annuelle qu'il est et je suis tout à fait d'accord : quelle plante superbe ! Mais ce n'est pas une vivace !

■ Iris

686. L'IRIS BARBU : QUE DE PROBLÈMES !

L'iris barbu, aussi appelé l'iris germanique ou iris des jardins (*Iris* x *germanica*), est une vivace très populaire, mais il demande tellement de travail (divisions fréquentes, tuteurage, etc.) que le jeu n'en vaut pas vraiment la chandelle... et notamment si le perceur de l'iris (*Macronoctua onusta*) les a trouvés. Cet insecte monte sur les nouvelles feuilles au printemps, pendant qu'il est tout petit et alors peu visible, et perce d'abord des galeries à l'intérieur des feuilles et des tiges qui, au début, passent inaperçues, sauf que la pointe des feuilles sèche et la feuille peut devenir striée de brun. Éventuellement, elles finissent par jaunir un peu et, éventuellement, par tomber. Bien pires encore sont les dégâts causés quand les larves, maintenant beaucoup plus grosses, arrivent aux rhizomes dodus du plant. Elles creusent de larges galeries dans les rhizomes, laissant une porte ouverte aux pourritures de toutes sortes. Habituellement, le rhizome meurt, réduit en bouilli. Les défenseurs de l'iris barbu coupent la pointe des feuilles (c'est là où le papillon du perceur de l'iris pond ses œufs) de 12 à 15 cm du sol au début

Splendide, l'iris barbu, mais il cause beaucoup d'ennuis au jardinier paresseux.

de l'automne, replantant régulièrement en éliminant les rhizomes pourris et en général bichonnent constamment leurs plantes. Les paresseux les arrachent pour les remplacer par l'un des nombreux iris qui n'ont pas besoin d'entretien et qui n'ont pas de rhizomes que le perceur peut se mettre sous la dent, comme l'iris de Sibérie (*Iris sibericus*), l'iris crêté (*I. cristata*), l'iris versicolore (*I. versicolor*), etc.

687. DE L'ESPOIR POUR LES AMATEURS D'IRIS BARBUS

Les nématodes bénéfiques (truc 1087) peuvent contrôler le perceur de l'iris. Appliquez-en juste avant la floraison, par une journée pluvieuse. Comme les nématodes présentement disponibles dans le commerce ne sont pas résistants au froid, il faut les appliquer de nouveau à tous les ans.

■ Pivoine

La pivoine est jolie et très permanente, mais elle n'aime pas la transplantation.

688. NE DÉRANGEZ PAS LES PIVOINES !

Les pivoines détestent la transplantation. Même si vous les plantez précisément à la bonne profondeur, soit avec les bourgeons de l'année précédente à moins de 5 cm de profondeur, très souvent la plante ne refleurira pas avant plusieurs années, parfois pas avant une décennie. Le secret est que la pivoine *adulte* accepte difficilement tout changement de sa situation. Donc, plutôt que de transplanter la plante mère qui vous en voudra pour le reste de sa très longue vie, *divisez* la plante. Diviser la pivoine la rajeunit… et les jeunes pivoines qui résultent d'une division reprennent beaucoup mieux qu'une plante adulte transplantée.

689. QUAND DIVISER LES PIVOINES ?

Le moment idéal est au mois d'août ou de septembre, quand la plante a déjà accumulé ses réserves pour l'hiver.

690. COMMENT DIVISER LES PIVOINES ?

La technique de division d'une pivoine est assez unique (il n'y a vraiment que la rhubarbe qui a besoin d'un traitement similaire) et mérite un peu plus de détails. D'abord, contrairement aux autres vivaces, sur lesquelles vous pouvez prélever juste une section en laissant la plante mère en place, l'idéal avec la pivoine, c'est de déterrer toute la motte et de la diviser en sections. Coupez d'abord le feuillage qui sera autrement trop encombrant. Sachez qu'il faut creuser très profondément pour déterrer les longues racines en forme de carotte! Quand vous aurez réussi à arracher la plante mère, lavez-la bien pour enlever la terre… de façon à mieux voir où couper. Vous trouverez une masse entremêlée de grosses racines avec, à leur sommet, de gros bourgeons blancs ou roses qu'on appelle les yeux. Avec un couteau, divisez la plante en laissant trois ou quatre yeux par

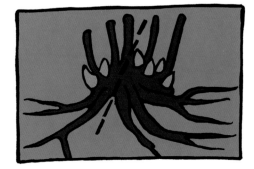

section et coupez aussi les extrémités des racines abîmées. Plantez en recouvrant les yeux de 5 cm de terre. Une plantation trop profonde peut donner une plante « borgne », c'est-à-dire qui pousse, mais qui ne fleurit pas. Plantez les sections dans un sol riche et bien drainé en plein soleil… et surtout dans un endroit où vous n'aurez pas à déranger la pauvre pivoine pour les quarante prochaines années!

On divise les pivoines au couteau, en coupant entre deux sections de façon à laisser 3 ou 4 yeux par section.

691. DES PIVOINES SANS TUTEUR

Les pivoines ont la réputation de toujours demander un tuteur. Pourtant, ce n'est pas du tout vrai. Il existe des centaines de pivoines aux tiges solides. Si votre jardinerie locale n'en offre pas (et c'est curieux comme les producteurs de vivaces semblent convaincus que les gens *veulent* des pivoines qui se couchent sur

sol!), contactez l'un des fournisseurs spécialisés en pivoines qui en vendent par la poste. Ils se feront un plaisir de vous conseiller de bonnes variétés solides et de vous renseigner sur les couleurs et les formes de votre choix!

Pourquoi endurer des pivoines qui s'écrasent quand il existe tant de cultivars qui n'ont pas besoin de tuteur.

■ Salicaire pourpre

La salicaire pourpre (Lythrum salicaria) est très jolie, certes, mais constitue aussi un menace pour l'environnement.

La liatride (Liatris spicata) remplace bien la salicaire pourpre et n'est pas envahissante.

692. UNE VIVACE À BANNIR !

La très populaire salicaire pourpre (*Lythrum salicaria* et *L. virgata*), avec ses abondants épis de fleurs rose violacé, est une menace très sérieuse pour l'environnement. Vous l'avez sans doute remarquée dans les fossés et le long des cours d'eau et avez probablement pensé que c'était une plante indigène, mais non. La salicaire pourpre a été importée d'Eurasie comme plante de jardin et a depuis pris la clé des champs, envahissant nos marécages et milieux humides où elle étouffe les autres végétaux, créant de vastes monocultures presque vides de vie animale puisque les animaux de chez nous ne savent pas quoi faire de cette nouvelle venue. Ainsi, pour ne pas empirer la situation, mieux vaut arracher la salicaire de nos plates-bandes. D'ailleurs, la culture de cette plante est illégale dans nombre de provinces et États de l'Amérique du Nord.

693. DES VARIÉTÉS STÉRILES PAS SI STÉRILES

On pensait dernièrement avoir trouvé une porte de sortie avec des variétés de salicaire pourpre dites stériles, comme *L. salicaria* 'Terra Nova'. Cependant, ces plantes sont seulement autostériles. Lorsque pollinisées par le pollen d'autres salicaires pourpres, elles produisent des graines fertiles qui peuvent alors encore prendre la clé des champs et causer des dégâts aux marécages environnants.

694. LE REMPLACEMENT PARFAIT

Il y une plante parfaite pour remplacer la salicaire pourpre qui d'ailleurs l'imite à merveille : la liatride (*Liatris spicata*). Sa fleur pousse aussi en épi étroit et est presque exactement de la même couleur que la salicaire. D'accord, le feuillage est très différent, mais l'effet dans le jardin est très similaire !

Techniques
de jardinage

Analyses du sol

■ Pourquoi

695. ANALYSEZ-MOI ÇÀ !

On n'insistera jamais assez sur l'importance de bien connaître la qualité de son sol… et pour cela, quand vous commencez une nouvelle plate-bande ou un jardin, faites toujours analyser le sol. L'analyse vous dira si le pH est trop élevé ou trop faible (autrement dit, s'il est trop alcalin ou trop acide) et s'il manque ou non de minéraux. En corrigeant les défauts avant même de commencer à jardiner, les résultats seront nettement meilleurs. Et même si vous ne corrigez rien, mais décidez de vivre avec le sol que dame Nature (et l'entrepreneur qui a volé la bonne terre de votre terrain lors de la construction) vous a fourni, au moins vous saurez à quoi vous en tenir et vous pourrez choisir les plantes qui aiment ces conditions.

■ Analyse maison ou professionnelle ?

696. DITES NON À L'AUTOANALYSE

Cela vaut-il la peine d'économiser sur le coût d'une analyse de sol en laboratoire en faisant ses propres analyses grâce à une trousse d'analyse de sol, facilement disponible en jardinerie ? À mon avis,

Les trousses d'analyse de sol sont rarement très utiles.

non. C'est qu'une analyse de sol maison vous indique seulement qu'il y a un problème, pas comment y remédier. Si, par exemple, l'analyse maison indique que votre sol est trop acide pour la culture que vous planifiez, elle ne dit pas quel produit ajouter pour corriger le problème, ni à quel taux ou à quelle fréquence vous devez le faire. Or, changer le pH d'un sol trop rapidement est plus nuisible aux plantes que de ne pas le faire du tout ! Une analyse de sol en laboratoire vous dira exactement quelle quantité de quel produit il faut appliquer et suggérera même la fréquence des applications (i.e. tant de chaux par année pendant deux ou trois ans) pour corriger lentement un pH qui s'est déréglé , sur plusieurs années. La justesse des applications et de leur fréquence permettra de ne pas détruire la flore microbienne du sol.

697. UNE ANALYSE VISUELLE

Certains prétendent que l'on peut évaluer le pH du sol (son acidité ou son alcalinité) juste à regarder les plantes qui y poussent. Les mousses, les fougères, les prêles, les pissenlits et les épervières pousseraient dans un sol acide alors que les genévriers, les carottes sauvages et les chardons préfèreraient les sols alcalins (calcaires)… sauf que ce n'est pas si vrai que cela. En fait, toutes les plantes mentionnées poussent très bien aussi dans les sols qui se situent exactement à l'opposé du spectre (des mousses dans un sol alcalin, des chardons dans un sol acide, etc.).

■ Fréquence

698. UNE ANALYSE AUX QUATRE OU CINQ ANS FAIT DU BIEN

Prenez l'habitude de faire analyser votre sol en laboratoire tous les quatre ou cinq ans. Ainsi, s'il s'acidifiait peu à peu, un problème commun notamment quand on fertilise beaucoup ou quand le paillis utilisé est très acide, vous le sauriez avant que les plantes commencent à en souffrir. Et si votre sol devenait un peu trop pauvre en minéraux, vous le sauriez aussi.

699. L'ANALYSE ANNUELLE : UNE BONNE HABITUDE

Si vous avez une pelouse, un potager et plusieurs plates-bandes, pourquoi ne pas prendre l'habitude de faire analyser votre sol *une* fois par année, chaque fois dans un laboratoire différent ? Ainsi vous maintiendriez une excellente qualité de sol partout et les interventions annuelles seraient étalées dans le temps et s'avéreraient alors peu coûteuses.

COMPOSTAGE

■ Fabriquer du compost

700. COMMENT ÇA FONCTIONNE ?

Le compostage, c'est tout naturel !

Le compostage est l'action de convertir des déchets végétaux et autres en un produit hygiénique, semblable à un terreau, et riche en composés humiques, le compost. Et tous les jardiniers devraient le faire. Après tout, pourquoi jeter des produits aussi utiles que les feuilles mortes, les légumes non consommés, les feuilles de mauvaises herbes, etc. pour acheter par la suite du compost commercial ? Le gros de nos déchets de jardin aboutit dans des sites d'enfouissement et aux incinérateurs et, pourtant, ce sont des produits riches en minéraux et en humus qui mériteraient qu'on les récupère. Composter, c'est recycler; c'est bon pour l'environnement et bon pour votre terrain. Tout jardinier, paresseux ou non, devrait le faire.

701. IL FAUT UNE CERTAINE MASSE POUR QUE CELA FONCTIONNE

Pour réchauffer efficacement et donc pour provoquer une décomposition rapide, il faut une assez grande masse de déchets décomposables. Un tas de compost devrait mesurer au moins 1,2 m de hauteur et autant de diamètre.

702. QUE PEUT-ON COMPOSTER ?

Il y a beaucoup de choses que l'on peut composter :

MATIÈRES BRUNES	MATIÈRES VERTES
• FEUILLES MORTES;	• DÉCHETS DE JARDIN (RÉSIDUS DE TAILLE DES LÉGUMES ET DES PLANTES HERBACÉES, FLEURS FANÉES, ETC.);
• PLANTES MORTES;	
• TERREAUX USAGÉS (PLANTES D'INTÉRIEUR, JARDINS EN CONTENANT, ETC.);	• DÉCHETS DE CUISINE D'ORIGINE VÉGÉTALE (PELURES, FRUITS POURRIS, ETC.);
• TOURBE (PEAT MOSS);	• FEUILLES, TIGES ET FLEURS DE MAUVAISES HERBES;
• COPEAUX ET SCIURE DE BOIS (EN PETITES QUANTITÉS);	• RACINES DE MAUVAISES HERBES NON TRAÇANTES;
• BRINDILLES;	
• AIGUILLES DE PIN;	• TONTES DE GAZON;
• NOYAUX;	• MARC DE CAFÉ (INCLUANT LE FILTRE);
• ÉCALES DE NOIX;	• SACHETS DE THÉ ET DE TISANES;
• CENDRE DE FOYER (EN QUANTITÉS LIMITÉES);	• ALGUES;
• ÉCALES DE SARRASIN;	• CHEVEUX, ONGLES;
• FILTRES À CAFÉ;	• POILS D'ANIMAUX;
• FOIN ET PAILLE;	• FUMIER DE VACHE, DE CHEVAL, DE POULE, ETC.);
• PAPIER;	
• RESTES DE COTON, LAINE, SOIE.	• PLUMES;
	• COQUILLES D'ŒUFS BIEN BROYÉES;
	• PÂTES ALIMENTAIRES;
	• PAIN, RIZ ET AUTRES CÉRÉALES.

703. MATIÈRES BRUNES, MATIÈRES VERTES : QU'EST-CE QUE C'EST QUE ÇA ?

Il se trouve que les matières organiques se décomposent plus rapidement quand il y a environ la même quantité de matières brunes, riches en carbone, et de matières vertes, riches en azote (mais qui ne sont pas nécessairement vertes !). Donc il est utile de savoir, quand on ajoute un produit au compost, s'il est « brun » ou « vert » de façon à ajouter son complément.

704. UNE RÉSERVE DE FEUILLES DÉCHIQUETÉES

Mettez toujours de côté quelques sacs de feuilles d'automne déchiquetées pour le compostage estival : c'est la matière brune idéale pour mélanger avec l'herbe tondue, les déchets de cuisine, les feuilles de mauvaises herbes et autres déchets « verts ».

705. NE COMPOSTEZ PAS CECI

Pour différentes raisons, il y a des produits qui peuvent théoriquement être compostés, mais qu'il est préférable d'éviter de mettre au compost. C'est le cas des produits d'origine animale (gras, viandes, excréments d'animal familier, etc.). D'accord, un compost qui chauffe bien devrait pouvoir détruire même les microbes les plus nocifs, mais, au cas où votre tas de compost ne chaufferait pas assez, il vaut mieux éviter de composter ces produits. Évitez aussi les mauvaises herbes qui sont en graines, car, là encore, les graines risqueraient de ne pas être détruites par la chaleur et le compost pourrait propager ces mauvaises herbes quand il sera utilisé. C'est la même chose pour les racines des mauvaises herbes traçantes (prêle, herbe-aux-goutteux, renouée japonaise, chiendent, etc.) : il y a de bonnes chances qu'elles se décomposent, mais pourquoi prendre des risques inutilement ? Attention aussi aux produits qui se décomposent mal : les grosses branches et les bûches se décomposent très lentement, par exemple, à moins qu'on les déchiquette. Et les épis de maïs après l'extraction des graines aussi. Beaucoup de gens jettent les coquilles d'œufs et les écailles d'huîtres dans le compost, mais, à moins de les avoir broyées en une fine poudre auparavant, elles ne se décomposeront pas avant de nombreuses années. Enfin, les os sont bannis pour deux raisons : risque de contamination et décomposition très lente.

706. UN STIMULATEUR DE COMPOST COMMERCIAL ?

Il existe des «stimulateurs de compost» commerciaux : ils sont censés contenir des micro-organismes, des matières organiques et des minéraux qui donneront un coup de fouet au compost. Par contre, les experts disent que de tels produits ne donnent pas de grands résultats.

707. UN STIMULATEUR DE COMPOST MAISON

Une bonne poignée de terre de jardin contient tous les micro-organismes nécessaires pour bien démarrer le compost. Ajoutez-en annuellement au début de la saison ou, encore, quand vous ajoutez une grosse quantité de nouveaux résidus végétaux.

Ajoutez une poignée de terre au tas de compost pour le «partir».

■ Préparation des ingrédients

708. DU COMPOST HACHÉ

Les résidus ajoutés au compost se décomposent beaucoup plus rapidement s'ils sont découpés en petits morceaux. Même les morceaux de bois se décomposent assez prestement s'ils sont réduits d'abord en copeaux.

709. DÉCHIQUETAGE À LA TONDEUSE

Une façon facile pour déchiqueter les feuilles mortes tombées sur le gazon est de les passer à la tondeuse rotative. Si la tondeuse est munie d'un sac, vous pouvez alors ramasser les feuilles sans peine et les jeter au compost ou les utiliser comme paillis.

On peut facilement déchiqueter les feuilles d'automne avec une tondeuse.

710. DÉCHIQUETAGE AU MÉLANGEUR

Pour composter les déchets de table, installez un mélangeur culinaire sur le comptoir et placez vos déchets dedans au fur et à mesure. Quand le mélangeur est presque plein (au bout de deux ou trois jours si vous faites moindrement la cuisine), ajoutez une tasse d'eau et broyez le tout. Vous obtiendrez une « purée » qui se décomposera très rapidement une fois que vous l'aurez versée sur votre tas de compost.

711. DÉCHIQUETAGE AU COUPE-BORDURE

Pour déchiqueter des feuilles mortes sans déchiqueteuse, versez-les dans une grande poubelle et insérez-y un coupe-bordure à fil de nylon et faites-le fonctionner quelques secondes, comme si vous faisiez un *milk-shake* de feuilles. Les feuilles seront déchiquetées en petites miettes, ce qui est parfait pour le compost.

712. DÉCHIQUETAGE À L'ASPIRATEUR

Autre façon de déchiqueter les feuilles : utilisez un aspirateur de feuilles. Cet appareil les déchiquette automatiquement.

On peut déchiqueter les feuilles d'automne avec un coupe-bordure.

■ Les composteurs

713. PAS FORTS, LES COMPOSTEURS EN PLASTIQUE NOIR

Les petits composteurs en plastique vendus pour utilisation domestique ne sont pas très efficaces. D'abord, ils contiennent un volume insuffisant de matière décomposable et, par conséquent, le tas ne se réchauffe pas convenablement. Pire encore, pour maintenir un bon taux de décomposition, il faut retourner le tas régulièrement. Or, comment le faire quand la boîte n'offre qu'un accès

Les composteurs commerciaux ne sont pas toujours très efficaces.

par le haut ou par un petit trou sur le côté? Pour avoir accès facilement au contenu d'un composteur, il faut rechercher (ou se fabriquer) un modèle dont tout le panneau avant s'enlève, ce qui donne un accès facile au contenu.

714. DEUX COMPOSTEURS VALENT MIEUX QU'UN

Saviez-vous qu'il vous faut toujours au moins deux composteurs? Si vous n'en avez qu'un seul, votre compost ne sera jamais prêt, car vous passez votre temps à rajouter des déchets frais, ce qui ramène le processus à son début, et il y aura toujours une partie qui n'est pas décomposée. Ayez plutôt un composteur «actif» rempli de matière à composter que vous retournez régulièrement, mais où vous ne rajoutez plus de déchets et un «accumulateur»: un composteur où vous ne faites qu'ajouter des résidus. Quand le compost dans le composteur actif est prêt, videz-le et transférez-y les déchets de l'accumulateur. De cette façon, vous produirez beaucoup de compost en très peu de temps.

715. COMPOSTAGE SUR PLACE

Nul besoin d'une boîte de compost ou même d'un tas de compost pour produire du compost. Vous pouvez «composter sur place» en plaçant des déchets végétaux sur le paillis entre ou derrière les plants. Les vers de terre les décomposeront en un rien de temps.

On peut faire du compostage «sur place» en jetant des déchets au pied des végétaux.

Techniques de jardinage

716. UN COMPOSTEUR QUI ROULE

Pour composter sans devoir retourner la matière en décomposition à la pelle, procurez-vous une grosse poubelle en plastique solide dont les poignées servent à tenir le couvercle solidement en place. Maintenant, percez des trous dans le fond et les parois pour permettre une bonne circulation d'air et commencez à y ajouter des déchets. Pour mélanger le contenu, placez la poubelle sur le côté et roulez-la sur la pelouse, puis remettez-la à sa place. Un « roulage » par semaine suffit à bien mélanger et aérer le compost.

717. LA « CADILLAC » DES COMPOSTEURS

Le composteur le plus efficace et le plus productif est le composteur rotatif. Il en existe plusieurs modèles, commerciaux ou maison, mais le truc c'est qu'il tourne sur lui-même, sur place. Mettez-y de la matière organique en bonne quantité (prise dans votre composteur accumulateur) et prenez l'habitude de le tourner trois fois par jour. Si vos déchets sont assez bien déchiquetés, vous verrez qu'un tel compost chauffe énormément et que les déchets seront souvent complètement transformés en compost en trois ou quatre semaines, du moins durant les mois d'été (le compost prend plus de temps à chauffer quand il fait frais).

Les composteur rotatifs sont généralement les plus efficaces.

■ Utilisation du compost

718. QUAND MON COMPOST MAISON EST-IL PRÊT?

Quand tous les ingrédients ont été réduits en humus, à tel point que vous ne les reconnaissez plus (bof! il peut bien y avoir quelques petites branches qui ne sont pas tout à fait décomposées sans que cela change la qualité du compost). Aussi, le compost ne chauffe plus et il dégage une bonne odeur de «sous-bois après la pluie».

719. QUAND APPLIQUER DU COMPOST?

En théorie, on peut appliquer du compost en toute saison. Habituellement, cependant, on applique du compost au printemps ou à l'automne, mais, en fait, on peut l'appliquer à tout moment tant que le sol n'est pas gelé. Même là, à la limite, on pourrait l'appliquer sur un sol gelé, mais il ne commencera pas à agir tant que le sol ne sera pas dégelé.

720. QUELLE QUANTITÉ DE COMPOST APPLIQUER?

Il n'y a pas de réponse facile à cette question: tout dépend des conditions. Si votre but est d'améliorer un sol avant de faire une plantation, vous pourriez appliquer 10 cm de compost ou plus sur un sol jugé pauvre (faites une analyse de sol, trucs 695 et 696, pour vérifier) ou 5 cm sur un sol normal, mais alors il faudrait le mélanger au sol, ce qui représente beaucoup de travail. Pour terreauter le gazon, 1 à 2 cm de compost par année suffit. On peut aussi appliquer annuellement 1 à 2 cm de compost sur une plate-bande ou un potager. Si vous voulez utiliser du compost comme paillis, appliquez-en 7 à 10 cm. Et quand le compost paillis baisse à moins de 5 cm, rajoutez ce qu'il faut pour ramener la couche de 7 à 10 cm.

721. COMMENT APPLIQUER LE COMPOST ?

Si vous n'avez qu'une petite quantité à appliquer sur une grande surface (le contenu de votre composteur sur toutes les plates-bandes de votre terrain, par exemple), lancez-le à la volée, avec un petit surplus autour des plantes les plus exigeantes. Si vous en avez une grande quantité à appliquer, assez pour terreauter (c'est-à-dire, pour recouvrir toute la surface d'une couche de compost), versez-en par tas çà et là sur la surface et égalisez avec un râteau. Il n'est pas nécessaire alors de le faire pénétrer dans sol : la pluie, les vers de terre et les micro-organismes du sol feront ce travail pour vous ! Enfin, si vous avez la chance de pouvoir faire affaire avec une compagnie qui souffle le paillis (truc 925), faites-leur faire l'application du compost avec leur appareil !

Étendez le compost avec un râteau. Il n'est pas nécessaire de le faire pénétrer au sol.

722. COMMENT APPLIQUER LE COMPOST SUR UNE SURFACE PAILLÉE ?

Cette question inquiète beaucoup les jardiniers paresseux. Ils se voient devoir enlever le paillis, appliquer le compost, le faire pénétrer dans le sol et replacer le paillis. Juste à y penser, je suis essoufflé ! Heureusement, rien de cela n'est nécessaire. Appliquez-le tout simplement par-dessus le paillis : la pluie et les vers de terre auront vite fait de le faire pénétrer dans le sol. Et s'il reste en surface quelque temps (ce qui peut être le cas par temps sec, notamment), tant mieux ! Le compost, d'un beau brun si foncé, se marie parfaitement avec la plupart des décors et la plupart des paillis !

Contrôle des parasites

■ Avant-propos

Je me sens coupable de présenter des pesticides dans un livre pour les jardiniers paresseux. Après tout, une des techniques de base du jardinier paresseux consiste à éviter les plantes susceptibles de causer des problèmes! Présenter un étalage de traitements contre les insectes, les maladies, les mauvaises herbes, etc. peut stimuler le jardinier pas encore paresseux à continuer avec ses mauvaises habitudes. Mais il ne faut pas jouer à l'autruche non plus: même une plante considérée résistante aux problèmes peut parfois avoir un visiteur indésirable. De plus, il faut parfois plusieurs années pour se convertir entièrement au jardinage paresseux: tant que vous n'avez pas encore décidé d'arracher la satanée plante qui gâche votre vie avec ses infestations répétées, il peut être utile de connaître quelques trucs rapides pour les contrôler. Voici donc quelques exemples de pesticides et comment les utiliser. Pour des idées plus spécifiques quant aux moyens de contrôler l'ennemi en question, consulter le chapitre *Parasites*.

■ Au-delà des pesticides

723. VOTRE CERVEAU EST LE PESTICIDE LE PLUS PUISSANT

Quand on parle de pesticides, on pense tout de suite aux pesticides que l'on vaporise, mais le meilleur pesticide est entre vos deux oreilles. Vous êtes un être humain, la soi-disant apogée de l'évolution sur cette planète, avec un cerveau si puissant que votre espèce a déjà même pu quitter la planète Terre. Je vous mets donc au défi d'apprendre comment contrôler les ennemis de vos plantes sans utiliser le moindre pesticide ou, en cas d'échec, utiliser toujours un pesticide le moins dommageable possible pour l'environnement. Allez! Un peu d'imagination! Vous êtes capable!

724. LA RÉCOLTE MANUELLE DES COUPABLES

Quand il y a des centaines d'insectes qui s'attaquent tous en même temps à une plante, il est certain qu'une récolte manuelle est impossible : c'est le genre de cas où il peut être nécessaire de vaporiser un insecticide. Mais si les dommages sont causés par un petit nombre d'insectes, une récolte manuelle des coupables peut être aussi efficace et plus rapide. Ainsi, il arrive très souvent que les papillons pondent un seul œuf par plant et donc que la chenille que vous voyez en train de croquer une feuille est seule. Faites-la tomber à terre et écrasez-la, voilà tout. Si cela vous répugne, vous pouvez faire tomber la « bibitte » dans un seau d'eau savonneuse.

Quand il y a un petit nombre d'insectes nuisibles, on peut tout simplement les récolter à la main.

725. UN LAVAGE AU JET

Parfois nous devenons tellement avides de techniques sophistiquées et de formules magiques que nous oublions que les moyens les plus simples peuvent aussi être efficaces. Ainsi, un fort jet d'eau du tuyau d'arrosage suffit souvent pour réduire une population de pucerons ou d'araignées rouges à presque rien. Répétez le traitement si vous voyez des signes de reprise.

Douchez les plantes d'intérieur pour contrôler les araignées rouges et les pucerons.

726. UNE BONNE DOUCHE POUR LES PLANTES D'INTÉRIEUR

Il serait difficile de tourner une lance d'arrosage sur une plante d'intérieur pour chasser ses parasites, notamment les araignées rouges et les pucerons, sans faire de dégâts (à moins que la plante ne soit à l'extérieur durant l'été, auquel cas, allez-y !)… mais comme ces plantes sont en pots, et donc facilement mobiles, on peut leur donner une bonne douche dans l'évier ou, pour les grosses plantes, carrément sous la douche. Répétez ces douches hebdomadairement jusqu'à ce que les insectes ne montrent plus de signe de vie.

727. UNE BARRIÈRE « ANTI-BIBITTES »

La couverture flottante crée une barrière légère mais efficace entre les insectes et leurs proies.

Un des « pesticides » les plus curieux qui soit est la couverture flottante, aussi appelée toile flottante (*floating row cover* en anglais). Il s'agit d'une étoffe transparente et très légère qui laisse passer l'eau de pluie et, bien sûr, la lumière du soleil. On l'utilise pour recouvrir les légumes sujets aux infestations d'insectes… de façon à ce que leur ennemi ne puisse pas y avoir accès ! Il s'agit de recouvrir lâchement le rang ou le carré d'une toile flottante et de la fixer sur les bords avec des piquets, des briques ou des pierres, sinon elle partira vite au vent.

Quand les plants lèvent, les insectes se posent sur la couverture, sans pouvoir les toucher. Ils finissent par s'en aller. La toile est tellement légère qu'elle lève à mesure que les plantes croissent, elle ne requiert donc aucune structure de support (ce n'est qu'un tunnel ou une mini serre). Le défaut de ce produit est qu'il peut garder les plantes trop au chaud durant les périodes de canicule. Dans ce cas, enlevez la toile. Vos plants sont alors encore exposés aux insectes , mais *après* le premier cycle de leurs ennemis. De plus, les plants seront plus avancés et donc plus en mesure de résister si une deuxième génération d'insectes devait se présenter. Pour que cette technique soit efficace, il faut toujours faire une rotation des cultures, sinon, lorsque les insectes sortent du sol au printemps, là où se trouvaient les plantes de l'an dernier, ils se trouveront à *l'intérieur* de votre barrière anti-insectes et pourront alors s'en donner à cœur joie. Pas trop efficace, n'est-ce pas ? La couverture flottante est très utile contre une vaste gammes d'insectes : piérides et altises sur les choux, doryphores sur les pommes de terre, mouches de la carotte sur les carottes, etc.

728. QUAND LES INSECTES VOIENT JAUNE

Une piège collant de couleur jaune peut attraper des centaines d'insectes nuisibles.

Beaucoup d'insectes nuisibles sont attirés par le jaune. C'est la couleur des plantes en détresse et des millions d'années d'évolution leur ont appris à se diriger directement sur de telles plantes dont les défenses sont affaiblies. On trouve sur le marché des plaquettes jaunes munies d'une colle qui ne sèche pas : accrochez-les dans ou près d'une plante infestée par un insecte volant (aleurodes, sciarides, pucerons et même les mouches domestiques) et vous remarquerez, lors d'une infestation majeure, de nombreux prisonniers en quelques heures seulement.

729. PIÈGE JAUNE MAISON

On peut aussi fabriquer son propre piège collant. À cette fin, trouvez un carton jaune épais ou peignez une petite plaque de bois en jaune et enduisez-la d'huile à moteur lourde, de colle qui ne sèche pas comme la «Tanglefoot» ou de Vaseline. Nettoyez et badigeonnez à nouveau de produit la plaque lorsqu'elle est couverte d'insectes.

730. PIÈGES BLEUS?

Beaucoup de jardiniers connaissent les pièges jaunes collants, mais saviez-vous que certains insectes sont plutôt attirés par le bleu? C'est notamment le cas des thrips et des mineuses et il existe justement sur le marché des pièges d'une teinte de bleu moyennement clair qui les attirent.

731. ET LA LUMIÈRE FUT!

Tout le monde sait bien que les insectes sont attirés par la lumière: on n'a qu'à sortir la nuit pour les voir tourner autour des ampoules à l'extérieur. Peu de gens connaissent toutefois le piège lumineux pourtant très utilisé dans les restaurants et les écuries pour attraper les mouches, moustiques et autres insectes volants. Il s'agit d'un appareil mural contenant des lampes fluorescentes à lumière noire et un papier collant jaune. Les insectes sont d'abord attirés vers la lumière, puis vers le piège jau-

Le piège lumineux attire et attrape les insectes de maison.

ne et finalement y restent prisonniers. Il est *très* efficace à l'intérieur où tous les insectes sont des intrus et où il contrôle efficacement les aleurodes, les mouches, les moustiques, les papillons de nuit et d'autres insectes volants. Remarquez cependant qu'il faut placer de tels pièges loin des ouvertures de la maison, sinon ils vont *attirer* les insectes dans la maison. Ces pièges ne sont pas utiles à l'extérieur, car ils attirent autant les insectes utiles que les insectes nuisibles.

732. HARO SUR LES PIÈGES ÉLECTRONIQUES !

On les voit dans toutes les quincailleries et il est difficile pour les jardiniers avides de gadgets d'y résister : les pièges électroniques,

appelés souvent *bug zappers* pour le bruit («zap, zap») qu'ils font quand les insectes les touchent. Ils contiennent des lampes fluorescentes à lumière noire et des fils électriques nus (l'appareil est recouvert d'un grillage pour que les humains ou les animaux ne puissent pas toucher aux fils) : les insectes sont attirés vers la lampe et se font électrocuter quand ils l'approchent trop. Malheureusement, des études démontrent que ces pièges ne sont d'aucune efficacité pour le contrôle des insectes nuisibles, car ils attrapent plus d'insectes utiles ou inoffensifs que nuisibles.

Les «bug zappers» tuent plus d'insectes bénéfiques que d'insectes nuisibles.

733. DES LAMPES POUR ATTIRER LES INSECTES À L'EXTÉRIEUR DE LA MAISON

Si vous ouvrez vos portes ou vos fenêtres souvent le soir, évitez de placer des lampes juste à l'intérieur ou à l'extérieur de l'ouverture, sinon les insectes, attirés par la lumière, entreront dans la maison. Par contre, si vous placez des tels éclairages *loin* des entrées, non seulement les insectes entreront moins souvent, mais ceux qui sont déjà dans la maison (aleurodes, mouches, etc.) *partiront,* à la recherche de la lumière.

734. AU PIÈGE DE L'AMOUR

Le piège aux phéromones est un piège à insectes, en forme de boîte ou de bouteille, qui est amorcé avec les phéromones (hormones sexuelles) de la femelle de l'insecte qu'on veut contrôler. En pénétrant dans le piège, les mâles y restent prisonniers, ce qui fait chuter la population d'insectes dans le secteur. Les pièges à phéromones sont très spécifiques : il faut les acheter en fonction du type précis d'insectes que vous voulez contrôler. Et ils n'attrapent aucun autre insecte, bénéfique ou nuisible.

Les pièges aux phéromones utilisent des hormones sexuelles pour attraper l'insecte mâle.

735. LOIN DE MOI, Ô PIÈGE SÉDUISANT

Les pièges aux phéromones (truc précédent) ont un défaut majeur : ils attirent bien l'insecte mâle dans le secteur, mais souvent il n'arrive pas à trouver le piège ! Ça peut bien sûr empirer la situation quand, plutôt que de tomber dans le piège, ils fécondent les femelles du coin. Ce qu'il faut donc faire c'est d'installer les pièges loin des plantes sujettes aux insectes.

■ Pesticides chimiques versus biologiques

736. PENSEZ CONTRÔLE… ET PENSEZ SANTÉ

Faut-il utiliser des pesticides chimiques (aussi appelés pesticides de synthèse) ou biologiques ? La plupart des pesticides de synthèse persistent plus longtemps dans l'environnement que les pesticides biologiques et ne sont pas plus efficaces. Il me semble alors que le choix est évident, car qui veut empoisonner sa propre cour ?

737. BIOLOGIQUE NE VEUT PAS NÉCESSAIREMENT DIRE « SANS DANGER »

N'imaginez pas que l'étiquette « biologique » veut dire « sans danger ». Certains pesticides biologiques sont relativement sûrs, c'est vrai, notamment ceux qui ont une action strictement physique, comme les savons, les huiles horticoles ou le neem ou qui sont des parasites ou des prédateurs d'un groupe spécifique d'ennemis, comme le Bt ou les nématodes. Mais dame Nature fabrique aussi des poisons et parfois même des poisons mortels. Attention donc lors de l'application des produits biologiques comme la nicotine, le ryana et la roténone : ce sont des pesticides « naturels », mais toxiques et il ne faut les utiliser qu'en dernier recours.

738. DES PESTICIDES AU SPECTRE LE PLUS ÉTROIT POSSIBLE

Le pesticide idéal aurait le spectre le plus étroit possible, n'agissant que sur un seul ennemi et rien d'autre. Ainsi, l'impact sur l'environnement sera minimal : on élimine un seul insecte ou végétal, par exemple, sans toucher à quoi que ce soit d'autre. Pour l'instant, la plupart des pesticides qui sont sur le marché sont, au contraire, à large spectre : des insecticides qui tuent tous les insectes, même les coccinelles et les abeilles, des herbicides qui éliminent toutes les plantes à feuilles larges, même les plantes de nos plates-bandes et des fongicides qui inactivent tous les champignons, même les champignons nécessaires à la décomposition des feuilles mortes, etc. Cependant il y a quelques percées intéressantes parmi les produits plus spécifiques (le *Bt* notamment, décrit au conseil 754 et aussi les nématodes bénéfiques, conseil 1087) et de nombreuses recherches très prometteuses s'effectuent dans ce domaine. Un jour, on pourra sans doute obtenir un produit biologique qui agit uniquement sur les pissenlits ou les araignées rouges.

739. CONTACT VERSUS INGESTION

Les pesticides de contact sont habituellement les plus sûrs et presque tous sont biologiques. Il faut les vaporiser directement sur l'insecte : ils ne fonctionnent que par contact. Ils n'ont aucun effet résiduel : dès que l'insecticide de contact a séché, il n'est plus actif.

Les pesticides d'ingestion, comme le pyréthrine, doivent être absorbés par le parasite pour être efficaces. Ces insecticides peuvent être biologiques ou de synthèse et agissent en empoisonnant leur proie. Ils ont souvent au moins un certain effet résiduel.

Les lecteurs québécois n'ont plus à s'en faire avec les pesticides systémiques, les plus dangereux de tous, car ils ont tous été retirés du marché dans la province. Ils sont absorbés par la plante et la rendent toxique à ses parasites. Par conséquent, leur effet est nécessairement durable, souvent bien au-delà de la période d'infestation possible.

Dans d'autres provinces, ces produits sont encore disponibles.

Les pesticides maison, comme ceux à base de tabac, sont parfois plus toxiques que les pesticides commerciaux et peuvent rendre leurs utilisateurs très malades.

740. ATTENTION AUX PESTICIDES MAISON !

Il faut faire très attention aux pesticides maison dont les recettes circulent constamment dans les milieux horticoles amateurs. Oui, ils peuvent parfois être efficaces, mais aussi, souvent ils ne valent strictement rien. Pire, il y a des cas où le pesticide ainsi produit est si toxique que la personne qui l'applique tombe malade ou meurt. Un cas typique : les insecticides à base de tabac. Il y a trente ans, les insecticides à base de nicotine ont été retirés du marché à cause de leur énorme toxicité pour l'humain, mais, encore aujourd'hui, on voit des recettes d'insecticides à base de nicotine circuler sur Internet. Habituellement, on en fait une décoction, en faisant tremper des cigarettes ou des feuilles de tabac dans l'eau, pour vaporiser la solution sur des plantes. Or, quelques cuillerées d'une telle décoction peuvent tuer un enfant ! Je ne peux pas vous empêcher d'utiliser ou de fabriquer des pesticides maison, mais dites-vous bien que si le produit est toxique pour les insectes, il l'est peut-être aussi pour l'humain. Tenez-en compte si vous utilisez le produit.

■ Application de pesticides

741. BIEN SE PROTÉGER POUR L'APPLICATION

Pour appliquer un pesticide à action toxique, portez toujours des gants imperméables, un masque, des lentilles de protection, une chemise à manche longue et des pantalons longs.

Couvrez-vous toujours très bien avant d'appliquer un pesticide à action toxique.

742. TOUJOURS LIRE L'ÉTIQUETTE SUR LES CONTENANTS DES PESTICIDES

Avant d'appliquer n'importe quel pesticide, lisez ou relisez le mode d'emploi, même si vous dites le connaître par cœur. Cela ne prend que quelques instants et peut prévenir beaucoup de dégâts.

743. UNE BONNE DOSE POUR UN BON SUCCÈS

« Si un peu est bien, plus doit être mieux ! » Tel semble être la devise de certains jardiniers qui doublent, même triplent, la concentration recommandée de pesticides en pensant obtenir plus de succès. Mais ils font fausse route. Presque tous les pesticides, même les plus sûrs (savon insecticide, huile de neem, etc.) sont phytotoxiques (toxiques pour les plantes) si utilisés à des concentrations trop fortes. Mieux vaut suivre le mode d'emploi à la lettre pour tout pesticide.

744. ACHETEZ LE CONCENTRÉ

Un petit conseil d'ordre économique : si vous devez acheter un pesticide, à moins de savoir que vous en avez seulement besoin d'une toute petite quantité, achetez toujours le concentré plutôt que le produit prêt à être utilisé, habituellement vendu dans une bouteille pour vaporiser. C'est que le produit prêt à utiliser se compose presque entièrement d'eau du robinet avec juste un soupçon du pesticide. Si vous avez de l'eau chez vous, vous pouvez faire la dilution vous-même... et qui ne dispose pas d'une bouteille pour vaporiser (truc 1035) ? Habituellement, le produit concentré est cinquante fois plus concentré que le produit prêt à utiliser, donc le produit prêt à utiliser vous coûte cinquante fois plus cher !

Une bouteille de pesticide prêt à utiliser contient surtout de l'eau et coûte aussi cher que 50 bouteilles de concentré.

745. UN TEST NE COÛTE PAS CHER

Vous avez un pesticide à effet inconnu (un remède maison, par exemple) et voulez l'utiliser sur une plante préférée ? Faites un petit test auparavant : vaporisez-en sur une seule feuille pour commencer. Si, le lendemain, il n'y a pas de signes de réaction négative, vous pouvez l'utiliser sur cette plante.

746. UNE BONNE DOUCHE FROIDE APRÈS LE TRAITEMENT

Après avoir appliqué un produit pesticide, même biologique, il est toujours sage de bien se laver... à l'eau *froide*. L'eau froide ferme les pores et réduit l'absorption du produit. Une douche à l'eau chaude, par contre, peut ouvrir les pores et stimuler l'absorption.

Prenez toujours une douche à l'eau froide, après avoir manipulé des pesticides.

747. DES VÊTEMENTS POUR LA LESSIVE

Lavez les vêtements utilisés pour l'application d'un pesticide à part des autres vêtements… et réservez-les dans le futur uniquement pour d'autres applications.

748. PEUT-ON CONSERVER LE PRODUIT UNE FOIS QU'IL EST DILUÉ ?

Si possible, préparez seulement assez de solution pesticide pour l'application en cours. S'il en reste, lisez l'étiquette pour voir si le produit peut se conserver sous forme diluée et, si oui, pendant combien de temps. Sinon, lisez encore l'étiquette pour savoir comment disposer écologiquement du surplus.

749. SI VOUS CONSERVEZ UN PRODUIT DILUÉ…

Ne le mettez jamais dans un contenant conçu pour les denrées alimentaires ou les boissons (thermos, *Tupperware*, etc.), même si vous marquez bien le nom du produit sur le contenant. Plus de la moitié des empoisonnements domestiques surviennent à la suite de tels entreposages !

■ Ail

750. INSECTICIDE À BASE D'AIL

L'insecticide à l'ail peut aussi faire fuir les vampires !

Voici un insecticide maison facile à fabriquer et relativement efficace. Ajoutez une gousse d'ail et deux tasses d'eau à un mélangeur et faites-le fonctionner à haute vitesse jusqu'à ce que l'ail soit réduit en purée. Versez le liquide dans un plat, recouvrez et laissez reposer une journée. Maintenant, passez-le au travers d'une étamine (« coton à fromage ») ou d'un tamis pour enlever la pulpe. Mélanger la solution dans quatre litres d'eau, ajoutez-y une ou deux gouttes de savon insecticide pour en améliorer l'adhérence. Puis vaporisez sur des plantes infestées de pucerons, d'aleurodes ou d'autres insectes. L'insecticide n'a aucun effet résiduel ou préventif : il doit toucher l'insecte pour être efficace. Et il paraît que c'est efficace aussi contre les vampires !

■ Alcool

751. MAIS VONT-ILS PASSER L'ALCOOTEST ?

Un autre insecticide utile, bien qu'il ne soit pas vendu comme insecticide, est l'alcool à friction. Mélangez une partie d'alcool à friction à sept parties d'eau et vaporisez sur les plantes affectées. L'alcool fera fondre la cire protectrice de certains insectes et asséchera les corps mous de certains autres. De plus, il fera bouger les insectes qui sortiront alors de leur cachette, facilitant ainsi leur répression. On peut aussi ajouter quelques cuillerées d'alcool à friction aux savons insecticides et aux insecticides maison pour augmenter leur efficacité.

752. SOÛLEZ-LES !

Si cela vous tente, vous pouvez remplacer l'alcool à friction par tout autre spiritueux… mais il n'est pas certain qu'un puceron mort vaille vraiment un bon whisky vieux de 20 ans ! L'alcool à friction est beaucoup moins coûteux.

L'alcool est mortel pour les insectes.

753. ATTENTION AUX INTOXICATIONS !

On peut s'intoxiquer aux vapeurs d'alcool à friction si on l'emploie dans un endroit clos… et l'intoxication peut même être mortelle. Pas de problème dans le jardin, mais dans la maison, aérez toujours la pièce durant le traitement.

■ Bt

754. UNE BACTÉRIE UTILE

Quand on pense aux bactéries, on imagine toujours les variétés néfastes, comme la bactérie mangeuse de chair (*Streptococcus* du Groupe A), mais combien de personnes pensent aux bonnes bactéries pourtant si nombreuses ? La plus connue dans le domaine horticole est sans doute le Bt (pour *Bacillus thuringiensis*), une bactérie qui abonde dans la nature. On en connaît des dizaines de souches dont plusieurs sont très spécifiques à certains groupes d'insectes, d'où un très grand intérêt pour le jardinier paresseux. Tous fonctionnent de la même façon : le Bt demeure en dormance sur la plante jusqu'à ce qu'il soit ingéré par l'insecte. Dans le système digestif de l'insecte, la bactérie se développe et libère des cristaux toxiques, ce qui rend l'insecte malade. Dans les trois ou quatre heures suivant son ingestion, l'insecte arrête de manger, puis il meurt quelques jours plus tard. Comme tout cela prend quelques jours, il faut s'armer d'une certaine dose de patience : ceux qui s'attendent à voir les insectes mourir sous leurs yeux dans les instants qui suivent l'application seront déçus.

Le Bt rend les chenilles malades et les empêche de manger.

755. LE BT DES CHENILLES

Le Bt est suffisamment spécifique pour qu'il y ait présentement trois variétés sur le marché. Le plus connu, le Btk (*Bacillus thuringiensis kursti*), est spécifique aux chenilles et ne touchera pas les mammifères, les oiseaux, les poissons ni même les insectes autres que les chenilles. Il ne touche pas les abeilles, par exemple. Le Btk agit surtout sur les chenilles plus jeunes, il faut donc l'appliquer en début de cycle. Il est moins efficace contre les chenilles plus âgées, car elles commencent à moins manger en préparation de leur pupaison. Ne tuez pas les chenilles malades, car elles transmettront la maladie aux générations montantes. N'appliquez pas le Btk dans les vingt-quatre heures précédant une pluie, car le produit sera lessivé des plantes. On peut le trouver sous forme de liquide concentré, de poudre mouillable ou de granules.

756. DU BT CONTRE LES MOUSTIQUES

Si vous avez un jardin d'eau tranquille, le Bt peut aussi contrôler les moustiques et les mouches noires. Il s'agit de la souche Bti (B. thuringiensis israelensis). On le vend sous plusieurs formats : poudre, granules, briquettes et liquide, tous conçus pour application dans les milieux aquatiques.

757. ET DU BT CONTRE LES « BIBITTES À PATATE » ET AUTRES COLÉOPTÈRES

Il existe même une souche de Bt, le Btt (*B. thuringiensis tenebrionsis* ou *B.t.* San Diego) qui s'attaque aux coléoptères et notamment à la « bibitte à patate » ou doryphore de la pomme de terre (voir le conseil 1222), et aux galéruques de la viorne (1238) et de l'orme (1239), mais il n'était pas encore homologué pour utilisation domestique au Canada au moment où ces lignes étaient écrites. On peut s'attendre à voir encore arriver, dans un avenir rapproché, d'autres souches de Bt spécifiques à d'autres hôtes. Vivement le jour où il y aura une souche spécifique de Bt pour chaque insecte nuisible qui ne touchera rien d'autre dans l'environnement : on aura alors un pesticide parfait !

■ Décoctions maison

758. DES DÉCOCTIONS INSECTICIDES MAISON RELATIVEMENT SÛRES

La terre de diatomées fait une excellente barrière pour empêcher les insectes d'entrer dans la maison.

Les décoctions insecticides maison sont légion et sont généralement peu nuisibles pour l'environnement. Il faut quand même porter des vêtements protecteurs en les utilisant (truc 741), bien sûr, car la plupart sont aussi toxiques pour l'humain. Pour les fabriquer, remplissez à moitié un chaudron de feuilles de la plante en question (rhubarbe, raifort, tanaisie, etc., mais jamais de tabac (voir le truc 740), puis remplissez-le d'eau. Faites bouillir trente minutes puis laissez macérer quelques heures avant de filtrer le produit et de le vaporiser sur la plante infestée.

■ Diatomées

759. UN PESTICIDE BARRIÈRE : LA TERRE DE DIATOMÉES

La terre de diatomées est une poudre blanche très fine composée des squelettes fossilisés d'algues microscopiques, les diatomées. Elles sont finement coupantes, comme du verre, et voilà justement l'utilité de la terre de diatomée : on l'applique là où passent les insectes rampants qui se coupent à son contact, puis se déshydratent et meurent à la suite de ces blessures. Toutefois, ce produit est d'utilisation très limitée en pleine terre, car il perd toute efficacité une fois qu'il a été mouillé. On voit les gens l'épandre sur ou au pied de leurs légumes et fleurs, pensant avoir bien fait, puis ils vont arroser les plantes après, annulant son effet. La pluie ainsi que la rosée éliminent la terre de diatomées qui se dissout dans le sol tout simplement. C'est donc dans les emplacements toujours secs qu'elle est la plus utile. On peut notamment en appliquer dans et autour de la maison, soit sur les fissures, devant les fenêtres et aux autres places où les insectes peuvent entrer dans la maison. Évidemment, il serait encore plus efficace de calfeutrer convenablement ces entrées afin d'empêcher les insectes d'entrer pour de bon. La terre de diatomées n'est nullement toxique, mais il faut éviter de la respirer, car elle peut être très irritante pour les voies respiratoires.

■ Huiles

760. JETER DE L'HUILE SUR... LES PLANTES

Les huiles horticoles existent depuis longtemps. La plus connue est l'huile de dormance qu'on applique sur les végétaux après la fonte des neiges, mais avant leur débourrement (d'où le nom, puisqu'on les applique sur les plantes en dormance), mais il existe aussi des huiles plus légères qu'on peut utiliser aussi durant la période de croissance. Ces huiles agissent en recouvrant l'insecte (ou sa pupe ou ses œufs) pour en boucher les pores, ce qui les empêche de respirer et elles font également fondre la couche cireuse qui protège plusieurs insectes. Ainsi, les huiles fonctionnent essentiellement de la même manière que les savons insecticides (truc 782). Leur plus grand avantage est de ne pas être des poisons; leur action est strictement physique et elles sont donc inoffensives pour les humains, les mammifères, les oiseaux et les poissons. Pour qu'elles soient efficaces, il leur faut toutefois toucher l'insecte. Aussi, leur effet résiduel est minime : elles se dégradent après quelques jours et disparaissent. Aux yeux d'un jardinier paresseux, leur plus grand défaut est d'être à très large spectre : elles tuent sans discernement les insectes nuisibles et les insectes bénéfiques, débalançant l'équilibre écologique de votre jardin. Il faut donc les utiliser avec circonspection.

761. QUE ÇA BRASSE !

Les huiles horticoles sont des «émulsions»: on les dilue dans l'eau selon le mode d'emploi, mais on ne peut pas dire qu'on en fait une solution. En effet, l'huile se séparera assez rapidement de l'eau pour flotter à sa surface. Il faut donc agiter la bouteille régulièrement lors de l'application pour maintenir les gouttelettes d'huile en suspension.

762. APPLIQUEZ LES HUILES AVEC UN APPLICATEUR QUI S'INSTALLE SUR LE TUYAU D'ARROSAGE

Une façon intéressante d'appliquer les huiles horticoles est d'utiliser un applicateur qui s'installe sur le tuyau plutôt qu'un vaporisateur indépendant. Ces applicateurs permettent de verser le concentré dans le réservoir et font eux-mêmes la bonne dilution du produit. Donc, pas besoin d'agiter!

Un applicateur qui se fixe sur le tuyau d'arrosage est particulièrement efficace si vous avez une bonne pression d'eau.

763. EFFICACES CONTRE LES MALADIES FONGIQUES AUSSI

Même si les huiles horticoles sont surtout utilisées pour réprimer les insectes, elles ont un effet sur les maladies fongiques aussi, pouvant détruire les spores hivernant sur les arbres et arbustes traités.

764. MORTELLES POUR LES MOUSSES ET LES LICHENS

Tristement, les huiles horticoles étouffent aussi les mousses et les lichens poussant sur les arbres. Ces végétaux de petite taille ne sont pas nécessairement appréciés à leur juste valeur par les jardiniers, mais leur rendent un bon service en étant souvent hôtes d'insectes bénéfiques et jouant un rôle important dans la dépollution de l'air. Il faut donc y penser deux fois avant d'appliquer une huile horticole sur les troncs abritant des mousses ou des lichens.

765. LES HUILES DE DORMANCE

L'huile de dormance (ou huile au stade dormant) est une huile épaisse appliquée normalement au printemps, à la fonte des neiges, mais on peut aussi l'utiliser à l'automne, après la chute des feuilles. On l'applique sur les végétaux ligneux : arbres, arbustes, conifères, grimpants… tout ce qui, en fait, survit à l'hiver hors du sol. C'est le traitement favori des amateurs de fruitiers. Il faut l'appliquer par une journée dégagée, quand les troncs sont secs (pas de pluie la veille) et quand il n'y a pas de risque de gel ni de pluie pendant au moins vingt-quatre heures. Il vaut mieux aussi l'appliquer en matinée, dès que la rosée s'est évaporée, pour qu'elle ait le temps de sécher avant la *prochaine* rosée !

L'huile de dormance est utilisée quand les végétaux sont sans feuilles.

Il est aussi très important que les bourgeons ne soient pas encore éclos, car cette huile est suffisamment épaisse pour endommager les jeunes feuilles. Les bourgeons peuvent être gonflés, mais sans montrer de vert. Logiquement, il ne faut utiliser ce produit que très localement, seulement en cas de besoin et alors directement sur la plante affectée, car il tue aussi les insectes bénéfiques. Malheureusement, ce n'est pas comme cela qu'on les emploie habituellement. Au contraire, on les vaporise souvent sur tout ce qui pousse pour prévenir des problèmes avant qu'ils ne se manifestent… mais, en tuant globalement à la fois les bons et les méchants, on finit souvent par avoir des problèmes quand un nouvel insecte arrive et trouve le champ complètement libre. C'est le cas type d'un produit biologique souvent très nuisible à l'environnement ! Apprenez à utiliser ce produit avec discernement.

766. CONTRE-INDICATIONS POUR LES HUILES

L'huile, au stade dormant surtout, est toxique pour certaines plantes, notamment pour l'érable rouge, l'érable du Japon, l'érable à sucre, les caryers, le cotinus, le sapin de Douglas et certaines fougères… et cette liste peut varier quelque peu selon le produit. Lisez donc toujours le mode d'emploi des huiles avant de les appliquer.

Vaporisée d'huile de dormance, votre épinette bleue peut devenir verte !

767. BYE-BYE BLEUS

Attention : si les huiles horticoles font fondre la cire qui recouvre la carapace de plusieurs insectes, elle fait aussi fondre la cire qui recouvre les aiguilles de plusieurs conifères et qui leur confère leur coloration bleue. Ainsi, votre épinette bleue ou votre genévrier grisâtre deviendront verts ! Heureusement que l'effet est temporaire : non, les aiguilles « verdies » ne reprendront pas leur couleur bleutée, mais les nouvelles pousses seront bleues.

768. LES HUILES ESTIVALES

On peut aussi trouver des huiles horticoles plus légères qu'on peut appliquer sur des plantes en croissance. Appelées huiles d'été ou huiles estivales, ces produits fonctionnent comme les autres huiles, en étouffant les insectes et en faisant fondre leur couche cireuse. Comme elles sont plus légères, on peut même les utiliser sur certaines plantes qui sont contre-indiquées pour l'huile de dormance, notamment les conifères bleus.

769. APRÈS LA FORMATION DES FEUILLES

Qui serait assez fou pour vaporiser de l'huile par des températures de plus de 32 ℃ ?

Les premières feuilles du printemps sont les plus fragiles aux huiles. Attendez donc qu'elles soient à pleine maturité avant d'appliquer une huile horticole d'été.

770. TROP CHAUD POUR TRAVAILLER !

L'étiquette des huiles suggère qu'elles peuvent endommager les plantes si on les applique à des températures trop chaudes et recommande de ne pas les appliquer par des températures de plus de 32 ℃… comme si un jardinier paresseux allait appliquer quoi que ce soit par une température pareille !

■ Maladie laiteuse

771. EN TOUTE ILLÉGALITÉ : LA MALADIE LAITEUSE

Non, la maladie laiteuse (*Bacillus populae*) n'est pas homologuée comme pesticide au Canada et ne le sera sans doute jamais. Les raisons sont complexes et n'ont rien à voir avec l'efficacité du produit, sa toxicité ou des doutes sur son effet sur l'environnement. Il s'agit d'une bactérie qui infecte plusieurs larves souterraines et notamment les vers blancs et les larves du scarabée japonais. Après l'application et un bon arrosage, la bactérie (qui est sous forme de poudre) descend dans le sol et commence à infecter les larves, se multipliant dans leur corps. Quand l'insecte meurt, son corps peut facilement compter un milliard de spores! Plus il y

La maladie laiteuse contrôle plusieurs larves, mais n'est pas disponible au Canada. Il est toutefois légal de la ramener quand on revient de l'étranger.

a de larves dans le sol, plus la maladie se répand. Une fois établie dans un sol, la maladie peut rester active pendant vingt ans... et, contrairement aux nématodes bénéfiques (truc 1087), la maladie résiste parfaitement aux hivers froids (un texte disant le contraire a circulé pendant quelques années sur Internet, mais les plus récentes études démontrent que la maladie survit très bien en zone 3 dans l'État du Maine). Cette maladie étant très spécifique, ne s'attaquant qu'aux larves des scarabéidés (hanneton, scarabée japonais, scarabée du rosier, etc.), elle est très «écologiquement correcte». Sa toxicité pour les humains, les autres mammifères, les poissons, les oiseaux et tous les insectes sauf les scarabéidés est nulle. Mais où la trouver puisqu'elle n'est pas en vente légale au Canada? Allez aux États-Unis où elle est en vente libre partout!

772. UNE ACTION LENTE

Comme pour les nématodes bénéfiques, les effets d'une application de maladie laiteuse prennent du temps à se faire remarquer, car c'est seulement quand les premières larves meurent de l'infection que la maladie commence vraiment à se répandre. On remarque alors peu ou pas de différence la première année et un peu de différence la deuxième. Habituellement, par contre, le problème s'est complètement résorbé la troisième année... et ne refait plus surface avant deux décennies!

■ Neem

773. L'HUILE DE NEEM : UN PESTICIDE HORS PAIR

S'il existe un pesticide biologique intéressant pour le jardinier paresseux, c'est bien l'huile de neem ou « neem », tout court. Cette huile,
extraite d'un arbre tropical indien, le margousier, est
utilisée dans la pharmacopée humaine depuis plus de
mille ans en Inde et l'on peut en conclure qu'elle est à
tout le moins relativement inoffensive pour l'humain.
Elle est aussi inoffensive pour tous les animaux à sang
chaud et elle est couramment utilisée dans le domaine
vétérinaire. Le neem n'est pas non plus considéré toxique pour les poissons ni les insectes aquatiques lorsqu'on l'utilise aux doses recommandées, mais peut être
toxique pour ces animaux si versé sans discernement
dans l'eau. Quant à son efficacité, le neem agit contre
trois catégories d'ennemis : les bactéries, les champi-

Le neem est
un insecticide
biologique
des plus effi-
caces contre
les insectes et
des moins
nocif pour les
mammifères.

gnons et les insectes. Il est à la fois donc bactéricide, fongicide et insecticide bien qu'on l'utilise surtout pour cette dernière fonction. Son
effet sur les insectes vient en partie de sa nature physique, en tant
qu'huile, le neem bloque les pores des insectes et les empêche de respirer, mais il a aussi un effet inhibiteur de croissance : l'un de ses com-
posants, l'azadirachtine, empêche les insectes de muer. Ainsi, ils ne
peuvent pas atteindre le stade adulte et ne peuvent donc pas se reproduire. Et on note aussi qu'il décourage les insectes de manger. De plus,
l'huile a un effet répulsif doté d'une certaine persistance. Donc, le
neem sert non seulement à tuer les insectes et à les empêcher de se
reproduire et de manger, il contribue également à les éloigner. Son
défaut cependant c'est qu'il est à très large spectre : il réprime sans
distinction les bonnes « bibittes » et les mauvaises, à la fois bactéries,
champignons et insectes et autres arthropodes. Il faut donc l'utiliser
avec discernement, uniquement sur les plantes qui ont un problème
et non pas le vaporiser sur tout ce qui pousse.

774. LE NEEM EST UN HORS-LA-LOI

Psst ! J'ai un secret pour vous : l'un des meilleurs pesticides biologiques est illégal au Canada… mais on le vend quand même. En
effet, au moins au moment où j'écrivais ces lignes, le neem n'était
pas encore homologué au Canada comme pesticide. Notre pays
demeure l'un des rares pays qui ne l'acceptent pas : aux États-Unis,

il est couramment disponible. C'est un problème administratif: on ne nie pas que le neem soit efficace et sûr si l'on l'applique selon les recommandations, mais quelqu'un doit payer pour son homologation. Or, le neem étant du domaine public, la compagnie qui payerait la note très salée (on parle de millions de dollars) ne sera pas plus avantagée qu'une autre compagnie qui n'avait fait qu'attendre l'homologation. Donc, personne ne bouge… et c'est toujours illégal de vendre le neem comme pesticide au Canada.

775. MAIS ON PEUT OBTENIR DU NEEM QUAND MÊME

Le neem est un hors-la-loi au Canada.

Le neem est tellement utilisé dans toutes sortes de produits, des pâtes dentifrices aux cosmétiques en passant par les produits pour bébés, qu'il est en fait facilement disponible… sauf comme pesticide. On le vend en toute légalité au Canada, notamment comme «produit luisant pour les plantes». En fait, tout le monde sait que ce neem est un pesticide et que personne ne l'emploie véritablement comme lustrant. D'ailleurs, si vous lisez l'étiquette du produit, vous remarquerez que le mode d'emploi ressemble davantage à un mode d'emploi de pesticide qu'à celui d'un produit lustrant!

776. COMMENT APPLIQUER LE NEEM

Versez 1 ml ou 2 ml dans un litre d'eau et agitez bien. Vaporisez sur les plantes atteintes. Répétez hebdomadairement, au besoin.

■ Nématodes

777. DES NÉMATODES EN BOÎTE

Les nématodes sont des vers microscopiques dont certains sont bénéfiques, mais d'autres nuisibles (truc 1087). Certains nématodes bénéfiques, notamment des genres *Steinernema* et *Heterorhabditis*, sont présentement commercialisés pour le contrôle des insectes, entre autres, les vers blancs et les sciarides. Ils ont l'avantage de pouvoir rester longtemps en dormance, ce qui permet leur vente en magasin (on peut aussi les obtenir par la poste) alors qu'il n'est pas possible de tenir la plupart des insectes bénéfiques en vie sur une tablette. Par contre, il faut normalement les réfrigérer jusqu'à leur utilisation, ce qui est un moindre mal, mais les espèces présentement vendues ne sont pas adaptées aux climats froids. Donc, pour le contrôle de sciarides dans la maison, ça va, le climat est toujours tempéré, mais pour contrôler les vers blancs dans la pelouse, un traitement annuel s'impose, car les nématodes meurent durant l'hiver.

778. DES NÉMATODES AU SECOURS DE LA PELOUSE

L'une des utilisations les plus populaires pour les nématodes est dans le contrôle des insectes prédateurs des racines des graminées du gazon, comme les vers blancs et les larves de scarabée japonais. Ils ne sont que moyennement efficaces dans les pelouses déjà de piètre qualité (au sol dur, acide et minéralisé) où le gazon, déjà stressé par des conditions à peine acceptables, est très sensible aux prédateurs. Ils sont par contre très efficaces dans les pelouses au sol riche et meuble. Appliquez le produit sur un gazon au sol déjà humide (arrosez quarante-huit heures auparavant si nécessaire) quand la température du sol a atteint 15 °C et plus. Normalement, l'application se fait au coucher du soleil pour ne pas que les nématodes soient exposés à la lumière du soleil et l'on arrose immédiatement après l'application pour les faire descendre dans le sol jusqu'au niveau des larves. Gardez le sol humide pendant les trois prochains jours pour encourager leur descente. Comme les nématodes touchent peu à la génération montante (les hannetons et les scarabées en pupe et les adultes qui s'apprêtent à sortir au moment de l'application) et que les dégâts faits sur la pelouse pour l'année sont généralement bien en voie quand on l'applique, on ne voit pas beaucoup de résultats la première année. Mais la génération suivante, soit les larves déjà dans le sol et celles qui écloront au cours de l'été, sera lourdement atteinte par les nématodes. Avec un traitement annuel (et il faut répéter, les nématodes couramment vendus pour le contrôle des larves dans le gazon n'étant pas assez résistants au froid pour passer l'hiver), il est parfois possible d'éliminer complètement les larves.

Le pyrèthre, dérivé de la plante du même nom (Tanacetum cinerariifolium), *est un insecticide biologique… qui est aussi toxique pour les humains. À utiliser le moins souvent possible.*

■ Pyréthrine

779. TOXIQUE : FAITES TRÈS ATTENTION !

Je ne suis pas très chaud à l'idée d'appliquer sur les plantes des pesticides qui sont toxiques pour l'humain, même si ce produit est «biologique». Ainsi, j'évite le plus possible d'employer la pyréthrine et je suggère que vous fassiez la même chose. La pyréthrine est dérivée des fleurs du pyrèthre de Dalmatie (*Tanacetum cinerariifolium*), une vivace proche de la marguerite, mais qui n'est pas rustique dans nos régions (zone 7). C'est un poison qui affecte le système nerveux d'un grand nombre d'insectes et les vapeurs de pyréthrine stimulent les insectes à sortir de leur cachette, ce qui les rend encore plus vulnérables au traitement. C'est surtout un poison de contact, mais il affiche une certaine persistance (trois ou quatre jours), ce qui est une bonne chose dans certains cas et moins dans d'autres. C'est un insecticide à spectre large qui tue presque tous les insectes et acariens, bons et mauvais, et qui est modérément toxique pour humains, pour les autres mammifères et pour les oiseaux. Il est très toxique pour les poissons et il ne faut jamais l'employer près un jardin d'eau qui abrite des animaux aquatiques. Certaines personnes développent des allergies à la pyréthrine à la suite de contacts répétés… mais justement, il faut éviter tout contact avec ce produit. Il faut se munir d'un masque protecteur, de lunettes et de manches longues avant de l'appliquer ! La pyréthrine est généralement combinée avec d'autres produits pour une plus grande efficacité. Évitez les produits utilisant la pyréthrine avec le butoxyde de piperonyl, ce qui le rend encore plus toxique pour l'humain. Par contre, les produits utilisant la pyréthrine avec du savon insecticide ou des huiles horticoles permettent d'utiliser une dose moindre de pyréthrine pour une efficacité accrue.

780. POUR NE PAS TUER LES ABEILLES AVEC LA PYRÉTHRINE

Pour éviter de tuer accidentellement les abeilles qui viennent visiter vos fleurs avec un insecticide à base de pyréthrine, vaporisez le produit au coucher du soleil quand les abeilles sont moins actives. Comme la toxicité diminue rapidement après environ six heures, il ne devrait pas y avoir de problème le lendemain… à moins qu'on ne prévoie des rosées importantes, car elles ont tendance à ralentir la décomposition de la pyréthrine.

Le roténone, un insecticide pourtant biologique, serait en cause dans le développement de la maladie de Parkinson chez l'humain.

■ Roténone

781. LA ROTÉNONE : UN INSECTICIDE À BANNIR

Voici un bon exemple d'un pesticide biologique (biologique puisque extrait d'une plante) qui est si dangereux pour l'humain qu'il n'a vraiment pas sa place dans votre arsenal de produits antiparasitaires. La roténone est très toxique pour les insectes et les poissons (on la vend comme piscicide!), modérément toxique pour les mammifères, dont l'humain, mais moins toxique pour les oiseaux. De plus, on l'a relié au développement de la maladie de Parkinson chez les rats et certaines autorités soupçonnent qu'elle a un effet à retardement aussi chez l'humain : on peut l'utiliser apparemment sans problème puis développer la maladie de Parkinson des décennies plus tard. Tout cela n'est que suppositions, mais pourquoi prendre des risques ? Enfin, plusieurs personnes développent des allergies ou des dermatites à son contact. Je déconseille totalement son utilisation : il vaut beaucoup mieux arracher la plante infestée que vous pensiez traiter que d'employer la roténone.

■ Savon

782. LE SAVON INSECTICIDE : UN BON CHOIX POUR LE JARDINIER PARESSEUX

Le savon insecticide est un bon exemple d'un pesticide à faible impact sur l'environnement, et que l'on peut utiliser sans trop craindre de dérégler tout l'équilibre de son jardin. Après tout, il n'est pas toxique, du moins, pas plus que tout autre savon : il agit en étouffant l'insecte, le savon bloquant ses pores et l'empêchant de respirer. De plus, il fait fondre la couche cireuse qui protège plusieurs insectes, laissant leurs corps délicats exposés aux éléments.

Le savon insecticide n'est pas plus toxique pour l'être humain que le savon à main… mais tue une vaste gamme d'insectes.

Puisqu'il n'agit pas comme poison, il est donc sans danger pour les mammifères, les oiseaux et les poissons et même pour les insectes après que la solution ait séché. C'est cependant uniquement un insecticide de contact (il doit toucher l'insecte pour être efficace) et il n'a aucun effet résiduel. Il faut limiter son utilisation aux plantes qui ont un problème spécifique et en cours, car c'est un pesticide à large spectre, détruisant les méchants insectes comme les bons et n'ayant aucun effet résiduel, il ne peut donc pas «prévenir». Pour utiliser efficacement le savon insecticide, il faut l'appliquer généreusement et couvrir toutes les surfaces de la plante atteinte… et il faut répéter le traitement hebdomadairement jusqu'à ce que le problème soit réglé.

783. ATTENTION AUX PLANTES SENSIBLES AU SAVON

Le savon insecticide est tellement considéré inoffensif pour les végétaux que beaucoup de jardiniers l'appliquent sur toutes les plantes. Il faut toutefois se rappeler que certains végétaux sont sensibles aux savons de toutes sortes, même au savon insecticide. Évitez son utilisation sur les plantes suivantes : capillaire du Canada (Adiantum pedatum)*, capucine* (Tropaeolum spp.)*, cœur saignant du Pacifique* (Dicentra formosa)*, couronne d'épines* (Euphorbia milii)*, érable du Japon* (Acer palmatum)*, gardénia* (Gardenia spp.)*, lantana* (Lantana spp.)*, lis de Pâques* (Lilium longiflorum)*, marronnier d'Inde* (Aesculus hippocastanum)*, pois de senteur* (Lathyrus odoratus) *et sorbier d'Amérique* (Sorbus americana)*. Pour d'autres végétaux, seulement certains cultivars sont sensibles. Cela vaut la peine de faire un test sur le feuillage* (voir le truc 745) *pour les plantes suivantes : azalées* (Rhododendron spp.)*, bégonias* (Begonia spp.)*, fuchsias* (Fuchsia spp.)*, géraniums* (Pelargonium spp.) *et impatientes* (Impatiens spp.)*.

784. LE SAVON À VAISSELLE PEUT REMPLACER LE SAVON INSECTICIDE...

On peut parfois utiliser le savon à vaisselle pour traiter les plantes contre les insectes, mais il peut parfois causer des dommages sérieux.

Ça, on l'entend souvent. Pourquoi, après tout, payer pour du savon insecticide quand on a déjà du savon à la maison ? Et ça peut être vrai, sauf que… Les savons à vaisselle n'ont pas été développés pour traiter les plantes et sont souvent phytotoxiques (toxiques aux végétaux) à différents degrés. Le savon insecticide a été développé pour utilisation sur les plantes et on a alors choisi les ingrédients les moins phytotoxiques possi-

bles. Par conséquent, il faut *toujours* tester le savon à vaisselle selon la méthode expliquée au conseil numéro 745 avant de l'utiliser sur quelque plante que ce soit. Et juste une anecdote pour appuyer cette thèse. Dans les années 1980, le fabricant des savons à vaisselle Palmolive a publié un communiqué à la suite d'un grand nombre de plaintes reçues à l'effet que leur produit avait endommagé des plantes. Dans le communiqué, le fabricant insistait sur le fait que son produit n'était pas conçu pour traiter les plantes et qu'il ne se tenait donc pas responsable d'aucun dommage causé aux plantes par l'utilisation de son produit. De plus, détail révélateur, la compagnie expliquait que la recette de son produit variait régulièrement selon le prix des matières de base et que, si une bouteille pouvait s'avérer inoffensive pour les plantes, la bouteille suivante pouvait être très toxique. Donc, utilisez le savon à vaisselle si vous voulez, mais faites des tests à chaque fois que vous achetez une nouvelle bouteille.

■ Molluscicides

785. DITES NON AU MÉTALDÉHYDE

Il y a des molluscicides sur le marché depuis fort longtemps, mais la plupart sont à base de métaldéhyde, un produit si toxique qu'on ne peut guère le conseiller aux jardiniers responsables. En effet, des chiens et des chats qui meurent après avoir ingéré des appâts à limace, c'est loin d'être une légende urbaine… et qui sait combien d'oiseaux trouvés morts ont été victimes de ce poison toxique pour tout ce qui bouge? Il y a, tous les ans, des cas d'empoisonnement au métaldéhyde chez les jeunes enfants. Cela est en partie dû à la formulation utilisée, des appâts qui peuvent ressembler, aux yeux des animaux, à de la nourriture en granules. Est-ce que les limaces causent tant de dommages chez vous qu'il faut risquer la vie des enfants et des animaux domestiques du voisinage? D'autant plus qu'il est facile de réduire la population de limaces à un niveau très tolérable (voir les trucs 1263 à 1267).

Le phosphate de fer est très efficace contre les limaces et n'est pas toxique pour les humains.

786. UN MOLLUSCICIDE EFFICACE ET SANS DANGER

Il y a maintenant un molluscicide plus acceptable pour les jardiniers paresseux : le phosphate de fer. Ce produit est très toxique pour les mollusques, mais pas pour les autres animaux (mammifères, oiseaux, poissons, insectes), même pas pour les lombrics ou les organismes bénéfiques du sol. De plus, le phosphate de fer est un composé naturel, donc acceptable pour les jardiniers biologiques. On le trouve sous forme de petits appâts qu'on peut éparpiller sur le sol autour des plantes atteintes (il n'est pas nécessaire de les cacher comme les appâts à base de métaldéhyde, car il ne représente aucun danger pour les animaux). Les limaces ingèrent l'appât et arrêtent de manger aussitôt. Elles meurent de déshydratation trois à six jours plus tard. Les molluscicides à base de phosphate de fer sont aussi efficaces pour contrôler les limaces que les molluscicides à base de métalhéhyde. Il n'y a donc aucune raison pour ne pas se convertir au phosphate de fer.

787. UN ENGRAIS EN MÊME TEMPS !

Saviez-vous que le phosphate de fer est en même temps un engrais pour les plantes ? Il contient, vous l'auriez deviné, du phosphate et du fer, deux minéraux essentiels à la croissance des plantes. Tout surplus non ingéré par les limaces contribuera à faire mieux pousser les plantes environnantes !

788. DEUX BÉMOLS POUR LE PHOSPHATE DE FER

Le phosphate de fer paraît si extraordinaire comme produit pour contrôler les limaces (voir les trucs précédents) qu'il est regrettable de devoir placer deux bémols à son dossier. *Uno :* il est possible qu'une utilisation excessive ou sur une très longue période de temps puisse rendre le sol toxique pour plusieurs plantes. *Secondo :* le phosphate de fer est aussi toxique pour les escargots que pour les limaces. Or, les escargots et les colimaçons de nos jardins ne sont pas néfastes pour les plantes; ils sont bénéfiques (truc 1274). On perd donc un ravageur, mais aussi un vidangeur très utile si on utilise le phosphate de fer pour contrôler les limaces. Mieux vaut appliquer les *vrais* trucs du jardinier paresseux pour contrôler les limaces (trucs 1263 à 1267).

■ Fongicides

789. DES FONGICIDES ACCEPTABLES POUR LES JARDINIERS PARESSEUX

Il n'y a pas de fin quand on décide de traiter des plantes sujettes aux maladies récurrentes plutôt que de s'en débarrasser comme il se doit. Mais présumons que vous avez un problème de maladie fongique sur une plante, comme le blanc, le mildiou, la pourriture, etc. et que vous n'êtes pas encore prêt à la laisser aller. Que faire alors ? Eh bien, il existe toujours l'option des fongicides. Le mot fongicide veut dire « qui tue les champignons » et la plupart des maladies des plantes sont d'origine fongique (il n'y a pas que des champignons de Paris aux chapeaux bien visibles dans ce bas monde; au contraire, la *majorité* des champignons sont microscopiques). Et même quand elles sont causées par les bactéries ou d'autres micro-organismes, il n'est pas rare que les fongicides réussissent à les contrôler quand même, car les fongicides présentement vendus sont passablement polyvalents. Mais les fongicides biologiques qu'un jardinier peut utiliser sans s'intoxiquer sont rares. Parmi les rares fongicides biologiques qui sont vendus, il y a le soufre et ses dérivés.

Il existe plusieurs fongicides biologiques.

790. PAS DE MIRACLES AVEC LES FONGICIDES

Il ne faut pas s'attendre à appliquer un fongicide et de voir du jour le lendemain la plante redevenir belle. C'est que les fongicides, peu importe lesquels, ne peuvent effacer les symptômes de la maladie : ils ne peuvent qu'arrêter son progrès et prévenir une attaque future. Et, au moment où vous voyez les premiers symptômes d'une maladie, que ce soit de la poudre blanche qui recouvre les feuilles dans le cas du blanc ou des pustules orangées dans le cas de la rouille, la maladie est déjà bien installée dans les tissus et, même si l'on réussit à arrêter son progrès, les feuilles atteintes ne seront plus jamais belles. Les «symptômes» équivalent à la dernière phase de la maladie. Les premières étant bien sournoises, voire invisibles, souvent cachées à l'intérieur des feuilles et des tiges, il n'y avait rien pour vous indiquer qu'il était temps d'agir. C'est pour cela que les fongicides n'ont jamais connu un grand succès auprès du public. Avec un insecticide, souvent on vaporise et on trouve des insectes morts quelques minutes plus tard, ce qui est très concret et satisfaisant. Avec un fongicide, on a plutôt de vagues promesses que tout ira mieux la prochaine fois. N'empêche que, lorsque vous avez un grave problème de maladie sur une plante que vous tenez à conserver, un traitement avec un fongicide est souvent la meilleure chose à faire. Mais ne vous attendez pas à des miracles !

Le soufre en poudre est un produit biologique à la fois fongicide et acaricide.

■ Soufre

791. LE SOUFRE

Le soufre réduit en particules fines peut aider à prévenir certaines maladies comme le blanc, la rouille, le mildiou, le nodule noir et la tavelure ou à arrêter leur progrès une fois que les symptômes sont visibles. Il est toxique aussi pour les acariens, à la fois les acariens prédateurs qui sont bénéfiques et les acariens nuisibles comme l'araignée rouge. Il est toutefois peu toxique pour les mammifères, les oiseaux, les poissons et la plupart des insectes. Il agit surtout en empêchant la germination des spores, d'où son intérêt en prévention. Comme il persiste très peu

longtemps, il faut répéter les traitements durant toute la période où la maladie est transmissible, soit souvent tout au long de l'été. Il est disponible sous forme de poudre mouillable et en liquide concentré, qui doivent tous les deux être dilués dans l'eau, ou en liquide dilué et en poudre à saupoudrer, les deux prêts à utiliser.

792. CONTRE-INDICATIONS POUR LE SOUFRE

Évitez d'appliquer le soufre dans le mois suivant un traitement à l'huile de dormance et par des températures de plus de 24 °C.

793. QUE DIRE DE LA CHAUX SOUFRÉE ?

Un autre produit qui contient du soufre, c'est la chaux soufrée, aussi appelée «bouillie soufrée». On l'utilise le plus souvent en combinaison avec l'huile de dormance et des combinés des deux produits, les deux étant émulsifiables dans l'eau, et facilement disponibles sur le marché. La chaux soufrée est surtout un fongicide utilisé pour contrôler le nodule noir, la tavelure, la rouille et d'autres maladies, mais elle aide aussi à contrôler les insectes et les acariens comme les araignées rouges, les pucerons et les cochenilles. N'étant pas spécifique, il réprime autant les champignons et les insectes bénéfiques que nuisibles. On l'applique au printemps en émulsion avec l'huile au stade dormant, notamment sur les fruitiers. On peut aussi l'utiliser durant la saison de croissance pourvu qu'on ne le fasse pas dans le mois suivant un traitement à l'huile de dormance.

794. CONTRE-INDICATIONS POUR LA CHAUX SOUFRÉE

Comme pour le soufre, il faut éviter d'appliquer ce produit dans le mois suivant un traitement à l'huile de dormance et par des températures chaudes (de plus de 26 °C). Évitez de l'appliquer aussi sur les conifères, les fusains et les rhododendrons.

■ Macération de prêle

795. UNE MACÉRATION DE PRÊLE POUR CONTRÔLER LE BLANC

La prêle est riche en silice, or la silice peut réduire l'incidence du blanc sur le feuillage des plantes, car elle recouvre et protège les cellules des feuilles. On peut donc préparer une macération maison pour prévenir le blanc. Ainsi, faites macérer 50 g de prêle fraîche dans 1 l d'eau pendant vingt-quatre heures. Diluez ce concentré à raison de 200 ml par litre d'eau et pulvérisez aux deux semaines. Remarquez que, tout comme les fongicides commerciaux, la macération de prêle ne peut pas guérir le blanc; il faut l'utiliser en prévention.

■ Herbicides

796. HERBICIDES BIOLOGIQUES

Il existe des herbicides à effet total à base de savon.

Il n'y a rien de plus difficile à contrôler sur un terrain que les plantes indésirables. En effet, tuer un insecte ou un champignon en épargnant une plante est une chose, mais tuer une plante en épargnant une autre est un tout autre problème. Au Québec, le retrait des herbicides de synthèse du marché des consommateurs (un retrait graduel, sur plusieurs années) devrait être complété au moment où ce livre sera publié, si du moins le gouvernement ne se dégonfle pas. Les jardiniers n'auront alors d'autre choix que de se tourner soit vers l'arrachage manuel ou, encore, vers les rares herbicides biologiques. Présentement, tous les herbicides biologiques sont à grand spectre : ils tuent sans discernement les bons végétaux comme les mauvais. Leur utilisation se limitera donc aux espaces où l'on ne veut rien voir pousser, comme dans un sentier ou sur une terrasse; il est difficile de les utiliser dans le cadre d'un parterre de gazon ou de fleurs. Parmi les herbicides vendus, il y a ceux à base de savon (sur l'étiquette, on dit «acides gras», car on ne veut pas vous faire peur en vous rappelant que le savon insecticide, dont ce produit est dérivé, est toxique pour les plantes si appliqué en trop forte concentration!) et les produits acides (vinaigre concentré, jus de citron concentré, etc.).

797. UN HERBICIDE QUI N'EN EST PAS UN

Le gluten de maïs est vendu comme herbicide… pourtant, ce produit ne ferait pas de mal à une mouche! De plus, c'est un engrais, car en se décomposant, il libère environ dix pour cent d'azote ainsi que des portions plus petites d'autres éléments. Le secret c'est que le gluten de maïs ne tue pas les plantes, il les empêche de germer. On l'utilise uniquement dans le cas de gazons faibles, régulièrement envahis par les mauvaises herbes annuelles comme la digitaire. On l'applique au printemps et, comme il empêche la germination des mauvaises herbes pendant six ou sept semaines, cela donne une chance aux plantes vivaces du gazon (graminées, trèfle, etc.) de bien s'établir et de devenir denses et fournies, ce qui pourra par la suite empêcher les mauvaises herbes de germer. Le hic, c'est qu'il ne faut pas l'appliquer sur un gazon fraîchement ensemencé ou surensemencé. Or, le conseil de base du jardinier paresseux pour un beau gazon est de terreauter et de surensemencer à tous les ans. Comment donc appliquer gluten et semences de gazon sur la même pelouse? La solution est de terreauter et de réensemencer à l'automne et, si jamais un herbicide au gluten est nécessaire, de l'utiliser à la saison opposée, au printemps. En terreautant et en surensemençant annuellement, le gazon sera dense et fort et il y aura peu d'intérêt de le traiter au gluten.

798. LES HERBICIDES DU FUTUR

Les spécialistes travaillent très fort sur ce qu'on appelle des mycoherbicides, soit des champignons qui tuent certaines plantes spécifiques et laissent les autres en paix. On aura sans doute un jour le loisir de faire préparer un mélange spécifiquement pour ses propres besoins: vous fournirez la liste de vos plantes indésirables et on vous mélangera un cocktail de champignons qui tuera ces plantes-là et aucune autre. Mais nous n'en sommes pas là encore. Pour l'instant, il y a toutefois un mycoherbicide qui est en voie d'homologation (une souche spéciale du champignon Sclerotinia minor) qui réprimera les plantes à feuilles larges (pissenlits, chardons, plantains, etc.) dans la pelouse. Malheureusement, si ce produit enchante sans doute les jardiniers habitués aux pelouses composées uniquement les graminées, il ne sera pas très utile aux jardiniers paresseux puisqu'il tue aussi le trèfle, le plus grand ami des pelouses à entretien minimal.

FERTILISATION

■ Utilisation des engrais

799. PEU NÉCESSAIRE SI VOUS SAVEZ COMMENT FAIRE

La dépendance des jardiniers aux engrais est largement une question de marketing. On nous a tellement dit que nos plantes avaient besoin d'engrais qu'on en est venu à le croire. Pourtant, dans la nature, il n'y a pas d'engrais comme tel et les plantes réussissent très bien. Si vous savez jardiner correctement, c'est la même chose. En effet, si vous choisissez des plantes d'après vos conditions de sol et que vous avez l'habitude d'appliquer un paillis décomposable, la décomposition naturelle du paillis suffira normalement pour obtenir d'excellents résultats. Quant aux légumes, qui sont les plantes les plus exigeantes en ce qui concerne les engrais, un ajout annuel de compost suffira si votre sol est de bonne qualité. Sinon, dans leur cas, oui, un engrais sera utile.

800. LES PLANTES EN POTS SONT PLUS GOURMANDES

Les plantes en pots demandent davantage d'engrais.

Comme les légumes, les plantes en pots ont besoin d'avantage d'engrais que la normale. C'est qu'elles vivent dans des conditions uniques qui n'ont pas tout à fait leur équivalent dans la nature. D'abord, on les cultive habituellement dans un terreau non pas à base de terre, mais de tourbe (et la tourbe est très pauvre en éléments minéraux). Puis, elles sont davantage exposées à la circulation de l'air que les plantes en pleine terre, ce qui nous oblige à les arroser beaucoup plus souvent. Et des arrosages fréquents lessivent le terreau de son peu d'engrais. Si on ajoute des engrais de synthèse, ils n'y restent pas longtemps. Et il y a encore bien d'autres complications. Ce qu'il faut retirer de cette discussion c'est que les plantes en pots vivent dans un milieu très éloigné de leur milieu naturel et que les éléments minéraux, présents dans le terreau, sont rapidement épuisés. D'où la nécessité de fertiliser les plantes en pots plus souvent. La meilleure fertilisation pour les plantes en pots est d'appliquer, en début de saison, un engrais biologique à décomposition lente qui aidera à les fournir en minéraux à mesure que la saison avance et de compléter avec des fertilisations foliaires, si vous remarquez une baisse dans la croissance ou dans la floraison ou un jaunissement du feuillage.

■ Sélection des engrais

801. LES PLANTES NE SAVENT PAS LIRE LES ÉTIQUETTES

Il existe une profusion d'engrais sur le marché, chacun plus extraordinaire que l'autre pour convenir à tout végétal depuis le gazon jusqu'aux orchidées en passant par les légumes, les «cèdres» et les tomates. Ainsi, vous vous sentez obligé d'acheter au moins un sac de chaque sorte pour contenter votre marmaille. Il y a juste un problème avec tout cela : les plantes ne savent pas lire les étiquettes ! Ainsi, si vous donnez un engrais pour orchidées à vos rosiers et un engrais à «cèdres» à votre gazon, ça marche quand même ! En effet, on a beaucoup exagéré les bénéfices de l'analyse azote : phosphore : potassium (N-P-K) : toutes les plantes ont besoin de tous les éléments majeurs et mineurs. La proportion exacte n'a que peu d'importance. La prochaine fois que vous fertiliserez, prenez n'importe quel engrais et employez-le sur toutes vos plantes. Elles vous en seront reconnaissantes !

Peu importe l'engrais que vous donnez à une plante, elle utilisera ce qui lui est utile.

802. PAS DE PHOSPHORE POUR LES AUSTRALIENS

L'Australie est un vieux continent où, au cours des millénaires, presque tout le phosphore soluble a été lessivé des sols. Il en résulte que les plantes originaires d'Australie ont appris à vivre sans phosphore et ne tolèrent plus la plupart des engrais chimiques, notamment ceux dont le deuxième chiffre est élevé, comme le 15-30-15. Utilisez pour ces plantes des engrais biologiques à dissolution lente avec un deuxième chiffre de dix ou moins. Parmi les plantes australiennes de nos jardins, il y a notamment plusieurs annuelles dont les plantes suivantes : *Anigozanthos* spp., *Brachyscome* spp., *Scaevola aemula* et aussi la très populaire «immortelle»: *Bracteantha bracteata*, aussi connu sous son ancien nom, *Helichrysum bracteatum*.

■ Engrais biologiques versus engrais de synthèse

Il existe un vaste choix d'engrais biologiques.

803. DE SYNTHÈSE OU BIOLOGIQUE : QUI DIT MIEUX ?

Lesquels sont les meilleurs: les engrais de synthèse (engrais chimiques) ou les engrais biologiques (engrais naturels)? Pour le jardinier paresseux, ce sont sûrement les engrais biologiques. Plutôt que de minéraliser le sol comme les engrais de synthèse le font à la longue, ils améliorent sa qualité et maintiennent sa structure. Ils sont plus lents à agir, certes, mais ils assurent une croissance plus égale et plus saine. Plus solide aussi: on a rarement besoin de tuteurer les plantes fertilisées avec un engrais biologique.

804. UNE P'TITE VITE OU LENTEMENT MAIS SÛREMENT ?

Les fournisseurs d'engrais nous proposent toute une gamme d'engrais à libération rapide, presque toujours de synthèse, sensés donner une véritable poussée de croissance à nos plantes. Le problème c'est que ces engrais à libération rapide tendent à manquer leur but: une bonne partie finit par percoler au travers du sol et aboutit dans l'eau souterraine ou encore est emportée par ruissellement vers les lacs et les rivières environnantes où elle pollue. De plus, il faut procéder à trois ou quatre applications par année, parfois encore plus! Mieux vaut utiliser des engrais à libération lente. Une seule application par année est alors suffisante et l'engrais se dissout lentement, tout au long de la belle saison, et ainsi les racines des plantes réussissent davantage à capter tous les minéraux dont elles ont besoin.

■ Engrais solides

805. LES ENGRAIS LES MOINS CHERS

Vite : quel engrais coûte le moins cher ? Un engrais à dissolution rapide à 7 $ pour lequel le fabricant recommande des applications deux fois par mois durant tout l'été ou l'engrais à dissolution lente à 12 $ qui ne demande qu'une seule application estivale ? Et la réponse est : l'engrais à dissolution lente à 12 $ qui ne demande qu'une seule application estivale ! Vous le saviez, vous dites ? Sachez que vous faites partie de la minorité ! Les engrais à dissolution rapide, qui paraissent bon marché, mais qui sont en fait plusieurs fois plus coûteux que les engrais à dissolution lente, se vendent beaucoup mieux que les engrais à dissolution lente. La plupart des consommateurs ne semblent pas pouvoir faire le calcul : ils font leurs achats d'engrais en se basant uniquement sur le chiffre imprimé sur l'étiquette.

806. COMMENT APPLIQUER DE L'ENGRAIS SOLIDE SUR UN PAILLIS ?

Non, il n'est pas nécessaire d'enlever le paillis pour appliquer un engrais solide au sol. Il suffit de lancer l'engrais directement sur le paillis et d'arroser (on peut aussi laisser dame Nature faire le travail si on annonce de la pluie dans les heures qui suivent).

■ Engrais liquides

807. LES ENGRAIS « PRÊTS À UTILISER » : QUASIMENT DE L'ESCROQUERIE

Il se vend beaucoup d'engrais «prêts à utiliser», inévitablement liquides, et qu'on n'a, selon l'étiquette, qu'à verser directement sur le sol ou à appliquer en aspersion. «Pas de mélange à faire !» annonce fièrement l'étiquette... mais avez-vous pensé à qu'est-ce que cela veut dire ? Si vous ne mélangez pas vous-même, quelqu'un d'autre l'a déjà fait pour vous. En effet, vous venez tout juste d'acheter de l'eau ! D'accord, il y a une infime quantité d'engrais là-dedans (un cinquantième, environ), mais c'est surtout de l'eau quand même. Et cet engrais vient alors de vous coûter... cinquante fois plus cher que les autres ! Il ne faut pas être si paresseux qu'on laisse filer sa fortune entre ses doigts : mélanger des engrais concentrés, liquides ou solubles, à de l'eau n'est pas si éprouvant.

L'eau de votre aquarium est riche en éléments nutritifs pour les plantes.

808. UN P'TIT COUP D'EAU DE POISSON

Quand vous videz votre aquarium, conservez l'eau. Elle est riche en éléments nutritifs provenant des déchets des poissons et peut servir à arroser vos plantes de jardin ou, l'hiver, de maison, leur donnant un petit coup de fertilisant biologique bienfaisant.

809. L'EAU DE CUISSON NOURRIT SA PLANTE

L'eau de cuisson des légumes, des fruits et même des œufs est riche en minéraux et peut servir à fertiliser votre plate-bande, votre potager ou vos plantes d'intérieur. Et ai-je besoin de mentionner qu'il faut laisser l'eau refroidir avant de l'utiliser ?

On peut faire un thé de compost pour fertiliser ses plantes.

810. UNE TASSE DE THÉ… POUR VOS PLANTES

Une excellente façon de fertiliser les plantes, que ce soit à l'intérieur ou à l'extérieur, c'est avec du thé de compost. Remplissez un sac de toile de compost mûr, style compost de crevettes ou compost de fumier, ou encore de compost pris dans votre composteur, et immergez-le dans un seau ou un baril d'eau, à raison d'un volume de compost pour environ cinq volumes d'eau. Laissez infuser pendant une semaine, brassant et malaxant le sac de temps en temps. « Essorez » le sac en le retirant de l'eau. Utilisez le liquide comme engrais pour fertilisation foliaire ou encore, versez-le au pied des plantes. Et le compost n'est pas perdu : vous pouvez l'utiliser comme paillis ou l'appliquer au sol comme n'importe quel autre compost.

■ Engrais foliaires

811. DES FEUILLES QUI BOIVENT

Pour une réaction plus rapide qu'avec les applications habituelles d'engrais au sol, essayez une fertilisation foliaire. Souvent, il y a une différence notable dans l'apparence de la plante dans les vingt-quatre
heures qui suivent l'application! Les deux produits
les plus utilisés pour la fertilisation foliaire sont les
engrais d'algues et les émulsions de poisson. Suivez
le mode d'emploi de l'engrais pour obtenir la bonne
dilution, puis, avec un vaporisateur maison (voir le
truc 1035), pulvérisez la solution sur le feuillage, en
vous assurant d'atteindre autant le dos de la feuille
que le dessus. Arrêtez quand la solution commence
à dégoutter de la feuille. Les végétaux absorberont
aussi facilement les minéraux par leur feuillage que
par leurs racines.

*Une fertilisation
foliaire aux algues
liquides : un bon
« revigorant » pour
les plantes faibles.*

812. QUAND FAIRE UNE FERTILISATION FOLIAIRE?

Le matin, avant que le soleil ne soit trop chaud. Les stomates sont
alors grands ouverts et prêts à absorber leur lot de minéraux.

IRRIGATION ET ARROSAGE

■ Conservation de l'eau

813. PEU D'ARROSAGE POUR LES JARDINIERS PARESSEUX

Si vous avez bien suivi les conseils de choix et de plantation du jardinier paresseux, vous n'aurez pas à arroser vos plantes, ou si peu.
Évidemment, il faut faire abstraction des plantes d'intérieur (dame
Nature ne s'occupe pas d'elles du tout à cet égard!) et des plantes
en pots et en bacs à l'extérieur et aussi des plantes installées depuis
peu de temps. Il y a aussi le potager où l'on demande un effort peu
commun à nos plantes et qu'il faut parfois compenser par un arrosage. Mais autrement, si vous plantez une plante dans des conditions

qui lui conviennent, et surtout si vous utilisez un paillis, ce qui réduit énormément les besoins en eau des plantes, vous ne devriez pas avoir à l'arroser à moins qu'il n'y ait une véritable sécheresse. Si vous avez un emplacement qui souffre toujours de sécheresse, plantez-y des plantes qui *préfèrent* un emplacement sec et le tour sera joué.

814. ET SURTOUT PAS TROP D'EAU !

Vous n'avez pas idée combien de fois je reçois des plaintes de jardiniers forcenés qui ne comprennent pas que leurs plantes jaunissent ou produisent peu alors qu'ils les arrosent tous les jours. Voyons ! Aucune plante terrestre n'a besoin d'autant d'eau ! C'est votre arrosage excessif qui est la cause de vos déboires. Apprenez à laisser dame Nature s'occuper des arrosages. Vous n'avez à intervenir que lorsque les plants sont très, très jeunes (les semis et les plants fraîchement repiqués peuvent demander plus d'arrosage que les plants établis, soit jusqu'à deux arrosages par semaine) ou lorsque dame Nature ne fait pas son travail.

815. ARROSEZ DE FAÇON RESPONSABLE

D'accord, tout le monde veut un beau terrain verdoyant, mais il n'est pas nécessaire de gaspiller l'eau à arroser constamment non plus. Vous n'avez pas idée combien de personnes pensent qu'il faut arroser *tous les jours* pour avoir de belles plantes ! Sachez qu'un bon arrosage par semaine est habituellement suffisant pour les pelouses, plates-bandes et jardins.

816. CAPTEZ L'EAU DE PLUIE

Pourquoi laisser l'eau qui s'écoule de votre toit disparaître dans un drain pluvial ? Récupérez-la en plaçant une citerne (un tonneau ou une poubelle de plastique, par exemple) sous la descente de la gouttière. Munissez-la d'un robinet (facile à installer) et vous aurez de l'eau gratuite la prochaine fois que vous en aurez besoin.

Pourquoi gaspiller l'eau de pluie qui s'écoule de votre toit ?

817. ARROSEZ AVANT LA PLUIE

Il peut paraître absurde d'arroser juste avant qu'il ne pleuve, mais c'est au contraire une excellente technique horticole. C'est que, lorsqu'une terre est très sèche, elle repousse l'eau au début avant de finalement l'accueillir. Ainsi, quand une bonne ondée tombe sur un sol sec, la majeure partie de cette eau se perd en ruissellement plutôt que de pénétrer dans la terre et d'irriguer les plantes. Si vous savez qu'on annonce de la pluie, vous pouvez arroser légèrement quelques heures auparavant. Cet arrosage, aussi léger soit-il, aura pour effet de rendre le sol réceptif à l'eau. Quand la vraie pluie tombera, toute l'eau, ou presque, pénétrera dans le sol.

818. SUIVEZ LES RESTRICTIONS D'ARROSAGE DE VOTRE MUNICIPALITÉ

La plupart des municipalités munies d'un système d'aqueduc ont maintenant des règlements pour restreindre l'utilisation de l'eau dans les jardins. Le but de ces règlements est de modérer l'utilisation de l'eau pour éviter le gaspillage. Évidemment, on peut tout aussi bien gaspiller l'eau en arrosant selon l'horaire prévu par sa ville et ces restrictions ne sont donc que partiellement efficaces. Mai avant tout, elles découragent les gens d'arroser et comme la plupart des jardiniers, du moins les novices, arrosent beaucoup trop de toute façon, elles ont quand même une certaine efficacité. Habituellement, les maisons au numéro pair peuvent arroser les journées paires; les maisons au numéro impair, les journées impaires… mais vérifiez avec votre municipalité. Certaines municipalités mal avisées ont même des restrictions quant aux heures d'arrosage, forçant les gens à arroser le soir seulement… justement au moment où le sol est à son plus chaud, ce qui résulte en une plus forte évaporation et donc demande de plus d'eau. Allez donc comprendre cela ! Bien que ces lois puissent parfois friser le ridicule, il est sage de les respecter. Après tout, qui veut avoir à payer une amende pour une question d'arrosage ?

La plupart des municipalités ont des règlements sur l'utilisation de l'eau… et il vaut mieux les respecter !

Techniques de jardinage

819. EN PÉRIODE DE DÉFENSE D'ARROSAGE

Parfois ce n'est pas tout simplement une restriction d'arrosage que votre municipalité instaure, mais une *défense* d'arrosage. Normalement, on n'invoque ces règles qu'en période de grande sécheresse ou lorsque la municipalité, pour d'autres raisons, fait face à une véritable pénurie d'eau. C'est une bonne façon de vérifier que vous aviez bien planifié votre plate-bande en bon paresseux, car si vous aviez planté les bonnes plantes aux bons endroits, elles devraient être capables de survivre à une sécheresse, même importante.

820. CHERCHEZ LES CLAUSES D'EXCEPTION

Même en période de défense d'arrosage, il y a presque toujours des clauses d'exception. Par exemple, il est permis d'arroser les potagers (et c'est normal : autrement on priverait les gens de leur source de nourriture !) et souvent aussi d'arroser les plantes en pots, car elles s'assèchent bien plus rapidement que les plantes cultivées en pleine terre. Enfin, habituellement, il est possible d'arroser des plantations récentes, comme un gazon fraîchement semé ou posé… mais il faut consulter sa municipalité pour en connaître les détails.

Arroser en plein soleil quand il fait chaud, c'est du gaspillage. La majeure partie de l'eau s'évapore avant même d'atteindre les racines.

821. COMMENT GASPILLER UN MAXIMUM D'EAU

Alors que les municipalités nous exhortent à économiser l'eau, force est de constater que la plupart des jardiniers ne veulent rien savoir. Ils arrosent à tort et à travers, utilisant l'eau comme si c'était la denrée la plus abondante sur terre. Or, la majeure partie de cette eau est tout simplement perdue par évaporation quand on arrose en plein soleil à midi en période de canicule. Sachez que jusqu'à soixante-quinze pour cent de l'eau qui sort des gicleurs, arroseurs, lances et autres « jets » qui envoient l'eau dans l'air, s'évapore, tout simplement, sans aider le moins du monde les plantes. Si vous voulez

aider vos plantes tout en économisant de l'eau, lisez plutôt les conseils suivants.

822. ARROSEZ TÔT LE MATIN

C'est le matin avant 10 h que le sol absorbe l'eau le plus efficacement. L'air est alors plus frais et le sol aussi, ce qui réduit l'évaporation. Le deuxième meilleur moment pour arroser est le soir, au ou après le coucher du soleil, car au moins le soleil ne plombe pas. Malheureusement, l'air et surtout le sol sont encore chauds, ce qui augmente l'évaporation et, de plus, arroser le soir peut provoquer des maladies sur les plantes (le feuillage reste humide plus longtemps et un feuillage humide est une condition *sine qua non* pour le développement des maladies fongiques et bactériennes).

823. ARROSEZ LENTEMENT, MAIS LONGTEMPS

Des arrosages rapides, pendant lesquels on pointe une lance d'arrosage un peu partout en faisant le tour de la propriété, sont excellents pour enlever la poussière sur le feuillage, mais n'envoient presque pas d'eau aux racines. Et les arrosages massifs à l'aide de jets très puissants, non plus, car on dépasse alors rapidement la capacité du sol d'absorber l'eau et, par conséquent, l'eau s'écoule dans le drain agricole plutôt que vers les racines des plantes. Le secret d'un arrosage bien fait est d'arroser lentement, mais pendant longtemps : une heure et demie ou même trois heures, mais très peu à la fois.

■ Quantité

824. QUELLE EST LA QUANTITÉ D'EAU NÉCESSAIRE POUR BIEN ABREUVER UN TERRAIN ?

Pour avoir arrosé efficacement, il faut qu'à la fin de l'arrosage, le sol soit humide à une profondeur d'au moins 15 cm. Mais cela ne veut pas dire qu'il faut appliquer 15 cm d'eau ! En fait, environ 2,5 cm (1 pouce) d'eau par semaine sont nécessaires pour mouiller le sol à 15 cm de profondeur et, par le fait même, pour maintenir la plupart des végétaux en bonne santé.

Un pluviomètre commercial.

825. POUR SAVOIR SI VOUS AVEZ ASSEZ ARROSÉ

Une heure d'arrosage suffit-elle? Ou une heure et demie? Ou deux heures? En fait, personne ne peut le dire: tout dépend du débit de l'arroseur et de la capacité d'absorption du sol. Une façon d'avoir une bonne idée est d'utiliser un pluviomètre. Cet appareil simple ressemble habituellement à une éprouvette graduée munie d'un piquet à son extrémité inférieure. Vous le piquez dans le sol avant de commencer à arroser. Quand il y a 2,5 cm d'eau dans l'éprouvette, vous avez assez arrosé.

826. UN PLUVIOMÈTRE MAISON

Vous n'avez pas de pluviomètre? Un verre à parois droites fera très bien l'affaire (éviter les verres à parois en biais: ils attrapent plus d'eau qu'un verre à parois droites et faussent ainsi les résultats). Placez une petite règle en plastique dans le verre. Quand il y a 2,5 cm d'eau, vous avez assez arrosé.

Un simple verre fait un excellent pluviomètre maison.

827. UN PLUVIOMÈTRE MESURE LA PLUIE AUSSI

Comme son nom l'indique, le rôle original du pluviomètre est de mesurer la pluie. Laissez-le alors à l'extérieur durant toute la belle saison, et videz-le après chaque pluie ou arrosage. Quand il pleut et qu'il est tombé plus de 2,5 cm d'eau, vous n'aurez pas à arroser durant cette semaine-là. S'il tombe moins de 2,5 cm d'eau de pluie, vous allez devoir compléter avec un arrosage, surtout si vos aménagements ne sont pas paillés.

828. L'ARROSAGE ET LA PLUIE S'ADDITIONNENT

Évidemment, l'eau venant de la pluie et celle venant des arrosages s'additionnent pour vous donner la quantité d'eau nécessaire pour la semaine. S'il tombe 1 cm de pluie, il faut compléter avec 1,5 cm d'eau. S'il tombe 2,2 cm, il faut rajouter un maigre 0,3 cm. Et ainsi de suite.

Techniques de jardinage

829. MIEUX ENCORE QU'UN PLUVIOMÈTRE

Un pluviomètre indique quelle quantité d'eau est tombée du ciel (ou de votre arroseur), mais ne dit pas ce qui s'est vraiment passé dans le sol. On présume que 2,5 cm d'eau humidifieront le sol à 15 cm de profondeur, mais cela n'est pas toujours vrai. Certains sols repoussent l'eau, ou si l'eau tombe rapidement, lors une averse abondante, il se peut qu'une bonne partie des 2,5 cm d'eau aient ruisselé jusqu'à la rue plutôt que de pénétrer la terre. La seule véritable façon de savoir s'il est tombé assez de pluie ou d'eau d'arrosage est de creuser un petit trou de 15 cm de profondeur dans le sol. Comme un sol humide est plus foncé qu'un sol sec, on peut voir instantanément si l'eau a atteint la profondeur désirée de 15 cm.

Pour voir jusqu'où l'eau a pénétré dans le sol, il vaut mieux creuser un petit trou.

830. DANS LE SABLE, ON ARROSE MOINS MAIS PLUS SOUVENT

Habituellement, un bon arrosage de 2,5 cm d'eau suffit pour bien arroser un terrain normal ou glaiseux, mais pas toujours un terrain sablonneux. En effet, l'eau s'écoule très rapidement d'un sol sablonneux, laissant les plantes assoiffées en moins d'une semaine. Si votre sol est sablonneux, arrosez plus souvent mais moins à la fois. Toujours 2,5 cm d'eau par semaine, mais en deux sessions, aux trois ou quatre jours. Cela évitera aux plantes de subir un stress hydrique trop important.

Les plantes xérophiles permettent de réduire l'arrosage tout en ayant un bel aménagement.

■ Choix de plantes résistantes à la sécheresse

831. DES PLANTES XÉROPHILES À LA RESCOUSSE

Une plante xérophile (on peut aussi dire une plante xérophyte ou une xérophyte) est un végétal qui tolère la sécheresse et même ne réussit vraiment que dans un emplacement assez sec. Si des problèmes de sécheresse viennent vous hanter tous les ans ou que vous vous sentez obligé d'arroser souvent, voici quelques plantes qui survivent bien aux pires sécheresses:

- ACHILLÉE JAUNE (*ACHILLEA FILIPENDULINA* 'CORONATION GOLD') ZONE 3
- ACHILLÉE TOMENTEUSE (*ACHILLEA TOMENTOSA*) ZONE 3
- ALYSSE ODORANTE (*LOBULARIA MARITIMA*) ANNUELLE
- ARBRE AUX QUARANTE ÉCUS (*GINKGO BILOBA*) ZONE 4
- ARCTOTIS (*ARCTOTIS* SPP.) ANNUELLE
- ARMOISE (ESPÈCES ARGENTÉES) (*ARTEMISIA* SPP.) ZONES 2 À 8
- ASCLÉPIADE TUBÉREUSE (*ASCLEPIAS TUBEROSA*) ZONE 5
- BAPTISIA (*BAPTISIA AUSTRALIS*) ZONE 4
- BELLE DE JOUR (*CONVOLVULUS TRICOLOR*) ANNUELLE
- CAMOMILLE DES TEINTURIERS (*ANTHEMIS TINCTORIA*) ZONE 3
- CARAGANA DE SIBÉRIE (*CARAGANA ARBORESCENS*) ZONE 2
- CENTAURÉE ARGENTÉE (*CENTAUREA CINERARIA*) ANNUELLE
- CENTAURÉE BLEUET (*CENTAUREA CYANUS*) ANNUELLE
- CÉRAISTE TOMENTEUX (*CERASTIUM TOMENTOSUM*) ZONE 2
- CHALEF ARGENTÉ (*ELAEAGNUS COMMUTATA*) ZONE 1B

- CHARDON ÉCOSSAIS (*ONOPORDIUM ACANTHUM*) ZONE 4
- CHASMANTHE (*CHASMANTHIUM LATIFOLIUM*) ZONE 5
- CHÈVREFEUILLE ARBUSTIF (*LONICERA* SPP.) ZONE 2
- CINÉRAIRE ARGENTÉE (*SENECIO BICOLOR*) ANNUELLE
- COQUELOURDE DES JARDINS (*LYCHNIS CORONARIA*) ZONE 3
- CORBEILLE-D'OR (*AURINIA SAXATILIS*, SYN. *ALYSSUM SAXATILE*) ZONE 3
- CORÉOPSIS DES TEINTURIERS (*COREOPSIS TINCTORIA*) ANNUELLE
- COSMOS (*COSMOS BIPINNATUS* ET *C. SULPHUREUS*) ANNUELLE
- COTONEASTER (*COTONEASTRE* SPP.) ZONES 3 À 9
- DESCHAMPSIE CESPITEUSE (*DESCHAMPSIA CAESPITOSA*) ZONE 3
- ÉPINE-VINETTE DE THUNBERG (*BERBERIS THUNBERGII*) ZONE 4
- ÉRABLE ARGENTÉ (*ACER SACCHARINUM*) ZONE 2
- EUPHORBE PANACHÉE (*EUPHORBIA MARGINATA*) ANNUELLE
- FÉTUQUE BLEUE (*FESTUCA* SPP.) ZONE 4
- FÉVIER (*GLEDITSIA TRIACANTHOS*) ZONE 4

- **GAILLARDE**
  (*GAILLARDIA* SPP.) ANNUELLE OU ZONE 3
- **GAZANIE**
  (*GAZANIA* SPP.) ANNUELLE
- **GAZON D'ESPAGNE**
  (*ARMERIA MARITIMA*) ZONE 3
- **GENÉVRIER**
  (*JUNIPERUS* SPP.) ZONES 1 À 7
- **GOMPHRÈNE**
  (*GOMPHRENA GLOBOSA*) ANNUELLE
- **HAKONÉCHLOA**
  (*HAKONECHLOA MACRA*) ZONE 5
- **HÉMÉROCALLE**
  (*HEMEROCALLIS* SPP.) ZONE 3
- **HERBE AUX ÉCOUVILLONS**
  (*PENNISETUM ALOPECUROIDES*) ZONE 5
- **HERBE AUX GOUTTEUX**
  (*AEGOPODIUM PODAGRARIA*) ZONE 3
- **LAVANDE**
  (*LAVANDULA ANGUSTIFOLIA*) ZONE 5
- **LIATRIDE**
  (*LIATRIS* SPP.) ZONE 3
- **LILAS COMMUN**
  (*SYRINGA VULGARIS*) ZONE 2B
- **MAHONIE**
  (*MAHONIA* SPP.) ZONES 5 À 9
- **MICOCOULIER OCCIDENTAL**
  (*CELTIS OCCIDENTALIS*) ZONE 3B
- **MISCANTHUS**
  (*MISCANTHUS SINENSIS*) ZONES 4-5
- **MOLINIE POURPRE**
  (*MOLINIA CAERULEA*) ZONE 4
- **NIÉREMBERGIE**
  (*NIEREMBERGIA HIPPOMANICA*) ANNUELLE
- **OLIVIER DE BOHÊME**
  (*ELAEAGNUS ANGUSTIFOLIA*) ZONE 2B
- **OPUNTIA**
  (*OPUNTIA* SPP.) ZONES 3 À 9
- **OREILLE D'OURS**
  (*STACHYS BYZANTINA*) ZONE 3
- **OSTÉOSPERMUM**
  (*OSTEOSPERMUM* SPP.) ANNUELLE
- **PAVOT DE CALIFORNIE**
  (*ESCHSCHOLZIA CALIFORNICA*) ANNUELLE
- **PERVENCHE DE MADAGASCAR**
  (*CATHARANTHUS ROSEUS*) ANNUELLE
- **PHLOX MOUSSE**
  (*PHLOX SUBULATA*) ZONE 3

- **POTENTILLE ARBUSTIVE**
  (*POTENTILLA FRUTICOSA*) ZONE 2
- **POURPIER**
  (*PORTULACA GRANDIFLORA*) ANNUELLE
- **QUATRE HEURES**
  (*MIRABILIS JALAPA*) ANNUELLE
- **RAISIN D'OURS**
  (*ARCTOSTAPHYLOS UVA-URSI*) ZONE 2
- **ROBINIER FAUX-ACACIA**
  (*ROBINIA PSEUDOACACIA*) ZONE 4B
- **ROMARIN**
  (*ROSMARINUS OFFICINALIS*) FINE HERBE TENDRE
- **ROSIER RUGUEUX**
  (*ROSA RUGOSA*) ZONE 3
- **RUBAN DE BERGÈRE**
  (*PHALARIS ARUNDINACEA* 'PICTA') ZONE 4
- **SAUGE RUSSE**
  (*PEROVSKIA ATRIPLICIFOLIA*) ZONE 4B
- **SAUGE, SALVIA**
  (*SALVIA* SPP.) ZONES 3 À 10
- **SÉDUM**
  (*SEDUM* SPP.) ZONES 2 À 10
- **SHEPHERDIE ARGENTÉ**
  (*SHEPHERDIA ARGENTEA*) ZONE 2
- **SOLEIL DU MEXIQUE**
  (*TITHONIA ROTUNDIFOLIA*) ANNUELLE
- **SOUCI**
  (*CALENDULA OFFICINALIS*) ANNUELLE
- **SOUCI DU CAP**
  (*DIMORPHOTHECA* SPP.) ANNUELLE
- **STATICE VIVACE**
  (*LIMONIUM PLATYFOLIUM*) ZONE 3
- **TAMARIS**
  (*TAMARIX* SPP.) ZONES 3 À 9
- **THYM**
  (*THYMUS* SPP.) ZONES 3 À 8
- **TRITOME**
  (*KNIPHOFIA* SPP.) ZONE 6
- **VINAIGRIER**
  (*RHUS TYPHINA, R. GLABRA*) ZONE 3
- **YUCCA FILAMENTEUX**
  (*YUCCA FILAMENTOSA*) ZONE 6
- **YUCCA GLAUQUE**
  (*YUCCA GLAUCA*) ZONE 3
- **ZINNIA RAMPANT**
  (*SANVITALIA PROCUMBENS*) ANNUELLE

832. MÊMES LES XÉROPHYTES ONT BESOIN D'EAU...

Une cuvette d'arrosage laissée autour d'un végétal nouvellement planté permet de s'assurer que l'eau se rende bien là où la plante en a besoin.

… à la plantation. En effet, les plantes xérophytes ne deviennent résistantes à la sécheresse que lorsqu'elles sont bien établies. Pour les annuelles, un arrosage ou deux suffisent, mais pour les autres, il est recommandé de les traiter comme n'importe quelle autre plante durant la première année, avec des arrosages en cas de sécheresse, mais, à partir de la deuxième année, vous pouvez vous libérer de tout le travail et les laisser pousser à leur guise !

■ Techniques d'arrosage

833. CUVETTE D'ARROSAGE

Pour assurer un arrosage convenable la première année de plantation, soit l'année où les plantes s'établissent et ont besoin de plus d'arrosages, pourquoi ne pas former une cuvette d'arrosage autour de chaque nouvelle plante ? C'est une technique surtout utilisée pour les arbres, les arbustes et les conifères, car leur établissement est habituellement plus lent que celui des plantes herbacées et aussi parce qu'ils sont habituellement de bonne taille à la plantation et exigent alors plus d'eau à chaque arrosage que les plantes de plus petite taille. Il s'agit d'une digue de terre d'au plus 15 cm de hauteur qui entoure la motte de racines. Quand vous arrosez, remplissez cette cuvette d'eau. L'eau descendra dans le sol exactement là où la plante en a besoin ! Quand la plante est bien établie, normalement après un an, défaites la cuvette tout simplement et la plante profitera du même type d'arrosage que les végétaux voisins.

Pour attraper l'eau de pluie dans une pente sèche, la cuvette d'arrosage peut être permanente.

834. IRRIGATION DANS UNE PENTE

Les plantes qui poussent dans une pente sont généralement plus difficiles à arroser que les plantes poussant sur un terrain plat. C'est que l'eau qu'on applique (ou que dame Nature applique) a tendance à s'écouler vers le bas plutôt que de pénétrer dans le sol. Et plus la pente est accentuée, plus c'est un problème ! Une des possibilités pour compenser cela consiste à former une cuvette d'arrosage (voir le truc précédent) dans la pente. Dans ce cas-ci, elle aura l'apparence d'un demi-cercle, très haute du côté bas et nulle du côté haut de la pente. Cette cuvette aidera la plante à attraper l'eau venant autant de la pluie que de l'arrosage. Laisser cette cuvette en permanence si vous voulez que la plante reçoive toujours sa juste part d'eau de pluie et d'arrosage.

835. IRRIGATION DANS UNE PENTE (BIS)

Une autre possibilité pour bien arroser une pente, c'est d'utiliser un tuyau suintant qui court dans le sens contraire à celui de la pente, c'est-à-dire qui est horizontal (voir le truc 842). Lors de vos irrigations futures, pensez que ces plantations en pente ne profitent pas autant de la pluie que les autres plantations et arrosez plus souvent.

Un tuyau suintant installé à l'horizontale permet d'arroser efficacement une pente.

836. IRRIGATION DANS UNE PENTE (TER)

Évidemment, la solution la plus facile pour éviter les problèmes de manque d'eau dans une pente consiste à n'y planter que des plantes qui tolèrent la sécheresse. Il faudra toutefois bien les arroser au moins la première année (des cuvettes d'arrosage temporaires (truc 834) peuvent alors s'avérer pratiques), le temps que les plantes s'établissent.

■ Tuyaux d'arrosage

837. ENTRETIEN HIVERNAL DE VOTRE TUYAU D'ARROSAGE

Un tuyau d'arrosage est typiquement garanti de trois à vingt ans, selon le modèle, mais si vous tenez à le détruire avant en plus d'invalider sa garantie, laissez-le à l'extérieur durant l'hiver. Ce n'est pas tant que sa paroi soit fragile aux manipulations lorsqu'il est gelé, bien que cela puisse être un problème avec les tuyaux bas de gamme, mais que l'eau restée dans le tuyau gèle. Or, comme on le sait, l'eau gelée prend de

Il faut rentrer les tuyaux d'arrosage pour l'hiver en climat froid.

l'expansion et peut alors faire éclater ou fissurer le tuyau. Rentrez-le plutôt à la chaleur, dans la maison ou dans un garage chauffé, durant l'hiver.

■ Tuyau suintant

838. LE TUYAU SUINTANT : LE PLUS GRAND AMI DU JARDINIER PARESSEUX

Probablement qu'aucun accessoire n'est aussi utile au jardinier paresseux que le tuyau suintant (tuyau perforé). Contrairement aux arroseurs et aux gicleurs, il n'envoie pas de jets d'eau dans les airs où l'eau est sujette à une forte évaporation. C'est plutôt sa paroi qui est perforée de milliers de minuscules trous qui laissent l'eau perler à la surface tout simplement. Comme l'eau reste près du sol plutôt que d'être projetée dans l'air, il y a peu d'évaporation et ainsi presque toute l'eau se rend aux plantes, pour une économie d'eau appréciable. Normalement, le tuyau suintant est fabriqué de pneus recyclés et est donc bénéfique à l'environnement, car on recycle un produit autrement polluant. Et c'est un produit bon marché aussi. Avec un ou plusieurs tuyaux suintants, il est possible d'organiser des systèmes d'irrigation aussi efficaces que les systèmes professionnels avec gicleurs, mais beaucoup moins chers, beaucoup moins compliqués à opérer et beaucoup plus fiables. Si vous n'en avez pas encore fait l'essai, vous n'en reviendrez pas comme l'arrosage devient facile !

Le tuyau suintant permet d'arroser efficacement.

839. ARROSER SANS RENDRE VOS PLANTES MALADES

L'un des grands attraits du tuyau suintant est qu'il permet d'arroser sans mouiller le feuillage des plantes qu'il abreuve. L'eau, en effet, s'écoule dans le sol ; le feuillage reste sec. Et cela est avantageux parce que la plupart des maladies du feuillage se développent lorsque les feuilles sont humides.

840. UN SYSTÈME D'IRRIGATION À INSTALLER SOI-MÊME

L'autre grand avantage du tuyau suintant est qu'il automatise l'arrosage. Plus besoin de courir partout avec un arrosoir ou un tuyau et un arroseur quand l'eau manque. Vous installez le boyau suintant une fois et il est toujours là, prêt à servir. Et contrairement aux systèmes d'irrigation avec gicleurs, goutte-à-goutte, etc., il n'y a pas de pièces qui peuvent se bloquer ou se briser. Le tuyau suintant rend réellement l'arrosage facile !

841. BIEN ESPACER VOTRE TUYAU SUINTANT POUR UNE MEILLEURE IRRIGATION

On peut faire serpenter un tuyau suintant çà et là à travers la plate-bande ou le placer en rangs rigides dans le potager, mais il vaut mieux bien l'espacer. Plus le sol est bien drainé, plus il faut rapprocher les tuyaux suintants si vous voulez irriguer convenablement, car l'eau coule essentiellement tout droit vers le fond sans arroser autour. Au contraire, si le sol draine lentement, on peut espacer les longueurs, car l'eau s'étend alors dans tous les sens en pénétrant dans le sol. Donc, pour un sol sablonneux, c'est-à-dire bien drainé, calculez un espacement de 30 cm à 45 cm, pour un sol de jardin «ordinaire», de 45 cm à 60 cm, et, pour un sol glaiseux (argileux), de 60 cm à 90 cm.

842. LE TUYAU SUINTANT DANS UNE PENTE

Une des seules erreurs que l'on peut faire avec un tuyau suintant est de le faire passer de haut en bas dans une pente. Comme le tuyau n'est pas pressurisé, il est alors certain que l'eau sortira surtout à la base de la pente, laissant le haut assoiffé. Il faut plutôt faire courir le tuyau horizontalement sur la *largeur* de la pente. Ainsi, puisque tout le tuyau est environ au même niveau, l'eau coulera à la même vitesse partout.

Si un tuyau suintant descend une pente, l'eau s'écoulera à la base.

843. EN UNE SEULE LONGUEUR OU EN RÉSEAU ?

Normalement, vous pouvez tout simplement faire serpenter votre tuyau suintant à travers une plate-bande comme bon vous semble, mais, dans certains cas, plus de précision est nécessaire. Dans un potager où l'on cultive les légumes en rang, par exemple, il est pratique que le tuyau suive le rang. Dans une pente, aussi, mieux vaut avoir une série de tuyaux qui suivent la pente horizontalement qu'un seul qui descend en serpentant à plusieurs niveaux. Mais tous les rangs et toutes les pentes ne mesurent pas exactement 30 m (100 pieds) de longueur (la longueur standard des tuyaux suintants). Il est donc bon de savoir qu'il existe des nécessaires pour couper et rabouter les tuyaux selon vos besoins.

844. LONG, MAIS PAS TROP

Habituellement, on vend le tuyau suintant en longueur de 15 m (50 pieds) et on peut utiliser jusqu'à 30 m (100 pieds) de longueur sans perte appréciable d'efficacité. Si vous avez besoin de plus long, mieux vaut installer deux ou plusieurs réseaux d'une longueur maximale de 30 m (100 pieds) chacun.

845. COMBIEN DE TEMPS FAUT-IL FAIRE FONCTIONNER UN TUYAU SUINTANT ?

L'eau s'écoule très lentement d'un tuyau suintant et il faut donc le laisser fonctionner longtemps : au moins une heure et peut-être deux ou trois heures. Mais le temps qu'il faut pour bien imbiber les quinze premiers centimètres de terre varie selon la pression de l'eau dans votre rue, le type de sol, etc. Plutôt que d'arroser au pif, faites l'expérience suivante. Arrosez pendant une heure, puis creusez un petit trou et regardez jusqu'où l'eau a pénétré, tel qu'expliqué au le truc 829. Si les premiers 15 cm de terre ne sont pas mouillés, essayez une autre heure, puis encore une autre, s'il le faut. Quand vous aurez trouvé la durée d'arrosage nécessaire pour bien imbiber les quinze premiers centimètres, retenez-la et utilisez-la tout l'été.

846. MÊME À BASSE PRESSION

Vous avez sûrement remarqué qu'un arroseur de gazon cesse de fonctionner correctement quand la pression baisse, peut-être quand vous ouvrez ou fermez le robinet de l'évier, que vous prenez une douche, etc. Au début, ses longs jets raccourcissent, puis quand la pression est vraiment

basse, c'est à peine si l'eau coule du gicleur. C'est qu'il lui faut une bonne pression pour lancer ses jets au loin. Dans le cas du tuyau suintant, ce n'est pas le cas. À cause des milliers de trous répartis sur toute sa longueur, il fonctionne aussi bien à basse qu'à haute pression. Si vous arrosez à partir d'un puits où la pression n'est pas toujours idéale, c'est bon à savoir.

Contrairement aux arroseurs de gazon, le tuyau suintant fonctionne même à basse pression.

847. POUR NE PAS OUBLIER DE FERMER L'EAU...

Il est facile d'oublier qu'on arrose, surtout quand on utilise un tuyau suintant ou un système d'irrigation goutte-à-goutte, car on ne voit ni entend l'eau couler. Mais, même avec un arroseur plus bruyant, il est sage d'utiliser une minuterie pour fermer l'eau à la fin d'une session. Les modèles les moins coûteux et les plus faciles à utiliser sont manuels: vous ajustez tout simplement le cadran à tant de minutes ou d'heures et vous vous en allez: l'eau se fermera toute seule à l'heure convenue!

À gauche, une minuterie programmable; à droite, une minuterie manuelle.

848. POUR AUTOMATISER LE TUYAU SUINTANT

Le problème des minuteries manuelles c'est qu'il faut au moins être présent pour les démarrer. Si vous vous absentez souvent pour de longues périodes, vous trouverez plus pratique l'utilisation d'une minuterie programmable pour faire fonctionner votre système d'irrigation ou votre tuyau suintant. Il s'agit, en début de saison, de programmer le système pour le démarrer une ou deux fois par semaine, à l'heure et à la journée voulues, puis pour fermer l'eau après tant de minutes ou d'heures, voilà tout. Réglez-la, bien sûr, pour concorder avec les journées où l'arrosage est permis dans votre secteur, s'il y a des restrictions d'arrosage. Avec un tel système, vous pourriez vous absenter tout l'été et votre terrain serait parfaitement bien arrosé pendant votre absence.

849. RIEN À RAMASSER

Les habitudes ont la vie dure et beaucoup de jardiniers ramassent leur tuyau suintant après chaque usage, comme pour un tuyau d'arrosage, mais la beauté du tuyau suintant, c'est qu'on l'installe une fois, puis on l'oublie. Comme il ne coûte pas cher, on peut créer des réseaux d'arrosage quasi automatiques dans toutes les plates-bandes et tous les potagers.

850. UN HIVER DEHORS

Nous avons tellement l'habitude de rentrer nos tuyaux d'arrosage pour l'hiver que plusieurs personnes le font aussi pour leur tuyau suintant, or ce n'est pas nécessaire. Ce tuyau étant perforé de trous sur toute sa longueur ne retient pas l'eau et on se rappelle que c'est l'eau dans un tuyau qui fait les dégâts en gelant. On peut donc installer un tuyau suintant en permanence : il n'est pas nécessaire de le rentrer pour l'hiver.

851. UN TUYAU DURABLE

Les tuyaux suintants ont habituellement une garantie de dix ans. Pourtant, ils sont sur le marché depuis environ vingt ans et la plupart des tuyaux installés depuis le début fonctionnent encore. La vérité c'est que personne ne sait encore combien de temps un tuyau suintant peut fonctionner efficacement… mais il est au moins aussi durable que le meilleur des systèmes d'irrigation.

852. DU PAILLIS POUR LA BEAUTÉ… ET L'EFFICACITÉ

C'est bien beau parler d'installer un long tuyau noir partout dans la plate-bande pour faciliter l'arrosage, mais qu'en est-il de l'esthétique? D'un côté, le tuyau est peut-être très visible immédiatement après l'installation, mais beaucoup moins une fois que les plantes ont poussé un peu : leur feuillage le cache bien. Et tous les tuyaux suintants que j'ai vus étaient noirs, une couleur

On peut cacher un tuyau suintant sous un paillis.

assez neutre, surtout sur un fond de terre brun foncé. Mais rien ne vous empêche non plus de tout simplement le recouvrir d'un paillis décoratif.

853. ARROSER LE PLUS DISCRÈTEMENT POSSIBLE

Vous êtes soumis à des restrictions d'arrosage, mais, dans votre confusion totale (état endémique chez le jardinier paresseux), vous ne vous rappelez plus si vous devez arroser une journée paire ou une journée impaire? Ou le soir et non

Quand un tuyau suintant est caché par un paillis, on peut arroser sans que personne ne le sache.

le matin? N'ayez crainte, avec un tuyau suintant qui est, de plus, couvert de paillis, personne ne saura que vous arrosez. La police de l'eau ne peut donc pas venir vous arrêter !*

---

* Note : L'auteur de ce texte ne se sent pas le moindrement coupable d'inciter les gens à briser les règlements municipaux sur l'arrosage, car il considère que le tuyau suintant économise tellement d'eau que la municipalité y gagne, même si l'utilisateur ne suit pas à cent pour cent les règlements.

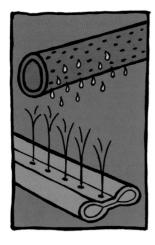

854. DISTINGUER ENTRE UN TUYAU SUINTANT ET UN TUYAU PERFORÉ

Il y a une certaine confusion entre le tuyau suintant et le tuyau perforé, confusion qui persistera longtemps puisqu'en Europe on utilise le terme « tuyau perforé » pour les deux produits ! Ce que nous appelons ici « tuyau suintant » est un tuyau muni de trous minuscules apparaissant sur tous ses côtés et partout sur toute sa longueur. Habituellement, il est noir et n'a pas du tout la même texture qu'un tuyau d'arrosage normal. On installe habituellement le tuyau suintant en permanence dans les plates-bandes. Le tuyau perforé est percé de trous individuels également espacés, et seulement d'un côté. Habituellement, il ressemble, par sa texture et sa coloration verte, à un tuyau d'arrosage ordinaire, mais il est aplati.

Le tuyau suintant (haut) laisse perler de l'eau tout autour de sa circonférence; le tuyau perforé (bas) lance des jets d'eau dans l'air.

On l'utilise pour des arrosages périodiques, puis on l'enroule et le remise jusqu'à la prochaine utilisation.

855. PELOUSE ET TUYAU SUINTANT NE FONT PAS BON MÉNAGE

Un système d'irrigation automatique coûte très cher, mais est peu utile sur bien des terrains.

Si le tuyau suintant est l'outil parfait pour arroser les plates-bandes et les potagers, ce n'est pas le cas pour les pelouses. Même si théoriquement on pourrait l'installer sous la pelouse (il peut fonctionner à jusqu'à 36 cm de profondeur), je n'ai pu trouver qui que ce soit qui l'ait utilisé à cette fin et la plupart des manufacturiers déconseillent cette utilisation. Il faut trouver une autre solution pour arroser la pelouse. (Voir à cet effet le conseil 862.)

■ Irrigation automatique

856. QUE PENSER DE L'IRRIGATION AUTOMATIQUE DES TERRAINS ?

C'est une grande mode parmi les jardiniers les plus nantis que d'installer un système d'irrigation automatique qui fonctionne par gicleurs, par gicleurs escamotables, par irrigation goutte-à-goutte, etc.

Un tel système coûte cher, vraiment cher : plusieurs milliers de dollars, voire plus. Mais en avez-vous vraiment besoin ? La réponse est, en général, non ! Ces systèmes encouragent leurs propriétaires à arroser beaucoup trop, et beaucoup trop souvent, style : « tant qu'à l'avoir payé, je peux bien l'utiliser ! » Et les systèmes qui fonctionnent par gicleur gaspillent une quantité incroyable de liquide. Dans certains quartiers où ces systèmes sont à la mode, l'eau coule à flots dans les drains de rue chaque matin d'été, preuve de l'inefficacité de ces systèmes. Ajoutez à cela l'entretien : fermer et drainer le système à l'automne, le redémarrer au printemps, les bris sont nombreux, etc. Évidemment, les gens qui ont les moyens ne voient pas nécessairement tout cela, car ils donnent l'entretien du système d'irrigation à contrat... mais avez-vous vu combien vous payez par année pour ces contrats ? Dites-vous bien que le tuyau suintant, qui ne coûte que quelques dollars, est *plus* efficace que les systèmes d'irrigation de plusieurs milliers de dollars (la preuve : vous ne voyez pas l'eau couler partout quand vous avez terminé l'arrosage !). Par contre, si vous tenez à avoir un gazon parfaitement vert (et on se rappelle que le tuyau suintant n'arrose pas les pelouses) et que vous êtes prêt à payer le prix pour un système d'irrigation, c'est votre décision. Mais, pour l'environnement et pour votre bourse, je vous suggère de laisser votre gazon aller en dormance estivale et d'oublier les systèmes d'irrigation automatique.

857. VOUS AVEZ DÉJÀ UN SYSTÈME D'IRRIGATION AUTOMATIQUE ?

Apprenez à l'utiliser avec modération : une fois par semaine, peut-être deux si le sol est sablonneux, pendant une courte période de temps seulement (vérifiez la durée d'arrosage nécessaire avec le truc 289). Et n'oubliez pas d'ajouter à votre système un détecteur de pluie (truc 860) pour réduire encore plus le gaspillage !

858. L'IRRIGATION GOUTTE-À-GOUTTE

Si, au départ, les systèmes d'irrigation par gicleur gaspillent beaucoup d'eau juste à cause de l'évaporation et provoquent le gaspillage d'une ressource valable, les systèmes d'irrigation goutte-à-goutte, qui livrent l'eau peu à peu et très près du sol, pres-

L'irrigation goutte-à-goutte arrose de façon très efficace... quand tous les éléments fonctionnent !

que sans pertes dues à l'évaporation, présentent un certain intérêt pour le jardinier paresseux. Par contre, les goutteurs se bouchent souvent ou ont besoin d'ajustement, l'installation est plutôt complexe (du moins comparativement au tuyau suintant), le système demande des préparatifs en vue de l'hiver et est relativement coûteux (encore comparativement au tuyau suintant). Ces systèmes sont conçus pour arroser plates-bandes, potagers, plantes en pots, etc., mais pas pour les gazons; autrement dit, ils servent essentiellement aux mêmes fins que le tuyau suintant. Donc, le goutte-à-goutte est un système valable, mais en général c'est le tuyau suintant qui rencontrera davantage les besoins du jardinier paresseux.

859. ...POUR LA CULTURE EN POTS !

L'irrigation goutte-à-goutte brille pour le jardinier paresseux, quand il s'agit de la culture en pots. En effet, avec un système goutte-à-goutte qui va de pot en pot, on peut enfin arroser nos jardins en pots et jardinières! Un tuyau principal court du robinet aux potées et on insère dans ce tuyau principal une série de minces tuyaux (appelé souvent «tuyaux spaghetti»), chacun muni à son extrémité d'un goutteur qui contrôle le débit de l'eau. On n'a qu'à diriger un tuyau spaghetti (ou deux ou trois pour les gros pots) dans chaque potée et à ajuster sa minuterie pour que l'eau arrose toute la motte, mais sans excès, pour passer un été

L'irrigation goutte-à-goutte est particulièrement utile dans l'arrosage des plantes en pots et jardinières.

de farniente dans ses potées très fleuries. Évidemment, il faut ajouter au système un détecteur de pluie (voir le truc suivant) pour fermer l'eau quand il pleut. Le système n'est toutefois pas automatique à cent pour cent: il peut avoir besoin d'ajustements au cours de l'été, à mesure que les plantes grossissent et demandent plus d'eau. Et il faut quand même fertiliser les plantes en pots assez fréquemment. Aussi, il faut penser qu'il sera nécessaire (ou du moins préférable) d'entreposer un système goutte-à-goutte à l'abri du gel l'hiver. Néanmoins, quand vous avez beaucoup de plantes en pots et jardinières, l'irrigation goutte-à-goutte est un système très valable et pas nécessairement très coûteux. Je vous suggère de consulter le livre *Le jardinier paresseux: Pots et jardinières*, du même auteur, pour plus de renseignements ce sujet.

860. UN ACCESSOIRE OBLIGATOIRE À TOUTE IRRIGATION AUTOMATISÉE

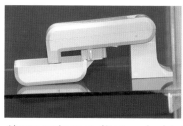

Si vous installez un système d'irrigation automatisé (avec minuterie programmable), il est important d'ajouter un détecteur de pluie. Ce parent sophistiqué du pluviomètre à éprouvette (voir le truc 825)

Ajoutez toujours un détecteur de pluie à tout système d'irrigation automatique.

détecte les chutes d'eau et annule le cycle d'irrigation quand il a plu suffisamment. Ainsi, vous arrosez correctement, mais sans gaspiller de l'eau.

■ Autres accessoires d'arrosage

861. AU-DELÀ DES TUYAUX, SUINTANTS ET AUTRES...

La lance d'arrosage est utile pour arroser les plantes individuelles.

Si, pour le jardinier paresseux, l'outil d'arrosage de base est le tuyau suintant, il ne faut pas oublier que bien d'autres accessoires sont utiles pour l'arrosage. L'arrosoir, d'abord, pour les plantes d'intérieur ou en pots, les diverses lances pour les arrosages d'appoint à l'extérieur, les arroseurs, etc. Il vous faut sans doute un article au moins de chacune des trois catégories, en plus du tuyau suintant, pour arroser correctement quand vous avez une vaste gamme de plantes bénéficiant de nombreuses situations différentes.

862. LE BON VIEIL ARROSEUR A ENCORE SA PLACE

L'arroseur demeure un outil très utile.

Ne jetez pas votre arroseur de gazon aux oubliettes juste parce que vous avez décidé que vous allez désormais laisser votre pelouse se débrouiller toute seule en période de sécheresse et que vous allez arroser les autres plantations avec un tuyau suintant. L'arroseur, aussi inefficace qu'il soit (voir le conseil 821), vous sera toujours utile pour arroser les pelouses nouvellement semées ou posées. Vous n'en aurez peut-être pas besoin souvent, mais il demeurera essentiel quand même... c'est-à-dire tant que vous aurez de la pelouse.

863. CHANGEZ D'ACCESSOIRE D'ARROSAGE EN UN «CLIC»

Vous êtes en train d'arroser la balconnière avec un petit pistolet d'arrosage, mais, pour arroser vos paniers vous avez besoin d'une lance plus longue, puis après vous prévoyez installer l'arroseur oscillant... tous sur le même tuyau? À chaque fois, il faut aller fermer le robinet (à 15 m plus loin, bien sûr), revenir dévisser le premier outil, visser le nouveau sur le tuyau, retourner ouvrir le robinet, revenir arroser... puis tout recommencer au prochain changement d'accessoire. Pourquoi ne pas profiter des systèmes de raccordement rapide maintenant vendus partout? Il y a deux types d'embouts principaux: un mâle et une femelle. La femelle se visse sur l'extrémité du tuyau; il faut ensuite un embout mâle par accessoire d'arrosage. Quand vous tirez sur l'embout mâle et le manchon de l'embout femelle en même temps, les deux se détachent *en coupant l'eau*. Vous n'avez alors qu'à brancher l'autre accessoire, sans avoir à retourner au robinet. Un clic et c'est fait! Quelle économie de temps... et les embouts ne coûtent pas cher!

Les systèmes de raccordement rapide pour tuyaux et outils de jardinage rendent les transitions entre un outil et l'autre un jeu d'enfant.

▪ Irrigation fertilisante

864. FERTILISER ET ARROSER EN MÊME TEMPS?

Pas avec un système d'irrigation, du moins! Il peut paraître logique d'ajouter de l'engrais à un système d'irrigation: tuyau suintant, système d'irrigation goutte-à-goutte, système d'irrigation avec gicleurs, etc. L'irrigation fertilisante, pour employer le terme correct, ou «fertigation» comme les professionnels de l'irrigation se plaisent à l'appeler, est à l'étude un peu partout à travers le monde, mais presque tous sont d'accord pour dire qu'elle cause plus de problèmes qu'elle n'en résout. En effet, les particules d'engrais incorrectement dissoutes peuvent bloquer le système, il y a des risques que les bactéries nuisibles s'y développent et il y a même un danger pour la maisonnée, car cette eau désormais polluée peut être aspirée par le système de la maison et rendre ses habitants malades. Mieux vaut alors trouver une autre façon de fertiliser (voir les trucs 799 à 812 pour quelques suggestions).

■ Arrosage des pots et jardinières

865. LES PLANTES EN POTS ONT BESOIN DE PLUS D'EAU

Les plantes qui poussent en pots ou en jardinières ont besoin de plus d'arrosages que les mêmes plantes poussant en pleine terre, d'ailleurs, souvent deux ou trois fois plus. Vérifiez-les régulièrement, même quotidiennement, et arrosez-les bien dès que le terreau est presque sec.

MULTIPLICATION VÉGÉTATIVE
(Bouturage, division, marcottage, etc.)

N'oubliez pas que les plantes en pots ont besoin d'arrosages plus fréquents que les autres.

■ Bouturage

866. PAS SORCIER DE FAIRE DES BOUTURES

Il est facile de bouturer des plantes. Il suffit de couper une section terminale de 15 cm à 20 cm de longueur, de supprimer les feuilles inférieures et toute fleur ou bouton floral et de piquer la bouture jusqu'au deuxième œil (renflement sur la tige) dans un petit pot rempli de terreau humide, de préférence un terreau à base de tourbe (la tourbe contient des micro-organismes bénéfiques qui réduisent les risques de pourriture). Maintenez le milieu légèrement humide et placez la bouture dans un endroit bien éclairé, mais pas en plein soleil. Quand de nouvelles feuilles paraissent, la bouture est enracinée et vous pouvez la placer dans un endroit qui convient davantage à ses besoins, peut-être mieux éclairé.

Il existe trois forces d'hormone d'enracinement : 1 pour les plantes faciles à bouturer (à tiges vertes); 2 pour les plantes plus difficiles (la plupart des arbres et arbustes); et 3 pour les tiges qui s'enracinent difficilement (conifères et certains arbres et arbustes).

867. UNE HORMONE POUR UN ENRACINEMENT FACILE

Pour obtenir le meilleur succès avec les boutures difficiles à enraciner, notamment les boutures ligneuses, appliquez une hormone d'enracinement. On peut l'appliquer avec un coton-tige ou encore plonger l'extrémité

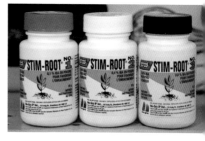

de la bouture directement dans l'hormone. Secouez bien pour enlever le surplus : un excès d'hormone peut *inhiber* le développement des racines.

868. EAU DE SAULE

Il est possible de faire une hormone d'enracinement maison en faisant tremper une section fraîchement coupée de branche de saule de 15 cm de long dans un verre d'eau pendant vingt-quatre heures. Cette eau, appelée «eau de saule», contiendra des hormones d'enracinement naturelles. Placez vos boutures dans cette eau jusqu'à ce que vous voyiez un début d'enracinement, puis transférez-les dans un terreau commercial.

869. UNE PETITE SERRE AIDERA !

On peut utiliser plusieurs objets de la vie quotidienne comme mini serre pour les boutures.

On peut faire des boutures de tiges à l'air libre, mais vous aurez encore plus de succès en recouvrant les tiges encore fragiles avec une petite serre. Après tout, les boutures n'ont pas encore de racines et s'assécheront donc très rapidement, surtout si elles ont des feuilles minces. Dans une serre, l'air est très humide et la bouture ne perdra pas d'humidité par transpiration, ce qui lui donnera une meilleure chance de reprise. Votre petite serre peut être un sac de plastique transparent (on peut alors utiliser des bâtonnets pour le café pour que le sac ne s'écrase pas sur les plantes, une bouteille à large goulot,

Techniques de jardinage

un contenant de plastique transparent dans lequel on vend des croissants ou des muffins (voir le truc 993) ou même le fond d'une bouteille de boisson gazeuse que vous aurez découpé à cette fin. Vous n'aurez qu'à enlever la serre quand de nouvelles feuilles commenceront à apparaître.

870. CES BOUTURES QUI CRAIGNENT L'HUMIDITÉ

Au moins quatre-vingt-dix-neuf pour cent des plantes ont besoin d'humidité pour bien s'enraciner, alors on les bouture dans un terreau humide et on les recouvre d'une mini serre. Mais certaines plantes se bouturent mieux au sec. Quand vous bouturez des cactées ou des plantes grasses, coupez la tige… et laissez-la sécher deux ou trois semaines avant de la mettre en pots. Même après, n'arrosez pas pendant un mois ou deux : ces plantes produiront facilement des racines, même dans un terreau très sec. Surtout ne les recouvrez pas d'une mini serre!

Une technique traditionnelle : l'utilisation d'un bocal comme mini serre pour les boutures en plein air.

871. DES BOUTURES EN PLEINE TERRE?

Traditionnellement, on fait les boutures à l'intérieur, même les boutures de plantes de plein air, mais rien ne vous empêche d'essayer à l'extérieur. La technique est la même, sauf que vous repiquez les boutures en pleine terre dans un endroit ombragé. Utilisez dans ce cas une bouteille à grand goulot ou le fond d'une bouteille de boisson gazeuse comme serre. Quand des feuilles apparaissent, enlevez la serre, voilà tout.

Les boutures faites dans l'eau s'enracinement facilement, mais ont tendance à pourrir par la suite.

872. PAS DE BOUTURES DANS L'EAU

Ce n'est pas une bonne idée de faire des boutures dans l'eau, même si cette vieille technique est encore couramment pratiquée. Les racines qui se forment dans l'eau s'acclimatent alors à un milieu aquatique. Quand vous transférez la bouture en pleine terre, les racines aquatiques meurent et la pauvre bouture doit recommencer à zéro, développant des racines terrestres. Souvent elle ne réussit pas et meurt!

873. VITE EN TERRE

Vous tenez à faire des boutures dans l'eau même si cette technique n'est pas très recommandée? Voici la clé du succès: *dès* que vous voyez de petites bosses blanches apparaître sur la tige, soit le début des futures racines, transférez-la dans du terreau. Ainsi les racines qui sont en train de se former s'adapteront au milieu terrestre.

874. APRÈS LA REPRISE...

Quand votre bouture montre des signes de croissance, empotez-la (si c'est une plante d'intérieur) ou repiquez-la en pleine terre (si c'est une plante d'extérieur). Les plantes en pots peuvent tout de suite recevoir le même traitement que les grandes plantes. La plupart des jeunes plantes d'extérieur, cependant, sont encore un peu petites pour aller directement à leur emplacement final. Souvent on va les planter en «pépinière» pour le reste de la saison, le temps qu'elles prennent un peu de force et grandissent un peu. Par pépinière, on veut tout simplement dire un petit coin pas trop visible où vous pourrez les surveiller un peu plus que les autres plantes. Un coin du potager qui se vide à mesure que l'été avance, peut servir. Ou créez un petit coin de culture sur le côté de la maison. Habituellement, les vivaces bouturées au printemps sont assez grosses et fortes pour aller à leur emplacement final à l'automne ou, encore, au printemps suivant. C'est aussi le cas de certaines plantes ligneuses, mais d'autres demandent une autre année en pépinière avant d'être «présentables».

Un coin du potager peut servir de pépinière.

875. QUELLES PLANTES PEUT-ON BOUTURER?

Presque toutes les plantes, sauf les annuelles et les bisannuelles peuvent se bouturer, mais certaines sont plus faciles que d'autres. Les plantes d'intérieur sont réputées pour leur facilité à cet égard, mais on peut bouturer des grimpantes, des arbustes, des rosiers, même la plupart des arbres et des conifères! Ces derniers prennent toutefois plus de temps pour s'enraciner: un mois ou plus alors que la plupart des plantes d'intérieur sont bien enracinées en deux semaines.

876. À QUELLE SAISON PEUT-ON FAIRE DES BOUTURES ?

Bien qu'on puisse faire des boutures de bois aoûté, c'est-à-dire de tiges bien matures, habituellement, il est plus facile de faire des boutures quand les tiges sont encore vertes et tendres, donc au printemps ou au début de l'été. Quant aux plantes d'intérieur et aux «annuelles végétatives» (produites par bouturage), qui sont d'origine tropicale et qui continuent de pousser pendant une très longue saison, habituellement, on peut les bouturer de la mi-février à la fin octobre (toute l'année sous un éclairage artificiel). Par contre, «il ne coûte rien d'essayer» comme on dit, et très souvent des boutures prises hors de la saison normale prennent très bien.

877. SURPRISE ! LES VIVACES SE BOUTURENT AUSSI !

Presque tous les jardiniers savent que les vivaces peuvent se multiplier par semences ou par division, mais peu semblent se rendre compte qu'on peut bouturer la vaste majorité des vivaces. Prélever une bouture ou deux sur la plante mère est moins stressant qu'une division et, de plus, les boutures sont inévitablement fidèles au type, ce qui est rarement le cas avec les graines. Quelles vivaces bouturer ? C'est facile à voir : si la plante produit des tiges feuillues, on peut presque toujours la bouturer. Si la vivace ne produit que des feuilles ou si ses seules tiges portent uniquement des fleurs, en général il faut la diviser. Ne prenez pas de tiges en fleurs pour vos boutures de vivaces, mais des tiges secondaires qui ne vous auraient pas donné de fleurs de toute façon. Ainsi vous ne déparerez pas votre plante.

878. PLUS D'HORMONES POUR LES BOUTURES DE PLANTES LIGNEUSES

Les boutures de plantes ligneuses (arbres, arbustes, conifères, etc.) se font exactement de la même façon que les autres boutures. Les seules différences sont qu'elles prennent d'habitude racine plus lentement, que le taux d'insuccès est plus grand (prenez deux fois plus de boutures que vous en avez besoin pour être certain de réussir) et... qu'une hormone d'enracinement est presque toujours nécessaire. Parfois, des hormones extra fortes sont nécessaires. Il existe, en effet, trois forces d'hormones sur le marché : faible, moyenne et forte. Pour la plupart des plantes ligneuses, la force moyenne est idéale. Pour les plantes réputées difficiles à bouturer, comme les lilas, les pommetiers et les épinettes, et aussi pour les boutures prélevées à l'automne, la plus forte peut être nécessaire.

879. UNE HAIE BON MARCHÉ

Ramassez les retailles de haie pour démarrer votre propre haie pour trois fois rien !

Vous voulez faire une haie chez vous, mais le prix des plantes à haie vous surprend ? Prenez alors des boutures de l'année précédente ! Et *toutes* les plantes à haies se bouturent (oui, même les sacro-saints thuyas) ! Cherchez un voisin qui taille une haie de la variété qui vous intéresse et ramassez les retailles (elles font d'excellentes boutures !). Après le bouturage et un séjour en pépinière, votre haie sera prête à planter au printemps suivant… et elle ne vous aura coûté que le prix d'une bouteille d'hormones d'enracinement !

880. BOUTURES DE FEUILLES

Étape 2 :
Insérez le pétiole dans du terreau et recouvrez de plastique transparent.

Étape 4 :
Empotez les plantules dans de petits pots individuels.

Étape 1 :
Coupez le pétiole à 45°.

Étape 3 :
Une ou des plantules se formeront à la base de la feuille.

Il n'y a pas que les tiges terminales qui se bouturent, bien sûr : on peut bouturer des sections de tige aussi (voir le truc 899 pour un exemple de cette technique) et, pour certaines plantes, on peut même bouturer des feuilles ! Il s'agit d'un très petit groupe de plantes, presque toutes des plantes tropicales, donc, pour nous, des plantes d'intérieur. Il y a plusieurs façons de procéder et certaines plantes (*Echeveria*, *Crassula*, *Sedum*, etc.) produiront même une plante à partir d'une feuille tombée sur le bord de votre fenêtre! En général, cependant, il faut mettre la bouture en terre pour réussir à la multiplier. Regardons le cas de la violette africaine (*Saintpaulia*) qui est aussi typique. Coupez le pétiole d'une feuille en santé à environ 45°. Insérez la feuille dans un pot de terreau humide. Une hormone d'enracinement n'est pas nécessaire, mais il peut être utile de recouvrir l'ensemble d'une mini serre (voir le truc 869). Placez la bouture dans un endroit moyennement éclairé et sans soleil direct, mais plutôt chaud. Après quelques semaines ou quelques mois, de petites feuilles paraîtront à la base de la feuille mère. Quand elles mesureront le tiers de la hauteur de celle-ci, dépotez les rejets et démêlez-les (il y en a presque toujours plus d'un et parfois une dizaine!), les empotant chacun dans leur propre petit pot. Ils peuvent fleurir moins de six mois plus tard.

881. QUELQUES PLANTES À MULTIPLIER PAR BOUTURES DE FEUILLES

La violette africaine (*Saintpaulia ionantha*) se multiplie bien par bouture de feuilles.

- **ASPLENIUM BULBIFÈRE** (*ASPLENIUM BULBIFERUM*)
- **BÉGONIA** (CERTAINES ESPÈCES) (*BEGONIA* SPP.)
- **BÉGONIA REX** (*BEGONIA REX*)
- **COTYLÉDON** (*COTYLEDON* SPP.)
- **ECHEVÉRIA** (*ECHEVERIA* SPP.)
- **GLOXINIA** (*SINNINGIA SPECIOSA*)
- **GRASSETTE** (*PINGUICULA* SPP.)
- **JADE** (*CRASSULA* SPP.)

- **KALANCHOÉ** (*KALANCHOE* SPP.)
- **LANGUE DE BELLE-MÈRE** (*SANSEVIERIA TRIFASCIATA*)
- **PAPYRUS** (*CYPERUS ALTERNIFOLIUS*)
- **PÉPEROMIA** (*PEPEROMIA* SPP.)
- **TOLMIÉA** (*TOLMIEA MENZIESII*)
- **VIOLETTE AFRICAINE** (*SAINTPAULIA* SPP.)
- **VIOLETTE DU CAP** (*STREPTOCARPUS* SPP.)

882. COMMENT (NE PAS) FAIRE DES BOUTURES DE RACINE

Ne placez pas vos boutures de racines debout : il est trop risqué de les inverser.

Chez les plantes, presque tout peut se bouturer... même les racines ! En effet, sur un certain nombre de plantes, surtout celles à racines charnues, les sections de racine peuvent donner de nouvelles plantes. Mais oubliez la technique montrée dans la plupart des livres : elle n'est pas fiable. C'est qu'on vous dit de couper la racine en sections de 5 à 10 cm de longueur et de les placer debout dans un pot de terreau. Mais c'est une racine : il n'y a même pas une feuille pour vous montrer quel côté va vers le haut et quel côté va vers le bas ! Or, si vous inversez la bouture, elle pourrira, point à la ligne.

883. COMMENT RÉUSSIR SES BOUTURES DE RACINE

Placez les boutures de racines sur le côté : ainsi toutes les boutures réussiront.

Coupez la racine en sections de 5 à 10 cm de longueur et... déposez-les tout simplement sur du terreau, sur le côté (comme cela, nul besoin de savoir quelle extrémité pousse vers le haut ou vers le bas). Maintenant recouvrez-les de 1 à 2 cm de terreau. Gardez le terreau légèrement humide jusqu'à ce que des plantules apparaissent, puis repiquez-les dans un endroit peu visible pour le reste de la saison. Au printemps suivant, la plante sera assez développée pour être repiquée en plate-bande.

884. DES BOUTURES DE RACINES SUR PLACE

Voici une méthode très paresseuse pour produire des boutures de racines. Vous n'avez même pas à déterrer la plante mère pour prélever les racines ! Plongez tout simplement la pelle ou la bêche dans le sol à côté de la plante à bouturer, assez profondément pour trancher les racines. Dans quelques semaines, des plantules sortiront de terre comme par magie. Vous n'aurez qu'à les déterrer et à les repiquer à l'endroit voulu.

Pour un bouturage de racines sur place, tranchez dans le sol près de la plante mère : des bébés ne tarderont pas à paraître à partir des racines sectionnées.

Le pavot d'orient
(Papaver orientale)
est parmi les plantes
qui se multiplient
par bouturage des
racines.

885. VOUS POUVEZ BOUTURER LES RACINES DES PLANTES SUIVANTES :

- **ACANTHE**
  (*ACANTHUS HUNGARICUS*) **ZONE 4**

- **ANÉMONE DU JAPON**
  (*ANEMONE X HYBRIDA*) **ZONE 4**

- **ASCLÉPIADE**
  (*ASCLEPIAS SPP.*) **ZONES 3 À 10**

- **ASTILBE**
  (*ASTILBE SPP.*) **ZONE 4**

- **BRUNNERA**
  (*BRUNNERA MACROPHYLLA*) **ZONE 3**

- **BUGLOSSE AZURÉE**
  (*ANCHUSA AZUREUS*) **ZONE 3**

- **CHARDON BLEU** (*ECHINOPS RITRO*) **ZONE 3**

- **CŒUR SAIGNANT**
  (*DICENTRA SPECTABILIS*) **ZONE 3**

- **GAILLARDE** (*GAILLARDIA X GRANDIFLORA*) **ZONE 2**

- **GÉRANIUM** (*GERANIUM SPP.*) **ZONE 4**

- **HÉMÉROCALLE** (*HEMEROCALLIS SPP.*) **ZONE 3**

- **LIS CRAPAUD** (*TRICYRTIS SPP.*) **ZONES 4 À 6**

- **MOLÈNE** (*VERBASCUM SPP.*) **ZONE 3 À 6**

- **PAVOT D'ORIENT** (*PAPAVER ORIENTALE*)
  ZONE 3

- **PHLOX DES JARDINS**
  (*PHLOX PANICULATA*) **ZONE 3B**

- **PIVOINE** (*PAEONIA SPP.*) **ZONE 3**

- **SAUGE VIVACES**
  (*SALVIA SPP.*) **ZONES 3 À 10**

- **SOUFFLE DE BÉBÉ**
  (*GYPSOPHILA PANICULATA*) **ZONE 4**

■ Division

886. COMMENT (NE PAS) DIVISER UNE VIVACE

La « bonne » façon pour diviser une vivace…
mais presque personne ne le fait.

Vous avez sûrement vu cette technique dans d'autres livres ou encore à la télévision. On prétend que c'est la « bonne façon » pour diviser une vivace. Je vous l'explique. D'abord, on déterre la plante et on l'enlève de son emplacement en la plaçant sur un morceau de jute ou sur une toile. Puis on prend deux fourches de jardin, on les place dos à dos en les enfonçant au centre de la motte. Puis on pèse sur chaque fourche à la manière d'un levier pour diviser délicatement la plante en deux. On répète encore pour diviser les demi-mottes en quarts de mottes, puis en huitièmes de mottes, au besoin. C'est très, très beau en théorie, mais existe-t-il même un jardinier qui le fait? Déjà, pourquoi déterrer toute la motte?... à moins, bien sûr, de devoir déplacer la plante de toute façon. Et qui, de nos jours, a deux fourches de jardin? Même en ratissant tout le voisinage à la recherche de deux fourches pour la photo que vous voyez, je n'en ai pas trouvé deux! Donc, dans la photo, vous voyez la division avec une fourche de jardin et un croc à pommes de terre. Franchement, c'est beaucoup de travail pour quelque chose qui peut être si simple.

La plupart des jardiniers divisent leurs vivaces en tranchant une pointe de tarte dans la motte et en déplaçant ailleurs la section prélevée.

887. COMMENT VRAIMENT DIVISER UNE VIVACE (MAIS ON NE LE DIT À PERSONNE, D'ACCORD?)

Nous venons de voir la technique que les spécialistes nous montrent, mais que personne n'utilise. Maintenant, la technique que tout le monde utilise, mais que personne n'ose admettre. Sans déterrer la plante (ce qui réduit le travail déjà des quatre cinquièmes!), on prend une pelle ou une bêche tranchante, on l'enfonce dans la plante une fois, deux fois, trois fois en utilisant le poids de son pied s'il le faut, afin de découper une section en pointe de tarte. On enlève la pointe, on la replante ailleurs, puis on comble le trou de terre, on étend du paillis et on arrose pour amoindrir le choc. C'est vite, c'est efficace... mais c'est un secret, juste entre vous et moi.

Vous pouvez aussi séparer la pointe de tarte en plants individuels si vous le voulez.

888. POUR ENCORE PLUS DE PLANTS

Si vous ne voulez pas seulement transférer une seule section de vivace ailleurs, mais avoir plusieurs copies, prenez votre pointe de tarte (truc précédent) et, avec vos doigts, séparez-la en rejets individuels, chacun ayant une ou deux tiges (ou bourgeons, si vous faites la division au printemps) et sa part des racines. Certaines vivaces ne sont pas faciles à démêler avec les doigts: on coupera alors entre les rejets avec un couteau tranchant.

889. DIVISION À LA HACHE

Certaines vivaces ont des racines tellement denses et résistantes que même une pelle tranchante ne suffit pas. Dans ce cas, prenez une hache (et non, je n'exagère pas!) et découpez votre «pointe de tarte» quand même.

890. MAINTENEZ LES DIVISIONS HUMIDES

Faut-il mentionner, que diviser une plante crée un traumatisme important, surtout aux rejets (la plante mère n'en souffre pas trop, tant qu'on laisse au moins la moitié sur place). Donc, il faudra les entretenir un peu plus pendant quelque temps, notamment en maintenant le sol toujours un peu humide (mais non détrempé) par des arrosages réguliers quand la pluie manque. Le choc étant moindre lorsque la plante est en dormance, une semaine de surveillance suffira si vous divisez tôt au printemps ou tard à l'automne. Pour des divisions en pleine saison de croissance, continuez de traiter les jeunes plants aux petits oignons tant qu'ils ne montrent pas des signes de reprise (nouvelles feuilles ou anciennes feuilles qui ne fanent plus). Même pour une division en plein été, elles seront sûrement bien établies après trois ou quatre semaines et vous pourrez retourner au régime normal, soit à des «arrosages en cas de sécheresse seulement».

■ Marcottage

891. MARCOTTAGE : LA MÉTHODE LA PLUS NATURELLE

La méthode la plus naturelle pour multiplier les plantes végétativement est le marcottage... pourtant, il est si rarement pratiqué! Dans la nature, le marcottage a lieu lorsqu'une branche touche terre, prend racine, et donne une nouvelle plante... et cela arrive très fréquemment. Certaines plantes sont même devenues des spécialistes du marcottage, ayant développé des tiges conçues pour courir sur le sol et prendre racine. C'est le cas de nombreux couvre-sols, comme la bugle rampante, la petite pervenche et le thé de bois.

892. LE MARCOTTAGE PAR COUCHAGE

C'est la forme la plus connue de marcottage et aussi la plus évidente. Pour cela, choisissez une branche souple située près de la base de la plante. Courbez-la pour l'approcher du sol et, là où elle entre en contact avec la terre, creusez une petite tranchée sur une dizaine de centimètres de profondeur. Pour les plantes plus difficiles à enra-

Dans le marcottage par couchage, on enterre une section de tige pour l'encourager à s'enraciner.

ciner, comme les lilas et les rhododendrons, incisez légèrement la branche sur sa partie inférieure, là où elle touchera du sol, et appliquez une hormone d'enracinement sur la blessure (ni incision ni hormone ne sont nécessaires pour les espèces faciles à marcotter comme les grimpantes et les plantes herbacées). Posez la branche dans la tranchée, en la fixant avec des crochets en fil de fer pour la maintenir bien en contact avec le fond, et laissez la partie restante du rameau dépasser du sol. Recouvrez avec de la terre, tassez et arrosez. Normalement, une plante ainsi marcottée au printemps sera bien enracinée à l'automne (certaines plantes plus lentes, comme le rhododendron, peuvent nécessiter un deuxième été de marcottage). Quand elle est enracinée, sevrez la plante, c'est-à-dire coupez la branche qui la relie à la plante mère et plantez-la à son emplacement définitif.

On peut tout simplement placer une roche sur la branche pliée et elle prendra racine.

893. LE MARCOTTAGE « VITE ET BIEN »

Voilà pour la technique officielle, mais le jardinier paresseux a toujours des trucs pour rendre le simple encore plus simple. Pour marcotter une plante, donc, il suffit de plier une branche souple au sol et de placer une roche au centre de façon à la maintenir en place tout en laissant son extrémité dépasser. Quand la partie ainsi immobilisée est bien enracinée, sevrez le bébé et plantez-le ailleurs.

894. LE MARCOTTAGE PAR COUCHAGE : IDÉAL POUR BEAUCOUP DE PLANTES

On peut marcotter par couchage presque toutes les plantes ayant des rameaux longs et relativement flexibles dont beaucoup d'arbustes comme le forsythia, le cornouiller, le noisetier, etc. et aussi presque toutes les plantes grimpantes (particulièrement faciles, puisqu'elles ont *toujours* de longues tiges flexibles). Même des plantes qu'on dit difficiles à bouturer, comme les lilas, les rhododendrons et les épinettes, peuvent se multiplier par marcottage.

895. DES ARAIGNÉES MARCOTTÉES

Saviez-vous que vous pouvez marcotter les plantes araignées (*Chlorophytum comosum*) et les autres plantes d'intérieur qui produisent de longs stolons retombants comme le saxifrage-araignée (*Saxifraga sarmentosa*), la fougère de Boston (*Nephrolepis exaltata*), l'épiscia (*Episcia* spp.), la chaîne-de-cœurs (*Ceropegia woodii*) et la plante apôtre (*Neomarica* spp.)? Il suffit de placer un petit pot rempli de terreau près du plant mère et d'y fixer un des bébés avec une épingle à cheveux. Arrosez la petite potée quand le terreau est presque sec. Dans quelques semaines, quand vous voyez des racines par le trou de drainage, vous pouvez sevrer le bébé de la plante mère en tranchant le stolon. C'est désormais une plante indépendante que vous pouvez placer où vous voulez.

On peut marcotter des plantes d'intérieur en fixant les bébés dans un pot voisin.

896. MARCOTTONS EN SERPENTIN

Les grimpantes sont particulièrement faciles à marcotter, car elles produisent de longues tiges très flexibles. Mais pourquoi faire seulement un nouveau plant quand vous pouvez en produire plusieurs à la fois? Dans cette modification de la technique de base, couchez une branche en la faisant monter et descendre plusieurs fois dans le sol. Chaque partie qui touche au sol doit avoir au moins un bourgeon et chaque partie exposée doit aussi avoir au moins un bourgeon (c'est des bourgeons enterrés qu'apparaîtront les nouvelles racines et des bourgeons exposés, les nouvelles feuilles). Quand les marcottes sont bien enracinées, coupez entre chaque segment et replantez vos nouvelles grimpantes ailleurs.

Pour les grimpantes, on peut faire des marcottes multiples en fixant la tige au sol à plusieurs endroits.

Quand une plante d'intérieur se dégarnit complètement à la base alors que le sommet est encore très beau, vous pouvez la récupérer par un marcottage aérien. Pour ce faire, enlevez les feuilles de la tige (s'il en reste) là où vous vous proposez de pratiquer le marcottage. Avec un couteau, faites une petite incision à angle d'environ 30° dans la tige et placez une allumette dans la fente ainsi pratiquée, un éclat de bois ou une petite

1

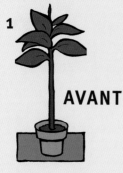

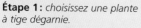

Étape 1 : *choisissez une plante à tige dégarnie.*

2

Étape 2 : *faites une incision dans la tige.*

3

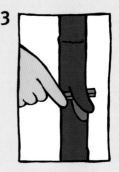

Étape 3 : *insérez une allumette dans la fente.*

4

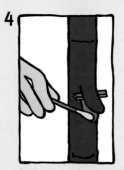

Étape 4 : *appliquez une hormone d'enracinement sur la bouture.*

5

Étape 5 : *entourez la tige de sphaigne humide.*

6

Étape 6 : *enveloppez la sphaigne d'une feuille de plastique transparent.*

7

Étape 7 : *ouvrez pour arroser, au besoin.*

8

Étape 8 : *coupez la tige quand il y a de nombreuses racines.*

9

Étape 9 : *empotez la marcotte dans un pot individuel.*

pierre pour empêcher la blessure de se fermer trop rapidement. Cette blessure envoie un signal hormonal à la plante, lui disant qu'il est temps de se mettre en action et de produire des racines. Toutefois, un léger saupoudrage d'hormone d'enracinement peut être utile pour les plantes qui sont réputées difficiles à bouturer, notamment quand la tige est très ligneuse. Pour la prochaine étape, empruntez une autre paire de mains, si possible, sinon vous aurez à montrer une très grande dextérité manuelle ainsi que la capacité de faire trois ou quatre choses à la fois. Prenez une bonne poignée de sphaigne préhumidifiée et entourez-en la plaie. Enveloppez la mousse de plastique transparent en l'attachant, en haut et en bas, avec une attache ou du raphia. Au cours des prochaines semaines, il faut maintenir la sphaigne constamment humide. Donc, au besoin, ouvrez le haut du plastique pour y laisser couler un peu d'eau. Les racines peuvent apparaître en quelques semaines ou en quelques mois. Lorsque ces racines sont très nombreuses, coupez la tige juste en dessous de la marcotte et replantez dans du terreau humide. La plante se comportera tout de suite comme une plante adulte puisqu'elle est déjà bien enracinée.

Après un marcottage aérien, la plante mère produira une ou plusieurs nouvelles pousses.

898. QUE FAIRE AVEC LE PLANT MÈRE APRÈS UN MARCOTTAGE AÉRIEN ?

Une plante dont on a coupé la tête est rarement très élégante… et c'est le cas d'une plante mère après le prélèvement d'une marcotte. Mais si vous voulez la conserver, sachez qu'elle va rapidement produire une ou plusieurs nouvelles pousses juste en deçà de la tête supprimée.

899. QUE FAIRE AVEC LE PLANT MÈRE APRÈS UN MARCOTTAGE AÉRIEN ? (BIS)

Une autre possibilité est de couper la tige nue en sections de 7 à 15 cm de longueur et de les bouturer. Dans les livres, on dit de bien se rappeler quel côté va vers le haut, car une bouture plantée à l'envers ne poussera pas, mais le jardinier paresseux triche un peu. Il couche ses boutures sur le côté ! Ainsi, il n'y a ni haut ni bas et la plantule sortira sur le côté de la bouture.

Après un marcottage aérien, on peut aussi trancher la tige de la plante mère en sections et les placer dans du terreau. On peut placer les boutures debout, mais le jardinier paresseux les plante sur le côté.

900. DES PLANTES POUR PRATIQUER LE MARCOTTAGE AÉRIEN

Traditionnellement, on utilise cette technique pour rabaisser les grandes plantes d'intérieur devenues trop dégarnies avec le temps, comme c'est souvent le cas des dieffenbachias, des caoutchoucs, des scheffleras, des dracaenas, etc. Mais on peut aussi pratiquer un marcottage aérien sur les arbres et les arbustes à l'extérieur. Parfois, il est même possible de marcotter les fruitiers comme les pommiers qu'on dit habituellement «impossibles à bouturer». Dans le cas du marcottage aérien à l'extérieur, pratiquez le marcottage au printemps pour que la marcotte soit prête à planter en pleine terre avant les premiers gels d'automne. On peut pratiquer le marcottage aérien dans la maison en toute saison.

PAILLIS

■ Définition

901. QU'EST-CE QU'UN PAILLIS ?

C'est l'un des éléments de base du jardinage en paresseux et nous l'avons brièvement abordé au conseil 14. Le paillis se compose d'une couche de matière généralement organique, disposée entre le sol et l'air, pour créer une barrière entre l'air et son effet asséchant et aussi les graines des mauvaises herbes qu'il transporte et la terre où pousse les racines de vos plantes.

■ Le but du paillis

902. UN PAILLIS ASSEZ ÉPAIS RÉDUIT LE TRAVAIL

Si vous n'avez jamais essayé le paillis, sachez que l'utilisation d'un bon paillis changera complètement votre façon de jardiner... et pour le mieux, du moins si vous calculez qu'obtenir d'aussi beaux résultats avec le dixième ou moins des efforts est un pas en avant ! Un sol bien paillé d'au moins 7 à 10 cm de matière organique est moins sujet aux mauvaises herbes, à la sécheresse, au réchauffement excessif du sol, aux dommages aux racines et aux troncs causés par la tondeuse et par le piétinement et même par les insectes et les maladies. De plus, le sol restera meuble sous un paillis, ce qui a un effet nettement stimulant sur les racines : aucune plante n'aime pousser dans un sol compacté et dur. Sous un paillis, le vôtre sera toujours meuble et léger. Ne pas appliquer de paillis, c'est se chercher des ennuis !

903. LE PAILLIS REMPLACE LA LITIÈRE FORESTIÈRE

Si vous voulez le voir ainsi, le paillis remplace la litière forestière, cette couche de matière organique qui s'accumule sur le sol des forêts et qui influence énormément ce qui y pousse. Quand la litière disparaît, c'est toute la forêt, des plus petites plantes aux arbres eux-mêmes, qui en souffrent. Et ce genre de paillis naturel n'est pas unique à la forêt; on trouve le même genre d'accumulation de matière organique en décomposition aussi dans les prés , où elle est composée de graminées en décomposition, dans les marécages, dans les tourbières, etc. Les seuls endroits où l'on voit la terre nue, c'est après un éboulis… et dans les jardins, plates-bandes et champs cultivés! Pourquoi pense-t-on mieux connaître comment cultiver les plantes que dame Nature, je l'ignore, mais, jusqu'à récemment, la plupart des jardiniers laissaient leur sol complètement à découvert, une erreur catastrophique pour les sols et les plantes qui y poussent. En rajoutant du paillis, vous ne faites, dans le fond, que remettre en place ce qui devait y être.

La litière forestière est le paillis de dame Nature.

■ Les différents paillis

904. DE QUOI UN PAILLIS EST-IL FAIT ?

De paille, à l'origine. Il paraît que ce sont les producteurs français de fraises qui utilisèrent le paillis pour la première fois vers le XVIIIe siècle et peut-être même avant. Contrairement à la plupart des plantes utiles qui sont relativement hautes et qui peuvent alors éliminer une bonne partie des mauvaises herbes envahissantes par l'ombre qu'elles produisent, le fraisier est une petite plante basse facilement envahie par les intrus. Or, les producteurs de fraises ont découvert que, lorsqu'ils désherbaient bien auparavant, une bonne couche de paille empêchait les mauvaises herbes de germer et donc d'envahir leurs champs. De nos jours, cependant, la paille est rarement utilisée comme paillis et on préfère d'autres matières organiques: feuilles déchiquetées, écorces, résidus de bois, etc.

905. LES TROIS SORTES DE PAILLIS

Il faut comprendre qu'il y a essentiellement trois sortes de paillis sur le marché : les paillis inertes, les paillis de longue durée et les paillis à décomposition rapide. Les paillis inertes ne sont pas en réalité des paillis et ils n'aident pas vraiment la croissance des plantes. Généralement, ils sont strictement ornementaux. Les paillis de longue durée sont aussi et surtout ornementaux. Oui, leur utilisation influence la croissance des plantes, mais pas autant que les paillis à décomposition rapide. Pour faire vraiment bénéficier vos plantes de tous les bienfaits du paillis, utilisez les paillis à décomposition rapide.

Le géotexile recouvert de paillis : une technique déconseillée.

906. LES « PAILLIS » INERTES

Certains paysagistes parlent parfois de paillis inertes, c'est-à-dire qui ne se décomposent jamais, mais ce ne sont pas de véritables paillis aux yeux d'un jardinier paresseux, car ils ne se décomposent pas et n'apportent rien au sol. D'ailleurs, en général, les plantes les détestent autant qu'elles adorent les véritables paillis ! On évitera d'utiliser des paillis inertes avec les plantes : habituellement les deux ne vont pas ensemble.

Géotextiles : on voit parfois certains spécialistes en aménagement placer une feuille de géotextile sur le sol et y couper des « x » pour faire les plantations. Cette technique est complètement à proscrire… et les « professionnels » qui le recommandent, à éviter. Pour savoir pourquoi, allez voir le conseil 50. Ces géotextiles couvre-parterre ne sont pas du tout des paillis, mais parfois on les associe aux paillis inertes.

Le paillis de pierre est attrayant, mais ne conviennent pas à la plupart des végétaux.

Pierres décoratives (pierres de rivière, éclats de marbre, pierre volcanique, briques concassées, etc.) : ces « paillis » n'en sont pas vraiment non plus, car ils ne sont pas organiques et ne se décomposent pour ainsi dire jamais (à moins qu'on ne parle en termes de milliers d'années !). En général, les plantes ne poussent pas bien sous un paillis de pierres (pas plus que les plantes ne poussent bien dans la nature dans un milieu pierreux), mais il y a toujours des exceptions : les plantes alpines, notamment, apprécient l'excellent drainage autour de la couronne offert par les pierres de petite taille. Pour les autres végétaux, les pierres décoratives sont généralement néfastes. Elles réchauffent le sol l'été et laissent pénétrer le gel en profondeur, au détriment des plantes permanentes. Il est préférable d'utiliser des végétaux plus rustiques que la moyenne dans votre région si vous les entourez de pierres ! Les paillis de pierre, à moins qu'ils ne soient particulièrement épais, n'empêchent pas la germination des mauvaises herbes, car habituellement le soleil réussit à passer par les interstices… et désherber dans un paillis aussi lourd est tout un travail ! De plus, les déchets (feuilles mortes, poussière, etc.) envahissent rapidement les pierres qui sont alors vite salies, surtout les pierres blanches ou de couleur pâle. Il faut régulièrement les enlever pour les laver. Il faut aussi les enlever lorsque l'on fait une nouvelle plantation et les remettre à la fin… Puis elles sont lourdes ! Surtout, évitez de les mélanger au sol, sinon vous aurez un très joli dégât ! On devrait plutôt voir (et utiliser) les pierres décoratives comme recouvrements ornementaux dans les endroits où il n'y a *pas* de végétaux, sous-tendues de géotextile pour empêcher les mauvaises herbes d'y germer trop rapidement, ou encore, autour de végétaux adaptés aux grands froids en hiver et à la sécheresse en été.

PAILLIS DE PLASTIQUE : ils sont souvent utilisés dans les grandes cultures maraîchères (melons, courges, etc.) pour réchauffer le sol au printemps tout en étouffant les mauvaises herbes. Occasionnellement, on les voit aussi dans le potager domestique, pour les mêmes raisons. Je ne conteste pas le fait que cette technique puisse fonctionner, mais j'ai beaucoup de difficulté à justifier moralement (environnementalement ?) l'utilisation de plastique comme paillis, car il tend à stériliser le sol sous-jacent, tuant micro-organismes bénéfiques, vers de terre, bref, toute la flore naturelle du sol. Et toute décomposition végétale est impossible. Il faut donc fertiliser massivement pour remettre assez de minéraux dans le sol pour les plantes et… mais cela me suffit. Je préfère pailler avec des matériaux qui enrichissent le sol et qui stimulent les animaux bénéfiques plutôt que le contraire. Le jardinier paresseux utilisera d'autres paillis plus naturels pour contrôler les mauvaises herbes.

Le paillis de plastique sert surtout dans le potager, car il est peu esthétique.

907. PAILLIS DE LONGUE DURÉE

Ces paillis sont souvent les plus jolis et sont parfois même teints de différentes couleurs. Leur rôle est surtout esthétique et ils sont vendus à cette fin. Ils cachent bien le sol et donnent un fond uniforme aux plates-bandes. Ils ont quand même des avantages pour les plantes : ils réduisent la pousse des mauvaises herbes, gardent le sol plus frais, réduisent la transpiration et de ce fait les besoins en arrosage, etc. Même un paillis surtout ornemental est donc bénéfique pour les végétaux. Par contre, ce que les paillis de longue durée ne font pas, c'est enrichir le sol, si ce n'est que très lentement et pas assez pour vraiment stimuler la croissance des plantes. C'est que, pour enrichir le sol, le paillis doit se décomposer et les paillis de longue durée ne le font que très lentement. Autrement dit, les plantes utilisent plus rapidement les ressources du sol que ces paillis peuvent les restituer. Ainsi, des fertilisations régulières sont nécessaires. Ils sont très bien dans leur genre, mais ils ne donnent pas aux plantations l'énergie et la vigueur des paillis à décomposition rapide.

908. LE PIRE DÉFAUT DES PAILLIS DE LONGUE DURÉE

D'accord, les paillis de longue durée ne stimulent pas la croissance des plantes, mais on pourrait facilement corriger ce défaut par des applications de compost ou d'engrais. Le pire défaut des paillis de longue durée, cependant, c'est qu'ils finissent par se laisser envahir par les mauvaises herbes. En effet, comme ils restent sur place très longtemps, des déchets de toutes sortes, poussière, sable, feuilles mortes, etc., finissent par s'y accumuler. Autrement dit, une nouvelle couche de terre se forme dans le paillis (la nature est forte : la terre se reforme plus rapidement qu'on ne le pense). Or, si les paillis de longue durée étouffent les mauvaises herbes, c'est seulement quand ils sont libres de terre. Quand leurs interstices commencent, au contraire, à se remplir de terre, cela donne une bonne base pour la relance des mauvaises herbes. Ainsi, pendant environ les trois premières années, tout va bien, mais après, les mauvaises herbes reviennent. Il faut donc rajouter une autre couche de paillis avant que les mauvaises herbes ne s'établissent, mais… la première couche est encore là et y sera encore longtemps : elle n'a pas encore bougé, ou à peine. Or vous ne pouvez pas superposer couche après couche un paillis qui refuse de se décomposer sans étouffer les plantes désirables. Deux mètres de paillis, c'est beaucoup trop ! La seule solution logique serait d'enlever le paillis de longue durée lorsqu'il est contaminé, sans déranger les plantes et sans enlever la bonne terre, pour poser un autre paillis, mais comment le faire sans briser les plantes? Et de surcroît, quel travail d'Hercule!

909. DERNIER DÉFAUT DES PAILLIS DE LONGUE DURÉE : ILS SE MÉLANGENT AU SOL

L'autre défaut majeur des paillis de longue durée est leur tendance à se mélanger au sol. Quand vous déplacez ou divisez ou replantez, et quel jardinier ne le fait pas? le paillis tombe dans le trou ou se mélange avec la terre. Or, il ne s'agit pas toujours de petits morceaux de rien qui se mélangent au sol impunément, souvent ils sont de gros morceaux. De plus, comme ils ne se décomposent pas rapidement, ces gros morceaux de paillis mélangés à votre terre vous embêteront très longtemps.

910. QUELQUES PAILLIS DE LONGUE DURÉE

PAILLIS DE « CÈDRE » (en fait, paillis de thuya) : c'est le paillis le plus vendu dans nos régions, du moins sous sa forme orangée (truc 929). Il résiste bien au vent et, sous sa coloration naturelle, a belle apparence. Il retient moins d'eau que d'autres paillis, donc il faut arroser plus souvent. Il repousse les insectes… mais autant les insectes utiles que nuisibles. Il est néfaste pour les micro-organismes bénéfiques et les vers de terre l'évitent. Il est aussi légèrement toxique pour les plantes, surtout la première

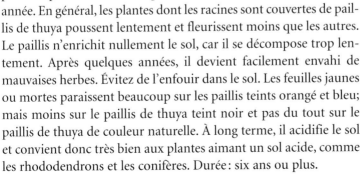

Le paillis de thuya dure longtemps… trop longtemps !

année. En général, les plantes dont les racines sont couvertes de paillis de thuya poussent lentement et fleurissent moins que les autres. Le paillis n'enrichit nullement le sol, car il se décompose trop lentement. Après quelques années, il devient facilement envahi de mauvaises herbes. Évitez de l'enfouir dans le sol. Les feuilles jaunes ou mortes paraissent beaucoup sur les paillis teints orangé et bleu; mais moins sur le paillis de thuya teint noir et pas du tout sur le paillis de thuya de couleur naturelle. À long terme, il acidifie le sol et convient donc très bien aux plantes aimant un sol acide, comme les rhododendrons et les conifères. Durée : six ans ou plus.

ÉCORCE DE CONIFÈRE (MORCEAUX DE GROSSE OU DE MOYENNE TAILLE) : autrefois très populaire, ce paillis est moins utilisé de nos jours. Il est très décoratif, mais comme il est formé de gros morceaux irréguliers, il y a beaucoup d'espace entre les morceaux et cela permet à la lumière d'atteindre le sol. Il se décompose si lentement qu'il n'enrichit pas beaucoup le sol. Il n'est pas très efficace pour contrôler les mauvaises herbes et en est souvent envahi, même la première année. Il n'est pas agréable de travailler avec ce paillis, car il se mélange facilement au sol et refuse de pourrir. Par contre, par sa couleur brune naturelle, il camoufle bien les feuilles mortes. Durée : six ans ou plus pour les gros morceaux ; trois ou quatre pour les moyens.

Le paillis de conifère grossier laisse pénétrer de la lumière au sol, ce qui permet aux mauvaises herbes de germer.

ÉCLATS DE BOIS : les copeaux de bois plus gros (que je préfère appeler éclats de bois pour les distinguer des copeaux plus fins, plus apparentés aux planures) remplissent bien leur rôle de paillis, car ils sont assez denses pour couper toute lumière au sol, éliminant la germination des mauvaises herbes, mais assez légères pour laisser passer les plantes désirables. Leur défaut est tout simplement de résister trop longtemps et donc de ne pas enrichir le sol ni de stimuler la vie microbienne du sol. Et, vers la fin de leur vie utile, les mauvaises herbes s'installent dans la terre qui s'accumule parmi les éclats. Aussi, ils sont de couleur un peu trop pâle pour être décoratifs les premières années, mais deviennent cependant plus foncés avec le temps. Les éclats de bois durs sont plus intéressants comme paillis que les éclats de résineux, qui persistent encore plus longtemps et surtout ne veulent plus disparaître quand ils sont mélangés par accident au sol. Durée : quatre à six ans.

Les copeaux de bois font un bon paillis, mais résistent parfois trop longtemps.

911. PAILLIS DÉCOMPOSABLES

Il y a un véritable dilemme pour le jardinier paresseux avec les paillis qui se décomposent rapidement. D'un côté, ils nous enlèvent tant de travail grâce aux plantes qui poussent densément et solidement, au sol qui devient de plus en plus riche au lieu de devenir de plus en plus pauvre, à leur excellente capacité de rétention d'eau pour réduire les besoins en arrosage en période de sécheresse, à leur contrôle vraiment efficace des mauvaises herbes... et la liste est encore longue. Mais par ailleurs, il y a une véritable pierre d'achoppement : un paillis décomposable, par définition, doit être remplacé souvent. Et c'est du travail ! Mon expérience est la suivante : les avantages l'emportent nettement sur le désavantage, car avec les paillis décomposables, le jardinage est incroyablement facile. Mais encore faut-il les remplacer, ou plutôt en rajouter régulièrement par-dessus l'ancien (car en fait on n'enlève pas un vieux paillis, on ne fait que le recouvrir), à tous les ans ou deux ans, selon le cas.

912. LES AVANTAGES DES PAILLIS DÉCOMPOSABLES

Si vous n'avez jamais jardiné avec un paillis décomposable et que pour vous, jardiner égale, en gros, sarcler ou biner, vous n'en reviendrez pas à quel point les paillis décomposables rendent votre passe-temps facile. Voici donc les avantages principaux des paillis décomposables :

- *Ils empêchent la germination des plantes envahissantes...* à l'exception de quelques arbres forestiers (truc 185);

- *Ils gardent le sol plus humide en été,* ce qui réduit énormément les besoins en arrosage;

- *Mais ils ne gardent pas le sol trop humide au printemps,* au contraire, en période de pluie excessive, ils agissent comme une éponge, absorbant les surplus d'eau pour empêcher la pourriture des racines;

- *Ils gardent le sol plus frais en été,* même en période de canicule, la température du sol dépasse rarement 21 °C, au grand plaisir des végétaux;

- *Ils protègent les racines et la couronne des plantes contre les grands froids de l'hiver* (voir le truc 962);

- *Le sol se réchauffe plus lentement au printemps,* ce qui empêche les plantes de bourgeonner trop tôt et ainsi de subir des dommages lorsqu'il y a un gel tardif (truc 964);

- *Ils enrichissent le sol en se décomposant* à un point tel que les engrais deviennent essentiellement superflus;

- *Ils gardent les tiges et les feuilles propres,* alors que la terre nue tend à les salir;

- *Ils réduisent de beaucoup les maladies foliaires,* car les spores restent prisonnières sous le paillis et ne peuvent monter sur les feuilles;

- *Il se développe sous un paillis organique une faune et une flore microbienne bénéfique* et les vers de terre sont au septième ciel;

- *Il y a une nette réduction dans les problèmes d'insectes et de mollusques,* car, comme on ne retourne plus le sol, on ne détruit plus leurs prédateurs; avec le temps, même les limaces s'en vont;

- *Ils protègent les végétaux contre le déchaussement causé par l'alternance du gel et du dégel,* les racines restent solidement en place, même quand le végétal est nouvellement planté;

- *Ils éliminent virtuellement l'érosion;*

- *Ils peuvent se mélanger au sol sans problème,* car ils sont relativement fins et se décomposent rapidement de toute façon;

- *Le sol demeure toujours meuble,* car c'est la force de la pluie tombant sur le sol nu qui le rend compact; quand il y a un paillis, c'est ce dernier qui encaisse le coup;

- *Ils éliminent complètement le besoin de sarcler ou de biner,* et c'est le travail que la plupart des jardiniers trouvent le plus fastidieux.

913. LES DÉSAVANTAGES DES PAILLIS DÉCOMPOSABLES

Rien n'est parfait en ce bas monde, nous dit-on, et c'est aussi le cas des paillis décomposables. Leur plus grand péché est de… disparaître avec le temps, ce qui nous oblige à en remettre. Mais il y a aussi d'autres défauts, dont:

- *Le sol se réchauffe plus lentement au printemps,* (notez que cela est aussi un plus!) et certains végétaux printaniers fleurissent alors un peu plus tard. Ce retard s'efface cependant avant l'arrivée de l'été;

- *Ils enrichissent le sol en se décomposant,* ce qui nuit aux plantes qui *préfèrent* un sol pauvre; il faut normalement éviter de pailler ces plantes ou encore, utiliser un paillis moins riche que la moyenne;

- *Ils gardent le sol plus humide,* au grand dam de la minorité des plantes qui préfèrent un sol sec; on utilisera seulement les paillis les plus aérés avec ces dernières;

- *Ils peuvent temporairement absorber plus d'azote qu'ils n'en dégagent,* et les plantes pourraient en manquer. C'est un problème généralement mineur dont nous discutons dans le truc 926;

- *Les plantes ne peuvent pas se semer quand il y a un tel paillis en place,* c'est le plus triste défaut des paillis du point de vue d'un jardinier paresseux, mais allez voir le truc 928 pour savoir comment contourner ce problème.

914. QUELQUES PAILLIS DÉCOMPOSABLES

AIGUILLES DE PIN : il s'agit d'un paillis très aéré qui garde le sol moins humide et qui convient aux plantes qui préfèrent les sols bien drainés ou même plutôt secs. Il acidifie le sol à la longue et convient donc spécialement aux plantes acidophiles (conifères, rhododendrons, bleuets, etc.), malgré que tout excès d'acidité soit facilement corrigé par une application de chaux. Les limaces *détestent* le paillis de pin. Son plus grand défaut est d'être difficile à trouver dans le commerce. Par contre, les aiguilles de pin abondent dans la nature et elles sont gratuites. Durée : un ou deux ans, parfois plus.

Les aiguilles de pin donnent un paillis très aéré.

BOIS RAMÉAL FRAGMENTÉ : il s'agit de branches déchiquetées avec leurs feuilles, ce qui en fait un paillis très riche et très intéressant sur tous les plans. Contrairement aux bois des troncs et des grosses branches, les bois des jeunes branches (jusqu'à 7,5 cm de diamètre environ) ne sont pas encore très lignifiés et se décomposent bien, enrichissant abondamment le sol. La couleur du bois raméal est souvent assez pâle au début, mais fonce avec le temps, devenant brun pâle, une bonne couleur pour camoufler les feuilles mortes. De plus, il ne coûte rien !

Le bois raméal constitue un paillis efficace.

COMPOST : oui, le compost peut-être utilisé comme paillis ou, encore, on peut l'incorporer dans d'autres paillis décomposables. Il est très riche et joue le même rôle que les autres paillis décomposables : étouffer les mauvaises herbes, réduire l'évaporation, etc. Sa couleur foncée est agréable et cache les feuilles tombées. Il peut être coûteux si vous ne le fabriquez pas vous-même (conseils 700 à 717). Aussi, il disparaît rapidement et il faut en ajouter annuellement.

Écorce de conifère (petits morceaux) : même s'il s'apparente aux paillis à longue durée par son origine, le fait qu'il soit composé de petits morceaux le rend plus efficace comme paillis : il coupe la lumière au sol et prévient ainsi la croissance des mauvaises herbes, il maintient le sol humide et frais, etc. Et il se décompose assez rapidement (en deux ans environ), ce qui enrichit le sol. Il acidifie légèrement le sol et convient donc bien aux plantes acidophiles (bleuetiers, conifères, etc.). Il est très décoratif et sa couleur brun foncé cache les feuilles mortes qui y tombent. Durée : deux ans, parfois trois.

Les petits morceaux d'écorce de conifère font un meilleur paillis que les gros.

Les résidus de bois sont surtout intéressants comme paillis après la première année.

Copeaux de bois : j'aime bien faire une distinction entre « éclats de bois » et « planures de bois », soit entre les gros morceaux de résidus de bois et les plus fins que les Franco-Américains désignent par « *rip* de bois ». Pour les besoins de cette distinction, j'ai appelé les gros morceaux « éclats de bois » et je les ai classés dans les paillis de longue durée (truc 907). Lorsque je parle de « planures », il est question des morceaux très minces correspondant au produit souvent utilisé comme litière pour les animaux.

Les copeaux minces font généralement un très bon paillis, surtout s'ils sont de bois franc ou de résineux blancs (épinettes, sapins, pins) (les copeaux de résineux rouges, comme ceux du thuya, persistent trop longtemps et il faut les considérer comme des paillis de longue durée). On peut les assimiler à la sciure de bois, plus fine, mais à cause de leur taille supérieure, ils durent toutefois plus longtemps. Ce sont de grands voleurs d'azote au tout début (voir le conseil 926), mais après deviennent des paillis très corrects. Leur couleur blanc-jaune est toutefois discutable, notamment la première année, mais ils brunissent par la suite. Ils ne sont peut-être pas à utiliser au premier plan, mais, autrement, ils sont bien. À prix égal, utilisez avec un paillis plus foncé, mais si vous pouvez les obtenir gratuitement… eh bien, à cheval donné ! Durée : deux ans, parfois trois.

Techniques de jardinage

ÉCALES D'ARACHIDE: un excellent paillis, très riche en minéraux et facilement biodégradable, et comme c'est amusant de voir les écureuils chercher désespérément les arachides qu'ils sentent, puis toujours revenir bredouilles. Et il cache bien, par son odeur, les bulbes que les écureuils n'essaient même pas de déterrer. À moins d'avoir un contact dans un de ces bars où on jette les écales par terre, les écales d'arachide sont difficiles à trouver et coûteuses.

Les écales de cacao sont à la fois efficaces et attrayantes.

ÉCALES DE CACAO: le rêve de tout amateur de chocolat… mais malheureusement l'arôme se dissipe après quelques jours. D'un beau brun très foncé, il enrichit le sol en se décomposant. Aussi, les morceaux tendent à s'agripper les uns aux autres une fois qu'ils ont été humidifiés et résistent donc bien au vent. Les écales de cacao tendent à se décomposer en moisissant, ce qui dérange certains jardiniers, mais si vous ne regardez pas de près, la moisissure n'est pas évidente… et tout processus de décomposition, incluant les moisissures, est bénéfique pour les plantes, alors… Curieusement, cet ancien déchet est devenu l'un des paillis les plus coûteux. Vous pouvez sûrement trouver aussi bien à meilleur prix. Durée: un an ou deux.

Si on peut les trouver sur le marché, les écales de sarrasin font un excellent paillis.

ÉCALES DE SARRASIN: légères, joliment colorées, elles ont tout pour plaire, mais on ne les trouve pas aussi facilement qu'autrefois. Arrosez-les bien au départ, sinon elles partent facilement au vent. Durée: un ou deux ans.

FEUILLES DÉCHIQUETÉES: l'un des paillis préférés des jardiniers paresseux, car il est abondant partout, gratuit et donne de si bons résultats avec les plantes. C'est un paillis particulièrement riche qui stimule énormément la vie microbienne et les vers de terre. Certaines feuilles, notamment celles des chênes, contiennent beaucoup de tanins qui sont légèrement toxiques pour les plantes: déchiquetez-les et étendez-les à l'automne et les tanins seront lessivés avant le printemps. Étant de la même couleur que les feuilles et les végétaux morts, elles les cachent facilement à la vue. Aussi, malgré une croissance persistante qui dit le contraire, les

Les feuilles, une fois déchiquetées, sont peut-être le meilleur des paillis.

feuilles déchiquetées sont généralement d'un pH presque parfait, de 6,0 à 6,3, et n'acidifie donc pas les sols. Pour voir comment déchiqueter les feuilles, allez voir les trucs 708 à 712. Elles disparaissent très rapidement et il faut les remplacer annuellement.

FOIN : c'est la « tonte » des prés, si vous voulez : un mélange de graminées et d'autres herbes fauchées et données habituellement en fourrage aux animaux. Le foin pourrait faire un bon paillis léger… s'il n'était pas tellement chargé de graines de mauvaises herbes ! Insistez pour du foin de la première récolte (juin), car les herbes ne sont pas encore en graines et il sera alors exempt de voyageurs indésirables. Habituellement, on l'utilise là où l'apparence n'a pas trop d'importance, car il est de couleur un peu pâle. Durée : un an.

La paille est composée de tiges de céréales.

Le paillis forestier fait un paillis très riche.

PAILLE : le premier paillis de tous était de la paille… mais de nos jours, avec sa couleur jaune pâle, on le juge peu esthétique et on limite son utilisation au potager. Les gens de la ville seront surpris d'apprendre que ce n'est pas la même chose que le foin. La paille est constituée non pas d'herbes sauvages fauchées, mais de tiges des céréales dépourvues de leurs graines. Ainsi il est peu porté à contenir des graines de mauvaises herbes. Décomposition rapide, mais il n'est pas très riche : la partie riche en minéraux, le grain, a déjà été enlevée. Durée : un an.

PAILLIS FORESTIER : il s'agit d'un mélange de résidus de bois (surtout de l'épinette et du thuya) bien décomposés et devenus presque noirs avec le temps. Étant vers la fin de leur décomposition, ils enrichissent le sol plus que les paillis de bois en début d'utilisation. Les morceaux sont très fins et il ne faut pas avoir peur de les mélanger avec le sol. C'est un des paillis bon marché et pourtant il donne de bons résultats et paraît très bien. Durée : un à deux ans.

Techniques de jardinage

PAPIER DÉCHIQUETÉ : que ce soit du papier journal ou du papier venant d'une déchiqueteuse de bureau, le papier fait un excellent paillis décomposable, remplissant toutes ses fonctions, mais c'est sans doute le moins esthétique de tous. Pour le potager, comme paillis entre les rangs de légumes, ça va (à moins de faire un potager ornemental), mais ailleurs, utilisez-le pour l'arrière- scène seulement (truc 920). Le papier passé dans une déchiqueteuse s'enroule et les morceaux s'entremêlent : ils ne partent donc pas au vent, surtout après qu'ils ont été humidifiés une première fois. Les morceaux tout simplement déchirés à la main sont plus « vagabonds ». Durée : un an, parfois plus.

TONTES DE GAZON : d'abord, il y a rarement de bonnes raisons pour ramasser le gazon tondu qui devrait plutôt rester sur place pour nourrir le gazon (trucs 461 et 462), et les tontes de gazon ne font pas un très bon paillis. Elles ont tendance à former une masse dense et dure qui ne laisse même pas passer les plantes désirables. De plus, elles dégagent souvent une odeur désagréable. Leur teinte, qui passe de vert à beige, n'est pas très enthousiasmante. On peut, par contre, les mélanger avec de la tourbe ou des feuilles déchiquetées, elles font alors un excellent paillis bien aéré, équivalent aux feuilles déchiquetées, mais encore plus riches. Durée : un an.

SCIURE DE BOIS : côté esthétique, sa couleur jaune pâle de la première année dérange, mais elle fonce avec le temps et devient « acceptable ». Toutefois, ce n'est peut-être pas un paillis pour l'avant-plan. De toute façon, c'est normalement un paillis qu'on obtient gratuitement : tant qu'à devoir payer pour un paillis, vous pourriez choisir quelque chose de plus esthétique ! Comme pour les copeaux de bois ci-dessus, la sciure est un gros voleur d'azote au début, mais autrement c'est un excellent paillis. Regardez le truc 926 pour savoir comment compenser. Durée deux ans.

TOURBE HORTICOLE (PEAT MOSS) : seule, la tourbe ne fait pas un très bon paillis, car elle repousse l'eau. On peut cependant facilement l'utiliser pour « délayer » les paillis intéressants, mais plus coûteux. Dans les circonstances, ce produit très plastique prend environ les mêmes caractéristiques que son partenaire. Elle n'est toutefois pas très riche en minéraux et tend à acidifier les sols, ce qui la rend plus intéressante pour les plantes acidophiles.

La tourbe doit être mélangée à d'autres matériaux pour faire un bon paillis.

■ Utilisation

915. J'AI ÉTENDU MON PAILLIS DÉCOMPOSABLE... ET MAINTENANT?

Achetez-vous un hamac, car votre aménagement va s'entretenir presque tout seul. D'accord, il y a toujours le gazon à tondre (si vous ne l'avez pas encore complètement enlevé) et parfois un peu d'arrosage à faire… et, d'accord, il faut ajouter plus de paillis quand l'épaisseur baisse à 5 cm ou moins, mais autrement, c'est le farniente!

916. MAIS ALORS COMMENT FAIS-JE POUR SARCLER?

Justement, avec un paillis, vous n'avez plus besoin de sarcler, ou de biner, ou de cultiver (je dois le souligner, car je me fais souvent poser cette question par les jardiniers qui ont sarclé toute leur vie et qui ne peuvent pas comprendre qu'il puisse en être autrement). Vous sarcliez pour arracher les mauvaises herbes, mais il n'y en a plus. Vous sarcliez pour briser la croûte dure du sol, mais, sous le paillis, aucune croûte ne se forme et le sol reste éternellement meuble. Vous pouvez accrocher votre sarcloir et faire un tuteur avec votre binette, il est temps de vous d-é-t-e-n-d-r-e!

917. PAS BESOIN DE RETARDER L'APPLICATION DU PAILLIS À L'AUTOMNE

Malgré ce que disent certains ouvrages, il n'est pas nécessaire d'attendre que le sol soit gelé avant la pose du paillis.

On le sait, le paillis décomposable fait une excellente protection hivernale naturelle, empêchant le gel de pénétrer profondément dans le sol (voir le truc 962) et prévient le déchaussement hivernal (truc 965). Les autorités horticoles recommandent souvent, et avec raison, d'étendre un paillis à l'automne sur les plantes fragiles au froid ou les plantes fraîchement plantées et donc sujettes au déchaussement. Pourtant, la recommandation est souvent accompagnée d'une exhortation de ne poser le paillis qu'à la toute fin de l'automne, au moment où le sol commence à geler. C'est que ces personnes craignent que le paillis appliqué trop tôt à l'automne garde le sol trop chaud trop longtemps, empêchant ainsi la plante de s'acclimater peu à peu au froid, comme il se doit. Mais ces personnes comprennent mal la nature du paillis. D'abord, les parties aériennes s'acclimateront à la baisse graduelle des températures à l'automne, qu'il y ait un paillis ou non : chez les plantes rustiques, il n'y pas de lien très direct entre ce qui se passe hors sol et dans le sol. Quant à l'acclimatation graduelle des racines au froid, au lieu d'empêcher l'acclimatation, le paillis l'assure. Un sol exposé au soleil se réchauffe le jour et se refroidit la nuit, ce qui empêche les racines de s'endurcir pour l'hiver. Un froid extrême subit peut alors leur faire du tort... et le jardinier n'a pas toujours le temps d'étendre son paillis protecteur, car la température peut passer d'anormalement chaude à anormalement froide en quelques heures seulement. Si le paillis était toujours présent, par contre, l'influence du soleil chaud et du vent froid, qui frappent uniquement le paillis en surface, serait amoindrie et il en serait de même pour les soubresauts de température du sol. Le sol refroidit peu à peu sous le paillis, comme il se doit. Si une baisse subite de température ambiante devait survenir, le paillis garderait assez de chaleur pour empêcher le sol de geler subitement. Sous le paillis, la température du sol continue toujours de baisser graduellement. Où donc est le problème ? La suggestion du paresseux : utilisez du paillis en toute saison et sur toutes les plantes, en l'appliquant immédiatement après la plantation tout simplement. Il n'y a pas de « date butoir » pour étendre un paillis à l'automne.

918. QUAND FAUT-IL ENLEVER LE PAILLIS AU PRINTEMPS ?

Il n'y a pas de limite à ce que les jardiniers forcenés peuvent faire... et leurs actions bizarres sont souvent appuyées par quelques autorités horticoles en plus ! Lisez bien ceci : on recommande souvent *d'enlever le paillis au printemps pour laisser le sol se réchauffer, puis de le replacer après !* Avez-vous vraiment entendu quelque chose d'aussi ridicule de votre vie ? Les gens qui le disent ou qui le font pensent-ils vraiment que, si on n'enlève pas le paillis, le sol va rester gelé tout l'été ? Oui, le paillis ralentit le réchauffement du sol (ce qui est souvent un mal pour un bien, car cela protège les plantes contre les gels tardifs), mais ce retard est vite rattrapé. Quand enfin tout risque de gel est disparu, les plantes, paillées ou non, sont rendues exactement au même stade. Et où mettre tout le paillis enlevé « temporairement » ? Et quels dommages faits aux plantes que de passer le

Seulement les vrais maniaques enlèvent le paillis au printemps pour faire réchauffer le sol avant de le replacer.

râteau pour enlever le paillis, brisant ainsi leurs racines en surface. Laissez votre paillis en place, en permanence, voilà tout... et dites aux « autorités » qui disent d'enlever le paillis au printemps (je parie qu'aucune de ses personnes ne fait cela chez elles !) d'aller au diable.

919. MAIS IL FAUT LAISSER UN ESPACE DÉGAGÉ DE PAILLIS AUTOUR DES PLANTES, NON ?

Il n'est pas nécessaire de laisser un espace dégagé de paillis autour des tiges des végétaux.

Non ! Cette croyance refuse de mourir, mais beaucoup de gens pensent encore que le paillis ne doit jamais toucher les plantes qu'il protège. Ainsi votre aménagement aura l'air d'un champ de bataille, avec un paillis brun abondamment criblé de cratères, chacun avec une plante en son centre. La théorie veut que, lorsque le paillis touche la tige ou le tronc, cela provoque de la pourriture. Ou que les petits rongeurs auront libre accès aux tiges. Ou que les plantes vont être étouffées par le paillis. Mais si le premier était vrai, la litière forestière, dont le paillis est une manifestation plus contrôlée, serait absente partout autour des troncs des arbres et des tiges des plantes sauvages, ce qui n'est évidemment pas le cas. Dame Nature dispose sa litière partout et elle touche abondamment aux tiges et aux troncs; or, si dame Nature peut le faire, pourquoi pas vous? Et si les rongeurs avaient besoin de paillis qui va jusqu'au tronc pour attaquer, seulement les plantes paillées jusqu'à leur base le seraient. Or les rongeurs s'attaquent à l'écorce des plantes qu'ils aiment bien, indifféremment du fait qu'elles soient paillées ou non. Enfin, si vous posez 10 cm ou moins de paillis, il n'étouffera rien : toutes les plantes vivaces, mêmes les plus basses, se pointeront hors du paillis. Donc, faites comme dame Nature, mettez du paillis partout sur vos plantations : il n'est pas nécessaire d'en dégager le pied !

On peut déchiqueter les feuilles à la tondeuse.

920. APPLIQUEZ LE BEAU PAILLIS EN AVANT-PLAN.

Certains paillis coûtent plus cher que d'autres et souvent c'est parce qu'ils sont plus attrayants. Gardez-les pour l'avant-plan. Cependant, le paillis du deuxième et troisième plan de votre aménagement ne sera pas visible. Utilisez-y des paillis bon marché ou gratuits, moins attrayants, mais qui sont néanmoins très efficaces.

921. DÉCHIQUETEZ LES FEUILLES AVANT USAGE

Pour être efficaces comme paillis, les feuilles mortes doivent d'abord être déchiquetées, surtout s'il s'agit de grosses feuilles (feuilles d'érable de Norvège, de chêne rouge, etc.). Autrement, elles peuvent s'imbriquer les unes dans les autres pour créer une barrière impénétrable, même aux plantes désirables. Aussi, les feuilles entières partent facilement au vent et dérangent les voisins; les feuilles déchiquetées, par un miracle quelconque de la physique, ne bougent pas du tout! Pour savoir comment déchiqueter les feuilles, allez voir les trucs 708 à 712.

922. RAMASSEZ LE PAILLIS QUE VOS VOISINS JETTENT

Versez les feuilles de vos voisins sur le gazon avant de les déchiqueter à la tondeuse.

Vous manquez de feuilles mortes pour votre paillis? Allez voir vos voisins: il y a de bonnes chances qu'ils les mettent encore sur le bord de la rue dans des sacs de plastique. Ramassez les sacs et déchiquetez les feuilles pour un paillis efficace et très bon marché.

923. UN AUTRE PAILLIS GRATUIT

Pour un paillis beau et efficace, appelez une compagnie d'émondage : elles déchiquettent beaucoup de branches et doivent payer pour les apporter au site d'enfouissement ou à l'incinérateur. Demandez-leur du «bois raméal fragmenté» (c'est ainsi qu'on appelle les branches déchiquetées) de bois dur, cependant; le bois raméal de conifères se décompose moins vite et est beaucoup moins riche.

Le bois raméal est souvent disponible gratuitement.

924. ENCORE UN AUTRE PAILLIS GRATUIT

Les copeaux et la sciure de bois sont des paillis très intéressants, même s'ils ne sont pas nécessairement les paillis les plus jolis. L'idéal, c'est de se faire amis avec quelqu'un qui travaille le bois. Ainsi vous aurez tout le paillis qu'il vous faut... gratuitement!

■ Compenser les défauts des paillis

925. APPLIQUEZ LE PAILLIS EN UN TOURNEMAIN!

Le paillis possède beaucoup d'avantages, mais aussi un désavantage important: il disparaît avec le temps! D'accord, en se décomposant il enrichit le sol, ce qui est très bien, et on ne veut pas d'un paillis qui reste trop longtemps, car il devient éventuellement envahi de terre et alors les mauvaises herbes commencent à s'y installer. Mais remplacer le paillis qui disparaît demande beaucoup d'efforts! D'ailleurs, le plus gros travail qui reste au jardinier paresseux, c'est de renouveler régulièrement le paillis. À moins que vous ne fassiez affaire avec un service de soufflage de paillis! En effet, aux États-Unis et dans l'Ouest canadien, quand vous voulez du paillis, vous n'avez qu'à téléphoner. Vous précisez le type de paillis que vous voulez et la date et de l'heure de livraison et, au moment voulu, un gros camion se gare devant la maison. L'employé tire un gros boyau jusqu'aux emplacements qui requièrent du paillis et démarre la soufflerie. En quelques minutes votre plate-bande, votre potager, le tour de vos arbres, etc. sont parfaitement paillés. Ce service était très nouveau dans l'Est du Canada au moment où ce livre était rédigé, mais il existait déjà sur la Rive-Sud de Montréal.

926. LES PAILLIS VOLEURS D'AZOTE

Les paillis frais, et notamment les paillis à base de bois, ont la réputation de voler l'azote du sol… et c'est vrai! Pour amorcer leur décomposition, ils ont besoin de beaucoup d'azote et ils (ou du moins, les micro-organismes responsables de la décomposition) vont le chercher dans le sol. Et cet effet dure quelques semaines pour la plupart des paillis décomposables et jusqu'à six mois pour la sciure, les copeaux et les autres paillis frais à base de bois. Or vos plantes aussi ont besoin d'azote et les deux, plante et paillis, sont alors en conflit. Que faire? Il y a plusieurs façons de compenser ce défaut:

• Appliquez un engrais azoté biologique de longue durée;

• Utilisez un paillis déjà vieilli;

• Appliquez votre paillis «voleur» à l'automne: l'effet «vol d'azote» sera déjà terminé au printemps et ne nuira plus aux plantes.

927. MAINTENIR UN BON PH

Plusieurs jardiniers n'osent pas utiliser certains paillis, comme les aiguilles de pin, de peur qu'ils acidifient le sol. D'abord, la plupart des paillis n'acidifient pas le sol, mais ont plutôt, une fois décomposés, un pH très acceptable d'environ 6,0 à 6,5. Et même les paillis qui peuvent acidifier le sol, comme celui d'aiguilles de pin, le font si lentement que vous avez amplement le temps de réagir pour contrecarrer leur effet. Faites tout simplement faire une analyse de sol aux quatre ou cinq ans et corrigez le pH du sol en conséquence, s'il y a lieu. Ou utilisez les paillis acidifiants sur les plantes acidophiles: c'est encore plus paresseux!

928. PAS DE SEMIS AVEC LES PAILLIS

Le plus important défaut du paillis est qu'il ne permet pas aux plantes de se ressemer. En général, c'est une bonne chose, car la plupart du temps, les plantes qui se ressèment sont des mauvaises herbes, mais pour le un pour cent des végétaux ornementaux qu'on veut voir se ressemer (les bisannuelles, surtout, plus certaines annuelles et vivaces), le paillis est néfaste. Pour ces plantes, laissez quelques emplacements non paillés dans la plate-bande à l'automne et elles s'y ressèmeront allègrement. N'oubliez toutefois pas que, si vous laissez des emplacements non paillés, il y aura aussi des mauvaises herbes. Au printemps, donc, quand les plantes désirées auront atteint environ de 10 à 15 cm de hauteur, désherbez manuellement… et replacez le paillis pour que les indésirables ne reviennent pas !

Laissez des espaces dégagés de paillis si vous voulez voir vos plantes se ressemer.

■ Cas spéciaux

929. LES PAILLIS DE COULEUR

Les paillis étaient, à l'origine, presque toujours de couleur brune ou beige, mais, depuis quelques années, les paillis de couleur sont très à la mode. Noir, orangé, jaune, même bleu, on trouve de tout sur le marché. Le paillis orangé, appelé «paillis de cèdre rouge» parce qu'il est sensé représenter la couleur naturelle de l'écorce de thuya, est devenu populaire quand il a été adopté comme couleur officielle pour le paillis utilisé par les Restaurants McDonald's dans les années 1980. À cette époque, la chaîne de restaurants était à l'avant-garde en insistant sur le fait que leurs terrains étaient toujours joliment aménagés (remarquez comme relativement peu de restaurants le font même de nos jours !) et leur paillis orangé avait bien stimulé l'imagination du public, à tel point que les gens pensent que la couleur orangée des «paillis de cèdre rouge» est la couleur naturelle et normale pour un paillis ! Bien qu'il n'y ait pas

Pourquoi les paillis orangés sont-ils si populaires ? C'est un mystère !

de mal à utiliser un paillis de couleur pourvu qu'il soit bio-dégradable*, si vous voulez vraiment un paillis qui réduit le travail, préférez les couleurs naturelles. En effet, la moindre feuille morte ou jaunie ressort comme un phare sur un paillis bleu ou orangé alors qu'elle se fond tout simplement dans le décor sur un paillis couleur terre.

Les paillis de pierre conviennent surtout aux plantes xérophiles, comme cette joubarbe (Sempervivum arachnoideum).

930. UN PAILLIS DIFFÉRENT POUR LES PLANTES XÉROPHYTES

La vaste majorité des plantes préfère un sol humide, riche et frais, mais il existe une petite minorité qui tolère les sols secs, pauvres et chauds à tel point qu'elles peuvent souffrir dans une plate-bande paillée de façon traditionnelle. Utilisez alors plutôt des paillis très aérés qui retiennent peu d'eau, comme les aiguilles de pin ou les pierres décoratives.

Un couvre-sol, comme ce tapis de pachysandre (Pachysandra terminalis), fait un excellent paillis vivant.

931. POURQUOI NE PAS UTILISER UN PAILLIS VIVANT?

Tous les paillis organiques se décomposeront tôt ou tard (certains, comme les feuilles déchiquetées, très tôt, d'autres, comme les gros morceaux d'écorce, très tard), mais ils se décomposeront quand même. Il y a cependant une exception: un paillis absolument sans entretien qui ne se décompose pas. C'est le paillis vivant! En effet, on peut considérer les plantes couvre-sol (trucs 631) comme étant des paillis vivants. Elles font tout ce que les paillis font et parfois même mieux (je suis toujours impressionné de voir les feuilles mortes, même en grosse quantité, disparaître comme par magie dans un tapis végétal: sa capacité de faire le ménage est incroyable!). Pour une liste de plantes couvre-sol, allez voir le truc 632.

*Il y avait déjà eu, pendant une courte période, un paillis de diverses couleurs appelé «bois minéralisé» et dont la caractéristique principale était qu'il ne se décomposait jamais et qu'il se mêlerait au sol avec le temps, à la grande frustration des jardiniers obligés de l'enlever morceau par morceau!

Plantation

932. LA PLANTATION : FACILE MÊME POUR LE DÉBUTANT !

Il n'y a rien de très compliqué dans la plantation : même si vous donnez une pelle et une plante à un novice qui n'a jamais jardiné de sa vie, d'instinct, il va probablement réussir. Regardons donc tout simplement les notions de base de la plantation, juste pour vous rassurer, avec quelques petits trucs de plus qui assureront un meilleur succès que la normale. Certains détails sur des types de plantation plus spécifiques (rempotage des plantes d'intérieur, plantation des plantes d'ombre, etc.) sont donnés dans les sections qui couvrent ces plantes.

■ Plantation de plantes en pots

933. ON PEUT PLANTER LES VÉGÉTAUX EN POTS (PRESQUE) EN TOUTE SAISON

On peut planter les plantes en pots presque en toute saison, tant que le sol n'est pas gelé, mais les deux plus importantes saisons pour la plantation sont le printemps et l'automne, quand la température est fraîche et que creuser des trous n'est pas aussi ardu. Pour les annuelles et les bulbes tendres, la plantation se fait au printemps. Pour les bulbes rustiques, c'est à l'automne. Pour les autres végétaux, l'une ou l'autre saison convient. Et on peut aussi planter les plantes en pots en plein été si on veut. Le seul dérangement c'est qu'il fait chaud et que vous n'êtes pas nécessairement très à l'aise pour planter.

934. POUR PLANTATION PRINTANIÈRE SEULEMENT

Certains végétaux devraient être plantés au printemps uniquement. Il s'agit surtout de plantes à croissance lente qui demandent tout un été pour bien s'établir avant de pouvoir affronter le froid de l'hiver et aussi de plantes à rusticité limitée : on les plante au printemps dans l'espérance qu'une plus longue période en pleine terre les aidera à mieux s'acclimater. Sur la liste des végétaux pour lesquels on recommande la plantation printanière, il y a les lotus, les érables du Japon, les magnolias et les rhododendrons.

935. FAUT-IL ENLEVER LE PAILLIS AVANT DE PLANTER ?

Si vous avez utilisé un paillis inerte ou de longue durée, oui, il faut l'enlever auparavant : la dernière chose au monde que vous voulez est de mélanger ces gros paillis lourds avec la terre ! Pour le paillis à décomposition rapide, c'est selon votre choix. Il n'est nullement néfaste de mélanger ces paillis légers en voie de décomposition au sol et vous n'aurez qu'à étendre un paillis frais sur le sol quand vous aurez terminé la plantation. Si vous voulez conserver ces paillis afin de pouvoir les remettre en place après, vous pouvez bien sûr les enlever temporairement sur toute la surface du trou de plantation afin de les conserver.

Ne creusez pas les trous de plantation plus profonds que la hauteur de la motte de racines. Le sol ameubli au fond peut alors trop se tasser, faisant descendre la plante trop loin dans le sol. Mieux vaut un trou qui est environ aussi profond que la motte est haute : ainsi la plante ne bougera pas.

1

Étape 1 : *tassez le paillis.*

2

Étape 2 : *creusez un trou.*

3

Étape 3 : *enlevez le pot.*

4

Étape 4 : *coupez ou tirez sur les racines encerclantes.*

5

Étape 5 : *centrez la plante et comblez le trou à la moitié.*

6

Étape 6 : *remplissez le trou d'eau.*

7

Étape 7 : *comblez le trou et tassez.*

8

Étape 8 : *arrosez bien.*

9

Étape 9 : *appliquez un paillis.*

10

Étape 10 : *arrosez de nouveau.*

937. UN TROU AU MOINS DEUX FOIS PLUS LARGE QUE LA MOTTE

Il est très difficile de placer une plante dans un trou étroit : vous n'avez tout simplement pas la place pour manœuvrer. Faites donc un trou au moins deux fois plus large que la motte... et trois fois, c'est encore mieux.

938. FAUT-IL AMENDER LA TERRE PRÉLEVÉE ?

Rarement. Cela ne sert à rien d'agir localement; il vaut mieux agir globalement, sur toute la plate-bande à la fois, car une poche de sol riche et meuble dans un milieu autrement très dégradé peut causer des problèmes, notamment de drainage. Si la terre est vraiment de mauvaise qualité, mieux vaut étendre une nouvelle couche de terre, de qualité cette fois-ci, par-dessus la terre d'origine et jardiner dans ce nouveau médium. Et si vous jugez à propos d'amender le sol juste un peu, étendez tout simplement du compost sur toute la surface de la plate-bande à la fin de la plantation. Les vers de terre se chargeront de l'incorporer au sol.

939. ENLEVEZ LE POT

Pour ce faire, inversez le pot et, en tenant la base de la plante entre vos doigts, frappez sur le fond du pot avec la paume de votre main pour dégager le pot et ainsi l'enlever sans peine. Si le pot ne cède pas, essayez de comprimer le pot tout autour. Si le pot ne lâche toujours pas, il peut être nécessaire de le couper (après tout, mieux vaut sacrifier le pot que la plante). Pour les plantes trop grosses et trop lourdes à renverser, comme les arbres et les conifères, placez la plante au sol sur le côté, frappez le fond du pot avec votre main pour la dégager et essayer d'enlever le pot.

940. ATTENTION AUX RACINES ENCERCLANTES !

Avant de placer la plante dans le trou de plantation, regardez bien. Si la motte est bien couverte de racines, mais sans plus, vous pouvez la planter telle quelle. Si par contre les racines font le tour de la motte, il faut les tirer vers l'extérieur ou encore les couper, sinon, avec temps, quand le tronc et les racines grossiront aussi, les racines encerclantes peuvent «étrangler» la plante, réprimant sa croissance et, éventuellement, la tuer.

941. REDRESSEZ LA PLANTE ET CENTREZ-LA DANS LE TROU

Après avoir enlevé le pot, redressez la plante et centrez-la dans le trou. Le haut de la motte devrait être environ au même niveau que le sol. Si elle est un peu plus haute, ce n'est pas grave, mais si la motte est trop profonde, enlevez la motte, rajoutez de la terre au fond du trou pour la soulever un peu et essayez encore.

942. AVANT DE REMPLIR LE TROU, AJOUTEZ DES MYCORHIZES

Saupoudrez tout simplement une pincée de mycorhizes sur la motte de racines. Pour plus de renseignements sur les mycorhizes, consultez les trucs 953 à 958.

943. REMPLISSEZ LE TROU JUSQU'À LA MOITIÉ

Remplissez le trou de terre jusqu'à la moitié, tassez bien pour éliminer les poches d'air, puis arrosez bien, en remplissant la cuve ainsi formée, et attendez que le surplus d'eau se soit écoulé avant de continuer. Ce premier «arrosage mi-par-cours» est très utile, car il permet à l'eau d'atteindre les racines inférieures.

944. REMPLISSEZ LE TROU ET ARROSEZ

Remplissez maintenant le trou de terre et tassez-la bien, toujours pour éliminer les poches d'air, puis arroser bien de nouveau. Pour les plantes ligneuses, notamment, il peut être intéressant de créer une cuvette d'arrosage autour de la motte du végétal nouvellement planté. Pour cela, voir le truc 833.

945. APPLIQUEZ DU PAILLIS

Finissez votre plantation en appliquant une couche de 7 à 10 cm de paillis tout autour de la plante. Vous pouvez ramener le paillis que vous aviez tassé avant la plantation ou ajouter du paillis frais. Enfin, arrosez légèrement pour bien faire adhérer le paillis.

946. LA POSTCURE : MAINTENEZ LA PLANTE LÉGÈREMENT HUMIDE

Pendant les quelques prochaines semaines, maintenez la nouvelle plante légère-ment humide, c'est-à-dire quand vous mettez un doigt dans le sol à sa base jusqu'à la deuxième jointure et que la terre est sèche au toucher, arrosez abondamment. Il n'est pas nécessaire et même néfaste de garder la terre constamment détrem-pée. Normalement, on fera un suivi un peu plus soutenu des plantes durant toute leur première année de croissance.

■ Plantation de plantes à racines nues

947. QUAND PLANTER LES VÉGÉTAUX À RACINES NUES?

Comme les végétaux à racines nues, en général, des arbres à haie et des rosiers : peu d'autres plantes vendues sans terre n'ont pas de motte de terre autour de leurs racines pour les protéger, il faut les planter pendant qu'ils sont en dormance, soit au printemps ou à l'automne. Par conséquent, les pépinières ne les vendent que durant ces deux saisons.

948. COMMENT PLANTER DES VÉGÉTAUX À RACINES NUES

Les plantes à racines nues demandent une attention spéciale à la plantation. Le plus important est de bien asseoir la couronne de la plante pour ne pas qu'elle s'enfonce dans le sol. Or, cela arrive facilement si le sol sous la plante n'est pas bien compacté. Pour bien réussir cette plantation, creusez un trou assez large et profond pour accommoder les racines et formez, au centre, un monticule conique bien tassé sur lequel vous viendrez appuyer la base de la plante. La couronne doit arriver à la même hauteur qu'auparavant (voir le truc suivant). S'il est trop haut ou trop bas, ajustez la hauteur du monticule. Quand tout est bien, assoyez la base de la plante sur le monticule et étalez les racines dans tous les sens. Le reste de la plantation se fait comme pour une plante

Formez un monticule au centre du trou pour supporter les végétaux à racines nues.

en pot, c'est-à-dire appliquez les mycorhizes, remplissez le trou à moitié de terre, arrosez bien, remplissez le trou complètement, arrosez encore et étendez le paillis.

949. RECONNAÎTRE LA BONNE PROFONDEUR

Pour bien reprendre, un végétal nouvellement planté doit être environ au même niveau que dans son sol d'origine, peut-être un peu plus haut, mais certainement pas plus bas, car cela peut causer de la pourriture. Pour les plantes en pots, c'est facile à juger : le niveau supérieur de la motte de racines représente le bon niveau. Pour les plantes à racines nues, cependant, on n'a plus ce repère. À la place, cherchez la marque sur la plante elle-même, c'est-à-dire sur la tige, le tronc ou la couronne, selon le type de plante. Il y a toujours une ligne de démarcation très nette : la partie plus haute, qui était exposée au soleil, est plus foncée et d'habitude verte ou brune; la partie inférieure, qui n'a jamais été exposée au soleil, est pâle et souvent blanche ou rose.

950. POUR S'ASSURER QUE LA COURONNE SOIT AU BON NIVEAU...

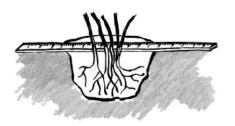

Une règle ou une planche placée par-dessus le trou de plantation permet de vérifier que la couronne est au bon niveau.

...Placez une règle (ou une planche ou une baguette) par-dessus le trou de plantation : ainsi elle indiquera exactement le niveau du sol. Maintenant, alignez la ligne de démarcation (voir le truc précédent) sur la partie inférieure de la règle : quand les deux sont vis-à-vis, c'est exactement le bon niveau !

■ Plantation estivale

951. OUI, ON PEUT PLANTER EN PLEIN ÉTÉ

La croyance populaire dit qu'il faut planter les végétaux au printemps ou à l'automne, mais on peut planter en plein été ! Il est cependant doublement plus important de surveiller les arrosages (deux ou trois arrosages par semaine peuvent être nécessaires en période de sécheresse) pour mieux stimuler une bonne reprise.

952. L'ANTITRANSPIRANT AU SECOURS DE LA NOUVELLE PLANTE

Pour une meilleure reprise des végétaux plantés en plein été, vaporisez les feuilles avec un antitranspirant comme Wilt-Pruf (voir le truc 970 pour plus de détails sur les antitranspirants). Ce produit réduit la transpiration des plantes... comme la plante perd moins d'eau, elle souffre moins du stress hydrique et reprend beaucoup plus facilement.

■ Mycorhizes

953. CES CHAMPIGNONS QUI AIDENT À LA CROISSANCE

Pour une meilleure croissance des plantes, surtout dans un sol perturbé ou dans un terreau en sac, appliquez à la plantation une ou deux pincées de mycorhizes, c'est-à-dire des champignons bénéfiques. Ces champignons agissent un peu comme une extension des racines : ils permettent à la plante d'aller chercher davantage de minéraux et d'eau que les racines auraient pu le faire elles-mêmes. D'ailleurs, plusieurs études indiquent que les plantes mycorhizées sont moins sujettes aux maladies des racines.

Les mycorhizes peuvent aider à stimuler une meilleure croissance des plantes.

954. COMBIEN DE TEMPS DURE LA RELATION SYMBIOTIQUE ENTRE LA PLANTE ET SES MYCORHIZES

Lorsque les racines d'une plante sont colonisées par les mycorhizes, elles le restent normalement pour la vie de la plante. Jusqu'à la fin de la saison pour les annuelles… et plusieurs décennies, voire des siècles, dans le cas des arbres.

955. CERTAINES PLANTES N'ÉTABLISSENT PAS DE RELATION SYMBIOTIQUE AVEC LES MYCORHIZES

Les choux et leurs parents, comme ce choux frisé, sont parmi les rares végétaux qui ne vivent pas en symbiose avec les mycorhizes.

Presque toutes les plantes vivent en symbiose avec les mycorhizes dans la nature. C'est même l'une des relations les plus élémentaires qui existent entre des espèces différentes, une relation qui date de l'époque à laquelle la première plante a quitté la mer. Mais certains végétaux, pour des raisons qu'on ne connaît pas, n'entrent pas en symbiose avec les mycorhizes. Il s'agit surtout des plantes des familles des crucifères (choux, arabettes, alyssum, etc.),

des orchidées, des chénopodes (betterave, épinard, etc.), des crassules (jade, sédum, etc.) ainsi que des œillets (*Dianthus*). Présentement, il n'y pas non plus de souche commerciale pour le type de mycorhize qui colonise les racines des éricacées (rhododendrons, bleuetiers, bruyères, etc.). Par contre, si vous préférez ne pas tenir compte des exceptions et utiliser des mycorhizes avec toutes les plantes, sachez qu'il n'est pas néfaste d'en appliquer sur les racines des plantes qui ne les acceptent pas, simplement que leurs racines ne seront pas colonisées.

956. À CHAQUE PLANTE SON MYCORHIZE ?

Vous remarquerez qu'il existe plusieurs formulations de mycorhize sur le marché, entre autres, bulbes, fleurs, potagers, plantes d'intérieur, arbres et arbustes, ce qui amène les gens à croire qu'il faut appliquer un produit différent à chaque type plante. En fait, cela relève strictement de la mise en marché. Les plantes herbacées vivent toutes avec *Glomus intraradices* et les produits pour bulbes, fleurs, potager et plantes d'intérieur ne contiennent que ce champignon mycorhizien. Donc, vous pourriez utiliser le mycorhize pour fleurs sur les bulbes et celui pour bulbes sur le potager, cela ne changerait rien : ils sont pareils ! Par contre, le produit pour arbres et arbustes contient quatre autres champignons en plus de *G. intraradices*, car certaines plantes ligneuses ne peuvent pas être colonisées par ce champignon. Vous devez donc utiliser la formule arbres et arbustes sur les plantes ligneuses… mais la formule arbres et arbustes est aussi un produit universel, puisque il contient *G. intraradices* et convient donc aussi aux plantes herbacées.

957. UNE GARANTIE PROLONGÉE SI VOUS UTILISEZ DES MYCORHIZES ?

Peut-être ! Allez voir le truc 1537.

958. ÉVITEZ LES ENGRAIS RICHES EN PHOSPHORE

Les mycorhizes tolèrent l'application d'engrais biologiques, mais si on applique des engrais trop riches en phosphore, le deuxième chiffre, la colonisation par les mycorhizes est entravée. Évitez donc les engrais avec un deuxième chiffre supérieur à 14. D'ailleurs, comme les mycorhizes aident les plantes à mieux absorber le phosphore déjà présent dans le sol, les engrais riches en phosphore ne sont plus très utiles.

■ Engrais transplanteurs

959. FAUT-IL ARROSER AVEC UN ENGRAIS TRANSPLANTEUR APRÈS LA PLANTATION ?

Les engrais transplanteurs sont des engrais biologiques ou de synthèse, très riches en phosphore. On les utilise à la plantation, au repiquage, à la transplantation et, en général, chaque fois qu'on dérange les racines d'une plante. L'idée est que le phosphore qu'ils contiennent en grande quantité stimule la croissance des racines et, en arrosant avec un tel engrais à la plantation, la reprise devrait être meilleure. En théorie, du moins. Mon expérience est qu'une application de mycorhizes donne d'aussi bons résultats que les engrais transplanteurs sinon meilleurs et, de plus, les mycorhizes continuent de stimuler la croissance durant le reste de la vie de la plante. Je préfère donc les mycorhizes.

960. PEUT-ON APPLIQUER MYCORHIZES ET ENGRAIS TRANSPLANTEUR ET BÉNÉFICIER DES AVANTAGES DES DEUX ?

Non. L'utilisation d'engrais transplanteurs est carrément contre-indiquée quand on applique des mycorhizes, car ils empêchent les mycorhizes de coloniser les racines.

PROTECTION HIVERNALE

961. UN CONCEPT ÉTRANGER AU JARDINIER PARESSEUX

L'idée de la nécessité d'une protection hivernale est complètement étrangère au jardinier paresseux. C'est un concept qu'il ne comprend tout simplement pas. Pourquoi protéger contre l'hiver les plantes non rustiques ? Il suffit de planter des végétaux qui conviennent aux conditions, voilà tout : la bonne plante à la bonne place, quoi. Si une plante doit être emballée comme une momie pour survivre à l'hiver, elle n'a pas sa place dans l'aménagement du jardinier paresseux. C'est si simple !

■ Paillis comme protection hivernale

962. MA PROTECTION, C'EST LE PAILLIS

Une épaisse couche de paillis fait une excellente protection hivernale.

Il serait cependant faux de dire que le jardinier paresseux ne protège nullement ses plantes pour l'hiver. Il le fait, mais de façon secondaire. Le paillis qu'il applique partout à la base des vivaces, des arbres, des conifères, etc. est aussi une protection hivernale : il empêche le gel de pénétrer profondément dans le sol. Même les bulbes, les bisannuelles et les vivaces qui sont complètement recouverts d'un bon paillis durant l'hiver peuvent facilement gagner une zone de rusticité supplémentaire ! Ainsi une vivace de zone 5, par exemple, passera en général l'hiver sans problème en zone 4 si elle est bien paillée. Ou une vivace de zone 4 en zone 3 (cela ne fonctionne pas pour les plantes ligneuses, cependant, car le paillis protège leurs racines, mais pas leurs branches qui demeurent exposées au froid). Et la beauté du paillis comme protection hivernale ? Cette protection a strictement un effet secondaire : on paille surtout pour d'autres raisons, mais il se trouve que le paillis protège aussi nos plantes. Il n'y a donc pas à *poser* de protection à tous les automnes et à l'*enlever* au printemps. Le paillis est là, tout simplement, en tout temps : il protège contre les méfaits de l'hiver autant que contre ceux de l'été (sécheresse, sol trop chaud, etc.).

963. ... ET LA NEIGE ?

La neige aussi, souvent vue comme le pire des ennemis par les jardiniers forcenés, est le grand ami du jardinier paresseux. Elle crée une couche isolante contre le froid extrême de l'air en plein hiver pour la couronne et les racines des plantes. L'épaisseur moyenne de la couche de neige est d'ailleurs un des facteurs principaux, avec la température minimale, qu'Agriculture Canada a utilisés pour élaborer ses célèbres zones de rusticité (truc 35). Une bonne couche de neige agit sur le degré de protection de nos plantes au point que les jardiniers d'expérience savent très bien à quoi s'attendre au printemps : quand il y a beaucoup de neige, la reprise est excellente ; si la neige est absente par périodes de grand froid, ils secouent la tête en signe de découragement. Certaines plantes auront sûrement souffert. Heureusement que le paillis aide à compenser le manque de neige… et d'ailleurs, si quelqu'un a bien besoin d'apprendre à pailler ses plantes, c'est le jardinier qui vit dans une région où les précipitations ne sont pas fiables.

964. LE PAILLIS COMME PROTECTION CONTRE LE DÉGEL HÂTIF

Une épaisse couche de neige est la meilleure protection hivernale qui soit.

S'il y a une situation qui fait paniquer le jardinier forcené qui n'utilise pas de paillis puisqu'il l'empêche de sarcler, c'est quand il y a un dégel trop hâtif. Or, il sait d'expérience que, lorsqu'il y a déjà de belles journées en mars, assez pour dégeler le sol, il y a encore non seulement la possibilité d'avoir un gel profond, mais la certitude. L'air froid de l'Arctique n'est qu'à quelques pas de nos régions et il revient si facilement. Or, s'il fait trop beau, trop tôt, certaines plantes (habituellement des importées, les indigènes savent qu'il ne sert à rien de pousser trop rapidement sous notre climat!) se mettent à pousser et, ce faisant, échangent leur mode hivernal, avec sa protection naturelle contre le froid, contre leur mode printanier, soit la pleine croissance, mais sans plus aucune protection naturelle contre les températures excessivement fraîches. Et alors les nouvelles pousses gèlent et meurent, ruinant souvent la floraison de l'année. Parfois la plante meurt, tout simplement. Mais pas si elle est bien paillée. Le paillis retarde le dégel

Les paillis ralentissent la croissance au printemps et mettent les plantes à l'abri des gels tardifs.

printanier. Comme le soleil ne frappe pas directement le sol, mais plutôt le paillis, le sol ne se réchauffe pas très rapidement et reste gelé plus longtemps. Le début de la croissance printanière est alors retardé. Si une plante est bien paillée, elle souffre donc rarement des dommages dus à un gel tardif.

965. LE PAILLIS CONTRE LE DÉCHAUSSEMENT

Les paillis empêchent le déchaussement des plantes par l'action du gel et du dégel.

Le déchaussement est un phénomène des plus curieux qui affecte surtout les plantes nouvellement mises en terre. On les avait plantées selon les règles de l'art à l'automne et, au printemps, on les retrouve déterrées, leur motte de racines partiellement ou entièrement exposée, comme si un campagnol entreprenant l'avait hissée hors du sol. Mais le déchaussement n'a rien à voir avec un mammifère, mais bien avec le gel et dégel. En effet, quand le sol gèle et dégèle à répétition au cours de l'hiver, donc où il y a des contractions et des expansions multiples, les plantes peuvent être déterrées (déchaussées), tout comme, d'ailleurs, les pierres enterrées sont poussées hors du sol en hiver par le même phénomène. On les voit, la motte complètement exposée à l'air (et au froid!), quand la neige fond au printemps. Le déchaussement est très néfaste pour les plantes, car les racines sont moins rustiques que les parties aériennes des plantes: le déchaussement leur est souvent fatal. Mais vous ne verrez plus de déchaussement si vous utilisez un paillis. L'un des effets secondaires des paillis est qu'ils modèrent la température, assurant ainsi qu'une fois que le sol est gelé, il reste gelé pour l'hiver. Et ainsi, par accident, on prévient le déchaussement hivernal!

966. LE PAILLIS HIVERNAL

Sachant que le paillis protège leurs plantes contre le froid, les jardiniers forcenés, qui ne connaissent pas de limites quand il s'agit de travailler pour rien, ont développé une nouvelle technique: le paillis hivernal, habituellement des feuilles d'automne déchiquetées. Ils posent une couche de 10 à 15 cm de ces feuilles à l'automne (jusqu'ici, comme l'aurait fait un jardinier paresseux), quand le sol est gelé, afin qu'il le demeure tout l'hiver, mais ils l'enlèvent au printemps, quand il n'y plus de risque de gel, de façon à pouvoir sarcler autour de leurs plantes chéries, jetant à la poubelle ce beau paillis pourtant encore si utile. Pour le jardinier paresseux, c'est un non-sens: il assure la présence de paillis en toute saison, hiver comme été, tel qu'expliqué dans la section sur les paillis, voir les trucs 901 à 931.

■ Protection hivernale des plantes ligneuses

967. LA PROTECTION HIVERNALE DES PLANTES LIGNEUSES : EXCESSIVE ET INUTILE

Les emballages de jute et de géotextile ainsi que les cages de bois et tout l'attirail de la protection hivernale que l'on voit pousser partout dans notre région à l'automne sont des symptômes soit d'un manque de compréhension des besoins des plantes, soit d'une horticulture défaillante. En effet, si on a placé les bonnes plantes à la bonne place, pourquoi aurait-on besoin de les protéger de l'hiver qui n'est, après tout, qu'une saison comme les autres ? Il ne manque pas de plantes capables de survivre aux pires intempéries hivernales, même si vous résidez en zone 2. C'est pourtant si simple : plantez des plantes de votre zone ou de toute zone moindre. En zone 4, par exemple, plantez des végétaux de zone 1, 2, 3 et 4 ; en zone 5, des végétaux de zone 1, 2, 3, 4 et 5. Si la plante est acclimatée à la zone, elle n'a pas besoin de protection, bien évidemment. Par contre, beaucoup de jardiniers emballent tous les conifères, arbres et arbustes sans même se demander pourquoi ils le font, convaincus que les plantes ne pourraient pas survivre à l'hiver sans leur aide.

Les « protections hivernales » sont laides et inutiles.

968. LE PIRE DES NON-SENS : LES CONIFÈRES EMBALLÉS POUR L'HIVER

Le comble de la « folie de la protection hivernale », qui est d'ailleurs très nuisible à la réputation de l'horticulture comme passe-temps « facile et agréable », se voit quand les gens emballent les conifères comme des momies pour l'hiver. Or, la **raison même de planter un conifère, c'est parce qu'il est attrayant douze mois par année !** Je ne pense pas qu'un conifère emballé de jute ou de géotextile pendant six mois est si beau que cela ! Et vous ? Dites-vous bien qu'il n'est *jamais* nécessaire d'enlaidir votre terrain de protections hivernales visibles. Un vrai jardinier paresseux choisit des plantes qui conviennent à ses conditions : si une plante ne donne pas satisfaction dans un endroit donné, on l'essaie ailleurs et on la remplace par une qui n'a pas besoin de soins spéciaux, voilà tout !

Pensez-vous vraiment qu'un pin des montagnes (Pinus mugo), de zone 1, a besoin d'une protection hivernale en zone 5 ?

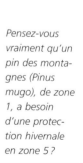

969. PROTÉGEZ LES CONIFÈRES DRESSÉS

Bien des gens insistent pour emballer les conifères dressés (genévriers et thuyas pyramidaux, notamment) pour protéger les branches contre le poids de la neige. Pourtant c'est rarement nécessaire. Habituellement, ils passent l'hiver sans le moindre dommage. Par contre, il est vrai que les conifères dressés, placés trop près d'un mur de maison, subissent souvent des dégâts dus aux chutes de neige glacée tombant du toit. Évidemment, la vraie solution est de déplacer la plante et de cultiver des végétaux aux rameaux plus étalés que dressés près du mur. Mais supposons que cela est impossible. Il est possible de protéger de tels conifères sans les emballer et ainsi sans perdre leurs attraits justement au moment où on en a le plus besoin, soit en hiver. Il suffit de placer un tuteur solide *derrière* le conifère (pour qu'il soit invisible aux passants) et de ficeler doucement, sans serrer à outrance, le conifère à son support. De grâce, évitez la corde orange fluo! Quand ce travail est bien fait, on le remarque à peine de près et pas du tout de loin.

On peut discrètement protéger les conifères dressés par un tuteur et du fil.

970. UNE PROTECTION HIVERNALE INVISIBLE... ET EFFICACE

Beaucoup de jardiniers se donnent énormément de peine pour envelopper les rhododendrons et les conifères de jute, de géotextile, de clôture à neige ou d'autres atrocités pour les empêcher de souffrir des brûlures durant l'hiver, mais il est beaucoup plus facile (et tellement plus esthétique!) de tout simplement les vaporiser avec une mince couche d'antitranspirant, comme le Wilt-Pruf, à l'automne. Ce produit biodégradable protège encore plus efficacement que les emballages et est entièrement invisible à l'œil nu!

Une simple vaporisation avec un antitranspirant protège mieux contre l'assèchement des feuilles d'une toile géotextile.

971. ARROSEZ LES CONIFÈRES À L'AUTOMNE

Si les conifères roussissent parfois l'hiver, ce n'est pas à cause du froid (la plupart sont suffisamment rustiques!), c'est qu'ils ont manqué d'eau. En effet, comme les conifères gardent leurs aiguilles l'hiver, ils continuent de perdre de l'eau par transpiration durant tout l'hiver. Pour éviter ce problème, continuez de les arroser tout au long de l'automne, car si la plante est gorgée d'eau, elle ne sera pas brûlée par le vent asséchant et encore moins si, de plus, vous aviez appliqué un antitranspirant (voir le truc précédent).

■ Protection hivernale des rosiers

972. DES ROSIERS SANS PROTECTION

Mais voyons, il faut bien au moins protéger les rosiers, non? Pas si vous êtes assez, j'allais dire intelligent, mais, pour ne pas insulter qui que ce soit disons, paresseux. En choisissant des rosiers assez rustiques pour votre zone (voir le truc 653), vous n'aurez pas à les protéger! Ainsi le cône à rosier, si cher aux jardiniers forcenés, devient strictement inutile. Pourquoi ne pas donner les vôtres à un infortuné jardinier forcené qui les croit toujours utiles?

Si vous choisissez les bons rosiers, vous n'aurez pas besoin de poser des cônes à rosier à l'automne.

SEMIS

■ Graines par la poste

973. AUCUN RISQUE DE GEL

Ne craignez pas que vos semences gèlent en cours d'expédition, même si elles doivent voyager par des températures sibériennes. À l'exception d'un très petit groupe de plantes tropicales aux fruits charnus, les graines sont totalement indifférentes au froid. Des graines ont fait des voyages de plusieurs mois dans l'espace à des températures frisant le zéro absolu pour germer normalement après leur ensemencement. Elles ne craignent donc nullement un petit -45 °C nordique!

■ Contenants

974. RÉUTILISEZ VOS CONTENANTS DE SEMIS

Pourquoi payer une fortune pour acheter des pots ou des alvéoles neufs tous les ans ? Vous pouvez laver à l'eau savonneuse additionnée d'un peu d'eau de Javel les contenants dans lesquels vous aviez acheté des plants l'année précédente et les utiliser encore et encore, tant qu'ils demeurent en bon état, pour vos propres semis.

975. DES SEMIS À LA MARGARINE

On peut utiliser presque n'importe quel contenant pour les semis : il suffit qu'il soit pourvu de trous de drainage (s'il ne l'est pas, percez-y des trous). Parmi les nombreux contenants qui conviennent aux semis, il y a les pots de margarine ou de yogourt, les fonds de contenants de lait, contenants de tofu, etc. Bien sûr, il faut les vider de leur contenu et bien les laver avant de les utiliser.

On peut utiliser des fonds de boîte de lait et des pots de margarine pour faire les semis.

976. DES GODETS POUR SEMIS FRAGILES

Plusieurs semis (zinnias, godétias, ricins, etc.) ont des racines fragiles et peuvent souffrir lors du repiquage si vous les semez en caissette. Semez-les alors dans des godets de tourbe. Au repiquage, il suffit de les repiquer en pleine terre sans enlever le godet et les plants reprendront sans difficulté. La tourbe étant biodégradable, elle laissera passer les racines.

Semez les plants sensibles au repiquage dans des godets de tourbe.

977. ENTERREZ VOS GODETS

Assurez-vous d'enterrer complètement les godets de tourbe en les repiquant, sinon de découper toute partie qui dépasse du sol. C'est que toute partie exposée à l'air peut agir comme une mèche et asséchera la motte de racines.

978. DES SEMIS EN TUBE

Saviez-vous que vous pouvez recycler vos rouleaux de papier hygiénique pour faire des semis? Coupez-les en deux et placez-les, serrés les uns contre les autres, sur un plateau étanche. Maintenant, remplissez-les de terreau et semez-y des graines. Parfois des moisissures se forment sur l'extérieur du rouleau, mais cela n'affecte pas les plants. Au repiquage, plantez les semis dans leur rouleau: comme un godet de tourbe, il est biodégradable et n'empêchera pas les racines de percer.

On peut utiliser des tubes de carton pour faire des semis.

■ Semoirs

979. UN SEMOIR EN PAPIER

Pour semer de façon précise, il existe des semoirs ajustables qui laissent tomber une seule graine à la fois. Par contre, vous pourriez faire presque aussi bien avec un semoir maison... fait tout simplement d'une feuille de papier blanc (utilisez un papier blanc, car on voit mieux les graines que sur un papier de couleur). Pliez le papier en deux et ouvrez-le en V. Vous aurez alors créé un sillon dans lequel vous pourrez verser les graines. Même les plus petites graines s'aligneront à la queue leu leu dans le sillon. Tenez votre «semoir» au-dessus de la surface à semer, penchez-le à angle et tapez doucement dessus tout en le faisant avancer. Les graines tomberont une à une.

Un papier plié en deux fait un excellent semoir.

980. UNE SALIÈRE À SEMIS

Il est facile de bien espacer les graines de taille moyenne et de bonne taille, mais comment bien espacer les graines très fines? Utilisez une salière! Mélangez les graines à du sable horticole, versez-les dans la salière et agitez votre «semoir» au-dessus de la surface à couvrir. À la germination, vous serez surpris de voir à quel point les graines se sont espacées également.

On peut utiliser une salière pour semer les graines fines.

■ Profondeur des semis

981. LA BONNE PROFONDEUR POUR LES SEMIS

En général, le sachet de semences indique la profondeur et l'espacement des semis, sinon vous trouverez ce détail dans un bon livre. Ou suivez la règle suivante: semez à une profondeur égale à quatre fois le diamètre des graines et laissez 1 cm entre les graines (2 cm pour les grosses graines).

982. DES SEMENCES EN SURFACE

N'enterrez pas les graines très fines, celles qui sont presque comme de la poussière: leur petitesse indique que, dans la nature comme au jardin, elles préfèrent germer à la surface du sol.

■ Préparation des graines

Un coupe-ongle permet de couper une brèche dans une graine à épiderme dur.

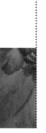

983. UN COUPE-ONGLE POUR SCARIFIER LES GRAINES

Certaines graines ont un épiderme très dur et germent difficilement, irrégulièrement ou seulement après de longs mois. Pour une germination plus facile, il faut alors les *scarifier*, c'est-à-dire légèrement briser l'enveloppe pour permettre la pénétration de l'eau. Traditionnellement, on coupe une petite brèche dans la graine avec un couteau... mais peu de gens sont assez habiles pour le faire sans se couper. Essayez plutôt un coupe-ongles. En coinçant un coin de la graine dans cet outil et en pesant fort, vous pouvez souvent y pratiquer une petite brèche: c'est tout ce qu'il vous faut pour obtenir une bonne germination par la suite.

Tapissez l'intérieur d'une bouteille de papier de verre pour fabriquer une lime facile à utiliser sur les semis.

984. UNE LIME EN BOUTEILLE

Certains spécialistes recommandent de limer les graines à épiderme dur afin de les scarifier, mais il faut beaucoup de temps et beaucoup de minutie pour y arriver. Essayez plutôt ceci: tapissez l'intérieur d'un bocal de papier de verre, côté rugueux tourné vers l'intérieur du bocal. Maintenant, placez les graines à scarifier dans le bocal, visez-y le couvercle et secouez. Quand les graines perdent leur lustre, elles sont prêtes à être semées.

985. DES GRAINES EN THERMOS

On peut souvent ramollir les graines à épiderme dur en les faisant tremper dans de l'eau tiède pendant vingt-quatre heures… mais comment garder l'eau tiède pendant vingt-quatre heures ? Le secret est de verser de l'eau presque bouillante dans un thermos et d'y placer les graines. Vérifiez après vingt-quatre heures. Vous saurez que l'eau y a pénétré juste à regarder les graines : elles seront deux fois plus grosses que la veille. Toute graine qui n'a pas gonflé mériterait un deuxième traitement à l'eau chaude !

986. DES SEMIS AU FROID

Plusieurs graines exigent une période de froid avant de pouvoir germer, notamment la plupart des arbres et arbustes des climats tempérés, mais aussi plusieurs vivaces et même certaines annuelles. On appelle ce traitement une « vernalisation ». Mais il n'est pas suffisant de placer le sachet de semences au frigo pour les vernaliser. Il faut que les graines soient dans un milieu froid **et** humide pour que la vernalisation s'effectue. Traditionnellement, on sème les graines dans un pot ou sur un plateau, on les recouvre d'un sac ou d'une feuille de plastique transparent et on les place dans… le réfrigérateur.

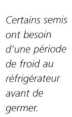

Certains semis ont besoin d'une période de froid au réfrigérateur avant de germer.

987. TROIS MOIS AU FRIGO

La durée du traitement au froid des semis (vernalisation) varie d'une espèce à une autre et l'idéal est de vérifier sur l'étiquette du sachet de semences. En cas de doute, par contre, essayez trois mois. Cela équivaut à un « hiver normal » et c'est généralement assez pour stimuler la germination de presque toutes les graines qui demandent une vernalisation.

988. UN GARAGE AUX SEMIS

Vous n'avez pas accès à un réfrigérateur pour vos semis qui demandent un traitement au froid (vernalisation) avant de germer ? Si vous avez un garage, un garde-manger ou une chambre froide où les températures hivernales frisent le gel sans l'atteindre (entre 1 et 4 °C), vous pouvez l'utiliser pour vernaliser vos semis.

■ Éclairage des semis

Une lampe fluorescente suspendue permet d'ajuster sa hauteur à mesure que les semis grandissent.

989. FLUORESCENTS POUR LES SEMIS

D'accord, on peut faire des semis sur le bord d'une fenêtre, mais l'éclairage y est souvent inégal et les plants qui en résultent sont faibles et étiolés. Les résultats sont meilleurs lorsque vous placez vos semis et plants sous une lampe fluorescente.

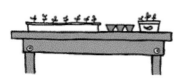

990. LA LAMPE MONTE AVEC LES SEMIS

Pour des semis compacts, suspendez une lampe fluorescente à deux tubes (le minimum pour obtenir une bonne intensité lumineuse) à environ 15 cm du terreau. Quand les semis lèvent et se mettent à pousser, remontez la lampe pour qu'elle soit toujours à environ 15 cm de la tête des plants et vous obtiendrez des plants denses et compacts, comme il se doit.

Réglez votre minuterie : 14 à 16 heures d'éclairage par jour pour obtenir de bons résultats avec la plupart des semis.

991. MINUTEZ VOS SEMIS

Pour une bonne croissance, les semis doivent recevoir plus de douze heures de lumière par jour : utilisez une minuterie réglée pour quatorze à seize heures pour obtenir de meilleurs résultats.

992. DES FLUORESCENTS « COOL »

Pour cultiver des semis sous un éclairage artificiel, nul besoin d'ampoules très coûteuses. Les ampoules fluorescentes de type horticole, très chères, dégagent trop de rayons rouges pour les semis et provoquent un étiolement. Par contre, les fluorescents « Cool White », soit les tubes les moins chers, dégagent beaucoup de rayons bleus et peu de rouges, exactement ce qu'il faut pour des plants compacts et verdoyants !

■ Mini serres

993. UNE SERRE AUX MUFFINS

Pourquoi payer pour des mini serres de fabrication commerciale pour vos semis? Il se vend des quantités de contenants en plastique transparent de nos jours et tous peuvent faire l'affaire. Pensez tout simplement aux contenants dans lesquels votre supermarché vend des muffins ou d'autres pâtisseries, ou encore, le poulet rôti. Percez quelques trous dans le fond (pour laisser échapper tout surplus d'eau) et vous avez une superbe mini serre pour deux fois rien!

Tout contenant en plastique transparent, comme ceux dans lesquels on vend des muffins et du poulet rôti, conviennent parfaitement comme mini serre.

■ Phases de la lune

994. SEMER SELON LES PHASES DE LA LUNE?

La croyance populaire veut qu'il faille semer la majorité des plants dans la phase croissante de la lune. Il est facile de faire un test maison qui prouve que la lune n'a aucune influence sur la germination. Prenez des graines de haricot ou d'un autre légume. Semez-en dix à la phase croissante de la lune et dix à la phase décroissante. À moins qu'un facteur extérieur n'intervienne (une semaine de temps gris, par exemple, peut affaiblir les plantes), vous ne noterez aucune différence ni dans le temps de germination ni dans la vigueur des plants. Il est cependant difficile d'aller jusqu'à la récolte pour comparer, car trop de facteurs interviennent, mais je peux vous assurer qu'en laboratoire, sous un éclairage artificiel toujours égal et dans des conditions de température et d'humidité contrôlées, on ne remarque aucune différence à la récolte non plus.

■ Repiquage

995. DES SEMIS À LA FLOTTE

Quand des semis sont cultivés en pot communautaire, leurs racines sont mélangées et il n'est pas toujours facile de les séparer. Voici cependant un truc qui fonctionne à coup sûr : placez-les dans un bol d'eau. Le gros du terreau tombera et quand vous tirerez sur un plant, il se séparera des autres comme par magie.

Repliez et scellez les sachets de semences.

■ Conservation des semences

996. SAVOIR SCELLER LES SEMENCES SUPPLÉMENTAIRES

Habituellement, un sachet de semis contient plus de graines qu'il ne vous en faut pour la saison en cours. Sachez alors qu'on peut les conserver pour l'an prochain : il suffit de replier l'enveloppe et de la sceller avec du papier collant, voilà tout. Pour une meilleure conservation, gardez les graines au frais et au sec jusqu'à l'année suivante.

997. UN CONSERVATEUR DE SEMENCES MAISON

Un bocal peut servir pour conserver les semis.

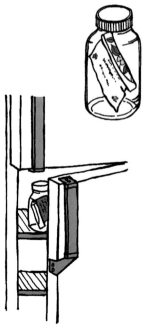

Pour mieux conserver des graines au frais et au sec, fabriquez votre propre «conservateur de semences»! Placez les sachets dans un bocal qui se ferme hermétiquement et placez-le au réfrigérateur. Le seul hic, c'est que, lorsque la température baisse, l'humidité augmente. Alors, avant de serrer le bocal au frigo, ajoutez un petit sachet de gel de silice (on trouve de tels sachets dans les bouteilles de pilules, les produits en cuir, les emballages d'appareils électroniques, etc.). Le gel de silice absorbera l'humidité excessive, assurant que les graines resteront au sec.

998. LA SILICE ASSÈCHE

Vous pouvez réutiliser un sachet de silice (voir le truc précédent) encore et encore. Il suffit, une fois par année, de le mettre au four à 150°, il asséchera et sera alors prêt à rependre son rôle d'absorbeur d'humidité.

999. DU LAIT POUR LES GRAINES

Vous ne trouvez pas de gel de silice pour l'entreposage de vos sachets de semences? Utilisez plutôt du lait en poudre. Versez 5 ml de lait en poudre dans une petite enveloppe en papier et placez-la dans votre «conservateur de semences». Le lait en poudre absorbe aussi l'humidité excessive. Il suffit de remplacer le sachet de lait en poudre une fois par année.

1000. UN TEST DE GERMINATION

La plupart des semences ont la capacité de germer au moins deux à trois ans après leur récolte, si elles ont été bien conservées, et certaines sont bonnes pour sept ans ou plus. Mais comment savoir si des graines plus âgées sont encore bonnes? Faites, en fin d'hiver, un test de germination. Placez dix graines sur un morceau de papier buvard (essuie-tout) pliez le papier en deux par-dessus les graines et humidifiez-le à peine. Maintenant placez le papier dans un sac de plastique dans un endroit chaud. Après trois à vingt-et-un jours (selon le type de graines) il devrait y avoir germination. Si sept graines ou plus germent, les graines sont encore en très bon état et vous pouvez les semer normalement. Si quatre à six graines germent, leur pouvoir germinatif est affaibli, mais encore raisonnable: semez-les deux fois plus densément que normalement recommandé. Si trois graines ou moins germent, les graines sont réellement périmées et elles ne valent pas la peine qu'on les conserve.

On peut faire un test de germination pour savoir si de vieilles graines sont encore bonnes.

TAILLE

■ Généralités

1001. LE MOINS POSSIBLE

La manie de tout tailler tout le temps est difficile à comprendre pour le jardinier paresseux. Pourtant, plusieurs jardiniers taillent tout : les haies, les arbustes, les arbres… et la liste s'allonge à l'infini. N'est-ce pas qu'il serait plus facile de choisir des végétaux de bonnes dimensions pour l'espace qu'on désire garnir et ainsi éviter la taille complètement ? Et la réponse à cette question est généralement : oui ! Je ne dis pas qu'il n'y aura jamais de taille à faire, mais on peut facilement éliminer au moins la taille nécessaire pour contrôler une croissance débordante par un bon choix de végétaux.

Évitez la taille trop précise : elle demande trop de temps.

■ Tailles recommandées

1002. DES TAILLES OBLIGATOIRES ?

Aucune taille n'est vraiment obligatoire. La preuve, c'est que personne ne taille les végétaux dans la nature et qu'ils survivent merveilleusement bien. Il reste, du moins pour le jardinier paresseux, quelques « retouches » à faire à l'occasion. Elles ne sont pas obligatoires, mais peuvent être utiles. Il y en a essentiellement deux : la suppression des branches mortes ou endommagées et la suppression des branches devenues inutiles ou nuisibles.

1003. QUAND TAILLER DES BRANCHES MORTES ?

Il n'y a pas de saison particulière pour tailler les branches mortes. Faites-le quand vous les remarquez, tout simplement.

1004. LES ARBUSTES VIEILLISSANTS ONT BESOIN D'UN PEU DE TAILLE

Si tailler les arbustes en boule, en carré ou en visage de Bonhomme Carnaval relève davantage des manies des jardiniers forcenés, il peut être utile même au jardinier paresseux de sortir son sécateur à l'occasion pour tailler les vieilles branches des arbustes. En effet, avec le temps, chez la majorité des arbustes feuillus, les branches les plus

On peut rajeunir un arbuste vieillissant en rabattant les vieilles branches.

âgées produisent de moins en moins de fleurs et deviennent aussi moins fournies, mais l'ombre qu'elles produisent empêche les jeunes branches de les remplacer. Pour donner un coup de pouce à dame Nature, donc, il peut être utile, aux quatre ou cinq ans environ, de couper jusqu'à 15 cm du sol les branches les plus âgées (un indice : ce sont les branches les plus hautes et les plus épaisses). En supprimant les branches plus âgées, vous stimulerez le rajeunissement de l'arbuste.

■ Arbustes à fleurs

1005. QUAND TAILLER LES ARBUSTES À FLEURS ?

Les maniaques de la taille vous diront qu'il faut tailler tôt les arbustes qui fleurissent tard et tailler tard les arbustes qui fleurissent tôt… mais alors, ils s'attendent par principe à tailler tous les arbustes tous les ans et il ne faut pas les écouter. Si vous faites une taille « de paresseux », soit tout simplement la suppression des branches âgées ou blessées, vous pouvez tailler quand bon vous semble. Pour ne pas éliminer les boutons floraux déjà présents sur la plante, toutefois, il peut être utile de prendre l'habitude de tailler immédiatement après la floraison. Ainsi, vous taillerez les arbustes à floraison printanière en mai ou en juin, quand leur floraison est terminée, les arbustes à floraison estivale en juillet ou août, quand la dernière fleur est fanée, les arbustes à floraison automnale, après le premier gel, etc.

■ Conifères

1006. QUAND TAILLER MON CONIFÈRE ?

Mauvaise question. La bonne question est : dois-je tailler mon conifère ? Et la réponse, si vous aviez bien choisi une plante rustique et aux dimensions convenant à l'espace disponible, est NON.

1007. LA TAILLE DES CONIFÈRES : UN CAS SPÉCIAL

Heureusement que les conifères ont peu ou pas besoin de taille, car leur taille est plutôt délicate. En effet, les conifères, contrairement aux arbres et aux arbustes feuillus, ne produisent pas facilement des pousses sur le vieux bois. Donc, si par mégarde vous taillez trop sévèrement, il n'y aura pas de repousse et il y aura un trou longtemps visible sur l'arbre. Alors le mieux qu'on puisse faire est d'espérer qu'une autre branche, en grandissant, finisse par boucher le trou. Si vous devez tailler un conifère, restreignez-vous à couper dans les parties vertes.

Le tout petit pin 'Paul's Dwarf' n'aura jamais besoin de taille.

1008. QUAND COUPER LES CHANDELLES DES PINS MUGO ?

Voici un bel exemple d'un travail totalement inutile. On suggère souvent de couper du tiers les chandelles (pousses de l'année) des pins mugo (*Pinus mugo mughus*) avant que les aiguilles ne se déploient, et ce, dans le but de ralentir la croissance du plant et le rendre plus dense. Mais pourquoi le faire ? Il existe des dizaines de cultivars de pin mugo qui sont naturellement nains et très, très denses, comme *P. mugo mughus* 'Gnom', 'Slowmound', 'Sherwood Compact' et beaucoup plus encore. Mettez plus de temps dans la sélection et vous pourrez éliminer complètement la taille des pins !

1009. QUAND TAILLER LES « CÈDRES » ?

D'abord pourquoi les tailler ? D'accord, si vous avez opté pour un thuya (cèdre) sauvage, qui atteindra facilement 18 m (oui, 60 pieds !). Si vous en avez fait une mignonne petite haie qui ne doit pas dépasser 1,8 m de hauteur d'après les règlements municipaux, oui, vous aurez à la tailler, mais le vrai truc est de ne pas planter un géant quand on veut un nain. Si vous voulez un thuya dense mais encore dressé, optez pour un cultivar naturellement dense, comme *T. occidentalis* 'Smaradg', 'Degroot's Spire' ou 'Unicorn'. Si vous voulez une variété moins haute et convenant donc davantage à une haie, pensez aux cultivars comme 'Boisbriand' ou 'Woodwardii'. Enfin, si vous voulez un mini thuya pour la rocaille ou la bordure, achetez l'un des nombreux thuyas nains, comme *T. occidentalis* 'Tiny Tim', 'Teddy' ou 'Danica'.

Thuya occidentalis 'Unicorn' est naturellement étroit et dense, sans la moindre taille.

1010. MAIS QUAND TAILLER LES CÈDRES ?

Que vous êtes persistant ! Pour les jardiniers *en voie* de devenir paresseux et qui n'ont pas encore osé enlever la haie de thuyas sauvages de 1,8 m qui tirent sur les 18 m et qui les fait tant pester par sa demande de taille répétée, sachez que l'on peut tailler les thuyas quand la pousse de l'année est pratiquement terminée, soit vers la fin de juin. N'oubliez pas de ne tailler que dans du vert ! Les maniaques taillent de nouveau aux deux semaines jusqu'à la mi-août pour que leur haie soit parfaite, parfaite. Gageons qu'ils ont aussi un caniche plein de pompons.

Si vous tenez à tailler les thuyas, il faut se rappeler de tailler à la fin de juin.

1011. PEUT-ON CONTRÔLER, PAR LA TAILLE, UN GENÉVRIER AU PORT ÉVASÉ QUI ENVAHIT UN CHEMIN ?

Pour contrôler la croissance débordante d'un genévrier évasé, coupez les branches fautives jusqu'à une branche de remplacement.

Oui, mais il faut éviter de couper la branche juste en deçà de la longueur désirée. D'un côté, une telle taille stimulera une repousse plutôt arrondie alors que le reste de l'arbuste est évasé, un effet des plus bizarres. De l'autre, la branche sera bientôt encore dans vos jambes, car elle repoussera rapidement. À la place, suivez des yeux la branche fautive vers le centre de l'arbuste et notez des branches secondaires qui poussent dans la même direction et qui pourraient alors agir comme remplacement. Coupez alors la branche juste au-delà de la branche de remplacement. Si vous le faites bien, votre taille ne paraîtra pas du tout, sauf qu'il n'y aura plus d'obstacle dans votre chemin... et la branche de remplacement peut prendre des années avant d'arriver à un point où elle aussi encombrera votre chemin.

1012. PEUT-ON CONTRÔLER, PAR LA TAILLE, UN GENÉVRIER AU PORT ÉVASÉ QUI DÉBORDE DE PARTOUT ?

Oui, en suivant le conseil précédent, mais... quand un conifère dépasse dans tous les sens, en avant, en arrière, sur le côté, sur le haut, les limites que vous désiriez quand vous l'avez planté, il est fortement suggéré de considérer son enlèvement. Il a tout probablement fait son temps. (Voir à cet effet le conseil 196, *Petit conifère deviendra grand*).

1013. LES SEULS CONIFÈRES QU'ON PEUT TAILLER SÉVÈREMENT

Le défaut de la majorité des conifères c'est que, lorsqu'ils deviennent trop gros pour vos besoins, vous n'avez pas d'autre choix que de les enlever, car ils ne repoussent pas facilement quand on les taille sévèrement. Mais il y a quelques exceptions. Les ifs (*Taxus*) les pruches (*Tsuga*) et les mélèzes (*Larix*) ont, contrairement aux autres conifères, le pouvoir de former de nouveaux bourgeons sur le vieux bois. On peut donc tailler leurs branches très sévèrement, parfois presque jusqu'au tronc, et ils repousseront quand même.

■ Suppression des fleurs fanées

1014. LA SUPPRESSION DES FLEURS FANÉES : SURTOUT POUR « FAIRE PROPRE »

Les jardiniers forcenés investissent beaucoup de temps dans la suppression des fleurs fanées. Un peu comme nos ancêtres croyaient que les lavements guérissaient chez l'humain tous les maux, du rhume jusqu'au cancer, ils croient que supprimer les fleurs fanées d'une plante augmentera sa rusticité, sa longévité, sa floribondité, se résistance aux maladies et aux insectes et donnera de plus tout un tralala d'autres bienfaits. En fait, dans la plupart des cas, supprimer les fleurs fait surtout appel au besoin de certains jardiniers de «faire propre». Je ne dis pas que supprimer des fleurs fanées n'aide pas certaines plantes sous certaines conditions, mais c'est rare. Supprimer les fleurs fanées d'une plante est surtout une question de nettoyage… et, en tant que jardinier paresseux, il est bon de développer une résistance à tout effet pour faire trop propre : cela demande trop de travail.

La suppression des fleurs fanées est un travail de moine que le jardinier paresseux n'aura aucune peine à éviter.

1015. SUPPRIMER LES FLEURS FANÉES NE FAIT-IL PAS FLEURIR DAVANTAGE ?

Parfois, mais généralement si peu. La plupart des plantes autres que les annuelles sont programmées pour faire tant de fleurs par saison et toute la taille du monde ne les fera pas fleurir davantage. Il est vrai que certaines annuelles, par contre, connaissent un déclin à partir du milieu de l'été si on ne supprime pas les fleurs fanées, car, quand la plante arrive au stade de sa vie où elle produit des graines, elle y met toute son énergie au détriment de la floraison. En supprimant les fleurs fanées avant la montée en graines, on peut parfois stimuler une floraison prolongée ou plus de fleurs. Mais comment alors les tailler ? Supprimez des fleurs individuelles au sécateur est un vrai travail de moine et peut demander des heures et des heures d'efforts…

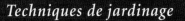

1016. DES FLEURS QUASI ÉTERNELLES

Heureusement pour le jardinier paresseux, la majorité des annuelles modernes fleurissent abondamment tout l'été que l'on supprime leurs fleurs ou non. C'est une question de sélection : sans doute que la plante sauvage fleurissait une seule fois, mais l'humain, depuis des générations, a pris l'habitude de conserver les graines des annuelles à la plus longue période de floraison pour les ressemer les autres années. Avec le temps, on a développé des lignées qui fleurissent tout l'été, sans aucune intervention et la suppression des fleurs fanées n'est plus nécessaire pour obtenir une floraison durable. Il reste quelques exceptions, dont l'alysse odorante (*Lobularia maritima*) et la lobélie érine (*Lobelia erinus*) (voir le conseil 1020) qui peuvent profiter d'une taille au milieu de l'été, mais pour les autres, supprimer les fleurs fanées n'est que du zèle : elles fleuriront tout l'été que vous les taillez ou non.

1017. SUPPRIMER LES FLEURS FANÉES NE STIMULE-T-IL PAS UNE DEUXIÈME FLORAISON ?

Encore une croyance populaire qui est parfois vraie, mais si rarement ! Certaines plantes, réellement très rares, peuvent en effet fleurir une deuxième fois au cours de l'été si on enlève leurs fleurs fanées. C'est le cas de certains vieux rosiers et de quelques rares vivaces. Mais les rosiers modernes fleurissent, pour la plupart, encore et encore tout l'été sans qu'on ait à les dépouiller de leurs fleurs fanées. Quant aux vivaces qui ont la capacité de refleurir à la suite de la suppression des fleurs fanées, il y en a tellement peu qu'il n'y a pas de quoi en faire un plat. Le delphinium ou pied-d'alouette (*Delphinium* spp.) refleurit parfois, mais si peu, si on le rabat sévèrement après sa première floraison, mais seulement dans les régions aux étés frais. La camomille des teinturiers (*Anthemis tinctoria*) est l'une des rares vivaces pour laquelle la suppression des fleurs fanées peut réellement être utile. Tant qu'on supprime ses fleurs fanées, elle continuera de fleurir, jusqu'à l'automne. Mais une vivace parmi vingt huit mille qui refleurit quand on supprime ses fleurs fanées ? Ce n'est guère une bonne raison d'en faire une règle générale !

1018. LA SOLUTION DU JARDINIER PARESSEUX

Plutôt que de supprimer les fleurs fanées dans un effort souvent futile de stimuler une deuxième floraison, plantez plus de fleurs. Même résultat, moins d'efforts !

■ Éclaircissement des branches

1019. FAUT-IL ÉCLAIRCIR LES BRANCHES POUR PRÉVENIR LES MALADIES ?

On entend souvent dire que, pour éviter telle ou telle maladie, il faut augmenter la circulation d'air dans les plantes qui y sont sujettes en éclaircissant les branches. Belle théorie, mais quel est le résultat ? En général, malgré un effort souvent répété, car les gens le font tous les ans, on ne remarque aucune différence dans le degré d'infestation des plantes taillées ou non taillées… et les rares fois qu'il y a une différence, elle est souvent due au fait que la plante a moins de feuilles à la suite de la taille… et que, nécessairement, il y a moins de feuilles qui peuvent être atteintes ! L'éclaircissement comme technique pour éviter les maladies n'est pas plus efficace contre la rouille sur les roses trémières que contre le blanc sur les lilas, les monardes et les phlox que contre la tache noire sur le rosier ou contre la tavelure sur les pommiers et les pommetiers. C'est un travail totalement inutile !

■ Outils de taille

1020. UNE TAILLE VITE FAIT

Certaines vivaces, comme l'armoise Silver Mound (*Artemisia schmidtiana* 'Nana') et l'éphémérine (*Tradescantia* x *andersoniana*) ont la mauvaise habitude de s'écraser en plein été. Et il arrive souvent que l'alysse odorante (*Lobularia maritima*) et la lobélie érine (*Lobelia erinus*) cessent de fleurir en plein été. Dans ces quatre cas, on sait que les rabattre sévèrement provoquera une excellente reprise. Évidemment, on peut toujours décider de ne

Parfois, il est plus facile de tondre, à la tondeuse, des vivaces et des annuelles que de les tailler avec des secateurs.

plus planter de végétaux aussi dégénérés, mais si on décide de les tailler, pourquoi se donner la peine de se mettre à genoux pour tailler les plantes au sécateur ? Plantez-les en bordure d'une pelouse où, le moment venu, on n'a qu'à passer la tondeuse dessus. Ne riez pas ! Ça fonctionne très bien ! En aussi peu que deux semaines, elles s'en seront entièrement remises et seront plus jolies que jamais.

TUTEURAGE

1021. LE TUTEURAGE EST FACILE À ÉVITER !

S'il y a quelque chose que le jardinier peut facilement éviter et *devrait* éviter, c'est le tuteurage. Quatre-vingt-dix-neuf pour cent des plantes n'ont besoin d'aucun tuteur… et il suffit d'éviter de planter l'autre un pour cent. Celles qui ont besoin de tuteurs sont soit des plantes à tiges naturellement faibles (et pourquoi cultiver une plante avec un défaut si grave ?) ou des plantes à grosses fleurs doubles qui ont une tige insuffisamment solide pour les supporter (encore une plante ratée que l'hybrideur n'aurait jamais dû introduire sur le marché). Évitez-les et la question de tuteurage ne se posera même pas.

Le jardinier paresseux évite les plantes qui ont besoin d'un tuteur, comme cette pivoine malheureuse.

1022. UN TUTEUR TEMPORAIRE…

Le seul tuteur réellement acceptable est un tuteur temporaire, installé notamment à un arbre à la plantation pour assurer qu'il reste bien droit. Après un an, quand l'arbre est bien établi, enlevez le tuteur, tout simplement.

Pour éviter d'avoir à tuteurer une grande vivace, plantez-la derrière un arbuste qui peut l'appuyer.

1023. … OU UN TUTEUR NATUREL

Une autre façon de tuteurer gracieusement et sans effort est de faire faire le travail par dame Nature. Quand vous avez une plante qui a la réputation de demander un tuteur (delphinium, rose trémière, pivoine, etc.), vous pouvez la planter directement derrière un arbuste ou un conifère aux branches solides. Ainsi, bien avant que les tiges réussissent à se plier jusqu'au sol pour tout enlaidir, elles trouveront un appui solide et naturel, un appui qui sera toujours là et qui ne déparera pas l'aménagement comme un tuteur de bois, de métal ou de plastique.

1024. UNE QUESTION À POSER AVANT L'ACHAT

Avant de quitter la pépinière avec un panier de plantes, pourquoi ne pas poser la question suivante: «Parmi les plantes que j'ai choisies, est-ce qu'il y en a qui demanderont un tuteur?» Si l'employé vous indique deux ou trois plantes, enlevez-les du panier, voilà tout.

1025. ATTENTION AUX FLEURS DOUBLES

La plupart des plantes qui ont besoin de tuteur ont des fleurs doubles. En effet, une fleur double a deux à quatre fois plus de pétales qu'une fleur normale et sa tige n'est pas toujours assez solide pour supporter le poids supplémentaire. Il est donc doublement plus important de s'informer de la solidité de la tige d'une plante à fleur double que d'une plante à fleurs simples.

1026. UN TUTEUR ACCEPTABLE

Le support à pivoines est un tuteur «acceptable» du point du vue d'un jardinier paresseux, car on a qu'à l'installer et s'en aller: il n'y a pas ces ajustements constants que demandent les autres tuteurs à mesure que les branches poussent et s'éloignent du support. Le support à pivoines se compose d'un anneau de métal surélevé sur trois ou quatre piquets. L'anneau peut être grillagé pour offrir un soutien maximal. On le pose au printemps et la plante pousse au travers, voilà tout. Elle se trouve alors supportée à mi-hauteur et ne s'écrase plus. Il est cependant beaucoup plus sage de mettre à la poubelle les plantes qui en auraient eu besoin et de les remplacer par des plantes plus solides.

Le support à pivoine est le seul tuteur acceptable par le jardinier paresseux.

1027. N'ENLEVEZ PAS LES SUPPORTS À PIVOINE À L'AUTOMNE

Les jardiniers forcenés se font un devoir de toujours enlever leurs supports à pivoine à l'automne et de les remettre à chaque printemps… mais pourquoi? Comme les pivoines reviennent annuellement à la même place, il me semble que c'est plus pratique de laisser les supports là en permanence, été comme hiver. Après tout, qu'est-ce que cela vous donne d'enlever un tuteur à l'automne pour le remettre à la même place le printemps suivant, sinon plus de travail?

Outils de jardin

■ Outils pratiques

1028. LES DIX OUTILS ESSENTIELS
AU JARDINIER PARESSEUX

Le jardinier paresseux ne choisit pas nécessairement les mêmes outils que les jardiniers forcenés… et d'ailleurs, il en a besoin de beaucoup moins. Que ferait-il d'un sarcloir ou d'une binette, par exemple, puisqu'il paille tout ? Voici une courte liste des outils les plus importants pour le jardinier paresseux :

- *ARRACHE-PISSENLIT (PETIT MAIS PRATIQUE)*;

- *TUYAU D'ARROSAGE*;

- *ÉBRANCHEUR*;

- *PELLE*;

- *RÂTEAU À FEUILLES (BALAI À FEUILLES)*;

- *RÂTEAU À JARDIN*;

- *SCIE À ÉLAGUER*

- *SÉCATEUR*;

- *TONDEUSE MANUELLE (POUR LE PEU DE PELOUSE QUI LUI RESTE !)*;

- *TRANSPLANTOIR (UNE PELLE MINIATURE POUR LES PETITES PLANTES)*.

1029. OUTIL QUI EN ARRACHE !

Il existe des dizaines de modèles d'arrache-pissenlit (qui peuvent tous, d'ailleurs, arracher toute mauvaise herbe et pas seulement les pissenlits). Les modèles très sophistiqués avec les déclenches, etc. semblent très intéressant en théorie, mais en pratique s'avère souvent difficile à manier : le temps qu'il vous faut pour l'installer correctement, vous avez déjà arraché trois ou quatre pissenlits avec un arrache-pissenlit classique. Il s'agit d'un outil à main rappelant un tournevis avec une tige extra-longue et une pointe en queue de poisson. Voilà pour le modèle de base qui fonctionne relativement bien. Mais le modèle supérieur que tout jardinier doit avoir porte un

point d'appui qui sort de la tige. Ainsi, quand on insère la pointe dans le sol à la base de la plante à arracher, le point d'appui vient s'appuyer sur le sol, nous donnant un véritable effet de levier. Les mauvaises herbes s'envolent littéralement dans les airs avec cette petite merveille !

Un arrache-pissenlit de bonne qualité à toujours un point d'appui pour faciliter l'extraction des racines.

1030. UN FRIGO AUX PLANTES

Tout bon jardinier a besoin de son propre réfrigérateur. C'est l'emplacement idéal pour traiter les graines au froid (la vernalisation, voir le truc 986) et pour forcer des bulbes, mais aussi pour conserver ses sachets de semences d'une année à l'autre. Vous pouvez aussi y garder votre bière si vous le voulez !

1031. UN THERMOMÈTRE POUR LES PLANTES D'INTÉRIEUR

On sait que certaines plantes d'intérieur préfèrent des températures nocturnes réellement fraîches durant l'hiver : cyclamens, cactus, certaines orchidées, etc.… mais comment trouver ces emplacements sans passer la nuit à cet endroit pour vérifier ? Il suffit d'utiliser un thermomètre à maximum et à minimum, voilà tout. Il affiche non seulement la température actuelle, mais les températures les plus chaudes et les plus froides de l'endroit où on les place. Laissez-le quelques nuits dans un emplacement qui vous paraît approprié… et bientôt vous aurez une bien meilleure idée des véritables conditions de culture à cet endroit.

Un thermomètre miminum/maximum est utile pour savoir où placer les plantes d'intérieur.

■ Outils maison

1032. UN SAS À FAIRE VOUS-MÊME

Il est facile de fabriquer son propre sas de jardin : construisez un cadre de bois en 2" sur 4" et agrafez-y un grillage métallique dont les mailles mesurent 2,5 cm sur 2,5 cm. Versez de la terre ou du compost dans le sas et brassez : les morceaux plus fins passeront à travers; les gros morceaux non. Pour une terre ou un compost encore plus fin, utilisez du grillage à mailles plus fines.

On peut fabriquer son propre sas.

1033. UNE SERRE FAITE DE VIEUX CHÂSSIS

Une couche froide est une petite serre non chauffée qu'on utilise pour acclimater des plants aux conditions extérieures, pour faire des semis et souvent aussi pour cultiver des légumes qui ont de la difficulté à mûrir sous un climat froid, comme l'aubergine et le gombo (okra). On peut facilement s'en fabriquer une en clouant ensemble de vieilles fenêtres.

Une couche froide.

1034. UNE MINI SERRE POUR LES SEMIS ET LES BOUTURES

Si vous trouvez qu'une couche froide (voir le conseil précédent) n'est pas assez chic pour votre terrain, il existe plusieurs mini serres commerciales faciles à assembler qui peuvent servir aux mêmes fins. Idéalement, trouvez un modèle qui s'assemble rapidement, qui contient deux ou trois tablettes (pour deux ou trois fois plus de plantes) et qui occupe peu d'espace de rangement une fois démontée. On l'assemble au printemps, deux ou trois semaines après le dernier gel, pour acclimater semis, boutures, cannas, etc. partis dans la maison et on peut soit la démonter après le repiquage en juin ou la conserver durant l'été pour y cultiver les légumes frileux. Une mini serre démontable n'est toutefois pas faite pour supporter l'hiver à l'extérieur.

Une serre démontable.

1035. UN VAPORISATEUR RECYCLÉ

On peut recycler les vaporisateurs domestiques aux fins horticoles.

D'accord, l'idée n'est pas nouvelle, mais… on peut facilement récupérer une bouteille de Windex ou d'un autre produit nettoyant pour vaporiser des produits horticoles (savons insecticides, fongicides, herbicides naturels, etc.). Rincez bien la bouteille, remplissez-la avec de l'eau claire, pesez sur la gâchette pour faire quelques pulvérisations afin de nettoyer aussi l'intérieur de la pompe, puis rincez de nouveau. Maintenant, versez-y le produit correctement dilué et… voilà!

1036. IDENTIFIEZ BIEN VOS VAPORISATEURS

Idéalement, vous aurez un vaporisateur pour chaque produit. Et surtout, n'utilisez jamais une bouteille ayant servi pour appliquer un herbicide avec quelque autre produit que ce soit. Pour éviter les erreurs, écrivez le nom du produit sur la bouteille avec un crayon à encre indélébile.

■ Outils peu utiles

1037. UN PLANTOIR QUI NE PLANTE PAS

Le plantoir à bulbes se vend bien… mais personne ne s'en sert.

Oubliez le plantoir à bulbes comme outil… pour planter les bulbes! D'accord, il enlève une grosse carotte de terre de la profondeur voulue, mais le trou est seulement assez gros pour un seul bulbe à la fois. Et les bulbes ne sont pas assez gros pour faire beaucoup d'effet: il faut les planter par dizaines. Plantez donc vingt bulbes de tulipe avec un plantoir à bulbes et vous verrez: vous trouverez le travail tellement fastidieux que vous ne voudrez plus jamais en planter! À la place, utiliser une pelle ou une bêche pour creuser une « fosse commune », placez vos bulbes et refermez le trou.

1038. PEU BESOIN DU MOTOCULTEUR

Un outil que vous pouvez ranger définitivement quand vous commencez à jardiner paresseusement est le motoculteur (voir les trucs 16 et 17 pour plus de détails). Il détruit la structure du sol, répand les mauvaises herbes et brise les racines des plantes désirables. Un bon sol bien paillé restera bien meuble sans avoir à recourir à l'effet destructeur du motoculteur !

Le motoculteur n'est plus utile au jardinier paresseux.

■ Entretien des outils

1039. DES OUTILS BIEN AIGUISÉS

Pour être efficaces, tous les outils devraient toujours être bien aiguisés. Même une pelle ne creuse pas aussi bien quand sa lame est émoussée. Prenez donc l'habitude d'aiguiser vos outils au moins une fois par année.

1040. HUILE ET SABLE POUR LES OUTILS PROPRES

Pour aiguiser et protéger un outil tout en le nettoyant, remplissez un seau de sable de construction (sans sel) et versez-y de l'huile à moteur propre. Maintenant, plongez-y la lame de l'outil quatre ou cinq fois. Le sable aiguise, polit et enlève la rouille alors que l'huile recouvre la lame d'une couche protectrice qui empêche la rouille de revenir.

■ Location des outils

1041. DES OUTILS À LOUER PLUTÔT QU'À ACHETER

Certains outils servent encore et encore au cours de la saison ou, du moins, annuellement. Ça vaut la peine de les acheter. Mais d'autres servent rarement et sont généralement très coûteux. Souvent, ils ne font qu'occuper de l'espace dans le cabanon pour peu d'utilité. Il est plus sage de louer ces outils au besoin que de les acheter. Dans ce groupe, on trouve notamment le motoculteur, l'aérateur de gazon, le distributeur d'engrais, la tronçonneuse et le rouleau.

■ Bordures de gazon

1042. VIVE LES BORDURES DE GAZON!

Plutôt que d'avoir à constamment découper la bordure de votre plate-bande, installez une bordure de gazon en plastique ou en métal.

Plusieurs jardiniers méticuleux dédaignent les bordures de gazon en plastique, les trouvant trop vulgaires. Ils préfèrent découper manuellement les marges de leurs plates-bandes et potagers à tous les trois ou quatre jours pour empêcher le gazon de les envahir. Les jardiniers paresseux manquent peut-être de finesse, mais ils n'ont pas de tels préjugés. Une bordure de plastique qui sépare la partie paillée du terrain de la partie en gazon leur convient à merveille! Après tout, personne ne veut voir les graminées du gazon envahir sa plate-bande ou son potager. Utilisez une barrière permanente pour les contrôler, c'est une tâche de moins à accomplir et un pas de plus vers le hamac!

1043. POSER UNE BORDURE DE PLASTIQUE

Pour poser une bordure de plastique entre le gazon et un jardin, enfoncez une bêche à la verticale tout le long des limites du gazon à une profondeur égale à la hauteur de la bordure et poussez la terre vers le jardin pour créer une tranchée avec une paroi verticale et une autre à 45°. Posez la bordure dans la tranchée en appuyant contre la paroi verticale et en utilisant, s'il y en a, les piquets d'ancrage fournis pour la tenir en place. Le sommet de la bordure devrait légèrement dépasser la surface du sol. Maintenant, remplissez le trou de terre, compactez légèrement et voilà: c'est terminé!

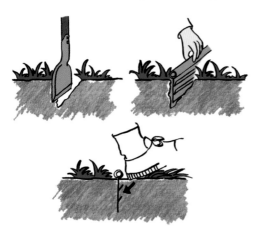

Pose d'une bordure de jardin.

1044. QUEL MODÈLE DE BORDURE ACHETER?

Le jardinier qui se cherche une bordure de plastique est confronté à un dilemme: il existe tant de modèles sur le marché. Lequel doit-il acheter? Malgré les prétentions d'une marque ou d'une autre que la leur est plus résistante, plus durable, etc., en fait, toutes les bordures de gazon en plastique sont suffisamment résistantes et durables pour les besoins de la cause. Souvent les modèles ont des rainures ou des saillies stabilisatrices dans la partie inférieure qui aident à prévenir le déchaussement: plus les saillies ou les rainures sont prononcées, plus elles sont efficaces. Or, certains modèles ont des stabilisateurs si courts qu'ils sont là juste pour l'effet! La hauteur des modèles est aussi très variable, allant de 9 à 15 cm et même plus. Or, les modèles les plus hauts sont les moins sensibles au déchaussement causé par le gel... et résistent mieux aux rhizomes vagabonds qui voudraient passer *sous* la bordure. Choisissez alors un modèle d'au moins 12 cm de hauteur.

1045. QUELLE COULEUR DE BORDURE ACHETER?

Les bordures sont habituellement vendues en noir ou en vert, mais parfois aussi en d'autres couleurs: terre cuite, cappuccino, etc. Sachez cependant que la couleur la moins visible dans le jardin (et qui veut vraiment remarquer la bordure de gazon?) est le noir.

1046. UN PEU DE CHALEUR POUR UNE POSE PLUS FACILE

La bordure de gazon en plastique est habituellement vendue enroulée et s'obstine à conserver cette forme originale, ce qui rend la pose ardue, surtout lorsque vous essayez de tracer une ligne droite. Laissez-la en plein soleil pendant une heure ou deux il vous sera alors plus facile, maintenant que le plastique est ramolli, que vous lui donniez de nouvelles formes

1047. AU BOUT DE VOTRE ROULEAU?

Le joint entre deux sections de bordure doit être étanche, sinon les graminées du gazon passeront par le moindre interstice pour envahir votre plate-bande. La plupart des bordures pour gazon sont vendues avec des raccords qui se glissent dans le haut tubulaire de la bordure, permettant ainsi de les relier. Malheureusement, cela

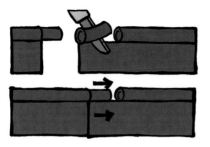

Pour relier deux sections de bordure de gazon, découpez 10 cm du tube supérieur, puis assemblez le tout avec le raccord.

laisse toutefois une section où les deux bordures ne font que se toucher et il y a alors danger que le gazon traverse. Alors, que faire? Sur une des deux longueurs, coupez et enlevez une section du tube supérieur sur environ 10 cm. Maintenant, joignez les deux longueurs avec le raccord. Une bordure chevauchera désormais l'autre sur 10 cm, ce qui empêchera les plantes indésirables de traverser.

1048. DES CLOUS POUR PLUS DE STABILITÉ

Des clous peuvent aider à solidifier une bordure de gazon.

Un des défauts des bordures de plastique est leur tendance à sortir du sol avec le temps. Certains modèles sont vendus avec des piquets d'ancrage pour justement empêcher que cela se produise. D'autres encore ont des rainures ou des saillies qui sont censées les retenir en place. Selon mon expérience, il n'y a pas assez de piquets dans le nécessaire pour qu'ils soient efficaces et que les rainures et les saillies… eh! bien, on a beau les multiplier, ils ne suffisent toujours pas. Plutôt que d'acheter des ancrages supplémentaires, voici une solution facile et bon marché: achetez des clous de 15 cm et enfoncez-les horizontalement dans la paroi à mesure que l'installation avance, environ un clou aux 30 cm. Le clou fait un très bon ancrage et ne coûte presque rien.

1049. POUR LES JARDINIERS DANS LE VENT, LA BORDURE DE MÉTAL

Paraît-il que, si une bordure de gazon en plastique est vulgaire, une bordure en métal fait très chic. Après tout, les plus grands jardins l'utilisent. Le fait que les bordures de métal coûtent beaucoup plus cher que les bordures en plastique ne les rend, si vous appartenez à la race des jardiniers snobs, que plus intéressantes. Allez donc à votre guise, métal ou plastique, selon votre rang social… et votre budget!

Attirer les animaux bénéfiques

■ Généralités

1050. LES **PPPP** POUR ATTIRER LES ANIMAUX BÉNÉFIQUES

Tous les jardiniers adorent le gazouillis des oiseaux et les jolies couleurs des papillons et comprennent l'importance de maintenir dans leur cour des prédateurs comme la coccinelle, mais peu semblent avoir la moindre idée comment les attirer. Quand il s'agit d'attirer les oiseaux ou les papillons, on pense tout de suite à acheter une mangeoire, comme si c'était simplement une question de montrer la couleur de son argent pour acheter la présence des animaux désirables. Mais la mangeoire, c'est le dernier des facteurs : si vous vivez dans un monde de bitume, où l'asphalte s'étend à perte de vue, vous aurez beau mettre des mangeoires, les animaux ne viendront pas. Pour vraiment attirer les animaux au jardin, il faut créer un milieu où ils seront capables non seulement de venir manger, mais de vivre. Et, pour cela, je vous suggère de penser aux quatre P :

Assurez un habitat	**Propice**
Cultivez des	**Plantes hôtes**
Haro sur les	**Pesticides**
Ne soyez pas trop	**Propret**

1051. LE PREMIER **P** :
ASSUREZ UN HABITAT PROPICE

Pour permettre aux animaux de prospérer, il faut essayer de leur créer un habitat où ils seront bien. Et la clé du succès avec les animaux bénéfiques, correspond heureusement et parfaitement avec ce que recherche le jardinier paresseux : établir un milieu qui fonctionne de façon presque autonome, avec le moins d'interventions humaines. Un terrain très varié avec de grands arbres, des arbustes, des fleurs, des graminées, de l'eau, c'est-à-dire avec un peu de tout et pas seulement une vaste pelouse tondue, conviendra à un maximum d'espèces désirables.

1052. LE DEUXIÈME **P** :
CULTIVEZ DES PLANTES HÔTES

En appliquant des pesticides pour contrôler un problème, on crée souvent un autre problème.

C'est peut-être bien de nourrir des animaux bénéfiques au moyen de mangeoires quelconques, mais c'est encore mieux de les nourrir naturellement. Plus votre terrain hébergera des plantes qui nourrissent les animaux, les oiseaux, les insectes, soit des plantes à fleurs, à fruits, à feuillage comestible, etc., plus les animaux bénéfiques vous visiteront. Et moins vous aurez d'indésirables.

1053. LE TROISIÈME **P** :
HARO SUR LES
PESTICIDES

Il me semble que c'est évident, mais puisque nous voulons encourager les bonnes «bibittes», il ne faut pas empoisonner les mauvaises. De toute façon, comme la présence des bonnes élimine en bonne partie les mauvaises, les pesticides ne sont plus d'aucune utilité. Mais force est de constater que ce précepte n'est pas bien compris. Combien de fois voit-on des gens qui vaporisent des pesticides à la grandeur de leur terrain… et se demandent pourquoi aucun oiseau n'élit domicile dans la petite maison qu'ils ont installée ?

Attirer les animaux bénéfiques

1054. LE QUATRIÈME P :
NE SOYEZ PAS TROP PROPRET

Moins vous faites le ménage, plus les animaux bénéfiques seront présents sur le terrain et moins vous aurez de problèmes d'insectes nuisibles. Quand vous « faites le ménage », en fait, vous enlevez aux animaux leur nourriture, leur gîte et leurs lieux d'hibernation. Au départ, une bonne partie des animaux bénéfiques passent l'hiver dans les feuilles et les tiges creuses qui jonchent le sol des terrains à l'automne. Si vous n'y touchez pas, vous aurez un meilleur équilibre entre les insectes nuisibles et les insectes bénéfiques l'été suivant. Ramassez les feuilles mortes et autres déchets à l'automne, et vous risquez d'avoir beaucoup de problèmes d'insectes nuisibles et de maladies l'été suivant.

INSECTES BÉNÉFIQUES

Pour être pratique, j'ai regroupé sous le titre « insectes » plusieurs créatures qui ne sont pas en fait des insectes, mais que nous, les jardiniers, voyons comme étant des insectes, notamment d'autres arthropodes comme les araignées et les acariens. J'espère que vous me pardonnerez pour ce manque de rigueur scientifique !

Avant de traiter, vérifiez vraiment s'il y a un problème !

1055. NON, TOUS LES
INSECTES
NE SONT PAS
NUISIBLES

Bien au contraire, on considère que la vaste majorité des insectes est d'un peu à très utile. Seulement un mince dix pour cent serait nuisible. Avant de sauter sur le vaporisateur à la vue du premier insecte venu, prenez donc quelques minutes pour vérifier. L'insecte que vous vous apprêtiez à anéantir était peut-être un grand ami de vos cultures !

1056. PLANTES QUI ATTIRENT LES INSECTES BÉNÉFIQUES

La phacélie à feuilles de tananaisie (Phacelia tanacetifolia) figure parmi les nombreuses plantes qui attirent les insectes bénéfiques.

La plupart des insectes bénéfiques, comme les abeilles, utilisent des fleurs comme source de nourriture durant au moins une partie de leur cycle. Et certaines plantes seraient plus favorables aux insectes bénéfiques que d'autres. En voici quelques-unes que vous pourriez planter afin de les attirer ou de les nourrir. Remarquez que plusieurs sont des plantes ornementales courantes faciles à trouver en pépinière… et que d'autres sont des fines herbes disponibles sans peine chez les spécialistes.

- **ACHILLÉE** (*ACHILLEA* SPP.) ZONE **3**
- **ALLIUM, OIGNON** (*ALLIUM* SPP.) ZONE **3 À 8**
- **ALYSSE ODORANTE** (*LOBULARIA MARITIMA*) ANNUELLE
- **AMARANTE** (*AMARANTHUS CAUDATUS*) ANNUELLE
- **AMMI** (*AMMI MAJUS*) ANNUELLE
- **ANETH** (*ANETHUM GRAVEOLENS*) FINE HERBE ANNUELLE
- **ANGÉLIQUE CORÉENNE** (*ANGELICA GIGAS*) ZONE **3**
- **ARBRE AUX PAPILLONS** (*BUDDLEIA DAVIDII*) ZONE **6B**
- **ARROCHE** (*ATRIPLEX HORTENSIS*) ANNUELLE
- **ASCLÉPIADE** (*ASCLEPIAS* SPP.) ZONES **3 À 10**
- **ASTER** (*ASTER* SPP., MAINTENANT *SYMPHOTHRICUM*) ZONE **4**
- **BELLE DE JOUR** (*CONVOLVULUS TRICOLOR*) ANNUELLE
- **BUGLE RAMPANTE** (*AJUGA REPTANS*) ZONE **3**
- **CAMOMILLE DES TEINTURIERS** (*ANTHEMIS TINCTORIA*) ZONE **3**
- **CAROTTE, CAROTTE SAUVAGE** (*DAUCUS CAROTA*) ZONE **2**
- **CARVI** (*CARUM CARVI*) FINE HERBE ANNUELLE

- **CÉRAISTE** (*CERASTIUM* SPP.) ZONE **3**
- **COQUELOURDE DES JARDINS** (*LYCHNIS CORONARIA*) ZONE **3**
- **CORBEILLE D'ARGENT** (*IBERIS* SPP.) ZONE **4**
- **CORBEILLE-D'OR** (*AURINIA SAXATILIS*, SYN. *ALYSSUM SAXATILE*) ZONE **3**
- **CORÉOPSIS** (*COREOPSIS* SPP.) ANNUELLE OU ZONE **3**
- **CORIANDRE** (*CORIANDRUM SATIVUM*) FINE HERBE ANNUELLE
- **COSMOS** (*COSMOS* SPP.) ANNUELLE
- **CROCUS** (*CROCUS* SPP.) ZONE **3**
- **ÉCHINACÉE** (*ECHINACEA PURPUREA*) ZONE **3**
- **ÉPIAIRE** (*STACHYS* SPP.) ZONES **3 À 8**
- **FENOUIL** (*FOENICULUM VULGARE*) FINE HERBE ANNUELLE
- **GRANDE MARGUERITE** (*LEUCANTHEMUM X SUPERBUM*) ZONE **3**
- **HÉLIOTROPE** (*HELIOTROPIUM ARBORESCENS*) ANNUELLE
- **LAVANDE** (*LAVANDULA ANGUSTIFOLIA*) ZONE **5**
- **LINAIRE** (*LINARIA VULGARIS*) ZONE **2**
- **LOBÉLIE ÉRINE** (*LOBELIA ERINUS*) ANNUELLE
- **LUZERNE** (*MEDICAGO SATIVA*) ZONE **3**

- **MATRICAIRE**
  (*TANACETUM PARTHENIUM*) **ZONE 4**

- **MÉLILOT** (*MELILOTUS ALBA*)
  BISANNUELLE ZONE 3

- **MÉLISSA** (*MELISSA OFFICINALIS*)
  FINE HERBE ZONE 4

- **MENTHE POIVRÉE** (*MENTHA SPICATA*) **ZONE 3**

- **MENTHE POULIOT**
  (*MENTHA PULEGIUM*) **ZONE 3**

- **MONARDE** (*MONARDA* SPP.) **ZONE 3**

- **NIELLE DES BLÉS**
  (*AGROSTEMMA GITHAGO*) **ANNUELLE**

- **ONAGRE BISANNUELLE** (*OENOTHERA BIENNIS*)
  BISANNUELLE ZONE 4

- **PANAIS SAUVAGE** (*PASTINACA SATIVA*) **ZONE 3**

- **PERSIL** (*PETROSELINUM CRISPUM*) **ZONE 3**

- **PHACÉLIE À FEUILLES DE TANANAISIE**
  (*PHACELIA TANACETIFOLIA*) **ANNUELLE**

- **PISSENLIT** (*TARAXACUM OFFICINALE*) **ZONE 2**

- **POTENTILLE VIVACE** (*POTENTILLA* SPP.) **ZONE 3**

- **RENOUÉE DU TURKESTAN** (*FALLOPIA
  BALDSCHUANICA*, SYN. *POLYGONUM AUBERTII*)
  ZONE 6

- **ROBINIER** (*ROBINIA PSEUDOACACIA*) **ZONE 4B**

- **ROMARIN** (*ROSMARINUS OFFICINALIS*)
  FINE HERBE TENDRE

- **RUDBECKIE** (*RUDBECKIA* SPP.)
  ANNUELLE OU ZONE 3

- **RUE** (*RUTA GRAVEOLENS*) **ZONE 5**

- **SARRASIN** (*FAGOPYRON ESCULENTUM*)
  CÉRÉALE ANNUELLE

- **SAUGE, SALVIA** (*SALVIA* SPP.) **ZONES 3 À 10**

- **SÉDUM** (*SEDUM* SPP.) **ZONES 2 À 10**

- **SOUCI** (*CALENDULA OFFICINALIS*) **ANNUELLE**

- **JOUBARBE** (*SEMPERVIVUM* SPP.) **ZONE 3**

- **STATICE VIVACE** (*LIMONIUM* SPP.) **ZONE 3**

- **SYMPHORINE**
  (*SYMPHORICARPOS* SPP.) **ZONES 2 À 5**

- **TAGÈTE** (*TAGETES* SPP.) **ANNUELLE**

- **TANAISIE** (*TANACETUM VULGARE*) **ZONE 3**

- **THYM** (*THYMUS* SPP.) **ZONES 3 À 8**

- **TOURNESOL** (*HELIANTHUS ANNUUS*) **ANNUELLE**

- **TRÈFLE ROUGE**
  (*TRIFOLIUM INCARNATUM*) **ZONE 3**

- **VERGE D'OR** (*SOLIDAGO* SP.) **ZONE 3**

- **VÉRONIQUE À ÉPIS**
  (*VERONICA SPICATA*) **ZONE 4**

- **VERVAINE** (SPP.) **ANNUELLE**

- **ZINNIA** (*ZINNIA* SPP.) **ANNUELLE**

■ Abeilles

1057. PROTÉGEONS LES ABEILLES

L'abeille est la grande amie des jardiniers.

Sans abeilles, il n'y a pas de fruits, pas de courges, pas de tomates… et beaucoup, beaucoup moins de vie dans le jardin. Plutôt de les craindre (regardez les trucs 1176 et 1179 pour quelques idées à ce sujet), faisons tout pour les attirer… en suivant les trucs 260, 1050 et 1056.

PHOTO : BERNARD DROUIN, MAPAQ

1058. ABEILLES ET INSECTICIDES :
PAS UN BON MÉLANGE

Même les insecticides biologiques peuvent tuer les abeilles. Essayez donc d'éviter de vaporiser des pesticides sur les fleurs qu'elles fréquentent ou, si vous devez le faire, attendez le coucher de soleil, quand les abeilles retournent à leurs colonies.

■ Coccinelles

1059. NOTRE INSECTE VEDETTE : LA COCCINELLE

Notre civilisation semble avoir choisi *son* insecte bénéfique à mettre en vedette : la coccinelle. Qui ne sait pas que c'est un insecte gentil qu'il faut protéger ? Et c'est un insecte facile à vendre au grand public : elle n'est pas trop grosse, pas trop gluante, vient dans une jolie gamme

de couleurs et les petits points sur son dos, ne sont-ils pas tout simplement *adorables* ? Et c'est sans doute valable de prendre un tel insecte comme exemple pour montrer aux enfants que tous les insectes ne sont pas nuisibles. Mais nous ne sommes plus des enfants et nous sommes, j'espère, capables d'en apprendre d'autres. N'empêche que la coccinelle *est* un insecte utile : les larves (plutôt dégoûtantes) comme les adultes mangent des insectes à corps mous comme les pucerons, les cochenilles et les acariens.

La coccinelle est un insecte prédateur que les gens apprécient.

1060. POUR ATTIRER LES COCCINELLES...

Appliquez les quatre **P**, comme pour les autres insectes bénéfiques : créer un milieu très varié avec beaucoup de fleurs, ne faites pas trop de ménage et surtout, évitez les pesticides.

1061. DES COCCINELLES PAR LA POSTE

Il est possible de faire venir des coccinelles et d'autres insectes prédateurs par la poste pour les libérer dans son jardin et plusieurs jardiniers biologiques font justement cela. Personnellement cependant, je ne suis pas à entièrement d'accord avec l'idée de libérer de nouveaux insectes dans mon jardin, même s'ils sont utiles, sans bien vérifier les effets éventuels qu'ils pourraient avoir sur l'environne-

Attirer les animaux bénéfiques

ment. D'abord on introduit souvent des espèces venant d'ailleurs plutôt que d'encourager nos espèces indigènes et, de toute façon, qu'est-ce qui vous garantit que les insectes que vous avez payés resteront chez vous ? D'ailleurs, ils le font rarement. Libérez deux cent cinquante coccinelles dans la matinée et dans l'après-midi, cherchez-les ! Paressez un peu et laissez les coccinelles déjà en place faire leur travail.

1062. LIBÉREZ DES INSECTES DANS UNE SERRE, C'EST MOINS RISQUÉ

J'en ai moins contre l'introduction d'insectes prédateurs originaires des tropiques dans les serres, une autre technique souvent utilisée pour contrôler les infestations d'insectes nuisibles. D'un côté on est sûr qu'ils resteront à l'endroit où on les a libérés, d'où une bien meilleure efficacité que celle attendue des insectes libérés dans l'environnement extérieur. Aussi on sait que, même s'ils devaient s'échapper de cette prison vitrée qui est la serre, ils ne pourraient pas survivre à nos hivers, donc le danger qu'ils se répandent dans la nature est nul. J'ai d'ailleurs libéré à plusieurs reprises des insectes ou des maladies d'insecte dans ma propre maison pour contrôler des invasions, parfois avec grand succès.

1063. UNE COCCINELLE PROBLÉMATIQUE

La coccinelle la plus vendue par la poste est la coccinelle asiatique (*Harmonia axyrides*), une espèce importée qui a l'avantage de se grouper en grosses boules de milliers d'individus à l'automne pour se protéger du froid et qui est alors facile à commercialiser. Il suffit de ramasser les boules de coccinelles en dormance, de les garder au frigo tout l'hiver et d'expédier les quantités demandées par la poste. Cela a tellement bien fonctionné que la coccinelle asiatique s'est établie à l'état sauvage un peu partout et est maintenant l'espèce numéro un au Canada, et ce, au détriment de nos coccinelles indigènes qui sont, dans bien des cas, en voie de disparition. Aussi, la caractéristique qu'on aimait tant chez la coccinelle asiatique à l'origine, soit celle de se regrouper à l'automne, commence à nuire à sa réputation. D'accord, la coccinelle asiatique est une prodigieuse consommatrice d'insectes nuisibles, mais maintenant, quand l'automne arrive, les hivers dans nos régions étant plus froids que dans

La coccinelle asiatique peut causer des problèmes aux jardiniers.

PHOTO: MAPAQ

ses pays natals, elle cherche à entrer avec ses congénères dans l'endroit le plus chaud qu'elle peut trouver : nos maisons. Elles rentrent par certaines, parfois par milliers. L'envahisseur est maintenant en train de détruire la bonne réputation des coccinelles. De grâce, n'en faites plus venir : il y en a déjà assez dans nos régions !

1064. POUR EMPÊCHER LES COCCINELLES D'ENVAHIR LA MAISON...

Calfeutrez toutes les entrées possibles. S'il en rentre encore, trouvez par où elles passent et calfeutrez de nouveau.

Un aspirateur suffit pour ramasser les coccinelles asiatiques qui rentrent dans la maison.

1065. POUR ÉLIMINER LES COCCINELLES DANS LA MAISON...

Un aspirateur est tout indiqué.

■ Acariens prédateurs

1066. ACARIENS PRÉDATEURS

Il y a plusieurs espèces et ils ressemblent à de mini araignées brun pâle ou rouges. D'ailleurs, les espèces rouges sont particulièrement visibles et beaucoup de gens les prennent pour des « araignées rouges » (voir le truc 1183) qui sont aussi des acariens, mais nuisibles cette fois-ci. À la différence des araignées rouges, les acariens prédateurs se déplacent assez rapidement. D'ailleurs, à moins d'avoir des yeux de chat, vous ne verrez pas les araignées rouges sans une loupe alors que les acariens prédateurs, bien que petits, sont assez gros pour être facilement vus à l'œil nu. Ils sont prédateurs des acariens nuisibles, des thrips et des sciarides, entre autres. On les trouve à l'état sauvage, mais si leur nombre n'est pas suffisant, on peut également en faire venir par la poste. N'ayant pas d'ailes, ils restent plus ou moins là où on les avait libérés. Les **PPPP** (trucs 1050 à1054) sont à propos.

Cet acarien prédateur (Phytoseulus persimilis) est un ennemi redoutable des araignées rouges.

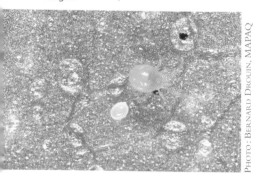

Attirer les animaux bénéfiques

■ Araignées

1067. ARAIGNÉES

Elles provoquent autant de dégoût que les couleuvres (voir le truc 1098), mais sont en fait nos grandes amies. Il y en a de toutes les tailles (relativement parlant, car au Canada, il n'y a pas d'araignées plus grosses qu'une pièce de 25 ¢) et de toutes les couleurs. Toutes sont des prédatrices voraces d'insectes et d'autres bestioles nuisibles, certaines pouvant consommer plus de 1 kg d'insectes par année! Certaines attrapent les insectes avec leur toile, d'autres les chassent activement. Il n'y a pas, à ma connaissance, de sources commerciales d'araignées, mais il y en a un peu partout dans la nature. Si on n'abuse pas des pesticides, normalement elles sont au rendez-vous. Pour savoir comment les attirer, pensez aux quatre P!

Toutes les araignées sont bénéfiques.

1068. L'ARAIGNÉE VÉNÉNEUSE: UN MYTHE QUI A LA VIE DURE

Avez-vous entendu parler de la femme qui est morte à la suite d'une morsure de recluse brune (*Loxosceles reclusa*), une araignée vénéneuse du Midwest américain? D'après cette histoire, cette araignée est bien établie à Montréal et son territoire ne cesse de grandir. C'est une amie jardinière qui m'avait conté cela quand je lui avais dit que je ne portais pas de gants pour jardiner. Mais il n'en est rien: c'est tout simplement une vieille légende urbaine qui refait surface de temps en temps. Parfois, c'est un homme qui meurt plutôt qu'une femme, parfois ce n'est pas dans le jardin, mais en s'assoyant sur un siège de toilettes, parfois, ce n'est pas une recluse brune, mais une veuve noire (*Loxosceles hesperis*). En fait, il n'existe aucune araignée venimeuse dans tout le Canada, ni même des araignées qui peuvent piquer les humains. Les «piqûres d'araignées» dont les gens se plaignent très fréquemment se trouvent en fait être des piqûres d'insectes, des réactions allergiques, des perforations d'aiguille, d'autres petites blessures… ou un produit de leur imagination.

1069. DES ARAIGNÉES À DÉPLACER

Quand vous trouvez une araignée dans votre maison, ne la tuez surtout pas! Mettez-la plutôt sur une plante d'intérieur. Si un puceron ou un autre insecte devait s'aventurer trop près de votre plante d'intérieur, vous pouvez être certain que l'araignée le mangera en moins de deux, empêchant le début d'une belle infestation!

On sous-estime souvent l'efficacité du carabe en tant que prédateur.

■ Carabes

1070. LES CARABES

PHOTO: BERNARD DROUIN, MAPAQ

Certains insectes n'inspirent vraiment aucun respect et c'est le cas du pauvre carabe. Ce coléoptère terrestre très courant, habituellement noir aux reflets bleu métallique, mais parfois vert métallique ou brunâtre, est, avec la fourmi, sans doute le prédateur le plus efficace chez nous (un adulte peut manger jusqu'à cinquante chenilles par jour!)... et pourtant, on entend rarement parler de ces insectes dans les livres sur les insectes bénéfiques. D'ailleurs, la plupart des gens les pensent nuisibles et les écrasent. Que c'est regrettable! On les découvre habituellement en déplaçant des roches ou des plantes. Ce sont de formidables prédateurs de limaces et d'insectes. Il en existe des milliers d'espèces dans le monde et des centaines au Québec. Les **PPPP** aideront à les attirer.

Le centipède est un prédateur des insectes.

■ Centipèdes

1071. LES CENTIPÈDES

PHOTO: BERNARD DROUIN, MAPAQ

Dégoûtant, me direz-vous, mais utiles, je vous réponds. Les centipèdes n'ont pas vraiment cent pattes, mais plutôt quinze paires, soit beaucoup moins que les mille-pattes avec lesquels on les confond. Mais le mille-pattes est plutôt tubulaire de forme et lent dans ses mouvements; le centipède est plus svelte et a des pattes plus longues; de plus, il bouge assez rapidement. Comme les carabes, on découvre habituellement ces arthropodes

Attirer les animaux bénéfiques

terrestres ou souterrains lorsqu'on creuse dans le jardin ou déplace des roches ou des bûches. Ils consomment plusieurs insectes nuisibles et non, ils ne sont pas toxiques (du moins, pas les espèces de chez nous). Appliquez les **PPPP** pour les attirer.

■ Chrysopes

1072. LES CHRYSOPES

Ces insectes ont l'avantage d'être relativement beaux, du moins au stade adulte, avec leur corps svelte, vert tendre ou brun, et leurs grandes ailes transparentes. Les adultes fréquentent les fleurs et apprécient la présence de l'eau, mais ce ne sont pas des prédateurs. Ce sont leurs larves qui sont des mangeuses inépuisables d'insectes nuisibles, notamment de pucerons. Les **PPPP** vous aideront à les attirer… et il est possible de faire venir des chrysopes par la poste.

Le chrysope, aux ailes translucides si élégantes, est néanmoins un féroce ennemi des insectes comme les pucerons.

PHOTO : JEAN-YVES BERNOUX

■ Fourmis

1073. LES FOURMIS AUSSI SONT NOS AMIES… PARFOIS

Comme bien des insectes bénéfiques, les fourmis sont souvent vues par les jardiniers comme des ennemis à abattre, mais sont en fait, dans la plupart des cas, nos amis. Les fourmis sont omnivores, mais avec une nette tendance vers la prédation. On estime que les fourmis sont même les *principaux prédateurs* des insectes nuisibles du jardin, avec les carabes ! Sans les fourmis, les plantes de votre terrain seraient probablement anéanties par les insectes nuisibles ! Aussi, elles font très efficacement le ménage de nos plates-bandes, ramassant fleurs tombées, cadavres d'insectes et beaucoup plus encore. Enfin, avec leurs nombreux tunnels, elles aèrent le sol et stimulent une meilleure croissance de nos plantes. Apprenez donc à traiter les fourmis avec le respect qu'elles méritent… mais analysez bien la situation, car elles ont de mauvais côtés aussi.

1074. SUIVRE LA PISTE DES FOURMIS

Il peut être très utile de suivre les déplacements des fourmis. Où vont-elles et pourquoi ? Je dis cela parce que plusieurs fourmis, et notamment les fourmis des bois (*Formica* spp.) se nourrissent du miellat des pucerons, des cochenilles et des kermès, tous des insectes nuisibles. Ainsi, quand on voit des filées de fourmis monter dans un arbre, c'est souvent signe qu'il se passe quelque chose qui a peut-être besoin de votre attention.

1075. MAIS LES FOURMIS MANGENT LES FLEURS DE MES PIVOINES !

Non, les fourmis ne mangent pas les pivoines. Et elles ne font aucun dégât sur les pivoines non plus. Les fourmis viennent sur les pivoines en boutons et en fleurs manger la sève sucrée que cette plante produit. Les spécialistes croient même que la pivoine *fait exprès* pour attirer les fourmis. Les fourmis, étant d'indomptables prédateurs, protégeraient les pivoines contre d'autres insectes.

1076. MAIS LES FOURMIS DÉTRUISENT MON GAZON !

Il faut encore distinguer entre les petites fourmis brunes des champs (*Lasius neoniger*) et les fourmis des bois (genre *Formica*) (voir le conseil 1228). Les fourmis brunes des champs, qui sont de loin les plus courantes, font leurs petits monticules de sable en forme de pyramide un peu partout, dans le gazon, dans les plates-bandes, dans le potager et ailleurs, mais les nids se remarquent rarement là où la végétation est haute. C'est lorsque ces fourmis s'installent dans des zones à végétation très courte, comme un gazon, ou sans végétation, comme une terrasse, qu'on les remarque. Et non, ces petits nids ne détruisent pas le gazon : il pousse très bien malgré la présence des fourmis. La solution la plus simple est… de tout simplement laisser le gazon pousser plus long ! D'ailleurs, si vous pouvez voir des nids de fourmis dans le gazon, c'est probablement parce que vous le tondez trop ras. Voir les trucs 456 et 457 pour savoir de quelle longueur couper un gazon pour qu'il soit en santé. Quant aux fourmis des bois, là c'est vrai que leurs gros nids peuvent sérieusement endommager les gazons. Les trucs 1234, 1236 et 1237 donnent quelques idées comment les détruire.

Pour cacher les nids de fourmis, tondez votre gazon moins ras.

Attirer les animaux bénéfiques

1077. PLUS SUR LES MÉFAITS DES FOURMIS

Je vous avais dit que les fourmis étaient nos amies… parfois. Quand elles ne le sont pas, et notamment quand elles entrent dans nos maisons, allez voir dans la section *Insectes nuisibles*, notamment les trucs 1234,1236 et 1237, pour savoir comment les contrôler.

■ Guêpes bénéfiques

1078. LES GUÊPES BRACHONIDES

Les guêpes brachonides sont des prédateurs d'insectes et ne piquent pas les humains.

PHOTO: MICHÈLE ROY, MAPAQ

D'accord, il existe des guêpes plutôt nuisibles (voir le conseil 1241), mais aussi des guêpes utiles… et c'est le cas des guêpes brachonides. Comme la plupart des guêpes non agressives, les guêpes brachonides ne sont pas marquées de jaune (souvent un signe avertisseur chez les insectes), mais sont uniquement noires ou brunes. Elles sont d'assez petite taille et ont un long ovipositeur (appendice) qu'elles utilisent pour pondre leurs œufs sur leur proie, habituellement un insecte nuisible (chenilles, pucerons, etc.). Les **PPPP** pour encourager les insectes bénéfiques (habitat P̲ropice, P̲lantes hôtes, pas de P̲esticides, pas trop P̲ropret) s'avèrent utiles.

1079. LES GUÊPES ICHNEUMONS

Les ichneumons ressemblent aux guêpes brachonides (truc précédent), mais en plus gros et surtout, avec un très long ovipositeur, souvent plus long que leur corps. Comme elles, elles pondent leurs œufs sur des insectes nuisibles (perceurs, chenilles et autres). Chez beaucoup d'espèces, l'ovipositeur peut même percer l'écorce des arbres pour déposer l'œuf directement sur le corps d'un perceur, insecte que la guêpe trouve par des vibrations qu'il produit. Ainsi, les ichneumons sont parmi les seuls contrôles pour les insectes vivant à l'intérieur des arbres et sont, de ce fait, l'un des meilleurs amis du jardinier. Comme pour les brachonides, les **PPPP** s'avéreront utiles.

PHOTO: BERNARD DROUIN, MAPAQ

Les guêpes ichneumons peuvent percer des trous dans l'écorce des arbres pour parasiter les perceurs qui y vivent.

■ Mantes religieuses

1080. LES MANTES : DES CROYANTES TRÈS GOULUES

Dans les régions du Québec où les mantes religieuses sont établies, elles sont de très efficaces consommatrices d'insectes… bons comme mauvais. Ces gros insectes à petite tête mais grosses pattes antérieures, toujours pliées comme en prière, sont toujours aux aguets et frappent en un clin d'œil. Un insecte vole librement, la seconde suivante il est solidement coincé dans les « griffes » de son adversaire… qui le mange avec avidité. C'est un peu sadique, c'est vrai, mais néanmoins tout un spectacle à voir… et une bonne introduction pour les enfants sur les lois de la nature. Les mantes religieuses sont parfois décriées quand

La mante religieuse est un prédateur bien connu.

on les voit manger une abeille, mais elles consomment en fait beaucoup plus d'insectes nuisibles que d'insectes bénéfiques. Et, à cause de leur taille, elles peuvent consommer même des insectes assez gros : sauterelles, perce-oreilles, etc. Comme les mantes hivernent sous forme d'oothèque (une masse mousseuse d'œufs) généralement accrochée sur les tiges des fleurs vivaces, elles sont une très bonne preuve que moins on fait le ménage à l'automne, plus les insectes bénéfiques sont présents. D'ailleurs, on ne voit presque jamais les mantes dans les jardins « trop proprets ». Ainsi, les **PPPP** contribueront à les garder.

1081. CHÉRISSEZ VOS MANTES… LÀ OÙ ELLES PEUVENT SURVIVRE

Aucune mante religieuse n'est indigène dans le nord-est de l'Amérique du Nord (il y a cependant une espèce indigène en Colombie-Britannique), mais deux espèces importées, la mante religieuse d'Europe (*Mantis religiosa*) et la mante chinoise (*Tenodera aridifolia sinensis*) sont bien établies presque partout en Amérique du Nord, incluant l'Ontario et le Nouveau-Brunswick… sauf dans le centre et l'est du Québec, sans doute à cause des hivers plus froids. En effet, leur aire de distribution au Québec correspond plus ou moins à la zone 5.

Attirer les animaux bénéfiques

1082. PAS LA PEINE D'INTRODUIRE DES MANTES CHEZ VOUS

Même si plusieurs firmes vendent par le poste des oothèques de mante, il n'est pas évident de les utiliser pour les établir chez vous. D'abord, bien que chaque oothèque achetée contienne des centaines d'œufs, à l'éclosion, les petites mantes… se cannibalisent. À la fin, il n'en reste pas plus de deux ou trois par oothèque… et même ces deux ou trois mantes ne resteront pas nécessairement chez vous. Mieux vaut encourager les mantes en créant un milieu où elles peuvent s'établir naturellement… du moins dans les régions où elles peuvent survivre.

■ Perce-oreilles

1083. LES PERCE-OREILLES : AMIS OU ENNEMIS ?

Les jardiniers nord-américains voient les perce-oreilles (forficules) comme étant un ennemi à abattre et d'ailleurs vous trouverez plus de renseignements à ce sujet dans la section des *Animaux nuisibles*. Mais en fait, les perce-oreilles sont plutôt des amis, du moins tant que leur nombre est raisonnable. En effet, leur rôle principal est de décomposer la matière organique, car ils consomment feuilles mortes, déchets végétaux, etc. De plus, ils ne dédaignent pas les pucerons et d'autres insectes nuisibles. Donc, deux points en leur faveur. Le hic, c'est qu'ils sont également omnivores : quand ils n'ont rien à décomposer et aucun insecte à manger, ils mangent les plantes de jardin. Et la plupart des jardiniers n'utilisant pas de paillis les connaissent alors pour les dégâts qu'ils causent aux plantes. Pour cette raison, je traite plus longuement des perce-oreilles dans la section « Animaux nuisibles ». Sachez cependant que, dans un aménagement de jardinier paresseux où les déchets végétaux et les paillis ne manquent pas, les perce-oreilles ne seront plus un problème et ils pourront même devenir vos amis.

PHOTO : BERNARD DROUIN, MAPAQ

Le perce-oreille est peu aimé des jardiniers, mais est souvent plus utile que nuisible.

1084. UNE MAISON À PERCE-OREILLES

En Amérique, où les perce-oreilles sont méprisés, on peut difficilement imaginer que quelqu'un puisse les aimer assez pour leur aménager une résidence privée. Mais pourtant, en Europe et en Asie où
le perce-oreille est considéré comme l'un des insectes les plus utiles,
on fabrique et on vend même des abris à perce-oreilles. On peut
fabriquer sa propre «maison à perce-oreilles» en remplissant tout
simplement un petit pot de grès de copeaux de bois, emballant le
tout dans un sac en filet à larges mailles (un sac d'oignons ou
d'oranges, par exemple). Placez l'abri au sol (dans le potager ou la
plate-bande) ou fixez-le sur un arbre (pour protéger les fruitiers
contre les pucerons) et les perce-oreilles s'y sentiront très à l'aise.

■ Syrphes

1085. DES MOUCHES QUI SE PRENNENT POUR DES ABEILLES

Ces mouches sont très courantes dans nos jardins, mais, avec leur
corps noir ou brun strié de jaune ou de blanc et leur habitude de
visiter les fleurs pour se nourrir de pollen et de nectar, on les prend
habituellement pour des abeilles ou des guêpes. Dans ce cas, cette
coloration vive n'est que du mimétisme : les syrphes ne piquent pas !
On peut surtout les distinguer des abeilles et des guêpes par leurs

très gros yeux rappelant
ceux de la mouche domestique. Mais les syrphes sont
très utiles : certaines pollinisent les fleurs, d'autres sont
des prédateurs voraces des
pucerons et d'autres insectes. Pour les attirer, pensez
surtout à leur offrir un vaste
choix de fleurs, mais suivez
aussi les **PPPP**.

Les syrphes miment les abeilles.

Autres « bibittes » bénéfiques

■ Escargots

1086. METTRE LES ESCARGOTS AU TRAVAIL

Les jardiniers du nord-est de l'Amérique ont de la chance. Alors que certains colimaçons et escargots terrestres sont de véritables fléaux dans d'autres pays (notamment l'escargot gris (*Helix aspera*) si cher aux gourmands), nos mollusques terrestres à carapaces sont… bénéfiques ! En effet, l'escargot le plus commun chez nous, l'escargot des bois (*Cepaea nemoralis*), mange rarement le feuillage vert, préférant les végétaux morts, jaunissants ou en décomposition. Et c'est aussi le cas des autres escargots terrestres canadiens. Autrement dit, les escargots font le ménage à notre place ! Il est alors inutile (et illogique !) d'éliminer les escargots : laissez-les tranquilles et vous aurez moins de ménage à faire !

L'escargot des bois est un vidangeur qu'il faut apprendre à apprécier.

■ Nématodes

1087. DES NÉMATODES BÉNÉFIQUES

Il existe d'innombrables variétés de nématodes, ces vers minuscules et généralement microscopiques. Ils vivent dans le sol, dans les composts et les paillis, dans l'eau aussi. Certains sont nuisibles (voir le conseil 1285), mais beaucoup sont bénéfiques. Dans le sol de votre jardin, il y a probablement déjà des dizaines d'espèces de nématodes bénéfiques. Ce qui nous intéresse ici c'est que plusieurs espèces sont soit

PHOTO : NATURAL INSECT CONTROL

Les nématodes bénéfiques sont des prédateurs… invisibles, car trop petits pour être visibles à l'œil nu.

des parasites des insectes nuisibles, vivant dans leurs corps avant de les tuer, ou contaminant les insectes avec des bactéries qu'ils portent. Puisque les nématodes sont plus actifs dans un sol humide, l'utilisation d'un paillis peut stimuler leur travail tout comme peuvent le faire des arrosages en période de sécheresse. Autrement, pensez que l'application des quatre P peut être utile à leur développement. Il existe aussi des nématodes bénéfiques vendus comme pesticides (voir *Sources*, page 677).

■ Vers de terre

PHOTO : ÉDITH SMEESTERS

Les vers de terre sont de grands amis des jardiniers

1088. LES VERS DE TERRE

Intéressant, n'est-ce pas, que les vers de terre (lombrics en langage soutenu) aient été si grandement acceptés de tous comme étant des animaux utiles, car en même temps on les considère comme gluants, rampants et dégoûtants. Or la plupart des « bibittes dégoûtantes » sont globalement détestées, même quand elles sont utiles : carabes, perce-oreilles, etc. Mais tant mieux si, pour une fois, on apprécie une « bibitte » utile ! Les vers de terre sont utiles pour leur capacité de digérer les matières organiques et de les mélanger avec la terre. En effet, feuilles mortes, déchets de plantes, vieux paillis … si quelque chose de compostable tombe au sol, les vers vont finir par le digérer. Et le résultat de toute cette activité est un fumier des plus riche appelé lombricompost, ou fumier de vers de terre, qui est déposé gratuitement et également d'un bout à l'autre de votre jardin. Aussi, les tunnels qu'ils creusent aèrent le sol et en améliorent le drainage. Pour les encourager, appliquer les mêmes règles de base que pour les insectes bénéfiques, soit les **PPPP**.

1089. UN LABOURAGE EN RÈGLE

Les jardiniers demi-paresseux qui s'ennuient du labourage de la terre (une technique totalement bannie du jardinage paresseux) peuvent prendre courage : les vers de terre labourent le sol pour eux. Tout ce qui pouvait être bien dans le labourage, l'aération du sol, l'incorporation des matières organiques au sol, etc., les vers de terre

Attirer les animaux bénéfiques

le font sans vous demander le moindre effort. Et ce, sans aucun des désagréments du labourage : structure du sol détruite, remontée en surface des graines de mauvaises herbes enfouies, etc.

1090. ÉVITEZ LE LABOURAGE ET LE SARCLAGE POUR STIMULER L'ACTIVITÉ DES VERS DE TERRE

Pour profiter pleinement des avantages des vers de terre, il faut surtout éviter de labourer et de retourner la terre, ou, pire encore, y passer le motoculteur. Il est certain que retourner le sol leur est très néfaste. Préférez la technique du jardinier paresseux : une bonne couche de paillis, essentiellement aucun ménage et le moins de labourage possible et vous verrez comme les lombrics pulluleront sur votre terrain !

Biner et labourer tuent les vers de terre.

1091. VERS DE TERRE ET GAZON DE JARDINIER PARESSEUX : UNE SYMBIOSE PARFAITE !

Si les jardiniers forcenés ont parfois de la difficulté à s'adapter aux vers de terre dans le gazon (voir les trucs 1343 à 1345), le jardinier paresseux trouvera la symbiose entre les vers de terre et son gazon des plus parfaite : plus il y a de vers de terre dans le gazon, plus il est vert et moins il y a d'insectes nuisibles. Un terreautage annuel empêchera que les petits « tas » de vers de terre ne deviennent des bosses encombrantes.

1092. FUMIER DE VERS DE TERRE

Le fumier de vers de terre ou lombricompost est un excellent compost commercialisé dans plusieurs régions. Très riche, il est cependant trop cher pour l'appliquer à la pelletée. On l'utilise davantage comme engrais en le déposant au pied des vivaces et des annuelles ou le en mélangeant au terreau de nos plantes d'intérieur.

AMPHIBIENS ET REPTILES

1093. UN PETIT GROUPE TRÈS UTILE

Non, il n'y a pas beaucoup d'amphibiens, et encore moins de reptiles, dans une région aussi froide que la nôtre, mais sachez que ceux qui y vivent sont tous utiles, car ce sont des prédateurs des insectes et des mollusques qui sont nos ennemis. Est-ce que les ennemis de mes ennemis sont mes amis ? Dans ce cas-ci, du moins, oui !

■ Crapaud

1094. LE CRAPAUD : PAS BEAU, MAIS TRÈS UTILE

Avec sa forme courtaude, sa peau toute bosselée et sa coloration terne, le crapaud doit sûrement être la créature la moins belle de nos régions, mais aussi une des plus utiles. Le crapaud d'Amérique (*Bufo americanus*) est le seul de sa famille au Québec, mais on le trouve un peu partout dans la province. C'est un formidable prédateur d'insectes (hannetons, punaises, etc.), mais aussi de limaces. D'accord, il mange à la fois les bons insectes et les mauvais, mais on considère son bilan nettement plus positif que négatif.

Le crapaud n'est pas beau, mais il est très efficace à contrôler les insectes et les limaces.

1095. L'EAU ATTIRE LES CRAPAUDS

Les crapauds ne vivent pas dans l'eau (contrairement à leurs cousines, les grenouilles !), mais, par contre, ils en ont besoin pour s'accoupler et pondre leurs œufs. Ainsi, un plan d'eau tranquille qui n'est pas traité aux produits chimiques peut attirer les crapauds, d'abord, puis leur permettre de se reproduire par la suite, ce qui augmente de beaucoup leur nombre.

Attirer les animaux bénéfiques

1096. EST-CE QU'UNE « MAISON À CRAPAUDS » EST UTILE ?

On recommande parfois de fournir un gîte aux crapauds sous la forme d'un pot de grès cassé et placé à l'envers dans le jardin pour lui servir d'abri contre le soleil (les crapauds sont surtout actifs la nuit et par temps pluvieux). On va jusqu'à vendre des « maisons à crapauds » ! Mais, personnellement, même lorsque les crapauds sont présents, je les ai rarement vu utiliser les gîtes qu'on leur fournit. Ils préfèrent trouver des abris naturels : un espace sous une roche ou une grosse racine.

On vend des maisons à crapauds… mais ils ne les habitent que très rarement.

■ Grenouilles et salamandres

1097. LES AUTRES AMPHIBIENS AIDENT... UN PEU

Les grenouilles habitent parfois nos jardins d'eau et les salamandres viennent parfois dans nos jardins lorsqu'ils sont situés en bordure d'une forêt, mais ni l'un ni l'autre sont particulièrement efficaces comme prédateurs dans le jardin. La grenouille, par contre, mange beaucoup de moustiques, ce qui est quand même bien pour le propriétaire du jardin.

Les grenouilles sont aussi des prédateurs d'insectes nuisibles.

■ Couleuvres

1098. DE PETITES BÊTES QUI CAUSENT DE GROSSES PEURS

Comment se fait-il qu'un animal aussi utile et inoffensif ait si mauvaise presse ? Comment peut-on se mettre à crier à leur vue : on devrait plutôt applaudir ! Le pire, ce sont les gens qui prennent une

roche ou une grosse branche et les tuent ... et ne dites pas que cela n'arrive pas, c'est au contraire très courant! Sachez que, dans nos régions (Québec et les régions limitrophes), il n'existe aucun serpent venimeux. Il n'y a donc aucune raison pour avoir peur. Pourtant les sept espèces que nous avons sont presque toutes universellement détestées. Essayez d'apprendre à tolérer leur présence, car elles font tant de bien à nos jardins.

Qu'on l'aime ou non, la couleuvre est un prédateur formidable.

1099. DES CHASSEURS EFFICACES QU'IL FAUT ENCOURAGER

Les couleuvres mangent toute une gamme d'animaux, allant des insectes aux campagnols en passant par les limaces et même d'autres couleuvres. Le bilan est nettement positif et il faut faire tout ce qui est possible pour les encourager... en commençant par ne pas les tuer à vue. Le respect des **PPPP** est *très* important si vous voulez garder les couleuvres.

1100. UN HIVER SOUS LA TERRE

Les couleuvres passent l'hiver dans des cavités sous la terre où elles sont à l'abri du gel. Parfois, plusieurs couleuvres et même plusieurs espèces occupent le même trou. Donc, si au début du printemps, vous voyez des couleuvres à moitié endormies près d'un trou dans le sol, protégez-les précieusement et évitez de faire trop d'aménagements dans le secteur.

1101. UN ABRI À COULEUVRES?

Certaines personnes préconisent la création d'abris hivernaux pour les couleuvres, mais il est difficile d'en réaliser un qui fonctionne vraiment. Mieux vaut protéger les abris naturels déjà existants.

OISEAUX

■ Aménager pour les oiseaux

1102. VOUS VOULEZ PLUS D'OISEAUX DANS VOTRE COUR ?

Le secret est d'apprendre à voir votre terrain du point de vue d'un oiseau. Si votre terrain est tout en gazon, il n'offrira pas de gîte pour les oiseaux ni de choix de nourriture : alors vous n'en verrez pas beaucoup. Ajoutez des plates-bandes et voilà que certains oiseaux viendront manger le nectar ou les graines… le jour, mais les fleurs n'offrent aucun abri aux oiseaux pour la nuit ou pour y nicher. En fait, plus votre terrain sera composé de «milieux» différents, plus il attirera les oiseaux et plus il en attirera une grande variété. Un terrain où il y a de grands arbres pour les oiseaux qui aiment nicher en hauteur; des arbustes pour les oiseaux qui aiment nicher plus près du sol; des conifères comme abri lors des intempéries et dont les cônes servent de source de nourriture; des plates-bandes mixtes où il y a du nectar, des graines et des insectes à manger; des endroits dégagés pour chercher des vers de terre et un plan d'eau pour la baignade, voici un terrain qui connaîtra du succès auprès des oiseaux! Et n'oubliez pas les **PPPP**!

PHOTO : SUZANNE BRÛLOTTE

Qui ne voudrait pas voir de jolis cardinals dans sa cour !

C'est le chat domestique qui profite le plus de nos efforts pour attirer les oiseaux.

■ Ennemis des oiseaux

1103. ATTACHEZ VOTRE CHAT !

Pourquoi attirer des oiseaux dans votre cour pour les voir se faire manger par les chats? Si vous êtes prêt à installer une mangeoire, un bain ou à faire tout autre effort pour attirer les oiseaux dans votre cour, assurez-vous que votre chat reste à l'intérieur ou encore, s'il sort, qu'il soit toujours attaché.

■ Abris

1104. NE JETEZ PAS VOTRE SAPIN DE NOËL DÉFRAÎCHI AU REBUT

Quand vous dégarnissez votre arbre de Noël après les fêtes, placez-le dehors, debout dans la neige. Non seulement fera-t-il un bel effet durant tout hiver, mais les oiseaux qui hivernent dans le secteur pourront s'y abriter du froid.

■ Nids et maisons

1105. DES RESTES DE LAINE

Accrochez dans les arbres des bouts de laine au début du printemps. En plus d'attirer les oiseaux, ils viennent les chercher pour faire leur nid. Souvent l'oiseau choisit de faire son nid dans le secteur et vous assure ainsi de sa présence durant tout l'été.

1106. UN NID EN PANIER

Fixez un petit panier sur un mur ou le tronc d'un arbre au printemps. Il est fort possible qu'un oiseau décide d'y faire un nid.

1107. LES BONS NICHOIRS

Beaucoup de gens s'imaginent que n'importe quelle petite maisonnette convient aux oiseaux, mais, en fait, la plupart des espèces n'utilisent jamais de nichoir et celles qui le font ont des préférences très nettes. D'ailleurs, beaucoup de nichoirs commerciaux ne sont guère plus que des décorations: aucun oiseau n'y élira domicile. Un oiseau populaire qui nichera dans un nichoir est l'hirondelle bicolore qui d'ailleurs niche autant en ville qu'à la campagne… et c'est un insectivore vorace. Elle préfère un nichoir plutôt petit, placé de 3 à 4,5 m du sol avec un trou d'entrée de 3,8 cm. Je vous recommande de consulter un livre d'ornithologie pour encore plus de détails.

Certains nichoirs sont forts élégants, mais n'intéressent pas les oiseaux.

■ Eau et bains d'oiseaux

1108. LE SON DE L'EAU ATTIRE LES OISEAUX

Saviez-vous que le son de l'eau qui dégouline attire les oiseaux? Si vous avez un robinet qui fuit très lentement (s'il fuit beaucoup, faites-le réparer!), placez une roche à sa base pour que l'eau fasse un «plouc-plouc» en tombant.

1109. UN BAIN PLUS ATTIRANT

D'accord, la tradition veut qu'un bain d'oiseau soit surélevé sur un piédestal, mais, en réalité, la majorité des oiseaux préfèrent leur «baignoire» au niveau du sol et vous aurez plus de visiteurs si vous l'y placez.

La majorité des oiseaux préfèrent un bain au niveau du sol.

1110. UN BAIN MOINS PROFOND

La majorité des bains d'oiseaux commerciaux sont d'apparence très chic, mais ne sont pas toujours pratiques pour les oiseaux. Nos amis ailés aiment garder les griffes par terre quand ils se baignent… et leurs pattes sont courtes. Si le bain mesure plus de 2 cm de profondeur, plusieurs oiseaux n'arriveront pas à l'utiliser. Si, par contre, vous recouvrez le fond du bain de galets de rivière qui dépassent de l'eau çà et là, cela rassurera les oiseaux qui seront alors plus enclins à l'utiliser. D'ailleurs, parfois plusieurs oiseaux, souvent de différentes espèces, «feront la queue» pour l'essayer.

1111. UN BAIN BIEN DÉGAGÉ

Les oiseaux adorent se baigner, mais ont peur des prédateurs qui peuvent se cacher dans les environs. Ainsi ils ne viendront pas nécessairement s'ébrouer dans un bain qui est placé près d'une plate-bande, près des arbustes ou près de tout autre objet qui peut cacher un chat ou un autre prédateur. Placez toujours votre bain d'oiseau dans un espace bien dégagé si vous voulez qu'il soit bien visité.

La plante à calice (Silphium perfoliatum) attrape l'eau avec ses feuilles soudées ensemble et fait alors un excellent bain d'oiseau naturel.

1112. UN BAIN AU NATUREL

Vous n'aurez pas besoin d'installer un bain d'oiseau si vous cultivez la plante à calice (*Silphium perfoliatum*). Ses feuilles larges sont soudées ensemble autour de la tige de façon à former un calice ou un petit bain. L'eau de pluie s'accumule dans le «calice», y reste quelques jours et permet aux oiseaux de venir s'y abreuver et s'y baigner. En plus, c'est une belle grande plante (de 1,5 à 3,3 m de hauteur) pour l'arrière-plan avec de superbes fleurs jaunes du genre tournesol en fin de saison. La plante à calice aime le plein soleil et un sol de jardin normal, moyennement à très humide. Elle est rustique en zone 4.

1113. UN BAIN CHAUFFÉ

Ne riez pas! Il existe des bains d'oiseaux chauffés munis d'un cordon électrique à brancher dans une prise extérieure… et ils sont très utiles! L'hiver, les oiseaux ont de la difficulté à se trouver de l'eau potable et pourtant, leur nourriture saisonnière étant composée en bonne partie de graines sèches plutôt que d'insectes juteux, ils ont davantage besoin de s'abreuver l'hiver que l'été. Un bain chauffé deviendra un lieu privilégié pour les visites hivernales.

1114. CHANGEZ L'EAU DU BAIN SOUVENT

Les oiseaux adorent l'eau… mais la salissent aussi. Plus il y a d'oiseaux qui visitent un bain, plus les fientes s'y accumulent et plus il y a risque de contamination. Changez l'eau hebdomadairement, même deux fois par semaine en période de canicule ou s'il y a beaucoup de visiteurs, en nettoyant bien le bain chaque fois. Cela empêchera aussi les larves de moustiques de compléter leur cycle.

1115. UN BAIN DE POUSSIÈRE

Les oiseaux adorent l'eau, mais prennent aussi des bains de poussière. Sur une partie dégagée et bien drainée du terrain, déposez du sable très très fin où les oiseaux pourront faire leur toilette.

Attirer les animaux bénéfiques

1116. UN JARDIN D'EAU ATTIRE AUSSI LA GENT AILÉE

Si vous avez un jardin d'eau avec une section peu profonde, il remplacera avantageusement le bain d'oiseaux, d'autant plus qu'il y a souvent un clapotis d'eau pour attirer les oiseaux et aussi assez d'espace pour que plusieurs oiseaux se baignent en même temps.

Les oiseaux, comme ce Merle d'Amérique, adorent les jardins d'eau.

■ Nourriture

1117. UNE MANGEOIRE NATURELLE

Pour attirer les oiseaux sur son terrain, il est très utile de leur donner à manger. Évidemment, qui dit «nourrir les oiseaux» pense tout de suite aux mangeoires, mais, pour le jardinier paresseux, il y a mieux encore : les plantes qui produisent des fruits ou des graines que les oiseaux mangent. Ainsi on n'a pas à lever le petit doigt pour les nourrir !

Les plantes à graines sont les mangeoires naturelles des oiseaux.

1118. DES PLANTES À FRUITS POUR ATTIRER LES OISEAUX

Dans les pays nordiques, il n'y a pas beaucoup d'oiseaux qui sont strictement frugivores. Par contre, il existe beaucoup d'espèces qui mangent surtout des insectes ou des graines, mais mangent goulûment des fruits lorsqu'ils sont disponibles. Pour contenter une grande variété d'oiseaux, même en hiver, il faut s'assurer qu'il y a des fruits disponibles en tout temps. Donc, plantez un mélange de plantes à fruits, surtout sans oublier les espèces qui conservent leurs fruits tout l'hiver.

Les oiseaux adorent les fruits, comme ces cerises, et viendront de loin pour les manger.

Espèce	Zone	Fruits persistants l'hiver
• Amélanchier (*Amelanchier* spp.)	3	NON
• Argousier faux-nerprun (*Hippophae rhamnoides*)	2B	OUI
• Aronie (*Aronia* spp.)	4	OUI
• Aubépines (*Crataegus* spp.)	3	OUI
• Bleuetier (*Vaccinium* spp.)	2 À 5	NON
• Bourreau des arbres (*Celastrus* spp.)	3	OUI
• Canneberge (*Vaccinium* spp.)	1 À 4	OUI
• Cerisier de Pensylvanie (*Prunus pensylvanica*)	2	NON
• Cerisier de Virginie (*Prunus virginiana*)	3	NON
• Cerisier noir (*Prunus serotina*)	4	NON
• Chalef argenté (*Elaeagnus commutata*)	1B	OUI
• Charme de Caroline (*Carpinus caroliniana*)	3B	OUI
• Chèvrefeuilles (*Lonicera* spp.)	2	NON
• Cornouiller à feuilles alternes (*Cornus alternifolius*)	3	OUI
• Cornouiller stolonifère (*Cornus stolonifera*)	3	NON
• Cotoneaster (*Cotoneastre* spp.)	3 À 9	OUI
• Épine-vinette de Thunberg (*Berberis thunbergii*)	4	OUI
• Fraisier (*Fragaria* spp.)	3	NON
• Framboisier, mûrier (*Rubus* spp.)	3	NON
• Gadeliers (*Ribes* spp.)	3	NON
• Genévrier (*Juniperus* spp.)	2 À 7	OUI
• Herbe à la puce (*Toxicodendron radicans*)	4	OUI
• Houx verticillé (*Ilex verticillata*)	3	OUI
• If (*Taxus* spp.)	3 À 8	NON
• Lierre de Boston (*Parthenocissus tricuspidata*)	4B	OUI
• Micocoulier occidental (*Celtis occidentalis*)	4	OUI
• Mûrier (*Morus* spp.)	4 À 8	NON
• Myrique baumier (*Myrica gale*)	2	OUI
• Myrique de Pennsylvanie (*Myrica pensylvanica*)	2	OUI
• Nemopanthe mucroné (*Nemopanthus mucronatus*)	2	OUI
• Nerprun cathartique (*Rhamnus cathartica*)	2	OUI
• Ostryer de Virginie (*Ostrya virginiana*)	3	OUI
• Physocarpe (*Physocarpus* spp.)	2	OUI

Attirer les animaux bénéfiques

Espèce	Zone	Fruits persistants l'hiver
• Pimbina (*Viburnum trilobum*)	2	OUI
• Pommiers et pommetiers (*Malus* spp.)	3	OUI / NON*
• Raisin d'ours (*Arctostaphylos uva-ursi*)	2	OUI
• Raisin de couleuvre (*Smilax herbacea*)	3	OUI
• Rosiers (*Rosa* spp.)	2 à 8	OUI
• Shepherdie argenté (*Shepherdia argentea*)	2	OUI
• Sorbier d'Amérique (*Sorbus americana*)	2	OUI
• Sureau du Canada (*Sambucus canadensis*)	3	NON
• Sureau rouge (*Sambucus pubens*)	3	NON
• Symphorine (*Symphoricarpos* spp.)	2 à 5	OUI
• Thé du Canada (*Gaultheria procumbens*)	2	OUI
• Vigne sauvage (*Vitis riparia*)	3	OUI
• Vigne vierge (*Parthenocissus quinquefolia*)	3	OUI
• Vinaigrier (*Rhus typhina*)	3	OUI
• Viorne à feuilles d'aulne (*Viburnum alnifolium*)	3	OUI
• Viorne alisier (*Viburnum lentago*)	2	OUI
• Viorne cassinoïde (*Viburnum cassinoides*)	3	OUI
• Viorne comestible (*Viburnum edule*)	1	OUI

* Certains pommetiers ont des fruits persistants l'hiver, d'autres pas.

1119. LE GEL AMÉLIORE LE GOÛT DES FRUITS

Certains fruits sont très sucrés dès qu'ils arrivent à maturité et les oiseaux les font disparaître rapidement, mais d'autres ont un goût plutôt fade et les oiseaux n'y touchent pas… au début. À mesure que l'hiver avance, cependant, ces fruits deviennent de plus en plus sucrés, car sous l'effet du froid, l'amidon qu'ils contiennent se convertit en sucre. Et cela se fait à différentes vitesses, tout au long de l'automne et de l'hiver et jusqu'au printemps. Il y a toute une succession de fruits qui deviennent agréables au goût des oiseaux qui ont ainsi toujours quelque chose à manger. N'est-ce pas que dame Nature fait bien les choses ?

Certains fruits, comme celui du houx verticillé (Ilex verticillata), n'attirent les oiseaux que vers la fin de l'hiver.

1120. LES PLANTES À FRUITS SONT ATTRAYANTES AUSSI

Les plantes du conseil 1118 ne sont pas seulement utiles aux oiseaux, elles sont attrayantes aussi. Après tout, quoi de mieux que de jolis fruits pour embellir un arbre ou un arbuste?

1121. DES PLANTES À GRAINES POUR ATTIRER LES OISEAUX

Gros-bec errant mangeant les graines d'érable à Giguère.

Ce ne sont pas toutes les plantes qui nourrissent les oiseaux qui produisent des fruits charnus et qui attirent des oiseaux frugivores. Voici quelques plantes qui produisent plutôt des graines (parfois des noix) et qui attireront les oiseaux granivores, soit les mêmes oiseaux qui se nourrissent aux mangeoires… sauf que, lorsque vous aurez planté les végétaux suivants, les nourrir ne coûtera absolument rien!

ESPÈCE	ZONE	GRAINES PERSISTANTES L'HIVER
• ACHILLÉE (*ACHILLEA* SPP.)	2	NON
• ANCOLIE (*AQUILEGIA* SPP.)	3	NON
• ASTER (*ASTER* SPP., MAINTENANT *SYMPHOTHRICUM*)	4	OUI
• AULNE (*ALNUS* SPP.)	1 À 6	OUI
• BARBON (*ANDROPOGON SCOPARIUS*)	4	OUI
• BOULEAU (*BETULA* SPP.)	3	OUI
• BUGLE RAMPANTE (*AJUGA REPTANS*)	3	NON
• CAMPANULE (*CAMPANULA SPP*)	3 À 7	NON
• CÉRAISTE TOMENTEUX (*CERASTIUM TOMENTOSUM*)	3	NON
• CHARDON (*CIRSIUM* SPP.)	2	OUI
• CHARDON BLEU (*ECHINOPS RITRO*)	3	OUI
• CHÊNE (*QUERCUS* SPP.)	3 À 9	NON*
• CLÉMATITE DE VIRGINIE (*CLEMATIS VIRGINIANUS*)	3	OUI
• COREOPSIS (*COREOPSIS GRANDIFLORA*)	3	OUI
• DESCHAMPSIE CESPITEUSE (*DESCHAMPSIA CAESPITOSA*)	4	OUI
• ÉCHINACÉE POURPRE (*ECHINACEA PURPUREA*)	3	OUI
• ÉPILOBE À FEUILLES ÉTROITES (*EPILOBIUM ANGUSTIFOLIUM*)	1	OUI
• ÉPINETTE BLANCHE (*PICEA GLAUCA*)	1	OUI
• ÉRABLE (*ACER* SPP.)	2 À 9	NON

Attirer les animaux bénéfiques

• ÉRABLE À GIGUÈRE (*ACER NEGUNDO*)	2	OUI
• EUPATOIRE (*EUPATORIUM* SPP.)	3	OUI
• FAUX SORGHO-PENCHÉ (*SORGHASTRUM NUTANS*)	4	OUI
• FRÊNE (*FRAXINUS* SPP.)	3	OUI
• GAILLARDE (*GAILLARDIA* SPP.)	ANNUELLE OU 3	OUI
• GRAMINÉES ORNEMENTALES (*PLUSIEURS GENRES*)	1 À 10	OUI
• HÊTRE À GRANDES FEUILLES (*FAGUS GRANDIFOLIA*)	4	NON*
• JULIENNE DES DAMES (*HESPERIS MATRONALIS*)	4	NON
• LIATRIDE (*LIATRIS* SPP.)	3	OUI
• LIN (*LINUM PERENNE*)	5	NON
• MÉLÈZE (*LARIX* SPP.)	1 À 3	OUI
• MISCANTHUS DU JAPON (*MISCANTHUS SINENSIS*)	4 À 6	OUI
• NOISETIER (*CORYLUS* SPP.)	2 À 6	OUI
• NOYER (*JUGLANS* SPP.)	3 À 9	NON*
• ONAGRE PERENNANTE (*OENOTHERA PERENNIS*)	4	NON
• ORME (*ULMUS* SPP.)	2 À 8	NON
• ORPIN D'AUTOMNE (*SEDUM SPECTABILE*)	3	OUI
• PANIC RAIDE (*PANICUM VIRGATUM*)	3	OUI
• PAVOT D'ORIENT (*PAPAVER ORIENTALE*)	4	NON
• PETITE-OSEILLE (*RUMEX ACETOSELLA*)	1	OUI
• PHLOX PANICULÉ (*PHLOX PANICULATA*)	3	NON
• PIED-D'ALOUETTE (*DELPHINIUM GRANDIFLORUM*)	3	NON
• PIN BLANC (*PINUS STROBUS*)	3	OUI
• PRUCHE DE L'EST (*TSUGA CANADENSIS*)	4	OUI
• RUDBECKIE (*RUDBECKIA* SPP.)	3	OUI
• SAPIN (*ABIES* SPP.)	1 À 7	OUI
• SAUGE (*SALVIA* SP.)	4	NON
• SAULES ARBUSTIFS (*SALIX* SPP.)	3	NON
• SILPHIUM (*SILPHIUM* SPP.)	3	OUI
• SORBIER D'AMÉRIQUE (*SORBUS AMERICANA*)	2	OUI
• SPIRÉE À LARGES FEUILLES (*SPIREA LATIFOLIA*)	2	NON
• THUYA DU CANADA (*THUYA OCCIDENTALIS*)	2	OUI
• TOURNESOL (*HELIANTHUS ANNUUS*)	ANNUELLE	OUI
• VÉLAR GIROFLÉE (*ERYSIMUM PULCHELLUM*)	5	NON
• VERGE D'OR (*SOLIDAGO CANADENSIS*)	3	OUI
• VERNONIA (*VERNONIA NOVEBORACENSIS*)	4	OUI
• VIGNE VIERGE (*PARTHENOCISSUS QUINQUEFOLIA*)	3	OUI

Non* La graine ne persiste pas sur l'arbre ou l'arbuste, mais est abondamment disponible au sol tout l'hiver.

On peut aussi utiliser des mangeoires pour nourrir les oiseaux.

1122. NOURRIR ARTIFICIELLEMENT LES OISEAUX L'HIVER

Si vous avez déjà nettoyé tout votre terrain pour l'hiver et éliminé ainsi toutes les sources naturelles de nourriture, il n'est pas encore trop tard pour attirer les oiseaux chez vous. Offrez-leur à manger au moyen de mangeoires. Idéalement, vous aurez une variété de mangeoires contenant une variété de nourritures : suif, graines mélangées, graines de niger, graines de tournesol noir, etc. C'est que, plus il y aura de la variété, plus vous aurez la chance de voir une grande variété d'oiseaux.

1123. GARDEZ LES MANGEOIRES BIEN REMPLIES

Ce n'est pas gentil d'inviter des convives chez vous puis de cesser de les nourrir après les hors-d'œuvre. Ce n'est pas mieux de commencer la saison en grande pompe avec une quantité de mangeoires et de nourritures puis de leur couper ça au milieu de l'hiver. Les oiseaux qui ont commencé à fréquenter votre terrain au début de l'hiver en viennent à dépendre de vos bonnes grâces. Ils peuvent mourir de faim si vous décidez tout d'un coup de cesser de les nourrir. Alors de grâce, si vous commencez à nourrir les oiseaux à l'automne, continuer de les nourrir au moins jusqu'au printemps.

1124. DES MANGEOIRES PROPRES, PROPRES, PROPRES

Vous remarquerez que les oiseaux ne sont pas les animaux les plus propres qui soient. Leurs mangeoires deviennent couvertes de fientes, ce qui peut contaminer la nourriture et rendre les oiseaux malades. Avant de remplir à nouveau une mangeoire, lavez-la bien avec une solution composée de dix parties d'eau et d'une partie d'eau de Javel. De plus, il est important d'attendre que la mangeoire soit complètement sèche avant de la remplir et de la remettre en place.

Nettoyez souvent les mangeoires qui sont vite salies par les fientes des oiseaux.

1125. DÉPLACEZ VOS MANGEOIRES

Comme vous aurez à remplir et à nettoyer vos mangeoires plusieurs fois au cours de l'hiver, pourquoi ne pas les placer de façon à ce qu'elles soient faciles à rentrer dans la maison plutôt que de les fixer en permanence sur leur support ? Dites-vous bien qu'il est plus facile de nettoyer une mangeoire dans une cuisine chauffée qu'en plein air à –20 °C en janvier !

1126. LES GRAINES RÉPANDUES SUR LE SOL

Il n'y a pas que les fientes qui tombent partout (conseil 1124), mais aussi les graines et les balles (enveloppes) des graines. Au printemps, quel gâchis sur la terrasse et le gazon ! De plus, les graines tombées par terre germent dans le gazon. Le plus simple alors est de placer les mangeoires dans une plate-bande établie. Au printemps, les plantes repousseront rapidement, cacheront les dégâts et profiteront même des déchets qui se convertiront rapidement en compost.

1127. NOURRIR LES OISEAUX EN ÉTÉ AUSSI ?

Voici une idée souvent préconisée et qui, c'est vrai, aide à attirer un peu plus d'oiseaux chez vous, mais, en fait, il vaut mieux laisser les oiseaux chercher leur propre nourriture l'été. Ils auront alors un régime plus équilibré (des graines et du suif, ça va pour l'hiver, mais ils ne comblent pas tous les besoins des oiseaux) et plus naturel. Recommencez à les nourrir lorsque la neige revient.

■ Colibris

1128. POUR ATTIRER LES COLIBRIS, IL FAUT DES FLEURS

Un des oiseaux les plus admirés de nos régions est aussi le plus petit : le minuscule mais très actif colibri à gorge rubis (*Archilochus colubris*) ou oiseau-mouche. Quelle joie que de recevoir la visite de ce petit « hélicoptère » à deux ailes ! Le colibris est le seul oiseau de nos régions à se nourrir presque exclusivement de nectar floral et d'insectes trouvés dans les fleurs. Ainsi, plus vous avez de fleurs sur votre terrain, plus vous avez des chances de les attirer.

Colibri visitant des fleurs de monarde (Monarda didyma).

PHOTO : SUZANNE BRÛLOTTE

1129. LES COLIBRIS PRÉFÈRENT LE ROUGE

Les colibris préfèrent les fleurs tubulaires rouges, comme la lobélie cardinale (Lobelia cardinalis).

Si les colibris aiment toutes les fleurs qui sont riches en nectar, ils préfèrent les fleurs tubulaires car, avec leur bec long, ils sont souvent les seuls animaux qui peuvent s'y abreuver, ce qui leur garantit que le nectar n'a pas déjà été pillé par un insecte quelconque. De plus, même si les colibris visitent des fleurs de toutes couleurs, ils préfèrent nettement les fleurs rouges, puis celles aux teintes orangées. Donc, pour un maximum de visites par les colibris, cultivez des fleurs tubulaires rouges ou orangées.

1130. PARFUM OPTIONNEL

Aucun problème si vous plantez des fleurs parfumées… mais leur parfum n'attirera pas les colibris. Les colibris ont l'odorat peu développé et visiteront même les fleurs aux parfums nauséabonds sans discrimination.

1131. DES PLANTES À COLIBRIS

Voici une courte liste de plantes que les colibris adorent visiter :

La monarde attire les colibris avec ses fleurs tubulaires.

- **ANCOLIE** (*AQUILGIA* SPP.) **ZONE 3**
- **ARBRE AUX PAPILLONS**
  (*BUDDLEIA DAVIDII*) **ZONE 6B**
- **AUBÉPINES** (*CRATAEGUS* SPP.) **3**
- **AZALÉE** (*RHODODENDRON* SPP.) **ZONES 2 À 10**
- **CALIBRACHOA** (*CALIBRACHOA* SPP.) **ANNUELLE**
- **CAMPANULE** (*CAMPANULA SPP*) **3 À 7**
- **CAPUCINE** (*TROPAEOLUM* SPP.) **ANNUELLE**
- **CHÈVREFEUILLE ARBUSTIF**
  (*LONICERA* SPP.) **ZONE 2**
- **CHÈVREFEUILLE GRIMPANT**
  (*LONICERA* SPP.) **ZONE 3 À 6**
- **CLÉMATITE** (*CLEMATIS* SPP.) **ZONES 2 À 9**
- **CLÉOME** (*CLEOME HASSLERANA*) **ANNUELLE**
- **CŒUR-SAIGNANT** (*DICENTRA* SPP.) **ZONE 3**
- **DICENTRE REMARQUABLE**
  (*DICENTRA EXIMIA*) **ZONE 3**
- **DIGITALE** (*DIGITALIS* SPP.) **ZONE 4**
- **ÉPILOBE À FEUILLES ÉTROITES**
  (*EPILOBIUM ANGUSTIFOLIUM*) **ZONE 1**
- **ÉRABLE DE MAISON** (*ABUTILON* SPP.) **ANNUELLE**
- **FUCHSIA** (*FUCHSIA* SPP.) **ANNUELLE**
- **GADELIER** (*RIBES* SPP.) **ZONE 4B**
- **GÉRANIUMS** (*PELARGONIUM* SPP.) **ANNUELLE**
- **GLAÏEUL** (*GLADIOLUS* SPP.) **BULBE TENDRE**
- **GLOIRE DU MATIN**
  (*IPOMOEA* SPP.) **GRIMPANTE ANNUELLE**
- **GUEULE DE LOUP, MUFLIER**
  (*ANTIRRHINUM MAJUS*) **ANNUELLE**
- **HARICOT D'ESPAGNE** (*PHASEOLUS COCCINEUS*)
  GRIMPANTE ANNUELLE ET LÉGUME
- **HÉMÉROCALLE** (*HEMEROCALLIS* SPP.) **ZONE 3**
- **HEUCHÈRE** (*HEUCHERA* SPP.) **ZONE 3**
- **HOSTA** (*HOSTA* SPP.) **ZONE 3**
- **IMPATIENTE DES JARDINS**
  (*IMPATIENS WALLERANA*) **ANNUELLE**

- **IMPATIENTE DU CAP**
  (*IMPATIENS CAPENSIS*) **ANNUELLE**
- **JASMIN TROMPETTE**
  (*CAMPSIS RADICANS*) **ZONE 6**
- **LIS DU CANADA** (*LILIUM CANADENSE*) **ZONE 3**
- **LIS QUEUE DE RENARD**
  (*EREMURUS* SPP.) **ZONE 4**
- **LOBÉLIE CARDINALE**
  (*LOBELIA CARDINALIS*) **ZONE 2**
- **LUPIN** (*LUPINUS* SPP.) **ZONE 3**
- **MIMULE** (*MIMULUS* SPP.) **ANNUELLE**
- **MONARDE** (*MONARDA* SPP.) **ZONE 3**
- **OEILLET DE POÈTE**
  (*DIANTHUS BARBATUS*) **FLEUR ANNUELLE**
- **OLIVIER DE BOHÊME**
  (*ELAEAGNUS ANGUSTIFOLIA*) **ZONE 2B**
- **PENSTÉMON** (*PENSTEMON* SPP.) **ZONES 2 À 8.**
- **PÉTUNIA** (*PETUNIA X HYBRIDA*) **ANNUELLE**
- **PHLOX DES JARDINS**
  (*PHLOX PANICULATA*) **ZONE 3B**
- **PIED D'ALOUETTE**
  (*DELPHINIUM* SPP.) **ANNUELLE OU ZONE 3**
- **POMMIERS ET POMMETIERS**
  (*MALUS* SPP.) **ZONE 3**
- **QUAMOCLIT** (*IPOMOEA QUAMOCLIT*),
  PLANTE GRIMPANTE ANNUELLE
- **RHODODENDRON**
  (*RHODODENDRON* SPP.) **ZONES 2 À 10**
- **ROSE TRÉMIÈRE, PASSEROSE**
  (*ALCEA ROSEA*) **ZONE 3**
- **SAUGE** (*SALVIA* SPP.) **ANNUELLE ET ZONE 4**
- **TABAC D'ORNEMENT**
  (*NICOTIANA* SPP.) **ANNUELLE**
- **TRITOME** (*KNIPHOFIA* SPP.) **ZONE 6**
- **VERVAINE** (*VERBENA* SPP.) **ANNUELLE**
- **WEIGELA** (*WEIGELA* SPP.) **ZONES 3 À 5**
- **ZINNIA** (*ZINNIA* SPP.) **ANNUELLE**

1132. LES COLIBRIS ONT LEURS PETITES HABITUDES

Les colibris adoptent rapidement un lieu comme «garde-manger» et le fréquenteront tout l'été.

Quand les colibris découvrent un lieu qui leur convient, ils l'adoptent dans leur routine quotidienne, et y reviennent souvent exactement à la même heure tous les jours. Et quand les colibris arrivent du sud, ils cherchent tout de suite les endroits qui constitueront leur «garde-manger» pour l'été et y resteront fidèles pour le reste de la saison. C'est pourquoi il est si important d'avoir des fleurs dès le tout début du printemps. Quand bien même votre terrain ploierait sous le poids des fleurs l'été, si les colibris l'ont visité tôt au printemps et n'y ont rien trouvé, ils le bouderont pour le reste de l'été. Mais s'ils ont trouvé même seulement quelques fleurs convenables, ils y reviendront fidèlement. Parmi les fleurs hâtives qui attirent les colibris, il y a les caraganas, les cœurs saignants, les azalées et les rhododendrons.

1133. UN FAIBLE POUR LE SUCRE

On peut installer des mangeoires à colibris .

Le nectar que les colibris viennent chercher est très sucré… et par conséquent ils ont un petit faible pour les liquides sucrés. Ainsi, on peut installer des mangeoires spécifiques aux colibris sur son terrain et les remplir de liquide sucré. Il se vend d'ailleurs des «nectars à colibris» dans presque toutes les jardineries et quincailleries.

1134. UNE MANGEOIRE À COLIBRIS N'EST PAS COMME LES AUTRES

Les mangeoires conçues pour les colibris ne ressemblent en rien aux mangeoires pour les oiseaux granivores. Elles consistent en un réservoir, qu'on peut remplir de nectar, muni d'un ou de plusieurs trous par lesquels les colibris peuvent insérer leur bec pour boire. Habituellement, la mangeoire est rouge ou décorée de rouge, puisque cette couleur les attire.

Attirer les animaux bénéfiques

1135. LES MEILLEURES MANGEOIRES À COLIBRIS...

Offrent plusieurs trous pour les nourrir, car ils semblent préférer changer de source de nectar au cours d'un repas.

1136. ÉVITEZ LES MANGEOIRES À PERCHOIR

Certains fabricants de mangeoires s'adonnent davantage à la fantaisie qu'au côté pratique. Ainsi, on en voit en forme de fruits ou si gros qu'il est impossible que même une volée de colibris ne le vide dans les trois à cinq jours recommandés avant que le nectar ne se dégrade. Pire encore, plusieurs offrent des petits perchoirs, sans doute pour permettre aux colibris de se reposer. Or, les colibris n'ont pas besoin de perchoirs : ils sont les experts du vol sur place. Mais le perchoir est par contre bien pratique pour les insectes ou les autres oiseaux qui voudront voler la nourriture des colibris. Pour attirer les colibris, recherchez une mangeoire dont les trous n'offrent aucun appui ou perche pour les voleurs.

Les mangeoires à colibris munies de perchoirs permettent aux autres oiseaux – et même aux écureuils – de voler la nourriture des colibris.

1137. ILS NE PARTAGENT PAS

Malgré leur petite taille, les colibris sont des oiseaux très agressifs qui ne tolèrent pas facilement la présence d'autres colibris à «leur» mangeoire. Parfois, on verra trois ou quatre couples venir à la même mangeoire, mais à différentes heures de la journée. Mais vous pourriez attirer plusieurs colibris à la fois si vous placez plusieurs mangeoires sur votre terrain en les espaçant de 10 m ou plus pour tenir les rivaux au loin. Puis, lorsque plusieurs couples se sont approprié «leur» mangeoire, rapprochez-les peu à peu. Éventuellement, elles pourront être à 2 m seulement les unes des autres et les colibris viendront quand même. Oui, ils se chicaneront, mais cela ne fait qu'ajouter au plaisir de les voir interagir.

1138. ÉVITEZ LES COLORANTS

Il y a déjà eu des cas où des colibris sont morts d'avoir mangé des nectars contenant des colorants toxiques. Sachez qu'il n'est pas nécessaire d'acheter des nectars rouges ni de colorer les vôtres tant que la mangeoire porte un peu de cette couleur.

1139. DU NECTAR MAISON

Voici une recette facile pour faire du nectar maison pour les colibris à bien meilleur prix que les nectars commerciaux. Diluez une partie de sucre dans quatre parties d'eau bouillante, laissez la solution bouillir pendant cinq minutes puis laissez-la refroidir avant de la verser dans la mangeoire. Vous pouvez conserver ce nectar au frigo jusqu'à une semaine.

1140. PAS DE MIEL POUR LES COLIBRIS

Évitez d'utiliser du miel, même en petites quantités, dans votre nectar à colibris. Il fermente trop rapidement et les bactéries qui s'y développent peuvent être toxiques pour vos oiseaux.

1141. REMPLACEZ SOUVENT LE NECTAR

Contrairement aux nectars naturels trouvés dans les fleurs, les nectars commerciaux et les nectars maison tendent à se contaminer rapidement. Il faut les changer tous les cinq jours (trois jours durant les périodes de canicule) pour ne pas intoxiquer vos hôtes. Aussi, nettoyez la mangeoire à l'eau chaude avant chaque remplissage.

1142. DES OISEAUX FACILES À CONTENTER...

À part de leur besoin en nourriture qui est vraiment différent de celui des autres oiseaux, les colibris sont très faciles à contenter. Les **PPPP** qui attirent généralement les oiseaux dans votre jardin seront aussi utiles pour les colibris . Et ils sont très faciles à contenter quand il s'agit d'une aire de nidification. Ils nicheront dans des arbustes ou de petits arbres, feuillus ou conifères, de tous genres... mais jamais dans un nichoir!

Attirer les animaux bénéfiques

■ Oiseaux noirs

1143. MAIS LES ÉTOURNEAUX SONT VOS AMIS

Même les oiseaux qu'on aime moins, comme les étourneaux, les moineaux domestiques, les quiscales, etc. sont généralement plus utiles que nuisibles. Parfois, ils causent des problèmes (voir le truc 1340), mais en général, leur grande consommation d'insectes nuisibles l'été compense largement leurs méfaits. De plus, l'étourneau, le quiscale, la corneille et les autres oiseaux nettoieront une pelouse de ses vers blancs… si on ne les chasse pas.

PHOTO : SUZANNE BRÛLOTTE

L'étourneau a beau être de couleur un peu fade, c'est un prédateur redoutable des insectes nuisibles.

PAPILLONS

Dans cette section, nous donnerons quelques trucs pour attirer des papillons désirables, ces belles créatures ailées et colorées qui volettent de fleur en fleur. À cette fin, rappelez-vous des **PPPP** : ils sont garants du succès ! Par contre, sachez qu'il existe encore davantage de papillons qui sont peu attrayants et même parasites… et même les chenilles des papillons les plus beaux sont herbivores et peuvent donc causer des problèmes. Si vous devez réprimer des papillons indésirables ou des chenilles mangeuses de plantes, consultez la section *Insectes nuisibles* commençant à la page 518.

Cette chenille dévoreuse de feuillage deviendra un jour un magnifique papillon du céleri !

■ Apprendre à tolérer les larves

1144. LES PAPILLONS, OUI, MAIS LES CHENILLES ?

Quel jardinier n'apprécie pas voir de magnifiques papillons voleter çà et là dans ses plates-bandes ? Mais ces mêmes jardiniers ont souvent horreur des chenilles poilues ou bizarrement colorées… notamment quand elles mangent leurs plantes. Les papillons ont donc des qualités et des défauts… et on ne peut pas avoir de beaux papillons sans avoir eu d'horribles chenilles. Donc, un peu de tolérance, sil vous plaît ! Pensez-y : cette chenille monstrueuse qui dévore votre fleur préférée sera peut-être un jour un magnifique papillon !

1145. DÉPLACER LES LARVES : UNE BONNE ALTERNATIVE

Si vous ne pouvez pas tolérer la présence de chenilles (et c'est vrai que c'est choquant quand elles consomment le feuillage d'une plante préférée!), pensez à les déplacer sur une autre plante apparentée, mais moins visible. Par exemple, si vous trouvez les chenilles bariolées du monarque en train de dévorer votre asclépiade tubéreuse (*Asclepias tuberosa*) en avant-plan, déplacez-les délicatement sur l'asclépiade incarnate (*A. incarnata*) qui, à cause de sa grande taille, est probablement installée au fond de la plate-bande où les dégâts sur son feuillage seront peu visibles, ou même sur une asclépiade sauvage (*A. syriacus*) qui pousse dans un champ dans les environs. La chenille du magnifique papillon porte-queue du céleri (*Papilio polyxenes asterius*) adore les plantes de la famille des Ombellifères et on la trouve très souvent en train de dévorer le feuillage de nos carottes ou de nos persils. Placez plutôt la chenille sur des plants de carotte sauvage et laissez-la continuer son cycle de vie. Protégez les larves plutôt que de les détruire et vous aurez plus de papillons dans votre cour.

Plutôt que de tuer les chenilles qui mangent vos plantes, comme cette chenille du monarque, déplacez-les sur une plante apparentée, mais moins en vue.

1146. DE LA NOURRITURE POUR LES LARVES

Voilà le vrai secret du succès avec les papillons! Tout le monde s'empresse de planter des fleurs pour attirer les magnifiques papillons adultes, mais personne ne veut voir leurs larves, soit les chenilles, et en conséquence ne plante quoi que ce soit à leur intention. Puis ils se demandent pourquoi les papillons ne viennent pas visiter le jardin qu'ils avaient pourtant conçu pour eux! Si vous voulez *vraiment* attirer les papillons, il faut aussi accepter de cultiver les plantes qui nourrissent les larves, dont voici une sélection. Notez que plusieurs des plantes les plus intéressantes pour les larves de papillons sont des mauvaises herbes et, de ce fait, sont peu ou pas commercialisées.

L'asclépiade des marais (Asclepias incarnata) n'est qu'un exemple d'une plante qui sert de nourriture pour les chenilles de beaux papillons.

- **AMORPHA BLANCHÂTRE** (*AMORPHA CANESCENS*) ZONE 3B
- **ANETH** (*ANETHUM GRAVEOLENS*) FINE HERBE ANNUELLE
- **ARISTOLOCHE** (*ARISTOLOCHIA MACROPHYLLA*, SYN. *A. DURIOR*) ZONE 4
- **ASCLÉPIADE** (*ASCLEPIAS* SPP.) ZONES 3 À 10
- **AUBÉPINE** (*CRATAEGUS* SPP.) ZONES 3 À 6
- **BAPTISIA** (*BAPTISIA AUSTRALIS*) ZONE 4
- **BOEHMÉRIA CYLINDRIQUE** (*BOEHMERIA CYLINDRICA*) ZONE 5
- **CAROTTE** (*DAUCUS CAROTA*) LÉGUME BISANNUEL
- **CERISIER ORNEMENTAL** (*PRUNUS* SPP.) ZONES 1 À 8
- **CHARDON** (*CIRSIUM* SPP.) ZONE 2
- **CHOU** (*BRASSICA OLERACEA*), LÉGUME TENDRE
- **GALANE** (*CHELONE* SPP.) ZONE 3
- **GÉRARDIE** (*GERARDIA SPP*) ZONE 3
- **GRAMINÉES** (*DIFFÉRENTS GENRES*) ZONES 1 À 10
- **GUEULE DE LOUP, MUFLIER** (*ANTIRRHINUM MAJUS*) ANNUELLE
- **LINAIRE** (*LINARIA VULGARIS*) ZONE 2
- **LUZERNE** (*MEDICAGO SATIVA*) ZONE 3
- **MAUVE** (*MALVA* SPP.) ZONE 4
- **MICOCOULIER OCCIDENTAL** (*CELTIS OCCIDENTALIS*) ZONE 3B
- **MOUTARDE** (*BRASSICA* SPP.) ZONE 3
- **ORME** (*ULMUS* SPP.) ZONES 2 À 8
- **ORTIE** (*URTICA* SPP.) ZONE 2
- **OSEILLE** (*RUMEX* SPP.) ZONE 3
- **PANAIS** (*PASTINACA SATIVA*) LÉGUME BISANNUEL
- **PENSÉE** (*VIOLA X WITTROCKIANA*) ANNUELLE
- **PERSIL** (*PETROSELINUM CRISPUM*) ZONE 3
- **PEUPLIER** (*POPULUS* SPP.) ZONES 2 À 7
- **PLANTAIN** (*PLANTAGO MAJOR*) ZONE 2
- **PRUNIER** (*PRUNUS* SPP.) ZONES 2 À 8
- **ROSE TRÉMIÈRE, PASSE-ROSE** (*ALCEA ROSEA*) ZONE 3
- **SAULE** (*SALIX* SPP.) ZONES 1 À 10
- **TRÈFLE ROUGE** (*TRIFOLIUM INCARNATUM*) ZONE 3

1147. DES GANTS POUR TRANSPORTER LES CHENILLES

Portez des gants quand vous transportez des chenilles, car certaines ont des poils urticants qui peuvent provoquer une légère mais néanmoins dérangeante irritation de la peau.

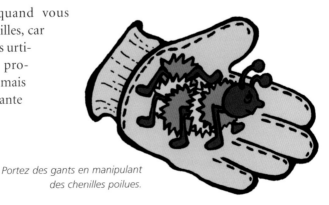

Portez des gants en manipulant des chenilles poilues.

1148. UN LIVRE D'IDENTIFICATION EST UN ATOUT

Il est bon de se procurer un livre pour identifier les papillons… qui illustrent en même temps les larves. Ainsi vous saurez, avant de l'écraser, si telle chenille donne un superbe papillon de jour ou un affreux papillon de nuit.

■ Insecticides

1149. ALLEZ-Y MOLLO AVEC LES INSECTICIDES

Combien de fois ai-je entendu des gens dire qu'ils ne comprennent pas pourquoi il y a si peu de papillons dans leurs plates-bandes pour les voir, quinze minutes plus tard, vaporiser un insecticide puissant sur toute la cour «au cas où»? N'oubliez pas que les papillons sont des insectes et donc que tout produit que vous vaporisez sur le terrain pour contrôler quelque insecte que ce soit peut aussi leur nuire. Mais si vous êtes assez paresseux pour laisser dame Nature suivre son cours (et que vos voisins ne sont pas trop assidus non plus) et que vous leur offrez tout plein de fleurs selon la technique **PPPP**, les papillons trouveront le chemin jusqu'à votre cour.

■ Aménager pour les papillons

1150. CRÉER UN ENVIRONNEMENT PROPICE AUX PAPILLONS

Comme pour tout animal que l'on veut inviter dans son jardin, il faut créer un environnement propice aux papillons. Et de plus, chaque espèce de papillon a ses propres préférences! Il est donc logique que le «jardin de papillons» offre une vaste gamme de biomes différents: du soleil et de l'ombre, de grands arbres, des arbustes et des plantes basses, de l'eau et, surtout, des fleurs, car les papillons adultes colorés se nourrissent du nectar des fleurs.

1151. UN COIN SAUVAGE

Un des secrets pour maintenir une bonne population de papillons est de laisser un coin sauvage dans votre cour, peut-être derrière le cabanon ou la maison ou un autre endroit peu ou pas visible. La vaste majorité des papillons sont des insectes indigènes qui ont évolué avec une certaine sorte de végétation dont ils dépendent. En effet, si le papillon adulte se nourrit indifféremment aux fleurs indigènes et aux fleurs importées, souvent les larves sont très spécifiques quant à leur source de nourriture… et, neuf fois sur dix, elles préfèrent la plante indigène. Le célèbre monarque, par exemple, ne peut consommer que des feuilles d'asclépiades (*Asclepias* spp.), un genre trouvé uniquement au Nouveau Monde. Si vous n'avez pas d'asclépiades dans votre cour pour nourrir les larves du monarque, il est peu probable que vous profitiez beaucoup de la présence des papillons adultes. Un coin laissé entièrement sauvage, cependant, permettra aux plantes indigènes d'avoir libre cours, au grand plaisir des papillons.

1152. UN PRÉ FLEURI POUR LES PAPILLONS?

Si vous avez la possibilité de le faire, pourquoi ne pas créer un pré fleuri pour les papillons? Il s'agit de laisser pousser une bonne section de pelouse, en la fauchant seulement une fois par année, pour empêcher les arbres et les arbustes de prendre le dessus. Vous pourriez semer des plantes spécialement pour les papillons (il se vend des mélanges de graines à cet effet) ou juste laisser dame Nature suivre son cours normal: sans plus d'efforts, l'ancien gazon se couvrira de marguerites, d'achillées, de carottes sauvages et de plusieurs autres fleurs que les papillons adorent… mais cette profusion de fleurs n'est en fait qu'un leurre. La *vraie* raison d'être de ce champ est pour qu'il y ait une abondance de plantes sauvages pour les *larves* des papillons. La majorité des papillons, en effet, pondent leurs œufs dans les milieux ouverts et herbeux comme votre pré fleuri et la majorité de leurs larves se nourrissent des plantes qui y poussent. Et votre pré sera beaucoup plus intéressant pour les papillons car, contrairement aux champs des agriculteurs qui sont fauchés en pleine saison de développement des chenilles, vous le faucherez hors saison, à l'automne ou, de préférence, au printemps, quand les papillons seront absents ou inactifs.

Un pré fleuri fera la joie des papillons!

1153. UN PEU DE CHALEUR MATINALE

Les papillons sont des animaux à sang froid et ont besoin de chaleur pour se réchauffer le matin. Un emplacement qui est protégé des vents dans la matinée et ensoleillé aussi, peut-être une pente faisant face au sud, sera très apprécié. Ils aiment bien les roches plates, car elles se réchauffent rapidement le matin.

Les papillons aiment se réchauffer au soleil le matin.

1154. LES PAPILLONS AIMENT LA BOUE

Vous voulez attirer les papillons dans votre cour ? Laissez un peu de boue au sol dans une partie dégarnie, de préférence une qui est en plein soleil à la fin de la matinée et au du début de l'après-midi. Plusieurs espèces de papillons adorent s'abreuver dans les mares peu profondes où elles trouvent aussi les minéraux nécessaires à leur survie.

1155. NE PAS DÉRANGER !

Il est certain que le grand ménage d'automne est très nuisible aux papillons. Après tout, la majorité passe l'hiver sur ou dans les feuilles qui s'accumulent au sol ou sur les tiges restées debout. En faisant le ménage, vous éliminerez tous les papillons qui avaient élu domicile chez vous.

1156. UN ABRI HIVERNAL

Le monarque migre vers le sud l'hiver et beaucoup d'autres papillons passent l'hiver sous forme d'œufs ou de pupes, soit dans des feuilles d'automne, des tiges creuses des vivaces ou des fissures dans l'écorce des arbres. Une minorité, mais une très jolie minorité, comme le morio (*Nymphalis antiopa*), le

Un pile de bûches peut servir d'abri hivernal aux papillons.

polygone virgule (*Polygonia comma*) et le polygone à queue violacée (*Polygonia interrogationis*), hiverne sous forme adulte. On peut donc les stimuler par un abri hivernal, posé dès le mois d'octobre ou même de septembre. Il se vend même des abris à papillons, mais il est facile de s'en fabriquer un soi-même. En effet, un simple tas de bois, comme un tas de bois de chauffage, couvert sur le haut (seulement, sinon les papillons ne pourront y entrer ni en sortir !) d'une feuille de plastique pour prévenir les infiltrations d'eau conviendra à merveille (mais ne brûlez pas le bois de ce tas-là !). Si les papillons aiment le soleil estival, l'hiver il est préférable de les loger à l'ombre, de façon à ce qu'ils ne soient pas réveillés par un dégel hors de saison.

1157. DES FLEURS « À PAPILLONS »

Comme tous les bons pollinisateurs, les papillons ont des préférences quant aux fleurs qu'ils visitent. Notamment, ils sont moins habiles au vol que les abeilles ou que les colibris et voleter de fleur en fleur leur coûte très cher en énergie. Ainsi, ils préfèrent des fleurs où ils peuvent se percher et qui contiennent assez de nectar pour les occuper quelque temps. Les inflorescences des composées (marguerites, rudbeckies, zinnias, etc.) sont l'exemple parfait des « fleurs à papillons ». En fait, malgré les apparences, une marguerite n'est pas une fleur, mais plutôt une inflorescence composée d'un groupe dense de fleurons fertiles au centre et entourée de fleurs stériles appelées rayons. Les rayons ont évolué spécifiquement à l'attention des papillons : leurs couleurs servent à les attirer et leur placement en couronne autour des fleurons fertiles leur permet de servir de plate-forme d'atterrissage. Pendant que le papillon se repose les ailes sur la plate-forme, on lui offre une grande quantité de fleurons fertiles remplis de nectar pour sa consommation. Et en s'abreuvant, le papillon se couvre de pollen que fertilisera la fleur suivante. Évidemment, d'autres fleurs regroupées attirent aussi les papillons, notamment les fleurs organisées en ombelle. Enfin, les papillons sont attirés aussi par les grosses fleurs remplies de nectar, comme les hémérocalles et les lis, dont les pétales énormes permettent un atterrissage facile.

La marguerite, avec son disque central composé de fleurons multiples et ses rayons larges servant de piste d'atterrisage, est typique des « fleurs à papillons ».

1158. DES FLEURS PARFUMÉES

Les papillons ont l'odorat très développé et préfèrent les fleurs parfumées aux fleurs inodores. Les fleurs au parfum intense et sucré sont des « fleurs à papillons ».

1159. DES FLEURS TOUTE LA SAISON

Un des secrets du jardin de papillons est de ne pas se restreindre uniquement aux fleurs estivales, mais de penser que les papillons sont présents (et assoiffés!) du milieu du printemps à assez tard à l'automne.

L'eupatoire maculée (Eupatorium purpureum maculatum) est une plante indigène qui offre une source de nourriture aux papillons en fin de saison.

- ACHILLÉE (*ACHILLEA* SPP.) ZONE 3
- AGÉRATE (*AGERATUM HOUSTONIANUM*) ANNUELLE
- ALYSSE ODORANTE (*LOBULARIA MARITIMA*) ANNUELLE
- APOCYN (*APOCYNUM* SPP.) ZONE 3
- ARABETTE (*ARABIS* SPP.) ZONE 4
- ARBRE AUX PAPILLONS (*BUDDLEIA DAVIDII*) ZONE 6B
- ASCLÉPIADE (*ASCLEPIAS* SPP.) ZONES 3 À 10
- ASTER (*ASTER* SPP., MAINTENANT *SYMPHOTHRICUM*) ZONE 4
- ASTILBE (*ASTILBE* SPP.) ZONE 4
- AUBRIÉTIE (*AUBRIETA DELTOIDEA*) ZONE 4
- AZALÉE (*RHODODENDRON* SPP.) ZONES 2 À 10
- BLEUETIER (*VACCINIUM* SPP.) ZONES 3 À 5
- CAMOMILLE DES TEINTURIERS (*ANTHEMIS TINCTORIA*) ZONE 3
- CENTAURÉE BLEUET (*CENTAUREA CYANUS*) ANNUELLE
- CHARDON BLEU (*ECHINOPS RITRO*) ZONE 3
- CHARDON (*CIRSIUM* SPP.) ZONE 2
- CHÈVREFEUILLE (*LONICERA* SPP.) ZONE 3

- CHRYSANTHÈME (*CHRYSANTHEMUM* SPP.) ANNUELLE OU ZONES 4 À 7
- CORÉOPSIS (*COREOPSIS* SPP.) ANNUELLE OU ZONE 3
- COSMOS (*COSMOS BIPINNATUS*) ANNUELLE
- DAHLIA (*DAHLIA* SPP.) BULBE TENDRE
- ÉCHINACÉE (*ECHINACEA PURPUREA*) ZONE 3
- EUPATOIRE (*EUPATORIUM* SPP.) ZONE 3
- FENOUIL (*FOENICULUM VULGARE*) FINE HERBE ANNUELLE
- GAILLARDE (*GAILLARDIA* SPP.) ANNUELLE OU ZONE 3
- HÉLIOTROPE (*HELIOTROPIUM ARBORESCENS*) ANNUELLE
- HÉMÉROCALLE (*HEMEROCALLIS* SPP.) ZONE 3
- IBÉRIDE (*IBERIS* SPP.) ANNUELLE OU ZONE 3
- IMMORTELLE VIVACE (*ANAPHALIS MARGARITACEA*) ZONE 3
- IMPATIENTE (*IMPATIENS* SPP.) ANNUELLE
- LANTANA (*LANATA CAMARA*) ANNUELLE
- LIATRIDE (*LIATRIS* SPP.) ZONE 3
- LILAS COMMUN (*SYRINGA VULGARIS*) ZONE 2B
- LIS DU CANADA (*LILIUM CANADENSE*) ZONE 3

Attirer les animaux bénéfiques

- **MARGUERITE** (*Leucanthemum* spp.) **ZONE 3**
- **MIGNONETTE** (*Reseda odorata*) **ANNUELLE**
- **MONARDE** (*Monarda* spp.) **ZONE 3**
- **NÉPÉTA, HERBE AUX CHATS** (*Nepeta* spp.) **ANNUELLE OU ZONE 4**
- **ŒILLET** (*Dianthus* spp.) **ANNUELLE OU VIVACE (ZONE 4)**
- **PÉTUNIA** (*Petunia x hybrida*) **ANNUELLE**
- **PHLOX** (*Phlox* spp.) **ANNUELLE OU ZONE 3B**
- **PISSENLIT** (*Taraxacum officinale*) **ZONE 3**
- **PRIMEVÈRE** (*Primula* spp.) **ZONES 2 À 9**
- **RHODODENDRON** (*Rhododendron* spp.) **ZONES 2 À 10**
- **RUDBECKIE** (*Rudbeckia* spp.) **ANNUELLE OU ZONE 3**
- **SCABIEUSE** (*Scabiosa* spp.) **ANNUELLE OU ZONE 3**
- **SÉDUM** (*Sedum* spp.) **ZONES 2 À 10**
- **SOLEIL DU MEXIQUE** (*Tithonia rotundifolia*) **ANNUELLE**
- **TAGÈTE** (*Tagetes* spp.) **ANNUELLE**
- **TOURNESOL** (*Helianthus annuus*) **ANNUELLE**
- **TROÈNE** (*Ligustrum* spp.) **ZONES 4B À 9**
- **VERGE D'OR** (*Solidago* sp.) **ZONE 3**
- **VERVAINE** (*Verbena* spp.) **ANNUELLE**
- **VINAIGRIER** (*Rhus typhina*) **ZONE 3**
- **VIORNE** (*Viburnum* spp.) **ZONES 2 À 8**
- **VIPÉRINE** (*Echium* spp.) **ANNUELLE OU BISANNUELLE, ZONE 4**
- **ZINNIA** (*Zinnia* spp.) **ANNUELLE**

1160. ATTENTION AUX FLEURS TROP DOUBLES

Quand une fleur est double, c'est généralement parce que ses étamines ou ses pistils ont été changés en pétales. Or, souvent ces fleurs très complexes n'offrent plus rien à manger aux papillons (ni aux colibris) et ils iront ailleurs. Plantez des fleurs simples, par contre, ils viendront en grand nombre.

Attention : les fleurs trop doubles n'ont rien à offrir aux papillons.

■ Mangeoires à papillons

1161. MANGEOIRES POUR LES PAPILLONS ?

Saviez-vous qu'il existe des mangeoires pour papillons ? Elles ressemblent parfois à une assiette colorée recouverte d'un grillage en plastique à travers duquel le papillon peut insérer sa trompe pour boire le liquide sucré ou le nectar versé dans l'assiette. Installez-les dans une plate-bande très fleurie, sur une tige un peu plus haute que les fleurs. Les papillons viendront pour les fleurs… et resteront plus longtemps à cause de la mangeoire.

Une mangeoire à papillons : on verse du nectar dans la coupe centrale.

1162. UNE MANGEOIRE MAISON

Bien sûr, si une mangeoire à papillons ressemble à une assiette, vous

pouvez très bien en utiliser une ! Placez ou collez-la sur une tige ou sur un poteau, tout simplement, puis recouvrez l'assiette avec des tampons à récurer en plastique et verser le nectar dans les tampons. Les papillons pourront atterrir sur les tampons et diriger leur trompe jusqu'aux liquides, mais les abeilles, guêpes et autres insectes sans trompe ou à trompe courte n'auront aucune chance de voler la nourriture.

1163. DU NECTAR POUR LES PAPILLONS

Vous pouvez acheter un nectar commercial pour les papillons ou pour les colibris ou encore, utilisez la recette maison suivante. Mélangez quatre parties d'eau et une partie de sucre dans une casserole et faites bouillir. Quand le sucre est complètement fondu, laissez le liquide refroidir et versez-le dans la mangeoire. Le liquide peut se conserver jusqu'à une semaine au réfrigérateur.

1164. NETTOYEZ BIEN LA MANGEOIRE

Les produits sucrés se contaminent rapidement, notamment par temps chaud. Prenez l'habitude de changer le nectar hebdomadairement (deux fois par semaine en période de canicule) et de bien nettoyer la mangeoire entre chaque utilisation.

1165. SURTOUT UTILE EN AUTOMNE ET AU PRINTEMPS

En plein été, il y a d'habitude amplement de fleurs pour contenter les papillons, mais en fin de saison, quand la floraison commence à décliner, une mangeoire peut être très utile pour attirer les derniers papillons de la saison chez vous. Mieux encore, installez la mangeoire au printemps quand les fleurs riches en nectar sont encore rares, mais pendant que certains papillons sont déjà en train de sortir de leur repos hivernal.

1166. DES FRUITS POURRIS FONT PLAISIR AUX PAPILLONS

Au lieu d'un nectar, on peut fournir des fruits aux papillons : certaines espèces, en effet, sont plus fructivores que nectarivores et visiteront davantage des fruits que des fleurs. D'ailleurs, le fruit idéal serait en train de pourrir : son odeur attirera les papillons de loin. Les bananes, poires, prunes et ananas conviendront parfaitement.

■ Commandes de papillons

1167. DES PAPILLONS PAR LA POSTE?

Certains papillons sont attirés par les fruits.

Savez-vous qu'il existe des éleveurs de papillons? Ils livrent des larves ou des papillons colorés aux insectariums et vendent même des papillons aux gens dans le seul but de les libérer lors d'un mariage ou d'une fête. Est-ce une bonne idée que de commander des papillons afin de les libérer dans vos plates-bandes? Non, pour trois raisons. D'abord, les papillons vendus, même s'il s'agit d'espèces indigènes (et le plus souvent ce sont des papillons tropicaux importés) ne sont pas acclimatés aux conditions locales et risquent de mourir rapidement. D'ailleurs, même dans les meilleures circonstances, les papillons ont la vie courte : libérer des papillons importés de loin pour seulement quelques jours n'est pas très rentable. Enfin, rien n'empêche les papillons que vous libérez chez vous de s'en aller plus loin… et d'ailleurs, c'est ce que la majorité fera. Les papillons locaux, par contre, produisent plusieurs générations par été et vous offrent de la couleur durant toute la saison.

Si seulement une pancarte suffisait à éloigner les parasites.

Parasites

■ Généralités

1168. PAS TOUJOURS NÉCESSAIRE DE RÉAGIR

La première question à se poser lorsqu'on se trouve devant un problème de parasite ou de maladie est : est-ce que ce problème est majeur ou mineur ? Si le problème n'affecte pas la survie à long terme de la plante ni son utilité, il n'y a pas lieu d'intervenir. C'est une pilule difficile à avaler pour bien des jardiniers qui associent « jardin » avec « perfection » et courent d'instinct vers le produit le plus toxique qui existe pour éliminer tout problème, mais quelques trous dans une fleur ou une feuille un peu mâchouillée ne nuisent pas à la santé de la plante. N'oubliez pas que la nature est très complexe et si on traite un problème, on a tendance à en provoquer d'autres. Souvent, la chose la plus sage à faire est de *ne rien faire !*

Pour jardiner en paix, apprenez à vous débarrasser des plantes qui causent des problèmes.

1169. SE DÉBARRASSER DES PLANTES À PROBLÈMES

La deuxième question à se poser lorsqu'on se trouve devant un problème de parasite ou de maladie est : est-ce que ce problème est uniquement ponctuel ou risque-t-il de devenir récurrent ? Si le problème est ponctuel (une attaque de pucerons sur une plante qui n'a normalement pas de gros problèmes

avec cet insecte, par exemple) et assez visible, oui, on peut réagir et le traiter. Mais si le problème est récurrent ou, pire, essentiellement inhérent et qu'il y a de bonnes chances que vous aurez à vous battre contre lui régulièrement ou même tous les ans, il y a lieu de vous demander s'il ne vaut pas mieux *arracher et composter la plante*. Avec le vaste choix de plantes présentement vendues sur le marché, il n'y a aucune raison d'endurer des «plantes à problèmes». Mieux vaut changer de cap et en choisir une autre qui n'en a pas! Ce n'est que si on ne cultive essentiellement des plantes sans problèmes qu'on se rend compte combien le jardinage peut être facile.

1170. INFORMEZ-VOUS SUR LES PROBLÈMES *AVANT* L'ACHAT

Vous ne voulez pas vous battre constamment contre les maladies et les parasites? Donc avant d'acheter une nouvelle plante, *informez-vous!* A-t-elle un problème récurrent de maladie ou d'insecte? Si oui, choisissez-en une autre. Et ne pensez pas que cela va vous limiter: ainsi il existe des dizaines de pommiers, qui sont résistants à la tavelure. Pourquoi alors en planter un qui y soit sujet? Mieux vaut prévenir que guérir, voilà la devise du jardinier paresseux!

1171. MÊME QUAND LES FEUILLES TOMBENT...

Il n'est pas toujours nécessaire de réagir devant un problème de perte de feuillage à la suite du passage d'un insecte, d'une maladie ou d'une période de sécheresse. D'abord, la plupart des végétaux produisent plus de feuilles qu'il ne leur en faut (un genre de «Plan B» de dame Nature) et peuvent perdre jusqu'à cinquante pour cent de leur feuillage sans la moindre conséquence. Même la perte totale du feuillage n'est pas nécessairement un problème majeur... pourvu qu'elle ne se répète pas. Essayez d'en trouver la cause, bien sûr, et soyez prêt à réagir si le problème devait resurgir, mais il arrive souvent que des plantes, voire même des arbres, perdent tout leur feuillage en plein cœur de l'été... et que celui-ci repousse aussitôt après.

1172. LES PLANTES INDIGÈNES NE SONT PAS MOINS SUJETTES AUX MALADIES ET AUX INSECTES

Il y a toutes sortes de bonnes raisons pour planter des végétaux indigènes. On sait qu'ils sont rustiques et aussi qu'ils suivront bien les saisons de la région (certains importés, au contraire, gardent leur feuillage bien trop tard, aux premières neiges). Aussi, les plantes nourrissent des papillons et des oiseaux de votre région (les fleurs et les fruits de certaines plantes importées n'intéressent aucun animal local). Enfin, si elles s'échappent de votre cour, elles ne nuisent pas à l'environnement comme peut le faire une plante introduite qui s'échappe. Voilà ce qui est bien. Mais l'idée, souvent vantée par des écologistes bien-pensants, que les plantes indigènes sont plus résistantes aux insectes et aux maladies est un non-sens. Certaines plantes indigènes sont endommagées annuellement par des parasites et d'autres peu ou pas du tout… mais c'est la même chose pour les plantes introduites. D'ailleurs, souvent les plantes importées ont un avantage sur les plantes indigènes : une plante peut avoir un ou plusieurs prédateurs dans son pays d'origine qui ne l'a pas suivi dans sa nouvelle terre d'adoption et souvent aussi les animaux indigènes ne la trouvent pas très agréable au goût et la laissent tranquille. En général, donc, les plantes importées ne sont pas plus sujettes aux parasites que les plantes indigènes et c'est même souvent le contraire. Si vous voulez des plantes qui n'ont pas de prédateurs majeurs, il faut faire des recherches à ce sujet, non pas se fier à son lieu d'origine.

Les plantes indigènes ne sont pas moins affectées par les insectes et les maladies, comme en témoigne cette ancolie du Canada (Aquilegia canadensis) souffrant de mineuses.

Insectes nuisibles*

■ Généralités

1173. LES INSECTES QUI TRANSMETTENT DES MALADIES

Les insectes qui mangent la sève ou les feuilles causent parfois des problèmes bien plus graves : ils peuvent transmettre à la plante une maladie incurable qui fera bien plus de dégâts que l'insecte lui-même. Les virus (truc 1415), notamment, sont en bonne partie transmis par les insectes qui les injectent dans les tissus des plantes et les piquent ou croquent leurs feuilles. Or, il n'y a aucun autre traitement contre les virus que celui d'arracher et de détruire la plante. C'est pourquoi il est important d'agir rapidement quand une plante est attaquée par un insecte quelconque. Parmi les insectes qui transmettent des virus, il y a les pucerons, les altises et les cercopes.

1174. NE MÉLANGEZ PAS JARDINAGE INTÉRIEUR ET EXTÉRIEUR

Ne passez jamais directement des travaux extérieurs dans le jardin à une séance d'arrosage ou de rempotage avec vos plantes d'intérieur. Plutôt, changez-vous et lavez-vous bien avant de les toucher. Beaucoup d'insectes voyagent volontiers dans vos cheveux, sur vos vêtements ou, même si on préfère ne pas le savoir, sur votre peau.

1175. LÂCHEZ LES LÉZARDS

Les lézards sont encore plus gourmands que les araignées ! Si vous avez un solarium ou une pièce où vous conservez plusieurs plantes, libérez-y un gecko ou un ou deux anoles (parfois appelés, à tort, « caméléons », car ils possèdent la capacité de changer quelque peu de couleur). Les lézards trouveront amplement de quoi boire dans les soucoupes et, malheureusement, probablement assez à manger aussi. Il faut que la pièce soit chauffée à au moins 10 °C l'hiver pour créer un environnement convenable.

* ET AUTRES « BIBITTES » :ACARIENS, LIMACES, ETC.

■ Abeilles

Les abeilles sont nos amies, nous l'avons déjà vu dans le truc 1057. Mais parfois elles peuvent déranger. D'où ce double placement parmi les animaux bénéfiques et les parasites.

1176. LES ABEILLES N'ATTAQUENT PAS SANS RAISON

Les bourdons ne sont pas agressifs et ne piquent que si ils sont dérangés.

Beaucoup de gens ont peur des abeilles et de leurs cousins les bourdons, mais ils sont nécessaires dans nos jardins : sans eux, nos plantes ne seraient pas pollinisées (voir les trucs 259 et 333). Il faut cependant savoir que les abeilles ne sont pas agressives (les guêpes (truc 1241), c'est une autre histoire). L'abeille ne piquera que lorsqu'elle se sentira menacée : on peut donc travailler dans un jardin qui bourdonne d'abeilles et même toucher les fleurs qu'elles visitent ou frôler les insectes eux-mêmes sans qu'elles ne s'alarment.

1177. DISTINGUER ENTRE ABEILLES ET GUÊPES

On distingue facilement les abeilles des guêpes (et de leurs amis les frelons). D'accord, les deux sont habituellement noires ou brunes striées de jaune, mais le corps de l'abeille est plus dodu et plus poilu. Aussi l'abeille ne s'intéresse qu'aux fleurs, pas à nous ni à notre nourriture alors que la guêpe tourne souvent autour de nous et scrute nos mets. Enfin, la guêpe a habituellement un abdomen nettement rétréci : une vraie « taille de guêpe ».

1178. PAS DE FLEURS, PAS D'ABEILLES

Si vous êtes allergique aux abeilles ou si vous en avez peur au point de ne pouvoir jardiner de crainte d'en rencontrer, faites votre aménagement à base de plantes sans fleurs (comme les fougères) ou encore, aux fleurs qui sont pollinisées par le vent, comme les conifères et les graminées. En général, ce sont les plantes aux fleurs discrètes qui sont pollinisées par le vent. Les fleurs sans couleurs voyantes n'intéressent nullement des abeilles… et elles éviteront le secteur.

1179. PROTÉGEZ VOS PIEDS

La majorité des piqûres d'abeilles sont données sur les pieds et arrivent quand on marche pieds nus ou en sandales et qu'on pose le pied sur une abeille par accident. Prenez l'habitude de porter des souliers fermés ou même des bottes quand vous jardinez ou que vous tondez la pelouse et vous ne serez plus incommodés.

1180. TRAITEZ UNE PIQÛRE D'ABEILLE

Une abeille vous a piqué? D'abord, retirez le dard (il reste dans la peau à la suite d'une piqûre) avec une pince à épiler ou la pointe d'un couteau (ne l'écrasez pas avec vos doigts : le venin pénétrera davantage). Pour soulager la douleur, frottez avec de la sève d'aloès médicinal ou d'impatiente du Cap, une feuille de plantain ou un morceau d'oignon. Si vous êtes allergique aux piqûres, une injection avec un EpiPen s'impose et rendez-vous à l'hôpital sans tarder.

1181. QUE FAIRE AVEC LES ABEILLES COUPEUSES DE FEUILLES

Si les abeilles sont presque universellement utiles dans nos jardins, il y a une catégorie qui fonctionne à voile et à vapeur : l'abeille coupeuse de feuilles. D'accord, elle pollinise nos fleurs et est d'ailleurs particulièrement intéressante à cet effet, étant généralement la première abeille à se mettre au travail après une pluie ou une nuit particulièrement froide, mais aussi elle découpe des trous dans les feuilles de nos plantes. On la voit rarement à l'œuvre, car c'est une petite abeille bien discrète, mais les symptômes sont évidents : il y a des trous parfaitement ronds dans les feuilles, notamment de nos rosiers, coupés à partir de la marge. Les trous sont exactement de la même grosseur que celles faites par un poinçon et on se demande parfois si justement quelqu'un n'avait pas attaqué notre plante avec un tel instrument. L'attitude la plus logique vis-à-vis de ce problème est de... tout simplement fermer les yeux. Habituellement, les dégâts sont mineurs et se limitent à quelques feuilles (l'abeille coupeuse de feuilles étant une abeille solitaire, elle ne vit pas en colonie comme d'autres abeilles) : la plante ne sera pas sérieusement endommagée.

1182. QUAND LES COUPEUSES PERSISTENT, UTILISEZ LA MANIÈRE DOUCE

Parfois les abeilles coupeuses de feuilles sont plus nombreuses ou décident d'attaquer une seule plante, causant des dégâts qui menacent de lui nuire sérieusement. Dans ce cas, essayez d'éloigner les coupeuses de la ou des plantes endommagées sans toutefois les tuer. Une suggestion, quand les abeilles ne sont pas présentes (après tout, vous voulez les éloigner, pas les tuer), vaporisez le feuillage atteint d'huile de neem ou de pyréthrine. Ces deux produits ont une certaine persistance et peuvent donc agir de façon dissuasive et inciter l'insecte à aller ailleurs sans toutefois le blesser.

■ Acariens nuisibles

1183. L'ENNEMI INVISIBLE

L'araignée rouge, ou plus exactement le tétranyque à deux points (*Tetranychus urticae*), est le plus courant des arthropodes parasites de la planète. De plus, il a d'innombrables cousins nuisibles (que nous appellerons aussi « araignées rouges » pour simplifier les choses), avec le résultat que peu de plantes sont résistantes aux araignées rouges. Cette mite est si petite que l'œil humain a peine à la voir : il faut une bonne loupe pour vraiment la voir. Comme on ne peut la voir, il faut apprendre à

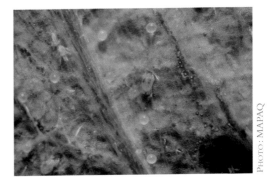

PHOTO: MAPAQ

L'araignée rouge est un parasite terrible... même s'il est à peine visible à l'œil nu.

reconnaître une infestation d'araignées rouges par ses symptômes. Chaque fois qu'une araignée rouge pique une feuille pour en boire la sève, il se forme un minuscule point jaune et donc la feuille devient de plus en plus jaune, ou grisâtre, à mesure que la population augmente. Quand cette population est vraiment très importante, il se forme des « fils d'araignée » sur la feuille et ceux qui ont de bons yeux peuvent alors voir des « poussières » se promener sur les fils : il s'agit en effet des araignées rouges elles-mêmes. La feuille atteinte peut s'enrouler, s'assécher ou tomber. Une infestation majeure peut affaiblir ou même tuer la plante.

1184. LES ARAIGNÉES ROUGES NE SONT PAS ROUGES…

…Ou si rarement. Même si le nom commun semble le suggérer, les araignées rouges sont habituellement beiges et deviennent rouges à l'automne seulement et pendant la courte période où elles sont à l'extérieur. D'ailleurs, sans loupe, vous ne les verrez pas assez bien pour distinguer leur coloration. Si vous voyez ce qui semble être une petite araignée de couleur rouge, c'est sans doute un acarien bénéfique (conseil 1066).

1185. PAS DE BARRIÈRE POSSIBLE CONTRE LES ARAIGNÉES ROUGES

L'araignée rouge est si petite que, même si elle n'a pas d'ailes, elle est emportée par la moindre brise et c'est ainsi qu'elle voyage d'un endroit à l'autre. De plus, comme elle passe facilement au travers des moustiquaires, on la trouve autant sur les plantes de maison que sur les plantes de jardin. Il est donc foncièrement impossible d'empêcher l'araignée rouge d'atteindre une plante.

1186. ELLES N'AIMENT PAS LA PLUIE NI L'HUMIDITÉ

L'araignée rouge en nombre réduit n'est pas si nuisible et serait d'ailleurs impossible à contrôler : il y en a partout tout le temps ! Et elle ne prolifère pas par temps frais ni humide… et une forte pluie peut laver une plante de presque toutes ses araignées rouges. Par temps chaud et sec, par contre, l'araignée rouge se multiplie à une vitesse peu croyable. Une plante apparemment en santé une journée peut être agonisante une semaine plus tard. Elle est particulièrement nuisible pour les plantes d'intérieur en hiver, quand l'air est chaud et sec, et pour les conifères (thuya, genévrier, épinette), les légumes (haricot, aubergine), les fruitiers (framboisiers, gadeliers) et les arbres (févier, orme, sorbier, chêne) à l'extérieur durant les périodes de sécheresse et de canicule.

1187. CONTRÔLER LES ARAIGNÉES ROUGES DANS LE JARDIN

Pour une bestiole si commune et si prolifique, l'araignée rouge est étonnamment facile à réprimer. Tout simplement laver la plante à grande eau ou à l'eau savonneuse peut faire toute une différence. Les savons insecticides et à la pyréthrine la combattent efficacement. Tant que les conditions qui contribuent à son développement (chaleur, sécheresse) se maintiennent, il faut continuer les traitements, car il est très difficile d'éliminer complètement une colonie d'araignées rouges.

On peut faire tomber les araignées rouges avec un fort jet d'eau.

1188. N'OUBLIEZ PAS LES PRÉDATEURS

Avant d'arracher une plante qui souffre de problèmes d'araignées rouges tous les ans, essayez d'attirer des prédateurs. En effet, le problème est parfois tout simplement que, pour des raisons quelconques (peut-être que vous y êtes allé un peu fort avec les insecticides et que vous avez déstabilisé l'équilibre naturel?), les prédateurs naturels de l'araignée, qui normalement la gardent sous contrôle très serré, sont absents. Vous pouvez toutefois faire venir des prédateurs (des acariens, notamment, tels que décrits dans le truc 1066) et rétablir l'équilibre. Le résultat est parfois si remarquable qu'on se demande même pourquoi appliquer de pesticides quand dame Nature fait si bien les choses!

Doucher les plantes d'intérieur aide à prévenir ou à éliminer les araignées rouges.

1189. CONTRÔLER LES ARAIGNÉES ROUGES SUR LES PLANTES DE MAISON

Peu importe le traitement final préconisé pour traiter les araignées rouges sur une plante d'intérieur (savon insecticide, pyréthrine, etc.), commencez toujours par une bonne douche (truc 576). C'est que les fils d'araignée produits par ces mites créent une barrière entre elles et le traitement. Non seulement doucher la plante enlèvera physiquement une bonne partie des araignées mais détruira aussi les fils et éliminera ainsi une cachette importante pour les mites.

1190. POUR LES PLANTES D'INTÉRIEUR SUPER-SUSCEPTIBLES

Certaines plantes d'intérieur (notamment les impatientes et les rosiers miniatures) sont si sujettes aux araignées rouges que leur culture à long terme est presque impossible : elles se font littéralement dévorer sous nos yeux ! Mais pas si vous les douchez souvent. En effet, le simple fait de les rincer hebdomadairement peut prévenir le problème complètement. Il est toutefois important de commencer le traitement dès que la plante entre dans la maison, bien avant que les premiers symptômes apparaissent. Si vous trouvez que cela représente trop de travail, balancez la plante et cultivez-en d'autres qui sont moins sujettes à ce fléau.

■ Aleurodes

1191. PIÈGES JAUNES CONTRE MOUCHES BLANCHES

Les aleurodes, aussi appelés mouches blanches, sont un problème à la fois dans la maison, sur les plantes d'intérieur et sur les fines herbes, ainsi qu'à l'extérieur, notamment sur les tomates, les fuchsias et les géraniums. Les insectes sont minuscules, mais néanmoins bien visibles, car ils volettent tout autour du plant infesté lorsqu'on les dérange pour atterrir aussitôt sur une plante voisine : on dirait de petites pellicules volantes. La plaquette jaune décrite dans le truc 728 est très efficace contre les aleurodes. La couleur jaune attire les adultes qui y resteront alors prisonniers. Encore plus efficace, bien que bien plus coûteux, est le piège lumineux (truc 731) : il peut complètement anéantir les populations d'aleurodes dans les plantes d'intérieur. Vous n'en reviendrez pas !

Les aleurodes deviennent un problème sur les pantes d'intérieur.

PHOTO : BERNARD DROUIN, MAPAQ

1192. ASPIREZ VOS ENNEMIS !

Pour un contrôle rapide et surtout amusant des aleurodes, peignez l'extrémité d'un aspirateur à main jaune et passez près des plantes infestées. Les adultes seront tous aspirés. Il faut tout de même répéter cette technique hebdomadairement pendant quatre à six semaines afin d'aspirer les adultes à mesure qu'ils éclosent, car les larves, qui sont immobiles, ne sont pas affectées par cette technique.

1193. PAS DE JAUNE L'ÉTÉ...

Pour ne pas entrer d'aleurodes dans la maison, évitez de porter des vêtements jaunes lorsque vous travaillez dans le jardin. Ils sont attirés par le jaune et risquent de voyager sur vos vêtements jusqu'à vos plantes d'intérieur.

Un aspirateur à main à extrémité jaune permet un contrôle facile des aleurodes adultes.

1194. ... MAIS PORTEZ DU JAUNE EN HIVER !

Pour se débarrasser des aleurodes qui infestent vos plantes d'intérieur en hiver, faites le contraire: promenez-vous parmi vos plantes en portant du jaune, puis sortez dehors. Les aleurodes ne résistent pas au gel.

1195. ATTENTION À LA RENTRÉE

L'aleurode est, avec les pucerons, le principal insecte qui entre avec les plantes d'intérieur et les annuelles bouturées à l'automne. Il est donc doublement important de bien laver vos plantes à la rentrée (truc 586) si vous savez qu'elles ont eu des problèmes d'aleurode à l'extérieur durant l'été.

■ Altises

1196. LA PRINCIPALE CAUSE DES TROUS DANS LES FEUILLES

Ces petits coléoptères sauteurs, noirs ou bleu métallique, percent de nombreux petits trous dans les feuilles, comme si on les avait tirées

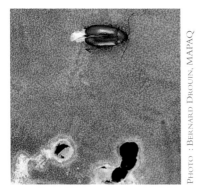

PHOTO : BERNARD DROUIN, MAPAQ

Les altises trouent le feuillage des végétaux.

à la carabine à plomb. Elles sont extrêmement courantes, surtout quand l'été est chaud et sec, et certaines plantes ont des altises qui leur sont spécifiques. Par contre, les dégâts sont souvent peu apparents, sauf de près, et habituellement la feuille survit pour le reste de l'été, même si elle est passablement criblée. Donc, pour les plantes strictement ornementales du moins, la plus facile est… de fermer les yeux quand il y a des trous d'altises dans les feuilles.

1197. UN PIÈGE BLANC POUR LES LÉGUMES ET LES FRUITIERS

Pour les légumes et les fruitiers, à qui on demande une performance parfaite, il n'est pas possible d'afficher une attitude aussi joyeusement désinvolte avec les altises que dans le conseil précédent. Mais un traitement qui fonctionne bien est le piège collant blanc. Comme le piège collant jaune (truc 728), on l'installe parmi les plantes aux premiers signes d'infestation (i.e. des feuilles trouées) et les altises s'y colleront en grands nombres. Comme il n'y a pas de pièges blancs sur le marché, fabriquez les vôtres à partir de fiches blanches. Collez deux ou trois fiches ensemble pour les renforcer, puis recouvrez-les de colle « Tanglefoot », vendue en pépinière. S'il y a beaucoup d'altises, il peut être nécessaire de remplacer les fiches hebdomadairement. Quand vous ne voyez plus de nouvelles altises sur les pièges (normalement au bout de trois ou quatre semaines, le travail est fait), enlevez vos pièges, car ils attrapent parfois aussi des insectes bénéfiques.

L'anneleur fait mourir l'extrémité des tiges des plantes.

■ Anneleurs

1198. TIGES CREUSES À SUPPRIMER

Plusieurs anneleurs s'attaquent aux arbustes et aux arbres, notamment au framboisier, au mûrier et au rosier. Ils s'immiscent dans la tige et la vident de son contenu. On remarque surtout leur présence quand une tige flétrit en plein été et, qu'en la supprimant, on découvre que le cœur en a été évidé et qu'il y a un long vers blanc à l'intérieur. Il est trop tard pour sauver la partie flétrie de la tige, mais pas pour mettre fin au cycle de l'insecte. Coupez la tige à 5 cm au-dessous de la partie flétrie. Si la tige est creuse à cet endroit, coupez plus bas jusqu'à ce que vous ayez trouvé et éliminé la larve. Écrasez ou brûlez-la.

1199. PAS BESOIN DE SCELLER LA BLESSURE

Malgré une croyance populaire qui veut qu'après avoir coupé une tige investie par un anneleur, il faille recouvrir la blessure avec un produit scellant (vernis à ongle, colle à bois, etc.) pour empêcher l'insecte de revenir, l'anneleur ne rentre jamais dans une tige par la blessure, mais uniquement par des trous que la femelle perce dans le côté. Il n'est donc d'aucune utilité de sceller la blessure.

■ Charançons

1200. BRASSEZ LA CAGE DE LA «BIBITE À LONG NEZ»

Il existe en fait des dizaines d'espèces de charançons, de petits coléoptères au rostre allongé (i.e. un long «nez», d'où l'appellation *snout beetles* en anglais), chacun ayant une proie différente, mais le charançon de la prune (*Conotrachelus nenuphar*) est sans doute celui qui pose le plus d'ennuis aux jardiniers. Il, ou plutôt elle, puisque c'est madame qui fait les dégâts, utilise son rostre pour percer un trou en forme de «C» dans le fruit, habituellement une prune ou une pomme, mais parfois un abricot, une pêche, un bleuet ou une cerise, puis elle y pond ses œufs. Après quelque temps, le fruit tombe au sol encore vert. Habituellement, c'est à ce stade tardif que vous remarquez qu'il y a un problème.

Larve de charançon de la prune.

La preuve qu'il s'agit du charançon est le trou en forme de croissant dans le fruit. Il peut y en avoir une deuxième génération plus tard en été… qui s'attaque aux fruits que l'autre génération avait manqués! Les larves mûrissent dans les fruits tombés, hibernent dans le sol et sortent au printemps suivant pour commencer une nouvelle génération.

PHOTO : NATURAL SCIENCE ESTABLISHMENT INC. ET MAPAQ

1201. CONTRÔLE TRADITIONNEL DU CHARANÇON DE LA PRUNE

Pratiquer le traite-ment tradi-tionnel contre le charançon de la prune et c'est certain qu'on vous prendra pour un fou !

Traditionnellement, tôt le matin, quand les insectes sont à moitié endormis, on étale des draps sous les pruniers après la chute des pétales (ce qui correspond avec l'arrivée des charançons adultes). On secoue l'arbre très fort et on le frappe avec un bâton recouvert de tissu ou de caout-chouc mousse (pour éviter de le blesser) pour en faire tomber les adultes. Je vous suggère en plus de porter un capuchon de moine, de crier très fort dans un langage inintelligible et de sacrifier une chèvre, tant qu'à faire (aussi bien que vos voisins vous prennent pour un illuminé qu'un fou!). Vous ramassez les adultes tombés, vous en disposez dans un seau d'eau savonneuse… et vous recommencez tous les matins pendant six semaines… si les hommes en blanc ne viennent pas vous chercher avant. Quand même, il y a une limite aux traitements mai-son et je pense qu'on vient de la franchir : même les jardiniers les plus travaillants ne feront sûrement pas cela, pas quotidiennement durant six semaines! Si c'est ça qu'il faut faire pour avoir de belles prunes, plantez autre chose que des pruniers!

1202. MÊME LES PARESSEUX (RELATIFS) PEUVENT AVOIR DE BELLES PRUNES!

Sans brasser la cage de quoi que ce soit, il est possible d'avoir de bel-les prunes… et sans trop d'efforts non plus (notez cependant que, de préférence, le jardinier paresseux évite les fruitiers : truc 252). D'abord, si possible, supprimez les pruniers sauvages du secteur, car ils hébergent l'insecte qui reviendra malgré vos efforts les plus sou-tenus. Prenez aussi l'habitude de ramasser et de détruire les fruits verts qui tombent, peu importe la cause (on ne sait jamais!). Mais surtout, utilisez le même piège blanc collant décrit pour le contrôle des altises (truc 1196). Suspendez-en un par arbre, à hauteur de poi-trine, quand la floraison débute et vérifiez-les quotidiennement. Si vous trouvez un ou deux charançons par piège, il n'est pas nécessaire de faire plus, mais si les cadavres ne se comptent plus, suspendez-en quatre à six par arbre. Enlevez-les quand il n'y a plus de charan-çons qui s'y prennent, car ces pièges peuvent aussi attirer des insec-tes bénéfiques.

■ Chenilles

1203. RENDEZ LES CHENILLES MALADES

Le Bt est très efficace contre les chenilles (conseils 754 et 755)… à condition que vous agissiez pendant que les chenilles sont encore jeunes, sinon elles auront fait tant de dégâts que cela ne vaudra plus la peine d'agir.

Le Bt empoisonne les chenilles.

1204. LARGUEZ LES TENTES

Il existe plusieurs espèces de livrées (chenilles à tente), dont la livrée estivale (*Hyphantria cunea*) et la livrée des forêts (*Malacosoma disstria*), et elles peuvent faire beaucoup de dégâts, défoliant ou presque leur arbre hôte (habituellement, et toujours un fruitier). Elles partagent la même caractéristique : elles retournent la nuit dans un nid tissé entre les branches (la « tente »). Et voilà leur point faible ! À la nuit tombée, coupez et brûlez le nid.

Les chenilles à tente ne se cachent pas : avec leurs grands nids, on les voit de loin.

1205. UN TRONC COLLANT LES EMPÊCHE DE S'ÉTENDRE

Si un nid de livrée est hors de portée, badigeonnez autour du tronc une bande de 15 cm de largeur de Tanglefoot, une colle qui ne sèche pas. Au moins, cela empêchera les parasites d'aller vers d'autres arbres quand elles en auront terminé avec le premier.

On peut appliquer des produits collants, comme le Tanglefoot, sur le tronc des arbres pour empêcher les chenilles de monter.

■ Cercopes

1206. LE CRACHAT CACHE UN ENNEMI

Quel jardinier n'a pas remarqué des amas de bulles formant une mousse blanche sur les extrémités des tiges des végétaux. Communément appelé «crachat», ces bulles hébergent généralement une seule larve jaune orangé. Bien que rarement assez prolifiques pour causer des problèmes, les cercopes peuvent transmettre des maladies d'une plante à l'autre. Le contrôle est toutefois des plus faciles : détruisez le crachat avec les doigts et écrasez la larve.

■ Cochenilles

1207. DE L'OUATE QUI BOUGE

Les cochenilles sont de petits insectes gris ou roses, mais couverts d'une épaisse cire blanche qui les fait ressembler à des boules d'ouate. Elles percent la tige et se nourrissent de la sève des plantes, provoquant un affaiblissement généralisé, souvent accompagné du jaunissement des feuilles et du dépérissement de la plante dans les cas extrêmes. Les espèces qui s'attaquent aux plantes d'intérieur sont

des généralistes et s'attaquent à presque tout végétal. Heureusement qu'elles ne survivent pas à l'hiver à l'extérieur. Les espèces qui s'attaquent aux plantes d'extérieur sont beaucoup plus spécifiques : on trouve notamment les cochenilles floconneuses de l'érable sur… les érables, par exemple. Les femelles ne volent pas : leur moyen de transport est donc habituellement physique, par le vent pour les œufs, mais habituellement c'est le jardinier lui-même qui les transporte sur ses mains, ses vêtements ou ses outils (sécateur, arrosoir, etc.). Donc, de toute évidence, le premier truc est de toujours se laver les mains avec du savon et de stériliser les outils à l'alcool à friction avant de passer à une autre plante.

1208. À LA POUBELLE LES PLANTES INFESTÉES

Dans le cas des plantes d'intérieur infestées de cochenilles, le meilleur conseil est de... les jeter à la poubelle! Leur contrôle est très difficile et vous risquez davantage de les transmettre à d'autres plantes par accident que de les éliminer. Et jetez le pot et le terreau. Après, nettoyez bien leur emplacement avec un linge savonneux, car souvent la femelle pond ses œufs ailleurs que sur la plante.

1209. L'ISOLATION EN SECOND LIEU

Vous êtes incapable de jeter une plante? Alors si elle est infestée de cochenilles, placez-la dans une autre pièce ou encore scellez-la dans un sac de plastique transparent. Achetez-lui son propre arrosoir (l'arrosoir est le principal moyen de transmission des cochenilles sur les plantes d'intérieur!) et lavez-vous toujours les mains après les avoir traitées ou arrosées. Même quand vous pensez avoir éliminé les cochenilles, laissez la plante en isolation au moins un mois, au cas où...

On peut isoler une plante d'intérieur des autres en l'insérant dans un sac de plastique transparent.

1210. TROISIÈMEMEMENT, L'ALCOOL

Essayez de les contrôler avec de l'alcool à friction. Mais non, pas en tamponnant chaque insecte avec un coton-tige trempé dans l'alcool comme on dit dans les livres: c'est une pure perte de temps, car vous ne voyez que les adultes et les œufs (qui sont blancs et mousseux aussi); les larves survivent à ces traitements en se cachant dans les fissures et les aisselles des feuilles. À la place, vaporisez la plante avec une solution de 15 ml d'alcool à friction, de 10 ml de savon insecticide concentré et de 500 ml d'eau. Répétez aux trois jours, au besoin.

1211. APPELEZ LES COCCINELLES

Si vous êtes totalement désespéré par une infestation de cochenilles dans vos plantes d'intérieur, vous pouvez commander et libérer des coccinelles prédatrices.

1212. COCHENILLES SUR LES PLANTES DE JARDIN

Comme on traite les cochenilles et les kermès de la même manière, allez voir les trucs pour contrôler ces derniers (numéros 1258 à 1262).

■ Chrysomèles

1213. CONFONDEZ LA CHRYSOMÈLE RAYÉE DU CONCOMBRE

Chrysomèle rayé du concombre

PHOTO : BERNARD DROUIN, MAPAQ

Ce joli coléoptère plutôt allongé et jaune rayé noir (*Acalymma vittatum*) croque de gros trous dans les feuilles des concombres. De plus, il transmet souvent des virus aux plantes. On peut l'enrayer avec une couverture flottante (voir le conseil 727) qu'on pose en début de saison pour l'enlever en début de canicule... mais il existe une façon encore moins exigeante pour le jardinier très paresseux. Apparemment, la chrysomèle trouve sa proie grâce à l'odeur de cucurbitacéine que contiennent les feuilles du concombre. Mais les concombres qui ne provoquent pas d'éructations ne produisent pas de cucurbitacéine non plus. Donc, les chrysomèles n'arrivent pas à les localiser! Le concombre 'Sweet Slice' est justement de ce type.

■ Criocères

1214. LE CRIOCÈRE ET L'ASPERGE

PHOTO : MAPAQ

Ciocère à douze points

Il y a en fait deux sortes de criocères qui s'attaquent aux asperges : le criocère à douze points (*Criocerus duodecimpunctata*), rougeâtre aux points noirs, et le criocère de l'asperge (*Criocerus asparagi*), de couleur noir bleuté aux marges rouges et avec quatre macules blanches sur le dos. Elles sont très difficiles à contrôler, mais, si vous posez une couverture flottante tôt dans la saison (levez-la pour faire votre récolte!), vous pouvez ramasser les adultes qui y atterrissent et les éliminer. Des traitements au neem ou avec un insecticide contenant de la pyréthrine sont efficaces pour éliminer une infestation en cours.

1215. LE CRIOCÈRE DU LIS : JOLI COMME TOUT, MAIS QUELLE PLAIE !

Le criocère du lis (*Lilioceris lilii*) est un très joli coléoptère allongé de couleur orange vif: on pourrait presque en faire des bijoux tellement sa coloration est remarquable. Les larves, orange aussi, sont moins attrayantes, car elles se recouvrent de leurs propres excréments pour décourager les prédateurs. Cet insecte européen est une introduction récente, mais a déjà envahi presque toutes les régions du Québec et se répand de plus en plus en Ontario et au Nouveau-Brunswick. Sa proie? Les lis (*Lilium* spp.), surtout, et leurs proches parents, les fritillaires (*Fritillaria* spp.). Si rien d'autre n'est disponible, il paraît qu'il peut attaquer les sceaux-de-Salomon (*Polygonatum* spp.). Notez que, même si on appelle l'hémérocalle «lis d'un jour», le criocère ne s'attaque pas aux hémérocalles… ou du moins, pas encore. L'insecte est actif de la fin de l'hiver (oui, dès la fonte des neiges) jusqu'à l'automne et il produit plusieurs générations par année. Comme de plus il vole très bien, juste au moment où vous pensez avoir réussi à le contrôler, voilà qu'il est de retour. Si vous avez des criocères sur vos plantes, vous le saurez assez rapidement. Les feuilles seront trouées (adultes) ou mangées à partir de la pointe (larves) et les boutons floraux, abondamment troués.

Le criocère du lis vient gâcher une longue histoire d'amour que les jardiniers avaient avec le lis.

1216. UN SEUL TRAITEMENT LOGIQUE : ARRACHEZ VOS LIS !

Je ne mâche pas mes mots! Éliminer cet insecte est virtuellement impossible, vous ne pouvez au mieux que le contrôler afin que les dégâts ne soient pas trop visibles. Et il n'y a présentement aucun prédateur du criocère en Amérique du Nord (sa couleur orangée serait un avertissement aux prédateurs: «Ne me touchez pas, je suis toxique!»). Donc, à moins que vous ne restiez dans une région épargnée par ce fléau et tant qu'un contrôle plus efficace que ceux qui existent présentement ne soit disponible, le lis ne mérite pas de place dans la plate-bande d'un jardinier paresseux. Poubelle!

1217. MAIS JE SUIS INCAPABLE D'ARRACHER MES LIS !

Voilà pourquoi le jardinage devient tellement un fardeau pour beaucoup de gens : on sait qu'on devrait éliminer les plantes à problèmes, mais on n'ose pas. Et le prix environnemental pour le maintien du lis est lourd : à moins de les récolter à la main, les traitements répétés aux insecticides, même biologiques, déstabiliseront l'équilibre de votre terrain et d'autres problèmes surgiront tôt ou tard. Soyez impitoyable : débarrassez-vous des «plantes à problèmes»! Dites-vous bien que vous allez le faire un jour ou l'autre (on se fatigue rapidement des traitements répétés qui ne donnent pas les résultats escomptés). Combien de personnes m'ont juré qu'elles tenaient à leurs lis comme à la prunelle de leurs yeux... pour les arracher trois ans plus tard (on dira qu'il faut vivre un problème trois ans avant de réagir correctement!).

1218. EN ATTENDANT, QUE FAIRE ?

Si vous n'avez pas encore arraché vos lis et vos fritillaires, vous pouvez essayer la récolte manuelle des criocères. Tous les matins (ils sont un peu moins actifs tôt le matin et donc plus faciles à récolter), ramassez-les à la main (les gants sont permis) et écrasez-le entre vos doigts (quelle satisfaction!) ou laissez-les tomber dans de l'eau savonneuse. Il faut être relativement rapide, car les criocères se laissent tomber au sol lorsqu'ils sont menacés et montrent leur abdomen qui est noir, donc très peu visible sur un fond de terre ou de compost. Regardez sous toutes les feuilles aussi. Vous y trouverez parfois des amas d'œufs orangés que vous pouvez enlever en les essuyant ou encore des larves auxquelles vous ferez subir le même sort qu'aux parents. Habituellement, l'infestation est plus sévère en début de saison, puis semble se résorber et plusieurs jardiniers suspendent leur tournée quotidienne en pensant avoir réglé le problème, mais il faut savoir qu'il y a plusieurs générations de cet insecte par été et vous risquez d'avoir une mauvaise surprise si vous ne vérifierez pas vos lis au moins hebdomadairement durant tout l'été.

1219. ENCORE, VAPORISER

Les jardiniers qui n'ont pas trop peur des conséquences (ils peuvent ainsi dérégler leur aménagement et provoquer des problèmes ailleurs) peuvent vaporiser leurs lis et leurs fritillaires avec du savon insecticide, du neem ou de la pyréthrine. Répétez hebdomadairement du printemps à l'automne, que vous voyiez des insectes ou non (de toute façon, quand on pense qu'il n'y en a pas, il y en a presque toujours qui se cachent). Les rapports que j'ai reçus (personnellement, j'ai arraché mes lis depuis belle lurette et je ne peux donc pas parler par expérience personnelle!) suggèrent que le neem et le End•All, un savon insecticide de pyréthrine et d'huile de canola, sont les deux produits les plus efficaces.

1220. UN TRUC QUI NE FONCTIONNE PAS

Il y a quelque temps, une lectrice de la revue *Fleurs, Plantes et Jardins* annonçait fièrement qu'elle avait trouvé la solution au criocère du lis! Il suffisait de cultiver des plants de pyrèthre autour des lis pour voir les insectes disparaître comme par magie! Mais le texte n'était pas trop clair sur ce qu'elle voulait dire par pyrèthre. Est-ce que c'était le pyrèthre des jardins (*Tanacetum coccineum*), aussi connu sous les noms *Pyrethrum coccineum* et *Chrysanthemum coccineum*, une jolie marguerite vivace à rayons rouges, roses ou blancs, mais qui n'a normalement aucun effet répulsif? Ou encore le vrai pyrèthre, celui duquel dérive la pyréthrine, soit *Tanacetum cinerariifolium* (synonymes *Chrysanthemum cinerariifolium* et *Pyrethrum cinerariifolium*), une annuelle (et d'ailleurs une annuelle très coûteuse, disponible seulement par la poste)? Voilà le problème des noms communs: on ne sait jamais à quelle plante on réfère. Mais de toute façon, ni l'une ni l'autre plante ne

Le pyrèthre des jardins, (Tanacetum coccineum) n'éloigne pas les criocères du lis.

fonctionnent. Au moment où je lisais ce texte, dans mes propres plates-bandes il y avait, par pure coïncidence, des lis asiatiques (*Lilium* spp.) qui poussaient carrément au milieu d'une talle de *T. coccineum* et où les criocères faisaient la pluie et le beau temps. Et l'année suivante, j'ai fait venir quinze plants de vrai pyrèthre (qui coûtaient beaucoup plus cher que mes lis, en passant), déterminé à éliminer une fois pour toutes ce maraudeur inlassable. Mais pour rien!

Comme bien des trucs de «compagnonnage», ça marche parfois pour une personne, mais essayez de reproduire l'expérience ailleurs et c'est l'échec total. J'aurais dû envoyer ma facture de plantes à la dame!

1221. UNE LUEUR D'ESPOIR

N'abandonnez pas tout espoir pour les lis, cependant. Il existe dans son Eurasie natale des insectes prédateurs naturels du criocère du lis dont deux au moins sont à l'étude pour savoir s'il y a lieu de les introduire en Amérique du Nord. Si oui, le criocère pourrait passer du fléau qu'il est actuellement à un insecte occasionnel et peu dérangeant comme il l'est en Europe et en Asie.

Doryphore de la pomme de terre.

■ Doryphore de la pomme de terre

1222. DANS LES PATATES!

Le doryphore de la pomme de terre (*Leptinotarsa decemlineata*) est essentiellement spécifique à la pomme de terre (ou patate si vous préférez). On dit qu'il mangera, s'il le faut, le feuillage des tomates, des piments, des daturas, des pétunias et des autres plantes de la même famille, les solanacées, mais personnellement, en plus de quarante ans de jardinage, je n'ai jamais eu de problèmes de doryphore sur aucune autre plante. C'est un insecte très facile à reconnaître, ressemblant à une grosse coccinelle jaune striée de noir. Cet insecte est très difficile à contrôler sauf si… on élimine la pomme de terre de notre potager! C'est d'ailleurs ce que font beaucoup de jardins communautaires qui sont aux prises avec des jardiniers qui traitent leurs pommes de terre avec tous les insecticides de la terre dans le but de s'en débarrasser, ce qui provoque le courroux des voisins moins portés sur l'intoxication aux pesticides. Et c'est *le* conseil principal du jardinier paresseux: pas de patates, pas de doryphores. Cas réglé! Vous irez acheter vos pommes de terre au supermarché comme tout le monde.

1223. À FORCE DE TRAITER

C'est certain qu'on peut contrôler le doryphore à force de traiter encore et encore, mais que d'efforts! Mais si vous voulez avoir des idées qui peuvent fonctionner, seules ou combinées, voilà:

- *Enlevez à la main les adultes et les larves (oranges et dodues) et écrasez-les ou déposez-les dans de l'eau savonneuse;*

- *Passez l'aspirateur dans le feuillage pour ramasser les adultes;*

- *Cherchez et écrasez les œufs orangés trouvés sous les feuilles;*

- *Libérez des larves de coccinelles prédatrices et espérez qu'elles ne s'envolent pas toutes;*

- *Vaporisez régulièrement avec des insecticides appropriés (pyréthrine, neem, etc.);*

- *Traitez au Btt (truc 757) si vous pouvez en trouver (il n'était pas encore homologué pour utilisation résidentielle au moment de la publication de ce livre).*

1224. DE MONOCULTURE... À LA PLATE-BANDE

Voici un truc qui fonctionne vraiment: plantez vos pommes de terre dans la plate-bande, dispersées çà et là au travers des fleurs. Les doryphores sont attirés par une odeur distinctive du feuillage des pommes de terre et trouvent plus facilement leur hôte quand il est regroupé en rangs, comme dans un potager (voir le conseil 328 pour en savoir plus sur ce défaut typique des monocultures). Mais quand les plants de pommes de terre sont éparpillés au travers d'autres végétaux, le problème se résorbe. Un ou deux doryphores, peut-être, mais pas assez même pour traiter: il en faut des dizaines pour nuire à la production des pommes de terre. L'année suivante, répétez... en changeant les pommes de terre de place (il faut toujours faire une rotation, truc 324) avec les légumes).

La tomate
'Allure'
attire les
doryphores
et sert
donc de
pièges
à ces
derniers.

1225. UNE PLANTE PIÈGE

Il existe des plantes que les doryphores aiment encore plus que la pomme de terre et une de ces plantes est la tomate 'Allure'. Cette tomate se cultive non pas pour ses fruits ou son feuillage curieusement poilu (pas du tout comme d'autres tomates), mais strictement comme piège pour les doryphores. On la plante loin des pommes de terre et quand les doryphores apparaissent, on les ramasse avec un aspirateur. Mes expériences avec cette plante n'ont pas été concluantes. Cependant, comme je ne fais pas de monoculture avec les pommes de terre, mais les distribue çà et là dans mes plates-bandes (voir le truc précédent), je n'ai pas assez de «bibittes à patate» pour confirmer si la tomate 'Allure' a de l'allure comme traitement ou pas.

1226. UNE COUVERTURE FLOTTANTE CONTRE LES DORYPHORES

Les couvertures flottantes (truc 727) sont très efficaces contre les doryphores. Si vous les utilisez correctement, les doryphores passeront de fléau à problème mineur.

■ Enrouleuses

1227. FAITES SEMBLANT DE NE PAS LES VOIR

Ces chenilles d'un papillon de nuit peu remarquable ont une façon unique de se cacher des prédateurs : elles tissent des fils pour enrouler les feuilles dans lesquelles elles élisent résidence, puis par la suite elles mangent la feuille de l'intérieur. Elles sont rarement très nombreuses et causent par conséquent peu de dégâts : le plus facile, c'est d'apprendre à les tolérer. Vous en aurez beaucoup moins de toute façon si vous pratiquez les **PPPP** (truc 1050) pour attirer les animaux bénéfiques, car ces insectes ont de nombreux prédateurs naturels. Si vous ne pouvez tout simplement les tolérer, il est inutile de vaporiser quoi que ce soit : supprimez tout simplement les feuilles atteintes, cela prendra beaucoup moins de temps !

Enrouleuse.

PHOTO : BENARD DOUIN, MAPAQ

Parasites

■ Fourmis

En général, les fourmis sont plutôt utiles (voir les conseils 1073 à 1076), mais il existe des cas où elles vont trop loin. En voici quelques exemples.

1228. UN NID GIGANTESQUE !

Les fourmis des bois (genre *Formica*) sont assez grosses et noires, rouges ou noires et rouges. Elles vivent en énormes colonies de milliers d'individus et elles causent des problèmes. Si le nid est dans la forêt ou dans un champ, pas de problème, mais dans le gazon, la plate-bande ou le potager : quel dégât ! Et ce n'est pas en tondant le gazon plus long (truc 1076) que vous allez cacher ce nid énorme ! Aussi, ces fourmis sont agressives et mordent, une autre raison pour qu'on tolère difficilement leur présence sur nos terrains, malgré leurs côtés positifs (ce sont des prédateurs très aguerris : vous ne trouverez pas de limaces quand il y a des fourmis des bois dans le secteur !). Heureusement que ces fourmis sont très territoriales : il y a rarement plus d'un nid dans un secteur donné, car elles ne tolèrent pas la présence d'autres colonies. Vous n'avez donc qu'un seul nid à contrôler. On peut essayer d'ébouillanter ces colonies si elles se trouvent dans un endroit où il n'y a pas de végétation (truc 1234), mais la meilleure méthode pour les contrôler, c'est avec les appâts boriques. Voir le truc 1237 pour plus de détails.

1229. DES FOURMIS DANS MA MAISON

Il n'y a aucune raison de tolérer la présence de fourmis dans la maison. Leur place est dehors. Comme les fourmis suivent le même chemin tous les jours, on peut les contrôler en les suivant des yeux jusqu'à ce que l'on trouve leur lieu d'entrée (habituellement un interstice au pied d'un mur ou près d'une fenêtre). Calfeutrez tout simplement le trou et le problème sera réglé.

1230. SI CALFEUTRER N'EST PAS POSSIBLE

Les fourmis peuvent aussi passer sous la porte, par une fenêtre qui doit souvent être ouverte ou par un autre endroit qui n'est pas facile à calfeutrer. Dans ce cas, il suffit de saupoudrer leur « entrée » de terre de diatomées : cette poudre blanche, biologique, crée une barrière contre les fourmis (et les autres insectes) sans être toxique pour les animaux domestiques ni pour les humains. On peut donc l'utiliser en sécurité dans la maison.

1231. SCELLEZ LA NOURRITURE

Les fourmis des champs, soit la petite fourmi brune qu'on trouve le plus souvent dans nos maisons, viennent y chercher de la nourriture… et s'il n'y a rien à manger, elle disparaîtront. Prenez l'habitude de toujours conserver la nourriture dans des contenants scellés et elles n'auront plus aucune raison de venir chez vous.

1232. MAIS N'EST-CE PAS VRAI QUE LES FOURMIS « GÂTE-BOIS » PEUVENT TUER LES ARBRES?

PHOTO : THÉRÈSE ARCAND, RESS. NAT. CANADA

Fourmis charpentière.

Ces fourmis, plus correctement appelées fourmis charpentières, du genre *Campanotus*, sont grosses et noires ou noires et rouges. Elles creusent des galeries dans le bois et y vivent. On pourrait par conséquent craindre qu'elles minent la santé des arbres dans lesquels elles s'installent. En fait, c'est rarement le cas. C'est que, d'une part, les fourmis charpentières ne s'installent pas dans le bois sain, mais habituellement dans le bois pourri. Ce ne sont pas elles, donc, qui ont fait pourrir ou affaibli le bois, c'est l'arbre qui était déjà en mauvais état et, dans le fond, elles y font le ménage! D'autre part, il faut comprendre que les fourmis charpentières ne sont pas des termites: elles ne mangent pas le bois, elles ne font que creuser un nid et des tunnels d'accès dans le bois pourri: elles ne font qu'y vivre. Donc, elles ne nuisent pas vraiment à l'arbre et peuvent même être utiles en vous indiquant que l'arbre est creux et peut-être en mauvaise santé ou même dangereux. Quand vous découvrez un arbre creux, faites venir un arboriculteur spécialisé pour voir ce qu'il en est (un arbre creux n'est pas nécessairement moribond).

1233. COMMENT CONTRÔLER LES FOURMIS CHARPENTIÈRES DANS LA MAISON

Malheureusement, les fourmis charpentières font parfois des nids dans les solives ou les poutres des maisons. Des fourmis charpentières peuvent entrer dans la maison par mégarde durant l'été et leur présence n'est pas alarmante. Cependant, si vous remarquez de grosses fourmis noires à la saison froide, c'est tout probablement qu'elles ont creusé un nid dans le bois de la charpente de votre maison. Rappelez-vous que ce ne sont pas ces fourmis qui font pourrir le bois, le bois était déjà pourri, mais une fois installées, elles creuseront dans le bois sain pour agrandir leur nid. Souvent leur présence indique qu'une solive ou une poutre de votre maison est en très mauvais état. Pour trouver le nid, laissez des miettes de gâteau dans les secteurs où vous avez vu les fourmis, puis surveillez leur trajet quand elles viennent les chercher. Souvent, on découvre également des petits tas de poussière de bois sous les trous d'entrée. On peut contrôler les fourmis charpentières en pulvérisant un mélange de borax et de sucre (voir le truc 1237) près de leur nid, mais il faut se rappeler qu'il est très difficile de les contrôler, car, en plus du nid principal, il peut y avoir des nids satellites, sans reine. La meilleure chose à faire quand vous vous rendez compte que vous avez une infestation de fourmis charpentières dans la maison est de faire appel à un exterminateur qui pourra trouver l'emplacement du nid et vous suggérer une solution réellement efficace.

1234. DANS L'EAU BOUILLANTE

Parfois, on arrive à exterminer les fourmis dans une terrasse ou un sentier en versant tout simplement de l'eau bouillante sur le nid. Il peut être nécessaire de répéter l'opération plus d'une fois. On ne peut toutefois appliquer cette technique pour se débarrasser des fourmis dans le gazon ou les parterres, car l'eau bouillante tue les plantes aussi.

On peut ébouillanter les nids de fourmis.

1235. CONTRÔLER LES FOURMIS À LA SOURCE

Le secret pour contrôler en permanence les fourmis indésirables n'est pas d'intoxiquer, d'écraser ou d'autrement torturer les fourmis visibles. Ce ne sont que des travailleuses : les tuer ne sert à rien, car la reine est encore là, habituellement nichée dans une galerie loin dans le sol, et elle ne fera qu'en produire d'autres. C'est la reine qu'il faut tuer. C'est pourquoi les pesticides habituels ne sont pas efficaces. Ils sont trop toxiques et tuent les ouvrières avant qu'elles ne puissent se rendre jusqu'à la reine. Ce qu'il faut plutôt, c'est un contrôle qui agit lentement, en douceur, un poison (et oui il faut malheureusement utiliser quelque chose de toxique, car il est impossible d'atteindre la reine avec un insecticide de contact !), mais *peu toxique*. Ainsi, les travailleuses qui le récoltent ne seront pas tuées et auront le temps nécessaire de se rendre à la reine. En lui offrant à manger un produit légèrement toxique, c'est elle qui sera peu à peu intoxiquée… et quand la reine meurt, la colonie dépérit. Donc, il faut être patient pour éliminer des fourmis : cela peut prendre deux ou trois semaines pour tuer une reine et il peut encore y avoir quelques fourmis égarées qui rentent et sortent du nid jusqu'à quatre semaines après un traitement efficace.

1236. DES POISONS LENTS MAIS SÛRS

Les pièges à fourmis sont efficaces mais un peu lents à donner des résultats.

Il existe des préparations commerciales contre les fourmis qui donnent de bons résultats. Habituellement, elles sont sous la forme d'une petite boîte métallique percée de trous et contenant un appât empoisonné. Plusieurs jardiniers se plaignent qu'elles ne fonctionnement pas… mais, tel qu'expliqué dans le truc précédent (1235), il *faut* qu'un pesticide agisse lentement pour être efficace contre les fourmis. On doit donc prendre son mal en patience. Et l'autre avantage de ces produits c'est qu'ils sont très faiblement toxiques et que, de plus, l'appât est réellement hors de portée des enfants et des animaux, donc sans danger. N'hésitez pas à les essayer… mais rappelez-vous qu'elles ne seront visiblement efficaces qu'au bout de deux à quatre semaines.

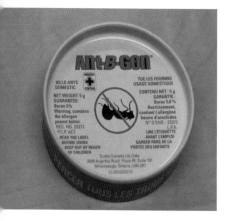

1237. LES FOURMIS AIMENT LE SUCRE

Voici un appât maison contre les fourmis. Il contient du bore, qui est un minéral naturel (d'ailleurs essentiel à la croissance des plantes en petites quantités), mais qui est aussi très faiblement toxique. On le trouve habituellement sous forme de borax, un minerai d'origine naturelle, ou d'acide borique. Mélangez en parties égales du bore et du sucre à glacer et versez-en dans une cannette de boisson gazeuse vide (pourquoi ? c'est que le trou de la canette est trop petit pour que les enfants ou les animaux domestiques sortent l'appât) et placez-la près du nid des fourmis. Les fourmis la trouveront rapidement et commenceront à apporter l'appât à leur nid. N'oubliez pas que, tel qu'expliqué dans le truc précédent, cet appât ne portera pas de résultats probants avant deux à quatre semaines. Le bore est vendu en pharmacie et aussi dans les supermarchés, avec les produits de lessive.

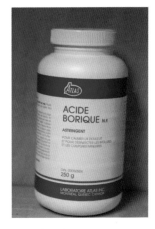

On peut faire un insecticide contre les fourmis avec le bore.

■ Galéruques

1238. DES VIORNES AUX FEUILLES DÉCHIQUETÉES

Pas besoin de déchiqueteuse en présence de la galéruque de la viorne (*Pyrrhalta viburni*). Ce coléoptère allongé, accidentellement importé d'Europe dans les années 1970, peut carrément dépouiller les feuilles, ne laissant que les nervures. Elle s'attaque principalement à la viorne boule-de-neige (*Viburnum opulus* 'Roseum'), mais peut aussi faire des dégâts sur d'autres viornes, notamment sur la viorne trilobée ou pimbina (*V. trilobata*), un arbuste indigène. Si les attaques se répètent annuellement, la plante peut mourir. Le contrôle le plus facile est le Btt (*Bacillus thuringiensis tenebrionis* ou *B. t. San Diego*), vendu aux producteurs commerciaux de pommes de terre pour éliminer les doryphores (truc 757). Malheureusement, ce

La galéruque de la viorne dévore le feuillage des espèces susceptibles.

pesticide, pourtant biologique et parfaitement sans danger, n'est pas encore homologué pour utilisation domestique. Après un seul traitement, l'insecte arrête de manger et meurt quelques jours plus tard… et en mourant, son corps libère d'autres bactéries qui infesteront la prochaine génération. Les autres traitements sont plus exigeants : on peut les enlever à la main ou secouer les branches infestées au-dessus d'un seau d'eau savonneuse. Les produits contenant un savon insecticide et de la pyréthrine peuvent être efficaces si on commence à traiter tôt dans la saison, quand les larves sont jeunes, car les adultes se sauvent à l'approche des humains et sont difficiles à atteindre. Enfin, parfois la solution la plus facile est d'arracher la plante qui cause le problème et de la remplacer par une autre qui n'est pas sujette aux problèmes causés par les insectes ou des maladies !

1239. DES ORMES AUX FEUILLES DÉCHIQUETÉES

Ne cherchez pas plus loin la cause de feuilles d'orme en lambeaux : c'est la galéruque de l'orme (*Pyrrhalta luteola*), cousine de l'autre (truc précédent). Le traitement est le même.

■ Galles

Une galle sur une tige de verge d'or.

1240. CURIEUSES EXCROISSANCES… MAIS SANS SÉQUELLES DIGNES DE MENTION

Ces drôles d'excroissances peuvent se former sur des tiges, qui enflent alors exagérément, ou sur les feuilles, qui semblent alors porter de petits raisins verts ou multicolores au dos. D'autres ont l'allure de bosses chevelues. Il y a des centaines de variétés de galles, la plupart spécifiques à une plante quelconque ou à ses proches parents. Les verges d'or (*Solidago* spp.), par exemple, sont souvent infestées par une galle de tige alors que les chênes (*Quercus* spp.) ont souvent des galles de feuilles. Elles sont provoquées par divers insectes qui percent les tissus de la plante pour y pondre leurs œufs. Les insectes injectent aussi des hormones qui stimulent la croissance de façon très localisée, créant ainsi un petit nid pour le déve-loppement des larves. Cette infestation est généralement légère et, de toute façon, ne nuit nullement à la santé de la plante puisque la galle ne réduit en rien sa surface chlorophyllienne et n'empêche pas la floraison. Le plus facile, c'est de cultiver l'art de ne pas les re-marquer. Si cela échoue, enlevez-les à la main. Il est essentiellement inutile d'utiliser des traitements insecticides, car, lorsque l'insecte est visible, il est bien caché à l'intérieur de la feuille et ne peut être atteint.

■ Guêpes nuisibles

1241. LES GUÊPES AGRESSIVES NE SONT PAS DE BONNES AMIES

Contrairement aux abeilles (voir le truc 1176) les guêpes* et les fre-lons sont agressifs et piquent sans trop de provocation. De plus, les guêpes sont moins utiles au jardi-nier, car elles ne pollinisent pas, mais s'intéressent plutôt aux su-cres et aux viandes. Elles ont un rôle à jouer dans la nature en tant que prédateur (notamment des chenilles), mais il n'est pas néces-saire de les attirer ni de les tolérer dans votre jardin. Même, et par-ticulièrement, si des membres de votre famille sont allergiques à leur piqûre, il vaut mieux les en éloigner.

PHOTO : MICHÈLE ROY, MAPAQ

Attention aux guêpes marquées de jaune : elles sont très agressives.

1242. DISTINGUEZ UNE GUÊPE D'UNE ABEILLE

Vous ne connaissez pas la différence entre les guêpes et les abeilles? Aller voir le truc 1177.

---

* Chez les guêpes, la couleur jaune signifie «laissez-moi tranquille». Les guêpes marquées de jaune sont presque toujours agressives et peuvent piquer les humains. Il existe tou-tefois des centaines d'autres espèces de guêpes de toutes les tailles et plusieurs d'entre elles sont pollinisatrices, mais elles sont habituellement noires ou d'une autre couleur, sans les motifs jaunes des espèces agressives. Ces «guêpes pacifiques» ne piquent pas les humains et il n'y a pas lieu de les craindre.

1243. ATTIREZ LES GUÊPES... AILLEURS

Il n'y a rien de plus déplaisant que de se faire bombarder par des guêpes pendant qu'on pique-nique, mais sachant que les guêpes s'intéressent spécifiquement aux mets sucrés et aux viandes, il est possible d'utiliser cette attirance pour avoir la paix. Prenez alors l'habitude de mettre quelques morceaux de fruit sucré dans une assiette et de la placer sur une autre table de pique-nique environ quinze à vingt minutes avant le repas. Les guêpes iront à l'autre emplacement et vous laisseront tranquille.

Pour avoir la paix en mangeant en plein air, placez un fruit sucré loin de votre table de pique-nique.

1244. UN PIÈGE À GUÊPES COMMERCIAL

Il existe sur le marché des pièges à guêpes et ils sont souvent très efficaces pour les guêpes maraudeuses. Il faut les appâter avec des produits sucrés comme des fruits. Ces pièges n'attirent que les guêpes et les frelons et laissent les autres insectes, pour la plupart bénéfiques, tranquilles. Malheureusement, s'il y a une véritable infestation de guêpes, ils ne règlent pas vraiment le problème, car seules les ouvrières se font prendre... et la reine continuera à en produire d'autres tout au long de la saison.

Piège à guêpes commercial.

1245. UN PIÈGE À GUÊPES MAISON

Il est facile de fabriquer un piège à guêpes maison à partir d'une bouteille de boisson gazeuse en plastique. Découpez le goulot de la bouteille et enlevez le bouchon. Versez dans le fond de l'eau très sucrée ou de la confiture. Maintenant, placez le goulot de la bouteille à l'envers, comme si c'était un entonnoir. Vous pouvez aussi ajouter une anse avec du fil de fer pour suspendre le piège. Les guêpes seront attirées par l'odeur sucrée et entreront par le goulot, mais vu que leur instinct les incite à voler vers l'extérieur et vers le haut, non pas de descendre vers le bas pour repasser le goulot, elles seront prises au piège. Quand elles sont mortes, videz le piège et recommencez. Comme pour tous les pièges à guêpes, les résultats sont toutefois mitigés (voir le truc précédent).

1246. ON PREND DES GUÊPES AVEC DU VINAIGRE

Pour attraper les guêpes qui fréquentent votre table de pique-nique, placez dans le secteur quelques bouteilles de bière partiellement remplies de vinaigre. Les guêpes sont attirées par l'odeur et entrent dans la bouteille, mais semblent assommées par les vapeurs et meurent noyées dans le vinaigre. Aux quatre ou cinq jours, videz les bouteilles et rajoutez du vinaigre frais. Comme pour tous les pièges à guêpes, on ne prend toutefois que les travailleuses (voir le truc 1244).

Voici un piège à guêpes qu'on peut facilement faire soi-même.

1247. PAS TROP DE PARFUMS DANS LE JARDIN

Évitez les odeurs fortes (parfums, désodorisants, etc.) et les fixatifs à cheveux parfumés quand vous jardinez : ils peuvent attirer les guêpes.

1248. PAS DE NIDS DE GUÊPES DANS VOTRE COUR

On ne peut tolérer les nids des guêpes dans le voisinage des humains à cause du danger qu'ils représentent. En effet, si les guêpes sont agressives de nature, elles le sont encore davantage quand leur nid est menacé... et de plus, elles vivent en colonie, donc il n'est plus question d'une seule guêpe, mais de dizaines, voire davantage. Il faut donc toujours songer à éliminer les nids de guêpe aux environs des maisons, des jardins, des parcs, etc.

Nid de guêpes.

1249. MARQUEZ LE NID POUR LE RENDRE VISIBLE

Quand vous découvrez un nid de guêpes sur votre terrain, mais ne pouvez pas agir dans l'immédiat, ou encore, si le traitement est en cours mais non terminé, entourez le secteur de ruban avertisseur pour annoncer aux visiteurs de faire attention.

1250. AVEC LES GUÊPES, ON NE RIT PLUS !

Si vous découvrez un nid de guêpes sur votre terrain, mieux vaut appeler un exterminateur. Seuls ces professionnels savent comment détruire un nid de guêpe en toute sécurité. Cela est doublement vrai si le nid est inaccessible, comme à l'intérieur d'un mur ou dans le creux d'un arbre.

1251. AGISSEZ TÔT EN SAISON

Un nid de guêpes est une structure annuelle : une nouvelle reine commence à zéro chaque printemps dans un nouvel emplacement, mais elle peut pondre des centaines d'œufs au cours de la saison. C'est en début de saison, donc, qu'il y a le moins de guêpes et qu'il est plus facile de les contrôler. En fin d'été, les guêpes, au contraire, sont particulièrement nombreuses et leur contrôle est donc plus difficile et plus dangereux.

Si vous bouchez le trou d'un nid de guêpes dans un mur de votre maison, les guêpes risquent de sortir à l'intérieur.

1252. LAISSEZ LE FROID FAIRE SON ŒUVRE

Si vous ne découvrez un nid de guêpes qu'à l'automne et qu'il n'est pas dans un endroit particulièrement passant, souvent le plus simple est de laisser faire la nature. En effet, les guêpes mourront toutes avec les premiers froids.

1253. NE BLOQUEZ PAS LA SORTIE...

Si vous découvrez que des guêpes entrent et sortent de votre maison par un trou dans le mur, la pire chose à faire est d'essayer de régler le problème en bouchant le trou. Sans leur sortie principale, les guêpes prisonnières entre les murs chercheront une autre issue... peut-être par l'intérieur de votre maison !

1254. ... AVANT LA DESTRUCTION DU NID

Lorsqu'un nid de guêpes est détruit et que vous ne voyez plus de guêpes entrer ou sortir depuis vingt-quatre heures, vous pouvez boucher le trou dans le mur pour éviter que d'autres colonies de guêpes n'y élisent domicile dans les années à venir... en présumant que ce trou n'est pas un trou d'égouttement ou d'aération, dans lequel cas on ne le bouche surtout pas!

1255. ENLEVER UN NID DANS UN ARBRE : POUR LES COURAGEUX SEULEMENT

Il est possible d'éliminer soi-même un nid de guêpes qui est à découvert et facilement accessible, comme dans les branches infé-rieures d'un arbre... du moins si vous êtes courageux. Au début de la nuit, quand les guêpes sont endormies, enfilez des vêtements pro-tecteurs (gants, cagoule, manches longues, masque, etc.) et allez couper la branche qui le supporte, le faisant tomber dans un sac à ordures. Scellez-le immédiatement et jetez le nid aux ordures. Ne braquez pas de lumière directe sur le nid, car vous pouvez réveiller les habitants.

1256. UN TRAITEMENT AUX PESTICIDES

On peut aussi détruire un nid de guêpes en utilisant le pesticide qui présente le moins de danger possible pour vous, comme du pyrèthre ou de la roténone en aérosol. Il faut se rappeler que ces deux produits, même s'ils sont biologiques, sont toxiques pour l'humain et qu'il faut les utiliser avec précaution. Portez des vêtements de protection et travaillez la nuit, en vaporisant le produit sur ou dans le nid. Il peut falloir plusieurs traitements nocturnes pour en venir à bout. Quand il n'y a plus de guêpes qui sortent du nid depuis vingt-quatre heures, détruisez-le s'il est facile à atteindre.

Un insecticide à vaporiser qui réprime les guêpes.

■ Hannetons

1257. L'ADULTE DU VER BLANC

PHOTO : MAPAQ

Ces gros coléoptères bruns qui sortent le soir à la fin de mai ou en juin et s'accrochent sur les moustiquaires, les vêtements et même dans les cheveux et qui s'écrasent sur le pare-brise de nos autos sont peut-être dégoûtants, mais ils ne sont pas nuisibles pour les plantes. Quant à leurs larves, mieux connues sous le nom de vers blancs, c'est une toute autre histoire! Allez voir les trucs 1336 à 1341.

Le hanneton est le stade adulte du ver blanc.

■ Kermès

1258. DANGEREUX MÊME S'ILS NE BOUGENT PAS

Les kermès sont très apparentés aux cochenilles (trucs 1207 à 1211), mais, contrairement à celles-ci, les adultes sont totalement immobiles. Ils sont couverts d'une carapace souvent brunâtre en forme de bouclier et se fixent sur la plante pour en sucer la sève. Parfois, il y en a tellement que toute l'écorce est bosselée de carapaces! Les larves, par contre, sont très mobiles, mais si petites qu'elles sont pratiquement invisibles. Il est encore plus difficile de les voir parce que leur période de dispersion est très limitée: quelques heures à quelques jours, selon l'espèce. On trouve des dizaines d'espèces, la plupart très spécifiques à une seule plante ou à une seule famille (pommiers et cerisiers, par exemple, ou lilas et frênes). À l'extérieur, les kermès n'affectent que les plantes ligneuses (arbres, arbustes et conifères), mais il y a aussi des kermès qui infestent les plantes d'intérieur non ligneuses, notamment les fougères, les orchidées et les broméliacées. Leur contrôle est particulièrement difficile parce que leur carapace les protège contre la plupart des insecticides. De plus, la carapace reste sur la plante même lorsque l'insecte est mort. Comment alors savoir si le traitement a réussi ou non?

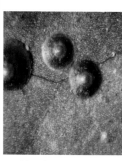

PHOTO : FLORIDA FOLIAGE ASSOCIATION.

Kermès

1259. ATTENTION À L'ACHAT !

Les kermès se déplacent très peu d'une plante à l'autre dans la nature, mais en pépinière, on fait de vastes monocultures au grand plaisir d'un insecte habituellement si spécifique, et qui s'en donne à cœur joie. Donc probablement que dans quatre-vingt-dix-neuf pour cent des cas (cent pour cent pour les plantes d'intérieur), vous avez acheté l'insecte avec la plante. Inspectez toujours vos plantes avant de les acheter. S'il y a de petites bosses sur les tiges (elles peuvent aussi se trouver sur les feuilles dans le cas des plantes d'intérieur), donnez-leur un petit coup avec votre ongle. Si la bosse fait partie de la plante, elle résistera; si elle part facilement, c'est un kermès.

1260. BROSSEZ D'ABORD, VAPORISEZ APRÈS

Le truc le plus important dans le contrôle des kermès est de bien brosser les tiges infestées avec une brosse douce trempée dans l'alcool. Après, rincez à l'eau claire et brossez de nouveau. Votre objectif? Enlever *toutes* les carapaces visibles. Vous n'avez pas encore eu toutes les larves, mais au moins les

adultes (et les œufs, qui sont cachés sous la carapace) seront éliminés. Après, vaporisez la plante avec un insecticide approprié. À l'extérieur, on fait habituellement un traitement à l'huile de dormance à la fin de l'hiver, puis des traitements au savon insecticide ou à l'huile d'été à la fin du printemps ou en été. L'avantage des huiles et du savon insecticide est qu'ils étouffent l'insecte même sous sa carapace.

Pour contrôler les kermès, frottez les surfaces atteintes.

1261. POUR DES ARBRES TROP GRANDS...

Si vous ne pouvez pas brosser une plante infestée de kermès parce qu'elle est trop grande (ce qui est souvent le cas des arbres), arrosez au moins avec un jet d'eau très fort le tronc et les branches. Cela fera à tout le moins disparaître les carapaces des insectes morts et vous donnera une meilleure idée du travail à faire.

1262. OU ÉLIMINER LA COUPABLE

Parfois, il est plus facile d'éliminer une plante infestée de kermès que de la traiter.

Les limaces n'aiment pas les paillis d'aiguilles de pin.

■ Limaces

1263. AIGUILLES DE PIN CONTRE LIMACES

Les limaces vous causent beaucoup d'ennuis? Recouvrez le sol d'un paillis d'aiguilles de pin. Elles n'aiment pas les surfaces coupantes et iront ailleurs.

1264. DES NÉMATODES CONTRENT LES LIMACES

Décidément, les nématodes sont en voie de devenir les meilleurs amis des jardiniers. On a récemment découvert un nématode (*Phasmarhabditis hermaphrodita*) qui est un parasite efficace de la limace grise, soit l'espèce la plus courante et la plus nuisible de nos jardins. Le nématode contient une bactérie qui se multiplie dans la limace et la tue. Le nématode se nourrit des bactéries produites, se multiplie à son tour et engendre d'autres nématodes qui recherchent spécifiquement les limaces et les tuent à leur tour. Les limaces meurent de quatre à seize jours après avoir été infectées, selon la quantité de bactéries ingérées. Ce nématode n'est pas encore commercialisé, mais peut-être qu'un de ces jours...

Limace

1265. ARRACHEZ LES PLANTES SUJETTES AUX LIMACES

Voilà le traitement le plus efficace à court, moyen ou long terme. Tant que l'on cultivera des plantes que les limaces adorent, elles les trouveront, c'est certain. On aura beau donner n'importe quel autre traitement, les résultats seront toujours au moins un peu décevants, mais quand vous éliminez les «plantes à problèmes», dans ce cas-ci, les plantes les plus sujettes aux limaces, vous remarquerez une baisse de la population qui, dans trois ou quatre ans (il faut penser que les limaces vivent sept à dix ans!), fera en sorte qu'il restera si peu de limaces chez vous que cela ne vaudra plus la peine d'en parler.

Un hosta complètement dévoré par les limaces ne mérite pas de vivre!

1266. ET CELA COMPREND LES HOSTAS

Des limaces causent des ennuis à vos hostas? Arrachez-les et plantez des hostas qui résistent aux limaces! Et plus vous cultiverez des hostas résistants aux limaces, moins vous aurez de limaces dans vos plates-bandes et qui pourront s'attaquer à d'autres plantes.

1267. TOUTE UNE LISTE DE HOSTAS RÉSISTANTS AUX LIMACES!

Voici une courte liste de hostas qui sont résistants aux limaces. Photocopiez-la et apportez-la avec vous la prochaine fois que vous irez dans une jardinerie. Notez que tous les cultivars sont de zone 3.

Il existe de dizaines de hostas résistants aux limaces, dont 'Sum and Substance'.

- *Hosta* 'Abiqua Drinking Gourd'
- *H.* 'Aspen Gold'
- *H.* 'August Moon'
- *H.* 'Aurora Borealis'
- *H.* 'Big Daddy'
- *H.* 'Big Foot'
- *H.* 'Big Mama'
- *H.* 'Black Hills'
- *H.* 'Blue Angel'
- *H.* 'Blue Arrow'
- *H.* 'Blue Danube'
- *H.* 'Blue Diamond'
- *H.* 'Blue Dimples'
- *H.* 'Blue Ice'
- *H.* 'Blue Mammoth'
- *H.* 'Blue Moon'
- *H.* 'Blue Shadow'
- *H.* 'Blue Umbrellas'
- *H.* 'Blue Wedgwood'
- *H.* 'Bold Ruffles'
- *H.* 'Bright Glow'
- *H.* 'Bright Lights'
- *H.* 'Brother Ronald'
- *H.* 'Bunchoko'
- *H.* 'Canadian Shield'
- *H.* 'Camelot'

- *H.* 'Dorset Blue'
- *H.* 'Fragrant Bouquet'
- *H.* 'Frances Williams'
- *H.* 'Garden Treasure'
- *H.* 'Golden Teacup'
- *H.* 'Gold Edger'
- *H.* 'Grand Master'
- *H.* 'Great Expectations'
- *H.* 'Green Fountains'
- *H.* 'Hadspen Blue'
- *H.* 'Halcyon'
- *H.* 'Inniswood'
- *H.* 'Invincible'
- *H.* 'Janet'
- *H.* 'June'
- *H.* 'Just So'
- *H.* 'King Tut'
- *H.* 'Krossa Regal'
- *H.* 'Leather Sheen'
- *H.* 'Love Pat'
- *H.* 'Lucy Vitols'
- *H.* 'Maruba Iwa'
- *H.* 'Metallic Sheen'
- *H.* 'Midas Touch'
- *H.* 'Midwest Magic'
- *H.* 'Mildred Seaver'
- *H.* 'Millies Memoirs'

- *H.* 'Moonlight Sonata'
- *H.* 'Northern Exposure'
- *H.* 'Osprey'
- *H.* 'Pineapple Poll'
- *H.* 'Pizzazz'
- *H.* 'Regal Splendor'
- *H.* 'Reversed'
- *H.* 'Rising Sun'
- *H.* 'Sagae'
- *H.* 'Sea Dream'
- *H.* 'Sea Hero'
- *H.* 'Sea Lotus Leaf'
- *H.* 'Sea Sapphire'
- *H.* 'September Sun'
- *H. sieboldiana*
- *H. sieboldiana elegans*
- *H.* 'Silver Bowl'
- *H.* 'Snow Cap'
- *H.* 'Spilt Milk'
- *H.* 'Sultana'
- *H.* 'Sum and Substance'
- *H. tokudama*
- *H. tokudama* 'Aureonebulosa'
- *H. tokudama* 'Flavocircinalis'
- *H.* 'Zounds'

1268. LA LISTE VOUS FAIT PEUR ?

Si les listes des noms vous font peur, sachez qu'il y a au moins un truc que vous pourrez utiliser en jardinerie et qui vous aidera à choisir des hostas libres de limaces : les limaces ne mangent jamais les hostas bleus. Chez les hostas verts ou jaunes ou panachés, certains sont résistants, d'autres ne le sont pas, car tout dépend du cultivar, mais vous ne risquerez rien en achetant un hosta à feuilles bleues : ils sont *tous* résistants !

1269. LES PIÈGES À LIMACES : UNE PERTE DE TEMPS ET D'ÉNERGIE

Aucun « piège à limaces » – et il en existe des centaines, autant commerciaux que fait maison – ne fonctionne vraiment pas. Oui, on attrape et on tue des limaces, mais c'est comme un coup d'épée dans l'eau : la petite bête est si prolifique que cela ne change strictement rien. On peut en tuer par dizaines tous les jours, par milliers par année et vous aurez toujours autant de dommages. En voici trois que j'inclus pour satisfaire le besoin d'« agir » des jardiniers. Amusez-vous à essayer, mais cela ne réglera pas votre problème !

1270. TRUC INUTILE N° 1 : LA PLANCHE DE SALUT

On peut attraper des limaces en leur créant un abri. Un morceau de planche ou une soucoupe inversée laissée sur le sol, par exemple, attirera les limaces qui s'y cacheront durant des journées ensoleillées. Vous n'avez alors qu'à les faire tomber dans un seau d'eau savonneuse. Mais cela ne réduit pas vraiment la population de limaces...

1271. TRUC INUTILE N° 2 :MAISON À LIMACES

Pour fabriquer une « maison à limaces », utilisez deux pots de terre cuite, un petit et un gros (un pot de 10 cm et un de 15 cm, par exemple). Faites-les tremper pendant vingt-quatre heures dans de l'eau pour qu'ils soient bien humides et placez le petit pot (de 10 cm) au sol dans un endroit où il y a beaucoup de limaces, puis placez le pot plus gros par-dessus. Laissez cet « habitat » tel quel pendant trois ou quatre jours pour que les limaces s'y accoutument, puis, en plein jour, levez-le : vous serez surpris du nombre de limaces qu'il contiendra. Évidemment, il faudrait répéter encore et encore, puisque cela ne fait pas baisser la population.

On peut fabriquer un refuge où les limaces se regrouperont la nuit.

1272. TRUC INUTILE N° 3 : LE PIÈGE À LA BIÈRE

Ce piège est tellement sympathique que j'aimerais y croire, mais, en vérité, il *augmente* le nombre de limaces. Pour résumer, on verse de la bière (n'importe laquelle, même sans alcool) dans un plat, les limaces la trouvent, tombent dedans et se noient. Jusqu'ici, très bien… mais le pire, c'est qu'il y a plus de limaces que jamais. Pourquoi? Il paraît que les limaces aiment vraiment l'odeur du malt (c'est ce qui les attirent dans la bière) et viennent de loin pour trouver sa source, jusqu'à 1 km dans certains cas (et c'est toute une marche pour une bête à une seule patte!). Malheureusement, seulement une minorité des limaces trouve le piège (c'est le problème des arômes en tant que pièges: ils attirent les indésirables dans le coin, mais le moindre vent les disperse et alors les bêtes ne trouvent pas la cible). Quant aux autres, elles demeurent dans le secteur… et mangent vos plantes.

Un bol de bière attirera les limaces de loin.

1273. LE PIÈGE À LA BIÈRE (BIS)

Il y a cependant une façon pour faire fonctionner le piège à la bière, mais elle n'est pas très gentille… C'est que vous recommandiez le piège à votre *voisin*, il l'essaie et toutes les limaces du quartier vont chez lui. Pas très catholique, non?

1274. DES ESCARGOTS BÉNÉFIQUES

Une note en passant: il faut se rappeler que, si les limaces sont néfastes pour les jardins, leurs cousins qui se baladent avec une maison sur le dos, les escargots, sont bénéfiques. Voir le conseil 1086 pour plus de détails.

1275. DU CUIVRE CONTRE LES ESCARGOTS

Vous n'aimez pas l'apparence des escargots qui montent sur le tronc et les branches de vos arbustes et de vos arbres, mais, en bon jardinier paresseux, vous ne voulez pas tuer ces bêtes bénéfiques ? Placez une bande de cuivre (disponible dans une quincaillerie) autour du tronc, à la base. Coupez une longueur d'environ une fois et demie plus longue que la circonférence du tronc en la fixant avec des trombones là où les deux se chevauchent (ainsi, quand le tronc grossira, la bande suivra !). Les escargots ne traverseront pas le cuivre qui leur est toxique.

■ Mineuses

1276. NE PAS EN FAIRE TOUT UN PLAT

Les mineuses et leurs proches parents, les fausses teignes, creusent des galeries beiges entre les deux surfaces des feuilles, soit par plaques, soit sous forme de tunnels. Les larves sont généralement petites et parfois presque invisibles, mais on voit des amas d'excréments (petites taches noires) entre les feuilles. Certaines plantes, comme les ancolies (*Aquelegia* spp.), les bouleaux (*Betula* spp.) et les lilas (*Syringa* spp.), sont souvent atteintes, d'autres, plus rarement. Les adultes, en fait, diverses mouches, papillons et coléoptères, sont rarement vus, car ils pondent leurs œufs puis se sauvent. Les dégâts sont généralement plus esthétiques que vraiment nuisibles : il est rarement nécessaire de traiter. Apprenez plutôt à trouver jolis les tracés blancs qui zigzaguent sur la feuille. Si vous ne pouvez les tolérer, supprimez les feuilles atteintes. Il est difficile de contrôler les mineuses avec des insecticides, car une fois que l'insecte est à l'intérieur de la feuille, il est à l'abri des traitements. Vos vaporisations perturberont davantage l'environnement ainsi que ses contrôles naturels et pourraient alors empirer le problème l'année suivante.

Une rencontre avec une bande de cuivre est une expérience choquante pour les escargots.

La petite mineuse du bouleau creuse des galeries dans les feuilles des bouleaux.

■ Mouche de la carotte

1277. CHOISIR DES CAROTTES QUE LES MOUCHES N'AIMENT PAS

Mouche de la carotte.

La larve de cet insecte perce de belles galeries dans les racines de carotte, les rendant inutilisables. Mais la mouche trouve les plants de carotte d'après l'odeur d'acide chlorogénique. Et de plus, les larves de la mouche ont besoin de cet acide pour leur survie. Or, il existe des carottes à très faible teneur en acide chlorogénique, comme 'Resistafly' et 'Fly Away', qui attirent peu les mouches et où, même si la mouche les trouve, subissent peu de dégâts, car les larves meurent peu après leur éclosion.

1278. LA ROTATION EST UNE BONNE PRÉVENTION

La solution la plus facile, par contre, est peut-être tout simplement de faire de la rotation, c'est-à-dire de ne pas planter de carottes au même endroit plus souvent qu'une fois aux quatre ans, et de confondre la pauvre mouche davantage en évitant les monocultures, soit deux des principes du RESPECT.

■ Mouche de l'oignon

1279. LA MOUCHE, CE N'EST RIEN, MAIS L'ASTICOT !

PHOTO : MAPAQ

Mouche de l'oignon.

La mouche de l'oignon (*Delia antiqua*) ressemble à une petite mouche domestique et elle est tout à fait inoffensive. Sa larve, cependant, un petit asticot blanc, s'en prend aux oignons, aux poireaux et à d'autres légumes de la famille des oignons (mais curieusement pas aux aulx) ainsi qu'aux radis et s'attaque à la couronne de l'oignon et à son bulbe. Éventuellement, le feuillage jaunit, flétrit et le bulbe, s'il n'est pas déjà pourri, n'est plus utile. En plus de trente ans de jardinage, je n'ai jamais eu un seul cas de mouche de l'oignon alors que d'autres jardiniers se plaignent que c'est un problème récurrent. Appliquez les principes du RESPECT (truc 323), sur les points « rotation » et « évitez les monocultures » et vous n'aurez plus de problèmes avec la mouche de l'oignon.

■ Moustiques

1280. PAS LES PLANTES, MAIS LE JARDINIER

Presque tous les autres « ennemis » décrits dans ce livre s'attaquent aux plantes, mais il y en a un qui dérange plutôt le jardinier : le moustique. D'accord, le mâle pique les végétaux, mais ses dommages sont minimes. Mais la femelle se nourrit exclusivement de sang et non seulement sa piqûre provoque-t-elle une démangeaison intolérable, mais on sait qu'elles peuvent transmettre à l'humain une maladie dont les conséquences peuvent être fatales : le virus du Nil. Ce dernier point est très important : on jardine pour s'amuser ; on n'est pas censé être en danger de mort. Si vous passez beaucoup de temps en plein air, notamment le soir, faites-vous vacciner contre cette maladie dès que le vaccin sera disponible (il ne l'était pas lors de la rédaction de ce livre).

Moustique.

PHOTO : JEAN-PIERRE BOURRASSA

1281. BIEN S'HABILLER AUX HEURES DE POINTE

Le moustique sort surtout le soir et certaines espèces sont encore actives le matin. Si vous sortez durant ces heures pour aller dans le jardin, portez des vêtements à manches longues et un chasse-moustique. Soyez doublement vigilant avec les enfants.

1282. PAS D'EAU STAGNANTE

Le moustique pond ses œufs en radeau sur des mares et des flaques d'eau stagnante. S'il traîne des objets sur votre terrain où l'eau peut s'accumuler (soucoupes de pots de fleurs, vieux pneus laissés à l'extérieur, pataugeoires non utilisées, etc., rangez-les. Les bains d'oiseaux posent aussi un problème. Utilisez un bain avec une pompe pour faire circuler l'eau, sinon videz-le et remplacez l'eau deux fois par semaine.

1283. RENDRE LES JARDINS D'EAU SÉCURITAIRES

Les jardins d'eau sont généralement munis d'une pompe qui maintient l'eau en mouvement, ce qui décourage la ponte des moustiques. Et les poissons qu'on élève dans les étangs sont avides d'œufs et de larves de moustiques. Donc, ce type de jardin d'eau ne pose pas de problème. Les petits bassins d'eau, comme les demi-tonneaux ou autres bacs, sans pompe ni poissons, peuvent eux poser un problème… mais pas si vous les remplissez de plantes. En effet, si le moustique ne peut atterrir sur l'eau, elle ne peut pondre. Contrairement aux nymphéas (*Nymphaea* spp.), aux laitues d'eau (*Pistia stratiotes*) et aux jacinthes d'eau (*Eichhornea crassipes*), dont les feuilles assez grossières laissent toujours des espaces dégagés dans le bassin, les petites fougères aquatiques *Azolla caroliniana* et *Salvinia* spp. ont des feuilles si petites qu'elles peuvent complètement couvrir la surface d'un bassin. Elles sont d'ailleurs abondamment utilisées dans d'autres pays spécifiquement pour le contrôle des

moustiques. Chez nous, elles ne sont pas rustiques et doivent être remplacées annuellement. Par contre, elles sont tellement prolifiques qu'une poignée de plantes couvrira tout le bassin en seulement quelques semaines.

Avec un tapis de Salvinia recouvrant la surface de l'eau, il n'y aura pas de possibilité pour que le moustique puisse y pondre ses œufs.

1284. DU BTI CONTRE LES MOUSTIQUES

Le Bti (*Bacillus thuringiensis israelensis*), une bactérie bénéfique décrite au truc 756, est très efficace contre les moustiques et d'ailleurs il leur est spécifique. On le trouve sous plusieurs formes : granules à verser dans l'eau, « radeaux » en forme de Cheerios, etc. Il faut répéter les traitements aux sept à dix jours.

■ Nématodes nuisibles

1285. PAS UN PROBLÈME GRAVE POUR LE JARDINIER AMATEUR

Oui, il existe des nématodes nuisibles, mais non, ils ne causent pas de problèmes particuliers sous nos latitudes, du moins pas pour les jardiniers amateurs. On se rappellera que les nématodes sont des vers microscopiques (truc 777). Dans le cas des nématodes nuisibles, ils vivent surtout dans le sol et investissent les racines (sous les tropiques, il existe des espèces qui vivent aussi dans les feuilles) où ils peuvent parfois provoquer des galles ou des décolorations. En grand nombre, ils peuvent réduire la capacité des racines de faire leur travail et ainsi affaiblir la plante. Il y en a des centaines d'espèces, mais les rares variétés adaptées aux climats froids ne semblent pas très nuisibles aux petites cultures. L'exception est le nématode à kystes de la pomme de terre, appelé nématode doré (il y en a deux espèces, *Globodera rostochiensis* et *Globodera pallida*). Au Canada, il est présentement confiné à Terre-Neuve et il existe des règlements phytosanitaires qui limitent le déplacement de sol, de machines et de véhicules qui contiennent de la terre et de nombreuses matières végétales entre les zones infestées et les zones non infestées de Terre-Neuve et des autres parties du continent, une technique qui fonctionne avec succès depuis plus de quarante ans. Il existe d'autres nématodes nuisibles des pommes de terre, des tomates et d'autres légumes, mais on ne décèle presque jamais de problèmes *sauf* dans les monocultures à grande échelle. Continuez d'appliquer du RESPECT (truc 323) à vos légumes, surtout en ce qui concerne la rotation et le fait d'éviter les monocultures, et il n'y a aucune raison de croire que les nématodes deviennent un problème.

1286. DES TAGÈTES CONTRE LES NÉMATODES ?

Il est communément dit dans les cercles du compagnonnage qu'on peut planter des tagètes en tant que compagnons à d'autres végétaux pour prévenir ou pour contrôler les nématodes. Voilà ce qui est bien en théorie, mais ça ne fonctionne pas tout à fait comme cela. D'abord, il n'y a presque pas de problèmes de nématodes chez les jardiniers amateurs, donc pourquoi vous inquiéter avec un problème que vous n'aurez pas ? Puis les tagètes (surtout le très populaire œillet d'Inde ou *marigold, Tagetes patula*, et la tout aussi populaire rose d'Inde, *Tagetes erecta*) n'aident nullement leurs com-

Le tagète peut réprimer les nématodes... si on le plante la saison précédente.

pagnons actuels : il faut les planter en exclusivité, donc en monoculture, pendant la saison précédente et non pas durant la saison en cours, pour avoir du succès. Après une infestation de nématodes (faites analyser en laboratoire un échantillon de terre avec des racines pour déterminer s'il y a un problème; il est inutile de traiter contre les nématodes s'il n'y en a pas!), plantez le secteur atteint en tagètes pour tout un été. Les racines des tagètes sont toxiques pour les nématodes de racines du genre *Meloidogyne* et notamment *M. incognita*, l'espèce la plus courante. À défaut d'autres sources de nourriture (puisqu'on a fait une monoculture de tagètes et qu'il n'y a aucune autre racine dans le secteur), les nématodes affamés n'ont pas d'autre choix que de migrer vers les racines des tagètes, une incursion qui leur sera fatale. L'année suivante, on pourrait donc planter sans crainte des plantes sujettes aux nématodes.

■ Perce-oreilles

1287. RIEN À FAIRE DURANT UNE ÉPIDÉMIE

Il y a peu à faire pour contrôler les perce-oreilles durant une infestation majeure.

Il existe maintes et maintes recettes pour contrôler les perce-oreilles (pièges à l'huile de sardine, pulvérisations, etc.) et toutes « fonctionnent » dans le sens qu'elles permettent de tuer ou de ramasser plusieurs spécimens. Mais la triste réalité lorsqu'il y a une infestation majeure, tuer des perce-oreilles ne sert absolument à rien. Pour chaque perce-oreille que vous tuez, un autre viendra volontiers occuper l'espace laissé vide. Le secret avec les perce-oreilles c'est d'avoir de la patience. Il s'agit d'un insecte qui est seulement très nuisible quand il est présent en grand nombre. Or, après deux ou trois ans de progression au cours desquels les perce-oreilles, qui sont des « nouveaux venus » introduits d'Europe, font régner la terreur sur le jardin, la population chute de façon marquée et ne pose plus de problème. Même, en petites quantités, les perce-oreilles, qui sont omnivores, sont bénéfiques, car ils mangent les ennemis des plantes. À ce sujet, voyez le truc 1083.

1288. DES ABRIS MORTELS

Vous tenez quand même à dépenser de l'énergie inutilement à contrôler les perce-oreilles lorsque leur population est en pleine expansion ? Sachez que, comme les limaces, ils aiment se cacher du soleil le jour et, de plus, ne sont à l'aise que lorsqu'ils sentent leur corps serré entre deux objets. Pour les attirer, vous pouvez alors placer des objets au sol sous lesquels ils peuvent se cacher à l'ombre, comme un morceau de planche, une boîte de sardines vidée de son contenu et à peine ouverte, un journal enroulé, etc. Évidemment, une fois que vous les avez attirés, il faut quand même vous en débarrasser... et ils bougent vite. Le plus facile, c'est de les écraser avec la pointe de votre soulier ou le bout d'un bâton ou de les laisser tomber dans un seau d'eau savonneuse.

1289. ÉLIMINEZ LEURS HABITATS

Il y a quand même une façon pour réduire *légèrement* la population de perce-oreilles en période de croissance : éliminez les tas de bois sec et les amoncellements de déchets et leur nombre baissera un petit peu.

1290. DU PAILLIS CONTRE LES PERCE-OREILLES

En théorie, les perce-oreilles devraient proliférer dans les paillis : après tout, ils recherchent des endroits pour se cacher et adorent les emplacements frais et humides, exactement ce qu'ils trouve dans un paillis. Mais quand vous utilisez des paillis décomposables (truc 911), deux choses arrivent. D'une part, les perce-oreilles sont avant tout des décomposeurs et seulement des prédateurs de plantes quand ils n'ont rien d'autre à manger. Or, quand il y a un paillis, il y a amplement de quoi les occuper dans leur rôle de décomposeur et ils ont moins tendance à manger les plantes. Vous les voyez encore quand vous remuez le paillis, mais il n'y a plus de dégâts, et de la mentalité d'un jardinier paresseux, s'il n'y a plus de dégâts, il n'y a désormais plus de problème. D'autre part, les paillis permettent la prolifération d'une foule d'insectes prédateurs des perce-oreilles, ce qui réduit la population. Essayez-le pour voir : avec un bon paillis, les perce-oreilles ne seront désormais plus un problème !

1291. EMPÊCHEZ-LES D'ENTRER DANS LA MAISON

Les perce-oreilles n'aiment pas l'intérieur de nos maisons, mais s'y aventurent souvent par accident en essayant de trouver refuge contre le soleil. Leur amour pour les fentes et les autres endroits serrés les encourage alors à investir les interstices sous les portes et les fenêtres ou tout autre petite ouverture. Pour les empêcher d'entrer dans la maison, assurez-vous de bien calfeutrer ces ouvertures ou de saupoudrer de la terre de diatomées (un insecticide biologique) dans les fentes.

■ Perceurs

Le saperde noire du peuplier est un perceur typique.

1292. DES TIGES ÉVIDÉES

Ces insectes (perceurs, sésies, etc.) pondent habituellement un œuf unique dans les tiges des plantes choisies. La larve évide alors la tige, ce qui mène au flétrissement, en début d'été, de la partie infestée. Si le problème est mineur, supprimez les branches flétries et brûlez-les avant que les adultes puissent en sortir. Si le problème est majeur et surtout récurrent, songez sérieusement à enlever la plante (habituellement un arbuste) pour la remplacer par un autre qui demande moins d'entretien. Les sureaux (*Sambucus* spp.), notamment, sont souvent atteints.

PHOTO : LINA BRETON, MRNF

■ Phytoptes

Phytoptes fusiformes de l'érable.

1293. PLUS UNE CURIOSITÉ QU'UN ENNEMI

Les phytoptes sont de minuscules acariens qui pondent leurs œufs sur les feuilles de certains arbres, notamment les érables, mais aussi parfois sur les bouleaux, les peupliers et les lilas. À l'éclosion, les larves piquent la feuille, ce qui stimule une croissance anormale autour de l'acarien en forme de vésicule à la surface de la

PHOTO : LINA BRETON, MRNF

feuille. On voit principalement trois formes, nommées d'après les symptômes : le phytopte veloutant qui donne une apparence veloutée à la feuille, le phytopte fusiforme aux vésicules allongées et le phytopte vésiculaire, aux protubérances petites mais arrondies. Les phytoptes ne causent aucun dommage à leur hôte s'il n'est qu'inesthétique et mineur de surcroît. Il n'y a vraiment pas lieu de traiter. D'ailleurs, comme c'est aussi le cas des galles (truc 1240), comment traiter une « bibitte » qui vit à l'intérieur de la feuille ? Si vous y tenez, l'huile de dormance (truc 765) peut aider à prévenir le problème. Sinon, enlevez les feuilles atteintes à la main.

■ Piéride du chou

1294. JOLI PAPILLON, LARVE DESTRUCTRICE

La piéride du chou (habituellement *Pieris rapae,* mais il en existe d'autres espèces), un papillon blanc portant quelques taches noires

sur ses ailes, est probablement le plus commun des papillons de nos jardins et on apprécie son mouvement et les sens de liberté qu'il donne à nos aménagements. Mais sa larve, une chenille veloutée verte, est l'ennemi principal des choux et des autres plantes de sa famille. Pour éloigner les piérides, faites toujours une rotation et posez une couverture flottante au repiquage (truc 727). Si c'est trop tard et qu'il y a déjà des chenilles qui mangent le feuillage, on peut faire plusieurs choses :

PHOTO : MAPAQ

Piéride du chou.

• Appliquez du Bt, (truc 754);

• Les ramasser à la main;

• Appliquez un pesticide doux (savon, pyréthrine, etc.).

Comme toujours pour les légumes, appliquez les principes du RESPECT (truc 323) et la piéride ne sera pas un problème majeur.

■ Pucerons

1295. CONNU DE TOUS LES JARDINIERS !

Pucerons.

Les pucerons sont parmi les plus courants des insectes nuisibles et aussi, à cause de leur concentration parfois surprenante, les plus visibles. Il s'agit de petits insectes suceurs ayant la forme de petites poires translucides montées sur des pattes très minces. Habituellement, ils sont verts, mais peuvent aussi être noirs, pourpres, beiges, orangés, etc. ou encore être couverts de duvet blanc. Ils vivent en colonies (on les voit souvent à la queue leu leu, à l'extrémité des tiges), chaque femelle pondant des nymphes vivantes qui commencent à pondre à leur tour après seulement quelques jours. Ainsi, la population augmente à la vitesse de l'éclair! À l'occasion, quelques individus ailés naissent et partent fonder de nouvelles colonies. C'est seulement à l'automne que les femelles pondent des œufs qui hibernent souvent sur les tiges des arbustes infestés. Lors d'infestations graves, les feuilles jaunissent ou se tordent et la plante s'affaiblit. Les pucerons produisent un miellat sucré qui tombe sur les feuilles inférieures et qui peut provoquer la fumagine (conseil 1386). Dans le cas d'une infestation mineure, attendez quelques jours: souvent les prédateurs, comme les chrysopes, les coccinelles et les oiseaux, viennent faire le ménage sans que vous ayez à intervenir.

1296. SUIVEZ LES FOURMIS

Quand vous voyez des fourmis faire l'aller-retour sur une plante en grand nombre, il est presque certain qu'elles font la récolte de miellat de pucerons ou d'insectes apparentés. Recherchez le coupable et appliquez le traitement qui s'impose.

1297. D'ABORD, DE L'EAU

Souvent, le seul traitement nécessaire pour les pucerons est de diriger un fort jet d'eau sur la plante infestée. Voir le truc 586 pour plus de détails.

1298. SI L'EAU NE FONCTIONNE PAS…

…Il y a toute une gamme de traitements qui sont efficaces contre ces insectes prolifiques : huile estivale (truc 768), neem (truc 773), pièges collants jaunes (truc 728), savon insecticide (truc 782) avec ou sans alcool à friction (truc 1210), suppression des parties atteintes, terre de diatomées (truc 759), vaporisation à l'ail (truc 750), etc.

1299. CAPUCINES 1, PUCERONS 0

Dans les livres de jardinage biologique, on recommande souvent la capucine comme plante compagne pour éloigner les pucerons… mais on dirait qu'on a oublié de finir la phrase. La capucine (*Tropaoeum majus*) n'éloigne pas les pucerons, elle les *attire* ! La planter comme plante compagne ne réglera pas vos problèmes, mais va plutôt les empirer ! La fin de la phrase est : … et quand vous voyez les pucerons sur la capucine, arrachez et détruisez cette dernière pour écraser l'infestation dans l'œuf. C'est si simple, mais encore faut-il le faire.

La capucine attire les pucerons.

■ Punaises

1300. UN INSECTE PUANT À TRAITER… OU NON

Il existe des punaises de toutes sortes, dont plusieurs centaines seulement au Québec, le plus souvent aplaties et brunes ou vertes, elles ont en commun une odeur unique et désagréable qu'on n'oublie pas ! Elles la dégagent pour faire peur à leurs ennemis ou quand on les écrase. Avant de ce faire, cependant, prenez quelques minutes pour regarder ce qu'elles font. Si on les voit percer les tiges ou les feuilles des plantes, elles sont nuisibles et vous pouvez procéder avec un traitement dans le but de les éliminer. Si elles se mettent, au contraire, à chasser et à manger des pucerons ou d'autres insectes, elles sont bénéfiques. Ne les éliminez surtout pas !

Punaise de la courge.

1301. LA PUNAISE DE NOS GAZONS

PHOTO : THÉRÈSE ARCAND, RESS. NAT. CANADA

Punaise velue.

La punaise que les jardiniers craignent le plus est la punaise velue, aussi appelée « punaise des céréales » (*Blissus leucopteris hritus*), qui pique les tiges des graminées de gazon et en sucent la sève. C'est un insecte très commun, même dans les pelouses en santé, et il n'est pas nécessaire de s'inquiéter de leur présence à moins que leur nombre n'augmente exagérément, ce qui est habituellement le cas lorsque la pelouse est stressée pour d'autres raisons et que l'insecte profite de sa faiblesse pour proliférer. Ainsi, cet insecte est très courant sur les « pelouses bichonnées » surfertilisées et tondues trop ras, mais rarement un problème important sur les pelouses de type classique ou du jardinier paresseux (trucs 427 ou 428). Le symptôme le plus visible est que la pelouse jaunit puis brunit par plaques, mais ne s'enlève pas facilement quand on tire dessus.

On peut faire un simple test pour voir s'il y a des punaises velues dans le gazon.

1302. LA PUNAISE DE NOS GAZONS (BIS)

Pour vérifier la présence ou non de punaises velues, faites un test en enfonçant dans le gazon affecté une boîte métallique de type contenant à café dont on a retiré le fond et le couvercle. Remplissez-la d'eau savonneuse, attendez dix minutes et regardez les insectes noyés qui remontent à la surface. Si elles sont brunes, de 5 mm de long, avec un motif en forme de W sur les ailes, il s'agit de punaises adultes. Si elles sont plus petites (de 2 à 3 mm) et rouge vif, sans ailes, ce sont de larves. Si seulement deux ou trois punaises remontent, le problème n'est pas très sérieux et aucun traitement spécial n'est nécessaire, mais s'il y en a plus (dans les cas très avancés, on en voit des dizaines !), il vaut mieux vous grouiller pour sauver ce qui reste du gazon.

1303. ARRÊTEZ UNE INFESTATION
EN PLEINE PROGRESSION

Il n'est pas facile de contrôler les punaises, car elles vivent à la base des graminées, dans le sol et à travers le chaume et par conséquent les traitements habituels ne les atteignent pas. Il faut donc les faire remonter sur les feuilles des graminées. Pour ce faire, arrosez abondamment le gazon (en suivant bien sûr les règlements municipaux) au point où le sol est saturé. L'insecte fuira vers le haut… où un traitement au savon insecticide peut les atteindre. Il peut falloir deux ou trois traitements pour en venir à bout.

1304. PRÉVENIR LES PUNAISES DANS LA PELOUSE

Il est décidément plus facile de prévenir les punaises que de les traiter. Pour ce faire, prenez l'habitude d'entretenir votre pelouse en paresseux : terreautez annuellement, encouragez la présence d'une bonne variété de plantes (la punaise velue ne touche qu'aux graminées), laissez le gazon plus long et surtout, semez un gazon à base d'endophytes. Or les punaises *détestent* les graminées qui contiennent les endophytes et les laissent tranquilles. Avec une bonne part de graminées aux endophytes, vous n'aurez jamais de problème de punaises velues !

1305. DES PUNAISES SUR LES FLEURS
ET LES LÉGUMES

La punaise qu'on trouve le plus souvent sur les plantes autres que le gazon est la punaise terne (*Lygus lineolaris*). Elle mesure 5 à 6 mm de long et est d'un brun rougeâtre souvent marqué d'autres couleurs. Les larves sont plutôt vertes. On remarque leur présence par de petits trous à bordure brune dans les feuilles, les tiges et les fleurs et, dans les cas extrêmes, les tiges florales deviennent rabougries et les feuilles sont déformées. Il faut toutefois voir les insectes à l'œuvre pour être certain du problème et, pour ce faire, inspecter les tiges à la tombée du jour, car les punaises ternes sont nocturnes. Si vous en voyez, il faut décider si un traitement

Punaise terne (Lygus lineolaris)

PHOTO : LINA BRETON, MRNF

en vaut la peine : il vaut mieux parfois de tout simplement se débarrasser des plantes qui souffrent de cet insecte tous les étés. Dans le cas des légumes, oui, cela vaut la peine de traiter. Une décoction de feuilles de rhubarbe pourrait être efficace, mais parfois il suffit de les déloger deux ou trois fois avec un fort jet d'eau pour les convaincre d'aller ailleurs. Parmi les plantes affectées, il y a : l'aster, l'aubergine, le basilic, la betterave, le brocoli, le céleri, le chou chinois, le chou-fleur, le chrysanthème, le concombre, la courge, le dahlia, l'épinette, le fraisier, le framboisier, le genévrier, le haricot, l'impatiente, la laitue, le mélèze, le navet, l'œillet d'Inde, le pin, la pivoine, le poirier, le poivron, la pomme de terre, le pommier, la pruche, le thuya et la verge d'or.

Punaise des chatons de bouleau.

1306. DES PUNAISES QUI TOMBENT DU CIEL !

Si vous trouvez tout à coup des punaises brun-roux partout sur le gazon, la terrasse ou dans la piscine, regardez vers le ciel. Il ne s'agit pas de la punaise velue, mais de la punaise des chatons du bouleau *(Kleidocerys resedae geminatus)* qui se nourrit des fleurs et des graines des bouleaux *(Betula)*. Parfois il y en a tellement sur le gazon que leur odeur de punaises écrasées se répand dans l'air durant la tonte de la pelouse.

1307. DES PUNAISES QUI TOMBENT DU CIEL (BIS) !

Comme la punaise des chatons du bouleau se nourrit uniquement des fleurs et des graines du bouleau et que l'arbre n'est pas cultivé pour ses fleurs ni pour ses graines, mais pour son port, son tronc et son feuillage, la punaise des chatons du bouleau ne nuit nullement à la santé de l'arbre et elle ne peut être considérée comme étant un problème sérieux. Vous pourriez toujours vaporiser l'arbre avec du neem, du savon insecticide ou autres, mais alors, vous risqueriez de tuer beaucoup d'insectes bénéfiques. Aucun traitement n'est donc nécessaire ni recommandé. Par contre, il serait sage de ne pas planter des bouleaux au-dessus de surfaces où la présence d'insectes qui tombent du ciel n'est pas la bienvenue, comme sur les terrasses et près des piscines.

■ Pyrales

1308. DES PAPILLONS TRÈS INDÉSIRABLES

Il existe de nombreuses pyrales, soit de petits papillons nocturnes sans aucun attrait (ils ferment leurs petites ailes au repos). Leurs larves, des chenilles brunes ou roses, sont aussi peu attrayantes que les adultes. Elles consomment un grand nombre de plantes, mais les deux qui nous concernent le plus ici sont la pyrale de la pomme (truc 268) et, la plus connue de tous, la pyrale des prés, décrite dans le prochain conseil.

1309. UNE NUÉE DE PETITS PAPILLONS DANS LE GAZON

Habituellement, on remarque la présence de pyrales des prés (*Chrysopteuchia topiaria*) lors de la tonte : une nuée de petits papillons beiges ou blancs s'élève lorsqu'on tond, notamment en fin de journée. On peut aussi remarquer la présence de petits excréments bruns sur les feuilles des graminées et aussi des tunnels dans le chaume à la base de la plante. Le gazon jaunit par plaques irrégulières. Pour vérifier que vous n'avez pas rêvé, faites le même test que pour la punaise velue : enfoncez une boîte métallique ouverte aux deux extrémités dans le gazon et remplissez-la de savon insecticide (truc 1302). De petites chenilles brunes qui flottent à la surface indiquent la présence de pyrales. La présence d'une seule chenille n'est pas un problème, mais si deux ou plus remontent lors de votre test, il faut se poser des questions.

Pyrales des prés.

PHOTO : CLAUDE GÉLINAS

1310. TRAITEZ-LES DE LA MÊME MANIÈRE QUE LES PUNAISES VELUES

La pyrale des prés et la punaise velue partagent la même plante hôte, les graminées du gazon, et nécessitent essentiellement les mêmes traitements. Voir à cette fin le truc 1301. Notez surtout que les gazons aux endophytes (truc 436) éliminent le problème complètement. Vous pouvez aussi utiliser du Btk (truc 755) pour contrôler une infestation en cours.

■ Sauterelles

1311. « ET QU'ÇA SAUTE ! »

Sauterelle.

Qui ne reconnaît pas les sauterelles : vertes, jaunes, grandes ou petites, mais toujours avec de longues pattes postérieures qui leur permettent de sauter sur de longues distances. Vu leur grande taille, elles peuvent faire beaucoup de dommages (quand elles se mettent à manger une feuille, celle-ci disparaît vite !), mais elles sont rarement très nombreuses ailleurs que dans les champs. Sous nos latitudes, nous n'avons pas non plus les criquets pèlerins (criquets migrateurs), une forme de sauterelle qui peut dévaster presque tout ce qui pousse dans les pays plus chauds. En somme, la sauterelle demeure pour nous une petite nuisance et pas une grande ennemie. Par contre, si vous avez un champ ou une prairie (ses milieux de prédilection) tout à côté d'un potager ou d'une plate-bande, elles peuvent être problématiques, car elles mangent les feuilles, les jeunes tiges et les fleurs de presque toutes les plantes. Fauchez tout simplement une bande de 10 m entre le jardin et le champ pour éliminer le problème.

■ Scarabée japonais

Scarabée japonais.

1312. UN NOUVEL IMMIGRANT PEU APPRÉCIÉ

Le scarabée japonais (*Popillia japonica*) est une introduction relativement récente au Québec et au moment de la publication de ce livre, il était cantonné dans quelques endroits dans la grande région de Montréal et de la Rive-Sud. En Ontario, il est plus largement distribué et d'ailleurs bien établi de Hamilton à Niagara. Il n'est pas encore connu au Nouveau-Brunswick. Comme il ne résiste pas très bien aux grands froids, il est possible que le nord soit épargné, mais il est presque certain que son expansion n'est pas encore terminée. Sa larve ressemble au ver blanc, la larve des hannetons, et fait des dégâts semblables dans la pelouse, c'est-à-dire des plaques de gazon jauni qui s'enlèvent quand on tire dessus. De plus, la larve se nourrit des racines de plusieurs autres plantes. On peut d'ailleurs appliquer les trucs 1336 à 1341 contre les vers blancs avec autant sinon plus de succès. L'adulte est un gros coléoptère dodu et assez joli, car son corps est d'un brun riche et son dos (en fait, ses élytres) est vert métallique irisé. Contrairement aux hannetons, chez qui l'adulte ne mange pas et se contente de se reproduire, l'adulte scarabée japonais est autant avide de bouffe que d'amour et il mange toute une liste de plantes (plus de 300 espèces!), notamment de la famille des malvacées. Il dépouille les feuilles de ses plantes préférées, ne laissant que les nervures. Lorsqu'on l'approche, l'adulte s'envole ou se laisse tomber sur le dos, au sol, où il est difficile à voir.

1313. IL N'EST PAS ENCORE NÉCESSAIRE D'ÉLIMINER LES PLANTES HÔTES

Le scarabée japonais étant encore plutôt régional, nous n'en sommes pas encore au point où il faut établir une liste des plantes à éliminer pour réduire sa population. Il peut toutefois être utile de connaître quelques plantes qui sont particulièrement sujettes à cet insecte. Si vous résidez dans une zone infestée, il serait peut-être au moins sage d'éviter de planter les végétaux suivants:

- **ASPERGE** (*ASPARAGUS OFFICINALIS*)
- **BLEUETIERS** (*VACCINIUM* SPP.)
- **BOULEAU À FEUILLES DE PEUPLIER** (*BETULA POPULIFOLIA*)
- **CERISIER ACIDE** (*PRUNUS CERASUS*)
- **CERISIER TARDIF** (*PRUNUS SEROTINA*)
- **CHÂTAIGNIER D'AMÉRIQUE** (*CASTANEA DENTATA*)
- **CLÈTHRE À FEUILLES D'AULNE** (*CLETHRA ALNIFOLIA*)
- **CORÊTE DU JAPON** (*KERRIA JAPONICA*)
- **DAHLIA** (*DAHLIA* SPP.)
- **ÉRABLE DE NORVÈGE** (*ACER PLATANOIDES*)
- **ÉRABLE DU JAPON** (*ACER PALMATUM*)

- **FOUGÈRE À L'AIGLE** (*PTERIDIUM AQUILINUM*)
- **FOUGÈRE SENSIBLE** (*ONOCLEA SENSIBILIS*)
- **FRAMBOISIER** (*RUBUS* SPP.)
- **GUIMAUVE** (*ALTHEA OFFICINALIS*)
- **HERBE À LA PUCE** (*RHUS RADICANS*)
- **KETMIE DES JARDINS** (*HIBISCUS SYRIACUS*)
- **KETMIE DES MARAIS** (*HIBISCUS MOSCHEUTOS*)
- **MAÏS** (*ZEA MAYS*)
- **MARRONNIER D'INDE** (*AESCULUS HIPPOCASTANUM*)
- **MAUVE** (*MALVA* SPP.)
- **NOYER NOIR** (*JUGLANS NIGRA*)
- **ONAGRE BISANNUELLE** (*OENOTHERA BIENNIS*)

- **ORME CHAMPÊTRE** (*ULMUS CAMPESTRIS*)
- **ORME D'AMÉRIQUE** (*ULMUS AMERICANA*)
- **PEUPLIER DE LOMBARDIE** (*POPULUS NIGRA 'ITALICA'*)
- **POMMETIER DU JAPON** (*MALUS FLORIBUNDA*)
- **POMMETIER SYLVESTRE** (*MALUS SYLVESTRIS*)
- **PRUNIER DOMESTIQUE** (*PRUNUS DOMESTICA*)
- **PRUNIER JAPONAIS** (*PRUNUS SALICINA*)
- **RENOUÉE ORIENTALE** (*PERSICARIA ORIENTALE*)
- **RHUBARBE** (*RHEUM* SPP.)
- **RONCE** (*RUBUS* SPP.)

- **ROSE TRÉMIÈRE** (*ALCEA ROSEA*)
- **ROSIER** (*ROSA* SPP.)
- **SAULE DISCOLORE** (*SALIX DISCOLOR*)
- **SORBIER D'AMÉRIQUE** (*SORBUS AMERICANA*)
- **SOYA** (*GLYCINE MAX*)
- **SUREAU** (*SAMBUCUS* SPP.)
- **TILLEUL D'AMÉRIQUE** (*TILIA AMERICANA*)
- **VIGNE VIERGE** (*PARTHENOCISSUS QUINQUEFOLIA*)
- **VIGNES** (*VITIS* SPP.)
- **ZINNIA** (*ZINNIA* SPP.)

1314. EMPOISONNEZ L'ENVAHISSEUR !

Il y a un risque à manger tout ce qui vous tombe sous la dent. Ainsi le scarabée japonais ne sait pas quand s'arrêter et ingère alors le feuillage des géraniums (*Pelargonium* spp.), du ricin (*Ricinus communis*) et des fleurs du marronnier à petites fleurs (*Aesculus parviflora*). Or, ces plantes lui sont toxiques et entraînent la paralysie et la mort des adultes. On peut alors les planter comme plantes appât là où les scarabées japonais font beaucoup de ravages.

Piège à scarabées japonais.

PHOTO : NATURAL INSECT CONTROL

1315. PRIS AU PIÈGE

Il existe dans le commerce des pièges amorcés avec des phéromones de la femelle du scarabée japonais et qui peuvent, si bien employés, éliminer les mâles du secteur et ainsi empêcher la fécondation des femelles et donc la prolifération de l'insecte. Placez les pièges loin des plantes hôtes du scarabée japonais (voir le truc 1313), sinon l'affluence des mâles dans le secteur peut leur nuire.

1316. SI SEULEMENT LA MALADIE LAITEUSE ÉTAIT HOMOLOGUÉE...

Comme cela a été indiqué au truc 771, la maladie laiteuse (*Bacillus populae*), une bactérie, est toxique pour les larves des scarabées en général, mais avant tout pour celles du scarabée japonais. Même son nom le dit : le «*populae*» dans *Bacillus populae* vient de *Popillia*, le nom de genre du scarabée japonais. En attendant que ce produit soit vendu librement, il y a toujours les nématodes bénéfiques (truc 1087), comme pour les vers blancs.

1317. LA RÉCOLTE MANUELLE

Si la population de scarabées n'est pas trop grosse, on peut les contrôler en les ramassant à la main, les écrasant ou en les faisant tomber dans une solution d'eau savonneuse. Comme ils sont moins actifs le matin, c'est le meilleur moment pour agir.

■ Scarabée du rosier

1318. ET IL N'EST MÊME PAS BEAU !

Au moins le scarabée japonais est attrayant avec sa belle coloration métallique ! Le scarabée du rosier (*Macrodactylus supspinosus*) est laid comme tout : un coléoptère brun olivâtre avec de longues pattes épineuses. La larve n'est pas mieux... mais elle ressemble comme deux gouttes d'eau aux larves des hannetons et des scarabées japonais et on ne le remarque pas particulièrement. C'est l'adulte que l'on remarque, car il dépouille les feuilles des rosiers, ne laissant que les nervures, et mange les boutons et les fleurs.

Scarabée du rosier.

Et ses larves mangent les racines des rosiers (mais aussi les racines d'autres plantes, notamment des vivaces). Et une fois qu'ils sont dans les parages, les adultes peuvent aussi s'attaquer au feuillage des arbustes et des fruitiers, entre autres. Ce qui est le plus désagréable, c'est que le scarabée du rosier semble préférer les mêmes rosiers qui sont autrement résistants aux insectes et aux maladies. Autrement dit, vous faites un effort spécial pour éviter des problèmes, et vous en héritez d'autres quand même !

1319. À MORT, SCARABÉE DE MALHEUR !

On peut contrôler les larves du scarabée des rosiers avec des nématodes (truc 1087) et on peut presque éliminer la population avec la maladie laiteuse (truc 771) : si seulement ce dernier était plus facilement accessible ! Mais le truc le plus fastidieux et le plus dur à avaler, c'est d'éliminer les rosiers qui sont atteints, car une fois qu'ils le sont, le scarabée est difficile à éliminer. Là où le scarabée du rosier est abondant (c'est encore un insecte rare dans la plupart des régions), évitez surtout les monocultures de rosiers : roseraies, haies, etc. Elles constituent une invitation permanente à cet insecte des plus désagréables ! Plantez plutôt vos rosiers avec d'autres plantes, ce qui semble le confondre.

■ Sciarides

1320. LES SCIARIDES N'AIMENT PAS LES SOLS SECS

Larve de sciaride.

Ces petites mouches, appelées souvent par erreur mouches noires ou mouches à fruits, avec leurs proches cousines, les mouches du rivage (*shore flies*) vivent dans nos jardins, mais sont surtout visibles quand elles investissent le terreau de nos plantes d'intérieur et de nos semis. Leur habitude de voleter un peu partout dans la maison est très dérangeante même si, en fait, elles ne causent pas beaucoup de dommages aux plantes. En effet, les adultes ne font *aucun* dommage et les larves, qui ressemblent à de petits vers blancs à tête plus foncée, se nourrissent surtout de particules de terreau et d'algues, mais peuvent parfois endommager les racines encore fines des jeunes semis. Le contrôle le plus évident est de laisser le terreau s'assécher davantage entre deux arrosages : les larves ne peuvent survivre dans un milieu sec.

1321. PIÈGE JAUNE POUR SCIARIDES

On peut aussi attraper les sciarides adultes au moyen d'un piège collant de couleur jaune; le même utilisé pour les aleurodes. L'insecte est attiré par la couleur jaune et vient se coller sur le piège. Il faut laisser les pièges en place au moins un mois (deux mois l'hiver) pour attraper les adultes au fur et à mesure qu'ils émergent de leur pupe. Ces pièges sont accessibles commercialement.

1322. UNE NOYADE EN JAUNE

Une autre façon d'attraper les sciarides est de peindre des bols de couleur jaune, de les remplir d'eau et de les placer parmi les plantes infestées. Attirées par la couleur du bol, les sciarides tomberont dans l'eau et s'y noieront.

■ Spongieuse

1323. UN GRAND ENNEMI DES ARBRES

Cet insecte, *Lymantria dispar*, introduit aux États-Unis par accident, ne fait que commencer ses ravages au Québec (sud-ouest) et dans les provinces limitrophes… mais progresse d'année en année. Il s'agit de chenilles poilues portant des tubercules bleus et rouges qui émergent en mai et qui peuvent complètement défolier les arbres et les arbustes attaqués, en seulement quelques semaines. La plante en meurt rarement tout de suite, car elle peut produire de nouvelles feuilles, mais des attaques répétées, toutes les années, peuvent l'affaiblir ou le tuer. L'adulte est un papillon de nuit que l'on voit habituellement aplati sur l'écorce. La femelle produit à l'automne des amas d'œufs couverts de poils beiges ou jaunes au bas des arbustes et des arbres, mais aussi sur les meubles de jardin, les murs, etc. Elle ne vole pas ou presque, restant collée sur son support préféré durant

Dégâts causés par la spongieuse.

sa courte vie, mais les chenilles voyagent vers d'autres lieux et propagent ainsi l'espèce. Presque tous les arbres et arbustes et même de nombreux conifères peuvent être endommagés, mais les essences les plus susceptibles sont le chêne, le bouleau à papier, le mélèze, le tilleul, le saule, l'érable à Giguère, le peuplier, le pommier et l'aulne rugueux. Le hêtre, la pruche, le pin et l'épinette sont moins touchés, mais peuvent être décimés lorsque l'infestation est très forte.

1324. GARDEZ LES YEUX OUVERTS

Quand vous faites du camping aux États-Unis, dans la région des Grands Lacs, dans le sud du Québec, le sud du Nouveau-Brunswick ou toute autre région où sévit la spongieuse, surveillez bien votre

équipement et enlevez tout amas d'œufs. Attention aussi au bois de chauffage et aux équipements transportés des régions infestées. Si vous voyez des amas d'œufs sur les arbres chez vous (ils seront surtout visibles à l'automne ou avant l'éclosion en mai), grattez l'écorce pour les enlever.

PHOTO : MICHÈLE ROY, MAPAQ

Larve de spongieuse.

1325. COLLEZ LES CHENILLES

Si vous découvrez un arbre infesté, vous pouvez limiter les dégâts en appliquant une bande de 15 cm de Tanglefoot, une colle qui ne sèche pas, tout autour du tronc. Elle attrapera les chenilles, qui descendent au sol la nuit et remontent dans l'arbre le jour.

1326. RENDEZ LES CHENILLES MALADES

Vaporisez les plantes infestées au Bt (truc) quand les spongieuses sont au stade larvaire. Ingérer le Bt les rend malades et les empêche de manger. Les chenilles mourront dans les trois jours suivants.

■ Taupins

1327. FILONS LES FILS DE FER

L'adulte du taupin est un coléoptère allongé noir ou brun avec une caractéristique surprenante : celle de pouvoir, quand il est sur le dos, se projeter en l'air par un déclic sonore et retomber sur ses pattes. Malgré cet effet spécial, on note rarement l'adulte, mais plutôt la larve, appelée ver fil de fer. D'habitude jaune ou orangée, segmentée, elle ressemble seulement superficiellement à un ver, car elle possède trois pairs de pattes fixées aux premiers segments… et son corps est coriace et pas mou comme un véritable ver. C'est un redoutable mangeur de racines, de tubercules, de bulbes et d'autres organes souterrains, mais comme tout se passe sous le sol, on ne remarque pas souvent le problème ou seulement lors de la récolte (dans le cas des légumes à bulbes et à tubercules, comme les pommes de terre et les oignons) ou à la rentrée automnale (pour les bulbes tendres comme le dahlia et le glaïeul). Quant aux plantes qui dépérissent parce que leurs racines sont mangées, on pense rarement de les déterrer pour voir ce qui se passe dans le sol. Les vers fil de fer (il y en a plusieurs espèces dans les genres *Limonius*, *CteniceraI* et *Melonotus*) sont surtout communs dans les champs ou les pelouses récemment converties en jardin ou plate-bande. Ainsi, les nouveaux propriétaires écopent et ne savent pas quoi faire pour les contrôler. Comme il peut prendre de deux à six ans pour quitter le stade larvaire, le problème est durable… mais habituellement se résorbe avec le temps. Dans les plates-bandes, le problème s'estompe de lui-même avec le temps ; dans le potager, appliquez les techniques du RESPECT. Laissez également les oiseaux comme l'étourneau et le merle d'Amérique fouiller dans vos plantations : ils excellent à la « pêche » aux vers fil de fer.

Le ver fil-de-fer est la larve du taupin.

PHOTO : MAPAQ

Taupin adulte.

PHOTO : MAPAQ

1328. DÉTRUISEZ-LES LORS D'AUTRES TRAVAUX

Probablement la technique la plus utilisée par les jardiniers pour contrôler les vers fil de fer… est tout simplement de les écraser lorsqu'on les rencontre (lors de plantations, par exemple). Simple, mais efficace!

1329. LES NÉMATODES PEUVENT ÊTRE UTILES

Dans le gazon, où le ver fil de fer fait rarement des dégâts importants, malgré sa présence, les mêmes nématodes qui détruisent les vers blancs et les larves de scarabée japonais détruiront aussi les vers fil de fer.

■ Thrips

1330. ON VOIT LES DÉGÂTS, MAIS PAS LA « BIBITE »

Dégâts causé par les thrips.

Le thrips (thrips est singulier et pluriel) est un minuscule insecte surtout actif la nuit, ce qui fait qu'on voit généralement les dommages qu'ils font bien avant de voir l'insecte lui-même. Comme il s'attaque aux fleurs et aux feuilles en râpant la surface extérieure, on remarque souvent sa présence quand la partie atteinte grisonne ou se décolore irrégulièrement. On peut aussi voir de petits points noirs sur les parties atteintes : ses excréments. L'insecte a environ la taille d'un trait d'union et est noir, brun ou jaune avec deux paires d'ailes frangées (un détail qu'on ne peut remarquer qu'à la loupe). Les larves, de couleur pâle, ressemblent aux adultes, mais ne volent pas. Il y a plusieurs générations par année et on peut donc dire que le thrips est présent tout au long de la saison de croissance. Dans les plantes d'intérieur, il est particulièrement problématique, d'abord parce qu'il s'attaque indifféremment à presque toutes les plantes, mais surtout parce qu'il est actif toute l'année. Le contrôle du thrips est très difficile, parce que la pupaison se fait dans le sol et non sur la plante. Donc, même si on vaporise adéquatement avec un produit approprié, il y a toujours une génération qui n'a pas été touchée et qui reprendra le dessus dès qu'on aura le dos tourné. Un détail important : dans les monocultures, le thrips est souvent un transporteur important de virus nuisibles.

1331. SOUFFLEZ POUR VOIR

Il faut normalement être très assidu pour voir les thrips… et avoir de bons yeux! Un secret, cependant: soufflez sur la plante ou la fleur que vous pensez être infestée. Pourquoi cela se produit est un mystère (trouvent-ils que les humains ont mauvaise haleine?), mais cela fait courir les thrips et leurs mouvements devraient attirer votre regard.

1332. INSECTES BÉNÉFIQUES CONTRE LES THRIPS

Il existe plusieurs acariens et insectes qui contrôlent les thrips. Les perce-oreilles, les coccinelles et les punaises bénéfiques en raffolent et aussi plusieurs acariens tandis que les nématodes bénéfiques s'occupent des larves qui pénètrent dans le sol pour puper. Si vous faites preuve d'un peu de tolérance, souvent un équilibre naturel s'établit et aucun traitement n'est nécessaire. Malheureusement, les traitements contre les thrips tuent souvent aussi leurs prédateurs.

1333. ÉVITEZ LES PLANTES À PROBLÈMES

On peut contrôler les problèmes récurrents de thrips avec une rotation des plantes annuelles et des légumes, mais si certaines plantes comme les glaïeuls, les rosiers, les iris, les lis, les dahlias, les bégonias, les géraniums, les oignons, les œillets, les pois de senteur, les haricots, les pois, les carottes ou les fuchsias ont des problèmes récurrents avec les thrips, année après année, peu importe où vous les placez, plantez autre chose!

1334. ATTENTION À CE QUE VOUS PORTEZ DANS LE JARDIN!

Le thrips est attiré par les couleurs pâles, notamment par le blanc et le bleu pastel. Si vous portez de ces couleurs dans le jardin ou lorsque vous entretenez vos plantes d'intérieur, vous risquez de transporter les thrips avec vous!

1335. UN PIÈGE COLLANT BLEU

On peut attraper les thrips avec des pièges collants, mais sachez qu'ils préfèrent les pièges bleus (truc 730) aux pièges jaunes traditionnels.

■ Vers blancs

1336. GRANDS ENNEMIS DES GAZONS

Il s'agit de larves de hannetons, ces gros coléoptères qui émergent au début de l'été et qui volettent partout à la tombée de la nuit, mais qui ne causent pas de dégâts comme tels. Les larves, par contre, peuvent causer des dégâts majeurs aux gazons et aux plantes herbacées lorsqu'elles sont très nombreuses. En effet, les gros asticots dodus, souvent repliés en forme de «C», mangent les racines des plantes et notamment celles des graminées des gazons. Quand leur nombre est limité, il n'y a pas de dégât notable, mais, dans les années de recrudescence, le gazon jaunit par plaques. Et quand on tire sur le gazon jauni, il nous reste dans les mains! Les vers blancs sont moins courants lorsque les étés

PHOTO : ÉDITH SMEESTERS

Larves de hanneton.

sont frais et humides et sont donc rarement un problème dans le nord et l'est du Québec. Il y a principalement deux espèces: le hanneton commun (*Phyllophaga anxia*), indigène, qui a un cycle de vie de trois ans, et le hanneton européen (*Amphimallon majalis*), qui a un cycle de un an. Leur contrôle est exceptionnellement difficile, car les larves vivent dans le sol et on ne peut pas les atteindre facilement avec des insecticides traditionnels. Toutefois, une pelouse de paresseux, avec ses multiples végétaux et sa relation avec le terreautage (trucs 433 et 434) comme méthode principale d'entretien, est beaucoup moins affectée par l'insecte. D'abord, les vers blancs préfèrent les graminées aux autres végétaux: si une pelouse est un mélange de trèfles, d'achillées, de violettes ou autres, il y a beaucoup moins à manger pour les vers et ils sont alors peu nombreux. Or, quand ils sont peu nombreux, les dégâts des vers blancs sont minimes. Les jardiniers qui tiennent à une pelouse composée exclusivement de graminées, cependant, et qui maintiennent leurs gazons principalement au moyen d'engrais, biologiques ou non, et qui, en plus, ramassent toujours la tonte du gazon, ont souvent de gros problèmes de vers blancs. Vu l'abondance de leurs plantes cibles (graminées) dans un tel emplacement, les vers blancs y sont particulièrement nombreux. Aussi, le fait d'ajouter constamment de l'engrais pour nourrir le gazon, sans jamais ajouter de matière organique, fait que l'humus disparaît du sol qui devient alors essentiellement minéral. Cela stresse les graminées du gazon qui sont alors plus faibles et plus sujettes aux dommages causés à leurs racines. Donc, convertissez-vous au gazon du paresseux et le problème sera réglé !

1337. ARRACHEZ LE GAZON !

Si vous en avez vraiment assez de l'entretien constant du gazon et que, de plus, celui-ci est attaqué par les vers blancs, il faut se demander s'il ne serait pas mieux de changer de tactique et tout simplement éliminer le gazon pour le remplacer par des plantes moins exigeantes : plates-bandes, couvre-sols, arbustes, etc. Les vers blancs, bien qu'ils se nourrissent aussi des racines d'autres plantes, causent rarement des dégâts ailleurs que sur les gazons. Plus de gazon, donc plus de problèmes avec le ver blanc !

1338. ARROSEZ BIEN...

Si une pelouse bichonnée (truc 426) est naturellement sujette aux vers blancs, une façon de prévenir les dégâts est d'arroser régulièrement et en profondeur si la pluie manque au printemps et à l'automne. Si la pelouse reçoit toujours 2,5 cm d'eau par semaine durant ces périodes, soit lorsqu'elle est en croissance maximale, elle sera plus forte et donc davantage capable de résister aux vers blancs. Durant l'été, cependant, l'arrosage n'est plus aussi important et est même à éviter, car cela empêche le gazon d'entrer en dormance estivale.

Pour contrôler les vers blancs, arrosez régulièrement le gazon au printemps et à l'automne et peu durant l'été.

1339. ... MAIS SACHEZ QUAND ARRÊTER

Pour contrôler les vers blancs, cessez tout arrosage durant la période de ponte des hannetons (l'adulte du ver blanc) afin que les œufs meurent desséchés et que les larves soient privées de leur nourriture préférée, les racines des graminées en croissance. La période de ponte s'étend de la fin du mois de juin jusqu'à la fin du mois de juillet. Autrement dit, en permettant à votre gazon d'entrer en dormance estivale, vous nuisez à la population de vers blancs.

1340. NE CHASSEZ PAS LES OISEAUX NOIRS

PHOTO : SUZANNE BRULOTTE

Quand vous voyez des hordes d'étourneaux, de quiscales ou de vachers sur le gazon, ne rouspétez pas : souvent ils sont en train de se nourrir des vers blancs qui s'y cachent… et aussi bien que ce soit des oiseaux qui fouillent sans déranger le gazon que les mouffettes, qui creusent des trous et l'endommagent. Le merle d'Amérique mange aussi les vers blancs.

Étourneaux faisant le ménage sur une pelouse.

Peu de gens savent que les vers de terre sont importés et qu'ils peuvent sérieusement nuire à nos forêts.

1341. LAISSEZ LES « PRÉDATEURS INVISIBLES » FAIRE LE TRAVAIL

Les nématodes prédateurs (truc 1087) et la maladie laiteuse (truc 771) sont souvent très efficaces pour contrôler les vers blancs dans le gazon.

■ Vers de terre

1342. LE CÔTÉ SOMBRE DES VERS DE TERRE

PHOTO : ÉDITH SMEESTERS

Les gens sont si enthousiastes au sujet des vers de terre qu'il paraît un peu méchant de crever leur bulle, mais il faut souligner que les vers de terre n'ont pas que de bonnes qualités. La triste réalité est que les lombrics de nos jardins sont des « importés » et qu'ils causent beaucoup de dégâts aux milieux naturels en Amérique du Nord. En effet, avant l'arrivée des Européens, il n'y avait pas de vers de terre dans le nord de l'Amérique du Nord (les espèces qui y vivaient autrefois avaient été éliminées par les glaciations)… et même les espèces du sud étaient moins travaillantes que les vers de terre européens dont des dizaines d'espèces vivent maintenant en sol canadien. Ainsi, la forêt nord-américaine a évolué avec, comme caractéristique, une couche particulièrement épaisse de litière forestière et les espèces qui y poussent s'y sont acclimatées. Quand les vers de terre européens s'établissent dans un boisé, cependant, elles réduisent la litière forestière à presque rien. On estime que, dans une forêt sans vers de terre, il faut cinq ans ou plus pour qu'une feuille d'érable disparaisse complètement; dans une forêt avec vers de terre, moins de deux ans. On a remarqué que, dans les secteurs touchés, plusieurs espèces ne semblent plus pouvoir se régénérer comme avant : trilles, fougères, ifs du Canada et même le joyau de la forêt : l'érable à sucre (*Acer saccharum*). À la place, un érable introduit d'Europe et qui avait donc évolué en présence des lombrics, l'érable de Norvège (*A. platanoides*), semble en train de se tailler la place du maître dans la «nouvelle forêt nord-américaine», et ce, au détriment de notre arbre indigène. Heureusement pour notre environnement, on remarque que les vers de terre ne semblent avoir pénétré la forêt que par endroits, car ils préfèrent les prairies artificielles que sont nos arrière-cours, mais si vous êtes un jardinier respectueux de l'environnement, mieux vaut ne pas introduire volontairement des vers de terre dans un milieu boisé.

1343. COMMENT SE DÉBARRASSER DES VERS DE TERRE DANS LE GAZON ?

Je suis toujours étonné quand quelqu'un me demande comment se débarrasser des vers de terre dans le gazon et pourtant, c'est une question courante. Paraît-il que les «déchets» que les vers de terre laissent, c'est-à-dire leurs excréments, forment de petites bosses dans le gazon, bosses qui ne sont guère appréciées. Ce problème est exacerbé par les sols glaiseux, car la surface du sol devient très dure, ce qui empêche les petits monticules qu'ils laissent de s'incorporer au sol. Dans un sol plus aéré et meuble, le problème n'est pas aussi évident. Pourtant, se débarrasser des vers de terre n'a pas de sens : imaginez de quoi le gazon aurait l'air dans un sol aussi imperméable si les vers de terre ne faisaient pas un peu d'aération de temps en temps! Et l'éradication des vers de terre exige un produit si toxique qu'il n'est même plus légal de le vendre. Il faut trouver une meilleure solution.

1344. RÂTELEZ POUR ÉGALISER LES MONTICULES DE VERS DE TERRE DANS LE GAZON

On peut râteler la pelouse pour se débarrasser des monticules laissés par les vers de terre, mais ils reviendront rapidement.

Dans les livres, on vous dira sans doute qu'on peut se débarrasser des petits monticules de fumier laissés par les vers de terre en râtelant légèrement pour étaler le compost. Voilà qui est tout de même plus acceptable que de tuer les vers de terre avec un produit toxique, mais alors le problème demeure entier et les tas réapparaîtront rapidement. En termes médicaux, on vous dira que vous traitez le symptôme et non la maladie.

1345. ÉLIMINEZ POUR DE BON LES MONTICULES DE VERS DE TERRE DANS LE GAZON

Puisque le problème des tas de terre laissés dans le gazon n'est pas tant dû aux vers de terre qu'à la piètre qualité du gazon, mieux vaut améliorer celui. À cette fin, consultez les trucs sur l'installation d'une pelouse à entretien minimal (trucs 431 à 435) ou, pour un résultat rapide, les trucs 433 et 434 sur le terreautage et le surensemencement pour convertir un gazon existant à l'entretien minimal.

■ Vers gris

1346. UNE MAUVAISE SURPRISE MATINALE

Vers gris

PHOTO : BERNARD DROUIN, MAPAQ

Le ver gris est la larve d'un papillon de nuit appelé noctuelle (*Euxoa* spp.) qui pond ses œufs dans le sol à l'automne. Il peut causer des dommages considérables aux jeunes plants, notamment aux légumes, mais aussi aux semis d'annuelles, de vivaces et autres. À son éclosion au début de l'été, le ver commence à sortir du sol la nuit et gruge la base de la plante qui tombe au sol. Le pauvre jardinier se réveille le matin pour trouver ses plantes fauchées. Dans l'immédiat, il faut faire un peu de prospection. Avec une lampe de poche, allez dans le jardin la nuit suivante et cherchez les coupables : ils ne vont jamais très loin et devraient se trouver dans le même secteur où les plantes ont été fauchées la veille.

1347. DES PLANTES EN CONSERVE

D'abord, les vers gris (ou du moins les papillons du ver gris, puisque ce sont eux qui pondent les œufs), semblent préférer le potager classique au sol dégagé, fréquemment labouré, etc. On voit beaucoup moins d'infestations dans les parterres qui sont paillés. Aussi, les prédateurs souvent chassés des jardins méticuleusement entretenus, comme les crapauds et les oiseaux, s'en occupent quand on les laisse faire. Mais si vous avez eu beaucoup de problèmes l'année précédente, protégez la base de vos plantes repiquées et de vos semis avec des boîtes de conserve sans fond ou même des tubes de rouleaux de papier hygiénique que vous enfoncerez à 2 cm de profondeur autour des jeunes plants. Avec une telle barrière autour des tiges, le ver gris ne pourra plus faire son œuvre.

On peut utiliser des cannettes pour protéger les plants contre les vers gris.

MALADIES

■ Généralités

1348. PARFOIS INÉVITABLES

Certaines maladies qui frappent les plantes dans la phase terminale de leur cycle font partie de la sénescence naturelle de la plante. Les arbres qui arrivent à un âge vénérable et qui ont d'autres ennuis de santé, par exemple, ne se battent plus contre les champignons et certaines plantes laissent envahir leurs feuilles par le blanc (mildiou) à la toute fin de la saison, quand elles ont déjà emmagasiné les réserves leur permettant de survivre à l'hiver. Il n'est pas aussi important de réagir devant ces phénomènes naturels lorsqu'ils se présentent sur les plantes en phase de croissance active. Donc, quand un vieil arbre devient infesté d'une maladie, on peut tout simplement le couper, et, quand une plante fait du blanc au début de l'automne, on peut la laisser faire.

1349. MOINS DE MALADIES AVEC LE PAILLIS

Souvent, les jardiniers qui s'objectent aux paillis le font parce qu'ils craignent que de la matière organique au pied de leurs plants n'encourage les maladies. Or, c'est exactement le contraire qui se passe. La plupart des maladies hivernent dans le sol sous forme de spores. Quand il pleut, les mêmes gouttes d'eau qui salissent les feuilles inférieures des plantes projettent les spores dormantes sur la plante où, si les conditions sont bonnes, elles se réactiveront... et voilà la maladie qui est de retour! Quand il y a un paillis, par contre, les spores migrent toujours jusqu'au sol, mais quand les pluies estivales arrivent, les gouttes de pluies ne projettent plus de terre ni de spores sur les plantes, mais s'écoulent doucement à travers le paillis. Les spores restent alors prisonnières du paillis et les problèmes de maladie diminuent beaucoup.

1350. DES OUTILS STÉRILES

L'alcool à friction peut servir à stériliser les outils.

Désinfectez toujours les outils utilisés pour la taille avant de passer à une autre plante. Si vous taillez des branches malades, faites-le entre chaque coupe. Il est, en effet, très facile de transférer une maladie d'une plante à une autre à cause d'un outil contaminé.

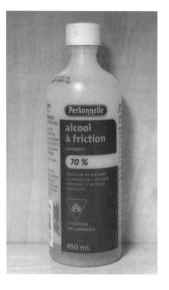

1351. L'ALCOOL À LA RESCOUSSE

Il existe des liquides commerciaux pour désinfecter les outils de taille, mais sachez que de tremper ceux-ci dans un petit bocal d'alcool à friction fait tout aussi bien l'affaire et à moindre coût.

1352. ÉVITEZ L'EAU DE JAVEL

L'eau de Javel aussi peut servir pour désinfecter les lames des sécateurs et des autres outils de taille, mais elle est corrosive et peut endommager l'outil à la longue. Utilisez de l'alcool à cette fin.

1353. ARROSEZ SANS MOUILLER LE FEUILLAGE

La plupart des maladies requièrent un feuillage humide pour se développer… et la preuve est qu'elles sont beaucoup plus présentes lorsque l'été est pluvieux que lorsqu'il est sec. On ne peut pas contrôler dame Nature, bien sûr, mais il est triste de constater que, lorsqu'on arrose nos plantes, on permet aux maladies de se développer. Ainsi, dans beaucoup de livres, on recommande d'arroser les plantes sans mouiller leur feuillage. Voilà ce qui est bien, mais… comment le faire ?

En arrosant avec un boyau suintant, on évite de mouiller le feuillage, d'où moins de maladies.

On peut bien sûr arroser les plantes individuellement avec une lance ou un arrosoir, dirigeant l'eau uniquement à la base de chacune, mais c'est long et fastidieux. Mieux vaut installer un tuyau suintant (voir le truc 838) ou un système d'irrigation goutte-à-goutte (truc 858) : ils arrosent directement le sol sans toucher au feuillage.

■ Alternariose

1354. LA NOUVELLE MALADIE « À LA MODE » CHEZ LA TOMATE

Depuis environ 2002, une « nouvelle » maladie est apparue chez la tomate surtout, mais aussi sur la pomme de terre : la brûlure alternarienne ou alternariose. En fait, c'est loin d'être une nouvelle maladie. Même, c'est la brûlure alternarienne qui a anéanti la production de pommes de terre en Irlande dans les années 1845 à 1850, provoquant l'horrible « Grande famine d'Irlande ». La maladie était toujours présente, et elle est récemment réapparue sous une nouvelle forme plus virulente. Chez les plantes matures, on peut remarquer d'abord des taches noires auréolées de blanc sur les feuilles et un manque de vigueur. Mais le plus choquant, c'est

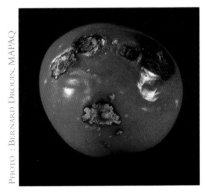

PHOTO : BERNARD DROUIN, MAPAQ

Alternariose sur la tomate.

quand le fruit de la tomate arrive presque à maturité, même souvent quand il rougit, et qu'il développe une dépression noire en son point d'attache, dépression qui peut rapidement s'étendre à la moitié du fruit! En attendant de trouver un plus vaste choix de variétés résistantes, appliquez les principes du RESPECT et vous pourrez réduire de beaucoup les effets de l'alternariose.

1355. CHEZ LES SEMIS AUSSI

PHOTO : MAPAQ

Alternariose sur un plant d'œillet d'Inde (Tagetes patula).

On voit aussi l'alternariose sur les semis… et d'ailleurs c'était, jusqu'à récemment, la forme la plus commune. D'ailleurs, en anglais, on appelle la maladie *early blight* (brûlure précoce). Des taches brunes formées de lignes concentriques se forment sur les vieilles feuilles qui s'assèchent graduellement. La maladie monte rapidement vers le haut et la plante meurt. À ce stade, c'est essentiellement une maladie d'intérieur : quand les plants, s'ils survivent, sont repiqués en pleine terre, ils récupèrent presque toujours. Comme la maladie peut être transmise par les graines, on suggère d'acheter les semences chez un marchand qui assure un traitement à la chaleur à ses graines de tomate.

1356. RÉSISTANCE DES TOMATES À L'ALTERNARIOSE : C'EST UN DÉBUT

Le retour récent de cette ancienne maladie sous une forme plus virulente a pris les hybrideurs de court et maintenant ils cherchent tant bien que mal des variétés résistantes et, pour le moment, les résultats sont très modestes. On a toutefois remarqué une «tolérance» à la brûlure alternarienne chez deux cultivars courants : 'Roma' et 'Supersonic'. 'Mountain Supreme' est un nouveau cultivar, issu de croisements complexes impliquant une tomate sauvage résistante à la maladie, et serait la première d'une génération montante de tomates «résistantes» à cette maladie.

■ Balai de sorcière

1357. MUTATION OU MALADIE ?

On parle de « balai de sorcière » dès qu'on remarque une curieuse touffe de branches poussant densément ensemble, souvent enchevêtrées ou en forme de nid, sur une plante qui a autrement une croissance normale. Parfois, les feuilles sont rabougries et torsadées, mais parfois elles sont normales. Cette formation peut apparaître spontanément sur les conifères, les bouleaux et autres arbres et arbustes. Elle est parfois due à une maladie peu contagieuse ou, dans le cas des conifères, à une infestation de gui (dans notre partie du monde, le gui ne fait pas de rameaux visibles comme les guis d'Europe et des régions plus chaudes, mais demeure minuscule et essentiellement invisible). Il est aussi souvent causé par une mauvaise taille ou par le broutage d'animaux sauvages. Parfois, par contre, il s'agit d'une mutation. D'ailleurs, beaucoup de conifères nains (l'épinette naine de l'Alberta, *Picea glauca albertiana* 'Conica', trouvée sur une épinette blanche normale en Alberta pour ensuite devenir l'un des conifères les plus appréciés au monde, en est un exemple célèbre) sont issus du balai de sorcière. Si vous n'aimez pas l'effet ou craignez que ce ne soit une maladie, coupez-le. Par contre, si le balai est joli ou curieux, c'est peut-être une mutation qui aurait une grande valeur horticole et qui mériterait par conséquent l'effort de le bouturer ou de le greffer pour voir si l'effet est stable.

Cette épinette blanche a produit une mutation à croissance dense.

1358. LE BALAI DU CHÈVREFEUILLE

Voici un balai qui n'est *certainement* pas une mutation potentiellement valable (voir le truc précédent) ! Et qui n'a pas déjà vu un chèvrefeuille arbustif (*Lonicera* spp.) ou même toute une haie affreusement mutilée par cette maladie ? Car il s'agit bien d'une maladie transportée par un puce-

Balai de sorcière du chèvrefeuille.

ron (*Hyadaphis tataricae*). L'extrémité de la branche se met à pousser en touffes denses et tordues et les feuilles sont décolorées et tordues aussi. Certains jardiniers ambitieux traitent leurs chèvrefeuilles avec des produits à base de savon, d'huile, de pyréthrine ou avec des produits encore plus toxiques dans l'espoir de le contrôler, ou passent leur été à tailler, tailler et tailler encore chaque bout de branche touché. Le jardinier paresseux fait bien mieux : avant d'acheter un chèvrefeuille arbustif, il se renseigne sur les variétés résistantes à la maladie. Et, si par malheur, il a déjà planté un chèvrefeuille sujet au balai, il l'arrache : problème réglé !

1359. QUELQUES CHÈVREFEUILLES RÉSISTANTS AU BALAI DE SORCIÈRE

Ce ne sont pas tous les chèvrefeuilles qui sont sujets au balai de sorcière. D'abord, il faut savoir qu'aucun des chèvrefeuilles grimpants n'en est touché, et que les chèvrefeuilles arbustifs suivants y sont également résistants et méritent une place dans nos aménagements :

- CHÈVREFEUILLE ABBOTSFORD
  (*LONICERA KOROLKOWII* 'ABBOTSFORD') ZONE 4A

- CHÈVREFEUILLE ARNOLD'S RED
  (*L. TATARICUM* 'ARNOLD'S RED') ZONE 4A

- CHÈVREFEUILLE AURORA
  (*L. KOROLKOWII* 'AURORA') ZONE 4A

- CHÈVREFEUILLE BLEU
  (*L. CAERULEA* 'SPLENDENS') ZONE 2A

- CHÈVREFEUILLE BLEU
  (*L. CAERULEA DEPENDENS*) ZONE 2A

- CHÈVREFEUILLE BLEU
  (*L. CAERULEA EDULIS*) ZONE 3A

- CHÈVREFEUILLE CLING RED
  (*L. MAACKII PODOCARPA* 'CLING RED') ZONE 5B.

- CHÈVREFEUILLE D'EUROPE
  (*L. XYLOSTEUM*) ZONE 5A

- CHÈVREFEUILLE DE CHINE
  (*L. MAACKII*) ZONE 2B.

- CHÈVREFEUILLE DE KOROLKOW
  (*L. KOROLKOWII*) ZONE 4A

- CHÈVREFEUILLE DE SAKHALIN
  (*L. MAXIMOWICZII SACHALINENSIS*) ZONE 4A.

- CHÈVREFEUILLE DE TURQUIE
  (*L. CHRYSANTHA LATIFOLIA*) ZONE 4A

- CHÈVREFEUILLE DE ZABEL
  (*L. KOROLKOWII ZABELII*) ZONE 4A

- CHÈVREFEUILLE DES ALPES
  (*LONICERA ALPIGENA*) ZONE 5B

- CHÈVREFEUILLE EMERALD MOUND
  (*L. XYLOSTEUM* 'EMERALD MOUND') ZONE 4A.

- **Chèvrefeuille Freedom**
  (*L. tataricum* 'Freedom') ZONE 4A
- **Chèvrefeuille Honey Baby**
  (*L.* x 'Novso' Honey Baby™) ZONE 5A
- **Chèvrefeuille Honeyrose**
  (*L. korolkowii* 'Honeyrose') ZONE 4A
- **Chèvrefeuille involucré**
  (*L. involucrata*) ZONE 2A
- **Chèvrefeuille Miniglobe**
  (*L.* x *xylosteoides* 'Miniglobe') ZONE 2B
- **Chèvrefeuille nain**
  (*L.* x *xylosteoides* 'Clavey's Dwarf') ZONE 2B
- **Chèvrefeuille nain des Alpes**
  (*L. alpigena* 'Nana') ZONE 5B
- **Chèvrefeuille Rem Red**
  (*L. maackii podocarpa* 'Rem Red') ZONE 5B.

1360. DES CHÈVREFEUILLES À ÉVITER !

Malheureusement, les pépiniéristes vendent encore très couramment des chèvrefeuilles sujets au balai de sorcière. D'ailleurs, au Québec, le chèvrefeuille le plus vendu pour les haies (*L. tatarica* 'Zabelii') est une des variétés les plus sujettes à la maladie ! Il est difficile de comprendre pourquoi un marchand respectable vend une plante à problèmes quant il y a tant de substituts aussi faciles à produire, mais il faut savoir que certains pépiniéristes sont très conservateurs et cultivent toujours les mêmes plantes d'année en année, n'osant pas se mettre à jour (évidemment, puisque le problème est connu depuis plus de trente ans, il faut croire qu'ils sont *très* résistants aux changements !). Du moins, c'est l'explication gentille. Il y en a, par contre, qui soupçonnent que certains marchands préfèrent vendre des plantes malades, car les gens reviennent chez eux acheter des remèdes ! Voici une liste des variétés à éviter :

- **Chèvrefeuille à feuilles de myrtille**
  (*L.* x *myrtilloides*)
- **Chèvrefeuille à petites feuilles**
  (*L. microphylla*)
- **Chèvrefeuille Bytown**
  (*L. tatarica* 'Bytown')
- **Chèvrefeuille de Dropmore**
  (*L.* x *bella* 'Dropmore')
- **Chèvrefeuille de Morrow** (*L. morrowii*)
- **Chèvrefeuille de Muenden**
  (*L. muendeniensis*)
- **Chèvrefeuille de Tatarie** (*L. tatarica*)
- **Chèvrefeuille de Tatarie à fleurs blanches** (*L. tatarica* 'Alba')
- **Chèvrefeuille de Tatarie de Zabel**
  (*L. tatarica* 'Zabelii')
- **Chèvrefeuille du Canada** (*L. canadensis*)
- **Chèvrefeuille élégant** (*L.* x *bella*)
- **Chèvrefeuille grandiflore**
  (*L. tatarica* 'Grandiflora')
- **Chèvrefeuille Hack's Red**
  (*L. tatarica* 'Hack's Red')
- **Chèvrefeuille Morden Orange**
  (*L. tatarica* 'Morden Orange')
- **Chèvrefeuille notha** (*L.* x *notha*)
- **Chèvrefeuille panaché**
  (*L. canadensis* 'Marble King')
- **Chèvrefeuille plaisant**
  (*Lonicera* x *amoena*)

■ Blanc

1361. PRÉVENIR PLUTÔT QUE GUÉRIR

Un phlox infesté de blanc.

Quand on voit le premier symptôme visuel du blanc (aussi appelé mildiou poudreux et parfois oïdium*), soit l'apparition d'une «poudre blanche» sur la feuille, il est déjà trop tard pour agir. Cette poudre résulte en fait de l'apparition des sporanges (organes producteurs de spores) soit l'*avant-dernière* étape de la maladie (dans la dernière étape, la feuille noircit et meurt!). La maladie a déjà envahi les feuilles depuis des semaines, voire des mois, quand les sporanges apparaissent. Il faut donc *prévenir* le blanc plutôt que le guérir.

1362. UN PEU DE TOLÉRANCE

Le blanc est une maladie très courante. Il affecte une vaste gamme de plantes en toute saison, printemps, été, automne et même hiver, dans le cas des plantes d'intérieur, et il peut causer des dégâts importants lorsqu'il attaque les plantes en début de saison. Cela vaut alors la peine d'essayer de le prévenir. Par contre, lorsque le blanc frappe des plantes vivaces et ligneuses en fin de saison, comme c'est le cas sur les monardes, les phlox, les lilas, etc., c'est un moindre mal. La plante a déjà essentiellement complété son cycle (en fait, elle n'attend que l'arrivée du gel pour entrer en dormance) et la perte de toutes ses feuilles ne lui fait plus rien : elle sera en parfait état le printemps prochain. Même les fruits des courges, qui sont pourtant annuelles, réussissent parfaitement à arriver à maturité, même quand le blanc commence à faire noircir le feuillage. Donc, nul besoin de paniquer quand le blanc survient à la fin d'août : comme on l'explique dans le truc 1348, cela fait partie de la sénescence naturelle de la plante.

---

* L'oïdium est en fait seulement une des maladies pouvant causer le blanc, soit le champignon *Oidium* : il en existe des centaines d'autres, notamment dans les genres *Erysiphe*, *Microsphaera*, *Phyllactinia*, *Podosphaera*, *Sphaerotheca* et *Uncinula*.

1363. ARROSEZ AU NIVEAU DU PIED

Comme bien des maladies végétales, le blanc se développe d'abord sur des feuilles humides. En arrosant les plantes au niveau de leur pied, sans mouiller le feuillage, vous pouvez faire beaucoup pour limiter les dégâts.

1364. SOL HUMIDE, BLANC MOINS PRÉSENT

Pour prévenir le blanc, une solution assez facile est de… maintenir les plantes plus humides. Le blanc se développe initialement sur des feuilles humides en début de saison, mais surtout par la suite quand le feuillage et le sol sont secs, mais que l'air est très humide. On le voit souvent apparaître en août ou septembre, car non seulement ces mois sont-ils plutôt secs, causant un stress chez la plante qui permet à la maladie de s'étendre, mais, avec la baisse nocturne des températures, l'air est plus humide. Comme preuve, les rosées sont particulièrement abondantes en cette saison. En utilisant un bon paillis et en arrosant au besoin, vous pouvez faire beaucoup pour réduire les risques d'infestation.

1365. UN TRAITEMENT MAISON

Le jardinier paresseux fait normalement de son mieux pour éviter le blanc en choisissant des variétés naturellement résistantes à cette maladie et en leur fournissant les conditions de culture nécessaires. Mais si vous n'en êtes pas encore là et que vous avez des plantes sujettes à cette maladie que vous n'osiez pas encore arracher, voici un traitement « en attendant ». Mélangez 5 ml (1 c. à thé) de bicarbonate de soude (trouvé dans le garde-manger) dans 1 l d'eau et vaporisez cette solution sur les plantes sujettes à la maladie. Pour que le bicarbonate adhère mieux à la feuille, vous pouvez ajouter à la solution quelques gouttes de savon insecticide ou de savon à vaisselle. Notez qu'il ne fait que prévenir ou arrêter la maladie, non pas la guérir. Si vous commencez à traiter après que les feuilles montrent déjà la poudre blanche typique de la maladie, vous pouvez arrêter la progression de la maladie, mais le blanc déjà présent et y demeurera pour le reste de la saison.

On peut prévenir le blanc avec du bicarbonate de soude.

1366. DU LAIT CONTRE LE BLANC

Le lait aussi aurait une certaine efficacité comme fongicide préventif contre le blanc. En effet, des études au Brésil démontrent que le lait peut réduire l'incidence de blanc sur les cucurbitacées. Par contre, le lait ne serait pas efficace pour enrayer la maladie, seulement pour la prévenir. D'autres études sont en cours à travers le monde pour vérifier les prétentions de cette première et pour voir si le lait peut aussi être efficace contre le blanc sur d'autres plantes. La recette ? Une partie de lait pour neuf parties d'eau que l'on vaporise jusqu'à saturation. Le lait en poudre serait aussi efficace que le lait entier.

1367. DE L'HUILE POUR PRÉVENIR LE BLANC

Une application aux deux semaines d'une solution de 10 ml d'huile horticole mélangée à 1 l d'eau est un excellent traitement préventif contre le blanc et plusieurs autres maladies.

1368. DE L'ANTITRANSPIRANT CONTRE LE BLANC

Un traitement qui semble assez efficace dans la prévention du blanc est la vaporisation des feuilles des plantes susceptibles en début de saison avec un antitranspirant (voir le truc 1035 pour plus de détails sur ce produit). Il peut être nécessaire de répéter le traitement au milieu de l'été si la saison est pluvieuse.

1369. UN TRAITEMENT « PISSANT »

L'urine humaine aurait aussi un certain effet préventif contre le blanc, notamment contre le blanc des phlox (une souche de Erysiphe cichoracearum). Il paraît que madame dit à monsieur où appliquer le traitement, hebdomadairement, du début à la fin de l'été. Mais les résultats sont si mitigés : certains prétendent que ça marche, d'autres rapportent un gros zéro, malgré un été d'efforts. Personnellement, je crois que mes voisins s'interrogent déjà sur l'état de ma santé mentale; alors pensez-vous vraiment que je vais faire le tour de mes plantes pour appliquer ce traitement « très maison » ? Je préfère d'autres méthodes, donc la plus simple... faire preuve d'un peu de tolérance (truc 1362).

1370. LA TAILLE AUTOMNALE ET LE FEU NE PRÉVIENNENT PAS LE BLANC

Combien de gens rabattent leurs phlox et leurs monardes à l'automne et en brûlent le feuillage dans l'espoir de voir les plants échapper à la maladie l'année suivante. Eh bien, ils peuvent serrer leurs sécateurs et leurs allumettes: des études faites au Chicago Botanical Garden et au Vermont ne démontrent aucune amélioration après l'application de ces techniques.

1371. ÉCLAIRCIR N'EST PAS TRÈS EFFICACE NON PLUS

Une autre technique souvent recommandée pour prévenir le blanc est une taille d'éclaircissage durant la saison de croissance pour améliorer la circulation de l'air. Cette technique a été jugée «légèrement efficace» une année sur cinq et «inefficace» les quatre autres, et ce, dans chacune de deux études menées au Chicago Botanical Garden et au Vermont.

1372.
MONARDES RÉSISTANTES AU BLANC

Pourquoi vous battre à traiter les monardes contre le blanc quand il existe tant de cultivars résistants? Voici une courte liste:

La monarde 'Petite Wonder' est parmi les monardes qui sont résistantes au blanc.

- *MONARDA* 'COLRAIN RED'
- *M.* 'CROFTWAY PINK'
- *M.* 'ELSIE'S LAVENDER'
- *M.* 'GARDENVIEW SCARLET'
- *M.* 'JACOB CLINE'
- *M.* 'PETITE DELIGHT'
- *M.* 'PETITE WONDER'
- *M.* 'RASPBERRY WINE'
- *M.* 'ROSY-PURPLE'
- *M.* 'SCORPIO'
- *M.* 'SNOW MAIDEN'
- *M.* 'SOURIS'
- *M.* 'VIOLET QUEEN'

'David' est le plus célèbre des phlox des jardins résistants au blanc.

En 2002, le phlox de jardin (*Phlox paniculata*) 'David' s'est mérité le prix Vivace de l'année en grande partie pour sa très grande résistance au blanc… et, en croisement, il y a transféré ses gênes de résistance au blanc à d'autres phlox. On peut se demander à quoi bon cultiver des phlox avec des problèmes sérieux de cette maladie quand il en existe maintenant tant de cultivars qui résistent bien à ses assauts, dont les plantes suivantes:

- *PHLOX PANICULATA* 'BLUE BOY'
- *P. PANICULATA* 'BRIGHT EYES'
- *P. PANICULATA* 'DARWIN'S JOYCE'
- *P. PANICULATA* 'DAVID'
- *P. PANICULATA* 'DELTA SNOW'
- *P. PANICULATA* 'EDEN'S CRUSH'
- *P. PANICULATA* 'EVA CULLUM'
- *P. PANICULATA* 'FRANZ SCHUBERT'
- *P. PANICULATA* 'KATHERINE',
- *P. PANICULATA* 'LAURA'
- *P. PANICULATA* 'NATASCHA'
- *P. PANICULATA* 'ORANGE PERFECTION'
- *P. PANICULATA* 'PRIME MINISTER'
- *P. PANICULATA* 'RED MAGIC'
- *P. PANICULATA* 'ROBERT POORE'
- *P. PANICULATA* 'RUBYMINE'
- *P. PANICULATA* 'SHORTWOOD'
- *P. PANICULATA* 'SPEED LIMIT 45'
- *P. PANICULATA* 'STARFIRE'

■ Brûlure bactérienne

1374. BRÛLURE BACTÉRIENNE

Quand une branche noircit en pleine période de croissance, on peut soupçonner la brûlure bactérienne.

Cette maladie se voit sur les arbres et arbustes de la famille des rosacées: cerisier, pommier, aubépine, prunier, sorbier, rosier, cotonéaster, etc., mais aussi sur le lilas. Elle apparaît de nulle part, en pleine période de croissance. Soudainement, les feuilles d'une ou deux de branches noircissent et restent accrochées plutôt que de tomber. Les fruits, s'il y en a, se momifient et les feuilles et les fruits persistent sur l'arbre tout l'hiver. La deuxième année, encore, d'autres branches sont touchées. La maladie s'étend rapidement, provoquant chancres, écoulements et décolorations de l'écorce sur les branches les plus importantes et la mort rapide des branches secondaires. Cette maladie est causée, comme le nom le dit, par une bactérie (habituellement *Pseudomonas* ou *Erwinia*) qui est transportée jusqu'à l'arbre par les abeilles ou d'autres insectes lors de la pollinisation, puis est répandue par la pluie ruisselant vers le bas de la plante. Dans bien des cas (chez les sorbiers et les cerisiers sauvages, notamment), c'est une maladie reliée à la sénescence. L'arbre est déjà sur le déclin; la brûlure vient l'achever. Dans ces cas, il n'y a rien à faire d'autre que de couper et de brûler l'arbre atteint pour que la maladie ne s'étende pas à d'autres plantes des environs. Tristement, la maladie touche aussi certains arbres et arbustes jusqu'alors en pleine santé, notamment les fruitiers en mettant fin prématurément à leur production.

1375. L'EFFORT POUR SAUVER LA PLANTE DEMEURE SOUVENT VAIN

Dites-vous bien que l'éradication véritable de cette maladie est très difficile. Habituellement, on investit beaucoup d'efforts pour sauver l'arbre malade, mais la maladie progresse tous les ans et on finit par s'admettre vaincu lorsque la dernière branche meurt. Devant un diagnostic de brûlure bactérienne, il vaut mieux éliminer le malade tout de suite, surtout s'il s'agit d'une «plante ornementale», car il cessera rapidement de jouer son rôle principal! Par contre, un fruitier atteint de la maladie peut encore produire quelques bonnes récoltes et vous pouvez juger si le fait d'essayer de le maintenir en vie encore quelque temps, vaut l'effort.

1376. LE TRAITEMENT GÉNÉRALEMENT RECOMMANDÉ

Voici quoi faire pour traiter un arbre ou un arbuste atteint de brûlure bactérienne. Par temps sec, et dès que vous remarquez l'infestation, coupez les rameaux atteints entre 30 et 60 cm sous les feuilles infestées et brûlez-les. Stérilisez les sécateurs entre chaque coupe (voir le truc 1351). Et croisez-vous les doigts! Parfois, les gens essaient des traitements aux fongicides, biologiques ou non, après avoir taillé les branches atteintes, mais la maladie est bactérienne et non pas fongique, par conséquent, les fongicides ne sont pas très efficaces.

1377. CHOISISSEZ DES VARIÉTÉS RÉSISTANTES

Il n'y a pas vraiment de traitement préventif contre la brûlure bactérienne... sauf d'éloigner des fleurs les abeilles et autres pollinisateurs qui transportent la maladie à l'origine. Mais alors, il n'y aura pas de fruits (un peu désolant si la plante à protéger est un fruitier comme c'est habituellement le cas!). L'idéal, donc, c'est de planter, dès le début, une variété reconnue comme résistante à la brûlure bactérienne. On en trouve notamment chez les différentes espèces de fruitiers.

■ Champignons

1378. DES RONDS DANS LE GAZON

Rond de sorcière.

L'un des types de champignons le plus souvent vu sur les terrains (et qui agacent le plus les jardiniers) est le rond de sorcière, un phénomène assez curieux où l'on voit apparaître un cercle de petits champignons dans le gazon. Habituellement, le propriétaire du gazon malade ne veut qu'une chose: le produit à appliquer pour les tuer! Mais il n'y a pas de produit qui tue les champignons sans tuer le gazon. En fait, le rond pousse à partir d'un morceau de bois enterré. Tant que le bois sera là (il finira par disparaître de lui-même éventuellement), les champignons reviendront occasionnellement. C'est pourquoi on voit si souvent ces champignons après avoir coupé un arbre: ses racines sont encore sous le sol et en train de pourrir. Pour régler le problème, donc, pas besoin de produit: il faut creuser dans le sol et récupérer le morceau de bois, voilà tout!

1379. LES CHAMPIGNONS SONT INDIFFÉRENTS À L'ACIDITÉ DU SOL

Malgré une croyance populaire tenace qui blâme l'acidité du sol pour la présence des champignons, l'apparition des ronds de sorcières et des autres champignons dans le gazon n'est pas reliée à la qualité du sol. Les champignons ne sont pas sectaires: ils poussent aussi bien sur les sols alcalins que sur les sols acides. Traiter à la chaux, donc, ne changera rien sinon alléger votre compte d'épargne!

Parasites

1380. INUTILE D'ARRACHER LES POLYPORES

Quand on voit apparaître des polypores (champignons forestiers en forme d'éventail qui poussent à l'horizontale à partir d'un tronc) sur les arbres, ce n'est pas bon signe. Habituellement, il y a un cas avancé de pourriture dans l'arbre. Mais inutile d'arracher le chapeau dans le but de contrôler la maladie. Cet organe est la fructification du champignon, soit la dernière étape de son existence. Les vrais dommages viennent des myocètes, c'est-à-dire de milliers de filets blancs déjà bien incrustés dans le bois interne de l'arbre et hors de votre portée. Quand vous voyez un arbre atteint de polypores et que vous tenez à le conserver, consultez toujours un arboriculteur certifié pour avoir son avis.

Polyphore.

■ Chancres

1381. UNE BOSSE SUSPECTE SUR UN ARBRE

Un chancre peut être dû à plusieurs infestations autant bactériennes que fongiques et est caractérisé par une tache décolorée sur la tige qui devient enfoncée ou enflée, ou parfois enflée à l'extérieur et creuse au centre. Parfois, des pustules orange ou noires s'y forment ou la plaie exsude un liquide gommeux. Souvent, de tels chancres se forment à la suite

Chancre.

d'une blessure quelconque: gélivure, taille inappropriée ou faite avec des outils contaminés, bois mort, etc. Plusieurs arbres, arbustes et conifères peuvent en être atteints, dont les bouleaux, les cerisiers, les charmes, les chênes, les épinettes, les féviers, les frênes, les marronniers, les ormes, les poiriers, les pommiers, les peupliers, les pruniers, les rosiers et les saules. Le traitement est radical. S'il s'agit d'une branche, enlevez-la sans tarder avec un sécateur stérilisé, en coupant près d'un bourgeon sans laisser de chicot. Si le chancre est sur le tronc principal, on peut tenter de découper la partie infestée ainsi que 5 cm de l'écorce tout autour de la blessure. Stérilisez les outils à plusieurs reprises (truc 1351) durant ce travail. La taille ou le nettoyage complété, vaporisez avec un produit antifongique comme du soufre. Dans le cas de chancres qui ne veulent pas guérir et qui grandissent d'année en année, coupez et brûlez l'arbre.

1382. PAS DE TONDEUSES PRÈS DU TRONC

Dans la nature, ce sont souvent les mammifères que provoquent les petites blessures qui deviendront un jour des chancres. En ville, c'est la tondeuse. À force de frapper la base du tronc, un chancre se forme. Il n'est pas rare que tous les arbres d'un terrain aient des chancres… curieusement, à hauteur de tondeuse.

■ Fonte des semis

1383. UN TERREAU FRAIS SIGNIFIE MOINS DE FONTE DES SEMIS

Photo : MAPAQ

La fonte des semis est une maladie qui frappe les jeunes semis. Un jour, tout va bien, le lendemain, ils sont couchés sur le côté, semblant avoir été pincés à la base. Pour prévenir la fonte des semis, qui est transmise par des spores qui souvent sont présentes dans l'air, assurez-vous d'utiliser toujours un sac de terreau fraîchement ouvert et de recouvrir les plateaux et contenants de semis d'un dôme ou d'une pellicule de plastique pour empêcher les spores d'atteindre les jeunes semis.

Fonte des semis.

1384. SPHAIGNE CONTRE LA FONTE DES SEMIS

Une autre façon de prévenir la fonte des semis est, après l'ensemencement, de saupoudrer le terreau d'une mince couche de sphaigne réduite en poudre (vous pourriez utiliser un mélangeur pour réduire la sphaigne sèche en poudre). La sphaigne a des propriétés antibiotiques et puisque la fonte des semis est causée par des champignons…

1385. UNE BONNE TISANE POUR PRÉVENIR LA FONTE

Une autre façon de prévenir la fonte des semis est de vaporiser vos jeunes semis avec une tisane de camomille. Faites tremper un sachet de camomille dans 1 l d'eau bouillante pendant une heure, laissez refroidir et vaporisez sur les semis aux trois jours. Quand les plants ont trois paires de feuilles, le danger est passé et vous pouvez cesser les vaporisations.

■ Fumagine

1386. DE LA MOISISSURE NOIRE

Cette maladie est surtout esthétique et suit toujours une infestation d'insectes (cochenilles, pucerons, etc.) qui produisent du miellat. Le feuillage et les tiges se couvrent d'une poudre généralement noire qui s'enlève lorsqu'on frotte avec un linge humide. Les champignons qui causent la fumagine se nourrissent du miellat produit par les insectes et ne touchent pas aux tissus des végétaux. En principe, donc, la plante n'est pas très dérangée par la fumagine. Par contre, quand tout le feuillage est couvert de fumagine, la plante n'arrive plus à absorber les rayons du soleil et les feuilles peuvent alors chuter. Pour traiter cette maladie, qui apparaît indifféremment chez les plantes d'intérieur et d'extérieur, arbres et vivaces, conifères et plants aquatiques, éliminez *d'abord* l'insecte en cause. Par la suite, vous pouvez laver les feuilles avec un linge savonneux pour enlever la fumagine.

Fumagine.

■ Maladie hollandaise de l'orme

1387. ON COUPE LES COUPABLES

Maladie hollandaise de l'orme.

Cette maladie fongique (*Ophiostoma ulmi*) a déjà éliminé des centaines de milliers d'ormes aux États-Unis et dans les parties au climat plus modéré du Canada. Il semble que ses élans vers le nord soient modérés par le climat plus froid du fait que l'insecte qui transporte accidentellement la maladie sur ses poils (le scolyte de l'orme dont il existe deux espèces courantes) n'arrive pas à hiberner beaucoup plus au nord que la zone 5. Il n'en demeure quand même pas moins que l'insecte peut voler vers le nord l'été et donc transporter la maladie au-delà de sa zone limite, mais la maladie progresse beaucoup plus lentement dans le nord que dans le sud. Les jeunes arbres sont épargnés par les scolytes, donc par la maladie, tant que leur écorce ne commence pas à épaissir, après quoi les scolytes, qui vivent sous l'écorce, commencent à s'y intéresser. Les symptômes sont un jaunissement et une défoliation de certaines branches durant l'été. Quand on coupe une branche atteinte, on remarque un anneau ou des points noirs dans la section transversale. En général, la maladie s'étend ensuite au reste de l'arbre qui meurt l'année suivante. Certains traitements impliquant l'injection de fongicides chimiques dans l'arbre ont donné des résultats intéressants, mais doivent être appliqués par des spécialistes et sont hors de prix. La seule chose logique à faire est de couper l'arbre malade. Il *faut* d'ailleurs couper l'arbre (et d'ailleurs enlever et détruire son écorce si on désire conserver le bois), sinon il sera source d'autres infestations, les scolytes hibernant sous l'écorce des arbres atteints, qu'ils soient morts ou vivants.

1388. ET ON NE PLANTE PAS D'AUTRES ORMES SANS S'INFORMER

Il est inconcevable, avec la maladie hollandaise de l'orme qui menace l'orme d'Amérique (*Ulmus americana*), d'en planter sans s'assurer que le nouvel arbre fait partie des variétés résistantes à cette maladie. Sinon, c'est essentiellement courir après les problèmes.

1389. DES ORMES NATURELLEMENT RÉSISTANTS À LA MALADIE ?

Nos ormes indigènes, dont le si populaire orme d'Amérique (*Ulmus americana*) qui bordait nos rues, se sont montrés particulièrement sensibles à la maladie hollandaise de l'orme, mais les espèces européennes aussi peuvent être dévastées. Les ormes d'origine asiatique semblent soit résistants ou encore capables de vivre avec la maladie hollandaise de l'orme. C'est probablement parce que la maladie vient d'Asie (le nom «maladie hollandaise» est injuste envers les Néerlandais, car la maladie ne vient pas de chez eux) et que ces espèces ont donc eu des millions d'années pour s'y accoutumer. Parmi les ormes qui sont naturellement résistants à la maladie, il y a les suivants :

- **ORME À FEUILLES DE CHARME** (*ULMUS CARPINIFOLIUS*) **ZONE 6**
- **ORME CHINOIS** (*ULMUS PARVIFOLIA*) **ZONE 6**
- **ORME DE SIBÉRIE** (*ULMUS PUMILA*) **ZONE 3B**
- **ORME DE WILSON** (*ULMUS WILSONIANA*) **ZONE 3**
- **ORME GLABRE** (*ULMUS GLABRA*) **ZONE 4B**
- **ORME JAPONAIS** (*ULMUS DAVIDIANA JAPONICA*) **ZONE 3**

Malheureusement, ces ormes ont d'autres caractéristiques qui les rendent moins intéressants que l'orme américain: l'orme chinois manque de rusticité, l'orme de Sibérie est envahissant et très fragile au vent, etc. La critique principale est cependant qu'ils «ne ressemblent pas à l'orme d'Amérique». En effet, notre orme indigène a un port évasé superbe qui n'a pas son égal. Vous pouvez toujours essayer les ormes décrits précédemment, du moins, les espèces rustiques dans votre région, mais on ne peut pas dire qu'ils peuvent vraiment remplacer l'orme d'Amérique.

1390. LES ORMES HYBRIDES À LA RESCOUSSE

Les « ulmophiles » peuvent essayer des sélections ou des hybrides d'ormes qui ont été choisis spécifiquement parce qu'ils ressemblent à l'orme d'Amérique (*Ulmus americana*) tout en étant résistants à la maladie. Il n'empêche que ce ne sont pas des sosies parfaits, mais tout de même. Il est à noter que les hybrides peuvent ou non avoir des gènes de l'orme d'Amérique.

*L'*Ulmus x 'Morton' (Accolade™) *est un orme hybride qui résiste à la maladie hollandaise.*

- *ULMUS* X 'CATHEDRAL' ZONE 5
- *U. DAVIDIANA JAPONICA* 'JACAN' ZONE 3
- *U. DAVIDIANA JAPONICA* 'DISCOVERY' ZONE 3
- *U. DAVIDIANA JAPONICA* 'FREEDOM' ZONE 3
- *U.* X 'FRONTIER' ZONE 5
- *U.* X 'HOMESTEAD' ZONE 4B
- *U.* X 'MORTON' ACCOLADE™ ZONE 4
- *U.* X 'NEW HORIZON' ZONE 5
- *U.* X 'PATRIOT' ZONE 4B
- *U.* X 'PIONEER' ZONE 4B
- *U.* X 'REGAL' ZONE 5
- *U.* X 'SAPPORO AUTUMN GOLD' RESISTA® ZONE 4
- *U. WILSONIANA* 'PROSPECTOR' ZONE 3

1391. DE VÉRITABLES ORMES D'AMÉRIQUE RÉSISTANTS

*Il existe aussi des ormes d'Amérique résistants à la maladie de l'orme, comme l'*Ulmus americana *'Princeton'.*

Dans le fond, le seul arbre qui pourrait vraiment remplacer l'orme d'Amérique est… l'orme d'Amérique. En effet, les autres, n'étant pas d'ici (tous les hybrides ont des gènes asiatiques), ne seront jamais aussi adaptés à notre climat et on a beau clamer que tel ou tel orme hybride a un port « similaire » au port évasé de l'orme d'Amérique, il n'est que similaire, non pas identique. Et idéalement, il faudrait pouvoir rétablir l'orme d'Amérique dans son milieu naturel avec tous ses amis et ses ennemis pour que les écosystèmes puissent de nouveau fonctionner à plein régime. C'est pourquoi il est si encourageant d'apprendre qu'enfin, il commence à y avoir des cultivars d'orme d'Amérique (*Ulmus americana*) qui sont résistants à la maladie. Attention ! Ces arbres sont souvent très nouveaux et pas encore faciles à trouver sur le marché, mais si vous voulez un « vrai » orme d'Amérique, un pur sang, cela vaut la peine de rechercher les arbres suivants :

■ Mildiou

1392. DU BLANC À L'ENVERS

On parle ici de l'*autre* mildiou, le mildiou poudreux étant plus connu sous le nom de blanc. Si le blanc se forme sur le dessus des feuilles, le mildiou commence sous les feuilles. Le mildiou tout court (les Anglais l'appellent *downy mildew* ou mildiou duveteux) est une maladie fongique, ou devrais-je plutôt dire *des* maladies fongiques, puisqu'il y en a un grand nombre de formes, la plupart très spécifiques à leur hôte. Il n'y a donc pas lieu de craindre que le mildiou qui s'attaque à un pied-d'alouette (*Delphinium* spp.) infeste des azalées (*Rhododendron* spp.), par exemple. Comme symptômes on voit d'abord l'apparition d'une poudre blanche *sous* la feuille qui devient duveteuse avec le temps, puis une tache brune qui traverse la feuille, parfois provoquant du duvet blanc sur le dessus de la feuille aussi. Les tiges et les feuilles sont fréquemment touchées aussi. La maladie se propage rapidement aux tissus sains quand les conditions sont propices et la partie atteinte meurt. C'est une maladie de saison fraîche et pluvieuse : le mildiou est rarement au rendez-vous par temps chaud et surtout sec. Et l'une des meilleures façons pour l'éviter est d'arroser avec un tuyau suintant pour ne pas mouiller le feuillage lors des arrosages. Aussi, arrosez le matin plutôt que le soir.

Mildiou sur l'alysse maritime (Lobularia maritima).

PHOTO : MAPAQ

1393. PEU À FAIRE QUAND LES SYMPTÔMES SONT ÉVIDENTS

Comme tant de maladies, quand le mildiou devient visible, les dégâts sont en bonne partie déjà faits. On peut toujours couper et détruire les parties mortes (quand il fait sec : vous répandrez la maladie si vous travaillez quand le feuillage est humide !), en stérilisant le sécateur entre chaque coupe, mais cela ne sert à rien de commencer à vaporiser un fongicide. Il serait très sage, toutefois, de tout simplement supprimer les plantes sujettes au mildiou pour les remplacer par des variétés qui ne le sont pas.

1394. DES PLANTES À ÉVITER

L'outil principal du jardinier paresseux pour la prévention du mildiou est de choisir des variétés reconnues comme étant résistantes à la maladie. Même, de nos jours, avec le choix de végétaux que nous avons, il n'y a plus aucune raison d'avoir à le combattre. Parmi les plantes sujettes à une souche ou à une autre de mildiou, notons :

- ASTER (*ASTER* SPP.)
- AUBERGINE (*SOLANUM MELONGENA*)
- AZALÉE (*RHODOENDRON* SPP.)
- BÉGONIA (*BEGONIA* SPP.)
- CHRYSANTHÈME (*CHRYSANTHEMUM* SPP.)
- GADELIER (*RIBES* SPP.)
- LIS (*LILIUM* SPP.)
- LUPIN (*LUPINUS* SPP.)
- MUFLIER (*ANTIRRHINUM MAJUS*)
- PÉTUNIA (*PETUNIA* X *HYBRIDA*)
- PHLOX (*PHLOX* SPP.)
- PIVOINE (*PAEONIA* SPP.)
- POIS DE SENTEUR (*LATHYRUS ODORATUS*)
- POIVRON (*CAPSICUM ANNUUM*)
- POMME DE TERRE (*SOLANUM TUBEROSUM*)
- PRIMEVÈRE (*PRIMULA* SPP.)
- ROSIER (*ROSA* SPP.)
- TOMATE (*LYCOPERSICON ESCULENTUM*)
- TOURNESOL (*HELIANTHUS* SPP.)
- VIGNE (*VIIS* SPP.)
- VIORNE (*VIBURNUM* SPP.)

En achetant ces plantes, recherchez toujours des variétés résistantes au mildiou. (Indice, les variétés résistantes au blanc sont généralement assez résistantes au mildiou aussi).

1395. PAILLIS PRÉVENTIF

Tel que mentionné au truc 912, un bon paillis au sol toute l'année fait beaucoup pour prévenir le mildiou, car les spores restent prisonnières sous le paillis et ne peuvent monter sur les feuilles.

■ Moisissure grise

1396. RAREMENT UN PROBLÈME RÉCURRENT

La moisissure grise ou botrytis (*Botrytis cinerea*) est surtout fréquente par temps très humide, donc lors d'étés particulièrement pluvieux dans un emplacement sombre et encombré ou à l'intérieur, car elle se manifeste aussi sur les plantes d'intérieur, dans une pièce où la circulation de l'air est faible. Loin d'être une maladie

Feuilles de tulipe atteintes de la moisissure grise.

spécifique, la moisissure grise peut s'attaquer à presque n'importe quelle plante. Elle infeste surtout les feuilles inférieures, formant des points ou des plaques ressemblant à du duvet gris sur les feuilles. Elle peut aussi envahir les jeunes tiges. Les tissus atteints ramollissent et noircissent, puis pourrissent. La maladie commence souvent sur des feuilles mortes ou endommagées, mais s'étend facilement aux tissus sains si les conditions conviennent. Certaines plantes peuvent en mourir (en général des plantes faibles ou n'étant pas à leur place), mais la plupart des plantes récupèrent très bien. Habituellement, on ne remarque la maladie que lorsqu'elle a fini son œuvre et qu'il y a un amas de tiges ou de feuilles mortes et pourrissantes. Dans ce cas, il y a peu à faire sinon que de couper les sections mortes. Si le problème revient l'année suivante, par contre, il y a lieu de se demander si les plantations dans le secteur ne sont pas trop denses et, si c'est le cas, éclaircir en coupant ou en déterrant les plantes en trop. Il y a peu à faire pour prévenir la moisissure grise, qui a tendance à être très sporadique et dépendante de conditions atmosphériques toutes aussi sporadiques, sinon d'apprendre à arroser le matin plutôt que le soir et sans mouiller le feuillage (appliquez entre autres le truc 839, soit l'utilisation d'un tuyau suintant).

1397. BRÛLURE BOTRYTIQUE DE LA PIVOINE

Il s'agit d'une forme de pourriture grise qui s'attaque aux pivoines au printemps, notamment quand la saison est fraîche ou humide ou que le propriétaire arrose fréquemment. Les boutons floraux secondaires brunissent et meurent et parfois même les boutons principaux en sont atteints. Le feuillage aussi peut-être marqué de taches rousses qui noircissent. On ne peut qu'enlever les parties atteintes… et espérer que tout ira mieux l'année suivante. Ce problème est plus fréquent chez les vieux cultivars : il peut être sage de les remplacer par des variétés modernes, plus résistantes. Et les pivoines sont moins sujettes à la maladie dans une plate-bande paillée.

■ Nodule noir

1398. LE CANCER NOIR DES FRUITIERS

Nodule noir.

Non, le nodule noir n'est pas un cancer, mais il pousse comme un cancer… et un cancer avec métastases, en plus ! Sur les pruniers et les cerisiers, on découvre, à la chute des feuilles, des excroissances noires et difformes. C'est une maladie fongique dont les spores sont d'habitude apportées d'un cerisier ou d'un prunier sauvage par le vent.

Cependant lorsqu'il atteint un arbre, le nodule noir s'étend localement : d'autres nodules apparaissent çà et là et de plus en plus avec le temps. Le conseil du jardinier paresseux est de couper et de détruire l'arbre atteint ! Je sais, je sais, dans d'autres livres on suggère de couper les branches infectées au moins 7,5 cm sous le nodule, désinfectant le sécateur dans de l'alcool à friction entre chaque coupe, sauf que… connaissez-vous même une seule personne qui se soit débarrassée du nodule noir sur un arbre qui l'avait ? En règle générale, la taille ne fait que satisfaire note envie de « faire quelque chose » : l'arbre est condamné. Mon point de vue ? Coupez-le maintenant de façon à pouvoir le remplacer par un arbre sain plus rapidement plutôt que de le voir mourir à petit feu.

1399. POUR PRÉVENIR LE NODULE NOIR…

Ne plantez pas de pruniers ni de cerisiers (encore les fruitiers ! Je vous le répète : le sage jardinier paresseux n'en plante pas !). Et si vous devez planter des pruniers ou des cerisiers, plantez des cultivars reconnus pour leur résistance au nodule noir.

1400. SI VOUS CULTIVEZ DES PRUNIERS ET DES CERISIERS…

Si vous n'avez pas encore vu de cas de nodule noir chez vous, tant mieux… mais coupez, si possible, tous les pruniers et les cerisiers sauvages des environs, car ce sont eux qui disséminent la maladie.

■ Rouille

1401. TACHES FOLIAIRES D'ORIGINE INCONNUE

Il y a des milliers d'espèces de champignons responsables de la rouille, la plupart très spécifiques à certaines espèces. On reconnaît la rouille par des pustules orangées à l'arrière de la feuille et par des taches de diverses couleurs sur la surface supérieure. Parfois, les taches s'agrandissent pour infester et, éventuelle-

Rouille.

ment, tuer toute la feuille. Habituellement, la rouille défigure son hôte sans toutefois le tuer et la plante vivra sans peine encore pendant de nombreuses années. Certaines rouilles vivent sur un hôte unique, d'autres ont des cycles alternatifs, devant vivre sur une plante hôte pendant un an pour se propager à une autre l'année suivante, puis tout recommence. Ainsi, la rouille du blé, maladie très grave des céréales, a comme hôte alternatif certaines espèces de berbéris, notamment l'épine-vinette (*Berberis vulgaris*), à tel point que la culture de cette dernière est défendue au Canada afin de protéger les producteurs de céréales.

1402. INUTILE DE LA COMBATTRE

Une fois qu'elle a trouvé son hôte, la rouille sera de retour tous les ans (s'il s'agit d'une plante pérenne). Et elle tue rarement son hôte. Habituellement, d'ailleurs, la plante est déjà infestée à l'achat! On *peut* prévenir l'apparition des symptômes de la maladie avec des vaporisations d'un fongicide biologique aux dix jours, du printemps jusqu'à la fin de l'été, mais soyons raisonnables : vous voyez-vous vraiment à faire ça ? La première solution du jardinier paresseux dans un cas pareil est d'éviter les plantes à problèmes. Poubelle pour la plante atteinte !

1403. FERMEZ LES YEUX SUR LA MALADIE

On peut toutefois apprendre à vivre avec la rouille si on est capable de fermer les yeux sur la maladie. Le cas classique est la rose trémière (*Alcea rosea*) chez laquelle la maladie affecte le feuillage, non pas la floraison (truc 11). Or, si on cache le feuillage, le problème est réglé !

1404. OU PLANTEZ DES VARIÉTÉS RÉSISTANTES

Il existe pour beaucoup d'espèces fréquemment atteintes par la rouille des proches parents ou des cultivars qui résistent à la maladie. Voici une solution facile au problème ! Plantez tout simplement des plantes résistantes à la rouille et tout sera beau !

Le feuillage de la rose trémière est atteint de la rouille, mais pas les fleurs.

1405. ON APPLIQUE LES ROTATIONS AUX ANNUELLES

Il est beaucoup plus facile de régler le problème de la rouille sur les annuelles, notamment sur les légumes. Il s'agit de faire une rotation régulière, telle qu'expliquée dans le truc 324, et d'éviter les monocultures (deux des éléments du RESPECT), en plus de choisir des variétés résistantes, si elles existent, pour éviter les problèmes de rouille.

1406. DES ROSES TRÉMIÈRES RÉSISTANTES

Qui a dit que les roses trémières étaient toujours atteintes par la rouille, une maladie qui fait brûler le feuillage inférieur avant la fin de l'été ? D'accord, on ne connaît pas de variétés résistantes de l'espèce la plus vendue, soit la rose trémière commune (*Alcea rosea*), mais il existe plus de soixante espèces d'*Alcea*. Sûrement, parmi tant d'espèces, il y a des plantes aussi ornementales, mais sans problème de rouille? Oui, mais comment les trouver? En effet, les marchands préfèrent nous vendre des plantes malades plutôt que des plantes saines, car presque aucun ne vend autre chose qu'*A. rosea*. Par catalogue de semence, par contre, on peut parfois obtenir d'autres espèces. Les suivantes se sont montrées totalement résistantes à la rouille en zone 4b: la rose trémière à feuilles de figuier (*A. ficifolia*), la rose trémière à feuilles rugueuses (*A. rugosa*), la rose trémière du Kurdistan (*A. kurdica*) et la rose trémière à fleurs pâles (*A. pallida*).

La rose trémière à feuilles de figuier (A. ficifolia) est résistante à la rouille et mérite d'être plantée en remplacement de la rose trémière commune (A. rosea).

1407. GENÉVRIERS ET POMMETIERS : PAS UN BON MÉLANGE

Deux des végétaux ornementaux les plus cultivés au Québec sont les genévriers et les pommetiers. On les voit dans toutes les jardineries, on les voit ensemble dans les mêmes aménagements et pourtant, on ne devrait pas les cultiver près l'un de l'autre. D'ailleurs, on recommande de les espacer d'au moins 150 m (soit plus de trois fois la largeur d'un terrain moyen!). Autrement dit, vous ne devriez pas cultiver des pommetiers si votre deuxième voisin a un genévrier et vice versa. C'est que la rouille du genévrier (*Gymnosporangium juniperi-virginianae*) est une maladie avec deux hôtes alternes. Une année elle attaque les genévriers (*Juniperus* spp.), provoquant la croissance de gales crevassées et pustulentes; l'année suivante, la maladie doit nécessairement infester un pommier ou un pommetier (*Malus* spp.) où elle produit des taches jaunes sur les feuilles et les fruits. Dans les pires cas, elle peut même faire chuter le feuillage du pommetier ou du pommier. Il est bien sûr possible de traiter aux deux

PHOTO : MAPAQ

Rouille sur un genévrier.

PHOTO : BERNARD DROUIN, MAPAQ.

Rouille sur une feuille de pommier.

Le genévrier sabine (J. sabina tamariscifolia) est résistant à la rouille du genévrier.

semaines du printemps la fin de l'été avec un fongicide à base de soufre, mais à quoi bon? Il est tellement plus facile de ne pas planter les genévriers et les pommetiers, ou les pommiers, près l'un de l'autre. Ou…

1408. RECHERCHEZ DES VARIÉTÉS RÉSISTANTES

On peut éviter les problèmes de la rouille du genévrier si on choisit des variétés résistantes. Vous trouverez un tableau montrant des pommiers résistants à la rouille au truc 266 et, au 204, il y a une liste de pommetiers «résistants aux maladies», incluant la rouille. Chez les genévriers, en général les variétés au port dressé sont plus sujettes à la maladie que les variétés à port évasé ou rampant et le genévrier des Rocheuses (*J. scopulorum*) est le plus à risque de tous. Il existe cependant plusieurs cultivars qui sont résistants à la maladie, dont les suivants:

- **GENÉVRIER COMMUN** (*JUNIPERUS COMMUNIS* '*AUREA*') **ZONE 3**
- **GENÉVRIER COMMUN** (*J. COMMUNIS* '*AUREA-SPICA*') **ZONE 3**
- **GENÉVRIER COMMUN** (*J. COMMUNIS* '*CRACOVIA*') **ZONE 3**
- **GENÉVRIER COMMUN** (*J. COMMUNIS DEPRESSA*) **ZONE 3**
- **GENÉVRIER COMMUN** (*J. COMMUNIS* '*HIBERNICA*') **ZONE 3**
- **GENÉVRIER COMMUN** (*J. COMMUNIS* '*OBLONGA PENDULA*') **ZONE 3**
- **GENÉVRIER COMMUN** (*J. COMMUNIS* '*PYRAMIDALIS*') **ZONE 3**
- **GENÉVRIER COMMUN** (*J. COMMUNIS SAXATALIS* '*PALLAS*') **ZONE 3**
- **GENÉVRIER COMMUN** (*J. COMMUNIS* '*SUECICA*') **ZONE 3**
- **GENÉVRIER COMMUN** (*J. COMMUNIS* '*SUECICA NANA*') **ZONE 3**

- **GENÉVRIER DE CHINE** (*J. CHINENSIS* '*AUREOGLOBOSA*') **ZONE 4**
- **GENÉVRIER DE CHINE** (*J. CHINENSIS* '*COLUMNARIS*') **ZONE 4**
- **GENÉVRIER DE CHINE** (*J. CHINENSIS* '*FEMINA*') **ZONE 4**
- **GENÉVRIER DE CHINE** (*J. CHINENSIS* '*FORTUNEI*') **ZONE 4**
- **GENÉVRIER DE CHINE** (*J. CHINENSIS* '*HETZII*') **ZONE 4**
- **GENÉVRIER DE CHINE** (*J. CHINENSIS* '*JAPONICUS*') **ZONE 4**
- **GENÉVRIER DE CHINE** (*J. CHINENSIS* '*KETEKEERI*') **ZONE 4**
- **GENÉVRIER DE CHINE** (*J. CHINENSIS* '*LEEANA*') **ZONE 4**
- **GENÉVRIER DE CHINE** (*J. CHINENSIS* '*MAS*') **ZONE 4**
- **GENÉVRIER DE CHINE** (*J. CHINENSIS* '*OBLONGA*') **ZONE 4**

- **GENÉVRIER DE CHINE**
  (*J. CHINENSIS PARSONSII*) **ZONE 4**

- **GENÉVRIER DE CHINE**
  (*J. CHINENSIS* 'PENDULA') **ZONE 4**

- **GENÉVRIER DE CHINE**
  (*J. CHINENSIS* 'PFITZERIANA') **ZONE 4**

- **GENÉVRIER DE CHINE**
  (*J. CHINENSIS* 'PFITZERIANA AUREA') **ZONE 4**

- **GENÉVRIER DE CHINE** (*J. CHINENSIS*
  'PFITZERIANA COMPACTA') **ZONE 4**

- **GENÉVRIER DE CHINE**
  (*J. CHINENSIS* 'PLUMOSA') **ZONE 4**

- **GENÉVRIER DE CHINE**
  (*J. CHINENSIS* 'PLUMOSA AUREA') **ZONE 4**

- **GENÉVRIER DE CHINE**
  (*J. CHINENSIS PROCUMBENS*) **ZONE 4**

- **GENÉVRIER DE CHINE**
  (*J. CHINENSIS* 'PYRAMIDALIS') **ZONE 4**

- **GENÉVRIER DE CHINE**
  (*J. CHINENSIS* 'VARIEGATA') **ZONE 4**

- **GENÉVRIER DE CHINE**
  (*J. CHINENSIS* 'WATERERI') **ZONE 4**

- **GENÉVRIER DE VIRGINIE**
  (*J. VIRGINIANA* 'AUREA') **ZONE 3**

- **GENÉVRIER DE VIRGINIE** (*J. VIRGINIANA*
  'BERG'S RUST RESISTANT') **ZONE 3**

- **GENÉVRIER DE VIRGINIE**
  (*J. VIRGINIANA* 'BURKII') **ZONE 3**

- **GENÉVRIER DE VIRGINIE**
  (*J. VIRGINIANA* 'GLAUCA') **ZONE 3**

- **GENÉVRIER DE VIRGINIE**
  (*J. VIRGINIANA* 'PSEUDOCUPRESSUS') **ZONE 3**

- **GENÉVRIER DE VIRGINIE**
  (*J. VIRGINIANA* 'PYRAMIDALIS') **ZONE 3**

- **GENÉVRIER DE VIRGINIE**
  (*J. VIRGINIANA* 'VENUSTA') **ZONE 3**

- **GENÉVRIER DU LITTORAL**
  (*J. CONFERTA*) **ZONE 5**

- **GENÉVRIER DU TEMPLE**
  (*J. RIGIDA*) **ZONE 4B**

- **GENÉVRIER ÉCAILLEUX**
  (*J. SQUAMATA* 'ALBOVARIEGATA') **ZONE 5B'**

- **GENÉVRIER ÉCAILLEUX**
  (*J. SQUAMATA FARGESII*) **ZONE 5B**

- **GENÉVRIER ÉCAILLEUX**
  (*J. SQUAMATA* 'MEYERI') **ZONE 5B**

- **GENÉVRIER ÉCAILLEUX**
  (*J. SQUAMATA* 'WILSONII') **ZONE 5B**

- **GENÉVRIER HORIZONTAL**
  (*J. HORIZONTALIS* 'ADMIRABILIS') **ZONE 2B**

- **GENÉVRIER HORIZONTAL**
  (*J. HORIZONTALIS* 'ADPRESSUS') **ZONE 2B**

- **GENÉVRIER HORIZONTAL**
  (*J. HORIZONTALIS* 'ARGENTEUS') **ZONE 2B**

- **GENÉVRIER HORIZONTAL**
  (*J. HORIZONTALIS* 'DOUGLASI') **ZONE 2B**

- **GENÉVRIER HORIZONTAL**
  (*J. HORIZONTALIS* 'EXIMIUS') **ZONE 2B**

- **GENÉVRIER HORIZONTAL**
  (*J. HORIZONTALIS* 'FILICINUS') **ZONE 2B**

- **GENÉVRIER HORIZONTAL**
  (*J. HORIZONTALIS* 'GLOMERATA') **ZONE 2B**

- **GENÉVRIER HORIZONTAL**
  (*J. HORIZONTALIS* 'LIVIDUS') **ZONE 2B**

- **GENÉVRIER HORIZONTAL**
  (*J. HORIZONTALIS* 'PETRAEUS') **ZONE 2B**

- **GENÉVRIER HORIZONTAL**
  (*J. HORIZONTALIS* 'PLUMOSA') **ZONE 2B**

- **GENÉVRIER HORIZONTAL**
  (*J. HORIZONTALIS* 'VARIEGATA') **ZONE 2B**

- **GENÉVRIER HORIZONTAL**
  (*J. HORIZONTALIS* 'WILTONI') **ZONE 2B**

- **GENÉVRIER SABINE**
  (*J. SABINA*) **ZONE 2**

- **GENÉVRIER SABINE**
  (*J. SABINA* 'FASTIGIATA') **ZONE 2**

- **GENÉVRIER SABINE**
  (*J. SABINA* 'HENNINGI') **ZONE 2**

- **GENÉVRIER SABINE**
  (*J. SABINA* 'VARIEGATA') **ZONE 2**

- **GENÉVRIER SABINE**
  (*J. SABINA TAMARISCIFOLIA*) **ZONE 2**

- **GENÉVRIER TAÏWANAIS**
  (*J. FORMOSANA*) **ZONE 6**

1409. ATTENTION AUX AUBÉPINES ET AUX SORBIERS AUSSI

Voilà pour les pommiers, pommetiers et les genévriers… mais il existe plus d'une espèce de rouille du genévrier. Il y a en plusieurs, dont certaines qui utilisent d'autres rosacées comme hôte alterne, notamment les aubépines et les sorbiers. La mauvaise nouvelle est qu'on ne connaît pas de sorbiers (*Sorbus* spp.) qui sont résistants à la rouille du genévrier et qu'il y a très peu d'aubépines (*Cragategus* spp.) non plus. Par contre, les quelques cultivars suivants d'aubépine se sont montrés résistants :

*L'aubépine verte (*C. viridis *'Winter King') résiste bien à la rouille du genévrier.*

- **AUBÉPINE À FRUITS CIRÉS** (*CRATAEGUS PRUINOSA*) **ZONE 5**
- **AUBÉPINE ANGLAISE** (*C. LAEVIGATA* '*AUTUMN GLORY*') **ZONE 5B**
- **AUBÉPINE ANGLAISE** (*C. LAEVIGATA* '*CRIMSON CLOUD*') **ZONE 5B**
- **AUBÉPINE DE FOURRÉ** (*C. INTRICATA*) **ZONE 2**
- **AUBÉPINE DE WASHINGTON** (*C. PHAENOPYRUM*) **ZONE 5**
- **AUBÉPINE ERGOT DE COQ** (*C. CRUS-GALLI*) **ZONE 2B**
- **AUBÉPINE VERTE** (*C. VIRIDIS* '*WINTER KING*') **ZONE 5**

■ Taches foliaires

1410. TACHES FOLIAIRES D'ORIGINE INCONNUE

Divers champignons, bactéries et virus peuvent causer des taches à l'endroit ou à l'envers des feuilles, mais aussi la pollution, la sécheresse et d'autres problèmes environnementaux. Les taches peuvent être petites ou grandes, s'étendre pour recouvrir la feuille ou non, et sont souvent jaunes, brunes ou noires, mais peuvent afficher d'autres couleurs. Presque toutes les plantes souffrent de taches foliaires de temps à autre et il n'y a pas lieu de s'en inquiéter s'il n'y en a que quelques-unes, surtout si elles ne s'étendent pas. Si le problème devient chronique (plus de deux ans de suite) et que la plante en est déparée, arrachez-la et remplacez-la par une plante moins susceptible, car déterminer la véritable cause de taches foliaires, et trouver une solution, est très, très difficile.

1411. LA TACHE NOIRE: POUR ROSIERS SEULEMENT

Spécifique aux rosiers, la tache noire commence par de petites taches noires qui se forment sur les feuilles inférieures, puis s'étendent sur toutes les feuilles. Aussi, les taches s'agrandissent avec le temps. Dans les cas graves, les feuilles tombent et l'écorce aussi montre des plaques noires. La maladie s'attaque à une vaste gamme de rosiers, notamment à la majorité des hybrides de thé, des grandifloras et des floribundas.

Tache noire du rosier.

Le jardinier paresseux ne fait ni une, ni deux: il ne plante *jamais* de rosiers sujets à la tâche noire! Si vous en avez déjà, arrachez-les et remplacez-les par les rosiers plus résistants, comme les rosiers rugueux, les rosiers d'Agriculture Canada (voir le truc 662), ou, en général, les rosiers à feuillage lisse comme les rosiers de la série Flower Carpet^{md} (attention, cependant, les Flower Carpet ne sont pas tous assez rustiques nord de la zone 5). Certains rosiers annoncent même leur bonne résistance par leur nom: 'Carefree Beauty', par exemple.

Le rosier arbustif 'Carefree Wonder' mérite son nom («carefree» veut dire «sans souci») à cause de sa grande résistance à plusieurs facteurs, dont la rouille.

1412. DES ROSIERS QUI RÉSISTENT

Les rosiers suivants sont considérés «résistants» à la tache noire. C'est-à-dire que, la plupart des années, il n'y aura pas de symptômes et seulement des symptômes restreints la plupart des autres années. Cela ne vaut que pour les rosiers cultivés sous de bonnes conditions: un rosier stressé par un environnement peu propice, même s'il est naturellement résistant à la tache noire, peut développer la

Le rosier arbustif 'Thérèse Bugnet' est résistant à la rouille.

maladie. Notez que cette liste comprend des rosiers résistants à la tache noire : elle n'est nullement une indication que le rosier est autrement performant, notamment en climat froid !

HYBRIDES DE THÉ : 'Auguste Renoir', 'Canadian White Star', 'Cary Grant', 'Charlotte Armstrong', 'Chrysler Imperial', 'Dainty Bess', 'Duet', 'Elizabeth Taylor', 'First Prize', 'Forty Niner', 'Granada', 'Helmut Schmidt', 'Just Joey', 'Keepsake', 'Las Vegas', 'Love and Peace', 'Marilyn Monroe', 'Miss All-American Beauty', 'Mister Lincoln', 'New Day', 'Olympiad', 'Pascale', 'Pink Peace', 'Princess of Monaco', 'Pristine', 'Silver Jubilee', 'Smooth Lady', 'Tiffany', 'Voodoo'.

GRANDIFLORAS ET FLORIBUNDAS : 'Angel Face', 'Betty Prior', 'Bonica', 'Carousel', 'City of London', 'Class Act', 'Escapade', 'Europeana', 'First Edition', 'French Lace', 'Gruss an Aachen', 'Hot Cocoa', 'Iceberg', ' Ivory Fashion', 'Love', 'Nearly Wild', 'New Year', 'Pink Parfait', 'Prima Donna', 'Queen Elizabeth', 'Razzle Dazzle', 'Red Gold', 'Sarabande', 'Sexy Rexy', 'Sun Flare', 'Sunsprite', 'Tournament of Roses'.

ROSIERS ARBUSTIFS* : 'Alba Meidiland', 'All That Jazz', 'Caldwell Pink', 'Carefree Beauty', 'Carefree Delight', 'Carefree Sunshine', 'Carefree Wonder', 'Distant Drums', 'Else Poulsen', 'George Vancouver', 'Harrison's Yellow', 'Knock Out', 'Prairie Harvest', 'Prairie Sunrise', 'Robusta', 'Sea Foam', 'Simon Fraser', 'Simplicity', 'Sir Thomas Lipton', 'The Fairy'.

ROSIERS GRIMPANTS : 'Dortmund', 'John Davis', 'New Dawn', 'Prosperity', 'Rambling Red', 'Red Climber', 'Royal Sunset', 'William Baffin'.

ROSIERS MINIATURES : 'Always a Lady', 'Anytime', 'Baby Betsy McCall', 'Beauty Secret', 'Black Jade', 'Green Ice', 'Gourmet Popcorn', 'Little Artist', 'Loving Touch', 'Magic Carrousel', 'Rainbow's End', 'Simplex', 'Watercolor'.

ROSIERS RUGUEUX* : 'Blanc Double de Coubert', 'F. J. Grookendorst', 'Frau Dagmar Hartopp', 'Linda Campbell', 'Rugosa Alba', 'Rugosa Magnifica', 'Rugosa Rubra', 'Roseraie de l'Hay', 'The Fairy', 'Therese Bugnet'.

---

* Presque tous les rosiers arbustifs et les rosiers rugueux sont résistants à la tache noire. Les noms indiqués ne le sont donc qu'à titre indicatif.

1413. POUR LES MOINS PARESSEUX

Vous n'êtes pas prêt à arracher vos rosiers, contrairement à la logique de la situation ? Essayez un traitement au bicarbonate de soude. Mélangez 5 ml (1 c. à thé) de bicarbonate de soude (trouvé dans le garde-manger) à 1 l d'eau, ajoutez quelques gouttes de savon insecticide et vaporisez cette solution sur les variétés sujettes à la maladie, et ce, aux deux semaines à partir de la sortie des feuilles. Notez qu'il s'agit d'un traitement *préventif*. Il empêchera la maladie d'apparaître et réduira sa portée lorsque les symptômes seront visibles, mais il ne saura éliminer les taches sur les feuilles si elles sont déjà présentes. Si vous voulez que les taches disparaissent, arrachez les feuilles atteintes.

■ Verticilliose

1414. QUAND VOS TOMATES DÉPÉRISSENT GRADUELLEMENT

La tomate ne manque pas de maladies et plusieurs peuvent mener à son dépérissement. Une, par contre, est particulièrement courante et sévère : la verticilliose ou flétrissure verticillienne. La maladie est tellement courante que presque tous les plants de tomate vont en souffrir à un certain degré. Le truc, c'est de tout mettre en œuvre pour que vos tomates poussent bien : ainsi, quand la maladie finit par les frapper, elle n'aura pas le temps de compléter son œuvre puisqu'elles seront très avancées. Le symptôme principal de la verticilliose chez la tomate est un dépérissement graduel, à partir de la base de la plante, des feuilles, qui jaunissent, brunissent et s'assèchent. Appliquez les principes du RESPECT (truc 323) et, surtout, choisissez des cultivars résistants (qui portent la lettre V après leur nom, tel qu'expliqué au truc 409), et vous n'aurez pas de problèmes sérieux avec la verticilliose.

Les feuilles inférieures jaunissantes de cette plante montrent des symptômes de verticilliose.

■ Virus

1415. LA PLUS MYSTÉRIEUSE DES MALADIES

La mosaïque du tabac (TMV) sur un plant de tomate. La TMV est un virus courant.

Les maladies virales sont certainement les plus mystérieuses des maladies des plantes. Dans plusieurs cas, les plantes ne présentent aucun symptôme, sinon un manque de vigueur, et ainsi les maladies peuvent passer inaperçues. Souvent, la plante est atteinte de plusieurs virus et c'est cette accumulation qui, avec le temps, lui enlève sa vigueur. D'autres virus ont des symptômes plus évidents: la plante reste atrophiée, des bigarrures, des auréoles ou des mosaïques apparaissent sur les feuilles, les fleurs peuvent être décolorées, etc. Parfois, les virus sont transportés de plante en plante par des insectes comme les pucerons, les thrips, les aleurodes et les tétranyques, parfois le vecteur principal, c'est l'être humain (les fumeurs, par exemple, transmettent souvent la mosaïque du tabac aux plantes qu'ils touchent!) et parfois on ne connaît pas le coupable. Quand on connaît le vecteur, ça donne une certaine chance de prévenir la maladie, car on peut éliminer les insectes et les fumeurs peuvent se laver les mains avant de toucher aux plantes. Lorsque la plante est infestée par un virus, il n'y a plus rien à faire sinon que de l'arracher et de la brûler avant que le virus n'atteigne d'autres végétaux.

1416. L'ASPIRINE PEUT PRÉVENIR LES VIRUS

Cela paraît peu croyable, mais en fait il existe plusieurs études qui démontrent que l'acide salicylique (oui, l'aspirine) peut prévenir les virus chez les plantes. Si un insecte potentiellement porteur de virus fait son apparition, il pourrait être sage d'arroser les plantes avec de l'eau contenant de l'aspirine jusqu'à ce que ce vecteur soit maîtrisé. Notez que, jusqu'à maintenant, cette action préventive n'a jamais été testée à l'extérieur des laboratoires… mais c'est néanmoins une idée à considérer.

1417. DES VIRUS DÉSIRABLES

Parfois les virus sont considérés décoratifs. La jolie panachure multicolore trouvée chez certains cultivars d'hibiscus (*Hibiscus rosa-sinensis* 'Cooperi', par exemple) et la marbrure jaune de certains abutilons (*Abutilon striatum* 'Thompsonii' et *A. megapotomicum* 'Variegata') sont causées par des virus bénins qui se

La panachure de cet hibiscus (Hibiscus rosa-sinensis 'Cooperi') est causé par un virus inoffensif.

transmettent à la prochaine génération par bouturage. On peut aussi transmettre ces coloris aux autres plantes des mêmes genres en greffant une plante infestée sur une plante saine. Les virus cités ne réduisent en rien la floraison de la plante.

MAMMIFÈRES

■ Généralités

1418. UN PIÈGE QUI NE FAIT PAS MAL

Il faut immédiatement bannir l'idée d'utiliser des pièges à mâchoires ou à dents, des collets, etc. pour contrôler les mammifères. En plus d'être illégaux dans presque tous des cas, ils tuent ou blessent les animaux... or ces pièges attrapent sans discrimination toutes sortes de petits animaux, incluant les animaux domestiques (chiens, chats, etc.). Il faut plutôt trouver des pièges de style « Havahart » dans lequel l'animal entre, comme dans une cage, à la recherche d'un appât et reste prisonnier. Après on peut le relocaliser.

Piège Havahart.

1419. UN APPÂT QUI PLAÎT À TOUS!

Vous cherchez à attraper les rongeurs avec un piège? Sachez que l'odeur de métal ainsi que celle de vos mains leur font peur. Il faut donc un appât particulièrement attirant pour compenser. Essayez des sections de pomme badigeonnées de beurre d'arachides. Cet appât est valable pour un grand nombre de mammifères: marmottes, campagnols, écureuils, ratons laveurs, mouffettes, et bien d'autres encore!

1420. UN VOYAGE À LA CAMPAGNE

Vous avez attrapé le rongeur qui vous a causé tant d'ennuis dans une cage piège? Bravo! Mais que faire avec maintenant? Il faut l'amener à la campagne, à au moins 20 km de chez vous, sinon il aura tendance à revenir à son point de départ.

■ Effaroucheurs

1421. LA PEUR (CONSTAMMENT RENOUVELÉE) L'EMPORTE!

Le savon Irish Spring peut chasser, temporairement, les mammifères de votre jardin.

Il y a des dizaines d'effaroucheurs sur le marché: des hiboux ou des serpents en plastique, des rubans argentés ou des assiettes en aluminium qui bougent au vent, des systèmes qui émettent des sons de coups de fusil ou des ultrasons, des produits malodorants comme des œufs pourris, de l'urine de prédateurs et du poil d'animaux domestiques, l'épouvantail classique, et j'en passe. Ils fonctionnent en faisant peur aux mammifères (et aussi aux oiseaux dans certains cas): l'animal sent qu'il y a quelque chose qui ne va pas et s'éloigne du lieu. La plupart fonctionnent quelque temps, mais quand l'animal se rend compte éventuellement qu'il n'y a pas vraiment de danger, il revient. Le secret, donc, n'est pas de se munir d'un seul répulsif, mais de plusieurs, et de les utiliser en rotation. Normalement, un effaroucheur sera efficace environ deux semaines, donc il vous faut tout un arsenal de répulsifs pour passer l'été en paix. En voici quelques-uns:

- APPAREILS À ULTRASONS;

- ASSIETTES D'ALUMINIUM FIXÉES SUR DES FILS POUR QU'ELLES SE FRAPPENT LES UNES CONTRE LES AUTRES;

- BIOSOLIDES (BOUES D'ÉGOUT TRAITÉES);

- BOÎTES MÉTALLIQUES FIXÉES SUR DES FILS POUR QU'ELLES SE COGNENT ET FASSENT DU BRUIT;

- BOMBES SONORES (ENREGISTREMENTS D'EXPLOSIONS OU DE COUPS DE FUSIL);

- CHEVEUX HUMAINS (DEMANDER À VOTRE COIFFEUR DE VOUS EN RAMASSER);

- CHIFFONS ATTACHÉS À UNE CORDE QUI BOUGE AU VENT;

- CHIFFONS TREMPÉS DANS LA CRÉOSOTE;

- ÉCLAIRAGE INTENSE GÉRÉ PAR UN DÉTECTEUR DE MOUVEMENT;

- ÉPOUVANTAILS;

- FARINE DE SANG OU FUMIER DE POULE (ET CE SONT DES ENGRAIS ITOU!);

- FEUILLES D'ASSOUPLISSANT TRÈS PARFUMÉES;

- JET D'EAU OU ARROSEUR MUNI PAR UN DÉTECTEUR DE MOUVEMENT (VOIR LE TRUC 1423);

- MUSIQUE FORTE;

- NAPHTALINE (« BOULES À MITES ») (ATTENTION DE NE PAS LES LAISSER À LA PORTÉE DES ENFANTS ET DES ANIMAUX DOMESTIQUES!);

- ŒUFS POURRIS;

- PLANTES RÉPULSIVES (ACHILLÉE, AIL, ANETH, ARMOISE, CIBOULETTE, ESTRAGON, LAVANDE, OIGNON, ORIGAN, SAUGE RUSSE, TANAISIE ET THYM);

- POILS DE CHAT OU DE CHIEN;

- PULVÉRISATIONS À BASE D'AIL (VOIR LE TRUC 750);

- SAVON IRISH SPRING OU TOUT AUTRE SAVON TRÈS PARFUMÉ;

- URINE DE PRÉDATEUR (ON PEUT ACHETER DES URINES DE COYOTE, DE RENARD ET MÊME DE LION).

NOTEZ QUE PLUSIEURS DE CES RÉPULSIFS SENTENT TELLEMENT MAUVAIS OU FONT TELLEMENT DE BRUIT QUE VOUS NON PLUS NE VOUDREZ PLUS FRÉQUENTER VOTRE TERRAIN!

1422. UNE PLANTE QUI ÉLOIGNE LES ANIMAUX ?

Le coléus canin Scardy Cat™ (Plectranthus caninus 'Sumcol 01') ne s'est pas montré très efficace pour éloigner les mammifères dans les jardins de l'auteur.

On a déjà vu une plante qui était censée éloigner les moustiques, le soi-disant «citrosa» qui n'était qu'un vulgaire géranium à senteur de citron (*Pelargonium graveolens*). Maintenant, on nous offre le coléus canin Scardy Cat™ ou Dog's Gone™ (*Plectranthus caninus* 'Sumcol 01', synonyme *Coleus caninus*) qui éloignerait chiens, chats et autres animaux (ratons laveurs, lapins, etc.). Je ne peux pas confirmer pour les animaux sauvages, mais ni ma chatte ni mon chien en ont été le moindrement dérangés lorsque je l'ai planté chez moi en 2002. Et au prix que coûte cette plante pour entourer complètement une plate-bande, je me serais attendu à un franc succès !

1423. ENFIN UN EFFAROUCHEUR QUI FONCTIONNE LONGTEMPS !

Trouver des effaroucheurs qui fonctionnent vraiment bien contre les mammifères n'est pas chose facile… mais il y en a un au moins qui semble ravir tous ceux qui l'ont essayé: l'arroseur muni d'un détecteur de mouvement. La marque habituellement vendue s'appelle «Scarecrow», mais les plus technologiquement avancés parmi les lecteurs pourraient sans doute s'en fabriquer un eux-mêmes. Le truc, c'est d'ajuster le jet pour qu'il couvre la zone que fréquente l'animal *sans* arroser les habitants ni le facteur (arrosez les voisins qui traversent toujours votre haie, c'est optionnel). Il n'y a rien comme toucher à l'animal (bien que seulement avec de l'eau) pour lui faire peur. De plus, c'est drôlement amusant ! On l'installe, on se place dans le hamac avec une bonne bière et l'on regarde le spectacle. Cerfs, ratons laveurs, chats, chiens, écureuils, marmottes, même les corneilles et les pigeons : ils se sauvent tous ! Évidemment, l'appareil n'est pas efficace contre les animaux qui vivent sous le sol, comme les taupes, et n'agit pas en présence des animaux de très petite taille : suisses, mulots, la plupart des oiseaux, etc. Aussi le Scarecrow est assez coûteux… mais je n'ai jamais entendu qui que ce soit s'en plaindre. Il faut croire que la paix entre l'humain et les animaux n'a pas de prix !

Le Scarecrow est un arroseur muni d'un détecteur de mouvement.

PHOTO: CONTECH ELECTRONICS INC.

■ Campagnols (mulots)

1424. PETIT, MAIS IL Y EN A LÀ-DEDANS !

Les campagnols ou mulots (*Microtus pennsylvanicus*), ces petites « souris » à queue courte, causent rarement des problèmes durant l'été. En hiver, cependant, ils creusent des galeries sous la neige et, affamés, viennent gruger l'écorce des arbres (notamment des arbres fruitiers) et des arbustes et manger les couronnes des vivaces et des légumes vivaces. Si le nombre de mulots est restreint, les dégâts sont généralement mineurs. Par contre, au sommet de leur cycle (environ aux sept ans), les mulots peuvent causer des dégâts incroyables : arbres et arbustes morts, plates-bandes dévastées, etc.

Campagnol des champs.

1425. MINOU, MINOU !

Les chats sont efficaces pour réduire les populations de mulots en été. Malheureusement, ils sont bien inutiles l'hiver, car les mulots vivent sous la neige.

Un tuyau de drainage peut remplacer une spirale anti-rongeur.

1426. BON SANG !

Appliquez de la farine de sang au pied des plantes sujettes aux mulots pour les éloigner.

1427. DES SPIRALES PLUS HAUTES

Pour protéger l'écorce de jeunes arbres contre les rongeurs (campagnols et lièvres, notamment), il se vend des spirales antirongeurs que l'on peut placer autour de leur tronc l'hiver. Mais, dans des conditions très enneigées, les spirales ne sont pas assez

hautes. Utilisez à la place une longueur de tuyau de drainage. Coupez exactement la longueur nécessaire, soit du sol jusqu'aux premières branches. Fendez le tuyau de haut en bas sur un seul côté de façon à pouvoir le placer autour du tronc de l'arbre. Installez votre spirale maison à la fin de l'automne et enlevez-la au début du printemps.

On peut traiter l'écorce des arbres et arbustes avec un répulsif pour éloigner les rongeurs.

1428. BEURK !

Impossible de placer une spirale anti-rongeur autour des arbustes qui se ramifient à partir du sol. Dans ce cas, vaporisez ou badigeonnez les tiges d'un répulsif au goût amer comme le «Ropel» ou le «Fiche le camp»: cela peut être très utile.

1429. BRISEZ LA CROÛTE

Durant l'hiver, enfoncez avec le pied la neige tout autour des arbres et des arbustes pour former une barrière de neige durcie trop difficile à pénétrer par les mulots.

■ Cerfs de Virginie (« chevreuils »)

1430. MIEUX VAUT PRÉVENIR QUE GUÉRIR

Peu importe la méthode choisie pour chasser les cerfs (*Odocoileus virginianus*), elle sera toujours plus efficace si vous l'appliquez *avant* d'avoir un problème. Tant que les cerfs ne savent pas qu'il y a quelque chose d'intéressant pour eux sur votre terrain, ils ne seront pas

Cerf de Virginie.

plus intéressés à visiter votre coin que n'importe quel autre animal, mais lorsqu'ils découvrent qu'il y a un garde-manger extraordinaire chez vous, il sera difficile de les convaincre de ne pas revenir. Quand vous entendez que des voisins ont eu la visite d'un joli cerf, sonnez le branle-bas de combat et sortez répulsifs, effaroucheurs, barrières ou tout autre « appareil » de votre choix, mais faites quelque chose !

1431. SABOTEZ LES CERFS

Les cerfs de Virginie détestent sentir leurs sabots coincés. Pour les décourager de visiter vos plates-bandes ou votre potager, recouvrez le sol de « grillage à poules » (grillage métallique à mailles fines). Ils éviteront cet emplacement. Juste le fait de placer quelques carrés de grillage çà et là peut être assez pour les décourager.

1432. UNE GUEULE PLEINE DE MÉTAL

Pour empêcher les cerfs de Virginie de grignoter les jeunes pousses des fruitiers l'hiver, entourez les quinze derniers centimètres de rameaux de fil métallique à l'automne. Quand le cerf essaiera de croquer une branche, il se ramassera avec la bouche pleine de métal et finira vite par abandonner la partie. Si le fil n'est pas placé trop serré autour des branches, il peut rester en place un an ou deux.

1433. PLANTEZ DE GROS ARBRES

Comme c'est désolant de planter des arbres dans l'attente de les voir grandir et dominer le paysage… pour voir les cerfs venir les tailler en buisson ou tout simplement les tuer. Plantez plutôt des arbres de bon calibre, soit d'environ 2 m de hauteur. Les cerfs brouteront peut-être les rameaux inférieurs, mais la cime sera hors de leur portée.

1434. EFFAROUCHEURS EN SÉRIE

Les effaroucheurs habituels fonctionnent très bien avec les cerfs. Ajoutez à la liste : un chiffon blanc qui bouge au vent. Les chevreuils sonnent l'alerte en levant leur queue pour montrer le dessous blanc. Or ce linge blanc qui s'agite constamment leur apparaît comme un signal très clair de danger imminent et ils ont beaucoup de difficulté à s'y accoutumer.

Rien ne vaut un chien en liberté pour éloigner les cerfs !

1435. UN GROS CHIEN EN LIBERTÉ… SURVEILLÉE

Chien, loup… les cerfs ne font pas la différence. Mais si le chien passe la majeure partie de son temps dans la maison (notamment la nuit), les cerfs finiront par connaître son horaire et vien-

dront quand même. Il faut donc que ce soit un chien qui reste dehors. De plus, récompensez-le quand il court après un cerf : il devinera que c'est son rôle et deviendra si efficace à dépister les cerfs qu'ils n'oseront même pas s'approcher du terrain. Il faut quand même que le terrain soit clôturé : un chien en liberté totale ne fera pas long feu s'il y a une route moindrement fréquentée dans les environs !

1436. UNE CLÔTURE « ANTI-CERFS »

On peut installer une clôture «anti-cerfs».

C'est la méthode la plus coûteuse, mais aussi la plus efficace. Mais une petite clôture décorative ne fonctionnera sûrement pas. Il vous faut une clôture à mailles en losange (de type Frost) haute d'au moins 2,4 m et dont le bas pénètre à 60 cm sous terre, car les cerfs n'hésiteront pas à creuser pour atteindre leur but. Oui, vous avez bien lu, le grillage de la clôture «anti-cerfs» doit mesurer au moins 3 m !

1437. UNE CLÔTURE « ANTI-CERFS » (BIS)

Voici une autre option pour une clôture «anti-cerfs». Oui, un cerf peut sauter une clôture de 2 m de hauteur… s'il n'y a pas d'obstacles de l'autre côté… mais s'il y a une *deuxième* clôture qu'il peut voir et qui est dans son espace d'atterrissage, il ne sautera même pas une clôture de 1,2 m. Installez donc deux clôtures séparées de 1,2 m à 1,5 m et attachez des rubans avertisseurs de couleur sur la deuxième, sinon l'animal pourrait ne pas la voir et se blesser sérieusement en tombant sur la clôture.

1438. UNE CLÔTURE ÉLECTRIQUE

Certaines personnes rapportent du succès avec une seule clôture de 1,2 m, mais électrifiée. Plusieurs modèles de ces clôtures sont disponibles à la Coop fédérée.

1439. MAIS LA VRAIE SOLUTION DU PARESSEUX CONSISTE À...

...Éliminer systématiquement les plantes que les cerfs mangent pour les remplacer par des plantes qu'ils dédaignent. Ainsi les hostas, les thuyas et les pommiers seront remplacés par des astilbes, des armoises et des épinettes. Ce truc réussit si bien que le cerf n'est plus votre ennemi : vous pouvez admirer sa beauté quand il traverse votre terrain et même l'encourager à venir en lui fournissant des pommes, car il ne fera plus aucun tort à votre aménagement. En général, les cerfs n'aiment pas les plantes piquantes comme les aubépines ou celles couvertes de poils comme les armoises et éviteront aussi les plantes qui leur sont toxiques, comme les digitales. Mais, pour davantage de suggestions, consultez la liste suivante.

Les cerfs n'aiment pas certaines plantes, dont les armoises (ici Armeria stelleriana *'Silver Brocade'.*

1440. LES PLANTES QUE LES CERFS N'AIMENT PAS

La liste suivante n'est pas coulée dans le béton. D'une part, les cerfs ont des goûts très variables d'une région à une autre et il est possible que, dans certaines, ils apprennent à manger des choses qu'ils ne mangent pas ailleurs. D'autre part cependant, les cerfs peuvent manger presque n'importe quoi quand ils sont complètement affamés, comme cela arrive parfois à la fin d'un hiver très dur.

Toutefois, si votre aménagement compte plusieurs des plantes suivantes, vous aurez une bonne longueur d'avance !

- **ACHILLÉE** (*ACHILLEA* SPP.) **ZONE 3**
- **ACONIT** (*ACONITUM* SPP.) **ZONE 3**
- **ACTÉE ROUGE** (*ACTAEA RUBRA*) **ZONE 2**
- **AGÉRATE** (*AGERATUM HOUSTONIANUM*) **ANNUELLE**
- **ALCHÉMILLE** (*ALCHEMILLA MOLLIS*) **ZONE 3**
- **ALLIUM** (*ALLIUM* SPP.) **ZONES 2 À 8**
- **AMSONIE** (*AMSONIA* SPP.) **ZONE 4**
- **ANCOLIE** (*AQUILEGIA* SPP.) **ZONE 3**

- **ANÉMONE** (*ANEMONE* SPP.) **ZONE 3 À 6**
- **ANÉMONE FAUX PIGAMON** (*ANEMONELLA THALICTROIDES*) **ZONE 4**
- **ANGÉLIQUE DU JAPON** (*ARALIA ELATA*) **ZONE 5**
- **ARBRE À PERRUQUE** (*COTINUS COGGYRIA*) **ZONE 5B**
- **ARBRE AUX PAPILLONS** (*BUDDLEIA DAVIDII*) **ZONE 6B**
- **ARMOISE** (ESPÈCES ARGENTÉES) (*ARTEMISIA* SPP.) **ZONES 2 À 8**

- **ASPÉRULE ODORANTE** (*GALIUM ODORATUM*) **ZONE 4**
- **ASTILBE** (*ASTILBE* SPP.) **ZONE 4**
- **AUBÉPINE** (*CRATAEGUS* SPP.) **ZONES 3 À 6**
- **AVOINE DÉCORATIVE** (*HELICTOTRICHON SEMPERVIRENS*) **ZONE 4**
- **BERGENIA** (*BERGENIA* SPP.) **ZONE 3**
- **BOIS JOLI** (*DAPHNE MEZEREUM*) **ZONE 3**
- **BOULEAU À PAPIER** (*BETULA PAPYRIFERA*) **ZONE 2**
- **BOULEAU EUROPÉEN** (*BETULA PENDULA*) **ZONE 2**
- **BOURRACHE** (*BORAGO OFFICINALIS*) **FINE HERBE ANNUELLE**
- **BOURREAU DES ARBRES** (*CELASTRUS* SPP.) **ZONE 3**
- **BRUNNERA** (*BRUNNERA MACROPHYLLA*) **ZONE 3**
- **BRUYÈRE COMMUNE** (*CALLUNA VULGARIS*) **ZONE 4**
- **BRUYÈRE D'HIVER** (*ERICA CARNEA*) **ZONE 5B**
- **BUIS** (*BUXUS* SPP.) **ZONES 4 À 9**
- **CALLA** (*ZANTEDESCHIA* SPP.) **BULBE TENDRE**
- **CAMOMILLE DES TEINTURIERS** (*ANTHEMIS TINCTORIA*) **ZONE 3**
- **CAMPANULE** (*CAMPANULA* SPP.) **ZONES 3 À 7**
- **CENTAURÉE ARGENTÉE** (*CENTAUREA CINERARIA*) **ANNUELLE**
- **CENTAURÉE DE MONTAGNE, BLEUET VIVACE** (*CENTAUREA MONTANA*) **ZONE 4**
- **CHALEF ARGENTÉ** (*ELAEAGNUS COMMUTATA*) **ZONE 1B**
- **CIBOULETTE** (*ALLIUM SCHOENOPRASUM*) **ZONE 3**
- **CIMICIFUGE** (*CIMICIFUGA* SPP.) **ZONE 4**
- **CINÉRAIRE ARGENTÉE** (*SENECIO BICOLOR*) **ANNUELLE**
- **CITROUILLE** (*CUCURBITA* SPP.) **LÉGUME**
- **CLÉMATITE** (*CLEMATIS* SPP.) **ZONES 2 À 9**
- **CŒUR-SAIGNANT** (*DICENTRA* SPP.) **ZONE 3**
- **COEUR-SAIGNANT DES JARDINS** (*DICENTRA SPECTABILIS*) **ZONE 2**
- **CONCOMBRE** (*CUCUMIS SATIVUS*) **LÉGUME**
- **COQUELOURDE DES JARDINS** (*LYCHNIS CORONARIA*) **ZONE 3**
- **CORNOUILLER** (*CORNUS* SPP.) **ZONE 3**
- **COTONÉASTER** (*COTONEASTRE* SPP.) **ZONES 3 À 9**
- **DIGITALE** (*DIGITALIS* SPP.) **ZONE 4**
- **ENKIANTHE** (*ENKIANTHUS* SPP.) **ZONES 5B À 9**
- **ÉPIAIRE** (*STACHYS* SPP.) **ZONES 3 À 8**
- **ÉPIMÈDE** (*EPIMEDIUM* SPP.) **ZONE 3**
- **ÉPINETTE** (*PICEA* SPP.) **ZONES 1 À 7**
- **ÉPINE-VINETTE DE THUNBERG** (*BERBERIS THUNBERGII*) **ZONE 4**
- **ÉRABLE À GIGUÈRE** (*ACER NEGUNDO*) **ZONE 2**
- **ÉRABLE DU JAPON** (*ACER PALMATUM*) **ZONE 6A**
- **EUPATOIRE** (*EUPATORIUM* SPP.) **ZONE 3**
- **EUPHORBE** (*EUPHORBIA* SPP.) **ANNUELLE OU ZONES 3 À 10**
- **FAUX SORGHO PENCHÉ** (*SORGHASTRUM NUTANS*) **ZONE 4**
- **FÉTUQUE BLEUE** (*FESTUCA GLAUCA*) **ZONE 4**
- **FILIPENDULE, REINE-DES-PRÉS** (*FILIPENDULA* SPP.) **ZONE 3**
- **FORSYTHIA** (*FORSYTHIA* SPP.) **ZONES 4 À 7**
- **FOUGÈRES** (LA PLUPART DES ESPÈCES) **ZONES 1 À 10**
- **FRÊNE** (*FRAXINUS* SPP.) **ZONES 2B À 7**
- **FUMETERRE JAUNE** (*CORYDALIS LUTEA*) **ZONE 3**
- **FUSAIN** (*EUONYMUS* SPP.) **ZONES 4 À 7**
- **GADELIER, GROSEILLIER** (*RIBES* SPP.) **ZONE 3**
- **GAILLARDE** (*GAILLARDIA* SPP.) **ANNUELLE OU ZONE 3**
- **GENÉVRIER** (*JUNIPERUS* SPP.) **ZONES 1 À 7**
- **GÉRANIUM** (*GERANIUM* SPP.) **ZONE 4**
- **GLOIRE DU MATIN** (*IPOMOEA NIL*) **GRIMPANTE ANNUELLE**
- **GLYCINE** (*WISTERIA* SPP.) **ZONES 6B À 9**

- **GUEULE DE LOUP, MUFLIER** (*ANTIRRHINUM MAJUS*) **ANNUELLE**
- **HÉLÉNIE** (*HELENIUM* SPP.) **ZONE 3**
- **HELLÉBORE** (*HELLEBORUS* SPP.) **ZONE 5**
- **HERBE AUX ÉCUS** (*LYSIMACHIA NUMMULARIA*) **ZONE 3**
- **HÊTRE À GRANDES FEUILLES** (*FAGUS GRANDIFOLIA*) **ZONE 4**
- **HOUX À FEUILLES PIQUANTES** (*ILEX* SPP.) **ZONES 4B À 9**
- **IMMORTELLE VIVACE** (*ANAPHALIS MARGARITACEA*) **ZONE 3**
- **IRIS** (*IRIS* SPP.) **ZONES 3 À 8**
- **JULIENNE DES DAMES** (*HESPERIS MATRONALIS*) **ZONE 4**
- **KALIMERIS** (*KALIMERIS PINNATIFIDA*) **ZONE 4**
- **KALMIA** (*KALMIA* SPP.) **ZONES 1 À 8**
- **KERRIA DU JAPON** (*KERRIA JAPONICA*) **ZONE 5B**
- **KIRENGESHOMA** (*KIRENGESHOMA* SPP.) **ZONES 3 À 4**
- **LAMIER** (*LAMIUM MACULATUM*) **ZONE 2**
- **LANTANA** (*LANATA CAMARA*) **ANNUELLE**
- **LAURIER-ROSE** (*NERIUM OLEANDER*) **PLANTE TENDRE**
- **LAVANDE** (*LAVANDULA ANGUSTIFOLIA*) **ZONE 5**
- **LILAS** (*SYRINGA* SPP.) **ZONES 2 À 7**
- **LUPIN** (*LUPINUS* SPP.) **ZONE 3**
- **LYSIMAQUE** (*LYSIMACHIA* SPP.) **ZONE 3**
- **MAGNOLIA** (*MAGNOLIA* SPP.) **ZONES 4B À 9**
- **MAHONIE** (*MAHONIA* SPP.) **ZONES 5 À 9**
- **MARGUERITE** (*LEUCANTHEMUM* SPP.) **ZONE 3**
- **MAUVE DRESSÉE** (*MALVA ALCEA* 'FASTIGIATA') **ZONE 3**
- **MENTHE** (*MENTHA* SPP.) **ZONES 2 À 8**
- **MISCANTHUS DU JAPON** (*MISCANTHUS SINENSIS*) **ZONES 4 À 6**
- **MONARDE** (*MONARDA* SPP.) **ZONE 3**
- **MUSCARI** (*MUSCARI* SPP.) **ZONES 2 À 6**
- **MYOSOTIS** (*MYOSOTIS* SPP.) **ZONES 3 À 4**

- **NARCISSE** (*NARCISSUS* SPP.) **ZONES 3 À 7**
- **NÉPÉTA** (*NEPETA* SPP.) **ZONE 4**
- **NIVÉOLE** (*LEUCOJUM* SPP.) **ZONE 4**
- **NOISETIER** (*CORYLUS* SPP.) **ZONES 2 À 6**
- **OIGNON** (*ALLIUM CEPA*) **LÉGUME**
- **OLIVIER DE BOHÊME** (*ELAEAGNUS ANGUSTIFOLIA*) **ZONE 2B**
- **OPUNTIA** (*OPUNTIA* SPP.) **ZONES 3 À 9**
- **OREILLE D'OURS** (*STACHYS BYZANTINA*) **ZONE 3**
- **ORIGAN** (*ORIGANUM VULGARE*) **FINE HERBE ZONE 5**
- **ORME** (*ULMUS* SPP.) **ZONES 2 À 5**
- **PANIC RAIDE** (*PANICUM VIRGATUM*) **ZONE 4**
- **PAVOT D'ISLANDE** (*PAPAVER NUDICAULE*) **ZONE 3**
- **PENNISETUM** (*PENNISETUM ALOPECUROIDES*) **ZONE 5B**
- **PERSIL** (*PETROSELINUM CRISPUM*) **FINE HERBE**
- **PEUPLIER DE LOMBARDIE** (*POPULUS NIGRA* 'ITALICA') **ZONE 4**
- **PIED D'ALOUETTE** (*DELPHINIUM* SPP.) **ANNUELLE OU ZONE 3**
- **PIGAMON** (*THALICTRUM* SPP.) **ZONES 2 À 6**
- **PIN** (*PINUS* SPP.) **ZONES 2 À 8**
- **PIVOINE DES JARDINS** (*PAEONIA LACTIFLORA*) **ZONE 3**
- **PIVOINE EN ARBRE** (*PAEONIA SUFFRUTICOSA*) **ZONE 4B**
- **PLANTE À CALICE** (*SILPHIUM PERFOLIATUM*) **ZONE 4**
- **POTENTILLE ARBUSTIVE** (*POTENTILLA FRUTICOSA*) **ZONE 2**
- **PULMONAIRE** (*PULMONARIA* SPP.) **ZONE 3**
- **RHODODENDRON** (EXCEPTÉ AZALÉES) (*RHODODENDRON* SPP.) **ZONES 2 À 10**
- **ROBINIER FAUX-ACACIA** (*ROBINIA PSEUDO-ACACIA*) **ZONE 4B**
- **ROMARIN** (*ROSMARINUS OFFICINALIS*) **FINE HERBE**
- **ROSIERS TRÈS PIQUANTS** (*ROSA RUGOSA, R. SPINOSISSIMA*, ETC.) **ZONES 4 À 7**

- **RUDBECKIE** (*RUDBECKIA* SPP.) **ANNUELLE OU ZONE 3**
- **SANTOLINE** (*SANTOLINA CHAMAECYPARISSUS*) **ANNUELLE**
- **SAPONAIRE** (*SAPONARIA OXYMOIDES*) **ZONE 3**
- **SARRIETTE D'HIVER** (*SATUREJA MONTANA*), **FINE HERBE ZONE 4**
- **SAUGE OFFICINALE** (*SALVIA OFFICINALIS*) **FINE HERBE, ZONE 5**
- **SAUGE RUSSE** (*PEROVSKIA ATRIPLICIFOLIA*) **ZONE 4B**
- **SAUGE VIVACE** (*SALVIA* SPP.) **ZONES 3 À 10**
- **SCABIEUSE** (*SCABIOSA* SPP.) **ANNUELLE OU ZONE 3**
- **SCILLE DE SIBÉRIE** (*SCILLA SIBERICA*) **ZONE 2**
- **SÉDUM** (*SEDUM* SPP.) **ZONES 2 À 10**
- **SOUCI** (*CALENDULA OFFICINALIS*) **ANNUELLE**
- **SPIRÉE** (*SPIREA* SPP.) **ZONES 2 À 7**
- **SPOROBOLE À FEUILLES INÉGALES** (*SPOROBOLUS HETEROLEPSIS*) **ZONE 4**
- **SUREAU ROUGE D'EUROPE** (*SAMBUCUS RACEMOSA*) **ZONE 4B**
- **TANAISIE** (*TANACETUM VULGARE*) **ZONE 3**
- **THYM** (*THYMUS* SPP.) **ZONES 3 À 8**
- **TIARELLE** (*TIARELLA* SPP.) **ZONE 3**
- **TRADESCANTIA** (*TRADESCANTIA* X *ANDERSONIANA*) **ZONE 4**
- **VALÉRIANE ROUGE** (*CENTRANTHUS RUBER*) **ZONE 3**
- **VERVAINE** (*VERBENA* SPP.) **ANNUELLE**
- **VIORNE** (*VIBURNUM* SPP.) **ZONES 2 À 8**
- **ZINNIA** (*ZINNIA* SPP.) **ANNUELLE**

■ Chats

1441. LES CHATS NE MORDENT PAS LA MAIN QUI NOURRIT !

Les chats font souvent leur dégâts chez le voisin !

Je m'excuse auprès des amateurs de chat (*Felix domesticus*) de devoir mettre leur animal préféré sur la liste des animaux nuisibles, mais, dans le jardin, il *est* généralement nuisible. D'accord, il attrape parfois des petits mammifères nuisibles, comme le campagnol, mais, le plus souvent, il chasse les oiseaux qu'on essaie d'encourager. Les pires dégâts viennent plutôt de son habitude de creuser dans les espaces dénudés des plates-bandes et des potagers pour y faire ses besoins. Or, ces espaces ne sont *pas* dénudés, pas de notre point de vue, et le chat arrache ou renverse semis, jeunes plants, etc. De plus, une fois qu'il a choisi un endroit, il y retourne encore et encore, rendant non seulement l'espace réellement dégarni, mais nauséabond aussi. Mais les chats savent respecter la main qui les nourrit : ils ne vont presque jamais chez eux, mais chez le voisin ! Donc, votre chat paraît toujours être un petit ange, mais alors le chat du voisin !

1442. RENDRE LEUR LIEU D'AISANCE MOINS AGRÉABLE

Les chats aiment le grand confort et changeront vite d'idée sur une litière si elle ne convient plus à leurs exigences. Voici donc quelques trucs pour les chasser :

- GARDEZ L'EMPLACEMENT TRÈS HUMIDE PAR DES ARROSAGES RÉPÉTÉS : LES CHATS DÉTESTENT AVOIR LES PATTES HUMIDES;

- METTEZ DU GRILLAGE À POULE SUR LES LIEUX DE SEMIS. LES CHATS NE POURRONT PLUS GRATTER LE SOL... MAIS LES SEMIS POURRONT POUSSER AU TRAVERS;

- DISPOSEZ DES POILS DE CHIEN SUR L'EMPLACEMENT (MINOU EN SERA TRÈS OFFUSQUÉ). SI VOUS N'AVEZ PAS DE PITOU, DEMANDEZ DU POIL DANS UN SALON DE TOILETTAGE;

- LES PAILLIS PLUTÔT RUGUEUX OU MÊME PIQUANTS, COMME LES PAILLIS D'ÉCORCE, DE CÔNES DE CONIFÈRE BRISÉS, DE BRANCHES D'ÉPINETTE, DE RETAILLES DE ROSIER, DE PIERRES, ETC. TIENDRONT AUSSI LES CHATS À DISTANCE.

1443. COMME CHIEN ET CHAT

Profitez de cette animosité qui vient de la nuit des temps. Si vous avez un chien et notamment s'il passe le gros de son temps à l'extérieur, les chats éviteront votre terrain.

1444. DES PLANTES QUE LES CHATS N'AIMENT PAS

Les chats sont réputés ne pas aimer certaines plantes. Si on les cultive partout, ils auront tendance à aller ailleurs. Toutefois, il ne faut pas les prendre pour des barrières absolues, mais tout simplement comme une douce dissuasion :

Il paraît que les chats n'aiment pas certaines plantes, dont la rue, et éviteront à passer à leur proximité. Sur le terrain, les résultats sont toutefois mitigés.

■ Chiens

1445. PIPI PARTOUT !

L'urine des chiennes peut brûler le gazon.

Au contraire des chats qui dérangent surtout les voisins jardiniers, ce sont les chiens (*Canis familiaris*), et notamment les femelles dont l'urine brûle facilement les pelouses, qui causent des problèmes à leur propriétaire surtout (quant à eux, les mâles dispersent leur urine parcimonieusement, çà et là, habituellement sur des arbres ou des poteaux et leur urine est donc moins nocive). Si vous étiez toujours là, la solution serait facile. Arrosez bien l'emplacement avec de l'eau pour diluer l'urine. Dans ce cas, l'urine, qui est riche en azote, au contraire de nuire, donnera un gazon plus vert ! Mais vous n'êtes pas toujours là… quoi faire alors ?

- **ACHETEZ UNE PETITE CHIENNE OU UN MÂLE : CE SONT LES CHIENNES DE GRANDE TAILLE QUI CAUSENT LES DÉGÂTS ;**

- **ENTRAÎNEZ LA CHIENNE À UTILISER UN ESPACE PARTICULIER ;**

- **REMPLACEZ LE GAZON PAR DES PLATES-BANDES MIXTES OU D'AUTRES PLANTATIONS : CE N'EST VRAIMENT QUE DANS LE GAZON QU'IL Y A DES DÉGÂTS.**

1446. MON CHIEN CREUSE DES TROUS PARTOUT !

Beaucoup de chiots ont ce défaut lorsqu'ils sont jeunes, mais s'en guérissent en vieillissant… sinon on peut les entraîner à ne pas creuser. Par contre, certaines races sont difficiles à dompter à cet égard… et ne venez pas me dire que vous ne le saviez pas quand vous avez acheté un terrier dont le nom même indique qu'il a ça dans le sang !

Écureuils

1447. LES BULBES QUE LES ÉCUREUILS N'AIMENT PAS

Il est facile de contrecarrer les écureuils gris ou noirs (*Sciurus carolinensis*) qui mangent vos bulbes : ne plantez que les bulbes qu'ils n'aiment pas… et c'est la majorité des bulbes. Les écureuils n'aiment, en fait, qu'un petit groupe de bulbes, dont les tulipes, les lis et la plupart des crocus et laisseront en paix les narcisses, les perce-neiges, les scilles, les chionodoxas, les muscaris, les jacinthes, les fritillaires, les éranthes et presque tous les autres !

L'écureuil gris, qui peut aussi être noir, est un grand ennemi des jardins.

1448. DES GRAVIERS POUR PROTÉGER LES BULBES

Les écureuils ou les campagnols (mulots) s'en prennent-ils à vos bulbes de tulipe ? En les plantant, couvrez-les d'une couche de graviers pointus. Les rongeurs ne savent pas comment déjouer un tel obstacle et les laisseront tranquilles !

1449. UN PAILLIS POUR ÉCUREUILS

Plutôt que de chasser les écureuils de vos plantations de bulbes, pourquoi ne pas les attirer vers une autre source de nourriture… avec un paillis de glands de chêne ? C'est si facile si vous avez beaucoup de chênes sur votre terrain. En effet, il suffit de passer des glands dans une déchiqueteuse pour les réduire en miettes et d'étaler tout sim-

Un paillis de glands peut tenir les écureuils occupés.

plement le paillis qui en résulte sur les trous de plantation. Les écureuils viendront manger la chair des glands, mais laisseront vos bulbes en paix, car ils ne semblent pas s'y intéresser quand il y a une autre source de nourriture abondante. De plus, ils laisseront la partie extérieure du gland, non comestible, sur place, vous donnant un paillis efficace.

1450. LES NARCISSES CONFONDENT LES ÉCUREUILS

Une autre façon de protéger les bulbes de tulipes (et aussi les bulbes de lis) contre les rongeurs est de faire d'abord votre plantation de tulipes à la profondeur habituelle, soit à environ 15 cm, puis de planter par-dessus des narcisses miniatures (ils ont seulement besoin d'une plantation à 10 cm de profondeur : il est donc possible de les planter par-dessus ces derniers). D'abord, vous aurez une plus longue saison de floraison, car les narcisses nains sortent habituellement au moins deux semaines plus tôt que les tulipes, mais surtout, les rongeurs n'aiment pas les narcisses et laisseront votre plate-bande tranquille s'ils découvrent des bulbes de narcisse en creusant.

1451. UNE PLANTATION EN PROFONDEUR MET LES BULBES À L'ABRI

On utilise parfois la plantation profonde des bulbes de tulipes, soit à environ 30 cm, pour prolonger la durée du bulbe dans le sol, mais il a un autre avantage : les écureuils ne viennent plus les manger !

1452. LES ÉCUREUILS EN CHUTE LIBRE

C'est choquant quand les écureuils montent dans votre mangeoire voler la nourriture que vous aviez prévue pour les oiseaux. Essayez de placer votre mangeoire sur un poteau en métal placé au moins à 6 m de tout arbre ou de tout autre support à partir duquel notre rat à queue plumeuse pourrait se lancer… et badigeonnez le poteau de Vaseline®. Vous vous amuserez beaucoup à les voir glisser vers le bas après chaque saut !

1453. LE « SCARECROW » À LA RESCOUSSE

Relisez le truc 1423 : il fonctionne à merveille avec les écureuils.

■ Lapins et lièvres

1454. MIGNONS COMME TOUT, MAIS QUELS DÉGÂTS !

On voit de plus en plus le minuscule lapin à queue blanche (*Sylvilagus floridanus*), autrefois rare au Québec, dans les jardins de banlieue et même de ville dans le sud-ouest du Québec (il est généralement absent ailleurs) alors que ses grands cousins à oreilles plus longues, le lièvre d'Amérique (*Lepus americanus*) et le lièvre arctique (*Lepus arcticus*), sont encore essentiellement campagnards. Les trois

Le petit lapin à queue blanche est de plus en plus courant dans nos jardins.

amis raffolent de nos potagers en été et se délectent de l'écorce de nos arbustes et jeunes arbres en hiver. Durant l'été, une application de farine de sang ou de fumier de poule au sol dans le potager peut les éloigner. En hiver, encerclez les tiges des arbustes et les troncs des jeunes arbres de spirales antirongeurs, de papier d'aluminium, de grillage à poule ou autre. On peut aussi les piéger avec des pièges de type « Havahart » (truc 1418), seuls utilisables en ville et en banlieue, car les collets utilisés à la campagne peuvent tuer les petits animaux domestiques (chats, chiens de petite taille, etc.).

1455. POUR PROTÉGER LES TRONCS

Les trucs pour protéger les troncs des arbres et les branches des arbustes contre les campagnols fonctionneront aussi contre les lapins et les lièvres. Voyez à cet effet les trucs 1427 à 1428.

La marmotte est particulièrement difficile à contrôler.

■ Marmottes

1456. UN APPÉTIT SANS FIN

À cause de sa grande taille, la marmotte ou « siffleux » (*Marmota monax*) cause des dégâts hors de toutes proportions. Elle s'attaque avant tout aux légumes et, quand elle n'en trouve pas, aux vivaces et aux annuelles. Elle ne se contente pas de

manger quelques feuilles ou fleurs, en général elle broute la plante jusqu'au sol. Si vous ne cultivez pas de légumes, vous pouvez vite régler son cas : arrachez les plantes qu'elle aime et comblez les vides en multipliant celles qu'elle ne touche pas. Et règle générale, les plantes que les cerfs n'aiment pas (truc 1440) n'attireront pas les marmottes non plus.

1457. UN CHIEN D'EXTÉRIEUR

Vous n'aurez pas de marmottes si vous avez un chien qui reste dehors. Les marmottes ne peuvent pas les supporter.

1458. DES EFFAROUCHEURS EN ROTATION

Comme tous les mammifères, la marmotte est dérangée par les répulsifs au début, puis finit par revenir quand elle se rend compte qu'il n'y avait pas vraiment de danger. En utilisant, alternativement, des répulsifs bruyants, malodorants, en mouvement, etc., vous pouvez en venir à bout. Voir le truc 1421.

1459. UNE CLÔTURE EFFICACE

On voit bien des potagers entourés de clôtures pour éloigner les animaux comme la marmotte, mais, en général, elles ne fonctionnent pas parce qu'elles ne tiennent pas compte du fait que la marmotte peut grimper et peut creuser. Il faut donc une clôture étonnamment haute pour un si petit animal... et aussi l'enterrer dans le sol à sa base. Une clôture métallique fabriquée de grillage à poule est peu coûteuse et peut bien protéger si elle mesure aux moins 90 cm de hauteur et est enterrée à 30 cm de profondeur. Pour la partie enterrée, pliez le grillage à 90°. Comme la marcotte tend à creuser directement au pied de la clôture, elle sera bien embêtée.

Clôture anti-marmottes.

1460. POUR ÉLIMINER LE TERRIER

La marmotte creuse un terrier comprenant quatre ou cinq tunnels… et y tient comme à la prunelle de ses yeux. C'est une chose que d'éloigner une marmotte qui ne fait que venir bouffer chez vous, mais quand elle y a élu domicile !… Essayez de prendre la marmotte avec piège de type Havahart (voir le truc 1418), utilisant comme appât des tranches de pomme avec du beurre d'arachide. N'oubliez pas de vous procurer la bonne taille de piège : la marmotte est passablement grosse. Sinon, tentez d'éliminer la colonie (habituellement la maman et ses bébés) par intoxication. Bouchez tous les sorties que vous connaissez sauf une, lancez une bombe fumigène dans le trou (disponible chez l'exterminateur, qui d'ailleurs peut faire le travail pour vous… contre rémunération !) et bouchez le dernier trou. Si de la fumée s'échappe, c'est qu'il y a d'autres sorties. Trouvez-les en suivant la fumée et bouchez-les également.

1461. LE MEILLEUR TRUC POUR ÉLOIGNER LES MARMOTTES

Si rien d'autre ne fonctionne, essayez un arroseur muni d'un détecteur de mouvement. C'est coûteux, mais ça marche ! Voir les détails au truc 1423.

■ Mouffettes

1462. PAS UN GRAND ENNEMI DES PLANTES, MAIS...

D'accord, la mouffette (*Mephitis mephitis*) n'est pas un grand ennemi des végétaux, car elle est surtout carnivore, mais elle n'a pas sa place près de nos résidences, car elle peut asperger les chats et surtout les chiens (ou même les membres de votre famille si vous la surprenez !) de son liquide nauséabond. Elle cause quand même des dégâts sur le gazon en creusant de petits trous partout… mais ce ne sont pas les plantes qui l'intéressent, mais plutôt les vers blancs. Donc, quand le matin vous

La mouffette est surtout reconnue pour son odeur nauséabonde, mais elle cause aussi des dégâts au jardin.

PHOTO : SUZANNE BRÛLOTTE

trouvez des trous dans votre gazon et qu'une odeur pestilentielle flotte dans l'air, elle vous a peut-être rendu service en vous avisant que vous avez un problème de vers blancs. Néanmoins, il ne faut pas tolérer la présence de mouffettes près de chez vous. La recommandation habituelle est de placer un piège de type Havahart (truc 1418) dans un sac de plastique opaque, laissant le sac ouvert pour que l'animal puisse y entrer. Utilisez comme appât de la nourriture commerciale pour chats, du bacon cuit, des sardines, etc. Quand l'animal est piégé, sans vous placer à la vue de la mouffette (elle ne peut vous voir si vous passez du côté fermé du sac), fermez le sac et relocalisez l'animal à au moins 16 km du lieu de capture et à quelques kilomètres de toute habitation. Pour la libérer, ouvrez le sac et la trappe et éloignez-vous. N'ayez pas peur qu'elle coure après vous : c'est un animal plutôt lent à réagir et elle prendra quelques minutes pour sortir.

1463. UNE MÉTHODE ENCORE PLUS PARESSEUSE

Le jardinier vraiment paresseux ne tient pas à gaspiller une journée à promener une mouffette à la campagne. Essayez plutôt un arroseur muni d'un détecteur de mouvement de type « Scarecrow » (truc 1423) : on règle le problème en moins de deux.

■ Raton laveur

1464. LE BANDIT MASQUÉ FRAPPE ENCORE !

Avec son visage masqué, le raton laveur ressemble à un bandit.

Le raton laveur (*Procyon lotor*) n'est pas uniquement un problème pour les jardiniers : il réussit se à mettre tout le monde à dos en vidant les poubelles, en faisant du tapage nocturne, en volant les pièges mis pour d'autres animaux, en élisant domicile dans les greniers, en mangeant les poissons dans les jardins d'eau, etc. Dans le secteur horticole, sa spécialité est le « blé d'Inde ». Il peut vider un carré de maïs sucré en une seule nuit… et semble savoir bien plus que nous exactement quand le maïs est prêt. Il peut aussi piller les melons et les petits fruits et, comme la mouffette, creuser des trous dans le gazon à la

Parasites

recherche de vers blancs. Ajoutez à cela le fait qu'il peut être très agressif lorsqu'il est acculé au mur et est de ce fait une menace pour les chiens. Il peut également porter la rage et vous comprendrez que les ratons laveurs dans la nature, ça va, mais pas dans vos plates-bandes et parterres. Au début, il est mignon, c'est vrai, et on court vite chercher la caméra, mais lors de votre troisième ou quatrième rencontre nocturne vers 2 h, vous le trouverez bien moins drôle. C'est un animal très intelligent qui peut contourner presque tous les obstacles : il trouvera vite un accès à travers la plupart des barrières que vous installerez. Mais que faire donc pour l'éloigner ?

1465. LES EFFAROUCHEURS FONCTIONNENT… UN PEU

La plupart des effaroucheurs, objets qui bougent, bruits forts, drôles d'odeurs, etc. (voir le truc 1421), fonctionneront quelque temps, mais le raton laveur est bien plus intelligent que la plupart des mammifères qui visitent les jardins. Il faut changer de stratégie presque tous les jours pour le maintenir à distance.

1466. UNE EXPÉRIENCE ÉLECTRISANTE

Pour la clôture anti-ratons laveurs, il faut ajouter de l'électricité.

Le raton laveur est assez futé pour trouver un passage au travers, par-dessus ou par-dessous presque n'importe quelle clôture… à moins que vous ne l'électrisiez. Voici un modèle. Fixez un grillage métallique de type grillage à poule de 120 cm de largeur sur des poteaux qui dépassent le sol de 120 cm. Agrafez 90 cm du grillage aux poteaux en pliant les 30 cm du bas à 90° vers l'extérieur de la zone protégée, les recouvrant de terre. Maintenant, fixez un premier fil électrique sur le grillage à 15 cm au-dessus du sol et un deuxième, à 15 cm au-dessus du premier. Branchez-les à une prise ou à une batterie. Tous les matériaux pour une clôture anti-ratons laveurs sont disponibles dans les coopératives agricoles.

1467. PAR LA VOIE DES AIRS

Le raton laveur est un excellent grimpeur et passe souvent d'un endroit à un autre en suivant les branches des arbres Ainsi, votre super clôture électrique « impossible-à-grimper » ne l'arrêtera pas deux instants s'il y a des branches qui passent par-dessus. Coupez toujours les branches surplombant le jardin à protéger si vous voulez que votre clôture soit efficace.

1468. FILET OU GRILLAGE POUR TENIR LE BANDIT MASQUÉ À DISTANCE

Le même genre de mince filet qui sert à protéger les fruitiers des oiseaux peut aussi protéger les fruitiers et les légumes des ratons laveurs… tant qu'il est solidement ancré de tous côtés. Même s'il peut facilement couper un tel filet d'un coup de dents, le raton laveur semble détester toucher à un filet semblable, sans doute parce que ses pattes s'y prennent. De même, il déteste marcher sur du grillage métallique de type grillage à poule.

1469. UN PIÈGE PEUT FAIRE L'AFFAIRE

Quand un raton laveur est vraiment détestable ou que rien d'autre ne semble fonctionner, vous pouvez l'attraper avec un piège de Havahart (modèle de grande taille) pour le libérer plus loin. Rappelez-vous de le relâcher à au moins 20 km de chez vous. Comme appât, essayez du bacon croquant, du poisson, du maïs en épi ou de la nourriture pour chat. Faites attention de placer l'appât loin du bord du piège, sinon le raton laveur rusé ira le chercher par le côté sans y entrer.

1470. UN JET D'EAU DROIT DANS LES YEUX !

Enfin, probablement le contrôle le plus efficace contre les ratons laveurs est celui qui fonctionne le mieux avec presque tous les autres mammifères : l'arroseur muni d'un détecteur de mouvement (truc 1423). Vous n'aurez jamais vu un raton courir aussi rapidement !

■ Tamias (suisses)

1471. LES PETITS COUSINS DES ÉCUREUILS

Les tamias, mieux connus en Amérique sous le nom de « suisses » (*Tamias striatus*), sont de petits écureuils terrestres qui ont plusieurs traits en commun avec leurs cousins arboricoles plus grands, mais habituellement on les juge moins problématiques. Voir les trucs sur les écureuils (1447 à 1453) pour savoir comment les contrôler, en cas de besoin.

Le tamia rayé, communément appelé suisse.

■ Taupes

1472. UNE « FOREUSE » SOUTERRAINE

La taupe est un petit mammifère qui vit dans le sol, creusant des tunnels un peu partout, d'abord pour se loger (les tunnels les plus profonds). Mais ceux qu'on remarque le plus sont les tunnels près de la surface du sol où elle se nourrit, chassant limaces, vers gris, vers blancs et autres larves souterraines, mais aussi des animaux bénéfiques comme les vers de terre et les petites couleuvres. La taupe, dont il existe deux

PHOTO : SUZANNE BRÛLOTTE

La taupe passe sa vie à creuser des tunnels… dans votre pelouse !

espèces dans l'est du Canada (la taupe à queue velue, *Parascalops breweri*, et la taupe à nez étoilé, *Condylura cristata*) ne mange pas les plantes ni même les racines (contrairement à la croyance populaire) et est plutôt bénéfique dans l'ensemble… mais quel gâchis elle fait en creusant ses tunnels ! Elle soulève la terre dans les gazons, laissant des bosses qui serpentent partout, parfois interrompues par des tas de terre en excès qu'elle expulse du tunnel (la taupinière). En creusant, elle déchausse certaines plantes, brise les racines d'autres et laisse le gazon tout bosselé et difficile à tondre. D'ailleurs, la taupe est considérée davantage comme un ennemi du gazon, un milieu qu'elle aime beaucoup, que de la plate-bande ou du potager qu'elle fréquente moins. Habituellement, la taupe est solitaire, sauf lors de la mise bas au printemps, et même là, les jeunes quittent rapidement la mère, ce qui veut dire que tous les tunnels sur votre terrain sont sans doute l'œuvre d'un seul individu ! C'est bon à savoir, car il y a alors qu'une seule bête à contrôler.

1473. FAUT-IL CONTRÔLER LES TAUPES ?

Tout dépend de la situation. Dans un milieu plus ou moins naturel, la taupe n'est pas vraiment nuisible. Plus votre aménagement est contrôlé, plus sa présence est gênante. Si vous avez de jeunes sportifs qui courent ou pratiquent sur le gazon, c'est certain qu'il faut l'éliminer. Les trous et les bosses de la taupe peuvent faire trébucher les enfants qui, ce faisant, peuvent se casser une jambe. Pour la même raison, les taupes sont considérées comme un véritable fléau par les éleveurs de chevaux.

Contrairement à ce que disent plusieurs publications, l'euphorbe épurge (Euphorbia lathyris) n'éloigne pas les taupes.

1474. D'ABORD, DES TRUCS QUI NE FONCTIONNENT PAS

Il y a plusieurs trucs maison pour contrôler les taupes, mais la plupart ne fonctionnent pas. En voici trois :

- PLANTER DE L'ÉPURGE, OU EUPHORBE ÉPURGE, (EUPHORBIA LATHYRIS) OU DU RICIN (RICINUS COMMUIS) DANS LE SECTEUR : LA THÉORIE VEUT QUE CES PLANTES CHASSENT LES TAUPES PAR LEURS RACINES TOXIQUES, MAIS DES ÉTUDES ONT DÉMONTRÉ QU'IL N'EN EST RIEN. L'ÉPURGE EST D'AILLEURS UNE MAUVAISE HERBE DE LA PIRE ESPÈCE DONT LA SÈVE PEUT BRÛLER LA PEAU OU CAUSER DES DOMMAGES PERMANENTS AUX YEUX ET L'INGESTION DE SES GRAINES PEUT S'AVÉRER MORTELLE. NE PLANTEZ *JAMAIS* CE VÉGÉTAL !

- Placez des bâtonnets de gomme « Juicy Fruit » dans ses tunnels : on dit que la taupe adore son goût, avale la gomme et qu'elle bloque son système digestif, provoquant sa mort. Mais en fait, la taupe ne mange que des insectes et des vers, jamais de gomme.

- Utilisez des ultrasons : on dit que des moulinets d'enfants placés avec leur tige dans le tunnel ou des bouteilles de boisson gazeuse dans lesquelles le vent souffle, créent des vibrations qui font fuir les taupes. Et l'on peut même acheter des appareils qui émettent des ultrasons qui sont censés chasser les taupes ! Mais les résultats des études à ce sujet sont toujours les mêmes : aucun résultat positif n'a jamais été noté. Les taupes ne semblent pas très sensibles à ces trucs.

1475. LES CHATS ET LES CHIENS FONT PEUR AUX TAUPES

On remarque que les taupes tendent à éviter les terrains où il y a des chiens ou des chats. L'un et l'autre peuvent être de bons chasseurs de taupe, selon l'animal. Les renards, les belettes et les rapaces, notamment les hiboux, qui semblent avoir la capacité de les trouver même sous le sol, sont d'autres chasseurs de taupes.

1476. ON PEUT AUSSI LES PIÉGER

Il existe aussi des pièges à taupes. Pas des pièges gentils de type « Havahart » qui attrapent l'animal en vie afin de pouvoir le libérer ailleurs, mais plus proche d'une trappe à souris : la trappe tue la taupe qui la déclenche. Pour l'utiliser, il faut trouver un trou actif. Bouchez différents trous en y poussant de la terre avec le pied et repassez quelques heures plus tard. Les trous qui auront été dégagés par la taupe (le sol sera de nouveau bombé) sont encore actifs. Placez le piège dans ce trou. Aucun appât n'est nécessaire : on compte sur l'animal pour revenir essayer de dégager son trou. On trouve de tels pièges dans les magasins des coopératives agricoles, chez les exterminateurs et, parfois, dans les jardineries.

1477. OU FAITES VENIR UN EXTERMINATEUR !

C'est souvent la technique la plus efficace pour se débarrasser des taupes !

■ Oiseaux nuisibles

1478. LA PAIX AVEC LES SEMIS

PHOTO : SUZANNE BRÛLOTTE

Vous avez des ennuis avec les corneilles et autres oiseaux noirs qui viennent manger les graines que vous venez de semer ? Faites vos semis dans la maison en repiquant les plants en pleine terre par la suite. Les oiseaux ne trouveront plus rien à manger !

Les étourneaux et les quiscales ne peuvent pas arracher les semis s'ils ont été faits dans la maison.

1479. SEMEZ PLUS DRU

Les oiseaux s'attaquent à vos semis de gazon ? Semez plus densément en utilisant environ un tiers de plus de semences que la couverture recommandée, et il y en aura assez pour les oiseaux *et* pour un beau gazon !

1480. DES FILETS CONTRE LES OISEAUX ?

Que c'est choquant quand les oiseaux, et notamment le merle d'Amérique au comportement autrement exemplaire, dévorent les fruits mûrs de nos fruitiers. La solution traditionnelle est de recouvrir les arbustes et arbres menacés avec un filet (des filets con-

Un filet protège ces vignes contre les oiseaux.

tre les oiseaux se vendent en jardinerie et dans les magasins des coopératives agricoles), mais ils sont difficiles à installer et à enlever. De plus, si vous laissez le moindre espace ouvert, les oiseaux vont passer. Le jardinier paresseux préférera soit ne pas cultiver de fruitiers (toujours une complication) ou, encore, appréciera le truc suivant.

1481. LES OISEAUX VOIENT ROUGE !

Les oiseaux sont attirés par les fruits rouges ou orangés et souvent dépouillent les arbres fruitiers avant même que vous ayez remarqué que les fruits étaient mûrs. Il existe par contre des fruits d'autres couleurs (des fraises et des gadelles blanches, des cerises et des framboises jaunes) qui ne semblent pas attirer l'attention des oiseaux… ou du moins c'est vous qui les verrez en premier.

Les oiseaux ne sont pas attirés par les fruits blancs.

MAUVAISES HERBES

On me dit que le terme « mauvaise herbe » n'est plus considéré politiquement correct, car « chaque plante a une utilité quelconque ». On devrait plutôt dire, paraît-il, « plante indésirable » ou, pour les âmes plus sensibles, « plante qui n'est pas à sa place ». Je suis bien d'accord, mais pourquoi est-ce « mauvaise herbe » qui pose un problème ? Le pissenlit est une mauvaise herbe dans la plate-bande et un légume dans la salade. Le pâturin des prés est une graminée des plus désirables dans le gazon, mais une véritable mauvaise herbe dans le potager ou la plate-bande. Et je traite ma chienne de « mauvaise » les rares fois qu'elle ne fait pas ce que je veux, mais, à part ça, je l'adore. Où est donc le problème avec « mauvaise herbe » ? C'est un terme séculaire pour toute plante dont on ne veut pas, même si cette plante est bien appréciée ailleurs. Comme je considère cette distinction (mauvaise herbe – plante indésirable) frivole, je continuerai à utiliser le terme ancestral et authentique, « mauvaise herbe ».

On peut tuer les mauvaises herbes avec de l'eau bouillante.

■ Techniques de contrôle

1482. L'EAU BOUILLANTE À LA RESCOUSSE

Pour éliminer quelques mauvaises herbes dans les interstices d'une terrasse ou d'un sentier sans herbicide synthétique, remplissez la bouil-

loire d'eau et amenez-la à l'ébullition. Versez cette eau sur les plantes indésirables, assez lentement pour que l'eau bouillante ne brûle pas que le feuillage, mais aussi les racines.

1483. SUSPENDEZ LES MAUVAISES HERBES

Arrachez et suspendez les mauvaises herbes dans des arbustes où elles sécheront et mourront.

Il n'est pas toujours pratique de courir au tas de compost chaque fois que vous arrachez une mauvaise herbe ou deux. Pourquoi alors ne pas les suspendre aux branches d'un arbuste, d'un arbre ou d'une vivace? Exposées à l'air et au soleil, elles sécheront et mourront rapidement. Éventuellement, elles tomberont au sol où elles se décomposeront sur place.

1484. DES MINI POUBELLES POUR MAUVAISES HERBES

L'idée de suspendre des mauvaises herbes aux arbres (conseil précédent) ne vous plaît pas? Placez alors des «poubelles» (n'importe quel contenant percé de trous, comme des pots de plastique) hors de vue, çà et là dans vos plates-bandes et votre potager. Quand vous arrachez une mauvaise herbe ou ramassez une tige cassée, jetez-la dans la poubelle. À la fin de l'été ou quand elles sont pleines, videz-les sur le tas de compost.

Un excellent livre sur l'identification des mauvaises herbes.

■ Identification

1485. CONNAÎTRE SES ENNEMIS

Quel amateur d'oiseaux n'a pas un guide lui permettant d'identifier les centaines d'oiseaux qu'il court la chance de voir en pratiquant l'ornithologie? Mais force est de constater que les jardiniers sont mal préparés pour leur passe-temps, car très peu d'entre eux savent identifier les centaines de mauvaises herbes qui envahissent leur terrain. Cela vaut la peine de se procurer un livre d'identification des mauvaises herbes… et j'ai même une recommandation à vous faire : le *Guide d'identification des mauvaises herbes du Québec*, par Claude J. Bouchard et Romain Néron, Centre ARICO, Direction des services technologiques, MAPAQ, ISBN 2-89457-162-3. J'adore ce petit guide, qui d'ailleurs peut s'appliquer aussi aux autres parties francophones du Canada et non seulement au Québec, parce qu'il montre des photos des mauvaises herbes à tous les stades, de la plantule à la plante adulte, et non pas seulement le stade adulte comme le font les autres guides d'identification des indésirables. Quoi de mieux, en effet, que de pouvoir reconnaître un ennemi dès qu'il germe ! Ainsi, on peut l'arracher sans tarder au lieu d'attendre « au cas où ce serait une plante ornementale qui se ressème ».

1486. CONNAÎTRE SES ENNEMIS : LES TROIS GROUPES PRINCIPAUX DE MAUVAISES HERBES

Saviez-vous qu'il y a trois catégories principales de mauvaises herbes et que chacune se combat différemment ? C'est seulement quand on a compris la différence qu'on peut vraiment réussir à les contrôler. Elles sont : les mauvaises herbes annuelles, les mauvaises herbes vivaces et les mauvaises herbes traçantes.

■ Mauvaises herbes annuelles

1487. LES MAUVAISES HERBES ANNUELLES

Pourpier (Portulaca oleracea)

Chou gras (Chenopodium album)

Ces plantes ne vivent qu'une seule année et on pourrait donc croire qu'elles seraient des plus faciles à contrôler… ce qui est un peu vrai. Par contre, elles sont des productrices très prolifiques de semences et il faut donc toujours les surveiller. En effet, dans le sol, on trouve souvent des centaines de leurs graines par centimètre carré. Voici les plus communes des mauvaises herbes annuelles de nos régions :

- **AMARANTE À RACINE ROUGE** (*AMARANTHUS RETROFLEXUS*)

- **BIDENT PENCHÉ** (*BIDENS CERNUA*)

- **BOURSE-À-PASTEUR** (*CAPSELLA BURSA-PASTORIS*)

- **CHOU GRAS** (*CHENOPODIUM ALBUM*)

- **EUPHORBE MACULÉE** (*EUPHORBIA MACULATA*)

- **GRAMINÉES ANNUELLES** (DIGITAIRE (*DIGITARIS* SPP.), SÉTAIRE GLAUQUE (*SETARIA GLAUCA*), ETC.

- **HERBE À POUX** (*AMBROSIA ARTEMISIIFOLIA*)

- **IMPATIENTE DES HIMALAYAS** (*IMPATIENS GLANDULIFERA*)

- **LAITERON POTAGER** (*SONCHUS OLERACEUS*)

- **MATRICAIRE ODORANTE** (*MATRICARIA MATRICARIOIDES*)

- **MOLLUGO VERTICILLÉ** (*MOLLUGO VERTICILLATA*)

- **MOURON DES OISEAUX** (*STELLARIA MEDIA*)

- **MOUTARDE** (*BRASSIA* SPP.)

- **POURPIER** (*PORTULACA OLERACEA*)

- **RENOUÉE DES OISEAUX** (*POLYGONUM AVICULARE*)

- **RENOUÉE PERSICAIRE** (*POLYGONUM PERSICARIA*)

- **RICINELLE RHOMBOÏDE** (*ACALYPHA RHOMBOIDEA*)

- **SENEÇON VULGAIRE** (*SENECIO VULGARIS*)

- **SPARGOUT DES CHAMPS** (*SPERGULA ARVENSIS*), ETC.

1488. CONTRÔLER LES MAUVAISES HERBES ANNUELLES

Paillez abondamment autour de vos plantes et les mauvaises herbes annuelles ne peuvent pas se ressemer.

On peut arracher les mauvaises herbes annuelles, bien sûr, et avec succès puisqu'elles ne repoussent pas à partir des racines laissées dans le sol. Mieux vaut cependant prévenir. Le grand secret de ces plantes est que leurs graines requièrent de la lumière pour germer. Avec un paillis épais et intact, les trous permettent à la lumière de pénétrer jusqu'au sol, elles ne peuvent pas germer. Le paillis est donc la première ligne de défense contre ces plantes. Assurez-vous donc de le renouveler, car, lorsqu'il devient trop mince, soit à moins de 5 cm pour la plupart des paillis, la lumière peut pénétrer et alors les mauvaises herbes annuelles émergent comme pas magie.

1489. LES MAUVAISES HERBES ANNUELLES DANS LA PLATE-BANDE

Si le paillis est la première ligne de défense contre les mauvaises herbes annuelles, le deuxième secret dans la plate-bande est de toujours la garder complètement couverte de végétaux. En effet, quand votre plate-bande est si bien remplie de plantes désirables que vous n'avez plus aucun espace vide, c'en est fait des mauvaises herbes annuelles, car les plantes désirables jetteront tellement d'ombre au sol qu'elles ne pourront pas germer.

1490. LES MAUVAISES HERBES ANNUELLES DANS LE POTAGER

Les mauvaises herbes annuelles sont terriblement envahissantes dans le potager traditionnel, car elles sont maintenues par un labourage annuel et un sarclage régulier. En effet, chaque fois qu'on retourne le sol, on fait remonter encore plus de graines à la surface, lesquelles se font un malin plaisir de germer. Le secret de leur contrôle dans le potager est donc de changer radicalement de technique, soit d'abandonner le motoculteur et la binette, et d'adopter le paillis comme outil principal. Pour plus de renseignements sur «comment devenir un jardinier paresseux dans le potager», consultez la section des *Légumes* à partir de la page 155.

1491. LES MAUVAISES HERBES ANNUELLES DANS LA PELOUSE

Celui qui sème une nouvelle pelouse est souvent pris de désespoir quand il voit des mauvaises herbes annuelles germer partout (et ces plantes sont souvent les premières à germer!), mais en fait il n'a qu'à être patient. En effet, s'il adopte tout simplement la tonte plus longue recommandée au truc 455, l'année suivante le gazon sera trop dense pour permettre à ces plantes de proliférer. Et en terreautant et surensemençant, les deux éléments de base de la pelouse du paresseux, on enterre constamment leurs graines. Un gazon «de jardinier paresseux» peut contenir bien des végétaux, mais pas de mauvaises herbes annuelles, du moins pas à partir de la deuxième année.

1492. DU GLUTEN À LA RESCOUSSE DU JARDINIER FORCENÉ

Ceux qui tondent ras et comptent sur les engrais plutôt que sur le terreautage au compost pour nourrir le gazon risquent de voir beaucoup de mauvaises herbes annuelles germer, notamment la digitaire et la renouée des oiseaux. Dans ce cas, le gluten de maïs (voir le truc 797) peut être d'un grand secours.

■ Mauvaises herbes vivaces

1493. LES MAUVAISES HERBES VIVACES (ET BISANNUELLES)

Pissenlit (Taraxacum officinale)

Bardane
(Artctium lappa)

On peut dire que ces mauvaises herbes sont à mi-chemin entre les mauvaises herbes annuelles et les mauvaises herbes traçantes. Comme les annuelles, elles se répandent surtout par semences, mais contrairement à elles, reviennent plus d'un an à partir de la même souche. Elles ne s'étendent pas dans tous les sens au moyen de leurs racines comme les traçantes, mais peuvent quand même se dédoubler par division, notamment si on blesse leur couronne. Elles sont donc un peu moins pires que les mauvaises herbes traçantes dans le sens, qu'au moins, elles ne s'étendent pas, mais restent sagement à leur place. Il n'est toutefois pas suffisant de les recouvrir avec du paillis comme les mauvaises herbes annuelles, car elles passeront à travers le paillis si elles sont déjà en place. Dans ce groupe, on trouve plusieurs plantes qui causent de gros problèmes dans le gazon (où l'on ne peut utiliser un paillis), mais elles sont un moindre problème dans une plate-bande paillée, car les arracher et recouvrir le trou de paillis suffit à les contrôler.

- **BARDANE** (*ARTCTIUM LAPPA*)
- **CAROTTE SAUVAGE** (*DAUCUS CAROTA*)
- **CHARDON VULGAIRE** (*CIRSIUM VULGARE*)
- **GRAMINÉES VIVACES** (PLUSIEURS) (DACTYLE PELOTONNÉ, FLÉOLE DES PRÉS, ETC.)
- **MARGUERITE DES CHAMPS** (*LEUCANTHEMUM VULGARE*)
- **MATRICAIRE INODORE** (*MATRICARIA PERFORATA*)
- **ONAGRE BISANNUELLE** (*OENOTHERA BIENNIS*)
- **PISSENLIT** (*TARAXACUM OFFICINALE*)
- **PLANTAIN** (*PLATANUS* SPP.)
- **RUMEX CRÉPU** (*RUMEX CRISPUS*)
- **SALSIFIS DES PRÉS** (*TRAGOPOGON PRATENSIS*)

1494. CONTRÔLER LES MAUVAISES HERBES VIVACES

Biner n'a jamais été très efficace pour éliminer ces plantes dont le pissenlit est la plus connue, car elles sont capables de ressortir du sol même si elles sont enterrées. Ces mauvaises herbes s'arrachent bien, toutefois, et si on arrive à extraire le gros de la racine, elles ne reviendront pas. Il faut donc normalement arracher non seulement la couronne (la pointe de croissance) mais, en plus, au moins le tiers supérieur des racines pour les éliminer, car la plupart peuvent se régénérer à partir de boutures de racines.

1495. LES MAUVAISES HERBES VIVACES DANS LA PLATE-BANDE

Pour éliminer les mauvaises herbes vivaces dans la plate-bande

1. Arrachez le plant.

2. Remplissez le trou avec du paillis.

Ces mauvaises herbes ne s'étendent que par semences. Les mêmes techniques que pour les mauvaises herbes annuelles, soit un bon paillis et des plantations denses, réussiront très bien à les contrôler, car elles n'arriveront pas à se ressemer si aucune lumière n'arrive au sol. Par contre, il est important de savoir que, contrairement aux mauvaises herbes annuelles qu'on peut étouffer avec un paillis, celui-ci ne contrôlera pas une mauvaise herbe vivace ou bisannuelle *si elle est déjà là avant d'étendre le paillis,* car la plante peut tout simplement pousser au travers. Il faut donc arracher la plante d'abord ou poser une barrière de papier journal pour l'étouffer. Ensuite, pailler abondamment et elles seront bientôt choses du passé.

1496. LES MAUVAISES HERBES VIVACES DANS LE POTAGER

Comme pour la plate-bande, arrachez et remplissez le trou de paillis sont les clés du succès de leur contrôle dans le potager. Et n'oubliez pas que sarcler et cultiver (avec le motoculteur) ne font que les arrêter temporairement, car même enterrées, elles peuvent remonter à la surface… et plusieurs peuvent se multiplier si on tranche leurs racines en sections.

1497. LES MAUVAISES HERBES VIVACES DANS LA PELOUSE

Pour éliminer les mauvaises herbes vivaces dans la pelouse

Arrachez le plant.

Remplissez le trou de terre.

Ressemez du gazon.

Voilà un dilemme pour le jardinier paresseux, car certaines de ces plantes, et notamment le pissenlit et le plantain, sont parmi les plantes les plus persistantes dans la pelouse. D'abord, augmentez la hauteur de tonte pour ombrager le sol davantage (truc 455). Ensuite, un terreautage annuel suivi d'un surensemencement (trucs 433 et 434) aideront à éliminer les jeunes plants qui germent. Mais les plantes adultes sont si tenaces que cela suffit rarement. Il faut les arracher manuellement, oui, une par une, en extrayant aux moins le tiers supérieur de la racine. Mais cela ne suffit pas, car cela laisse un trou où d'autres mauvaises herbes peuvent se ressemer. Donc arrachez le plant, versez une poignée de bonne terre dans l'espace dégagé et… réensemencez avec des semences pour gazon à entretien minimal. Ainsi, les plantes qui repousseront dans les « trous » seront les plantes que vous vouliez. Problème résolu !

■ Mauvaises herbes traçantes

1498. CONNAÎTRE LES MAUVAISES HERBES TRAÇANTES*

Asclépiade de Syrie
(Asclepias syriacus)

Bouton d'or
(Ranunculus repens)

Liseron
(Liseron convulvulus)

C'est dans ce groupe que l'on trouve les mauvaises herbes les plus redoutables. Non seulement vivent-elles d'année en année, car ce sont toutes des vivaces, mais, contrairement aux autres mauvaises herbes annuelles, elles peuvent aussi s'étendre partout à partir de leurs racines, rhizomes et stolons. Laissez la moindre section de racine en pleine terre, et toute la population peut se régénérer. Voici les mauvaises herbes vivaces les plus courantes :

- **ACHILLÉE MILLEFEUILLE** (*ACHILLEA MILLEFOLIUM*)
- **AIL DU CANADA** (*ALLIUM CANADENSE*)
- **ASCLÉPIADE DE SYRIE** (*ASCLEPIAS SYRIACUS*)
- **BOUTON D'OR** (*RANUNCULUS REPENS*)
- **CÉRAISTE VULGAIRE** (*CERASTIUM FONTANUM*)
- **CHARDON DES CHAMPS** (*CIRSIUM ARVENSE*)
- **CHIENDENT** (*AGROPYRON REPENS*)
- **ÉPERVIÈRE** (*HIERACIUM* SPP.)
- **FOUGÈRE À L'AIGLE** (*PTERIDIUM AQUILINUM*)
- **GRAMINÉES DE GAZON** (FÉTUQUE ROUGE, PÂTURIN DES PRÉS, ETC.)
- **HÉMÉROCALLE FAUVE** (*HEMEROCALLIS FULVA*) ZONE 3
- **HERBE AUX GOUTTEUX** (*AEGOPODIUM PODAGRARIA*)
- **LAITERON DES CHAMPS** (*SONCHUS ARVENSIS*)
- **LAMIER MACULÉ** (*LAMIUM MACULATUM*)
- **LIERRE TERRESTRE** (*GLECHOMA HEDERACEA*)
- **LINAIRE** (*LINARIA VULGARIS*)
- **LISERON** (*LISERON CONVULVULUS*)

- **OXALIDE D'EUROPE** (*OXALIS STRICTA*)
- **PÉTASITE DU JAPON** (*PETASITES JAPONICUS*)
- **PETITE OSEILLE** (*RUMEX ACETOCELLA*)
- **PHRAGMITE COMMUN** (*PHRAGMITES AUSTRALIS*)
- **PRÊLE DES CHAMPS** (*EQUISETUM ARVENSE*)
- **PRUNELLE COMMUNE** (*PRUNELLA VULGARIS*)
- **RENOUÉE DU JAPON** (*FALLOPIA JAPONICA*)
- **RENOUÉE LISERON** (*POLYGONUM CONVULVULUS*)
- **SOUCHET COMESTIBLE** (*CYPERUS ESCULENTUS*)
- **STELLAIRE À FEUILLES DE GRAMINÉE** (*STELLARIA GRAMINEA*)
- **TRÈFLE BLANC** (*TRIFOLIUM REPENS*)
- **TUSSILAGE PAS-D'ÂNE** (*TUSSILAGO FAFARA*)
- **VERGE D'OR DU CANADA** (*SOLIDAGO CANADENSIS*)
- **VÉRONIQUE FILIFORME** (*VERONICA FILIFORMIS*)
- **VESCE JARGEAU** (*VICIA CRACCA*), ETC.

* J'inclus ici non seulement les plantes vivaces aux racines latérales donnant naissance à de nouvelles pousses (la vraie définition d'une plante à racine traçante), mais aussi les plantes se multipliant par stolons, rhizomes, tiges rampantes et autres. Que voulez-vous ? C'est l'usage qui le veut !

Les mauvaises herbes traçantes donnent naissance à des clones tout autour de la plante mère.

1499. CONTRÔLER LES MAUVAISES HERBES TRAÇANTES

D'accord, ces plantes reviennent d'année en année à partir d'une souche souterraine, comme les autres mauvaises herbes vivaces…

mais ce qui fait vraiment peur, c'est qu'elles possèdent des structures qui courent sous ou sur le sol pour donner naissance à d'autres plantes à une certaine distance du plant mère. Ainsi, il s'agit de laisser un seul plant en terre ou encore, même une seule section de rhizome, pour que la plante renaisse et recommence à envahir le secteur. C'est pourquoi essayer de contrôler ces plantes en sarclant ou, pire encore, en passant le motoculteur, est une perte de temps : en brisant les racines traçantes, on *augmente* le nombre de plants plutôt que de le réduire. Les paillis *ne sont pas efficaces* contre les mauvaises herbes à racines traçantes si elles sont déjà établies. Tout comme n'importe quelle autre plante vivace déjà établie, elles passent facilement à travers un paillis. Par contre, une barrière de papier journal (voir le truc 13) les étouffera. On peut aussi les arracher, mais il faut être certain d'aller chercher *tout* le système racinaire. En général, par contre, ces plantes ne se ressèment pas très efficacement : le moindre paillis est très efficace à cet égard, car, sans lumière, leurs graines ne germent pas. Elles sont donc difficiles à éliminer une fois qu'elles sont établies, mais faciles à prévenir.

1500. LES MAUVAISES HERBES TRAÇANTES DANS LA PLATE-BANDE

La technique de commencer une nouvelle plate-bande avec, au fond, une barrière de papier journal (truc 13) est une excellente façon de contrôler ces mauvaises herbes. Sinon, il faut surtout ne pas sarcler, ce qui, tel qu'expliqué dans le conseil précédent, ne fera qu'empirer la situation. Si c'est trop tard et que la plate-bande est déjà faite, mais qu'il n'y a qu'une infestation très circonscrite, arrachez-les à la main, puis reposez du paillis pour que les trous laissés dans le paillis ne soient pas envahis de nouveau par des mauvaises herbes. Et plantez densément les plantes désirables en choisissant des variétés très pérennes et particulièrement fortes. Ainsi elles viendront à dominer et éventuellement à éliminer les mauvaises herbes traçantes, car ces dernières ont tout de même besoin de lumière pour pousser. Même la prêle peut être étouffée par des plantes plus grosses !

1501. LES MAUVAISES HERBES TRAÇANTES DANS LE POTAGER

Comme pour la plate-bande, le secret est d'éviter de sarcler (ce qui ne fait que multiplier les mauvaises herbes traçantes) et, si possible, de recommencer le potager avec une barrière de papier journal (truc 13) puis de pailler ensuite. S'il n'y a pas beaucoup de mauvaises herbes traçantes, arrachez-les et posez un paillis pour les empêcher de se ressemer. Malheureusement, un seul arrachage est rarement suffisant.

Si on veut vraiment venir à bout des mauvaises herbes à racines traçantes dans un potager, il faut arracher encore et encore jusqu'à ce
que plus rien ne pousse. Enfin, si le potager est désespérément envahi par les mauvaises herbes à racines traçantes, que les arracher est
impensable et que vous ne voulez pas recommencer à zéro avec une
couche de papier journal, allez voir le conseil 796.

1502. LES MAUVAISES HERBES TRAÇANTES DANS LA PELOUSE

La meilleure chose à faire pour contrôler une infestation majeure
de mauvaises herbes à racines traçantes dans une pelouse est de…
faire une pelouse de jardinier paresseux : ne faites plus que tondre
et apprenez à accepter toutes les plantes qui y pousseront comme
des amies (voir le conseil 428). Mais si vous tenez à une pelouse classique (que des graminées et du trèfle blanc), arrachez les intrus, s'ils
ne sont pas trop nombreux, et ressemer du gazon à entretien minimal dans les trous (truc 1497). Et si le gazon est complètement envahi de plantes que vous ne voulez pas, la meilleure chose à faire est
de recommencer à zéro avec une barrière de papier journal, une
couche suffisamment épaisse de bonne terre *sans* mauvaises herbes
et des semis de gazon à entretien minimal (trucs 441 à 452).

1503. ÉTOUFFER LES MAUVAISES HERBES TRAÇANTES

Pour étouffer une mauvaise herbe traçan-te, recouvrez tout le secteur d'une toile noire pendant un an.

Vous avez tout essayé pour contrôler une mauvaise herbe très envahissante, comme la prêle, le chiendent ou la renouée du Japon, et
rien ne réussit ? Vous êtes tellement exaspéré que vous commencez
à songer qu'une bombe atomique serait la seule solution ? Il est
temps de prendre une déci-
sion radicale : condamnez
tout le secteur envahi pendant au moins un an. Il
s'agit de recouvrir la surface d'une épaisse toile noire
qui coupe toute lumière. En
effet, toute plante verte,
même la pire des mauvaises
herbes, a besoin de lumière.
Sans elle, la plante va néces-

sairement mourir. Donc, pendant au moins douze mois (vingt-quatre si vous avez un problème de renouée du Japon ou d'hémérocalle fauve, dont les racines enflées emmagasinent assez d'énergie pour parfois survivre plus d'un an sans lumière) vous perdez votre plate-bande, potager, pelouse ou peu importe le jardin où vous voulez réprimer la coupable. Peu de jardiniers aiment envisager un tel scénario. Il faut donc vraiment être décidé. Mais quand la décision est prise, le reste est facile. Il ne faut que quelques minutes pour poser la toile et la fixer avec des pierres ou des briques. Normalement, on pose la toile au printemps pour l'enlever (et replanter) le printemps suivant.

1504. N'ESSAYEZ PAS DE SAUVER LES AUTRES VÉGÉTAUX AVANT DE POSER LA TOILE !

Une gaffe à ne pas faire : déterrer et transplanter ailleurs les plantes désirables qui poussent dans le même secteur que l'envahisseur. Rappelez-vous que votre ennemi a des racines traçantes et que ces racines sont tout probablement mêlées à celles des autres plantes qui partagent le même espace. Si vous les transplantez ailleurs, vous ne ferez qu'étendre l'infestation. La technique de la toile noire demande un *gros* sacrifice : un an sans fleurs et la perte de *tous* les végétaux désirables en même temps que de la mauvaise herbe. Mais si vous êtes acculé au mur…

1505. EMBELLIR PENDANT LA PÉRIODE D'ÉTOUFFEMENT

Évidemment, regarder une toile noire pendant douze mois n'est pas très agréable. Pensez alors à la recouvrir d'un paillis (que vous pour-

riez réutiliser à la fin du traitement) et à placer sur le paillis des pots de fleurs et d'autres plantes pour vous faire un petit aménagement temporaire, le temps que les mauvaises herbes étouffent.

On peut toujours décorer la toile noire de potées fleuries.

■ Contrôle des faux amis

1506. GARDER LES FAUX AMIS SOUS CONTRÔLE

Renouée japonaise, « bambou »
(Fallopia japonica).

Herbe aux goutteux
(Aegopodium podagraria).

Sorbaria à feuilles
de sorbier
(Sorbaria sorbifolia).

Pour le jardinier paresseux, un faux ami est une plante ornementale qui peut finir par devenir une mauvaise herbe des plus déplaisantes. On peut les planter et les utiliser, oui, et même elles sont presque toutes de culture facile, mais il ne faut pas les laisser échapper à notre contrôle, sinon elles ne sont plus que des mauvaises herbes comme tant d'autres. Voici une liste de plusieurs de ces faux amis : des vivaces, fines herbes, arbustes, etc. mais seulement des variétés qui courent *sous* le sol. Ainsi on peut les contrôler en les plantant à l'intérieur d'une barrière installée dans le sol, selon le truc 30, et elles redeviennent non pas des mauvaises herbes, mais des plantes très désirables.

- **ACHILLÉE MILLEFEUILLE** (*ACHILLEA MILLEFOLIUM*) **ZONE 3**
- **ANÉMONE DU CANADA** (*ANEMONE CANADENSIS*) **ZONE 2**
- **ARMOISE DE LOUISIANE** (*ARTEMISIA LUDOVICIANA*) **ZONE 2**
- **ARMOISE DE STELLER** (*ARTEMISIA STELLERIANA*) **ZONE 2**

- **ARRHÉNANTHÈRE BULBEUSE** (*ARRHENATHERUM ELATIUS BULBOSUM*) **'VARIEGATUS', ZONE 4**
- **ASARET, GINGEMBRE SAUVAGE** (*ASARUM SPP.*) **ZONES 3-6**
- **ASPÉRULE ODORANTE** (*GALIUM ODORATUM*) **ZONE 3**
- **BAMBOU RUSTIQUE** (*PHYLLOSTACHYS, PLEOBLASTUS, SASA*, ETC.) **ZONES 5-10**

Parasites

- **BOUTON D'OR** (*RANUNCULIS REPENS*) ZONE 4
- **BROME INERME DORÉ** (*BROMUS INERMUS* 'SKINNER'S GOLD') ZONE 3
- **CÉRAISTE TOMENTEUX** (*CERASTIUM TOMENTOSUM*) ZONE 2
- **COMPTONIE VOYAGEUSE** (*COMPTONIA PEREGRINA*) ZONE 2
- **COQUERET, AMOUR EN CAGE, LANTERNE CHINOISE** (*PHYSALIS ALKEKENGI FRANCHETII*) ZONE 3
- **DACTYLE PELOTONNÉ** (*DACTYLIS GLOMERATA* 'VARIEGATA') ZONE 5
- **ÉLYME DES SABLES** (*LEYMUS ARENARIA* 'GLAUCA') ZONE 4
- **ÉPIAIRE LAINEUX, OREILLES D'AGNEAU** (*STACHYS BYZANTINA*) ZONE 3
- **EUPHORBE AMYGDALOÏDE** (*EUPHORBIA AMYGDALOIDES*) ZONE 6
- **EUPHORBE DE GRIFFITH** (*EUPHORBIA GRIFFITHII*) ZONE 5
- **EUPHORBE-CYPRÈS** (*EUPHORBIA CYPARISSIAS*) ZONE 4
- **FOUGÈRE PLUME D'AUTRUCHE** (*MATTEUCCIA STRUTHIOPTERIS*) ZONE 3
- **FOUGÈRE SENSIBLE** (*ONOCLEA SENSIBILIS*) ZONE 3
- **FRAMBOISIER, MÛRIER** (*RUBUS* SPP.) ZONE 3
- **GALANE** (*CHELONE* SPP.) ZONE 3
- **GLYCÉRIE** (*GLYCERIA MAXIMA* 'VARIEGATA') ZONE 5
- **HÉMÉROCALLE FAUVE** (*HEMEROCALLIS FULVA*) ZONE 3
- **HERBE AUX GOUTTEUX** (*AEGOPODIUM PODAGRARIA*) ZONE 3
- **LAMIER MACULÉ** (*LAMIUM MACULATUM*) ZONE 3
- **LILAS COMMUN** (*SYRINGA VULGARIS*) ZONE 2B
- **LYSIMAQUE DE CHINE** (*LYSIMACHIA CLETHROIDES*) ZONE 3
- **LYSIMAQUE PONCTUÉE** (*LYSIMACHIA PUNCTATA*) ZONE 4
- **MACLEAYA** (*MACLEAYA* SPP.) ZONE 3
- **MENISPERME DU CANADA** (*MENISPERMUM CANADENSE*) ZONE 4
- **MISCANTHUS GÉANT** (*MISCANTHUS FLORIDULUS*) ZONE 4
- **MONARDE** (*MONARDA* SPP.) ZONE 3
- **MUGUET** (*CONVALLARIA MAJALIS*) ZONE 1
- **ORTIE JAUNE** (*LAMIUM GALEOBDOLON*) ZONE 3
- **PACHISTIMA DE CANBY** (*PAXISTIMA CANBY*) ZONE 3
- **PACHYSANDRE DU JAPON** (*PACHYSANDRA TERMINALIS*) ZONE 4
- **PÉTASITE DU JAPON** (*PETASITES JAPONICUS*) ZONE 3
- **PHYSOSTÉGIE DE VIRGINIE** (*PHYSOSTEGIA VIRGINIANA*) ZONE 3
- **PLANTE CAMÉLÉON** (*HOUTTUYNIA CORDATA* 'CHAMELEON') ZONE 4
- **RENOUÉE JAPONAISE, « BAMBOU »** (*FALLOPIA JAPONICA*) ZONE 3
- **ROSIER RUGUEUX** (*ROSA RUGOSA*) ZONE 3
- **RUBAN DE BERGÈRE** (*PHALARIS ARUNDINACEA* 'PICTA') ZONE 4
- **SORBARIA À FEUILLES DE SORBIER** (*SORBARIA SORBIFOLIA*) ZONE 2
- **SPARTINE PECTINÉE DORÉE** (*SPARTINA PECTINATA* 'AUREOMARGINATA') ZONE 4
- **SUMAC AROMATIQUE** (*RHUS AROMATICA*) ZONE 3
- **TANAISIE** (*TANACETUM VULGARE*) ZONE 3
- **THÉ DU CANADA** (*GAULTHERIA PROCUMBENS*) ZONE 2
- **TOPINAMBOUR, ARTICHAUT DE JÉRUSALEM** (*HELANTHUS TUBEROSUS*) ZONE 4
- **VERGE D'OR DU CANADA** (*SOLIDAGO CANADENSIS*) ZONE 2
- **VINAIGRIER** (*RHUS TYPHINA, R. GLABRA*) ZONE 3
- **VIOLETTE DU LABRADOR** (*VIOLA RIVINIA* 'PURPUREA', SYN. *V. LABRADORICA*) ZONE 4

1507. LES FAUX AMIS DIFFICILES À CONTRÔLER

Menthe verte (Mentha spicata).

Bugle rampante (Ajuga reptans).

Les plantes suivantes sont aussi des plantes « utiles » envahissantes, mais, contrairement aux plantes décrites dans le truc précédent, elles ne courent pas sous le sol où une simple barrière peut les arrêter, mais le font *au-dessus* du sol, généralement au moyen de stolons ou de tiges rampantes qui s'enracinent au contact avec la terre. Il n'y a donc essentiellement *aucune* barrière qui peut arrêter ces envahisseurs, si ce n'est que d'entourer vos plates-bandes d'une bande d'asphalte de 2 m de largeur. Elles peuvent être très utiles comme couvre-sols dans les emplacements où vous ne prévoyez jamais faire de plates-bandes plus classiques, mais ne les plantez pas dans des parterres sous peine de les voir disparaître sous une masse de verdure incontrôlable! Et si jamais vous tenez à un gazon « bichonné », soit seulement avec des graminées… eh bien, n'en plantez pas, car le gazon est souvent leur première victime!

- **AKEBIA** (*AKEBIA QUINATA*) **ZONE 4**
- **BUGLE RAMPANTE** (*AJUGA REPTANS*) **ZONE 3**
- **CORONILLE BIGARRÉE** (*CORONILLA VARIA*) **ZONE 5**
- **FRAISIER** (*FRAGARIA* SPP.) **ZONE 2**
- **FUSAIN DE FORTUNE** (*EUONYMUS FORTUNEI*) **ZONE 5B**
- **GÉRANIUM À GROS RHIZOME** (*GERANIUM MACRORRHIZUM*) **ZONE 4**
- **HERBE AUX ÉCUS** (*LYSIMACHIA NUMMULARIA*) **ZONE 3**
- **LIERRE ANGLAIS RUSTIQUE** (*HEDERA HELIX* 'BALTICA', 'THORNDALE', WILSON', ETC.) **ZONE 5**

- **LIERRE DE PASTUCHOV** (*HEDERA PASTUCHOVII*) **ZONE 4**
- **MENTHE** (*MENTHA* SPP.) **ZONES 2 À 8**
- **PETITE PERVENCHE** (*VINCA MINOR*) **ZONE 4**
- **POIVRE DE MURAILLE** (*SEDUM ACRE*) **ZONE 4**
- **PRUNELLE** (*PRUNELLA GRANDIFLORA*) **ZONE 3**
- **TIARELLE** (*TIARELLA* SPP.) **ZONE 3**
- **VIGNE VIERGE** (*PARTHENOCISSUS QUINQUEFOLIA*) **ZONE 3**
- **VIOLETTE ODORANTE** (*VIOLA ODORATA*) **ZONE 5 À 6**
- **WALDSTEINIA** (*WALDSTEINIA* SPP.) **ZONE 4**

■ Chiendent

1508. LE CHIENDENT : UNE GRAMINÉE À NE PAS DÉCOUVRIR !

Quel jardinier ne connaît pas le chiendent (*Agropyron repens*), cette graminée vivace aux longs rhizomes traçants qui court partout dans nos plates-bandes et nos potagers ? Il est célèbre pour sa capacité de repousser à partir de la moindre parcelle de rhizome resté en terre. Pour cette raison, il ne faut surtout pas sarcler ou passer le motoculteur

Chiendent

quand on a un début de chiendent, car non seulement brise-t-on les racines, mais on risque de transporter les rhizomes ailleurs. On peut contrôler cet indésirable au moyen d'une barrière de papier journal et recommencer une nouvelle plate-bande ou avec une toile noire laissée sur place pendant un an. Coupez chaque tige au sol dès que vous en voyez une. Si vous répétez cela sans faille, le chiendent sera disparu en une seule année.

1509. ATTENTION AUX SOSIES DU CHIENDENT !

Certaines plantes utiles ou ornementales, comme plusieurs graminées et certaines fritillaires (*Fritillaria meleagris*, par exemple) ressemblent beaucoup au chiendent, ce qui cause deux problèmes :

Quand ses fleurs fanent, il est difficile de distinguer la fritillaire méléagre (Fritillaria meleagris) du chiendent.

ou vous les arrachez par accident en pensant que c'est du chiendent ou, encore, elles masquent le chiendent, ce qui lui donne le temps de proliférer. Quand vous essayez de contrôler une invasion de chiendent, il peut être sage d'éliminer temporairement ces plantes de vos plates-bandes.

■ Digitaire

1510. CONTRÔLEZ LA DIGITAIRE PAR LA TONTE

Digitaire
(Digitaria
sanguinalis)

La digitaire est une petite graminée annuelle qui a l'habitude de s'insérer dans les pelouses où son feuillage jure avec celui des graminées par sa couleur jaune-vert et sa largeur excessive… les jardiniers maniaques s'arrachent les cheveux. Elle s'installe dans les pelouses affaiblies par une tonte trop rase : augmentez la hauteur de coupe (truc 455), la digitaire sera étouffée par les autres graminées.

1511. PAS DE DIGITAIRE DANS LE GAZON DES PARESSEUX

Si vous prenez l'habitude de terreauter annuellement la pelouse et de surensemencer avec des graminées à entretien minimal (trucs 433 et 434), la digitaire ne sera plus un problème. Ou appliquez du gluten de maïs (truc 797) au printemps pour prévenir la germination en général. (Notez que vous ne pouvez pas réensemencer *et* appliquer du gluten de maïs à la même saison : les deux traitements sont incompatibles !)

1512. DÉMÉNAGEZ !

La digitaire est un problème associé à un climat continental, comme en Ontario et dans le sud-ouest du Québec. Si vous voulez éviter le problème, déménagez dans l'est (à partir de la région de Québec) où l'influence maritime se fait plus souvent sentir.

■ Herbe à poux

1513. ÉTOUFFEZ – ATCHOUM ! – L'HERBE À POUX

La petite herbe à poux (*Ambrosia artemisiifolia*) est l'une des plus grandes responsables des allergies saisonnières (rhume des foins). Elle fleurit en août et septembre, une saison où les autres plantes au pollen allergène ne sont plus en fleurs. Donc, à cette saison, elle est essentiellement *seule* à être responsable du rhume des foins ! Et justement, environ dix pour cent de la population est allergique au pollen de l'herbe à poux. C'est une plante facile à reconnaître : elle peut mesurer de 15 à 90 cm de hauteur à la fin de la saison et son feuillage vert jaune est très découpé, un peu

Herbe à poux
(Ambrosia
artemisiifolia)

comme celui d'une fougère et moins que celui d'une carotte. À la fin de l'été, le plant porte de minces épis terminaux de fleurs jaune verdâtre. C'est une plante annuelle qui requiert du soleil pour se développer. Sa spécialité ? Pousser là où d'autres plantes ne poussent pas, comme sur le bord des routes, dans les terre-pleins et dans les aires de stationnement. En effet, elle tolère la compaction et même les sels de déglaçage… mais elle ne tolère *pas* la compétition pour la lumière et disparaît rapidement des zones où d'autres végétaux commencent à dominer. Pour l'éliminer en permanence, renforcez la pelouse pour qu'elle pousse plus densément et remplacez les parties dénudées par des plantations d'arbustes ou de vivaces.

1514. DU PAILLIS CONTRE L'HERBE À POUX

L'herbe à poux a absolument besoin de soleil pour germer. Si vous avez un coin infesté par l'herbe à poux, mais que vous n'avez pas le temps d'y faire d'autres plantations, recouvrez-le au moins de paillis dès le début du printemps. Dans le gazon, le gluten de maïs l'empêchera de germer. Les graines resteront présentes, prêtes à germer une autre année, mais ne pourront pas le faire pour cette année-ci !

1515. QUAND L'HERBE À POUX EST DÉJÀ PRÉSENTE

Si vous trouvez de l'herbe à poux en pleine croissance, vous pouvez soit la couper au ras du sol ou l'arracher. Notez que les personnes allergiques peuvent quand même arracher la plante tant qu'elle n'est pas en fleurs : elles réagissent à son pollen, pas à son toucher. L'herbe à poux n'étant pas vivace, elle ne peut se régénérer à partir du pied quand on la rase et elle mourra. La tondre (par exemple, quand la plante se trouve dans un gazon) ne la tuera pas mais, tant que vous la tondrez (jusqu'à la fin d'été!), elle ne fleurira pas.

Grande herbe à poux (Ambrosia trifida)

1516. QUE FAIRE DE LA GRANDE HERBE À POUX ?

PHOTO : ROMAIN NÉRON, MAPAQ

La grande herbe à poux (*Ambrosia trifida*) est justement plus grande que sa petite cousine et peut atteindre 1 à 4 m de hauteur. Malgré cette taille impressionnante, c'est quand même une plante annuelle qui ne tolère pas la compétition pour la lumière. Coupez-la ou arrachez-la la première année et plantez densément et paillez abondamment par la suite pour voir la grande herbe à poux disparaître à jamais.

■ Herbe à la puce

Herbe à la puce (Toxicodendron radicans)

1517. L'HERBE À LA PUCE : MÊME PAS BESOIN DE LA TOUCHER POUR ÊTRE MALADE !

L'herbe à la puce (*Toxicodendron radicans* ou *Rhus radicans*) est une de nos plantes indigènes les plus célèbres. Essayez pour voir la prochaine fois que vous voyagerez hors du pays : même les gens de l'autre bout du monde ont entendu parler de cette plante. C'est une plante très variable : parfois rampante, parfois grimpante, parfois buissonnante, avec des folioles entières ou découpées, luisantes ou mâtes. Par contre, il y a toujours trois folioles! Les feuilles sont rougeâtres au printemps, vertes en été et rouges à l'automne. Les fleurs sont insignifiantes, mais les baies blanches, très visibles à l'automne, sont attrayantes. Cette plante est couverte d'une huile toxique, le toxicodendrol, sur toutes ses parties: mêmes les tiges dénudées de feuilles provoqueront la dermatite caractéristique de l'herbe à la puce. Et il est possible d'«attraper l'herbe à la puce» indirectement, par des souliers ou des vêtements contaminés ou même en flattant un chat ou un chien qui aurait frôlé la plante.

1518. ATTENTION! PAS DE TAILLE!

Logiquement on pourrait tailler la plante sévèrement pour la rabattre, mais il faut se rappeler que le sécateur serait alors contaminé! Même en nettoyant l'outil «convenablement», il y a toujours risque de contamination. D'ailleurs, l'effet de la taille ne dure jamais très longtemps: c'est une plante très rustique, très vigoureuse et qui repousse rapidement.

1519. ARRACHEZ POUR RÉUSSIR

Pour vraiment se débarrasser de l'herbe à la puce, mettez une chemise à manches longues et des gants, choisissez une branche solide pour servir de pelle et de levier et arrachez la plante au complet. Déposez-la dans un sac à ordures, ajoutez-y tous les vêtements portés (même après lavage, il peut rester assez de traces de toxicodendrol pour irriter la peau), scellez bien et jetez au rebut. *Ne brûlez pas la plante!* Même sa fumée peut être toxique!

Il faut arracher l'herbe à la puce sans la toucher.

1520. OU ÉTOUFFEZ-LA AVEC UNE TOILE ÉPAISSE

Le truc recommandé pour étouffer les mauvaises herbes à racines traçantes, soit de les recouvrir d'une épaisse toile de plastique noir durant douze mois, fonctionnera bien. Voir le truc 1503 pour plus de détails. À la fin, déposez la toile dans un sac à ordures et jetez-le au rebut.

1521. DES HERBICIDES, SI VOUS Y TENEZ

Si vous préférez utiliser un herbicide biologique, comme du savon ou de l'acide, pour tuer l'herbe à la puce, vaporisez dès que les feuilles sortent au printemps, puis encore chaque fois que de nouvelles feuilles apparaissent. Il peut falloir sept ou huit traitements au cours de l'été pour en venir à bout. Mais n'abandonnez pas à mi-course, sinon la plante reprendra de plus belle. Il faut l'empêcher de produire la moindre feuille durant toute une saison de croissance pour en venir à bout.

■ Mousse

La mousse est-elle vraiment nuisible au gazon ou devrait-elle plutôt faire partie du gazon ?

1522. LA MOUSSE : UNE SI JOLIE PLANTE DE GAZON !

Saviez-vous que les Japonais considèrent une pelouse de mousse de la plus grande sophistication (voir le truc 479)? Pourquoi alors en avoir contre cette jolie plante tapissante quand elle pousse dans une pelouse ? C'est surtout une question d'hégémonie de la part de la secte du «culte du gazon parfait», soit ceux qui tiennent dur comme fer à un gazon strictement composé de graminées. La mousse devient alors une mauvaise herbe à détruire comme toute autre plante qui ne convient pas au profil.

1523. POUR FAIRE DISPARAÎTRE LA MOUSSE DANS LA PELOUSE

Ce n'est pas vrai que la mousse aime les sols acides, même si ce renseignement circule librement par le téléphone arabe des jardiniers. Inutile donc de chauler pour la contrôler. En fait, la mousse poussera sur presque tous les sols, acides ou alcalins. La mousse tend à pousser dans les endroits ombragés (bien qu'elle puisse pousser aussi au soleil), sur les sols très durs et au drainage nul. Autrement dit, la mousse pousse là où le gazon ne peut pas pousser. D'ailleurs, s'il y avait du gazon en santé, il n'y aurait pas de mousse, car le gazon est le plus fort des deux et un gazon sain aura vite fait d'étouffer la mousse. Il est donc inutile de tuer la mousse et de ressemer du gazon. Les conditions ne lui conviennent tout simplement pas. À la place, couvrez la terre compacte et dure d'une couche de bonne terre (environ 20 cm) et là, réensemencez avec du gazon… ou, si l'endroit est plus ombragé qu'ensoleillé, plantez-y des couvre-sols (conseil 632).

1524. POUR FAIRE DISPARAÎTRE LA MOUSSE SUR LES SURFACES INERTES

La mousse qui pousse dans les sentiers et entre les dalles est très jolie et il n'est pas nécessaire de l'enlever. D'ailleurs, beaucoup de jardiniers sont fiers de leurs sentiers moussus et de leurs terrasses verdoyantes. Mais si vous voulez la voir disparaître, les herbicides à base de savon peuvent la contrôler. Il y a même un savon herbicide qui s'appelle « De-Moss » !

■ Pissenlit

1525. SI VOUS TENEZ À FAIRE DISPARAÎTRE LES PISSENLITS DANS LA PELOUSE…

Pour le jardinier paresseux pur et dur, le pissenlit (*Taraxacum officinale*) est une plante comme toute autre et mérite autant sa place dans la pelouse que les graminées et les trèfles. Et contrairement à la croyance populaire, le pissenlit n'indique pas un sol compact et acide : il est très polyvalent et pousse dans presque tous les sols. Si vous ne voulez pas en avoir dans votre pelouse, arrachez-le avec un arrache-pissenlit (truc 1029), mais n'arrêtez pas là ! Si vous laissez béant le trou

Pissenlit
(Taraxacum
officinale).

où était la racine, que pensez-vous qu'il arrivera? Une autre mauvaise herbe va s'y installer, bien sûr! Non, le truc est de toujours désherber le gazon avec deux petites poches fixées à sa ceinture: une contenant de la bonne terre et l'autre contenant des graines de gazon à entretien minimal. Remplissez de terreau l'espace vide et faites-y tomber quelques graines de gazon. Faites ce travail dans les heures précédant une pluie et, dans quelques jours, les graminées auront remplacé les mauvaises herbes.

1526. POUR NE PAS AVOIR DE PISSENLITS DANS LE GAZON...

Du moins, pas trop! Gardez la pelouse dense au moyen d'un terreautage annuel (truc 433), suivi d'un surensemencement annuel avec un mélange à gazon à entretien minimal (truc 435) auquel vous ajouterez des graines de trèfle blanc. Et tondez le gazon assez haut pour ombrager le sol (à 8 cm), ce qui empêchera les graines de pissenlit de germer.

■ Plantain

1527. LE PLANTAIN DANS LA PELOUSE : DE LARGES FEUILLES QUI PRENNENT BEAUCOUP D'ESPACE

Plantain
(Plantago
major).

Le plantain (*Plantago major* et autres) présente beaucoup d'avantages dans la pelouse: il reste bas sans tonte, il est vert toute l'année, il est tellement résistant au piétinement qu'il tolère sans dommages même les matches de rugby et vous n'avez même pas à le semer, il

pousse tout seul. Malgré ses avantages et ses utilisations médicinales (un peu comme l'aloès, on peut utiliser sa sève pour traiter les brûlures, les piqûres et les coupures), plusieurs personnes ne tiennent pas à le voir dans leur pelouse. Dans ce cas, utilisez un arrache-pissenlit pour enlever le plant et remplissez l'espace avec du terreau et des graines de gazon (truc 1525).

■ Prêle

1528. LA PRÊLE : PLUS QU'UNE MAUVAISE HERBE, UN FLÉAU !

Tiges stériles de la prêle
(Equisetum arvense).

Tiges fertiles de la prêle.

Avec le chiendent, la prêle (*Equisetum arvense*) est sans doute la plus persistante et la plus agressive des mauvaises herbes spontanées. C'est une plante primitive plus proche des mousses et des lycopodes que des végétaux supérieurs et ses tiges stériles vertes, angulaires et rugueuses aux toucher, sans feuilles visibles mais aux tiges secondaires vertes portées en verticelles, la font ressembler vaguement à un conifère. Au printemps, elle produit une tige stérile rougeâtre sans chlorophylle qui porte à son sommet un cône blanc contenant les spores. Par ailleurs, même si la prêle produit des spores par milliers, elle se reproduit peu par spores, mais plutôt par multiplication végétative. Une seule longueur de rhizome de 10 cm est capable de produire un total de 65 m de rhizomes dans une seule saison de croissance et, si la majorité des rhizomes reste dans les vingt-cinq premiers centimètres du sol, la prêle forme aussi des rhizomes verticaux qui peuvent pénétrer jusqu'à 1,5 m dans le sol. Chaque section de rhizome horizontal, même de 1 cm de longueur, peut produire une nouvelle plante et la prêle engendre aussi de petits tubercules qui se détachent facilement et qui peuvent vivre assez longtemps pour pousser de nouveau, juste quand on croyait avoir réglé le problème. Il ne faut surtout pas sarcler la prêle ou la déchiqueter avec un motoculteur : ces techniques divisent le rhizome et empirent la situation. Par contre, la prêle dépend fortement de la lumière pour sa survie et mourra si on l'en prive. Ainsi les techniques qui consistent à recouvrir le sol d'un produit opaque comme le papier journal (truc 13) ou une toile de plastique noire (truc 1503) en viennent à bout. Aussi, si vous coupez toujours toutes les tiges vertes dès qu'elles commencent à sortir de terre, la plante ne pourra pas survivre longtemps. D'ailleurs, si vous cultivez des plantes plus hautes que la prêle et au feuillage dense, elle ne pourra pas leur faire concurrence et disparaîtra.

1529. LA PRÊLE DANS LE GAZON...

...est un moindre mal. À force de la tondre encore et encore, sans jamais lui donner l'occasion de déployer ses tiges, elle ne sera bientôt plus de ce monde.

1530. LA PRÊLE UNE PLANTE UTILE ?

C'est difficile à croire, mais oui, elle a des utilités. Les campeurs savent que ses tiges riches en silice font un excellent tampon à récurer alors qu'on peut aussi faire une décoction de tiges de prêle pour prévenir le blanc sur les plantes sujettes à ce problème.

■ Trèfle

1531. LE TRÈFLE BLANC : QUAND UNE BONNE PLANTE SE COMPORTE MAL

Le trèfle blanc (*Trifolium repens*) est considéré comme un élément clé d'une pelouse écologique réussie (truc 427), n'en déplaise aux jardiniers « chimiques » qui ne tiennent pas à voir autre chose que des graminées dans leur gazon. En effet, le trèfle a l'avantage de rester relativement bas et donc de demander peu de tonte, de rester vert même en période de sécheresse et de fournir aux graminées du gazon de l'azote pour assurer leur bonne croissance. Mais certaines personnes ne tolèrent pas ses fleurs blanches (il faut croire qu'elles n'aiment pas les gazons fleuris!) et son feuillage « grossier » (comparativement aux feuilles filiformes des graminées du gazon). Et même le jardinier paresseux, qui apprécie sa présence dans le gazon, ne l'aime pas quand il s'installe dans le potager ou la plate-bande. Attention : cette plante poussant par tiges rampantes et non par rhizomes souterrains peut passer par-dessus une bordure de gazon et pénétrer dans le jardin voisin, même à travers un paillis. On n'a alors d'autre choix que de l'arracher manuellement.

Trèfle blanc (Trifolium repens)

Achats de plantes

ACHATS EN MAGASIN

■ Les achats de plantes

1532. ACHETEZ LE JEUDI OU LE VENDREDI

Les jardineries et les pépinières aiment en mettre plein la vue pour la fin de semaine et font livrer leurs végétaux les jeudis et vendredis. Pour un meilleur choix de plantes et des plantes pétantes de santé, ce sont les journées pour faire son magasinage!

1533. L'INSPECTION GÉNÉRALE

Vous pensiez que les plantes en pépinière étaient toujours libres d'insectes et de maladies et étaient en parfaite santé? Détrompez-vous! Probablement qu'au moins le quart des problèmes chez les plantes d'extérieur (les trois-quarts chez les plantes de maison!) était déjà présent sur la plante à l'achat. Avant d'acheter une plante, examinez-la sous toutes ses coutures: sur le dessus, le dessous des feuilles, et (si vous n'êtes pas trop gêné pour le faire) sortez la plante de son pot pour examiner ses racines. Évitez les plantes:

- Aux feuilles inférieures jaunes ou brunes (elles peuvent avoir subi un stress ou être infestées d'insectes);

- À la base dégarnie (même problème que le précédent, mais le vendeur a fait le ménage!);

- Aux racines qui tournent en rond autour de la motte (la plante est dans le pot depuis trop longtemps);

- Qui ont des taches ou des marques sur les feuilles (elles peuvent être des symptômes d'insectes ou maladies);

- Autour desquelles volettent des insectes quand on les touche (aleurodes);

- Qui semblent avoir de l'ouate ou des bosses sur les tiges ou à l'aisselle de feuilles (ce sont des kermès ou des cochenilles).

■ Assortir pots et plantes

1534. UN POT POUR CHAQUE PLANTE

Vous cherchez un pot ou un cache-pot spécial pour une plante adorée? Il est difficile de juger de la taille nécessaire et encore plus, de l'impact que la couleur et la texture du pot auront sur la plante à partir des pots que vous voyez en magasin. Alors, apportez la plante avec vous quand vous allez «magasiner»! Il sera facile de choisir exactement le pot qui convient.

1535. ET UNE PLANTE POUR CHAQUE POT

L'inverse du conseil précédent est aussi vrai: quand vous avez un pot ou un cache-pot unique que vous voudriez utiliser, apportez-le au magasin avec vous et cherchez-lui la plante idéale!

■ Garanties

1536. VOS PLANTES SONT-ELLES GARANTIES?

Avant d'acheter des plantes coûteuses, surtout, informez-vous sur la garantie de reprise. Elle varie d'un magasin à l'autre et il peut être intéressant de payer plus cher ailleurs si la garantie est meilleure.

En général, dans une jardinerie ou une pépinière, les annuelles sont garanties pour seulement une semaine ou deux, les vivaces et les plantes d'intérieur, pour trois mois et les arbres, les arbustes et les conifères, pour un an. Par contre, la garantie des plantes « hors zone » (une plante de zone 6 vendue en zone 5, par exemple) ne s'étend normalement pas au-delà de la première saison. Dans une grande surface, habituellement les plantes ne profitent d'aucune garantie spéciale si ce n'est la politique de retour habituelle de 30 jours. Il peut ne pas y avoir de garantie dans un marché public où on vend des plantes.

Demandez au vendeur si vos plantes ont une garantie.

1537. UNE GARANTIE PROLONGÉE SUR LES PLANTES LIGNEUSES

Au moment où j'écrivais ces mots, la société Premier offrait une garantie prolongée de cinq ans sur les arbres, les arbustes et les conifères qui étaient traités avec le *Supplément de croissance Myke® pour Arbres et Arbustes* (en fait, des mycorhizes). Il s'agissait d'acheter du Myke en même temps que l'arbuste ou que l'arbre pour pouvoir en profiter. Sachant que tout ce qui risque de mal aller chez les plantes ligneuses se produira sûrement au cours des cinq premières années, cela vaut la peine d'acheter du Myke même si vous ne croyez pas aux avantages des mycorhizes juste pour profiter de la garantie !

COMMANDES POSTALES

■ Trouvez la plante rare

1538. TOUT CE QUE VOUS VOULEZ EST OFFERT

Ne venez pas vous plaindre que vous ne trouvez pas tel ou tel produit ou telle ou telle plante dans votre région. Il existe une foule de sociétés qui vendent des plantes et des produits horticoles par correspondance et il vous est ainsi possible de trouver presque tout ce que vous cherchez.

1539. UNE RECHERCHE SUR INTERNET

Vous cherchez désespérément une plante en particulier ? Trouvez un accès à Internet (dans une bibliothèque ou un café Internet, si vous n'avez pas votre propre ordinateur) et allez sur un moteur de recherche comme Google. Entrez le nom *exact* de la plante que vous recherchez (nom botanique et nom de cultivar) et le nom de votre pays. Une série d'adresses de sites apparaîtront, dont presque toujours ceux de deux ou trois sociétés de vente par correspondance. Il suffit alors de vérifier qui offre le meilleur prix et les meilleures conditions et de passer votre commande.

1540. DES SEMENCES DU MONDE ENTIER

Pour faire venir des plantes de l'extérieur du pays, il faut un permis d'importation et un certificat phytosanitaire (un papier attestant que les plantes qu'on vous expédie sont libres d'insectes et de maladies), ce qui rend l'achat des plantes d'autres pays plus laborieux et plus coûteux (il faut payer vos permis et certificats). Par contre, il n'y a pas de problème pour faire venir des *semences* d'autres pays. Il suffit d'envoyer votre commande avec le paiement et elle vous sera livrée, que vous commandiez de votre pays ou d'un pays situé à l'autre bout du monde.

Il existe des centaines de catalogues horticoles.

■ Paiements

1541. PAYEZ PAR CARTE DE CRÉDIT

Quand vous payez une commande postale, la meilleure façon de payer est par carte de crédit. Ainsi, si vous avez fait une erreur de calcul ou qu'une ou deux plantes ne sont pas disponibles, le vendeur peut corriger le total et envoyer la commande sans retarder la livraison. Le mandat bancaire ou postal est une deuxième solution, car au moins vous pouvez le faire avec l'argent du pays, mais ne protège pas contre les erreurs. Et cela peut prendre plusieurs lettres, courriels ou télécopies avant d'arriver à bien s'entendre quand il y a eu une erreur. Quant aux chèques personnels, sachez qu'ils ne sont pas acceptés par tous les marchands, même du pays et pas du tout à l'étranger et, enfin, comme on le sait, il est toujours risqué d'envoyer de l'argent comptant par la poste.

Achats de plantes

SOURCES

Gérard Bourbeau et fils
8185, 1ère Avenue
Charlesbourg, Qc
G1G 4C1
Tél. : (418) 623-5401
Téléc. : (418) 623-8359
Courriel : bourbeau@mail.com
Site Web : www.jardin-bourbeau.com

PRÉDATEURS

Koppert Canada Limited
50 Ironside Crescent # 2
Scarborough, Ontario
M1X 1G4
Tél. : (416) 291 0040
Téléc. : (416) 291 0902
Courriel : info@koppert.ca
Site Web : www.koppert.nl

Natural Insect Control (NIC)
R.R.# 2
Stevensville, Ontario
L0S 1S0
Tél. : (905) 382-2904
Téléc. : (905) 382-4418
Courriel :nic@niagara.com
Site Web : www.natural-insect-control.com

Bibliographie

Adam, J., L. Hodgson, *Aménagement paysager pour le Québec*, Broquet, Saint-Constant, 2003, 224 p.

Armitage, A. M., *Herbaceous Perennial Plants*, Varsity Press, Athens, 1907, 646 p

Armitage, A.M., *Manual of Annuals, Biennials and Half-Hardy Perennials*, Timber Press, Portland, 2001, 539 p.

Ball, J., L. Ball, *Flower Garden Problem Solver*, Rodale Press, Emmaus, 1990, 422 p.

Barone, S., F. Oechmichen, *Les graminées*, Les Éditions de l'Homme, 2001, 204 p.

Beaulé, B., *Un jardin aquatique au Québec*, Éditions du Trécarré, Saint- Laurent, 1994, 172 p.

Bouchard, C.J., R. Néron, *Guide d'identification des mauvaises herbes du Québec*, CPVQ, Ste-Foy, 1998, 253 p.

Boudreau, J., *Jardins d'eau*, Spécialités Terre à Terre, Québec, 50 p.

Brisson, J.-D., I. Côté, Plantes ornementales en santé, Spécialités Terre à Terre

Coll., *Container Gardening for Dummies*, IDG Books Worldwide, 1988, 334 p.

Coll., *Dictionnaire du jardinage Rustica*, Dargaud Éditeur, Neuilly-sur-Seine, 1981, 400 p.

Coll., *RHS Plant Finder*, 2004-2005, Dorling Kindersley, London, 2004, 952 p.

Coll., *The American Horticultural Society A-Z Encyclopedia of Garden Plants*, DK Publishing inc., New York, 1996, 1092 p.

Croteau, A., *Jardiner pour les oiseaux*, Éditions Trécarré, 1996, 222 p.

Deschênes, G., *Guide complet du jardinage au Québec*, Trécarré, Outremont, 2001, 257 p.

Dion, A., *Les jardins d'oiseaux*, Québec Agenda, Beauceville, 1988, 191 p.

Dumont, B., *Guide des Arbres, Arbustes et Conifères pour le Québec*, Broquet, Saint-Constant, Qc, 2005, 632 p.

Ettlinger, S., *Everything Sold in Garden Centers,* Macmillan, Toronto, 1990, 368 p.

Fortin, D., Roses et rosiers, Éditions du Trécarré, Saint-Laurent, 1991, 253 p

Gagnon, Y., *La culture écologique des plantes légumières*, Éditions Colloïdales, Saint-Didace, Qc, 2004, 296 p.

Hodgson, L., A. Cort Sinnes, *All about Perennials*, Ortho Books, San Ramon, 1992, 112 p.

Hodgson, L., *Annuals for Every Purpose*, Rodale Book, Emmaus, 2002, 406 p.

Hodgson, L., *Le jardinier paresseux, Pots et jardinières*, Broquet, Boucherville, 2000, 408 p.

Hodgson, L., *Le jardinier paresseux, Les annuelles*, Broquet, Boucherville, 1999, 550 p.

Hodgson, L., *Le jardinier paresseux, Les arbustes*, Broquet, Saint-Constant, 2002, 616 p.

Hodgson, L., *Le jardinier paresseux, Les bulbes rustiques*, Broquet, Saint-Constant, 2004, 760 p.

Hodgson, L., *Le jardinier paresseux, Les vivaces*, Broquet, Boucherville, Qc, 1997, 543 p.

Hodgson, L., *Les plantes d'intérieur*, Broquet, Boucherville, Qc, 1999, 408 p.

Hodgson, L., *Making the Most of Shade*, Rodal Books, Emmaus, PA, 2006, 408 p.

Hodgson, L., *Perennials for Every for Purpose*, Rodale Book, Emmaus, 2002, 406 p.

Hole, L., *Perennial Favourites*, Lone Pine, Edmonton, 1995, 350 p.

Hydro-Québec, *Répertoire des arbres et arbustes ornementaux*, Éditions Broquet, Saint-Constant, 2006, 560 p.

La maison des fleurs vivaces, *Plantes vivaces*, St-Eustache, 1999, 512 p.

La maison des fleurs vivaces, *Symphonie jardin*, 2004, 82 p.

Ball, J., *Garden Problem Solver*, Rodale Press, Emmaus, 1988, 549 p.

Lamontagne, J., D. Brazeau, *Entretien et taille des arbres fruitiers au Québec*, Éditions du Trécarré, Saint-Laurent, 1997, 178 p.

Lamontagne, J., D. Brazeau, *Entretien et taille des jeunes arbres au Québec*, Éditions du Trécarré, Saint-Laurent, 1996, 207 p.

Mondor, A., *Techniques de jardinage*, Les Éditions de l'Homme, 2003, 357 p.

Poliquin, A., *Les clématites pour le Québec et l'est du Canada*, Éditions du Trécarré, Saint-Laurent, 1995, 158 p.

Renaud, M., *L'art d'aménager des écosystèmes*, Bertrand Dumont Éditeur, Boucherville, 2005, 352 p.

Riotte, L., *Carrots love Tomatoes*, Storey Communications, Pownal, 1975, 226 p.

Riotte, L., *Roses love Garlic*, Storey Communications, Pownal, 1983, 236 p.

Ruggiero, M.A., T. Christopher, *Annuals with Style*, Taunton Press, Newtown, 2000, 234 p.

Shigo, A.L., *100 Tree Myths*, Sherwin Dodge, Littleton, 1995, 80 p.

Smeesters, É, *Pelouses et couvre-sols*, Broquet, Boucherville, 2000, 207 p.

Smeesters, É., *Le compostage domestique*, Fleurs, Plantes et Jardins, 1993, 44 p.

Smeesters, É., A. Daniel, A. Djotni, *Solutions écologiques en horticulture*, Broquet, Saint-Constant, 2005, 198 p.

SPPQ, *Noms des maladies des plantes au Canada*, 4e éd., 2003, 340 p.

Thebaud, P., A. Camus, *Dicovert*, Éditions Arcature, Ris-Orangis, 1993, 957 p.

Valleau, J., *Perennial Gardening Guide*, Heritage perennials, Valleybrook Gardens, Abbotsford, 1995, 96 p.

CARTE DES ZONES DE RUSTICITÉ

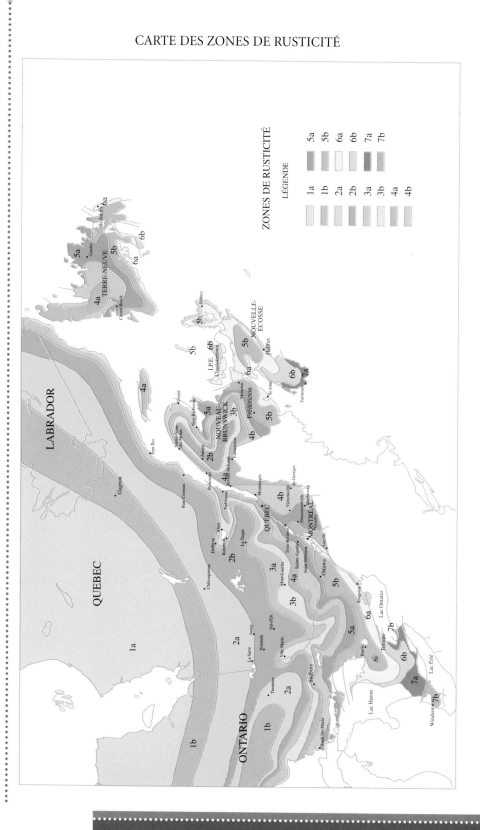

ZONES DE RUSTICITÉ

LÉGENDE

1a
1b
2a
2b
3a
3b
4a
4b
5a
5b
6a
6b
7a
7b

Carte des zones de rusticité

Index

Index

Index

Index